LES GRANDES DÉCISIONS
DE LA COUR CONSTITUTIONNELLE
DU BÉNIN

Nicaise MEDE

LES GRANDES DÉCISIONS DE LA COUR CONSTITUTIONNELLE DU BÉNIN

Edition mise à jour au 30 juin 2018

L'Harmattan Sénégal

Du même auteur

- MEDE Nicaise et alii, *Etude sur la classe politique béninoise: évolution, enjeux, perspectives*, 1999, Edité par le Programme des Nations-Unies pour le Développement (PNUD) National Long Term Perspectives Studies.
- MEDE Nicaise, *La réglementation du travail au Bénin*, 1999, Editions Friedrich Ebert, Cotonou. Réédition 2006.
- MEDE Nicaise (sous la direction) MEDE Nicaise et alii, *La réforme de l'Etat au Bénin : état de la réforme ...et perspectives*, 2013, Centre de Production Universitaire, Abomey-Calavi.
- MEDE-ZINSOU K. Nicaise (sous la direction de), *La LOLF dans tous ses états*, 2016, Centre de Production Universitaire, Abomey-Calavi.
- MEDE Nicaise, *Finances publiques*, 2016, L'Harmattan (Dakar).
- MEDE Nicaise (sous la direction de), *Constitutions et documents financiers, Volume 1 & 2*, 2018, L'Harmattan (Dakar).
- MEDE Nicaise (sous la direction de), *La fiscalité de développement en Afrique de l'ouest francophone*, 2018, L'Harmattan (Dakar).
- MEDE Nicaise et Nicolas YENOUSSI (sous la direction de), *Les recettes publiques en débats*, 2020, L'Harmattan (Dakar).

10 VDN, Sicap Amitié 3, Lotissement Cité Police, DAKAR

http://www.harmattansenegal.com
senharmattan@gmail.com
senlibrairie@gmail.com

ISBN : 978-2-343-19495-0
EAN : 9782343194950

LISTE DES DECISIONS

N° d'ordre	DECISIONS	REQUERANTS	OBJET/THEME
1.	Décision DCC 03-078 du 12 mai 2003	Gougbédji Cyrille Akobi Issifou Ahmed	La Cour constitutionnelle, organe régulateur
2.	Décision DCC 08-113 du 09 septembre 2008	Augustino JOHN FRANCEY	Que juge la juridiction constitutionnelle ?
3.	Décision DCC 04-044 du 23 avril 2004	Tanimomo Pascal	L'autorité de la chose jugée
	Décision DCC 18-075 du 15 mars 2018	Serge Roberto PRINCE AGBODJAN	
	Décision DCC 18-078 du 20 mars 2018	Serge Roberto PRINCE AGBODJAN	
4.	Décision DCC 03-035 du 12 mars 2003	Dohou Séraphin,	Le dialogue des juges
	Décision DCC 14-135 du 15 juillet 2014	Claude Léon ATOYO, Daniel MENONKPINZON ATOYO et Alphonse MENONKPINZON ATOYO	
5.	Décision DCC 02-058 du 04 juin 2002	FAVI Adèle,	Torture, sévices, traitements cruels, inhumains et dégradants
6.	Décision DCC 18-087 du 05 avril 2018	Bentiwa Florentine JOHNSON	Le droit à la défense
	Décision DCC 04-046 du 23 avril 2004	Lamissi Fidèle	

7.	Décision DCC 02-144 du 23 décembre 2002	Président de la République, Vieyra-Soglo H. Rosine	Le principe d'égalité
	Décision DCC 17-145 du 13 juillet 2017	Christophe ARALE	
8.	Décision DCC 14-003 du 14 janvier 2014	L'Union des Professionnels et Acteurs de la Santé France-Bénin	Les formes de la requête L'intérêt à agir
9.	Décision DCC 07-083 du 6 août 2007	Yibathou Sanni-Glèlè et alii,	L'amendement gagé
10.	Avis CC 00-01 du 7 janvier 2000,	Président de la République	Les ordonnances en matière budgétaires
11.	Décision DCC 10-144 du 14 décembre 2010	Raphaël Akotègnon	L'autonomie financière des institutions constitutionnelles
12.	Décision DCC 01-021 du 16 mai 2001	Association des Parents d'Elèves du CEG de Gbégamey	L'impôt
	Décision DCC 14- 020 du 11 février 2014	Serge Roberto PRINCE AGBODJAN	
13.	Décision DCC 13-121 du 10 septembre 2013	Président de la République	La loi organique relative aux lois de finances
14.	Décision DCC 14-065 du 03 avril 2014	Serge Roberto PRINCE AGBODJAN	Les règles et principes budgétaires
15.	Décision DCC 06-074 du 8 juillet 2006	Président de la République	Le "bloc de constitutionnalité" et les normes de référence
16.	Décision DCC 97-033 du 10 juin 1997	Dako Fortuné, Kakpo Damien	L'inamovibilité des magistrats

17.	Décision DCC 04-038 du 20 avril 2004	Boya Eugène	La charge de la preuve
	Décision DCC 06-108 du 11 août 2006	Médé Nicaise	
	Décision DCC 09-022 du 5 mars 2009	Nadine Menoukon née Houndonougbo	
18.	Décision DCC 03-144 du 16 octobre 2003	Cour constitutionnelle	Le délai raisonnable
	Décision DCC 03-004 du 18 février 2003	Secrétaire général de l'union nationale des syndicats des travailleurs du Bénin (Lawani Amidou)	
	Décision DCC 02-029 du 10 avril 2002	Houétognankou Jude	
19.	Décision DCC 08-008 du 17 janvier 2008	Abel Ayikpola et alii	La liberté religieuse
20.	Décision DCC 06-154 du 19 octobre 2006	Cour constitutionnelle Recueil, 2006, p. 789	Le droit de propriété
21.	Avis CC-001/98, du 19 novembre 1998	Président de la République	La liberté de commerce et de l'industrie
22.	Décision DCC 08-066 du 26 mai 2008	Thierry Ifedola Mahugnon et alii	Les domaines de la loi et du règlement
23.	Décision DCC 98-061 du 5 juin 1998	Zossoungbo Edgard	La configuration politique
24.	Décision DCC 03-132 du 21 août 2003	HOUSSOU D. Christian	La première Dame
25.	Décision DCC 96-020 du 26 avril 1996	Gbétin Dézégni et consorts	Le Premier Ministre
26.	Décision DCC 13-071 du 11 juillet 2013	Serge Roberto PRINCE AGBODJAN Aristide DOMINGO	La paix : un principe constitutionnel

27.	Décision DCC 27-94 du 24 août 1994	Président de l'Assemblée nationale	Le droit constitutionnel de la nécessité : l'article 68 et les pouvoirs de crise
28.	Décision DCC 28-94 du 02 septembre 1994	Collectif des cinq dynasties royales, Collectif Te-Agbanlin, Cadres de Porto-Novo	La capitale du Bénin
	Décision DCC 11-090 du 06 décembre 2011	Messieurs Noukpo N. AGOSSOU, Bernard DOSSOU-DOSSA	
29.	Décision DCC 33-94 du 24 novembre 1994	Joseph Houéssou H. Gnonlonfoun	L'indépendance des pouvoirs publics constitutionnels
30.	Décision DCC 11-019 du 21 avril 2011	Serge Roberto Prince Agbodjan	Les devoirs de l'homme
31.	Décision DCC 98-062 du 05 juin 1998	Djima John Christian	La bonne moralité La grande probité La personnalité de grande réputation professionnelle
	Décision EP 16-002 du 21 janvier 2016	Andoche Célestin Fortuné AMEGNISSE	
	Décision DCC 03-082 du 26 mai 2003	Lafia Joachim	
32.	Décision DCC 95-035 du 1er septembre 1995	Société Oluwa Lony Kpé Koyeni, Dovonou Corneille	La Loi fondamentale de 1977
33.	Décision DCC 96-017 du 5 avril 1996	Gangbé Aurélien, Fagninou Gilles R. B.	Le serment du Président de la République
34.	Décision DCC 01-096 du 07 novembre 2001	Houssou Désiré Christian	La gratuité du service public

35.	Décision DCC 96-037 du 18 juillet 1996	Ahonoukoun Florence	L'arresı arbitraires détention
36.	Décision DCC 95-035 du 1er Septembre 1995	Société Oluwa Lony Kpé Koyeni, Dovonou Corneille	La publication La promulgation ...
	Décision DCC 99-058 du 29 décembre 1999	Abissinti Raphaël	
37.	Décision DCC 01-046 du 21 juin 2001	Cour constitutionnelle	La saisine d'office
38.	Décision DCC 05-117 du 20 septembre 2005	Gagnon Bonaventure, Houessou Tossavi Francisco	Le désistement
39.	Décision DCC 95-011 du 02 mars 1995	Amoussou Georges Constant, Adjovi C. Honorat	Le sursis à exécution
40.	Décision DCC 34-94 du 23 décembre 1994	Président de la République	La Commission Electorale Nationale Autonome (CENA)
41.	Décision DCC 16-94 du 27 mai 1994	Bossou Moïse	La liberté d'association
42.	Décision DCC 06-047 du 05 avril 2006	Banni Sidi, Demon Abdoulaye	La liberté de réunion La liberté de manifestation
43.	Décision DCC 05-059 du 07 juillet 2005	Zounon Emmanuel, Fambo Edgar	Les libertés syndicales
44.	Décision DCC 03-091 du 04 juin 2003	Quenum David Abel	La responsabilité des membres de la Cour constitutionnelle
45.	Décision DCC 03-068 du 20 mars 2003	Togblanon B. Xavier, Assogba Martin	La politique et les affaires
	Décision DCC 15-026 du 12 Février 2015	Monsieur Laïssi BISSIRIOU	

46.	Décision DCC 06-074 du 08 juillet 2006	Président de la République, Ahossi Jean Iréné et consorts	Le consensus national et la révision de la constitution
47.	Décision DCC 95-027 du 02 août 1995	Président de la République,	Le juge co-législateur
48.	Décision DCC 08-099 du 03 septembre 2008	Jean-Charles Gnonhoué	La présomption d'innocence
49.	Décision DCC 04-091 du 08 octobre 2004	Cour d'appel de Cotonou	L'exception d'inconstitutionnalité
50.	Décision DCC 05-135 du 28 octobre 2005	Tidjani Falilou	L'application de la loi dans le temps
51.	Décision DCC 96-002 du 05 janvier 1996	Gbadamassi Moucharaf, Tidjani Serpos Ismaël	Les compétences de la Cour en matière électorale
52.	AVIS CC-001/94 du 14 septembre 1994	Président de la République	Les méthodes et techniques de la Cour constitutionnelle
53.	Décision DCC 08-129 du 18 septembre 2008	Mathias Zomaletho	Le parallélisme des formes
54.	Décision DCC 07-093 du 21 Août 2007	Serge Roberto Prince Agbodjan	Les formalités substantielles
55.	Décision DCC 15-156 du 16 juillet 2015	Hermès A.C. GBAGUIDI	L'interprétation constitutionnelle
	Décision EP 15-002 du 16 novembre 2015	Serge Roberto PRINCE AGBODJAN	
56.	Décision DCC 19-94 du 30 juin 1994	Président de la République	Les traités et la constitution
57.	Décision DCC 98-068 du 19 août 1998	Chédé A. Gbénou Lucien	Le statut des professeurs de l'enseignement supérieur

LISTE DES SIGLES ET ABREVIATIONS

OHADA	: Organisation pour l'Harmonisation du Droit des Affaires en Afrique
UEMOA	: Union Economique et Monétaire Ouest africaine
CEDEAO	: Communauté Economique des Etats de l'Afrique de l'Ouest
CENA	: Commission Electorale Nationale Autonome
SAP/CENA	: Secrétariat Administratif Permanent de la Commission Electorale Nationale Autonome
UAC	: Université d'Abomey-Calavi
HCR	: Haut Conseil de la République
CED	: Commission Electorale Départementale
PRD	: Parti du Renouveau Démocratique
CEG	: Collège d'enseignement général
OMC	: Organisation Mondiale du Commerce
GATT	: General Agreement on Tariffs and Trade
ACCPUF	: Association des Cours Constitutionnelles ayant en Partage l'Usage du Français
FUPRO	: Fédération des Unions de Producteurs
OPM	: Organe Présidentiel de Médiation
ONIP	: Office National d'Imprimerie et de Presse
MADEP	: Mouvement africain pour la démocratie et le progrès
RND	: Rassemblement National Démocratique
MIRENA	: Mission Indépendante de Recensement Electoral National Autonome
HAAC	: Haute Autorité de l'Audiovisuel et de la Communication

INTRODUCTION

Selon le Professeur Guillaume PAMBOU-TCHIVOUNDA, le bilan de la juridiction constitutionnelle en Afrique ne serait "*pas significatif d'un apport substantiel, ni du point de vue théorique, ni du point de vue pratique*" (G. PAMBOU-TCHIVOUNDA, cité par G. CONAC, "Le juge constitutionnel en Afrique, censeur ou pédagogue" *in* G. CONAC (dir.) *Les Cours suprêmes en Afrique*, Paris, Economica, 1989, p.vi). Ces propos résonnent comme une sentence à la fois froide et désabusée. La juridiction constitutionnelle ne valoriserait ni la règle de droit ni la considération des politiques et autres acteurs de la vie publique face à ce qui est auréolé de l'autorité de la chose jugée au constitutionnel ! Nous serions alors en plein théâtre des ombres où des institutions-gadgets simulent un rôle pour servir l'image de modernité d'un Etat qui se passerait bien d'elles.

Cette perception et l'affirmation qui la soutend paraissent tout à la fois historiquement datées et évidemment actuelles. L'actualité de la thèse de celui qui est réputé l'enfant prodige du droit public africain francophone se fonde sur l'errance jurisprudentielle et l'opportunisme complice de la juridiction constitutionnelle africaine francophone. Ainsi, en matière de droit de grève des travailleurs, la Cour constitutionnelle a alterné, à droit constant et donc en dehors de toute modification du texte constitutionnel de référence, des décisions de souplesse managériale (Décision DCC 95-026 du 11 juillet 1995), puis d'absolutisation (Décision DCC 06-034 du 04 Avril 2006), ensuite de renoncement à l'absolu du droit de grève (Décision DCC 11-065 du 30 septembre 2011), enfin au ralliement à la thèse de l'absolutisation contrôlée par le constituant lui-même (Décision DCC 18-001 du 18 janvier 2018). De cette succession de palinodies décisionnelles, on tire aisément la conclusion que l'alternance politique au sommet de l'Etat est la variable principale d'ajustement de la politique jurisprudentielle de la Cour. L'opportunisme juridique se fond dans une sorte d'opportunisme politique et nous donne la jurisprudence du 39 + 0 = 40. L'arithmétique élémentaire de Pythagore en sort meurtrie et la science juridique avec (voir *infra* p. 561). Si "*l'Etat* (africain) *doit être soumis au droit*", selon la préconisation de Maurice GLELE-AHANHANZO (M. GLELE-AHANHANZO, "Pour un Etat de droit en Afrique" *in* Mélanges P-F GONIDEC, Paris, LGDJ 1985, p.66), autant qu'il soit soumis à la bonne raison juridique plutôt qu'à de pures ratiocinations de circonstance.

Cependant, si la régulation juridique par les juridictions constitutionnelles africaines présente des ratés évidents, la régulation politique, habillée à l'occasion d'un juridisme suspect, offre l'occasion à celles-ci de déployer toute leur superbe. Et c'est ici que la sentence de Guillaume PAMBOU-TCHIVOUNDA paraît bien datée en ce qu'elle se fonde sur un état des lieux des années 1980, à la veille de l'épiphanie démocratique en Afrique, consécutive aux conférences nationales souveraines de la décennie 1990. D'un point de vue pratique, le bilan des juridictions constitutionnelles africaines est aujourd'hui plus que significatif.

En effet, l'histoire des juridictions constitutionnelles en Afrique est un drame en deux actes : *le premier* fut celui d'une opération cosmétique dont la finalité était de conférer aux Etats des signes extérieurs de modernité et de respectabilité au moyen de l'institution de juridictions constitutionnelles souvent tenues en laisse par le parti unique et son chef, le Président de la République. *Le second* est celui qui dérive de l'ère du renouveau démocratique, cette quête fondamentale de liberté qui impose au cœur des dispositifs du pouvoir, les acquis du pluralisme et du constitutionnalisme. Les juridictions constitutionnelles, créées et mises en place, deviennent progressivement des contre-pouvoirs importants et, par glissement, de véritables centres de pouvoir qui tiennent en respect les élites politiques gouvernantes. Elles réussissent le tour de force de donner raison à un certain Charles Evans Hughes, gouverneur de l'Etat de New York en 1908, qui déclarait, fataliste : "*Nous sommes soumis à une Constitution, mais la Constitution est ce que les juges disent qu'elle est*" ou qu'elle devrait être (Cité par E. ZOLLER, "Présentation de la Cour suprême des Etats-Unis", *in Les Cahiers du Conseil Constitutionnel* n° 5, Novembre 1998). Ainsi, à Madagascar la Haute cour constitutionnelle a osé prononcer la destitution du Président de la république en 1996. Deux décennies plus tard, pour préserver "*les fondements de la République [...] fragilisés par une crise socio-politique et institutionnelle majeure*" la même Haute cour constitutionnelle ordonna l'installation de la Haute Cour de justice "*dans les délais les plus brefs*", la formation d'un "*gouvernement de consensus*" dans un délai de 14 jours et l'organisation d'une élection présidentielle anticipée "*durant la saison sèche au cours de cette année 2018*" (Décision n°18-HCC/D3 du 25 mai 2018). Cette posture impériale et politique se retrouve aussi, à une échelle moindre, certes, au Gabon (La Cour s'érige en constituant dérivé et complète les articles 4, 34 et 36 de la constitution, Décision n° 022 /CC du 30 avril 2018), au Bénin (censure d'une révision de la constitution régulièrement adoptée par la majorité parlementaire, Décision DCC 06-074 du 08 juillet 2006) et ailleurs sur le continent africain.

De toute évidence, un nouveau paysage, un nouveau tableau de la juridiction constitutionnelle en Afrique se dessine et s'installe. De ce tableau et de ce paysage, la Cour constitutionnelle du Bénin se taille le rôle non point de pionnière mais de figure de proue. Et pour cause !

D'un point de vue quantitatif, sa production jurisprudentielle équivaudrait à l'ensemble des décisions rendues par ses homologues de l'Union économique et monétaire ouest africaine ! Une forte productivité qui découle de l'étendue du champ de contrôle qu'elle s'est donnée ou qu'elle tient de la constitution. Du point de vue qualitatif, les décisions de la Cour instillent et confortent dans le champ social et politique la culture du recours juridictionnel qui est l'alternative à la violence et à la gouvernance par l'effervescence de la rue. La juridictionnalisation (qui n'est pas forcément synonyme de juridicisation) des querelles politiques entre dans les mœurs et fait de la Cour un recours utile lorsque notre vouloir-vivre-ensemble est en difficulté d'être et se fissure.

Après plus de deux décennies de vie politique placée sous les fées de la démocratie, un rapide coup d'œil en arrière par-dessus l'épaule nous convainc que l'institution que le constituant de 1990 a créée, la Cour que le peuple souverain s'est donnée par référendum en même temps qu'il adoptait sa loi fondamentale, cette Cour est bien au rendez-vous des défis qui jonchent notre quête de socialisation politique par la démocratie. Un consensus profond et fondamental s'est établi sur son existence et sur sa fonction. Opposition comme majorité présidentielle, société civile et individualités citoyennes, tous les acteurs de la vie publique ont eu leur petit bonheur de recours devant la Cour ; recours fructueux, recours infructueux mais recours en toute hypothèse confirmatif du rôle axial de la juridiction constitutionnelle dans la solution des querelles politiques et même sociétales. Rôle à la fois éminent et élargi, car, comme l'indique Babacar KANTE sur un ton constatif et non prescriptif, la Cour se fait à la fois le garant de l'Etat de droit et le rempart de la démocratie.

L'important pour une juridiction n'est pas de plaire, de contenter l'attente d'un citoyen ou d'un groupe de citoyens sur la question du moment. La vérité juridictionnelle, qu'on nomme autorité de la chose jugée, n'est pas celle du philosophe encore moins celle du physicien. Elle n'est pas la Vérité. Sa fonction est opératoire et vise à mettre un point final à un débat. Elle se justifie par son instrumentalité sociale et utilitaire. Elle nécessite des ordres juridictionnels indépendants mais non infaillibles.

La présente revue de jurisprudence de la Cour constitutionnelle apporte son complément de pédagogie à une bonne inculturation juridictionnelle des populations, à la vulgarisation de l'inclination à recourir au juge, à la vertu opératoire de la sanction du juge. C'est d'abord un exercice académique destiné à un public averti de la chose juridique. C'est aussi, par moments, une démarche visant à pousser plus loin le débat dans cette navette incessante entre le juge et la doctrine. Jean-Pierre DUPRAT, aujourd'hui professeur émérite à Bordeaux, enseignait à ses étudiants que le juge trouve solution aux problèmes et que la doctrine trouve problème aux solutions du juge. Le présent ouvrage conforte cette orientation, celle du dialogue virtuel entre l'université et les prétoires.

Sur un plan opérationnel, les décisions ont été sélectionnées pour tenir compte des grands centres d'intérêt sous étude, tels qu'ils ressortent des décisions successives de la Cour. Leur progression dans l'ouvrage n'obéit à aucune logique particulière sinon aux aléas de la rédaction. Les thématiques abordées le sont à cause de leur récurrence ou en raison de l'originalité qui s'attache à leur évocation devant la juridiction constitutionnelle. La démarche retenue dans les "observations" n'est pas, non plus, uniforme. Elle tient tantôt de l'explication, tantôt du questionnement profond sur le bienfondé de l'orientation jurisprudentielle choisie. Certaines décisions sont reproduites presqu'entièrement pour ne pas sevrer le lecteur de la logique intégrale d'une argumentation. En tout état de cause, c'est un exercice itératif qui se doit de se renouveler au gré de la production jurisprudentielle de la juridiction constitutionnelle. Si la lecture des lignes qui suivent a un intérêt, nous le dédions à tous ceux qui, dans l'ombre ou sur les chapiteaux, pensent que l'impersonnalité et l'impersonnalisation du pouvoir qui rendent possible une démocratie viable est d'abord d'avoir des institutions fortes, qui traduisent au quotidien la quête compulsive de dix millions d'intelligences béninoises pour une trinité existentielle faite de liberté, de paix et de pain.

Abomey-Calavi le 30 juin 2018

nmede@becg-i.com

1

Décision DCC 03-078 du 12 mai 2003
Gougbédji Cyrille, Akobi Issifou Ahmed

Recueil 2003, p. 317

La Cour constitutionnelle, organe régulateur

La Cour Constitutionnelle,

Saisie d'une requête du 09 mai 2003 enregistrée à son Secrétariat le 12 mai 2003 sous le numéro 1208/045/REC, par laquelle Monsieur Cyrille GOUGBEDJI forme un « recours en inconstitutionnalité du blocage du processus électoral des membres du bureau de l'Assemblée Nationale au titre de la 4ème législature » ;
Saisie également d'une requête du 12 mai 2003 enregistrée à son Secrétariat à la même date sous le numéro 1212/046/REC, par laquelle Maître Ahmed Issifou AKOBI, Député à l'Assemblée Nationale, défère à la censure de la Haute Juridiction, les violations répétées de la Constitution par la doyenne d'âge de l'Assemblée Nationale et son refus de se conformer à la Décision DCC 03-077 du 07 mai 2003 ;

VU la Constitution du 11 décembre 1990 ;
VU la Loi n° 91-009 du 04 mars 1991 portant Loi Organique sur la Cour Constitutionnelle modifiée par la Loi du 31 mai 2001 ;
VU le Règlement Intérieur de la Cour Constitutionnelle ;
Ensemble les pièces du dossier ;
Ouï Madame Clotilde MEDEGAN-NOUGBODE en son rapport ;
Après en avoir délibéré,

Considérant que Monsieur Cyrille GOUGBEDJI expose que « … à l'ouverture de la séance du vendredi 09 mai 2003 de l'Assemblée Nationale, la 5ème devant connaître de l'élection des membres du Bureau, la doyenne d'âge a fait procéder à la lecture de la Décision DCC 03-077 de la Haute Juridiction » ; qu'il développe que « Dans son commentaire qui a suivi la lecture de ladite décision, elle a affirmé que la seule chose qui lui est reprochée par la Cour Constitutionnelle est d'avoir accepté la candidature de dernière heure du député Aboudou Assouma au poste de deuxième questeur » ; qu'il poursuit que dame

Rosine VIEYRA SOGLO qui a fait procéder au retrait de ladite candidature a déclaré qu' « elle attend qu'on lui dise ce qu'elle a à faire » et a suspendu la séance dont elle a fixé la reprise pour le *20 mai 2003 ;*

Considérant que le requérant précise que, par « deux lettres datées du même jour dont l'une signée de 49 députés de partis et d'alliances de partis et l'autre de 11 députés du PRD transmises à la doyenne d'âge par le Secrétaire Général Administratif de l'Assemblée Nationale, les élus du peuple ont souligné la nécessité de poursuivre le processus en demandant à leur doyenne d'âge de convoquer la reprise pour le lundi 12 mai ; qu'à ces deux lettres, et par correspondance en retour datée du 11 mai 2003, elle a opposé un refus et maintenu le 20 mai pour la prochaine reprise de séance ; qu'il estime que « la doyenne d'âge oppose une résistance à la décision de la Cour et abuse de ses prérogatives de président du bureau d'âge en procédant à des suspensions intempestives, répétées et sans motifs valables bloquant ainsi le processus électoral devant conduire à l'élection et à l'installation des membres du bureau de l'Assemblée Nationale » ;

Considérant que le requérant, se fondant sur les articles 124 et 114 de la Constitution, demande à la Haute Juridiction de :

- «déclarer qu'en procédant comme elle l'a fait, en ne soumettant pas au vote les candidatures qu'elle a reçues, alors que le règlement intérieur de l'Assemblée Nationale et une décision de la Cour Constitutionnelle l'y obligent, Madame Rosine VIEYRA SOGLO a une fois encore violé la Constitution ;
- Dire que la suspension incessante des séances de l'Assemblée Nationale devant connaître de l'élection des autres membres du bureau et par voie de conséquence le blocage du fonctionnement de ladite Assemblée est contraire à la Constitution ; -enjoindre à la doyenne d'âge de convoquer et de poursuivre, sans délai, sans discontinuité, le processus électoral devant conduire à l'élection des vice-présidents, questeurs et des secrétaires parlementaires du bureau de l'Assemblée Nationale au titre de la 4ème législature ;
- Ordonner qu'en cas d'absence ou d'empêchement de la doyenne d'âge ou en cas de non-exécution de l'injonction, qu'il soit procédé d'office au remplacement de la doyenne d'âge par le doyen d'âge suivant et ainsi de suite, et ce, jusqu'à l'aboutissement du processus électoral engagé ; »

Considérant que Maître Ahmed Issifou AKOBI expose pour sa part que, « contre toute attente, à la plénière du vendredi 09 mai 2003, nonobstant l'indication claire par la Haute Juridiction de la conduite que devait observer la doyenne d'âge, celle-ci prétextera de ce que la Haute Juridiction ne lui a pas dit ce qu'elle doit faire pour s'opposer à la poursuite du processus électoral en renvoyant la séance au mardi 20 mai 2003 » ; qu'il soutient que « cette rébellion de la doyenne d'âge constitue une fois de plus une violation flagrante et inadmissible de la Constitution en ses articles 35, 82 alinéa 1 et 124 et menace sérieusement le fonctionnement des institutions » ;

Considérant que le requérant demande à la Cour de :
- « Constater le refus délibéré de la doyenne d'âge à se conformer à la Décision DCC 03-077 ;
- Constater la persistance de la doyenne d'âge à violer la Constitution notamment les articles 34, 82 et 124 ;
- Constater le blocage du processus électoral par la doyenne d'âge ;
- Constater le risque imminent de blocage des institutions de la République ;
- Constater l'urgence et le péril nécessitant la mise en œuvre par la Haute Juridiction des prérogatives qu'elle tient de l'article 114 de la Constitution » et sollicite en conséquence de :
- «Déclarer Madame Rose-Marie VIEYRA SOGLO indigne de toute fonction publique et politique sur l'étendue du territoire de la République du Bénin.
- La déchoir de son rôle de doyen d'âge de la quatrième législature.
- Dire que le Bureau de l'Assemblée Nationale devra être installé au plus tard le 15 mai 2003.

Vu l'urgence et le péril,
- Inviter l'Assemblée Nationale à reprendre ses travaux le jeudi 15 mai 2003.
- Dire qu'à la reprise des travaux, le Député dont l'âge est immédiatement inférieur à celui de Madame Rose-Marie VIEYRA SOGLO jouera le rôle de doyen d'âge.
- Dire que ledit doyen d'âge devra à cette séance du jeudi 15 mai 2003, soumettre au vote et sans aucun débat ni aucune suspension, les candidatures aux postes de Vice-présidents, de Questeurs et de Secrétaires Parlementaires enregistrées et rendues publiques à la séance du vendredi 25 avril 2003.
- Dire qu'en cas de résistance du doyen d'âge à soumettre lesdites candidatures au vote du jeudi 15 mai 2003, il sera automatiquement et séance tenante déchu de son titre de doyen d'âge et remplacé dans ce rôle par le Député qui le précède en âge ; et ainsi de suite jusqu'à l'élection des membres restants du bureau » ;

Considérant que les deux requêtes portent sur le même objet et tendent aux mêmes fins ; qu'il y a lieu de les joindre pour y être statué par une seule et même décision ;

Considérant que dans sa Décision DCC 03-077 du 07 mai 2003, la Haute Juridiction a dit et jugé que « le doyen d'âge de l'Assemblée Nationale, président de la séance consacrée à l'élection des membres du Bureau de l'Assemblée Nationale ne peut que soumettre au vote les candidatures qu'il a reçues poste par poste *au cours de la même séance* et qu'il n'a compétence ni pour remettre en cause les candidatures reçues ni pour en susciter d'autres » ; qu'elle a en outre jugé qu'en procédant à *des suspensions répétées* aux mêmes fins, la doyenne d'âge, Madame Rose-Marie VIEYRA SOGLO a violé la Constitution ;

Considérant que la Constitution en son article 124 alinéas 2 et 3 dispose : « *Les décisions de la Cour ne sont susceptibles d'aucun recours. Elles s'imposent aux pouvoirs publics et à toutes les autorités civiles, militaires et juridictionnelles.* » ; qu'en suspendant à nouveau la séance le 09 mai 2003 et en n'ayant pas poursuivi *au cours de la même séance* le processus électoral après le retrait de la candidature du Député Aboudou ASSOUMA irrégulièrement recueillie, la doyenne d'âge, Madame Rosine VIEYRA SOGLO, a méconnu l'autorité de la chose jugée attachée aux décisions de la Haute Juridiction ;

Considérant qu'aux termes de l'article 34 de la Constitution : « *Tout citoyen béninois, civil ou militaire, a le devoir sacré de respecter en toute circonstance, la Constitution et l'ordre constitutionnel établi ainsi que les lois et règlements de la République* » ; qu'il découle de cette disposition que Madame Rosine VIEYRA SOGLO, *citoyenne, élue à une fonction politique et par surcroît doyenne d'âge de l'Assemblée* a le devoir de se conformer rigoureusement à la Constitution, et partant, aux décisions de la Cour ;

Considérant que le Préambule de la Constitution du 11 décembre 1990 réaffirme *l'opposition fondamentale du peuple béninois à tout régime politique fondé sur l'arbitraire, la dictature, ...la confiscation du pouvoir, le pouvoir personnel ;*

Considérant que dans le compte-rendu des débats parlementaires du vendredi 09 mai 2003, la doyenne d'âge a déclaré : « La Cour Constitutionnelle n'ayant pas pu me dire ce que je dois faire exactement, nous sommes toujours au même point de départ, c'est-à-dire à la case de départ. Cela étant, je me vois dans l'obligation de nous renvoyer – une suspension de plus n'est-ce pas ? – en espérant que ce soit la dernière, car j'espère bien qu'on va pouvoir me dire ce que j'ai à faire. Si tant est qu'on peut me dire ce que j'ai à faire ...je nous renvoie, dis-je mesdames et messieurs au mardi 20 mai 2003. » ; que par ailleurs, il résulte des comptes-rendus relatifs à l'élection des membres du Bureau de l'Assemblée Nationale que la doyenne d'âge a procédé à des reports successifs de séance ; que ce faisant, elle affiche une volonté délibérée de blocage du fonctionnement de l'Assemblée Nationale en dépit de la décision précitée de la Haute Juridiction ;

Considérant que selon l'article 114 de la Constitution, la Cour Constitutionnelle est, entre autres, *l'organe régulateur du fonctionnement des institutions et de l'activité des pouvoirs publics* ; qu'en cette qualité, elle est fondée à prendre toute décision pour éviter toute paralysie du fonctionnement des institutions de la République ;

Considérant qu'au regard de tout ce qui précède, il y a lieu de dire et juger que la doyenne d'âge doit convoquer l'Assemblée Nationale dès la date de la présente décision et poursuivre *sans discontinuité*, c'est-à-dire *au cours de la même séance*, l'élection des autres membres du Bureau ; *qu'en cas de résistance, il sera procédé immédiatement à son remplacement par le doyen d'âge suivant, et ainsi de suite jusqu'à l'aboutissement du processus électoral, le tout devant s'accomplir impérativement dans les 48 heures de la date de la présente décision ; qu'en tout état de cause, le Bureau de l'Assemblée Nationale devra être installé au plus tard le mercredi 14 mai 2003 à minuit ;*

DECIDE :

Article 1er. La doyenne d'âge, Madame Rosine VIEYRA SOGLO, a de nouveau violé la Constitution.

Article 2. Dit et juge que :

1°) La doyenne d'âge doit convoquer l'Assemblée Nationale dès la date de la présente décision et poursuivre sans discontinuité, au cours de la même séance, l'élection des autres membres du bureau.

2°) En cas de résistance, il sera procédé immédiatement à son remplacement par le doyen d'âge suivant, et ainsi de suite jusqu'à l'aboutissement du processus électoral.

3°) Tout le processus électoral doit se dérouler dans les 48 heures de la date de la présente décision.

4°) Le bureau de l'Assemblée Nationale devra être installé au plus tard le mercredi 14 mai à minuit.

Article 3.- La présente décision sera notifiée à Monsieur Cyrille GOUGBEDJI, à Maître Ahmed Issifou AKOBI, à la doyenne d'âge, Madame Rosine VIEYRA SOGLO, aux deux Secrétaires du Bureau d'âge, au Président de l'Assemblée Nationale et publiée au Journal Officiel.

Ont siégé à Cotonou, le douze mai deux mille trois,

Madame	Conceptia D. OUINSOU	Président
Messieurs	Idrissou BOUKARI	Membre

	Alexis HOUNTONDJI	Membre
	Jacques D. MAYABA	Membre
Madame	Clotilde MEDEGAN-NOUGBODE	Membre

Le Rapporteur, Le Président,

Clotilde MEDEGAN-NOUGBODE Conceptia D. OUINSOU

OBSERVATIONS

I : La régulation, une fonction polysémique

L'article 114 de la constitution dispose que la Cour constitutionnelle est "*l'organe régulateur du fonctionnement des institutions et de l'activité des pouvoirs publics*". Elle est dépositaire d'une fonction de régulation dont le périmètre se précise à travers sa jurisprudence sur une vingtaine d'années.

En droit comparé, le Conseil constitutionnel français emploie aussi l'expression lorsqu'il se déclare être "*un organe régulateur de l'activité des pouvoirs publics*" (Décision n° 62-20 Dc, 6 novembre 1962, Loi référendaire du 6 novembre 1962 *in* L. Favoreu et L. Philip, *Les grandes décisions du Conseil constitutionnel*, Paris, Dalloz, 14ème édit., 2007, pp. 162 et suiv.), sans pour autant donner un contenu à cette compétence qu'il dit tenir de "*l'esprit de la constitution.*" Le terme se retrouve en droit grec où la constitution fait du Président de la République "*le régulateur du régime politique*" (art. 30). Ce qui inspire à Jean Gicquel le commentaire que "*l'expression est suggestive autant qu'imprécise*"(J. Gicquel, préface à N. Barbaroussis, *La fonction régulatrice du Président de la République hellénique*, Paris, L.G.D.J. 2000, p. IX). Nicolas Barbaroussis, après une étude monographique centrée sur le texte constitutionnel grec et son contexte, conclut que le rôle régulateur confié au Président de la République renferme "*une notion vague et générale (...) susceptible d'une approche subjective (...) une notion influencée par la pratique des institutions politiques*" (N. Barbaroussis, *La fonction régulatrice du Président de la République hellénique*, Paris, L.G.D.J. 2000, p. 257). Michel Verpeaux, sans prétendre fournir "*une définition très précise*", suggère que "*la régulation serait à mi-chemin du conseil et de la décision générale et abstraite*" (M. Verpeaux, cité par M-M. Mborantsuo, *La contribution des Cours constitutionnelles à l'Etat de droit en Afrique*, Paris, Economica, 2007, p. 239) ce qui, pour Martin Collet, ne fait qu'"*embrouiller les choses plutôt que les éclairer*" (M. Collet, "Valeur(s) de la régulation", *in* Mélanges Jacqueline Morand-Deviller, *Confluences*, Paris, Montchrestien, 2007, p.241).

En définitive, la notion de régulation semble procéder d'un certain existentialisme juridique. Sans essence *a priori*, son contenu se détermine *in concreto*, au fur à mesure que la juridiction constitutionnelle examine et tranche les cas soumis à sa décision. La démarche de la Cour constitutionnelle présente deux grandes tendances : d'abord la valorisation du libre jeu des forces politiques, ensuite, l'implication régulatrice de la juridiction constitutionnelle.

II : La régulation passive : l'abstention de la Cour ou la valorisation du libre jeu des forces politiques.

La vie politique d'une manière générale, et la démocratie constitutionnelle pluraliste en particulier, sont des champs clos où l'intrigue et le jeu de puissance des acteurs politiques finit par trouver un équilibre dans le cadre d'institutions publiques stables et fortes. L'équilibre dynamique ainsi créé, permet par l'alternance politique, de faire des contraintes et servitudes d'aujourd'hui, des gloires et épanouissements de demain. Cette perception des choses a transparu dans la jurisprudence de la Cour constitutionnelle sur plusieurs décisions. Saisie d'une lettre du Président de l'Assemblée nationale relative à la bonne compréhension du contenu du règlement intérieur du parlement, la Cour affirme :"*Considérant qu'aux termes de l'article 114 de la constitution, la 'Cour constitutionnelle est l'organe régulateur du fonctionnement des institutions et de l'activité des pouvoirs publics', qu'elle ne saurait néanmoins s'appuyer sur cette disposition pour s'ingérer dans le fonctionnement interne de l'Assemblée (...) Considérant qu'en l'espèce, les questions sur lesquelles l'avis de la Cour est sollicité relèvent toutes des règles d'organisation interne et du fonctionnement de l'Assemblée prévues par son règlement intérieur (...) Que le Président de l'Assemblée nationale pourrait lui-même à bon droit, opposer aux questions sur lesquelles l'avis de la Cour est sollicité, les dispositions des articles susvisés du Règlement intérieur de l'Assemblée nationale*" (Décision 17 DC du 3 juin 1993, Président de l'Assemblée nationale, Recueil 1991-1992-1993, p. 89). La Cour s'abstient d'orienter la décision du parlement et même s'abstient de toute décision ou avis et renvoie les élus du peuple à une sorte de *self-discipline*. En effet, pour la Cour "*la séparation des pouvoirs telle qu'organisée par la Constitution du 11 décembre 1990 ne s'analyse pas comme une confrontation des pouvoirs mais comme une collaboration des pouvoirs ;*" ce qui implique que les pouvoirs publics constitutionnels "*exercent leurs compétences sans que l'un puisse exercer celles de l'autre ni s'immiscer dans l'exercice de leurs attributions respectives*" (Décision DCC 14-055 du 11 mars 2014, Christelle Djidjoho, Recueil 2014, volume 1, p.399).

Dans le même sens, la Cour se garde bien de verser dans l'inquisition qui consisterait à vérifier si les votes au parlement sont honnêtes et transparents. Le requérant "*dénonce la corruption qui entoure l'usage des procurations dans le cadre de l'élection des membres du bureau de l'Assemblée nationale et demande à la Cour d'user des prérogatives que lui confère l'article 114 de la Constitution pour 'réguler la question du vote en ce qui concerne la mise en place du bureau de l'Assemblée nationale' ; que le droit de vote des députés prévu par l'article 93 de la Constitution fait l'objet d'une procédure réglementée et décrite par le règlement intérieur de l'Assemblée nationale ; que dans le cas d'espèce, Monsieur Martin ASSOGBA n'indique aucune situation de blocage susceptible d'amener la Cour à statuer conformément aux dispositions de l'article 114 de la Constitution ; qu'en conséquence, sa requête n'est pas fondée et mérite rejet*" (Décision DCC 15-155 du 16 juillet 2015, Martin Assogba, Recueil 2015, vol.3, p. 1315).

Enfin, s'agissant toujours du parlement, la Cour se refuse à ordonner l'accélération du travail parlementaire ("*Considérant que les dispositions précitées n'indiquent aucun délai dans lequel un projet ou une proposition de loi doit être examiné par la Commission saisie et débattu en séance plénière en vue de son adoption,*" Décision DCC 13-086 du 16 août 2013, Serge Roberto PRINCE AGBODJAN, Recueil 2013, vol.2, p.590) et que, d'une manière générale, il ne lui appartient pas d'apprécier la police des débats parlementaires, telle que la conduit le Président de l'Assemblée nationale ("*le Parlement est et demeure le lieu par excellence du débat démocratique, débat nécessairement contradictoire, parfois viril, mais toujours courtois, et bien que cette activité soit susceptible d'être régulée par la Cour, le Président de l'Assemblée nationale dispose d'un pouvoir discrétionnaire en ce qui concerne la direction des débats au sein de l'hémicycle*", Décision DCC 18-075 du 15 mars 2018, Serge Roberto PRINCE AGBODJAN)

Elle adopte la même position, cette fois-ci à propos du Conseil économique et social. Elle affirme sa doctrine dans deux considérants majeurs : "*Considérant que Maître Robert Bonou expose que Monsieur Gnonronfin Bakari a été nommé par le Président du CES, sans l'avis conforme du bureau dudit conseil ; que cette nomination viole ainsi les dispositions (...) du règlement intérieur de ladite institution ; qu'il sollicite de la Cour, en sa qualité d'organe régulateur du fonctionnement des institutions conformément à l'article 114 de la constitution de déclarer la décision de nomination non-conforme à la constitution (...) Considérant que la qualité d'organe régulateur du fonctionnement des institutions conférée à la Cour par l'article 114 de la constitution ne lui donne pas compétence pour statuer sur l'application des dispositions du Règlement intérieur desdites institutions...*" (Décision DCC 97-020 du 6 mai 1997, Maître Bonou Robert, Recueil 1997, p. 87).

La Cour confirme sa position de bienveillante neutralité envers, cette fois-ci, la Haute autorité de l'audio-visuel et de la communication (HAAC). Le requérant "*demande à la Cour de donner des instructions fermes à la Haute Autorité de l'audiovisuel et de la communication pour le respect de la décision DCC 08-*

084 du 13 août 2008 ; que l'appréciation d'une telle demande ne relève pas du domaine de compétence de la haute juridiction tel que défini par les articles 114 et 117 de la Constitution ; que dès lors, il échet pour elle de se déclarer incompétente" (Décision DCC 15-031 du 19 février 2015, André Sogla, Recueil 2015, vol.1, p.407). Elle se déclare tout aussi incompétente pour apprécier le manquement du directeur de la Télévision nationale (télévision de service public) aux règles déontologiques (Décision DCC 13-071 du 11 juillet 2013, Serge Roberto PRINCE AGBODJAN, Recueil 2013, vol.1, p.501).

L'article 114 est aussi évoqué à l'appui d'un recours tendant à faire contrôler la constitutionnalité du règlement intérieur de la Commission Electorale Nationale Autonome (CENA) ; ce à quoi la Cour répond "*Considérant que la constitution en son article 123 dispose ' (...) les règlements intérieurs de l'Assemblé nationale, de la Haute autorité de l'audio-visuel et de la communication et du Conseil économique et social avant leur mise en application, doivent être soumis à la Cour constitutionnelle' (...) que le règlement intérieur de la CENA ne figure pas dans cette énumération ; que dès lors les requêtes sont de ce chef irrecevables*" (Décision DCC 02-122 du 11 septembre 2002, Ekite Juste et alii, Recueil 2002, p. 493).

Cette orientation se confirme dans la décision ASSAH D. Germain qui énonce "*Considérant que le requérant demande à la Haute juridiction de faire injonction aux pouvoirs publics pour obtenir l'exécution des dispositions de l'Arrêt de la Cour d'assises et pour reprendre service ; que la Cour exerce une compétence d'attribution (...) ; que la même constitution en son article 59 dispose 'Le Président de la République assure l'exécution des lois et garantit celles des décisions de justice' ; qu'il résulte de tout ce qui précède qu'elle n'a pas compétence pour faire des injonctions aux pouvoirs publics*". Décision DCC 00-009 du 03 février 2000, Assah D. germain, Recueil 2000, p.41).

D'une manière générale et pour respecter l'autonomie fonctionnelle des pouvoirs publics et de l'administration, la Cour se refuse à organiser l'exercice pratique du droit de grève (Décision DCC 03-003 du 18 février 2003, Secrétaire général du Syndicat national unifié des travailleurs des travaux publics, Recueil 2003, p. 21) ; à amener le directeur d'une administration publique à payer des agents (Décision DCC 02-084 du 25 juillet 2002, Gletton Quenum Marc, Recueil 2002, p.351) ; à instruire le Gouvernement sur l'organisation d'une manifestation 'Miss Bénin' plus conforme aux bonnes mœurs et à l'ordre public (Décision DCC 03-52 du 14 mars 2003, Yaovi Sessou Placide, Recueil 2003, p. 209), ou encore à sommer le Président de la république de nommer le remplaçant d'un ministre démissionnaire ("*le pouvoir de nomination ou de démission de fonctions d'un ministre relève de la compétence exclusive du Président de la République ; que la Cour n'est donc pas compétente pour donner des injonctions au Président de la République pour le remplacement d'un membre de son Gouvernement ; qu'il y a dès lors lieu pour la Cour de dire et juger qu'elle n'est pas compétente*" (Décision DCC 18-077 du 20 mars 2018, Wallis Boukary). Comme on le voit, cette posture tranche avec la jurisprudence Gougbédji Cyrille et alii.

III : La régulation active : la Cour dans le rôle d'arbitre central

Cette posture de la Cour est bien illustrée par la décision Gougbedji Cyrille et alii. Cette décision est précédée de la décision "Akobi Issifou Ahmed et autres", par laquelle la Cour, se fondant sur l'article 35 de la constitution qui oblige tout agent public à exercer ses fonctions "*dans l'intérêt et le respect du bien commun*", jugea que la doyenne d'âge de l'Assemblée nationale a violé la constitution. Doyenne d'âge et *es qualités* présidente du bureau provisoire de l'Assemblée devant superviser l'élection des membres du bureau de l'Assemblée nationale, celle qui est visée par les recours en inconstitutionnalité se sait minoritaire au sein de la nouvelle assemblée élue et qui a fait sa rentrée parlementaire solennelle le 22 avril 2003. Sa formation politique et les partis alliés sont minoritaires parmi les nouveaux députés élus. Sachant qu'une élection du bureau de la nouvelle assemblée conduirait à la sortir, elle et ses amis politiques dudit bureau, elle fait de l'obstruction et du dilatoire. Dans sa décision Akobi Ahmed et alii, la Cour dit et juge que "*la doyenne d'âge de l'assemblée nationale (...) a violé la constitution", car elle a enfreint les dispositions de l'article 35 de ladite constitution.* (Décision DCC 03-077 du 7 mai 2003, Akobi Issifou Ahmed et alii, Recueil 2003, p. 311).

Face à cette décision, la doyenne d'âge de l'Assemblé nationale reste impavide et continue son dilatoire et son obstruction. C'est suite à ce constat qu'un deuxième recours aboutit à la décision Gougbedji Cyrille et alii. L'article 114 de la constitution est évoqué et la Cour en profite pour écrire un de ses considérants d'anthologie "(…) *elle est fondée à prendre toute décision pour éviter toute paralysie du fonctionnement des institutions de la République*". Il s'ensuit les mesures comminatoires sur la poursuite du processus électoral, sa date butoir et la date de l'installation du nouveau bureau de la nouvelle Assemblée. (Décision DCC 03-078 du 12 mai 2003 Gougbedji Cyrille, Akobi Issifou Ahmed, Recueil, 2003, p. 317).

La décision Gougbédji Cyrille et alii n'est pas solitaire. Dans la Décision Bio Bigou et alii, la Cour, se fondant sur le Règlement intérieur de l'Assemblée nationale, ("*les dispositions du Règlement intérieur de l'Assemblée nationale lorsqu'elles constituent la mise en œuvre de règles constitutionnelles, font partie du bloc de constitutionnalité*") déclare contraires à la constitution, les décisions signées du Président de l'Assemblée nationale et portant désignation des membres de la Commission Electorale Nationale Autonome (CENA) et des membres des Commissions Electorales Départementales (CED) ; et surtout que la clé de répartition de la désignation desdits membres des commissions électorales viole les dispositions de la loi électorale. (Décision DCC 01-011 du 12 janvier 2001, Bio Bigou Bani Léon et alii, Recueil 2001, p. 53). Face à la résistance de la majorité politique au parlement à se conformer à l'autorité de la décision de la Cour, celle-ci, dans une seconde décision et par substitution d'action, dit et règle la répartition des membres des commissions électorales par groupe parlementaire de l'Assemblée nationale : "Les deux postes attribués indûment aux groupes Consensus National et PRD, doivent être affectés aux groupes Nation et Développement d'une part, et Solidarité et Progrès d'autre part." (Décision DCC 01-012 du 22 janvier 2001, Bio Bigou et alii, Recueil 2001, p.61).

La démarche de réserve vis-à-vis de la représentation nationale s'estompe. Elle s'estompe également vis-à-vis d'un ministre ("*Le ministre de l'Agriculture, de l'Elevage et de la Pêche est tenu de détruire en toute urgence le stockage de produits entreposés en pleine agglomération à Kotopounga dans la commune de Natitingou*", Décision DCC 17-252 du 05 décembre 2017, David Nahouan) ou des services d'un ministère : "*Considérant que (...) c'est seulement le 17 novembre 2003 après une séance de travail à la Haute juridiction et sur instruction de celle-ci que les services techniques ont réinspecté le site...*" (Décision DCC 04-038 du 20 avril 2004, Boya Eugène, Recueil, 2004, p. 165).

Plus singulièrement, la Cour se fonde sur son rôle de régulateur pour apprécier la diligence et le professionnalisme avec lesquels, les cours et tribunaux exécutent leur travail au quotidien *("Considérant qu'il est constant que le dossier judiciaire enrôlé sous le numéro 2004-179/CA2 opposant Monsieur SANNY S. Raphiou au directeur général de l'Office des Postes et Télécommunications (OPT) a disparu des rôles du greffe de la Cour suprême ; que de 2005, année de la saisine de la Cour suprême par le requérant, à 2018, année de reconstitution du dossier par ladite Cour, aucun acte d'instruction n'a été posé dans ledit dossier ; qu'il y a lieu d'en conclure que le délai mis pour le règlement du litige est anormalement long ; que tous les greffiers en chef et présidents de la chambre administrative de la Cour suprême qui se sont succédé depuis la date du 11 janvier 2005 ont donc méconnu l'article 35 de la Constitution"* Décision DCC 18-102 du 19 avril 2018, Saïbou Raphiou Sanny) ;

Le rôle de régulateur conduit aussi la Cour à se poser en Tribunal des conflits. La constitution étant la loi des lois, son garant en deviendrait le juge des juges. Le contrôle de constitutionnalité bride le contrôle de légalité. "*Lorsque survient un dysfonctionnement au sein de l'institution judiciaire en vertu de son pouvoir de régulation la haute juridiction constitutionnelle doit intervenir dès lors que ce dysfonctionnement est contraire à la constitution et aux droits de l'homme (...) Le comportement de la Cour suprême qui, régulièrement informée de la décision de la Cour constitutionnelle, écarte celle-ci, appelle application de l'article 114 de la constitution. En effet, la dernière phrase de cette disposition constitutionnelle permet à la Cour constitutionnelle d'intervenir comme Tribunal des conflits*" (Décision DCC 09-087 du 13 août 2009, Menonkpinzon ATOYO, Alphonse Léon ATOYO, Recueil 2009, vol.2, p.432). Ce raisonnement a sa logique mais méconnaît le fait que le juge de la légalité peut se faire aussi, à l'occasion, juge constitutionnel (G. DRAGO, *L'application de la Constitution par les Cours suprêmes : Conseil constitutionnel, Conseil d'Etat, Cour de cassation*, Paris, Dalloz, 2007). La Cour suprême a rendu des arrêts sur des principes de valeur constitutionnelle comme le respect du principe d'égalité ou le principe du respect des droits de la défense (Arrêt n° 10/CA du 20 juin 1999, BERAUD Eléonore C/ Directeur Départemental de la Police de l'Atlantique, Recueil 1999, p. 253 ; Arrêt n° 82/CA du 21 décembre 2000, DJIMAN K. Adolphe C/ Préfet de l'Atlantique, Recueil 2000, p. 229 ; Arrêt n° 13/CA du 05 avril 2001, Seidou Mama Mouhamadou C/Etat béninois). L'exclusivité de la compétence de la Cour constitutionnelle n'est donc pas attestée si l'on examine la pratique du contrôle juridictionnel des droits de la personne humaine au Bénin.

Au demeurant, cette pratique se complexifie avec la montée en puissance des juridictions supranationales qui n'hésitent pas à censurer les décisions des juridictions constitutionnelles nationales sur les questions relatives aux droits de l'homme, telles qu'elles sont prescrites par la Charte Africaine des droits de l'homme et des peuples (Arrêt n°ECW/CCJ/JUD/09/11 du 7 octobre 2011, Affaire Ameganvi Manavi Isabelle et autres c/ Etat du Togo).

D'une manière générale, la fonction de régulation par évocation de l'article 114 de la constitution s'enrichit du rôle de *veille électorale* que l'article 117 (La Cour "*veille à la régularité de l'élection du Président de la République*") confie à la Cour. Elle en déduit qu'elle intervient "*avant, pendant et après l'élection*" (Décision DCC 96-002 du 5 janvier 1996, Gbadamassi Moucharaf et autres, Recueil 1996 p.15). La conjonction de cette double disposition produit une jurisprudence particulièrement symptomatique de l'implication de la Haute juridiction dans le fonctionnement et les relations entre les organes de l'Etat. Elle décide ainsi que l'élection des membres du bureau de la CENA doit respecter la configuration politique de celle-ci et fixe le délai limite pour le déroulement de cette élection (Décision DCC 05-124, Djivo Patrick et alii, Recueil 2005, p. 603) ; que la société civile doit choisir en son sein ses propres représentants à la CENA au plus tard le (...) que passé ce délai "*la société civile dans toutes ses composantes sera considérée comme ayant renoncé à son droit et à son privilège de siéger dans les différentes structures de la CENA*" (Décision DCC 05-118 du 27 septembre 2005, Composante de la société civile de la Donga, Ndah B. Bernard et alii, Recueil 2005, p. 565) ; que le "*Gouvernement doit prendre sans délai le décret portant nomination de Monsieur A. D. L. en qualité de membre du SAP/CENA en remplacement de*

Monsieur D.S.O." (Décision DCC 05-132 du 26 octobre 2005, Kpadonou Hounsou et autre, Recueil 2005, p. 639) ; que "*le Gouvernement et l'Assemblée nationale sont tenus de prendre en urgence toutes les mesures administratives et législatives nécessaires au déroulement harmonieux du processus électoral*" et que "*le Gouvernement est tenu de mettre dans les vingt-quatre (24) heures de la présente décision à la disposition de la CENA une avance substantielle de fonds pour assurer le démarrage immédiat de ses activités*" (Décision DCC 05-139 du 17 novembre 2005, Equité Juste et autres, Recueil 2005, p. 681) ; qu'"*est ordonné le remplacement de Monsieur I. D. par J. A., désigné conjointement par les deux tendances de la société civile*" pour être membre de la Commission électorale départementale du Couffo (Décision DCC 06-002 du 12 janvier 2006, Assogba Jacob, Recueil 2006, p. 15).

La revue de jurisprudence de la Cour constitutionnelle nous situe, en définitive, sur la portée du défi qui est le sien. Une régulation fondée uniquement sur les règles constitutionnelles pourrait déboucher sur le pire des arbitraires et le plus oppressant des régimes. Le constitutionnalisme sans conscience constitutionnelle pourrait être ruineux pour le devenir des libertés et du principe démocratique. Entre ces écueils, la Cour a fait le choix de se faire à la fois un régulateur de l'Etat de droit à travers ses règles mais aussi un régulateur de la démocratie, de l'essence démocratique, pour reprendre la belle typologie de Babacar KANTE. (B. KANTE, "Les juridictions constitutionnelles et la régulation des systèmes politiques en Afrique" *in* Mélanges Jean GICQUEL, *Constitutions et pouvoirs*, Paris, Montchrestien, 2008, p. 267).

2

Décision DCC 08-113 du 09 septembre 2008
Augustino JOHN FRANCEY
Recueil 2008, p.539

Que juge la juridiction constitutionnelle ?

La Cour Constitutionnelle,

Saisie d'une requête du 19 septembre 2005 enregistrée à son Secrétariat à la même date sous le numéro 1871/160/REC, par laquelle Monsieur Augustino John FRANCEY forme un « recours en inconstitutionnalité » du clip intitulé « Mahou Abraham Ton » de l'artiste Beranis BERVI ;

VU la Constitution du 11 décembre 1990 ;
VU la Loi n° 91-009 du 04 mars 1991 portant Loi Organique sur la Cour Constitutionnelle modifiée par la Loi du 31 mai 2001 ;
VU le Règlement Intérieur de la Cour Constitutionnelle ;
Ensemble les pièces du dossier ;
Ouï Monsieur Théodore HOLO en son rapport ;
Après en avoir délibéré,

Considérant que le requérant expose que dans le clip déféré à la censure de la Cour, la « religion traditionnelle a été profanée, ridiculisée » ; qu'il développe : « ... Cette pratique qui tend à se généraliser n'est pas de nature à faciliter la cohabitation entre les différentes religions et est en déphasage avec notre Constitution qui dit que le Bénin est un Etat laïc. C'est à ce titre que le 10 janvier de chaque année est destiné à la célébration de la fête des religions traditionnelles » ; qu'il demande en conséquence à la Cour de ... :

- « déclarer ce clip contraire à la Constitution et attentatoire à la liberté de religion ;
- interdire la diffusion dudit clip, et de tout autre, blasphémant nos traditions sur les chaînes de télévision » ;

Considérant qu'en réponse à la mesure d'instruction de la Cour, Monsieur Clément HOUENONTIN, Vice-Président de la Haute Autorité de l'Audiovisuel et de la Communication (H.A.A.C), explique : « Dans ce clip, l'artiste rejette Satan et ses méfaits. Il illustre son refus de pactiser avec Satan par les images de pratiquants de la religion traditionnelle en pleines cérémonies, certains d'entre eux faisant, au même moment, le signe de la croix, une manière de tourner dérision certaines croyances du paysage culturel béninois. Certes, l'artiste est libre d'exprimer ses convictions religieuses comme il l'entend, dans les limites des lois de la République. Par contre, la diffusion du clip sur la chaîne de service public qu'est l'ORTB *n'était pas recommandée* puisqu'elle viole la liberté de conscience, de culte et d'opinion consacrée par la Constitution du 11 décembre 1990 qui stipule par ailleurs, en son article 23, que ''l'exercice du culte et l'expression des croyances s'effectuent dans le respect de la laïcité de l'Etat ''. En procédant à la diffusion publique dudit clip, l'ORTB viole les dispositions de l'article 10 du Code de Déontologie de la Presse Béninoise qui stipule : ''Le journaliste se refuse à toute publication incitant à la haine tribale, raciale et religieuse. Il doit proscrire toute forme de discrimination'' » ;

Considérant que lors de son audition le 26 décembre 2006 au siège de la Cour Constitutionnelle, le requérant affirme : « L'auteur du clip est libre de glorifier son Dieu et de propager la bonne nouvelle mais il n'a pas le droit d'indexer la religion des autres. Dans son clip, il y a une partie où il fait habiller un prêtre traditionnel en habit de hêbiosso. Je crois que c'est rouge et noir ou quelque chose comme ça… Ce n'est pas que l'habit porté par les pratiquants du clip me dérange. Mais à travers l'habit, c'est la religion vodoun qui est visée. Et on les a montré en pleine cérémonie… » ;

Considérant qu'aux termes de l'article 23 alinéa 1 de la Constitution : *« Toute personne a droit à la liberté de pensée, de conscience, de religion, de culte, d'opinion et d'expression dans le respect de l'ordre public établi par la loi et les règlements. L'exercice du culte et l'expression des croyances s'effectuent dans le respect de la laïcité de l'Etat » ;*

Considérant qu'il résulte des éléments du dossier que Monsieur Béranis BERVI, par sa chanson intitulée « Mahou Abraham Ton », exprime sa joie d'avoir pu quitter « satan et le monde des ténèbres » pour devenir aujourd'hui « enfant de Dieu », traduit son bonheur de vivre ainsi une vie nouvelle, exalte ses croyances, ses espérances et invitent tous ceux qui l'écoutent à faire comme lui ; qu'à l'analyse, aucune des idées énoncées dans cette chanson ne porte atteinte à la liberté de religion d'autrui ; qu'il n'y a donc pas violation de l'article 23 de la Constitution ;

Considérant qu'en revanche la visualisation du clip « Mahou Abraham Ton » permet d'observer un groupe d'hommes et de femmes habillés en rouge et noir, en train de célébrer un culte traditionnel, auxquels l'artiste adresse une invitation à renoncer aux cultes du genre et à adorer, comme lui, Dieu d'Abraham ; que si, dans l'ensemble, les images véhiculées par le support cinématographique de cette chanson ne peuvent être qualifiées de blasphématoires à l'égard des cultes traditionnels ou de profanatrices de lieux de culte, il apparaît cependant que certaines scènes tendent à tourner en dérision des cérémonies traditionnelles de cultes vodoun, ce qui pourrait créer auprès des pratiquants de ces cultes, un climat de gêne et un esprit de réprobation, et ne serait pas de nature à *sauvegarder, à renforcer et à promouvoir le respect, le dialogue et la tolérance réciproque en vue de la paix et de la cohésion nationale ;* que ce faisant, l'artiste Beranis BERVI par son clip « Mahou Abraham Ton » a violé l'article 36 de la Constitution aux termes duquel : « *Chaque Béninois a le devoir de respecter et de considérer son semblable sans discrimination aucune et d'entretenir avec les autres des relations qui permettent de sauvegarder, de renforcer et de promouvoir le respect, le dialogue et la tolérance réciproque en vue de la paix et de la cohésion nationale* » ;

DECIDE :

Article 1er.- Il n'y a pas violation de l'article 23 de la Constitution.

Article 2.- L'artiste Beranis BERVI par son clip intitulé « Mahou Abraham Ton » a violé l'article 36 de la Constitution.

Article 3.- La présente décision sera notifiée à Monsieur Augustino John FRANCEY, à l'artiste Beranis BERVI, au Directeur Général de l'ORTB, à la Haute Autorité de l'Audiovisuel et de la Communication, au Ministre de la Culture, de l'Artisanat et du Tourisme et publiée au Journal Officiel.

Ont siégé à Cotonou, le neuf septembre deux mille huit,

Madame	Marcelline GBEHA AFOUDA	Vice-Président
Messieurs	Bernard Dossou DEGBOE	Membre
	Théodore HOLO	Membre
	Zimé Yérima KORA-YAROU	Membre
	Robert TAGNON	Membre
Madame	Clémence YIMBERE DANSOU	Membre

Le Rapporteur, Le Vice-Président,

Théodore HOLO Marcelline GBEHA AFOUDA

Décision DCC 15 -245 du 26 Novembre 2015
Akpochihala Dah ALLIGBONON

La Cour constitutionnelle,

Saisie d'une requête du 11 juillet 2008 enregistrée à son secrétariat le 17 juillet 2008 sous le numéro 1246/076/REC, par laquelle Monsieur Akpochihala Dah ALLIGBONON forme un recours contre Monsieur Jonathan Dah Doyitin AGOSSOUZA MEHOU pour atteinte à son intégrité physique et morale ;

VU la Constitution du 11 décembre 1990 ;
VU la loi n° 91-009 du 04 mars 1991 portant loi organique sur la Cour constitutionnelle modifiée par la loi du 31 mai 2001 ;
VU le règlement intérieur de la Cour constitutionnelle ;
Ensemble les pièces du dossier ;
Ouï Monsieur Bernard D. DEGBOE en son rapport ;
Après en avoir délibéré,

CONTENU DU RECOURS

Considérant que le requérant expose : « Un jour, le nommé Jonathan Dah Doyitin AGOSSOUZA MEHOU était invité dans ma tranche d'émission ''nouyin-gbassa'' par l'animateur radio OCEAN FM, Monsieur SODJO Abel. A la fin de l'émission, il m'a été proposé par Monsieur Abel SODJO, une émission spirituelle publique sous forme ''genre spectacle culturel'', occasion à laquelle, je donnerais une conférence et quelques conseils et recettes traditionnels pratiques aux participants en vue de leur permettre de faire face à certaines contraintes de la vie familiale, scolaire, universitaire, professionnelle liées aux comportements quotidiens de chaque individu dans ses milieux d'existence et de travail.
De plus, selon mes amis, c'est une occasion pour faire la promotion et la vente de mes œuvres culturelles » ; qu'il affirme qu'il a accepté sans chercher à savoir les intentions réelles qui animent les sieurs Abel SODJO et Jonathan Dah Doyitin AGOSSOUZA MEHOU ; que c'est alors qu'une campagne médiatique est lancée sous son nom pour annoncer l'évènement ; qu'il allègue que le jour du spectacle, il a été surpris de constater qu'il a été mis à l'écart de toute animation ; que Monsieur Jonathan Dah Doyitin AGOSSOUZA MEHOU assisté de Monsieur Abel SODJO s'est lancé dans une opération dite de ''désensorcellement'', opération à laquelle il n'a pas été associé ; qu'il précise que la goutte d'eau qui a fait déborder le vase est la sortie et la commercialisation d'un CD vidéo au prix de 2.000 F CFA portant son image alors qu'il n'a été impliqué en rien à sa réalisation ; qu'il ajoute qu'il a reçu des

appels téléphoniques lui demandant s'il fait ''aussi partie d'un tel réseau d'escroquerie que conduit Dah Doyitin MEHOU AGOSSOUZA'' ; que conformément à sa vision de mourir pauvre, mais digne que riche fautif, il a saisi le directeur du BUBEDRA avec ''ampliation aux sieurs Dah Doyitin et son co-équipier Abel SODJO'' pour demander la suppression de son image avant de continuer la commercialisation du CD ; qu'il soutient que toutes les démarches entreprises n'ayant abouti à aucun résultat, il saisit la Cour pour atteinte à son intégrité physique et morale ;

INSTRUCTION DU RECOURS

Considérant qu'en réponse à la mesure d'instruction de la Cour, le directeur du BUBEDRA, Monsieur Samuel AHOKPA affirme : « L'article 86 de la loi n°2005-30 du 10 avril 2006 relative à la protection du droit d'auteur et des droits voisins en République du Bénin dispose que ''toute contestation qui naît de l'exécution des contrats de reproduction, d'édition, de représentation et d'exécution en public des œuvres littéraires, artistiques et des créations protégées par les droits voisins **sera soumise à l'organisme de gestion collective pour tentative de conciliation''** ; quant à l'article 87 de la même loi, elle précise qu'en ''cas d'échec de ladite conciliation, les parties ont la faculté de saisir le tribunal compétent, soit directement, soit par l'entremise de l'organisme de gestion collective'' que c'est donc certainement dans ce cadre que Dah AGOSSOUZA a, dans un premier temps, saisi le BUBEDRA d'une plainte contre le sieur SODJO Abel, animateur à la radio OCEAN FM qui a enregistré sur CD, et ce, sans son consentement, une manifestation de délivrance de deux dames de la sorcellerie. Suite à cette plainte, j'ai invité les deux parties à une conciliation que le BUBEDRA a initiée le 6 août 2007. Cette initiative a conduit à une solution amiable. Mais à ce jour, ni le sieur SODJO ni Dah AGOSSOUZA n'ont signé le procès-verbal de règlement de différend. Les deux parties avaient pourtant accepté la solution à l'amiable qui leur avait été proposée…

En soumettant cette affaire à la Cour constitutionnelle, Dah ALLIGBONON n'a fait qu'exercer ses droits en mettant ainsi fin à la conciliation que le BUBEDRA a initiée » ;

Considérant qu'en ce qui les concerne, Messieurs Abel SODJO, animateur à la radio OCEAN FM et Jonathan Dah Doyitin AGOSSOU MEHOU ont été invités par les correspondances n°s 2184/CC/SG et 2185/CC/SG du 16 décembre 2008 à… indiquer à la haute juridiction les circonstances dans lesquelles Dah ALLIGBONON a été impliqué dans la réalisation et la publication d'un CD vidéo ; qu'ils n'ont pas cru devoir répondre à ces correspondances ;

ANALYSE DU RECOURS

Considérant qu'aux termes de l'article 5 de la Charte africaine des droits de l'Homme et des peuples : *« Tout individu a droit au respect de la dignité inhérente à la personne humaine et à la reconnaissance de sa personnalité juridique. Toutes les formes d'exploitation et d'avilissement de l'homme notamment ... la torture physique ou morale, et les peines ou les traitements cruels, inhumains ou dégradants sont interdits »* ; qu'il ressort des éléments du dossier que le fait d'enregistrer et de commercialiser sans son consentement les images du requérant lors d'une opération de « désensorcellement » à laquelle il n'a pas été associé, constitue une atteinte à sa dignité ; qu'en conséquence, il échet de dire et juger qu'il y a violation de l'article 5 précité de la Charte africaine des droits de l'Homme et des peuples ;

D E C I D E :

Article 1er.- Il y a violation de la Constitution.

Article 2.- La présente décision sera notifiée à Monsieur Akpochihala Dah ALLIGBONON, à Monsieur Jonathan Dah Doyitin AGOSSOUZA MEHOU, à Monsieur le Directeur de radio OCEAN FM, à Monsieur le Directeur du BUBEDRA et publiée au Journal officiel ;

Ont siégé à Cotonou, le vingt-six novembre deux mille quinze,

Messieurs	Zimé Yérima	KORA-YAROU	Vice-Président
	Simplice Comlan	DATO	Membre
	Bernard Dossou	DEGBOE	Membre
Madame	Marcelline C.	GBEHA AFOUDA	Membre
Monsieur	Akibou	IBRAHIM G.	Membre
Madame	Lamatou	NASSIROU	Membre

Le Rapporteur,

Bernard D. DEGBOE

Le Vice-Président

Zimé Yérima KORA-YAROU

OBSERVATIONS

I : Le trans-constitutionnalisme et au-delà

Hans KELSEN était partisan du rejet de la souveraineté de la loi, expression de la volonté générale, et fondait sa doctrine sur l'importance du contrôle par voie d'action de la constitutionnalité des décisions des organes législatifs et exécutifs. Perçu comme la consécration de l'Etat de droit, c'est-à-dire de la double soumission de l'Etat à la légalité et aux valeurs démocratiques, le contrôle de constitutionnalité est traditionnellement un contentieux objectif, qui fait des membres des juridictions constitutionnelles "*des juges de la loi*" (L. HAMON, *Les juges de la loi, Naissance et rôle d'un contre-pouvoir : le Conseil constitutionnel,* Paris, Fayard, 1987). Le contentieux constitutionnel substitue, à l'habituel contrôle de légalité administrative, un contrôle de légalité législative ! C'est donc logiquement que le Doyen Georges VEDEL introduit le concept "*d'excès de pouvoir législatif*" (G. VEDEL, "Excès de pouvoir législatif et excès de pouvoir administratif", *in Cahiers du Conseil constitutionnel,* n° 1, 1er semestre 1996) par analogie avec l'"*excès de pouvoir administratif*", le premier traduisant la compétence du juge constitutionnel "*statuant en droit et exclusivement en droit, en vue d'apprécier la validité des normes ou actes de degré inférieur au regard du contenu de normes de degré supérieur*". Le contentieux constitutionnel assimilé à un contentieux de l'excès de pouvoir en acquiert aussi le caractère, à savoir un procès fait à un acte. Ce caractère, qui est valable aussi bien pour le contentieux par voie d'action que celui de l'exception, appartient au corpus de ce que certains auteurs appellent le "*trans-constitutionnalisme*", (X. PHILIPPE, cité par Pierre FOUCHER, "Contrôle de constitutionnalité, droits fondamentaux, démocratie : convergences, divergences, tendances" *in* F. DELPEREE et P. FOUCHER (dir), *La saisine du juge constitutionnel : aspects de droit comparé*, Bruxelles, Bruylant, 1998, p. 44) c'est-à-dire, ce que le droit et la pratique constitutionnels ont d'universel.

Dans la tradition juridique des pays africains francophones, et sigulièrement au Bénin, la décision de constitutionnalité a un domaine beaucoup plus large. Elle s'exerce sur les "*actes fondamentaux de l'Etat*" pour reprendre l'expression de Louis FAVOREU, (L. FAVOREU , "La décision de constitutionnalité" *in Revue Internationale de Droit Comparé*, 1986, p. 611) mais concerne aussi les actes juridiques émanés des pouvoirs exécutif et judiciaire, les actes à cararctère non législatif adopté à l'Assemblée nationale, certains textes relevant des relations internationales du Bénin, et, pour finir, certains actes ou faits qui ne sont pas rattachables à l'exercice d'une autorité de l'Etat.

En vertu de cette distribution générale de rôle, la Cour reçoit, en appréciation de constitutionnalité *a posteriori*, les lois et actes réglementaires "*censés porter atteinte aux droits fondamentaux de la personne humaine et aux libertés publiques*" (Article 117, constitution de 11 décembre 1990), soit par voie d'action, soit par "*la procédure de l'exception d'inconstitutionnalité*" (Article 122, constitution du 11 décembre 1990). La Cour exerce également un contrôle *a priori* de constitutionnalité sur les lois votées par l'Assemblée Nationale (lois organiques et lois ordinaires) sur les règlements intérieurs de l'Assemblée nationale, de la Haute Autorité de l'Audiovisuel et de la Communication et du Conseil Economique et Social (Article 117, constitution du 11 décembre 1990). La Cour est aussi compétente pour statuer, lorsqu'elle est saisie "*d'une plainte en violation des droits de la personne humaine et des libertés publiques.*" (Article 120 et 114, constitution du 11 décembre 1990). Ce qui fait de la juridiction constitutionnelle béninoise un juge de textes juridiques mais aussi un juge de faits sociétaux.

II : La Cour, juge de textes juridiques

2.1 : Les textes de loi et les actes émanant du pouvoir exécutif

La jurisprudence de la Cour fournit une abondante liste de décisions sur le contrôle de constitutionnalité des lois. Historiquement, le deuxième dossier que la juridiction constitutionnelle a eu à examiner fut le contrôle de la constitutionnalité de la Décision-loi n°88-004 portant création d'un privilège au profit de la Banque Commerciale du Bénin (Décision 2DC du 26 juin 1991, Syndicat national des commerçants et industriels du Bénin, Recueil 1991-1992-1993, p. 11). Cette décision a une longue descendance qui comprend le criblage de constitutionnalité des lois votées par le parlement mais non encore promulguées (criblage obligatoire pour les lois organiques, Décision DCC 98-031 du 27 mars 1998, Bah Nathanaël, Recueil 1998, p. 151, sur recours du Président de la République ou d'un député pour les lois ordinaires, Décision DCC 10-117 du 8 septembre 2010, Président de la République, Rachidi Gbadamassi), la vérification de constitutionnalité par la procédure de l'exception d'inconstitutionnalité pour les lois déjà en vigueur (Décision DCC 09-081 du 30 juillet 2009, Nelly Houssou et alii ; Décision DCC 17-178 du 10 août 2017) et enfin la vérification obligatoire de constitutionnalité pour les règlements intérieurs des institutions constitutionnelles (Décision 3 DC du 02 juillet 1991, Président du bureau provisoire de l'Assemblée nationale, Recueil 1991-1992-1993, p.15).

Cette production jurisprudentielle se fonde sur la clarté des dispositions constitutionnelles, notamment sur l'article 122 et sur l'article 117 en ses points 1 et 2. La Cour statue obligatoirement sur "*la constitutionnalité des lois organiques et des lois en général avant leur promulgation ; les Règlements intérieurs de l'Assemblée nationale, de la Haute autorité de l'audiovisuel et de la communication et du Conseil économique et social avant leur mise en application, quant à leur conformité à la constitution*".

L'herméneutique juridique est, par contre, sollicitée lorsqu'on évoque le contrôle de la Cour sur les lois et actes règlementaires (Article 117, point 3) ou les lois et textes réglementaires (Article 121 al. 2) ou encore les lois, textes règlementaires et actes administratifs (Article 3, al.3) contraires à la constitution (Article 3 al.3) ou censés porter atteinte aux droits fondamentaux de la personne humaine et aux libertés publiques (Articles 117 et 121). La question se pose moins pour les lois que pour la bonne compréhension de la notion d'acte ou de textes réglementaires ou encore d'acte administratif. La jurisprudence de la Cour sur ce plan est évolutive. Dans sa décision "Président de l'Assemblée nationale" la Cour affirme que "*d'un point de vue formel l'acte administratif est toute décision prise par une autorité administrative (...) que la lettre n°027/CNAC/PT/C en date du 21 avril 1993 du Président du Conseil National de l'Audiovisuel et de la Communication au Directeur général de l'Office de Radiodiffusion et Télévision du Bénin n'est pas un acte administratif mais un simple avis donné consécutivement à une consultation sollicitée par le destinataire de l'avis (...) qu'une émission radiophonique ou télévisuelle destinée à des individus non identifiés ne constitue pas un acte administratif (...) que la décision non écrite de reporter ou d'annuler une émission radiophonique ou télévisuelle prise par des responsables d'un service public ne constituent pas un acte administratif susceptible d'être déféré à la censure de la Cour*" (Décision 16 DC du 3 juin 1993, Président de l'Assemblée nationale, Recueil 1991-1992-1993, p.85). La Cour enchaîne en se déclarant incompétente pour connaître de la constitutionnalité d'une "décision" signée du Ministre de la défense nationale, au motif qu'un tel contrôle relève du juge de la légalité (Décision DCC 97-061 du 28 octobre 1997, Yessoufou Latifou, Recueil 1997, p. 263) ou qu'une circulaire non exécutoire ne peut être rattachée aux "*actes émanant du pouvoir exécutif et susceptibles d'être soumis au contrôle de constitutionnalité*" (Décision DCC 96-063 du 26 septembre 1996, Maître Grace d'Almeida Adamon, Recueil 1996, p.275). Elle juge, qu'en tout état de cause, les termes de l'article 3 al.3 de la constitution "*doivent s'entendre d'un acte émanant d'une autorité publique et modifiant l'ordonnancement juridique*" pour ce qui concerne les expressions "*tout texte réglementaire, tout acte administratif*" (Décision DCC 14-095 du 15 mai 2014, Marius Thomas Dakpogan).

Modifier l'ordonnancement juridique signifie avoir un impact sur la situation juridique. En ce sens, une décision fait grief, un acte administratif fait grief s'ils ont "*un impact sur la situation juridique d'une personne*" (Glossaire du Conseil d'Etat français, http://www.conseil-etat.fr/Les-Services/Glossaire). Quelle que soit leur forme juridique, la Cour juge éligible à son contentieux, les actes et textes juridiques émanés d'une autorité administrative dès lors qu'ils font grief et qu'ils modifient une situation juridique.

Dans cette logique, la Cour admet volontiers qu'est éligible au contentieux constitutionnel, un message-porté ("*le message-porté n°0274/SGG/C en réalité comporte non pas des instructions mais des décisions du Chef de l'Etat, doit s'analyser comme un acte administratif susceptible dès lors d'être déféré au contrôle de constitutionnalité*", Décision DCC 98-037 du 9 avril 1998, Association pour le Développement Economique et Social du village de Bamé, Recueil 1998, p. 188) ; un message radiodiffusé ("*le message radio n°532/DGPN/DAP/SPRH/STC du 17 mai 1995 est contraire à la constitution*", Décision DCC 00-063 du 12 octobre 2000, Kakpossa Félix, Recueil 2000, p. 233) ; un communiqué-radio du Ministre en charge du travail (Décision DCC 01-005 du 11 janvier 2001, Hinnouho Aklé Sylvain, Recueil 2001, p. 27) ; une déclaration du Ministre en charge des relations avec les institutions (Décision DCC 06-085 du 3 août 2006, Prince Agbodjan Roberto Serge, Recueil 2006, p.457) ; une lettre entachée d'un vice de forme, parce que non datée (Décision DCC 07-108 du 11 octobre 2007, Armand Hodonou et alii) ; ou encore des propos tenus sur une chaîne de télévision nationale par le Chef de l'Etat (Décision DCC 13-071 du 11 juillet 2013, Prince Agbodjan, Recueil 2013, vol.1, p.501 ; voir en sens contraire Décision DCC 14-126 du 08 juillet 2014, Noël Olivier Koko, Recueil 2014 vol.2, 869) ; une note de service portant affectation d'instituteurs (Décision DCC 18-054 du 1er mars 2018, Richard Dossa) ; une correspondance du maire d'une commune (Décision DCC 14-015 du 21 janvier 2014, Kpadessi Kpenonhoun et consorts, Recueil 2014, vol.1, p.184).

La notion d'"*acte administratif faisant grief*" semble, par contre, difficile à retenir, s'agissant des relevés des décisions du conseil des ministres. La Cour elle-même entretient un joli embrouillamini sur les notions de "*décsions du conseil des ministres*", de "*communiqué du conseil des ministres*" et de "*relevés des décsions administratives du conseil des ministres*". Elle précise toutefois que le "*communiqué n'est pas décisoire puisqu'il ne produit pas lui-même des effets sur la situation juridique (...) que seul le relevé des décisions administratives adoptées par le conseil des ministres constitue un acte administratif et fait foi*" (Décision DCC 17-013 du 31 janvier 2017, Noël Olivier Koko). Elle affirmera sans nuance, par la suite, que la "*décision du conseil des ministres du 05 octobre 2016*" est contraire à la constitution (Décision DCC 17-065 du 16 mars 2017 Thierry Dovonou et autres).

De fait, les décisions et relevés du conseil des ministres sont régulièrement admis à la censure du juge constitutionnel. Ainsi, "*Le relevé n° 35 des décisions prises par le Conseil des ministres (...) est contraire à la constitution*" (Décision DCC 07-175 du 27 décembre 2007, Jeanne Oboube Vele, Georges Constant Amoussou et alii ; Décision DCC 02-005 du 16 janvier 2002, Koudjetcheou Zowédo, Rec 2002, p. 27 ; Décision DCC 06-016 du 31 janvier 2006, Aledjo Ousman et alii, Recueil 2006, p. 73). Or, il faut bien en prendre son parti que le relevé des décisions du conseil des ministres autant que les communiqués et autres décisions dudit conseil sont, comme leurs noms l'indiquent, une sorte de notes de compte rendu de réunion des membres du gouvernement. Elles récapitulent les décisions prises, lesquelles seront mises en œuvre par des actes administratifs signés des ministres concernés et au besoin par le Président de la République, s'agissant des décrets pris en conseil des ministres. Lesquels actes pourraient ensuite être attraits devant la juridiction constitutionnelle. Il en a été ainsi du Décret n°2016-616 du 05 octobre 2016 reprenant les décisions du conseil des ministres du 05 octobre 2016 (Décision DCC 17-065 du 16 mars 2017 Thierry Dovonon et autres) ou encore de la décision du conseil des ministres du 27 juillet 2016 reprise par le Décret n°2016-631 du 12 octobre 2016 (Décision DCC 17-209 du 19 octobre 2017, Amédée Vignon Serge Weinsou).

En tout état de cause, il convient de restituer l'orthodoxie de l'acte administratif faisant grief en précisant qu'un relevé des décisions du conseil des ministres n'est pas opposable en l'état. Il est, en effet, de droit constant qu'un acte administratif favorable ou défavorable, règlementaire ou non règlementaire, ne produit un effet de droit et donc ne modifie l'ordonnancement juridique qu'après l'accomplissement des formalités de publicité, soit par la voie de la publication au journal officiel ou par affichage, soit par notification et même par matérialisation sur la voirie publique pour ce qui concerne les modifications au code de la route. Tout ceci participe de la sécurité juridique et de l'Etat de droit.

Or, les relevés des décisions administratives du conseil des ministres ne sont pas destinés au grand public. Ils circulent sous le manteau (ou dans le boubou) et font l'objet, à l'occasion, de tous les trafics, comme la Cour elle-même l'a d'ailleurs souligné (Décision DCC 07-175 du 27 décembre 2007, Jeanne Oboube Vele, Georges Constant Amoussou et alii).

Il convient dès lors, que la Cour constitutionnelle, du haut de sa fonction de régulation du droit, puisse fixer de manière plus orthodoxe, les catégories juridiques soumises au maniement des administrations, des juridictions et du grand public.

2.2 : La Cour et le contrôle de conventionalité

La question du contrôle des instruments internationaux par la Cour constitutionnelle a reçu une solution qui conforte la Haute juridiction dans son ancrage constitutionnel. Les accords et traités de l'article 147 de la constitution ont une valeur supra-législative mais infra-constitutionnelle. Le contrôle de ces instruments internationaux ressortit à la compétence du juge de la légalité et non du juge constitutionnel. "*Considérant que le requérant affirme que la procédure suivie (...) méconnaît les dispositions des articles 9.2 et 14.3 a) du pacte international relatif aux droits civils et politiques (...) Considérant que l'application de ces dispositions relève d'un contrôle de légalité et non de constitutionnalité ; que la Cour constitutionnelle est incompétente pour en connaître*" (Décision DCC 98-095 du 11 décembre 1998, Aïzoun Hounmènou, Recueil 1998, p.461 ; voir aussi Décision DCC 07-122 du 18 octobre 2007, Maître Saïdou Agbantou). La Cour juge dans le même sens que la requête tend à "*faire apprécier par la Cour, les conditions d'application des dispositions de la Convention de Genève du 28 juillet 1951 relative au statut des Réfugiés ; que l'appréciation d'une telle demande n'entre pas dans le champ de compétence de la Cour tel que défini par les articles 114 et 117 de la Constitution*" (Décision DCC 14-093 du 15 mai 2014, Scarlet Sabwe A Kabwe, Recueil 2014, vol. 2, p. 665).

La Cour a, malgré tout, été amenée à apprécier la constitutionnalité des clauses du Traité de l'Organisation pour l'Harmonisation en Afrique du Droit des Affaires (OHADA) sur la question de savoir si ledit traité privait l'Assemblée nationale et les juridictions nationales de certaines de leurs compétences. Pour la Cour, "*le dessaisissement de certaines de ses institutions telles que les juridictions et l'Assemblée nationale, n'est ni total, ni unilatéral; (...) il s'agit, en l'espèce, d'un abandon partiel de souveraineté, voulu et accepté par les États parties qu'implique tout engagement international, en particulier celui relatif à l'intégration régionale ou sous-régionale*" (Décision DCC 19-94 du 30 juin 1994, Président de la République, Recueil 1994, p.73). La Cour se prononce également sur la constitutionnalité d'un accord sous forme simplifiée (Décision DCC 04-079 du 12 août 2004, Groupe d'Etudes et de Recherches sur la Démocratie et le Développement Economique et Social, GERDES et alii, Recueil 2004, p. 357) et prononce, à l'occasion, l'inconstitutionnalité de stipulations qu'elle juge contraires à la loi fondamentale du Bénin. La Cour juge, en effet, "*qu'il est constant, qu'en aucun cas, un accord en forme simplifiée comme c'est le cas de l'espèce ne saurait contredire une disposition constitutionnelle.*" Et "*qu'il résulte des dispositions constitutionnelles et conventionnelles (...) que le droit pour tout travailleur à s'organiser en syndicat est et demeure un droit fondamental en République du Bénin.*" En tout état de cause, dit la Cour, "*l'accord simplifié intervenu entre l'Association Mondiale de l'Appel à l'Islam et la République du Bénin ne saurait éclipser les engagements internationaux régulièrement pris par la République du Bénin dans le cadre de l'Organisation Internationale du Travail et ce sans qu'il soit besoin de rechercher la nature juridique exacte de l'Association Mondiale de l'Appel à l'islam ; qu'il s'ensuit que sont contraires à la Constitution l'article 17 de l'Accord querellé et l'arrêté n° 2007-1/306/SG/STCCD-SA du 13 août 2007 portant annulation du récépissé n° 2007/037/SG-STCCD du 29 mars 2007 de déclaration de l'Association dénommée ''syndicat des travailleurs de l'hôpital EL FATEH (syntra-HEF)''*" (Décision DCC 09-066 du 28 mai 2009, Kowiyou Yessoufou).

La Cour marque, cependant, une réserve à juger de la constitutionnalité d'un Acte communautaire, signé par le Président de la République, en sa qualité de Président en exercice de la Conférence des Chefs d'Etat et de gouvernement de l'Union économique et monétaire ouest africaine. Pour la Cour, sa "*compétence (...) est strictement nationale et ne concerne que l'appréciation des actes émis, entre autres, par le président de la République ; que dès lors, elle ne saurait intervenir pour apprécier des actes pris par le président de la Conférence des chefs d'Etat et de Gouvernement de l'Union économique et monétaire ouest-africaine (UEMOA), agissant ès-qualités, fût-il le président de la République du Bénin ; qu'en conséquence, il échet pour elle de se déclarer incompétente* " (Décision DCC 16-006 du 07 janvier 2016, Honorat Adjovi, Recueil 2016, p.65).

2.3 : La Cour et le contrôle des décisions de nature juridictionnelle

La Cour pose le principe que les décisions de justice ne sont pas recevables au contentieux constitutionnel "*pour autant qu'elles ne violent pas les droits de l'homme*" (Décision DCC 05-092 du 30 août 2005, Kpangon Hubert, Recueil 2005, p.457). La Cour s'octroie ainsi une juridiction universelle en matière de droits de l'homme, ce qui lui permet de déclarer recevable une requête en inconstitutionnalité qui concerne un jugement de tribunal (Décision DCC 04-107 du 7 décembre 2004, ABUL Alex, Recueil 2004, p. 483), un arrêt de la Cour d'Appel (Décision DCC 06-076 du 27 juillet 2006, Atoyo Mènonkpinzon Victoire et alii, Recueil 2006, p.403) ou un arrêt de la Cour suprême (Décision DCC 09-087 du 13 août 2009, Menonkpinzon Atoyo, Alphonse Léon Atoyo et Daniel Menonkpinzon Atoyo, Recueil 2009, vol.2, p.432). La suite des deux précédentes décisions a conduit à une troisième décision qui juge "*l'Arrêt n°92/11 du 09 juin 2011 de la Cour d'appel de Cotonou (...) contraire à la constitution*" (Décision DCC 14-135 du 15 juillet 2014, Claude Léon Atoyo et consorts, Recueil 2014, vol.2, p.930).

2.4 : Les actes des organes de l'Assemblée nationale.

La Cour a une attribution de compétence évidente sur le contrôle des lois votées et le règlement intérieur du parlement, en application des dispositions de la constitution (Articles 117 et 121 de la constitution). Par extension jurisprudentielle, sa compétence couvre aussi les actes politiques du parlement comme la désignation de son bureau (Décision DCC 03-078 du 12 mai 2003 Gougbédji Cyrille, Akobi Issifou Ahmed, Recueil, 2003, p. 317), son fonctionnement courant en rapport avec son règlement intérieur (Décision DCC 08-065 du 26 mai 2008, Sacca Fikara), une résolution consacrant l'arrêt concerté de travail ("*grève*") des députés (Décision DCC 00-052 du 2 octobre 2000, Prince Agbodjan Roberto Serge, Recueil 2000, p. 187) ou des actes de gestion administrative comme la nomination du secrétaire général administratif par intérim du parlement (Décision DCC 07-085 du 6 août 2007, Florent Djossou).

La question de la recevabilité d'un recours contre le budget du parlement a fait l'objet de deux décisions contraires. En 2001, un recours introduit devant la Haute juridiction constitutionnelle tendait à faire déclarer contraire à la constitution, le budget de l'institution parlementaire tel que voté par les députés au motif qu'il "*viole la lettre de cadrage du Président de la République fixant à 3% la limite de l'accroissement des dépenses de fonctionnement*" et qu'en outre les parlementaires ont introduit dans ce budget "*un programme d'investissement pour deux milliards destinés à la construction du siège de l'institution parlementaire*". La Cour jugea que "*tant dans sa forme que dans son contenu, ledit budget, à ce stade du processus d'élaboration du budget général de l'Etat, apparaît comme un acte préparatoire à la loi de finances ; (...) que dès lors il n'y a pas lieu à statuer*" (Décision DCC 01-104 du 10 décembre 2001, Davo Lani Bernard, Recueil 2001, p.419).

En 2010, par contre, saisi par une requête "*par laquelle le Président de la République soulève l'inconstitutionnalité du budget de l'Assemblée nationale gestion 2011, voté le 23 septembre 2010*", la Cour juge le recours recevable et décide : "*Le budget de l'Assemblée nationale gestion 2011 voté par l'Assemblée nationale le 23 septembre 2010 est contraire à la constitution*" (Décision DCC 10-144 du 14 décembre 201, Raphaël Akotègnon).

La Cour se refuse, par contre, à s'immiscer dans le déroulement de l'activité parlementaire, que ce soit pour accélérer l'examen et le vote d'un projet de loi (la constitution n'indique "*aucun délai dans lequel un projet ou une proposition de loi doit être examiné par la Commission saisie et débattu en séance plénière en vue de son adoption*", Décision DCC 13-086 du 16 août 2013, Serge Roberto PRINCE AGBODJAN), ou pour apprécier la qualité de la police des débats tels que conduits par le Président de l'Assemblée nationale ("*le Président de l'Assemblée nationale dispose d'un pouvoir discrétionnaire en ce qui concerne la direction des débats au sein de l'hémicycle*" (Décision DCC 18-075 du 15 mars 2018, Serge Roberto PRINCE AGBODJAN et autres).

2.5 : Les actes émanant d'autorités non publiques

La Cour "*statue plus généralement sur les violations des droits de la personne humaine*" (Article 121 *in fine,* de la constitution). Cette disposition complète celles attributives de compétence de la Haute juridiction sur les lois, les règlements intérieurs, les actes et textes règlementaires. Elle ouvre à la Cour l'horizon des actes émanant d'autorités autres que celles de l'Etat ou des collectivités territoriales. La Cour juge ainsi recevable au contentieux constitutionnel, une lettre de licenciement (Décision DCC 97-010 du 6 mars 1997, Akibode Eusèbe Josselin, Recueil 1997, p.45), un contrat de travail, (Décision DCC 00-038 du 28 juin 2000, Vilate O. Ernest, Recueil 2000, p.141), une convention collective de travail (Décision DCC 00-028 du 5 avril 2000, Dakehoun Jean-Marie, Recueil 2000, p. 103), une note de service dans une entreprise publique (Décision DCC 07-154 du 22 novembre 2007, Bernardin Odoumonhou), des clients d'une société de micro-finance qui se plaignent du retard dans le service aux usagers (Décision DCC 13-138 du 19 septembre 2013, Roger Gbadessi AZON, Recueil 2013, p.864), la délibération interne du bureau politique d'une association politique sur ses futurs candidats à une élection nationale (Décision DCC 15-156 du 16 juillet 2015, Hermès Gbaguidi, Recueil 2015, vol.3, p.1319), une lettre ouverte dans la presse écrite privée invitant le Président de la république à solliciter un 3ème mandat (Décision DCC 14-199 du 20 novembre 2014, Emmanuel Houenou, Recueil 2014, vol.3, p.1356).

III : La Cour, juge de faits sociétaux

La notion de faits doit être prise ici dans une acception large. Elle couvre tous les faits de la vie en société, faits divers, faits politiques, faits économiques, etc. La notion de faits est ici opposée à la notion de textes, ceux-ci étant des documents écrits, sur support papier ou électronique et qui développent une logique que le juge constitutionnel peut confronter au texte de la constitution, par "*une comparaison terme à terme*" selon les mots de François Luchaire, (F. Luchaire, "*Le Conseil constitutionnel régulateur de l'activité normative des pouvoirs publics*", *Revue de Droit Public*, 1967 p. 46-47). La Cour s'investit ici dans un domaine où elle doit apprécier des situations de fait, des comportements, des paroles ou des gestes, etc. La décision Augustino John Francey constitue une bonne illustration de ce champ de compétence de la juridiction constitutionnelle. Celle-ci, en lieu et place des lignes écrites d'un texte de loi, d'une décision de justice ou d'un texte émané d'une autorité administrative, s'active à visionner un clip vidéo, à en évaluer le scénario, les acteurs, le décor et les paroles, en un mot à se transformer en critique de cinéma, dans le but ultime de déceler des éléments qui contrarient les nobles dispositions de la constitution. Ce contrôle de constitutionnalité par le menu, la Cour l'exerce sur un dessin satirique (Décision DCC 01-024 du 16 mai 2001, Ministre du commerce, de l'artisanat et du tourisme, Recueil 2001, p. 113), sur un agissement ("*Les agissements de (...) sont contraires à la constitution*" Décision DCC03-028 du 27 février 2003, Comités paroissiaux de l'église 'Union renaissance d'homme en Christ', Tec. 2003, p.125), sur un comportement ("*...que dès lors ce comportement est contraire à la constitution*" Décision DCC 97-019 du 6 mai 1997, Recueil 1997 p. 83), sur l'enlèvement des statues de Hèbiosso-Ayédohouèdo (Décision DCC 00-067 du 15 novembre 2000, Midiohouan Ossito Guy, Recueil 2000, p. 249), etc.

La Haute juridiction constitutionnelle ne se prive pas d'apprécier la constitutionnalité des propos tenus sur une chaine de télévion nationale par un député à l'Assemblée nationale (Décision DCC 14-099 du 22 2014, Armand

Bognon) ou par le Président de la République (Décision DCC 14-126 du 08 juillet 2014, Noël Olivier Koko) ; ni la constitutionnalité du "*lynchage le 21 juin 2016 de deux présumés voleurs au quartier Aïbatin 2 Cotonou*" (Décision DCC 17-117 du 1er juin 2017, Arnaud F. Awade Obossou), de la politique monétaire et de l'usage du Franc CFA (Décision DCC 14-170 du 11 septembre 2014, Mouphtaou Boukari Zakari) ; ni celle des "*déclarations de l'Union fait la Nation et les publications du journal 'Le Matinal'*" (Décision DCC-114 du 05 juin 2014, Salifou Worou Deke).

Du contentieux des actes fondamentaux des pouvoirs publics, la Cour évolue ainsi vers un contentieux de masse. Elle donne suite aux dispositions constitutionnelles qui l'habilitent à être saisie "*d'une plainte en violation des droits de la personne humaine et des libertés publiques*" (Article 120 et 114, de la constitution) et à statuer "*plus généralement sur les violations des droits de la personne humaine*" (Article 121 *in fine,* de la constitution.).

IV : De quelques considérations sur le périmètre de la décision de constitutionnalité au Bénin

4.1 : L'état des faits

La réponse à la question "*que juge la juridiction constitutionnelle*" a quelque chose d'agaçant. Il y a, en effet, de l'extravagance dans la posture de la Cour constitutionnelle, à la fois juge constitutionnel, juge administratif, juge judiciaire et instance de régulation des arrêts et jugements des cours et tribunaux. Certaines hautes autorités ne se gênent plus pour lui dénier la compétence de connaître et de juger les actes administratifs. Ainsi, le Président de la République ne manque pas de souligner que "*la question suggère une interprétation et une application de la loi qui relève du contrôle de légalité dont ne peut connaître la Cour constitutionnelle*" (Décision DCC 17-011 du 12 janvier 2017, Justin Segnon). Le ministre en charge des finances abonde dans le même sens ("*le contentieux de la légalité des actes administratifs, en vertu du principe de la répartition des compétences entre les différents ordres juridictionnels, relève, non de la Cour Constitutionnelle, mais du juge administratif*" Décision DCC 14-012 du 16 janvier 2014, Issa do Rego, Recueil 2014, vol.1, p.166) ; ainsi que le Président de la Chambre administrative de la Cour suprême ("*le contrôle de la bonne application de cette disposition légale par l'administration relève du juge de la légalité et non du juge constitutionnel*", Décision DCC 15-183 du 20 août 2015, Amédée Vignon Serge Weinsou, Recueil 2015, vol.3, p.1485), du ministre en charge de l'enseignement supérieur ("*Qu'il s'agit donc d'une question de légalité et non de constitutionnalité*" Décision DCC 16-135 du 08 septembre 2016, Delphine Adandedjan et consorts, Recueil 2016, vol.2 p.955) et de l'Autorité de régulation des marchés publics ("*Le recours formé par...a trait indubitablement à la légalité de la décision querellée et non à sa conformité à la*

Constitution", Décision DCC 15-096 du 23 avril 2015, Comlan Olivier Gahou, Recueil 2015, vol.2 p.917).

Ces gentils rappels à l'ordre proférés par des autorités administratives, sont couronnés par la fronde ouverte que manifestent les juges des cours et tribunaux de la République. Aussi, la Cour d'appel de Cotonou martèle-t-elle, que "*dans les affaires judiciaires, (elle) est soumise à l'autorité de la Cour suprême*", que seule la Cour suprême est compétente pour faire la régulation du droit et de la jurisprudence judiciaire et qu'elle n'est pas liée par l'autorité de la chose jugée qui s'attache aux décisions de la Cour constitutionnelle (Décision DCC 14-135 du 15 juillet 2014, Claude Léon Atoyo et consorts, Recueil 2014, vol. 2, p.990)

4.2 : La globalisation croissante du droit constitutionnel

La notion de globalisation du droit constitutionnel a ceci de pertinent qu'elle permet de cibler les grands défis auxquels sont confrontées les institutions juridictionnelles suprêmes et les grandes lignes des solutions qui y sont apportées. Pour le Club des juristes français, (http://www.leclub desjuristes.com) l'évidence au 21ème siècle est qu'il y a une inflation prodigieuse du contentieux devant les juges ordinaires mais aussi devant la juridiction constitutionnelle. "*Le volume des contentieux s'est accru dans presque tous les Etats occidentaux de manière très importante depuis vingt ans.*"(D. de BECHILLON, (dir), *Rapport : La régulation des contentieux devant les Cours suprêmes*, Paris, Le Club des juristes, 2014, p.9).

Le Bénin est éloigné de l'Allemagne, de l'Italie et de l'Espagne par la géographie mais aussi par la taille de leurs économies respectives. Mais une chose les rapproche : le régime politique actuel, ici et là-bas, succède à une monocratie oppressante qui a été une négation absolue de l'Etat de droit et de la protection des libertés. La chronique des années de lèpre s'est achevée par la mise en place de régimes nouveaux, des régimes constitutionnels pluralistes, pour reprendre l'expression de Raymond Aron (R. ARON, *Démocratie et totalitarisme*, Paris, Gallimard, 1965, pp. 107 et suiv). La juridiction constitutionnelle, dans ces nouvelles architectures institutionnelles, a été aménagée pour servir les besoins opérationnels de ce que les révolutionnaires français de 1789 ont appelé "*la garantie des droits*", proclamée à l'article 16 de la Déclaration des droits de l'homme et du citoyen. Les risques d'une résurgence d'un passé dictatorial sont subliminaux, tandis que la régionalisation (Cour de justice de la CEDEAO, Cour africaine des droits de l'Homme et des peuples, Chambres extraordinaires africaines sur l'Affaire Hissen HABRE) et l'internationalisation (Cour pénale internationale) de l'accès au juge sur les questions de droit de l'Homme a relativisé le rôle et la portée de la juridiction constitutionnelle. Le temps est révolu où Josef GOEBBELS pouvait affirmer sans se faire démentir : "*charbonnier est maître chez soi (...), nous n'avons à subir de contrôle ni de l'humanité, ni de la Société des Nations.*"(D. BREILLAT, *Libertés publiques et droit de la personne humaine*, Paris, Gualino éditeur, 2003, p. 281).

"*Le jour qui passe est passé, l'heure qui sonne est sonnée, demain seul reste et les après-demains,*" écrit le philosophe Alain. Le temps de la dictature franche et brutale relève de l'histoire et les juridictions constitutionnelles ont de nouveaux défis à affronter. La préservation des droits et libertés reste un impératif. Mais il faut s'ajuster aux contraintes liées à la banalisation de la juridiction constitutionnelle et à sa relégation au rang de tribunal de première instance des droits de l'Homme. Pour sortir de cet engorgement, la Cour constitutionnelle fédérale allemande a bénéficié de la sollicitude du législateur qui a adopté plusieurs lois allant dans le sens du resserrement de l'éligibilité au contentieux constitutionnel : la loi du 21 juillet 1956 sur la Cour constitutionnelle fédérale, la cinquième loi de modification de la loi sur la Cour constitutionnelle fédérale du 02 août 1993, la loi du 9 décembre 2003 et la loi du 24 novembre 2011. De façon spécifique, la loi du 2 août 1993, loi postérieure à la réunification des deux Allemagne, a précisé que le recours individuel (fleuron procédurier du système allemand de garantie des droits) devant la Cour constitutionnelle fédérale pour violation d'un droit fondamental du citoyen ne sera recevable que "*s'il pose une question de principe pour le droit constitutionnel (ou) si cela est nécessaire pour faire respecter un droit fondamental*" (M. FROMONT, "République fédérale d'Allemagne : La jurisprudence constitutionnelle en 2003", *in Revue de Droit Public*, n°6-2004, p.1656). Le législateur allemand ajoute que, "*si une voie de recours ordinaire est ouverte contre la violation alléguée, le recours individuel pour violation d'un droit fondamental ne peut être formé devant la Cour constitutionnelle qu'après épuisement de cette voie de recours.*"(M. FROMONT, "République fédérale d'Allemagne : La jurisprudence constitutionnelle en 2012", *in Revue de Droit Public*, n°4-2013, pp. 1063-1064). Ce qui fait de l'instance devant la Cour constitutionnelle "*une voie de recours exceptionnel.*" (A. DITTMANN, "Le recours constitutionnel en droit allemand", *in Les Cahiers du Conseil constitutionnel* n° 10, mai 2001).

La *Rechtswegerschöpfung* ou épuisement préalable des voies de recours en Allemagne se retrouve, *mutatis mutandis*, en Italie, notamment en matière de rationalisation du contrôle de constitutionnalité des lois par voie préjudicielle, c'est-à-dire le procès incident de constitutionnalité. La Cour constitutionnelle italienne a en effet décidé, qu'en "*principe, les lois ne doivent pas être déclarées contraires à la constitution parce qu'il est possible d'en dégager des interprétations contraires à la constitution, mais parce qu'il est impossible d'en dégager des interprétations conformes à la constitution.*"(Th. Di MANNO, "La sélection des recours devant la Cour constitutionnelle italienne", *in* D. de BECHILLON, (dir), *Rapport : La régulation des contentieux devant les Cours suprêmes,* Paris, Le Club des juristes, 2014, p.79). Ce sophisme vise à faire comprendre qu'il est du devoir du juge ordinaire saisi d'une question préjudicielle de constitutionnalité de dégager par lui-même une interprétation conforme à la constitution, de produire ce qu'un auteur français appelle des "*décisions de conformité sous réserve*"(L. FAVOREU, "La décision de constitutionnalité," *in Revue Internationale de Droit Comparé*, vol. 38, n°2, Avril-juin 1986, p. 622) de la loi. Ce pouvoir conféré au juge ordinaire a poussé celui-ci "*à faire un usage systématique de cette technique, avec pour conséquence principale de poser moins de questions de constitutionnalité par voie incidente.*" (Th. Di MANNO, "La sélection des recours devant la Cour constitutionnelle italienne", *in* D. de BECHILLON, (dir), *Rapport : La régulation des contentieux devant les Cours suprêmes*, Paris, Le Club des juristes, 2014 Paris, Le Club des juristes, 2014, p. 81). Ceci témoigne aussi d'une "marque de confiance de la Cour constitutionnelle envers les juges ordinaires" (Th. Di MANNO, "La sélection des recours devant la Cour constitutionnelle italienne", *in* D. de BECHILLON, (dir), *Rapport : La régulation des contentieux devant les Cours suprêmes*, Paris, Le Club des juristes, Paris, Le Club des juristes, 2014, p. 82), lesquels doivent démontrer, "*dans l'ordonnance de renvoi de la question incidente de constitutionnalité, qu'(ils ont) bien cherché à dégager une interprétation conforme de la loi et qu'il est impossible*" d'y arriver (Th. Di MANNO, "La sélection des recours devant la Cour constitutionnelle italienne", *in* D. de BECHILLON, (dir), *Rapport : La régulation des contentieux devant les Cours suprêmes*, Paris, Le Club des juristes, 2014, p. 82). *De facto*, le juge ordinaire devient un juge constitutionnel de premier degré et le juge constitutionnel de droit commun parce que la Cour constitutionnelle a transformé ce qui n'était qu'une faculté offerte au juge ordinaire en une "*véritable obligation.*" (Th. Di MANNO, "La sélection des recours devant la Cour constitutionnelle italienne", *in* D. de BECHILLON, (dir), *Rapport : La régulation des contentieux devant les Cours suprêmes*, Paris, Le Club des juristes, 2014, p. 82).

L'Espagne, elle-aussi, a suivi le même mouvement en modifiant, en 2007, le régime juridique du recours d'*Amparo*, c'est-à-dire, le recours individuel ouvert à tout individu pour saisir le Tribunal constitutionnel pour des cas de violation d'un de ses droits fondamentaux "*dans un cas concret.*"(L.M. DIEZ-PICAZO, "La régulation des recours devant les juridictions suprêmes : L'Espagne", *in* D. de BECHILLON, (dir), *Rapport : La régulation des contentieux devant les Cours suprêmes,* Paris, Le Club des juristes, 2014 Paris, Le Club des juristes, 2014, p. 56). Dorénavant, le requérant doit satisfaire toutes les conditions posées par la loi et, en outre, démontrer que son recours "est doté d'une '*especial trascendencia constitucional'*, c'est-à-dire (...) *que son recours présente une particulière relevance constitutionnelle au-delà de son cas particulier et qu'il revêt (...) une importance objective pour l'évolution de la jurisprudence constitutionnelle, pour l'épuration des pratiques incorrectes des tribunaux ordinaires ou pour d'autres raisons tout aussi générales mais objectives*" (L.M. DIEZ-PICAZO, "La régulation des recours devant les juridictions suprêmes :

L'Espagne", *in* D. de BECHILLON, (dir), *Rapport : La régulation des contentieux devant les Cours suprêmes,* Paris, Le Club des juristes, 2014, 2014, p. 58). Cette orientation de politique juridictionnelle et jurisprudentielle a fait basculer l'Espagne d'un "*système de protection subjective à un système d'importance objective*" (L.M. DIEZ-PICAZO, "La régulation des recours devant les juridictions suprêmes : L'Espagne", *in* D. de BECHILLON, (dir), *Rapport : La régulation des contentieux devant les Cours suprêmes,* Paris, Le Club des juristes, 2014, p. 58) de la question de la garantie des droits. Dans un autre contexte et pour d'autres raisons, des dynamiques similaires sont en cours au Royaume Uni avec le mécanisme de la *permission to appeal (*A. DUFFY-MEUNIER, "La régulation du contentieux devant la Cour suprême du Royaume Uni", *in* D. de BECHILLON, (dir), *Rapport : La régulation des contentieux devant les Cours suprêmes,* Paris, Le Club des juristes, 2014, p. 138) ou l'*abstention doctrine* américaine (E. ZOLLER, "La sélection des recours devant la Cour suprême des Etats-Unis" *in* D. de BECHILLON, (dir), *Rapport : La régulation des contentieux devant les Cours suprêmes,* Paris, Le Club des juristes, 2014, p.65). Une convergence des modèles est en gestation. Cette convergence prend d'ailleurs en compte les exemples ouest-africains francophones de juridiction constitutionnelle, pour ce qui concerne, du moins, le périmètre de la décision de constitutionnalité.

4.3 : Les leçons pour la Cour constitutionnelle du Bénin

Cette pérégrination à la fois législative et jurisprudentielle au-delà de la Méditerranée, ce voyage dans l'espace n'a pour but que d'asséner quelques vérités qui gagneraient à devenir évidentes en elles-mêmes, à savoir qu'une Haute juridiction constitutionnelle n'a pas vocation à connaître du contentieux de masse ; que le jugement des cas concrets ressortit à la compétence des juges du fond ; que la Cour constitutionnelle n'a véritablement à "*connaître que des questions de principe, d'évolution du droit ou d'unification de la jurisprudence* ;" (D. de BECHILLON, *dir*, *Rapport : La régulation des contentieux devant les Cours suprêmes,* Paris, Le Club des juristes, 2014,.p. 187) qu'en définitive, la Haute juridiction constitutionnelle, en vertu du paradigme de subsidiarité, est seule dépositaire de la mission éminente de régulation de l'ordre juridique. Selon la Cour européenne des droits de l'Homme, une juridiction suprême a pour tâche principale de "*rendre des arrêts précisant la loi et d'uniformiser son application.*" (Cour européenne des droits de l'Homme, Décision du 21 janvier 2014, *Valchev et autres c/Bulgarie).* Ce que renchérit le Conseil de l'Europe qui préconise que le recours aux Hautes juridictions nationales soit réservé aux affaires "*qui contribuent au développement du droit ou à l'uniformisation de l'interprétation de la loi.*"(Conseil de l'Europe, Recommandation n° R (95) 5 du 7 février 1995 du Comité des ministres aux Etats membres).

La cause semble entendue et pourtant ! La relation dialectique entre le droit positif et "*le fait social*" (E. DURKHEIM, *Les règles de la méthode sociologique*, Paris, Flammarion, 2009, p. 55) a été soulignée par plusieurs auteurs. De MONTESQUIEU à PORTALIS sans oublier le positivisme sociologique de Léon DUGUIT, le lien fusionnel entre le droit et la société qui la génère a été relevé. Il n'y aurait pas de droit positif désincarné, il n'y a de droit positif que celui que nous offre le moule sociétal dans lequel il est produit.

"*Il y a deux manières de se perdre*, écrit Aimé CESAIRE, *par ségrégation murée dans le particulier ou par dilution dans l'universel*." Ce qu'il convient d'appeler aujourd'hui les standards internationaux semble définir la ligne de démarcation entre le contexte national et les exigences d'un Etat moderne accepté et respecté au sein de la communauté internationale. La mondialisation a ses codes à la fois langagiers et managériaux. L'efficacité et l'efficience sont les nouveaux critères d'évaluation des politiques publiques, mais aussi des lois et de la jurisprudence. La production normative, quelle qu'elle soit (constitution, loi, règlement, jurisprudence), "*peut être perçue comme un moyen au service d'une fin et, à ce titre, ne peut être indifférente à la notion d'efficacité*."(M. FATIN-ROUGE-STEFANINI et alii, *L'efficacité de la norme juridique : un nouveau vecteur de légitimité* ? Bruxelles, Bruylant, 2012, p.19. D'où la bonne question de savoir si la production normative réalise les effets attendus et à quel coût ? La notion de coût renvoie d'abord à une certaine analyse économique du droit, véhiculée par les auteurs. Elle suggère aussi une appréciation des surcoûts organisationnels et fonctionnels que l'ordre juridique doit acquitter, ce que nous avons appelé l'insécurité juridique et la défiance envers les ordres juridictionnels. Or, au fondement de toute société politique, il y a un principe d'ordre, "*l'idée d'un ordre social désirable*" (G. BURDEAU, *L'Etat*, Paris, Editions du Seuil, 1970, p. 24) qu'exprime la règle de droit en ce qu'elle est réputée être une pourvoyeuse d'ordre et de sécurité, et qu'elle met "*en ordre un monde chaotique et conflictuel*."(I. PARIENTE-BUTTERLIN, *Le droit, la norme et le réel*, Paris, PUF, 2005, p.2).

La perception de la norme juridique comme la relation exclusive à un ensemble hiérarchisé de normes a quelque chose de lacunaire. L'être et le devoir-être de Hans Kelsen entretiennent, malgré l'auteur, des relations dialectiques. Et le juge qui croirait n'être que la bouche qui dit les paroles de la loi, cantonné dans une sorte de "*légidiction mécanique*," (Raphaël Matta-Duvignau, Mickaël Lavaine paraphrasant Montesquieu *in* R. MATTA-DUVIGNAU, M. LAVAINE, *dir*., *L'efficacité de la justice administrative : à la recherche d'une légitimité renouvelée*, Paris, Mare & Martin, 2016, p.13) se trouverait, à l'occasion, être en train de prendre des décisions qui sont le résultat, "*parfois inconscient, de croyances, d'opinions ou de valeurs qui sont incorporées à l'histoire sociale et institutionnelle*." (C. Béal, *dir. Philosophie du droit : norme, validité et interprétation*, Paris, Vrin, 2015, p. 44). L'idée de projet social, ce que Georges

Burdeau appelle "idée de droit" ("*Je qualifie* ***d'idée de droit*** *la représentation de l'ordre désirable qui, dans une société donnée, constitue une ligne de force de la mentalité collective où elle cristallise le* ***consensus dominant***", G. Burdeau, *L'Etat*, Paris, Editions du Seuil, 1970. p. 58) participe de l'essence même de la fonction sociale de la règle de droit. Pour le constituant de 1990, il s'agit de "*créer un Etat de droit et de démocratie pluraliste*" en vue de rendre possible le "*développement véritable et harmonieux de chaque Béninois tant dans sa dimension temporelle, culturelle, que spirituelle*" (Préambule de la constitution du 11 décembre 1990). L'idéal républicain est ainsi dessiné et la règle de droit doit servir ce dessein. Si le droit, "*au lieu d'être un facteur de sécurité,*" (qui est le préalable développement véritable et harmonieux désiré) devait devenir "un facteur d'inquiétude et d'incertitude," (Conseil d'Etat (français), *Rapport public 2006, Etudes et Documents* n°57, 234) il manquerait à sa fonction sociale.

Le syndrome de la décision *Séraphin Dohou* nous rapproche de l'état d'incertitude, d'inquiétude et d'insécurité juridiques qui peut être conjuré par des réformes législatives ou constitutionnelles comme on l'a noté pour les vieilles démocraties occidentales. Une révision de notre arsenal juridique (loi, loi organique sur la Cour constitutionnelle, dispositions de la constitution, etc.) pourrait introduire les mécanismes de filtrage comme l'épuisement des voies de recours et surtout l'exception de recours parallèle par exemple, c'est-à-dire, que le requérant ne dispose pas d'un autre recours contentieux lui permettant d'obtenir un résultat équivalent à celui procuré par la saisine de la Cour constitutionnelle (A. Cepko, *L'exception de recours parallèle en contentieux administratif français,* Thèse Droit, Toulon, 2014).

L'approche par le haut présente l'avantage de l'autorité mais elle sous-estimerait la formidable capacité d'adaptation et surtout de récupération des acteurs. La question des postures est une dimension essentielle du débat en cours. C'est pour cela qu'une autodiscipline interne aux ordres juridictionnels paraît mieux indiquée. On appellera cela le *judicial self restraint*, le cantonnement délibéré et assumé de chaque Haute juridiction dans son domaine de prédilection, en un mot l'auto-génération d'un *habitus,* à droit constant. Pour Pierre Bourdieu, l'*habitus* résulte d'un "*système de dispositions réglées, (...) une mythologie politique réalisée, incorporée, devenue disposition permanente, manière durable de se tenir, de parler, de marcher, et par là, de se sentir et de penser*" (P. BOURDIEU, *Le sens de la pratique,* Paris, Les éditions de Minuit, 1980, Livre 1, Chap. 4, p. 117). De la sociologie au droit, on dira que l'*habitus* se manifesterait par une nouvelle orientation de politique jurisprudentielle des Hautes juridictions, ce qui se traduirait par une manière durable de juger sur le périmètre de la décision de constitutionnalité, par l'observance rigoureuse et librement consentie de l'adage "*à César ce qui est à César...*"

3

Décision DCC 04-044 du 23 avril 2004,
Tanimomo Pascal
Recueil 2004, p. 193

L'autorité de la chose jugée

La Cour Constitutionnelle,

Saisie d'une requête du 14 janvier 2004 enregistrée à son Secrétariat à la même date sous le numéro 0069/010/REC, par laquelle Monsieur Pascal TANIMOMO introduit devant la Haute Juridiction une demande en révision de la Décision DCC 03-160 du 04 novembre 2003 ;

VU la Constitution du 11 décembre 1990 ;
VU la Loi n° 91-009 du 04 mars 1991 portant Loi Organique sur la Cour Constitutionnelle modifiée par la Loi du 31 mai 2001 ;
VU le Règlement Intérieur de la Cour Constitutionnelle ;
Ensemble les pièces du dossier ;
Ouï le Conseiller Idrissou BOUKARI en son rapport ;
Après en avoir délibéré,

Considérant qu'aux termes de l'article 16 de la loi organique sur la Cour Constitutionnelle : « *Les décisions et les avis de la Cour Constitutionnelle sont rendus par cinq (05) conseillers au moins, sauf en cas de force majeure dûment constatée au procès-verbal.* » ;

Considérant que Madame Clotilde MEDEGAN-NOUGBODE, Messieurs Christophe KOUGNIAZONDE et Lucien SEBO Conseillers à la Cour, sont empêchés ; que la Cour, conformément à l'article 16 précité, est habilitée à siéger et à rendre sa décision avec seulement quatre (04) de ses membres ;

Considérant que le requérant expose qu'il a saisi la Cour Constitutionnelle d'un recours par lequel il demandait à la Haute Juridiction de juger que la suspension du traitement dont il a été l'objet par les services du Ministère des Finances et de l'Economie est une violation des droits de la personne humaine ;
qu'il allègue que la Cour a, dans sa décision DCC 03-160 sus-citée, considéré que « l'appréciation des conditions de suspension de traitement ainsi que du

non-paiement des arriérés durant la période de suspension ne relève pas de la compétence de la Cour » ; qu'il soutient que « la décision de la Cour Constitutionnelle a été prise en méconnaissance de certains éléments d'appréciation qui, s'ils avaient été connus au moment des mesures d'instruction, auraient fondamentalement modifié la décision qui a été prise » ; qu'il cite à cet effet certaines dispositions du Statut Général des Agents Permanents de l'Etat notamment les articles 137 et 138 ; qu'il demande par conséquent la révision de la décision DCC 03-160 du 04 novembre 2003 ;

Considérant que la Constitution en son article 124 alinéa 2 dispose : « Les décisions de la Cour ne sont susceptibles d'aucun recours » ; que la présente requête tend à contester la Décision DCC 03-160 du 04 novembre 2003, par laquelle la Cour Constitutionnelle s'était déclarée incompétente pour apprécier les conditions de suspension de traitement et du non-paiement des arriérés dont a été victime le requérant ; qu'il échet de dire et juger qu'il y a autorité de chose jugée en vertu de l'article 124 de la Constitution précité ; que par conséquent, la requête de Monsieur Pascal TANIMOMO doit être déclarée irrecevable ;

DECIDE :

Article 1er.- La requête de Monsieur Pascal TANIMOMO est irrecevable.
Article 2.- La présente décision sera notifiée à Monsieur Pascal TANIMOMO et publiée au Journal Officiel.

Ont siégé à Cotonou, le vingt trois avril deux mille quatre,

Madame	Conceptia D. OUINSOU	Président
Messieurs	Jacques D. MAYABA	Vice-président
	Idrissou BOUKARI	Membre
	Pancrace BRATHIER	Membre

Le Rapporteur, — Le Président

Idrissou BOUKARI — Conceptia D. OUINSOU

Décision DCC 18-075 du 15 mars 2018
Serge Roberto PRINCE AGBODJAN

La Cour constitutionnelle,

Saisie d'une requête du 26 décembre 2017 enregistrée à son secrétariat le 27 décembre 2017 sous le numéro 2133/360/REC, par laquelle Monsieur Serge Roberto PRINCE AGBODJAN forme un recours contre le Président de l'Assemblée nationale pour violation de la décision DCC 17-262 rendue par la Cour constitutionnelle le 12 décembre 2017 ;

Saisie d'une autre requête du 19 janvier 2018 enregistrée à son secrétariat le 22 janvier 2018 sous le numéro 0135/033/REC, par laquelle Monsieur Dognon Carlos Abdon TOGNON forme un recours aux mêmes fins ;

Saisie d'une troisième requête du 26 janvier 2018 enregistrée à son secrétariat le 29 janvier 2018 sous le numéro 0188/039/REC, par laquelle Monsieur Mahugnon Rock AKOHA forme un recours dans le même sens ;

VU la Constitution du 11 décembre 1990 ;
VU la loi n° 91-009 du 04 mars 1991 portant loi organique sur la Cour constitutionnelle modifiée par la loi du 31 mai 2001 ;
VU le règlement intérieur de la Cour constitutionnelle ;

Ensemble les pièces du dossier ;
Ouï Messieurs Bernard Dossou DEGBOE, Akibou IBRAHIM G. et le Professeur Théodore HOLO en leur rapport ;

Après en avoir délibéré,

CONTENU DES RECOURS

Considérant que Monsieur Serge Roberto PRINCE-AGBODJAN expose : «...Par sa décision DCC 17-262 du 12 décembre 2017, la Cour constitutionnelle dans l'exercice de son pouvoir de régulation prévu par l'article 114 de la Constitution... a dit et jugé que :

- "l'Assemblée nationale doit procéder à la désignation de ses représentants au sein du COS-LEPI, à savoir : cinq (05) représentants de la majorité parlementaire et quatre (04) représentants de l'opposition parlementaire au plus tard, le jeudi 21 décembre 2017 ;

- le COS-LEPI doit être installé au plus tard le 29 décembre 2017 par la Cour constitutionnelle ;
- par ailleurs, disposant de six (06) mois pour l'actualisation de la LEPI, le COS-LEPI doit achever ses travaux au plus tard le 30 juin 2018".

En application de cette décision, l'Assemblée nationale devrait procéder à la désignation de ses représentants au sein du COS-LEPI, à savoir : cinq (05) représentants de la majorité parlementaire et quatre (04) représentants de l'opposition parlementaire, au plus tard, le jeudi 21 décembre 2017.

Mais, force est de constater qu'après la notification de cette décision à l'Assemblée nationale, le Président de l'Assemblée nationale n'a pas cru devoir convoquer l'Assemblée nationale pour se conformer à cette décision. Mais, lorsqu'il a plu au Président de l'Assemblée nationale de le faire des jours après cette notification, il a transmis cette décision à la commission des lois sans évoquer aucune urgence de la prise en compte de cette décision, alors que l'assemblée plénière n'a pu se tenir que le jour même où le délai imparti par la Cour constitutionnelle devrait arriver à son terme. Pensant qu'il allait se rattraper, le président n'a même pas pu demander le point de l'évolution du dossier en commission. La plénière du 26 décembre 2017 n'a pas pu aborder le sujet et n'a même pas pu en parler un seul instant.

Ce comportement est un mépris de la Constitution...étant entendu qu'en matière de régulation, aucune juridiction ou institution ne pourra imposer sa pratique face à une décision de la Cour constitutionnelle en matière de décision d'injonction prévue par l'article 114 de la Constitution...

Une décision de la Cour, notamment une décision indiquant une injonction avec délai à une institution, devrait être exécutée prioritairement et avec la diligence qu'impose l'article 34 de la loi organique de la Cour constitutionnelle qui dispose que "Conformément à l'article 124 de la Constitution, une disposition déclarée inconstitutionnelle ne peut être promulguée ni mise en application.

Les décisions de la Cour constitutionnelle ne sont susceptibles d'aucun recours. Elles s'imposent aux pouvoirs publics et à toutes les autorités civiles, militaires et juridictionnelles.

Elles doivent en conséquence être exécutées avec la diligence nécessaire".

La décision DCC 17-262 du 12 décembre 2017 devrait être exécutée en ce qui concerne la désignation des membres de la minorité et de la majorité parlementaires le jeudi 21 décembre 2017 comme l'indique la Cour constitutionnelle dans sa décision DCC 17-262 du 12 décembre 2017 qui est revêtue de l'autorité de la chose jugée.

Ne pas le faire constitue une violation flagrante de l'article 124 de la Constitution qui dispose qu'"Une disposition déclarée inconstitutionnelle ne peut être promulguée ni mise en application.

Les décisions de la Cour constitutionnelle ne sont susceptibles d'aucun recours.

Elles s'imposent aux pouvoirs publics et à toutes les autorités civiles, militaires et juridictionnelles".

(...)

Considérant que Monsieur Rock Mahugnon AKOHA, quant à lui, après avoir rappelé les mêmes faits, ajoute : « ...La haute Juridiction doit constater le manque de loyauté du Président de l'Assemblée nationale dans l'accomplissement de sa mission en tant que garant de l'Institution parlementaire... et son refus de respecter et de faire exécuter une décision constitutionnelle ayant acquis l'autorité de la chose jugée...

...La haute Juridiction a souvent rappelé que l'autorité de la chose jugée en matière constitutionnelle est une exigence, un principe à valeur constitutionnelle qui interdit de mettre en cause les décisions juridictionnelles ou de faire obstacle à leur exécution.

...La Cour constitutionnelle s'est prononcée en faveur de la double portée du principe de l'autorité de la chose jugée dans sa décision DCC 05-028 du 31 mars 2005 qu'elle a rappelée à l'occasion de sa décision DCC 06-016 du 31 janvier 2006 en précisant que l'autorité de la chose jugée qu'elle attache à ses propres décisions "Impose à l'administration une double obligation, à savoir, d'une part, l'obligation de prendre toutes les mesures pour exécuter la décision juridictionnelle et, d'autre part, l'obligation de ne rien faire qui soit en contradiction avec ladite décision". ...Se montrant davantage exigeante par rapport à l'autorité qu'elle confère à ses propres décisions (DCC 06-073 du 21 juin 2006), elle impose aux destinataires de ses décisions une obligation de résultat : "...Celle d'exécuter la décision avec la diligence nécessaire" ; qu'il développe : « en l'espèce, la décision DCC 17-262 du 12 décembre 2017 a été notifiée à l'Assemblée nationale le 14 décembre 2017 (notamment au secrétariat particulier du Président de l'Assemblée nationale) et, ayant pris connaissance de la notification le lendemain 15 décembre, le Président de l'Assemblée nationale aurait immédiatement instruit le secrétaire général d'inscrire la correspondance et la décision de la Cour au dossier des communications à la prochaine plénière fixée et programmée précisément pour le 21 décembre 2017 (selon le communiqué du secrétariat général administratif du 12 janvier 2018).

...Le Président de l'Assemblée nationale aurait dû faire diligemment exécuter cette décision du juge constitutionnel, non seulement, en lui donnant application, mais aussi, en tirant toutes les conséquences de droit et de fait qui y sont attachées, étant donné que les décisions constitutionnelles sont revêtues de l'autorité de la chose jugée. ...Grande a été la surprise de constater que, c'est à cette séance plénière du 21 décembre 2017, date décisive, que le Président de l'Assemblée nationale a choisi de confier le dossier à la commission des lois pour étude et rapport. ...Plus grave encore, à cette même séance plénière, le Président de l'Assemblée nationale a demandé au président de la commission des lois "DE PRENDRE TOUT SON TEMPS" pour étudier et faire le rapport dudit dossier, ce qui démontre que le Président de l'Assemblée nationale a volontairement choisi de bloquer la mise à exécution de la décision de la Cour constitutionnelle qui, pourtant s'impose à tous.

...Ce mépris du Président de l'Assemblée nationale pour l'autorité de la chose jugée en matière constitutionnelle est d'autant plus manifeste et démontre à suffisance la manière dont le dossier a été traité pour aboutir à la non désignation des membres du COS-LEPI à ce jour.

...En agissant ainsi, l'Assemblée nationale et particulièrement son Président contrarient violemment l'autorité de la chose jugée attachée à la décision de la Cour constitutionnelle, violant ainsi la Constitution en son article 124 alinéa 2. » ; qu'il ajoute : « ...En outre, ...le Président de l'Assemblée nationale a clôturé, le mardi 23 janvier 2018, la deuxième session ordinaire de l'année 2017 sans que l'Assemblée nationale n'ait désigné les membres du COS-LEPI comme le veulent les textes qui encadrent les élections dans notre pays et l'injonction de la Cour constitutionnelle dans sa décision DCC 17-262 du 12 décembre 2017. ...Ce faisant, il est désormais clair dans la tête de tous les Béninois que le Président de l'Assemblée nationale et les députés du bloc de la majorité parlementaire ont volontairement et délibérément choisi de conduire notre pays vers une crise institutionnelle. ...Le Président de l'Assemblée nationale et les députés du bloc de la majorité parlementaire ont volontairement et gravement défié l'injonction de la Cour constitutionnelle... Ainsi, la haute Juridiction doit constater que cette défiance constitue une éclatante démonstration du démantèlement méthodique de la force exécutoire de la régulation de la Cour constitutionnelle.

...A plusieurs reprises, dans ses décisions, la haute Juridiction a...fait injonction aux députés. ...Après avoir déclaré contraires à la Constitution la procédure de désignation des représentants de l'Assemblée nationale pour siéger à la haute Cour de Justice et le choix des députés appelés à représenter l'Assemblée nationale en tant que corps, à animer ses organes de gestion ou à siéger au sein d'autres Institutions de l'État, la Cour a jugé dans sa décision DCC 09-002 du 08 janvier 2009 que cette "désignation doit être effective le 15 janvier 2009 au plus tard". ...Ensuite, par sa décision DCC 09- 057 du 11 avril 2009, la Cour a jugé que "la tendance majoritaire de l'Assemblée nationale est tenue de proposer à l'élection trois (3) députés devant siéger à la haute Cour de Justice au plus tard le mercredi 06 mai 2009". ...Egalement, en matière électorale, sur saisine du Président de l'Assemblée nationale suite aux difficultés de mise en œuvre de la décision EP 11-006 du 14 février 2011 en raison de l'opposition organisée par les députés, la Cour, par sa décision EP 11-014 du 22 février 2011, a dit et jugé : "Le Président de l'Assemblée nationale désignera d'office et chaque fois que nécessaire, un député pour assurer les fonctions de secrétaire parlementaire, de même, il transmettra d'office à la CENA la liste des personnes devant siéger dans les Commissions électorales communales (CEC) et dans les Commissions électorales d'arrondissement (CEA) telle qu'arrêtée par les groupes parlementaires disponibles ; que la CENA procèdera sans délai à l'installation de ces structures décentralisées". ...Enfin, la Cour a enjoint aux députés de reprendre "impérativement" le vote du budget de l'État exercice 2014, le 31 décembre 2013 (DCC 13-171 du 30 décembre 2013) » ; qu'il fait observer : « ...La Cour ne fait qu'exercer la plénitude de ses prérogatives en toute responsabilité, en rappelant les organes à l'exercice de leurs prérogatives constitutionnelles, ce qui participe de la régulation qui est une constante de la jurisprudence de la Cour. ...Etant donné que toute décision constitutionnelle met à la charge des autorités administratives, "d'une part, l'obligation de prendre toutes les mesures pour exécuter la décision juridictionnelle, d'autre part, l'obligation de ne rien faire qui soit en contradiction avec ladite décision, et enfin, celle d'exécuter la décision avec la diligence nécessaire"(DCC 06-073 du 21 juin 2006)..., le juge constitutionnel pourra constater que le mépris affiché par le Président de l'Assemblée nationale à l'égard de notre souveraine Constitution en choisissant de braver l'autorité de la chose jugée, constitue une violation de l'article 124 alinéa 2 de la Constitution » ;

(...)

INSTRUCTION DES RECOURS

Considérant qu'en réponse à la mesure d'instruction diligentée par la Cour, le Président de l'Assemblée nationale, Maître Adrien HOUNGBEDJI, écrit : « ... Le 14 décembre 2017, mon secrétariat particulier a reçu notification d'une décision DCC 12-262 du 12 décembre 2017 de la Cour constitutionnelle enjoignant à l'Assemblée nationale de désigner au plus tard le 21 décembre 2017 ses membres au sein du COS-LEPI.

Ayant pris connaissance de la notification le lendemain 15 décembre, le Président de l'Assemblée nationale a immédiatement instruit le secrétaire général d'inscrire la correspondance et la décision de la Cour au dossier des communications de la plus prochaine plénière fixée et programmée précisément pour le 21 décembre 2017.

A cette séance, à la lecture de la communication, le Président de l'Assemblée nationale a affecté le dossier à la commission des lois ... pour étude et rapport. En effet, aux termes de l'article 48-2 du règlement intérieur, "aucune affaire ne peut être soumise aux délibérations de l'Assemblée nationale sans avoir, au préalable, fait l'objet d'un rapport écrit (ou verbal en cas de discussion immédiate) de la Commission compétente au fond".

A cet instant, le député Nourenou ATCHADE a demandé un examen en procédure d'urgence. Aux termes de l'article 78 alinéa 1 du règlement intérieur, la procédure d'urgence (ou discussion immédiate), pour être prise en considération, doit être demandée par dix (10) députés au moins. (Prise en considération, la demande doit être ensuite soumise au vote de la plénière qui statue et se prononce sur l'opportunité de la procédure d'urgence : article 78 alinéa 2).

Le Président de l'Assemblée nationale a fait constater que l'honorable ATCHADE est le seul député à demander la procédure d'urgence, aucun autre député ne s'étant associé à sa demande : celle-ci ne pouvait donc ni être prise en considération ni soumise au vote.

Dans ces conditions, le Président de l'Assemblée nationale n'a pu que poursuivre la procédure ordinaire : le dossier est donc resté confié à la commission des lois pour étude et rapport suivant la procédure ordinaire. Le président ne pouvait donc pas faire désigner les représentants de l'Assemblée nationale le 21 décembre 2017. A l'impossible nul n'est tenu.

Au demeurant, cette désignation n'est pas de son ressort, mais du ressort de la plénière sur rapport de la commission saisie au fond.

Aux dernières nouvelles, la commission est à pied d'œuvre. Le président ne peut qu'attendre le dépôt de son rapport, car, il n'a pas pouvoir pour dicter à la commission la date de dépôt de son rapport.

Le Président de l'Assemblée nationale est donc surpris par le contenu de la requête de Monsieur AGBODJAN qui lui fait grief de n'avoir pas exécuté la décision avec diligence, alors que, dans les 24 heures où il a reçu notification, il a instruit le secrétaire général administratif de l'inscrire au dossier de communication de la prochaine plénière et à cette plénière, il a épuisé sa compétence en saisissant la commission des lois. Il ne pouvait rien faire d'autre que d'attendre le rapport de la commission.

De mon point de vue profane, la requête de Monsieur AGBODJAN s'apparente à une procédure téméraire et à une dénonciation calomnieuse qui s'ajoute à la cabale et au lynchage médiatique dont je suis l'objet depuis plusieurs semaines pour avoir agi dans le respect des textes qui régissent l'Institution parlementaire... » ;

ANALYSE DES RECOURS

Considérant que les trois (03) recours sous examen portent sur le même objet et tendent aux mêmes fins ; qu'il y a lieu de les joindre pour y être statué par une seule et même décision ;

Sur la violation de l'autorité de la chose jugée attachée à la décision DCC 17-262 du 12 décembre 2017 de la Cour

Considérant qu'aux termes de l'article 124 alinéas 2 et 3 de la Constitution : « *Les décisions de la Cour constitutionnelle ne sont susceptibles d'aucun recours.*

Elles s'imposent aux pouvoirs publics et à toutes les autorités civiles, militaires et juridictionnelles » ; que l'article 34 de la loi organique sur la Cour constitutionnelle précise qu'« *...Elles doivent en conséquence être exécutées avec la diligence nécessaire* » ; qu'il en résulte que les décisions de la Cour constitutionnelle sont revêtues de l'autorité de la chose jugée ; que de jurisprudence constante de la Cour, cette autorité de la chose jugée impose à l'Administration une double obligation, à savoir, d'une part, l'obligation de prendre toutes les mesures pour exécuter la décision juridictionnelle, d'autre part, l'obligation de ne rien faire qui soit en contradiction avec ladite décision ;
Considérant que dans sa décision DCC 17-262 du 12 décembre 2017, la Cour a dit et jugé : « L'Assemblée nationale doit procéder à la désignation de ses représentants au sein du COS-LEPI, à savoir : cinq (05) représentants de la majorité parlementaire et quatre (04) représentants de l'opposition parlementaire au plus tard, le jeudi 21 décembre 2017 » ; que cette décision a été notifiée au secrétariat administratif de l'Assemblée nationale le 13 décembre 2017 qui l'a notifiée au secrétariat particulier du Président de l'Assemblée nationale le 14 décembre 2017 ; que le Président de l'Assemblée nationale qui, aux termes de l'article 42 du règlement intérieur de l'Institution, « *dirige les débats, donne la parole, met les questions aux voix, proclame les résultats des votes, fait observer le règlement intérieur et maintient l'ordre* » au sein de l'Institution, en somme, conduit l'Assemblée nationale, affirme avoir pris connaissance de ladite décision le 15 décembre 2017 ; que cependant, bien qu'ayant pris connaissance de cette décision, il n'a pas fait diligence tel que l'y invite l'article 34 sus-cité de la loi organique sur la Cour constitutionnelle pour la faire exécuter ; qu'en effet, le délai imparti à la représentation nationale pour procéder à la désignation de ses représentants au sein du COS-LEPI s'est écoulé sans que cette dernière ne l'ait

fait ; que le Président de l'Assemblée nationale justifie son attitude par sa volonté de respecter le règlement intérieur de son Institution qui exige en son article 78 que la procédure d'urgence ne puisse être mise en œuvre que si elle est sollicitée par 10 députés au moins, ce qui n'a pas été le cas ;

Considérant que les décisions de la Cour devant être exécutées avec la diligence nécessaire, conformément à l'article 34 précité de la loi organique sur la Cour constitutionnelle, l'exécution de la décision DCC 17-262 du 17 décembre 2017 de la Cour nécessitait la mise en œuvre de la procédure d'urgence ; qu'ainsi, au nom de la force obligatoire rattachée aux décisions de la Cour, la question de la mise en œuvre de la procédure d'urgence pour l'exécution de la décision en cause n'était plus à discuter au sein du Parlement ; que cette procédure devrait s'imposer à la représentation nationale ; que n'ayant pas procédé ainsi, il y a lieu pour la Cour de constater que l'Assemblée nationale a délibérément décidé de ne pas se conformer à la décision DCC 17-262 du 12 décembre 2017 ; que dès lors, il échet pour elle de dire et juger que la représentation nationale, notamment les députés présents à la séance parlementaire du 21 décembre 2017, à l'exception du député Nourénou ATCHADE qui a requis sans succès la procédure d'urgence, a violé l'article 124 alinéas 2 et 3 sus-cité de la Constitution ;

Considérant que de même, le Président de l'Assemblée nationale, malgré la décision de la Cour dont les termes ne laissent aucun doute sur la célérité qu'elle appelle pour son exécution, en offrant la latitude aux députés de décider du choix de la procédure à mettre en œuvre pour son exécution, a violé la même disposition ; que par ailleurs, la volonté du Président de l'Assemblée nationale de ne pas se soumettre à la décision de la Cour est encore plus manifeste lorsqu'il apparaît, aux termes du compte-rendu intégral des débats parlementaires du 21 décembre 2017, qu'en affectant le dossier au président de la commission des lois, il a fait savoir à ce dernier : « Monsieur le Président de la commission, vous êtes saisi du dossier. Vous nous déposerez votre rapport quand vous le pourrez, quand cela sera prêt. Voilà ! Nous sommes d'accord ? », alors même que le délai imparti à l'Assemblée nationale pour s'exécuter arrivait à son terme ; qu'en agissant tel qu'il l'a fait, le Président de l'Assemblée nationale a violé, non seulement, l'article 124 alinéas 2 et 3 sus-cité de la Constitution, mais aussi, les articles 34 et 35 de la Constitution aux termes desquels : « *Tout citoyen béninois, civil ou militaire, a le devoir sacré de respecter en toutes circonstances, la Constitution et l'ordre constitutionnel établi ainsi que les lois et règlements de la République* » ; « *Les citoyens chargés d'une fonction publique ou élus à une fonction politique ont le devoir de l'accomplir avec conscience, compétence, probité, dévouement et loyauté dans l'intérêt et le respect du bien commun* » ;
Considérant qu'en outre, il ressort de l'article 77 du règlement intérieur de l'Assemblée nationale que « *Conformément aux dispositions de l'article 48.2 du...règlement intérieur, la discussion immédiate d'un projet de loi ou d'une*

proposition de résolution est de droit, lorsqu'elle est demandée par la Commission saisie au fond, après présentation de son rapport » ; qu'ainsi, il était possible pour la commission des lois, vu la célérité qu'appelait l'exécution de la décision susvisée de la Cour, de déposer immédiatement son rapport et de solliciter la discussion immédiate, ce qui lui aurait été de droit accordé ; que ne l'ayant pas fait, elle a aussi violé la force de chose jugée attachée à la décision DCC 17-262 du 12 décembre 2017 ainsi que l'article 35 sus-cité de la Constitution

(...)

D E C I D E :

Article 1er : Les députés présents à la séance parlementaire du 21 décembre 2017, à l'exception de l'honorable Nourénou ATCHADE, ont violé l'article 124 alinéas 2 et 3 de la Constitution.

Article 2 : Le Président de l'Assemblée nationale a violé les articles 124 alinéas 2 et 3, 34 et 35 de la Constitution.

Article 3 : La commission des lois a violé les articles 124 alinéas 2, 3 et 35 de la Constitution.

Article 4 : La Cour est incompétente pour apprécier la gestion de la police des débats par le Président de l'Assemblée nationale.

Article 5 : La demande d'annulation des délibérations postérieures à l'inexécution de la décision DCC 17- 262 du 12 décembre 2017 est rejetée.

Article 6 : La présente décision sera notifiée à Messieurs Serge Roberto PRINCE AGBODJAN, Dognon Carlos Abdon TOGNON, Mahugnon Rock AKOHA, à Monsieur le Président de l'Assemblée nationale et publiée au Journal officiel.

Ont siégé à Cotonou, le quinze mars deux mille dix-huit,

Messieurs	Théodore HOLO	Président
	Zimé Yérima KORA-YAROU	Vice-Président
	Bernard Dossou DEGBOE	Membre
Madame	Marcelline C. GBEHA AFOUDA	Membre
Monsieur	Akibou IBRAHIM G.	Membre
Madame	Lamatou NASSIROU	Membre

Les Rapporteurs

Bernard Dossou DEGBOE.- Akibou IBRAHIM G

Le Président,

Professeur Théodore HOLO.-

Décision DCC 18-078 du 20 mars 2018
Serge Roberto PRINCE AGBODJAN

La Cour constitutionnelle,

Saisie d'une requête du 22 décembre 2017 enregistrée à son secrétariat à la même date sous le numéro 2115/352/REC, par laquelle Monsieur Serge Roberto PRINCE AGBODJAN forme un recours en inconstitutionnalité des propos tenus par Monsieur Jacques AYADJI, directeur général des Infrastructures au ministère des Infrastructures et des Transports, sur l'émission "La caravane du matin" du 20 décembre 2017 de Radio Tokpa, relativement à la décision DCC 17-262 rendue par la Cour constitutionnelle le 12 décembre 2017 ;

Saisie d'une autre requête du 05 janvier 2018 enregistrée à son secrétariat à la même date sous le numéro 0025/009/REC, par laquelle Monsieur Adamou ALIDOU forme un recours en inconstitutionnalité des mêmes propos ;

VU la Constitution du 11 décembre 1990 ;

VU la loi n° 91-009 du 04 mars 1991 portant loi organique sur la Cour constitutionnelle modifiée par la loi du 31 mai 2001;

VU le règlement intérieur de la Cour constitutionnelle ;

Ensemble les pièces du dossier ;

Ouï Mesdames Marcelline-C. GBEHA AFOUDA et Lamatou NASSIROU en leur rapport ;

Après en avoir délibéré,

CONTENU DES RECOURS

Considérant que Monsieur Serge Roberto PRINCE AGBODJAN expose : « ...Les faits : Le directeur général des Infrastructures, Monsieur Jacques AYADJI, invité sur Radio Tokpa le jeudi 20 décembre 2017, a abordé plusieurs sujets au nombre desquels figure en point de mire, la décision DCC 17-262 du 12 décembre 2017 de la Cour constitutionnelle qui fait injonction à l'Assemblée nationale de désigner au plus tard le 21 décembre 2017 ses représentants devant siéger au sein du COS-LEPI.

Ce citoyen, chargé d'une fonction publique, a indiqué que cette décision est presqu'une absurdité et il n'y a pas de raison pour que les députés la respectent.

D'ailleurs, son plus grand souhait, "c'est que les députés puissent jeter à la poubelle cette décision de la Cour constitutionnelle". Jacques AYADJI a, sans ambages, exprimé son indignation face aux incohérences notoires que contient la décision. "La loi dit que le COS-LEPI doit travailler de juin à décembre, mais la Cour demande que le COS-LEPI travaille de décembre à juin", s'est-il indigné. Il trouve que la Cour veut se mettre au-dessus de la loi, ce qui est inadmissible. De l'analyse des différentes décisions...de la Cour constitutionnelle, il en est arrivé à la conclusion que cette Cour est "une Cour politicienne".

Cette déclaration de Monsieur Jacques AYADJI, directeur général des Infrastructures, a été faite publiquement, sur une radio "publique", dans une émission de grande écoute (émission La caravane du matin/Radio Tokpa). Toute la presse nationale et internationale ainsi que les réseaux sociaux l'ont relayée ... » ;

Considérant qu'il poursuit : « Violation des articles 34, 35 et 124 alinéas 1 et 3 de la Constitution : les articles 34, 35 et 124 alinéas 1 et 3 de la Constitution disposent que "Tout citoyen béninois, civil ou militaire, a le devoir sacré de respecter en toutes circonstances la Constitution et l'ordre constitutionnel établi ainsi que les lois et règlements de la République" ; "Les citoyens chargés d'une fonction publique ou élus à une fonction politique ont le devoir de l'accomplir avec conscience, compétence, probité, dévouement et loyauté dans l'intérêt et le respect du bien commun" ; "Les décisions de la Cour constitutionnelle ne sont susceptibles d'aucun recours.

Elles s'imposent aux pouvoirs publics et à toutes les autorités civiles, militaires et juridictionnelles".

En application des dispositions constitutionnelles ci-dessus citées, aucun citoyen ne saurait indiquer sur une radio "publique" que les députés qui viennent de recevoir une décision d'injonction de la Cour constitutionnelle, exerçant sa compétence d'"organe régulateur du fonctionnement des institutions et de l'activité des pouvoirs publics" conformément à l'article 114 de la Constitution ...n'ont qu'à jeter cette décision dans la poubelle.

La Constitution, en tant que Loi fondamentale de l'Etat, reste la loi majeure dont le respect devient un devoir sacré pour tous. Ne pas l'admettre ainsi et oser dire publiquement sur une radio que les décisions de la Cour constitutionnelle qui sont revêtues de l'autorité de la chose jugée conformément à l'article 124 de la Constitution soient jetées dans la poubelle est une grave injure à notre Constitution...

Dans sa décision DCC 13-071 du 11 juillet 2013, la Cour a dit et jugé que si "l'usage de la liberté d'expression ne saurait constituer en lui-même une violation de la loi ... le contenu de la parole peut être de nature à enfreindre la loi, y compris la loi constitutionnelle". Dans une autre décision, la DCC 14-156 du 19 août 2014, la haute Juridiction a rappelé la jurisprudence précédente, mais en ajoutant que "cette exigence de respect de la Constitution est encore plus grande s'agissant d'un ministre de la République dont l'impact de l'opinion sur la conscience collective est plus fort que celui d'un citoyen" » ; qu'il conclut : « S'il est constant aujourd'hui que la charge qu'assume Monsieur Jacques AYADJI est celle de directeur général des Infrastructures... l'on ne saurait accepter qu'il opine de cette façon de manière publique sans violer la Constitution dont le peuple béninois s'est doté » ; qu'il demande en conséquence à la Cour de « déclarer contraires à la Constitution, notamment en ses articles 34, 35 et 124, les propos de Monsieur Jacques AYADJI, directeur général des Infrastructures, sur Radio Tokpa, le 20 décembre 2017 » ;

Considérant qu'il joint à sa requête un extrait d'un journal ayant relaté les propos querellés ;

(...)

INSTRUCTION DES RECOURS

Considérant qu'en réponse à la mesure d'instruction diligentée par la haute Juridiction, Monsieur Jacques O. H. S. AYADJI écrit : « ...Le présent mémoire en réponse s'articulera en deux points ...

I- Observations d'ordre général

De principe général, la Constitution...a prescrit la garantie d'expression et d'opinion à tous les citoyens. De même, notre Loi fondamentale n'a jamais interdit au citoyen le droit de critiquer et de commenter, voire d'émettre des jugements de valeur ou d'avis sur une décision de la Cour constitutionnelle. C'est dans ces conditions qu'usant de ces droits constitutionnels et de démocratie acquise, j'ai eu à opiner sur la décision DCC 17-262 du 12 décembre 2017 lors d'une de mes fréquentes interventions sur l'émission "La caravane du matin" de Radio Tokpa, une chaîne privée de la place, en qualité de citoyen intervenant dans une émission interactive.

Au demeurant, comme des milliers de Béninois, j'ai eu à commenter cette décision et en ai émis mon opinion négative. Dans ces conditions, je suis persuadé que votre Cour ne suivra pas le requérant qui veut par son recours amener votre Institution à censurer une liberté d'expression et d'opinion dont la garantie à tout citoyen incombe à votre Institution.

II - Observations spécifiques

Aux termes des dispositions des articles 34, 35 et 124 de la Constitution, je voudrais appeler l'attention de votre haute Juridiction sur le fait que dans les circonstances qui sont les miennes et déférées à votre censure, il n'appartient pas au citoyen que je suis d'exécuter votre décision. Mieux, mon opinion ou avis n'a aucune influence sur sa mise en application. Du coup, la convocation ici de l'article 124 de la Constitution est sans objet. De ce point de droit et de logique, votre haute instance indiquera au requérant le bon chemin.

(...)

ANALYSE DES RECOURS

Considérant que les deux recours portent sur le même objet et tendent aux mêmes fins ; qu'il y a lieu de les joindre pour y être statué par une seule et même décision ;

Considérant qu'aux termes des articles 34 et 124 alinéas 2 et 3 de la Constitution : « *Tout citoyen béninois, civil ou militaire, a le devoir sacré de respecter en toutes circonstances, la Constitution et l'ordre constitutionnel établi ainsi que les lois et règlements de la République.* » ; « *Les décisions de la Cour constitutionnelle ne sont susceptibles d'aucun recours.*

Elles s'imposent aux pouvoirs publics et à toutes les autorités civiles, militaires et juridictionnelles » ;

Considérant qu'il ressort des éléments du dossier, notamment de l'enregistrement audio de l'émission "La caravane du matin" de Radio Tokpa du 20 décembre 2017 transmis à la Cour par Monsieur Guy KPAKPO, directeur général de ladite radio, qu'au cours de cette émission, Monsieur Jacques O. H. S. AYADJI, directeur général des Infrastructures au ministère des Infrastructures et des Transports, a déclaré, relativement à la décision DCC 17-262 rendue par la Cour constitutionnelle le 12 décembre 2017 : « La Cour n'est pas au-dessus des lois de la République... Une Cour qui est une Cour politicienne, c'est une Cour qu'on doit dénoncer... J'assume mes propos que j'ai tenus par rapport à la dernière décision de la Cour et je serais très fier si les députés jetaient à la poubelle cette décision de la Cour parce que lorsqu'une institution qui est une institution arbitre se met sur le terrain pour jouer dans un camp, cette institution devient dangereuse pour le pays et il faut vraiment lui faire une révolution. Et faire une révolution à cette institution, c'est de jeter à la poubelle la dernière décision de la Cour » ; que l'intéressé, dans sa réponse à la mesure d'instruction de la Cour, ne conteste pas ces propos, mais les considère comme s'inscrivant dans le cadre de l'exercice de sa liberté d'expression et d'opinion ;

Considérant qu'aux termes de l'article 23 alinéa 1 de la Constitution : « Toute personne a droit à la liberté de pensée, de conscience, de religion, de culte, d'opinion et d'expression dans le respect de l'ordre public établi par la loi et les règlements... » ; qu'il est de jurisprudence constante que « si l'usage de la liberté d'expression ne saurait constituer en lui-même une violation de la loi, ...le contenu de la parole peut être de nature à enfreindre la loi y compris la loi constitutionnelle » ; que Monsieur Jacques O. H. S. AYADJI, en tant que citoyen béninois, jouit certes de la liberté de pensée, d'opinion et d'expression consacrée par la Constitution, mais celle-ci ne l'exonère pas du respect de la Constitution et de l'ordre constitutionnel établi qui, aux termes de l'article 34 sus-cité de la Constitution, est un devoir sacré pour tout citoyen, quelles que soient les circonstances ;

Considérant que les propos tenus par Monsieur Jacques O. H. S. AYADJI à l'occasion de son intervention sur l'émission "La caravane du matin" du 20 décembre 2017 au sujet de la décision DCC 17-262 du 12 décembre 2017 de la Cour s'analysent comme un mépris clairement exprimé à l'égard des décisions de la Juridiction ; que le mépris est si considérable qu'il n'a pas hésité à appeler à une révolution contre l'institution républicaine en exhortant notamment la représentation nationale à « jeter à la poubelle » la décision DCC 17-262 du 12 décembre 2017 de la Cour dont celle-ci est destinataire, alors même que cette dernière ne saurait, sans violer la Constitution, se soustraire à son exécution ;

Considérant que de tels propos, au-delà d'une dénégation totale de l'autorité de la chose jugée rattachée aux décisions de la Cour, constituent manifestement des faits de nature à entacher le respect et la tolérance réciproque nécessaires à la paix et à la cohésion nationale ; qu'il s'ensuit que Monsieur Jacques O. H. S. AYADJI, en se comportant tel qu'il l'a fait a, non seulement, violé les articles 34, 124 alinéas 2 et 3 sus-cités de la Constitution, mais aussi, l'article 36 de la Constitution aux termes duquel : « *Chaque Béninois a le devoir de respecter et de considérer son semblable sans discrimination aucune et d'entretenir avec les autres des relations qui permettent de sauvegarder, de renforcer et de promouvoir le respect, le dialogue et la tolérance réciproque en vue de la paix et de la cohésion nationale* » ;

Considérant que par ailleurs, en vertu de l'article 114 de la Constitution qui fait de la Cour constitutionnelle l'organe régulateur du fonctionnement des institutions et de l'activité des pouvoirs publics, il échet pour la Cour de demander à la HAAC de faire diffuser par Radio Tokpa, sur une période de deux semaines, à l'entame de chaque émission "La caravane du matin", un extrait de la présente décision, à savoir, l'Analyse des recours et le dispositif aux pages 8, 9 et 10 de la décision ;

DECIDE :

<u>*Article 1er*</u>.- Monsieur Jacques O. H. S. AYADJI a violé les articles 34, 124 alinéas 2 et 3 et 36 de la Constitution.

<u>*Article 2 :*</u>- Il est demandé à la HAAC de faire diffuser par Radio Tokpa, sur une période de deux semaines, à l'entame de chaque émission "La caravane du matin", un extrait de la présente décision, à savoir, l'Analyse des recours et le dispositif de la décision.

<u>*Article 3 :*</u>- La présente décision sera notifiée à Messieurs Serge Roberto PRINCE AGBODJAN, Adamou ALIDOU, Jacques O. H. S. AYADJI, à Monsieur le Directeur général de Radio Tokpa, à Monsieur le Président de la Haute Autorité de l'Audiovisuel et de la Communication (HAAC) et publiée au Journal officiel.

Ont siégé à Cotonou, le vingt mars deux mille dix-huit,

Messieurs	Théodore	HOLO	Président
	Zimé Yérima	KORA-YAROU	Vice-Président
	Bernard Dossou	DEGBOE	Membre
Madame	Marcelline-C.	GBEHA AFOUDA	Membre
Monsieur	Akibou	IBRAHIM G.	Membre
Madame	Lamatou	NASSIROU	Membre

Les Rapporteurs,

Marcelline-C. GBEHA-AFOUDA.- Lamatou NASSIROU.-

Le Président,
Professeur Théodore HOLO

OBSERVATIONS

I : La vérité juridique, une vérité opératoire

L'autorité de la chose jugée est un des dogmes fondateurs de l'efficacité de l'action juridictionnelle. La vérité de la chose jugée établit une présomption légale (*res judicata pro veritate habetur)*. Elle n'est pas *la* vérité et répond à une fonction instrumentale et donc de nécessité contingente parce qu'il faut bien arrêter le procès à un moment donné par souci de stabilité juridique. Parce que contingente et nécessaire, la vérité de la chose jugée peut paraître insatisfaisante pour l'esprit. On comprend qu'une sommité d'une Haute juridiction puisse affirmer que "*la chose jugée, sous tous ses aspects, n'assure pas toujours la tranquillité d'esprit et la paix intérieure des magistrats*" (Président Jean Buffet, cité par J.-P. DINTILHAC, *La vérité de la chose jugée*, Rapport annuel, Cour de cassation française, 2004, *passim*). En effet, la chose jugée "*s'attache même aux décisions erronées*" (3ème Chambre civile, 4 mars 1998, pourvoi n° 96 11-399, Bulletin de la Cour de cassation française, n°158) et son autorité pour les jugements prononcés est entière "*quels que soient les vices dont ils sont affectés*" (Chambre commerciale 14 novembre 1989, Bulletin de la Cour de cassation française, n°289).

La Cour constitutionnelle, héritière de la tradition juridictionnelle française reprend à son compte le concept opératoire de la chose jugée et lui donne son contenu : "*la chose jugée impose à l'Administration une double obligation à savoir, d'une part, l'obligation de prendre toutes les mesures pour exécuter la décision juridictionnelle, et d'autre part, l'obligation de ne rien faire qui soit en contradiction avec ladite décision*". Ce contenu est pour le moins restrictif, en tout cas en deçà de la traditionnelle triple identité d'objet, de cause et de parties (Article 1351 du Code civil) ou de la synthèse doctrinale opérée par Guillaume DELVOLVE sur la jonction autorité de la chose jugée-force de chose jugée : "*ce qui a été jugé ne peut l'être de nouveau ; ce qui a été jugé ne peut être contredit ; ce qui a été jugé doit être exécuté.*" (G. DELVOLVE, *Rép. cont. adm Dalloz*, v° chose jugée ; voir aussi *Nouveau Répert. de Droit,* Dalloz, 2ème édit., Paris, vol. 1, v° chose jugée, pp. 684 et suiv.).

L'orientation de la politique jurisprudentielle de la Cour fait une application restrictive, parcellaire et rigide du schéma traditionnel ainsi énoncé tant en matière de contrôle du respect des droits de la personne humaine, qu'en matière de contrôle de constitutionnalité des lois et de la mise en œuvre des décisions de justice.

II : L'autorité de chose jugée des décisions de contrôle du respect des droits de la personne humaine

La jurisprudence de la Cour en la matière se fonde sur l'article 124 de la constitution : "*Les décisions de la Cour constitutionnelle ne sont susceptibles d'aucun recours. Elles s'imposent aux pouvoirs publics et à toutes les autorités civiles, militaires et juridictionnelles*". L'autorité de la chose jugée se conjugue avec la force de chose jugée.

Dans l'affaire Tanimomo Pascal, le requérant demande le réexamen de la décision DCC 03-160 du 04 novembre 2003, parce qu'il estime que cette décision a été prise "*en méconnaissance de certains éléments d'appréciation (...) notamment les articles 137 et 138*" du statut général des agents permanents de l'Etat. De manière analytique, il y a identité des parties (Tanimomo Pascal et Tanimomo Pascal François), identité d'objet (la décision de suspension) mais un début d'altérité sur la cause. En effet, si la cause est le "*fondement juridique*" (la règle de droit, soit exclusivement, soit en combinaison avec les faits et actes litigieux, R. CHAPUS, *Contentieux administratif*, Paris, 12ème édit. 2006, n°1059) de la requête, la circonstance que le Sieur Tanimomo ait invoqué de nouvelles dispositions législatives à l'appui de son recours pouvait lui valoir un nouvel examen de son affaire ; car il y a mutation de la règle de droit applicable, ce qui pouvait entraîner une nouvelle qualification des faits, et donc être constitutif d'une cause différente de la première. Tel ne fut pas le cas (Voir aussi Décision DCC 13-148 du 08 octobre 2013 confirmant l'autorité de chose jugée de la Décision DCC 13-124 du 12 septembre 2013) et la Cour opposa l'irrecevabilité. La solution adoptée par la Cour est restée fidèle à une certaine jurisprudence civile qui estime qu'un "*fondement juridique nouveau ne suffit pas à renouveler la cause*" (Cour de cassation française, Assemblée plénière, Audience publique du vendredi 7 juillet 2006, N° de pourvoi: 04-10672**)**.

Cette solution traduit l'interprétation restrictive qu'adopte la Cour sur la question de l'application de l'article 124 de la constitution. Elle se refuse à un nouvel examen en cas de cause nouvelle (affaire Tanimomo Pascal), mais aussi en cas d'altérité des parties. La circonstance que "*la requête porte sur les mêmes faits*" (Décision DCC 01-044 du 21 juin 2001, Population de Tanto, commune d'Avotrou, Recueil 2001, p.187) que la précédente (Décision DCC 00-024 du 10 mars 2000, Sovi Augustin, Recueil 2000, p. 93) est suffisante pour invoquer l'article 124 de la constitution. Ou encore, la circonstance que la requête "*porte sur les mêmes faits et vise le même objet*" (Décision DCC 06-024 du 14 février 2006, Collectif des ex-soldats de la classe 94/1 et 94/2, Recueil 2006 p.109) que celle de l'année 2003 (Décision, DCC 03-115 du 10 juillet 2003, Collectif des soldats des promotions 94/1 et 94/2 démobilisés et laissés pour compte, Cadja Alexandre, Recueil 2003 p. 465).

Plutôt insolite est la Décision EP 16-002 du 21 janvier 2016 par laquelle le réquérant conteste la bonne moralité d'un candidat à l'élection présidentielle. La Cour avait précédemment jugé que le futur candidat avait commis des actes qualifiés de "*tortures, sévices, et traitements cruels, inhumains et dégradants*" (Décision DCC 01-031 du 17 mai 2001). A moins de considérer une personne convaincue de torture comme un honnête homme, bon père, bon citoyen, la Décision EP 16-002 du 21 janvier 2016 méconnait l'autorité de la chose jugée de la Décision DCC 01-031 du 17 mai 2001. La Cour semble ne pas reconnaître, au regard des ces deux décisions, l'autorité de la chose jugée de l'article 124 de la constitution sur ses propres décisions relatives aux droits de l'homme.

III : L'autorité de la chose jugée en matière de contrôle de la constitutionnalité des lois.

Les articles 117 et 121 donnent compétence à la Cour constitutionnelle pour vérifier la constitutionnalité des lois avant leur promulgation. Une loi qui a été déclarée conforme à la constitution par la Cour ne peut plus être contestée devant elle. "*Considérant que toutes les dispositions de la loi (...) ont fait l'objet d'un contrôle de constitutionnalité suivant Décision (...) qui les a déclarées toutes conformes à la constitution ; que dès lors, il y a autorité de chose jugée et la requête de (...) doit être déclarée irrecevable.*" (Décision DCC 01-065 du 26 juillet 2001 de Campos Noëlie, Recueil 2001 p.267). En cas de validation partielle, seules les dispositions déclarées contraires à la constitution peuvent à nouveau faire l'objet d'un nouveau recours devant la Cour (Décision DCC 95-013 du 08 mars 1995, Paul Kato Atita, Recueil 1995, p.71).

Une décision de 1995 laisse croire que la Haute juridiction accepte l'idée d'une autorité partielle de chose jugée. Malgré l'effet dévolutif du recours, la constitutionnalité externe d'une loi peut faire l'objet d'une seconde requête après un premier recours soulevant des questions de constitutionalité interne. La Cour décide que "*l'autorité de chose jugée attachée à la décision du H.C.R, siégeant en qualité de Cour Constitutionnelle est limitée à la déclaration de conformité à la Constitution des dispositions de la Décision-Loi n° 88-004 du 26 septembre 1988 aux articles 17 et 22 de la Constitution ; que, dès lors, la procédure d'élaboration de ladite décision n'ayant pas été examinée par le H.C.R., peut actuellement être soumise au contrôle de constitutionnalité de la Cour*" (Décision DCC 95-035 du 1er septembre 1995, Société Oluwa Lony Kpé Koyeni, Dovonou Corneille, Recueil, 1995, p. 175). La Cour a l'habitude, cependant, d'affirmer sa juridiction pleine et entière sur les recours, notamment, dans l'affaire "Gbadamassi Moucharaf" : "Considérant qu'aux termes de l'article 114 de la Constitution, la Cour Constitutionnelle est 'juge de la constitutionnalité de la loi' ; qu'il résulte de cette disposition que, quel que soit l'objet de la saisine, la Cour est saisie d'une loi dans son entier ; qu'en conséquence, le juge constitutionnel est habilité à juger de l'ensemble de la loi en dehors des griefs et moyens évoqués par les requérants (Décision DCC 96-002 du 05 janvier 1996, Gbadamassi Moucharaf, Tidjani Serpos Ismaël, Recueil 1996, p. 15).

Le respect dû à la chose jugée restreint les pouvoirs du législateur, lequel ne peut plus modifier une disposition législative déjà validée par la Cour, à l'occasion d'une seconde lecture demandée par le Président de la république ou à l'occasion de la mise en conformité du texte. En effet, "*la modification d'une disposition déjà déclarée conforme à la Constitution ne peut se faire à l'occasion d'une mise en conformité sans violer l'autorité de la chose jugée attachée à la décision ayant ordonné la mise en conformité ; que dès lors, il y a lieu pour la Cour de dire et juger que l'alinéa 5 de l'article 50 nouveau prévu par l'article 1er de la loi sous examen est contraire à l'article 124 précité de la Constitution*" (Décision DCC 18-001 du 18 janvier 2018, Président de la République). Une manière de réaffirmer que "*toute omission ou modification apportée à une disposition déjà déclarée conforme par la Cour constitutionnelle est contraire à la constitution en ce qu'elle viole l'article 124 de la constitution*". (Décision DCC 01-099 du 23 novembre 2001, Président de la République, Recueil 2001, p.71). La démarche de la Cour peut paraître d'une logique douteuse, car qui peut le plus peut le moins. Si le législateur a la latitude de modifier les lois en vigueur (et même la constitution), *a fortiori* peut-il faire des ajustements sur un texte de loi qui n'est pas encore promulgué, sous réserve de sa conformité avec le texte constitutionnel !

Par ailleurs, l'ordonnancement juridique national est fait de normes de différents degrés dont la validité des normes inférieures s'impute sur les normes supérieures. Si une norme supérieure est jugée contraire à la constitution, les normes d'application le deviennent aussi, par ricochet. Aussi, la Cour admet-elle qu'un arrêté puisse faire l'objet d'une saisine en inconstitutionnalité (Décision DCC 00-059 du 12 octobre 2000, Assogba Codjo Léon, Recueil 2000, p.217) parce qu'elle a jugé contraire à la constitution le décret de référence (Décision DCC 97-040 du 8 juillet 1997, Bureau provisoire de l'Amicale des Policiers Retraités du Bénin, Recueil 1997, p.167) en ce que ledit décret applique une loi qu'elle a jugée contraire à la constitution (Décision DCC 96-026 du 2 mai 1996, Atta L. Boniface, Recueil 1996, p.131). Dans le même sens, la Cour juge que *"par la décision DCC 17-023 du 02 février 2017, (elle) a dit et jugé que 'La décision du Conseil des ministres du 27 juillet 2016, objet du relevé des décisions administratives du 28 juillet 2016 et du décret n°2016-631 du 12 octobre 2016, est contraire à la Constitution en ce qui concerne les membres de l'ARCEP-BENIN' ; qu'il en découle, eu égard à l'article 3 alinéa 3 précité de la Constitution, que le décret n° 2016-631 du 12 octobre 2016 portant relèvement de fonction et abrogation de décrets de nomination à l'ARCEP ainsi que les actes administratifs consécutifs audit décret sont nuls et non avenus*" (Décision DCC 17-209 du 19 octobre 2017, Amédée Vignon Serge Weinsou).

L'autorité de la chose jugée ne dispense, cependant, pas la Cour d'opérer une rectification d'erreur matérielle que la Cour définit comme "*une simple erreur de plume ou de dactylographie, d'orthographe d'un nom, de terminologie ou d'une omission dans la décision*" (Décision DCC 03-166 du 11 novembre 2003, Maitre Florentin Feliho, Recueil 2003 p.673). Cette erreur matérielle est corrigée par la Cour, soit *proprio motu* (Décision DCC 95-008 du 21 février 1995, Cour constitutionnelle, Recueil 1995 p. 41), soit à la demande de "toute partie intéressée" (Décision DCC 00-068 du 15 novembre 2000, Akande Ganiou, Recueil 2000, p.253). A toutes fins utiles, la Cour rappelle que "*la rectification d'une erreur matérielle ne met pas en cause l'autorité de la chose jugée*"

(Décision DCC 02-134 du 18 décembre 2002, Cour constitutionnelle, Recueil 2002, p. 539).

IV : L'autorité de la chose jugée en matière de contentieux électoral

L'affaire Vodonou Désiré nous apprend qu'en matière de contentieux électoral, la question de la preuve à administrer et son caractère convaincant sont plus importants que la triple identité des parties, de la cause et de l'objet. Trois décisions ont été rendues par la Cour sur cette même affaire avec trois parties différentes mais avec rigoureusement la même cause et le même objet : l'inéligibilité du sieur Vodonou Désiré sur la base des dispositions de la loi électorale. Les deux premières décisions sont des décisions de rejet pour insuffisance de preuve sur la condamnation au pénal du mis en cause (Décision EL 07-037 du 29 mars 2007, Nestor Agoli-Agbo et autres et Décision EL 07-125 du 14 mai 2007, Félicien A. Danwouignan et autres). La troisième décision renverse la tendance parce que la preuve est apportée que la condamnation du député est devenue définitive. La Haute juridiction prononce sur cette base la déchéance de la qualité de membre de l'Assemblée nationale du sieur Vodonou Désiré (Décision EL 11-005 du 13 avril 2011, Sabitou Admou et autres).

V : La force de chose jugée des décisions des juridictions relevant de la hiérarchie de la Cour suprême

La force de chose jugée des décisions juridictionnelles de la Cour suprême se trouve dans la constitution, notamment en son article 131 : "*Les décisions de la Cour Suprême ne sont susceptibles d'aucun recours. Elles s'imposent au Pouvoir Exécutif, au Pouvoir Législatif, ainsi qu'à toutes les juridictions*". Sur la base de ce fondement constitutionnel, la Cour se fait garante de l'application des décisions juridictionnelles rendues par les Cours et tribunaux. Ainsi le fait de mettre quatre mois avant de se conformer à l'Arrêt n°16/CA du 15 mai 1998 de la Cour suprême établit que le "*Gouvernement a violé les dispositions de l'article 131 alinéa 3 et 4 de la constitution*" (Décision DCC 01-50 du 21 juin 2001, Hounton François, Recueil 2001, p.209). Le même Gouvernement engage la responsabilité de l'Etat à payer des dommages et intérêts s'il refuse de prêter main forte à l'exécution des décisions de justice ou si d'une manière générale, il ordonne la suspension de l'exécution des décisions de justice au mépris de la séparation des pouvoirs (Décision DCC 07-175 du 27 décembre 2007, Jeanne Oboubé Vele, Georges Constant Amoussou et alii). D'une manière générale, "*en s'abstenant d'exécuter l'Arrêt n° 005/05 du 17 février 2000 de la Cour suprême, le Gouvernement viole les dispositions de l'article 131 alinéas 3 et 4 de la constitution*" (Décision DCC 01-111 du 19 décembre 2001, Missinhoun Désiré, Recueil 2001, p.453). La Cour met une seule réserve au concours que doit apporter le Gouvernement à la mise en application des décisions de justice. Elle estime, en effet, que "*l'autorité publique peut se soustraire à l'exécution d'une décision de justice si des menaces graves à l'ordre public risquent de résulter de l'exécution de la décision de justice*" (Décision DCC 01-111 du 19 décembre 2001, Missinhoun Désiré, Recueil 2001, p.453).

Un examen sur la durée de la jurisprudence de la Cour montre qu'il y a solution de continuité dans la mise en œuvre de cette orientation de politique jurisprudentielle. Celle-ci apparaît plutôt sélective en matière d'application des décisions des cours et tribunaux. Saisie d'un recours de la Chambre nationale des huissiers de justice pour défaut de collaboration du préfet du département de l'Atlantique à l'exécution des décisions de justice, la Cour jugea que la "*loi n°64-28 et l'ordonnance n°71-24/CP/MJL donnent aux huissiers de justice le droit de requérir l'assistance de la force publique ; que la présente procédure ne porte pas sur la constitutionnalité de ces textes mais critique l'application qu'en fait le préfet du département de l'Atlantique ; que dès lors , la Cour, juge de constitutionnalité, n'est pas compétente pour en connaître*" (Décision DCC 96-022 du 25 avril 1996, Chambre nationale des huissiers de justice, Recueil p. 1996). Elle récidive dans l'affaire Jean Luc Labonté par un considérant qui contrarie sa jurisprudence Jeanne Oboubé et Hounton François : "*Considérant que s'agissant de la SCO et de la SCB/Lafarge, le recours de Monsieur Jean-Luc Labonté tend en réalité à faire apprécier par la Haute juridiction le refus d'exécution des décisions rendues par le Tribunal et la Cour d'appel de Cotonou en sa faveur ; que les articles 114 et 117 de la constitution ne l'autorisent pas à en connaître.*" (Décision DCC 08-158 du 30 octobre 2008, Jean-Luc Labonté).

VI : De l'autorité de la chose jugée à la force de chose jugée

Le texte constitutionnel emploie l'expression "*elle s'impose*". Nous sommes ici en matière de force de la chose jugée, c'est-à-dire de la force contraignante de la décision juridictionnelle, de l'exécution de la chose jugée. La loi organique sur la Cour constitutionnelle précise que ses décisions "*doivent (...) être exécutées avec la diligence nécessaire*" (Art. 34). Le Règlement intérieur de la Cour complète que "*lorsque la Cour constitutionnelle constate la non-conformité à la constitution d'une loi, d'une ordonnance ou d'un acte règlementaire, l'autorité concernée est appelée à se conformer à la situation juridique résultant de cette décision*" (Art. 43). Dans cette logique, la Cour déclare contraire à la constitution les actes règlementaires contraires à ses décisions et prononce le manquement des administrations concernées à la loyauté et à la légalité contenues dans l'article 35 de la constitution : "*Les citoyens chargés d'une fonction publique ou élus à une fonction politique ont le devoir de l'accomplir avec conscience, compétence, probité, dévouement et loyauté dans l'intérêt et le respect du bien commun.*" En conséquence, le Ministre de la justice viole l'article 35 de la constitution et ses actes de mise en stage de 30 auditeurs de justice sont contraires à la constitution dès lors que le ministre méconnaît la décision antérieure de la Cour qui fait droit à 3 personnes exclues du stage de formation (Décision DCC

06-016 du 31 janvier 2006, Alédji Ousman et alii, Recueil 2006, p.73). De même, le préfet de département qui ne prend pas les dispositions nécessaires pour réintégrer un maire dont la destitution a été jugée contraire à la constitution viole les articles 124 et 35 de la constitution (Décision DCC 08-145 du 23 octobre 2008, Rachidi Gbadamassi).

La Cour est regardante sur le temps que mettent les administrations à exécuter ses décisions. Elle estime qu'un délai de "*plus de deux ans*" est condamnable au titre des articles 124 et 35 de la constitution (Décision DCC 03-146 du 30 octobre 2003, Paraïso Paulin, Recueil 2003, p. 597). L'inexécution des décisions peut même donner lieu à une injonction dans le style : "*Le ministre du développement, de l'Economie et des finances est tenu de faire droit à la requête des membres de la HAAC, deuxième mandature,* ***dans les meilleurs délais***" (Décision DCC 07-039 du 23 mars 2007, Sé N'Bourou Ouorou Boun et alii).

Somme toute la force de chose jugée des décisions de la Cour constitutionnelle semble être étayée par une jurisprudence à l'avenant. Cependant, du respect dû au respect assumé envers les décisions de la Cour constitutionnelle, il y a un écart. Ecart dans lequel s'engouffrent autorités publiques et citoyens. En effet, que ce soit le gouvernement (Décision DCC 17-209 du 19 octobre 2017, Amédée Vignon Serge Weinsou), le Président de l'Assemblée nationale (Décision DCC 18-075 du 15 mars 2018, Serge Roberto PRINCE AGBODJAN), un maire de commune (Décision DCC 14-066 du 08 avril 2014, Monique Cica Akizanon, Recueil 2014, vol.1 p.466) ou le Coordonnateur du Centre national de traitement (Décision DCC 15-146 du 14 juillet 2015, Pierre AYOWA), les refus, délibérés ou non et sans frais, d'appliquer les décisions de la Cour constitutionnelle ne sont plus rares. Comme ne le sont pas non plus les refus de répondre aux mesures d'instructions de la Cour, c'est-à-dire les démarches de la Cour pour comprendre les termes du contentieux et donner le change sur le caractère contradictoire de la procédure (Décision DCC 14-066 du 08 avril 2014, Cica AKIZANON, Recueil 2014, vol.1, p.466 ; Décision DCC 14-112 du 03 juin 2014, Jean HOUNGBEDJI, Recueil 2014, vol. 2, p.779). Face à cette fronde rampante, la Cour n'a d'autres armes que la litanie platonique (et même stoïque) de décisions qui constatent la violation de la constitution, la violation de l'article 124 (chose jugée), la violation de l'artilce 35 (citoyen modèle) ou demander une publicité autour de sa décision comme dans l'affaire "Serge Roberto PRINCE AGBODJAN" où il est demandé "*à la HAAC de faire diffuser par Radio Tokpa, sur une période de deux semaines, à l'entame de chaque émission 'La caravane du matin', un extrait de la présente décision, à savoir, l'Analyse des recours et le dispositif de la décision*" (Décision DCC 18-078 du 20 mars 2018 Serge Roberto PRINCE AGBODJAN). Au-delà, elle ne peut prononcer ni d'astreinte comminatoire, ni requérir la force publique pour mettre en œuvre ses décisions.

4.

Décision DCC 03-035 du 12 mars 2003,
Dohou Séraphin,
Recueil, 2003, p. 151

Le dialogue des juges

La Cour Constitutionnelle,

Saisie d'une requête du 1er juillet 2002 enregistrée à son Secrétariat le 04 juillet 2002 sous le numéro 1467/083/REC, par laquelle Monsieur Séraphin DOHOU se plaint de « l'exploitation malheureuse que le Ministre de l'Enseignement Technique et de la Formation Professionnelle et les syndicats des agents de santé ont fait de la décision DCC 01-106 du 19 décembre 2001… » ;

VU la Constitution du 11 décembre 1990 ;
VU la Loi n° 91-009 du 04 mars 1991 portant Loi Organique sur la Cour Constitutionnelle modifiée par la Loi du 31 mai 2001 ;
VU le Règlement Intérieur de la Cour Constitutionnelle ;
Ensemble les pièces du dossier ;
Ouï le Professeur Alexis HOUNTONDJI en son rapport ;
Après en avoir délibéré,

Considérant que Monsieur Séraphin DOHOU expose que le Ministre de l'Enseignement Technique et de la Formation Professionnelle et les syndicats des agents de santé « considèrent que la Décision DCC 01-106 du 19 décembre 2001 remet en cause les Arrêts 68/CA et 55/CA de la Cour Suprême et exclut une fois encore les élèves de l'INFOGES et de LOYOLA des examens officiels, session 2002 de la même manière qu'en 1999, 2000 et 2001… » ; qu'il demande à la Haute Juridiction de « déclarer contraire à la Constitution pour violation de l'article 131 de la Constitution du Bénin, le refus des autorités du Ministère de l'Education Nationale et de la Recherche Scientifique d'hier et de celles du Ministère de l'Enseignement Technique et de la Formation Professionnelle d'aujourd'hui, d'exécuter les Arrêts 68/CA du 7 octobre 1999 et 55/CA du 20 septembre 2000 de la Cour Suprême. » ;

Considérant que par sa Décision DCC 01-106 du 19 décembre 2001, la Cour Constitutionnelle a dit et jugé que « *Les mesures administratives relatives aux écoles privées de formation d'agents de santé, prises par le Ministère de l'Education Nationale et de la Recherche Scientifique et le Ministère de la Santé Publique ne violent pas la Constitution » ;* qu'en vertu de l'article 124 de la Constitution, ladite décision a acquis autorité de chose jugée ;

Considérant que la Cour Suprême dans ses Arrêts 68/CA du 7 octobre 1999 et 55/CA du 20 septembre 2000 a jugé que les décisions implicites et explicites aux écoles INFOGES et LOYOLA sont annulées avec toutes les conséquences de droit ; qu'en l'application de l'article 131 de la Constitution, lesdits arrêts ne sont susceptibles d'aucun recours ;

Considérant qu'il résulte de l'analyse de ces décisions que les deux Hautes Juridictions, l'une juge de la constitutionnalité, l'autre de la légalité, ont rendu en la même matière deux décisions manifestement contradictoires ; qu'il y a donc contrariété de décisions ; qu'en l'état actuel de notre droit positif, il n'existe aucun mécanisme de règlement de ce genre de conflit ; que dans le cas d'espèce, déclarer contraire à la Constitution le refus du Ministre chargé de l'Enseignement Technique et de la Formation Professionnelle d'exécuter les arrêts précités de la Cour Suprême reviendrait à remettre en cause l'autorité de chose jugée attachée à la Décision DCC 01-106 de la Cour Constitutionnelle ; que, dès lors, la requête de Monsieur Séraphin DOHOU est irrecevable ;

DECIDE :

Article 1er.-La requête de Monsieur Séraphin DOHOU est irrecevable.

Article 2.- La présente décision sera notifiée à Monsieur Séraphin DOHOU, au Ministre de l'Enseignement Technique et de la Formation Professionnelle et publiée au Journal Officiel.

Ont siégé à Cotonou, les quatre septembre deux mille deux et douze mars deux mille trois,

Madame	Conceptia D. OUINSOU	Président
Messieurs	Lucien SEBO	Vice-président
	Idrissou BOUKARI	Membre
	Alexis HOUNTONDJI	Membre
	Jacques D. MAYABA	Membre
Madame	Clotilde MEDEGAN-NOUGBODE	Membre

Le Rapporteur,　　　　　　　　Le Président,

Professeur Alexis HOUNTONDJI　　　　Conceptia D. OUINSOU

Décision DCC 14-135 du 15 juillet 2014
Claude Léon ATOYO, Daniel MENONKPINZON ATOYO et Alphonse MENONKPINZON ATOYO

La Cour Constitutionnelle,

Saisie d'une requête du 29 mai 2013 enregistrée à son Secrétariat le 30 mai 2013 sous le numéro 1104/070/REC, par laquelle Messieurs Claude Léon ATOYO, Daniel MENONKPINZON ATOYO et Alphonse MENONKPINZON ATOYO, assistés de Maître Gustave ANANI CASSA, forment un recours en inconstitutionnalité contre l'Arrêt n° 092/11 du 09 juin 2011 de la Cour d'Appel de Cotonou ;

VU la Constitution du 11 décembre 1990 ; VU la Loi n° 91-009 du 04 mars 1991 portant loi organique sur la Cour Constitutionnelle modifiée par la Loi du 31 mai 2001 ;

VU le Règlement Intérieur de la Cour Constitutionnelle ;

Ensemble les pièces du dossier ;

Ouï le Professeur Théodore HOLO en son rapport ;

Après en avoir délibéré,

CONTENU DU RECOURS

Considérant que les requérants exposent : « La Collectivité BABA-AHOUI MENONKPINZON ATOYO installée depuis 1775 sur le lieu dit "AHOUI-CODJI" dans l'Arrondissement de Pahou, Commune de Ouidah, vit son droit de propriété contesté par Sophie AÏDASSO épouse CAPO-CHICHI, à partir de 1998, sous prétexte que les ATOYO étaient les esclaves des AÏDASSO. Deux décisions de justice donnèrent raison à AÏDASSO : le Jugement n° 185/2000 rendu le 10 avril 2000 par le Tribunal de Première Instance de Ouidah et l'Arrêt n° 75/2001 rendu par la Cour d'Appel de Cotonou, le 04 décembre 2001. Les deux décisions ayant fondé leur motif sur un principe d'esclavage, les consorts ATOYO saisirent la Cour Constitutionnelle qui, par Décision DCC 06-076 du 27 juillet 2006, déclara que les Décisions n° 185/2000 du 10 avril 2000 du Tribunal de Première Instance de Ouidah et n° 75/2001 du 4 décembre 2001 de la Cour d'Appel de Cotonou sont contraires à la Constitution.
La Décision DCC 06-076 du 27 juillet 2006 a été communiquée le 03 août 2006 par les consorts ATOYO à la Cour Suprême, saisie de pourvoi contre l'Arrêt n° 75/2001 du 4 décembre 2001.

La Cour Suprême passa outre et sans en faire la moindre mention rejeta le pourvoi par Arrêt n° 013/CJ-CT du 24 novembre 2006. Cet arrêt de la Cour Suprême, laissant survivre le principe d'esclavage avec effet de droit, a été déclaré contraire à la Constitution par la Décision de la Cour Constitutionnelle DCC 09-087 du 13 août 2009 » ;

Considérant qu'ils affirment : « Entre temps, les consorts ATOYO obtinrent, dans le cadre strict de la procédure de droit traditionnel, une Ordonnance de sursis à exécuter n° 15/07 rendue par le Président de la Cour d'Appel de Cotonou le 22 juin 2007 précisant que ladite ordonnance n'était pas nécessaire du fait même de l'anéantissement desdites décisions judiciaires par la décision de la Cour Constitutionnelle. Dame AÏDASSO ne tenant aucun compte des décisions de la Cour Constitutionnelle, introduit une procédure de référé devant la Cour d'Appel le 11 janvier 2008. Cette procédure aboutit à l'Arrêt n° 92/11 remis aux consorts ATOYO à une audience de la deuxième chambre correctionnelle des citations directes du Tribunal de Première Instance de Deuxième Classe de Ouidah le 19 octobre 2012. Ledit arrêt rétracte l'Ordonnance n° 15/07 du 22 juin 2007 du Président de la Cour d'Appel ordonnant le sursis à exécution. C'est l'arrêt déféré devant votre Haute Juridiction » ; qu'ils poursuivent : « L'Arrêt de la Cour d'Appel de Cotonou n° 092/11 du 9 juin 2011 viole gravement la Constitution en violant les Droits de l'Homme, les articles 124, 122, 114 et 117 de la Constitution.

Sur la violation des Droits de l'Homme

L'Arrêt n° 092/11 incriminé du 09 juin 2011 prête son concours à l'exécution de l'Arrêt n° 75/2001 du 04 décembre 2001 fondé sur le principe de l'esclavage. En procédant ainsi, ledit arrêt a violé la dignité humaine niée par le principe de l'esclavage. Le préambule de la Constitution affirme la détermination du peuple béninois de " créer un Etat de droit ... dans lequel ... la dignité de la personne humaine... " est protégée et promue. Toute atteinte à cette dignité est considérée comme un traitement inhumain au sens de l'article 18 de la Constitution. En outre, à ce titre, l'arrêt viole les articles 5 et 7 de la Charte Africaine des Droits de l'Homme et des Peuples.

Sur la violation de l'article 124 de la Constitution

L'Arrêt de la Cour d'Appel de Cotonou n° 75/2001 du 04 décembre 2001 ayant été déclaré contraire à la Constitution par la Décision de la Cour Constitutionnelle DCC 06-076 du 27 juillet 2006, était déjà dépourvu de ce seul fait de tous effets. Par ailleurs, la Cour d'Appel de Cotonou ne pouvait ignorer que l'arrêt de la Cour Suprême intervenu sur pourvoi contre l'Arrêt n° 075/2001 a été également déclaré contraire à la Constitution par Décision DCC 09-087 du

13 août 2009 ; que l'Arrêt de la Cour d'Appel de Cotonou n° 092/11 du 09 juin 2011 a violé l'article 124 de la Constitution.

Sur la violation de l'article 122 de la Constitution

L'Arrêt n° 092/11 rendu par la Cour d'Appel de Cotonou le 09 juin 2011 rejette l'exception d'inconstitutionnalité soulevée par les consorts ATOYO au motif qu'elle a été soulevée à titre subsidiaire et que " la Cour d'Appel ne peut répondre des actes de la Haute Juridiction qu'est la Cour Suprême, si tant est que celle-ci a violé l'article 124 de la Constitution Béninoise ". L'article 122 de la Constitution n'a laissé aucune latitude au juge judiciaire devant l'exception d'inconstitutionnalité ; qu'en s'arrogeant le pouvoir de rejeter l'exception soulevée, la Cour d'Appel a violé l'article 122 de la Constitution.

Sur la violation des articles 114 et 117 de la Constitution

L'Arrêt querellé de la Cour d'Appel de Cotonou affirme de manière incompréhensible " ... la collectivité ATOYO qui sollicite la rétractation de l'Ordonnance n° 51 du 27 mai 2002 n'a développé aucun moyen à l'appui de sa demande, qu'elle s'est contentée de demander la rétractation de l'ordonnance susdite conformément à la décision rendue par la Cour Constitutionnelle" ... et ajoute " la Cour d'Appel, dans la gestion des affaires judiciaires, est soumise à l'autorité de la Cour Suprême ; que toute compréhension contraire est erronée " . L'article 114 de la Constitution affirme que "la Cour Constitutionnelle est la plus Haute Juridiction de l'Etat en matière constitutionnelle". Il y a lieu de se demander si la Cour d'Appel de Cotonou considère que sa propre existence comme juridiction, celle de la Cour Suprême et les "affaires judiciaires" se situent hors de la Constitution.

La Cour d'Appel de Cotonou s'est inscrite complètement dans la logique extraordinaire du raisonnement d'AÏDASSO : les décisions de la Cour Constitutionnelle " s'entendant exclusivement des dispositions des textes de loi déclarées contraires à la Constitution ....., le juge judiciaire conserve la liberté totale de recevoir ou de ne pas recevoir les décisions de la Cour Constitutionnelle et que la jurisprudence de la Cour Constitutionnelle n'est qu'une doctrine souveraine appréciée par le juge de l'ordre judiciaire ....". Le Conseil d'AÏDASSO s'est appuyé, d'une part, sur une doctrine française élaborée à un moment donné sur la base de la Constitution française, d'autre part, sur une décision rendue par la Cour Constitutionnelle béninoise DCC 03-35 le 24 mai 2003 (en réalité, le 12 mars 2003), " lorsque deux hautes juridictions, l'une juge de la constitutionnalité, l'autre de la légalité, rendent en la même matière deux décisions manifestement contradictoires, il n'existe en l'état actuel de notre droit positif, aucun mécanisme de règlement de ce genre de conflit " ... Or, l'article 114 de la Constitution prescrit : la Cour

Constitutionnelle est "l'organe régulateur du fonctionnement des institutions et de l'activité des pouvoirs publics" et l'article 117.1er tiret, 4ème astérisque ordonne : "La Cour Constitutionnelle -" statue obligatoirement sur ** les conflits d'attributions entre les institutions de l'Etat ". La combinaison des prescriptions des articles 114 et 117 de la Constitution ne permet pas de dire qu'il n'existe rien dans notre droit positif pour résoudre les conflits entre les Institutions de l'Etat y compris les Institutions juridictionnelles. Il y a donc lieu pour la Cour Constitutionnelle de corriger l'erreur commise par la Décision DCC 03-35 du 12 mars 2003. En tout état de cause, l'Arrêt de la Cour d'Appel n° 092/11 du 09 juin 2011 a violé les articles 114 et 117 de la Constitution ; qu'ils demandent à la Haute Juridiction « de dire et juger que l'Arrêt n° 092/11 rendu par la Cour d'Appel de Cotonou viole la Constitution » ;

ANALYSE DU RECOURS

Sur la violation de l'article 122 de la Constitution

Considérant que, selon l'article 122 de la Constitution : «Tout citoyen peut saisir la Cour Constitutionnelle sur la constitutionnalité des lois, soit directement, soit par la procédure de l'exception d'inconstitutionnalité invoquée dans une affaire qui le concerne devant une juridiction. Celle-ci doit surseoir à statuer jusqu'à la décision de la Cour Constitutionnelle qui doit intervenir dans un délai de trente jours » ; que cette disposition reconnaît à tout citoyen le droit de soulever l'exception d'inconstitutionnalité d'une loi devant une juridiction et que celle-ci doit surseoir à statuer jusqu'à la décision de la Cour Constitutionnelle ;

Considérant que dans le cas d'espèce, il est constant que les juges qui ont rendu l'Arrêt n° 92/11 du 09 juin 2011 déféré, reconnaissent que les consorts ATOYO ont soulevé devant leur formation l'exception d'inconstitutionnalité ; qu'au lieu de surseoir à statuer jusqu'à la décision de la Cour Constitutionnelle comme le prescrivent les dispositions de l'article 122 de la Constitution, ils ont décidé de passer outre, motif pris de ce que « demande sur demande ne vaut » ; que ce faisant, ils ont méconnu l'article 122 de la Constitution ; qu'en conséquence, il échet de dire et juger que l'Arrêt n° 92/11 du 09 juin 2011 de la Cour d'Appel de Cotonou a violé l'article 122 de la Constitution ;
Sur la violation de l'article 124 de la Constitution

Considérant qu'aux termes de l'article 124 alinéas 2 et 3 de la Constitution : « Les décisions de la Cour Constitutionnelle ne sont susceptibles d'aucun recours. Elles s'imposent aux pouvoirs publics et à toutes les autorités civiles, militaires et juridictionnelles » ;

Considérant que dans le cas d'espèce, il ressort des pièces du dossier que par Décision DCC 06-076 du 27 juillet 2006, la Cour Constitutionnelle a déclaré contraires à la Constitution le Jugement n° 185/2000 du 10 avril 2000 du Tribunal de Première Instance de Ouidah et l'Arrêt confirmatif n° 75/2001 du 04 décembre 2001 de la Cour d'Appel de Cotonou dans l'affaire opposant les consorts ATOYO et les consorts AÏDASSO ; que cette décision a été notifiée à Monsieur le Président de la Cour d'Appel de Cotonou par Correspondance n° 1646/CC/SG du 31 juillet 2006 ; qu'en outre, par Arrêt n° 13/CJ-CT du 24 novembre 2006, la Cour Suprême a rejeté le pourvoi en cassation des consorts ATOYO contre l'Arrêt n° 75/2001 du 04 décembre 2001 de la Cour d'Appel de Cotonou sans tenir compte de la Décision DCC 06-076 précitée versée pourtant au dossier de procédure du pourvoi en cassation dont s'agit ; que cet Arrêt n° 13/CJ-CT du 24 novembre 2006 ayant été revêtu de la formule exécutoire le 27 mars 2007, les consorts ATOYO ont, se fondant sur la Décision DCC 06-076 précitée, obtenu du Président de la Cour d'Appel de Cotonou l'Ordonnance n° 15/07 du 22 juin 2007 portant sursis à exécution du Jugement n° 185/2000 du 10 avril 2000 du Tribunal de Première Instance de Ouidah et de l'Arrêt n° 75/2001 du 04 décembre 2001 de la Cour d'Appel de Cotonou ;

Considérant que par ailleurs, par Décision DCC 09-087 du 13 août 2009, la Cour Constitutionnelle a déclaré contraire à la Constitution l'Arrêt n° 13/CJ-CT du 24 novembre 2006 précité de la Cour Suprême ; que cette décision a été notifiée à Monsieur le Président de la Cour d'Appel de Cotonou par Lettre n° 1339/CC/SG du 18 août 2009 ; que malgré toutes ces décisions, dans l'Arrêt n° 92/11 du 09 juin 2011 déféré, la Cour d'Appel de Cotonou a ordonné la rétractation de l'Ordonnance n° 15/07 du 22 juin 2007 susvisée au motif que « la Cour d'Appel, dans les affaires judiciaires, est soumise à l'autorité de la Cour Suprême et que toute compréhension contraire est erronée » ; qu'en ouvrant ainsi, par cette décision, la voie à l'exécution de l'Arrêt n° 75/2001 du 04 décembre 2001 de la Cour d'Appel de Cotonou déclaré contraire à la Constitution par Décision DCC 06-076 du 27 juillet 2006 de la Haute Juridiction insusceptible d'aucun recours, les juges qui ont rendu l'Arrêt n° 92/11 du 09 juin 2011 précité ont méconnu l'autorité de chose jugée attachée aux Décisions DCC 06-076 du 27 juillet 2006 et DCC 09-087 du 13 août 2009 de la Cour Constitutionnelle ; qu'en conséquence, il échet de dire et juger que l'Arrêt n° 92/11 du 09 juin 2011 de la Cour d'Appel de Cotonou est contraire à la Constitution ;

D E C I D E :

Article 1er.- L'Arrêt n° 92/11 du 09 juin 2011 de la Cour d'Appel de Cotonou est contraire à la Constitution.

Article 2.- La présente décision sera notifiée à Messieurs Claude Léon ATOYO, Daniel MENONKPINZON ATOYO, Alphonse MENONKPINZON ATOYO, à Maître Gustave ANANI CASSA, à Sophie AÏDASSO épouse CAPO-CHICHI, à son Conseil Maître Vincent TOHOZIN, à Monsieur le Président de la Cour d'Appel de Cotonou et publiée au Journal Officiel.

Ont siégé à Cotonou, le quinze juillet deux mille quatorze,

Messieurs Théodore HOLO	Président
Zimé Yérima KORA-YAROU	Vice-Président
Simplice Comlan DATO	Membre
Bernard Dossou DEGBOE	Membre
Mesdames Marcelline C. GBEHA AFOUDA	Membre
Lamatou NASSIROU	Membre.

Le Rapporteur	Le Président,
Professeur Théodore HOLO	Professeur Théodore HOLO

OBSERVATIONS

I : Le dialogue de la raison et le duel des égos

L'univers et l'architecture institutionnels du pouvoir juridictionnel se complexifient. De la loi française des 16 et 24 août 1790 à l'arrêt Cadot (1889) en passant par l'émergence des juridictions communautaires de l'Union économique et monétaire ouest-africaine (UEMOA), de la Communauté économique des Etats de l'Afrique de l'Ouest (CEDEAO), de l'Union africaine, de l'Organisation pour l'Harmonisation en Afrique du Droit des Affaires (OHADA), l'offre juridictionnelle s'est énormément diversifiée. La naissance des juridictions constitutionnelles au niveau national a apporté sa dose de complication à la solution. Un auteur a pu préconiser, face à l'univers kaléidoscopique qu'offrent les organes relevant du pouvoir juridictionnel, qu'il n'ait place "*ni pour le gouvernement des juges, ni pour la guerre des juges mais pour le dialogue des juges*" (B. GENEVOIS, Conclusions sous C.E. 22 décembre 1978 - ministre de l'intérieur c/ Cohn-Bendit - Recueil Lebon p. 524).

L'exigence de cohérence et la sécurité juridique commandent une posture de dialogue dont ne rend pas compte la décision Dohou Séraphin. Cette décision est le point culminant d'une orientation de politique jurisprudentielle qui est partie d'un *judicial self restraint* de la Cour constitutionnelle sur les décisions des Cours et tribunaux pour évoluer vers une démarche plutôt impériale.

II : Le *judicial self restraint* de la Cour constitutionnelle

La thématique du dialogue des juges apparaît dès les aurores de la Cour constitutionnelle, lorsque le Haut Conseil de la République faisait office de juridiction constitutionnelle. Dans l'affaire "Hospice Antonio", le HCR juge que l'arrêt de la Cour d'appel rendu sur le dossier du requérant "*est et demeure une décision de justice contre laquelle il existe d'autres voies de recours judiciaires*". Le Sieur H. Antonio est invité à mieux se pourvoir parce que "*la Cour constitutionnelle n'est pas compétente pour réformer les décisions de justice*" (Décision 13 DC du 28 octobre 1992, Hospice Antonio, Recueil 1991-1992-1993, p. 65).

La Cour constitutionnelle adopte cette solution du "*dialogue par partage*" (R. de GOUTTES, "Le dialogue des juges", communication au colloque du cinquantenaire du Conseil constitutionnel français, 3 novembre 2008) avec la Cour suprême. Dans l'affaire "maître Agnès Campbell", la requérante saisit la Haute juridiction constitutionnelle au motif que l'Arrêt n°93-06/CJ-P du 22 avril 1993 rendu par la Cour suprême viole la constitution et la Charte africaine des droits de l'homme et des peuples en son article 7. La Cour constitutionnelle juge la requête recevable et affirme, avec une hardiesse incongrue, que la constitution lui "*donne compétence exclusive (...) pour statuer sur les violations des droits de la personne humaine*" mais que, en vertu de l'article 131 de la constitution, "*les décisions de la Cour suprême ne sont susceptibles d'aucun recours*". La Cour conclut "*qu'il en résulte que la Cour constitutionnelle n'est pas compétente pour statuer sur l'arrêt querellé*". (Décision DCC 11-94 du 11 mai 1994, Maître Agnès Campbell, Recueil 1994, p. 37). L'article 3 de la Constitution parle de "*lois, textes et actes présumés inconstitutionnels*", tandis que l'article 117 dispose que la Cour statue sur "*la constitutionnalité des lois et actes règlementaires*". Sur ce double fondement, la Cour estime qu'elle a une compétence d'attribution et que les "*décisions de justice ne sont pas comprises dans cette énumération ; qu'il y a lieu pour la Cour de se déclarer incompétente*" (Décision DCC 02-141 du 19 décembre 2002, Hadonou Daniel, Recueil 2002, pp.567).

La Cour range dans la catégorie des décisions de justice, les délibérations du Conseil supérieur de la magistrature, lesquelles, "*ne ressortissent pas à (sa) compétence*" (Décision DCC 02-020 du 27 mars 2002, Honvou Sourou Joseph, Recueil 2002, p.89 ; Décision DCC 00-037 du 28 juin 2000, Héritiers

Gnansounou et alii, Recueil 2000, p. 139) ; une affaire "*pendante devant la Cour Suprême sous le numéro 2006/110/CA3 ; (...) l'appréciation d'une telle demande ne relève pas de la compétence de la Cour telle que définie aux articles 114 et 117 de la Constitution*" (Décision DCC 14-113 du 05 juin 2014, Casimir OSSE, Recueil 2014, vol.2, p.782) ; les réquisitions du parquet (Décision DCC 02-018 du 27 mars 2002, Soya Bathily, Recueil 2002 p. 83) ; les arrêts avant-dire droit (Décision DCC 00-034, Ahouansou Sikiratou, Recueil 2000, p. 127) ; une ordonnance de prolongation de la détention préventive (Décision DCC 13-147 du 08 octobre 2013, Romuald ALLOGNINOUWA, Recueil 2013, vol.2, p.916) ; une demande de déconsignation de fonds consignés au greffe du tribunal de première instance de première classe de Porto-Novo (Décision DCC 16-078 du 09 juin 2016 Bilikissou BADIROU, Recueil 2016, vol.2, p.553) ; une appréciation relative aux " *procédures judiciaires n° ABOM/2012/RG/03267 et CAB1/2013/00012 pendantes devant le tribunal de première Instance de deuxième classe d'Abomey ; (...) l'appréciation d'une telle demande n'entre pas dans le champ de compétence de la Cour tel que défini par les articles 114 et 117 de la Constitution* (Décision DCC 14-210 du 11 décembre 2014, Dah ZOUNMALE FETOME, Recueil 2014, vol.3, p.1424) ; la décision de classement sans suite prise par le Procureur de la République d'Abomey (Décision DCC 13-167 du 14 novembre 2013 Coffi Christian Edmond ALLAGBE, Recueil 2013, vol.2, p.1024). La Cour se garde bien d'ordonner l'exécution d'un jugement de tribunal (Décision DCC 15-072 du 26 mars 2015, Gontran GOUGBONOU, Recueil 2015, vol.2, p.743) ou d'apprécier les pouvoirs de police des débats du Président de la Cour d'appel (Décision DCC 14-060 du 20 mars 2014, Montand AIKPON, Recueil 2014, vol.1, p.426).

D'une manière générale, estime la Cour, s'agissant des décisions rendues par une juridiction relevant de la hiérarchie de la Cour suprême, "*ni le contrôle de ces décisions, ni leur exécution ne relèvent des attributions de la Haute juridiction* (constitutionnelle, et) *qu'il échet de se déclarer incompétente*" (Décision DCC 01-067 du 26 juillet 2001, Gouton Gnanlanhouénou, Recueil 2001, p. 271).

Ce faisant, la Cour donne sens et consistance à son rappel adressé au ministre en charge des finances "*que l'exécution des décisions de la Cour suprême ne doit souffrir d'aucune dérogation*" (Décision DCC 06-028 du 14 février 2006, Amoussou Yaovi Antoine, Recueil 2006, p. 129).

Cependant, ce dialogue apaisé des juges va butter sur une conception qu'adopte la Cour constitutionnelle, celle de l'approche concentrée du contrôle des droits de la personne humaine.

III : L’approche concentrée du contrôle des droits de la personne humaine

Le texte constitutionnel fait de la Cour constitutionnelle le juge de "*la constitutionnalité des lois et actes règlementaires censés porter atteinte aux droits fondamentaux de la personne humaine et aux libertés publiques,* ***et en général*** *sur la violation des droits de la personne humaine*" (article 117, al.4, constitution du 11 décembre 1990). La Cour "*statue plus généralement sur les violations des droits de la personne humaine*" (Article 121, al. 2, constitution du 11 décembre 1990). De cette double disposition, la Cour déduit qu’elle a une "*compétence* ***exclusive*** *(...) pour statuer sur les violations des droits de la personne humaine*" (Décision DCC 11-94 du 11 mai 1994, Maître Agnès Campbell, Recueil 1994, p.38). Cette exclusivité de compétence consiste à concentrer le contrôle du respect des droits de la personne humaine entre les mains de la seule juridiction constitutionnelle, et donc à l’ériger en super-gendarme au-dessus des juridictions de droit commun, celles en tout cas qui relèvent de la hiérarchie de la Cour suprême.

Ceci explique que la Cour ait pu décider, que le jugement n°185/2000 du 10 avril 2000 (Tribunal de 1ère instance de Ouidah) et l’arrêt confirmatif n° 75/2001 du 4 décembre 2001 (Cour d’appel de Cotonou) "*violent la constitution*" au motif que les deux décisions sont juridiquement fondées sur une circulaire (Circulaire AP. 128 du 19 mars 1931) qui n’a pas force exécutoire et qui, au demeurant, porte "*atteinte aux droits fondamentaux de la personne humaine et des libertés publiques*" (Décision DCC 06-076 du 27 juillet 2006, Atoyo Menonkpinzon Victoire et alii, Recueil 2006, p.403) ; que le tribunal de Porto-Novo a violé la constitution en ce que le délai de jugement observé est "*anormalement long*" (Décision DCC 01-023 du 16 mai 2001, Hounmenou Jean-Marie, Recueil 2001, p. 109) ; que le Président du tribunal de 1ère instance de 1ère classe de Cotonou a violé le principe d’égalité posé par la constitution (Décision DCC 06-127 du 27 septembre 2006, Recueil 2006, p.653) ; que le Tribunal de 1ère instance de Lokossa a violé le principe du respect des droits de la défense et que le comportement de son Président est attentatoire aux prescriptions de l’article 35 de la constitution (Décision DCC 03-125 du 20 août 2003, Assogba Houé, Recueil 2003, p. 507) ; et qu’enfin, la Haute juridiction constitutionnelle ait pu être amené à examiner les circonstances dans lesquelles la Cour suprême n’a pas fait obstruction à l’accomplissement de la mission d’un huissier de justice, après une mesure d’instruction et donc de transport dans ses locaux (Décision DCC 04-116 du 21 décembre 2004, Hounmenou Jean-Marie, Rec. p.525).

Une telle évolution ne pouvait que déboucher un jour sur le cas *Dohou Séraphin*. Deux décisions émanées de deux hautes juridictions, et revêtues de l’autorité de la chose jugée, mais qui sont contradictoires dans leurs contenus et leurs implications juridiques et pratiques. La Cour constate d'abord qu'"*en l'état actuel de notre droit positif, il n'existe aucun mécanisme de règlement de ce genre de conflit*" (Affaire Dohou Séraphin) et avoue son impuissance. Elle se ravise ensuite et prend du poil de la bête, avec hardiesse, mais non sans témérité. La Haute juridiction constitutionnelle affirme, "*qu'en matière des droits de l'homme les décisions de la Cour constitutionnelle priment celles de toutes les autres juridictions*". Qu'au demeurant, la survenance d'une dissonance de jurisprudence entre elle et la Cour suprême fait naturellement d'elle le Tribunal des conflits, en raison de sa compétence d'"*organe régulateur*" (Décision DCC 09-087 du 13 août 2009, Menonkpinzon Atoyo, Alphonse Léon Atoyo et Daniel Menonkpinzon Atoyo).

De décision en décision, (Décisions DCC 96-063 du 26 septembre 1996, DCC 06-076 du 24 juillet 2006 et DCC 09-87 du 13 août 2009 Décisions DCC 96-063 du 26 septembre 1996, DCC 06-076 du 24 juillet 2006 et DCC 09-87 du 13 août 2009, Décision DCC 13-082 du 09 août 2013, Décision DCC 14-135 du 15 juillet 2014) la Cour constitutionnelle reste drapée dans une certitude qui laisse songeur. Les magistrats des cours et tribunaux, quant à eux, sont inflexibles sur la conviction que "*dans les affaires judiciaires (ils) sont soumis à l'autorité de la Cour suprême et que toute compréhension contraire est erronée*" (Décision DCC 14-135 du 15 juillet 2014, Claude Léon ATOYO, Recueil 2014, vol.2, p.930) ; que cette compréhension vienne de la Cour constitutionnelle ou d'ailleurs.

Dans les arènes de la Rome antique, la fin d'un combat de gladiateurs signe la mort d'un des protagonistes. Aujourd'hui, le maillon faible de ce duel des égos est bien la Cour constitutionnelle. Et pour cause :

- *d'abord*, seules les décisions de la Cour suprême et celles des cours et tribunaux qui sont sous son autorité juridictionnelle sont revêtues de la formule exécutoire qui donne à ces décisions un intérêt pratique, notamment en matière de dédommagement. Or, en l'espèce, la Cour constitutionnelle est réputée produire de vrais neutrons juridictionnels (voir *supra* p. 55). Ainsi, dans l'affaire "Dame Favi Adèle" après la décision de la Cour constitutionnelle qui juge qu'il y a violation de l'article 18 de la constitution et donne droit à réparation au profit de la requérante, la solution définitive au litige n'a été trouvée que par le tribunal de première instance de Cotonou. En effet, ledit Tribunal, saisi d'une demande de dommages-intérêts, décide par jugement n°007/04/4ème Chambre Civile du 09 février 2004, de condamner l'Etat béninois à payer à Dame Adèle Favi la somme de cinq millions (5.000.000) FCFA. Sur cette base, l'Agent judiciaire du Trésor, au nom de l'Etat du Bénin, a ensuite signé le protocole d'accord N° 285/AJT/BGC/SA qui permet à la demanderesse de percevoir la somme de cinq millions de francs CFA pour "*toutes causes de préjudices confondues en exécution du jugement n°007/04/4ème Chambre Civile du 09 février 2004*" et de la décision de la Cour constitutionnelle ;

- *ensuite*, il est intéressant de savoir que les membres de la Cour constitutionnelle sont tous des justiciables ordinaires devant les cours et tribunaux de l'ordre judiciaire. La constitution n'organise à leur profit aucun privilège ni pénal ni de juridiction (Voir *infra* p. 457). Ce qui a pu conduire, en droit comparé, le Tribunal suprême d'Espagne (Cour suprême) à déclarer recevable un recours qui aboutit à la condamnation des membres du Tribunal constitutionnel espagnol à verser des dommages-intérêts à un réquérant pour "*négligence professionnelle grave*" (P. BON et D. MAUS, *Les grandes décisions des cours constitutionnelles européennes*, Paris, Dalloz, 2008, pp. 702 et suiv.). L'arrêt du Tribunal suprême, qui semble une arme de dissuasion insidueuse, est à mettre en relation avec la décision du Tribunal constitutionnel de revoir à la hausse le montant de l'indemnité accordée à un autre réquérant. La fixation du montant de l'indemnité directement par la juridiction constitutionnelle a été perçue par le Tribunal suprême comme "*un empiétement dans des domaines propres à l'exercice de la juridiction qui ont été confiés aux organes du pouvoir judiciaire*" (P. BON et D. MAUS, *Les grandes décisions des cours constitutionnelles européennes*, *op. cit.* p. 707). *Mutatis mutandis*, certains faits reprochés à des membres de la Cour constitutionnelle du Bénin (voir *infra* pp. 367 et suiv.) auraient pu déboucher sur une procédure judiciaire à la diligence des organes d'instruction ou de poursuite des cours et tribunaux de la République et servir de réponse du berger à la bergère ;

- *enfin*, la garantie juridictionnelle des droits et libertés se révèle à géométrie variable. La Cour n'arrive pas à tirer les conséquences de sa propre jurisprudence, lorsqu'elle juge des faits constitutifs de tortures, traitements cruels, inhumains et dégradants et qui sont considérés en droit international des droits comme des atteintes à "*une des valeurs fondamentales des sociétés démocratiques*" (Voir arrêt Selmouni c/France, 28 juillet 1999, *in* F. SUDRE et alii, *Les grands arrêts de la Cour européenne des Droits de l'Homme*, Paris, PUF, 6ème édit. 2011, p.135). Par ses Décisions EP 16-002 du 21 janvier 2016 et DCC 01-031 du 17 mai 2001 la Cour s'est refusé à s'appliquer l'autorité de la chose jugée de ses propres décisions en matière de respect des droits de l'homme, comme fondement de son appréciation de la "*bonne moralité*" d'un candidat à une élection présidentielle (voir *infra* pp. 367 et suiv.).

Au total, le dialogue des juges reste la porte de sortie, la solution idéale. Ce dialogue n'est pas aisé, il inspire même un sentiment de scepticisme, parce que, est en cause "*une relation de pouvoir*" (P. WACHSMANN, "Le dialogue au lieu de la guerre", *in* Mélanges Bruno GENEVOIS, *Le dialogue des juges*, Dalloz, Paris, 2009, p.1138). La question interpelle le législateur, en sa qualité de pouvoir constituant dérivé, pour organiser, sur un plan institutionnel et organisationnel, le nécessaire dialogue des juges pour le plus grand bien de l'harmonie du droit et pour la sécurité juridique des justiciables dans un Etat de droit.

5

Décision DCC 02-058 du 04 juin 2002,
FAVI Adèle,
Recueil 2002, p. 243

Torture, sévices, traitements cruels, inhumains et dégradants

La Cour constitutionnelle,

Saisie d'une requête du 11 février 2002 enregistrée à son Secrétariat le même jour sous le numéro 0274/025/REC, par laquelle Madame Adèle FAVI porte plainte contre la garde rapprochée du Président de la République pour "traitement inhumain et barbare".

Vu la Constitution du 11 décembre 1990 ;
Vu la loi n°91-009 du 04 mars 1991 portant loi organique sur la Cour constitutionnelle ;
Vu le Règlement intérieur de la Cour constitutionnelle

Ensemble les pièces du dossier ;

Ouï le Professeur Maurice GLELE-AHANHANZO en son rapport ;

Après en avoir délibéré,

Considérant que Madame Adèle FAVI expose que le mercredi 06 février 2002, aux environs de 20 heures, de retour de *German co*, son lieu habituel de vente et en voulant traverser la route, elle a été arrêtée par les militaires qui se trouvaient à bord d'un véhicule Pajéro immatriculé R 0004 RB de la garde rapprochée du Président de la République ; que ceux-ci lui ont "porté des coups de pied sans que l'arrivée du chef de l'Etat ne soit pas encore annoncée" ; qu'elle développe qu'ayant pris la fuite, elle a été poursuivie et rattrapée à la hauteur de la clôture de l'ambassade de France où elle a "subi des bastonnades, des coups de pied de rangers, des chicotes et traînée par terre jusqu'à une distance de 50 mètres avant d'être laissée inerte sans connaissance" ; qu'elle affirme, par ailleurs, qu'elle s'est par la suite retrouvée à l'hôpital de la garnison de Cotonou grâce aux vigiles de la sécurité de la bande des 200 mètres du parc *German co* ; que tout ce qu'elle avait sur elle est resté jusqu'à présent introuvable ; qu'en conséquence, elle porte plainte contre la garde rapprochée du Chef de l'Etat pour l'avoir soumise à un "traitement inhumain et barbare" et demande que « justice soit faite » ;

Considérant qu'en réponse à la mesure d'instruction de la Cour, le Colonel Alassane Kpembi MASSOUHOUDOU, Directeur du cabinet militaire du Président de la République rapporte que "le passage du cortège étant imminent et pour éviter tout accident malheureux pouvant être fatal, non seulement pour la divagatrice elle-même, mais aussi pour le cortège, et surtout pour le Chef de l'Etat, les éléments de détachement ont dégagé par des *méthodes requises* cette dame qui n'a pas manqué de les traiter de fous... ; qu'il est fort heureux aujourd'hui pour tout un chacun que la garde ait eu une *réaction énergique* qui a permis de dégager la dame... ; que les personnels de sécurité ont été invités à s'acquitter réglementairement de leur mission sans répondre aux provocations dont ils font quotidiennement l'objet" ; qu'il produit par la suite une copie du Décret n°99-543 du 22 novembre 1999 réglementant la mise à disposition des gardes du corps et explique que : "*la réaction énergique* dont il est question est une action prompte par laquelle la divagatrice ayant délibérément décidé de ne pas obtempérer aux injonctions a été dégagée de la voie.... ; que les *méthodes requises* dans ce genre de situation sont des actes réflexes simples, consistant à se saisir sans délai de l'obstacle, à bras le corps et à le dégager" ; qu'il ajoute, par ailleurs, que "l'article 10 du Décret n° 99-543 du 22 novembre 1999 met le garde du corps, dans l'exécution de sa mission, en situation de légitime défense d'autrui (...) et que la réaction énergique des éléments de sécurité par les méthodes requises en la circonstance a été salutaire pour la divagatrice elle-même, pour les éléments de sécurité eux aussi et pour le cortège présidentiel ... » ;

Considérant qu'aux termes de l'article 18 alinéa 1 de la Constitution *: « Nul ne sera soumis à la torture, ni à des sévices ou traitements cruels, humiliants ou dégradants » ;*

Considérant qu'il ressort des éléments du dossier que Madame Adèle FAVI qui n'a pas dégagé à temps la voie au motif que "l'arrivée du Chef de l'Etat n'était pas annoncée", a été poursuivie et rattrapée à la hauteur de l'ambassade de France où elle a "subi des bastonnades, des coups de pied de rangers, des chicotes et traînée par terre jusqu'à une distance de 50 mètres avant d'être laissée inerte, sans connaissance" ; que c'est à la suite de ce traitement qu'elle a été admise au service de santé des Armées de Cotonou comme l'atteste le certificat médical versé au dossier et qui fait état : *"des douleurs exquises à la palpation à la cheville droite, au gros orteil droit, des douleurs à la mobilisation du membre supérieur droit et des douleurs à l'hémiface droite ainsi que des douleurs lombaires, une impotence fonctionnelle majeure à la marche et une plaie superficielle à la malléole externe de la cheville droite*", le tout ayant entraîné une "*incapacité temporaire de travail de dix huit jours*" ; qu'il s'ensuit que ces lésions sont consécutives aux sévices et traitements cruels, inhumains et dégradants infligés à Dame Adèle FAVI ; que ni les dispositions du Décret n°99-543 du 22 novembre 1999 réglementant la mise à disposition des gardes du corps, ni les explications fournies par le Directeur du Cabinet Militaire du Président de la République ne sauraient justifier de pareils traitements ; que, dès lors, il y a lieu de dire et de juger qu'en agissant comme elle l'a fait, la garde rapprochée du Président de la République a violé à l'article 18 alinéa 1 de la Constitution ;

Considérant que par sa Décision DCC 02-052 du 31 mai 2002, la Haute Juridiction a jugé que ... les préjudices subis par toute personne, du fait de la violation de ses droits fondamentaux, ouvrent droit à réparation ; qu'il s'ensuit que Dame Adèle FAVI a droit à réparation pour les préjudices qu'elle a subis ;

DECIDE :

Article 1er-: Les sévices et traitements cruels, inhumains et dégradants infligés à Madame Adèle FAVI le mercredi 06 février 2002 par une équipe de la garde rapprochée du Président de la République, constituent une violation de la Constitution.

*Article 2_*: Madame Adèle FAVI a droit à réparation pour les préjudices qu'elle a subis.

Article 3 **:** La présente décision sera notifiée à Madame Adèle FAVI, au Directeur du Cabinet militaire du Président de la République, au Ministre de l'Intérieur, de la Sécurité et de la Décentralisation, au Ministre d'Etat chargé de la Défense Nationale, au Ministre de la Justice, de la Législation et des Droits de l'Homme, au Président de la République et publiée au Journal Officiel.

Ont siégé à Cotonou, le quatre juin deux mille deux,

Conceptia Denise-Ouinsou, Lucien Sèbo, Idrissou Boukari, Maurice Glèlè-Ahanhanzo, Alexis Hountondji, Jacques Mayaba, Clotilde Médégan-Nougbodé.

OBSERVATIONS

I : La constitutionnalisation d'un contentieux de masse : les traitements cruels, inhumains et dégradants

Les faits de cette décision sont de constitutionnalité surprenante. Ils sont, en effet, banals et relèvent de ce que la justice appelle ordinairement les violences policières. Par leurs brutalités et leurs démesures, les manières grossièrement illégales, on aurait pu les ranger dans la catégorie de ce que le droit administratif appelle les voies de fait, justiciables de la juridiction judiciaire.

Une citoyenne béninoise, à l'occasion de l'exercice de ses activités professionnelles se trouve prise à partie par des agents en uniforme, avec un tel entrain que la requérante dut finir sa journée dans un centre médical, pour soigner les atteintes à son intégrité physique. Le procureur de la république aurait pu être saisi (ou a pu être saisi) mais l'irruption de la Cour constitutionnelle dans l'affaire lui donne une autre dimension, au regard des principes républicains qui fondent la république.

La constitution du 11 décembre 1990 évoque en son Titre II "les droits de la personne humaine", une expression qui rejoint celle de droit de l'homme mais qui cherche à en gommer le caractère "sexiste". Les droits de la personne humaine traduisent l'idée que l'individu possède des droits inhérents à sa nature d'homme. Ils sont des droits subjectifs qui expriment, dans "*l'ordre juridique, les principes naturels de justice qui fondent la dignité de la personne humaine*" (Yves MADIOT cité par D. BREILLAT, *Libertés publiques et droits de la personne humaine*, Paris, Gualino éditeur, 2003, p.27). En cela, les droits de la personne humaine sont plus larges que le concept de libertés publiques, lequel est la marque du positivisme juridique.

Le contenu de la constitution du Bénin ne peut être dissocié du contexte de son élaboration. Le principe d'une nouvelle loi fondamentale a été, en effet, adopté en février 1990 lors des assises de la Conférence nationale des forces vives. Celle-ci fut un forum républicain qui permit de faire le procès de l'une de ces cléricatures militantes des décennies 1970 et 1980 et, surtout, de poser les bases d'un nouveau pacte social devant durablement conjurer le spectre de toute monocratie oppressante. La constitution, adoptée par référendum, codifie les nouvelles orientations. En dehors du Préambule qui rejette "*tout régime politique fondé sur l'arbitraire, la dictature, (...) la confiscation du pouvoir et le pouvoir personnel*", le Titre II étale à l'envi, des proclamations exorcistiques sur les droits et devoirs de la personne humaine, qui rappellent le contexte de la refondation de l'Allemagne après le IIIe Reich. (La constitution allemande de mai 1949 débute par un chapitre entier intitulé *Grundrechten,* droits fondamentaux). Les mécanismes de garantie des droits et libertés proclamés érigent en un droit reconnu aux citoyens, le droit de saisir le juge constitutionnel ; ils confèrent aussi à celui-ci le pouvoir de connaître des questions de droit ressortissant classiquement à la compétence d'une Haute juridiction, mais aussi, et de manière plus originale, de statuer sur des questions de fond.

La Cour constitutionnelle peut, en effet être saisie "*d'une plainte en violation des droits de la personne humaine et des libertés publiques*" (Article 120, constitution du 11 décembre 1990). La notion de plainte introduite dans le contentieux constitutionnel, renvoie à la sémantique du droit pénal. Elle est l'"*acte par lequel la victime d'une infraction (....) porte ce fait à la connaissance de l'autorité compétente*" (G. CORNU, *Vocabulaire juridique*, Paris, PUF, 2002.). Les criminologues analysent la notion d'infraction comme la conjonction d'un élément matériel, "le fait ou l'acte extérieur", (G. STEFANI, G. LEVASSEUR, B. BOULOC, *Droit pénal général*, Paris, Dalloz, 2003 p. 199), d'un élément légal (la norme juridique de référence) et d'un élément moral, qui est l'imputabilité de l'acte ou du fait délictuel. Si on admet une conception plus large de la notion d'infraction qui intègre le délit civil de l'article 1382 du Code civil, on retrouve aussi l'exigence pour le juge de "*constater souverainement les faits*" de l'espèce (Code civil, Paris, 100e édit., Dalloz, 2001, p. 1081), l'élément matériel du dossier. Il s'ensuit que le juge de "*l'excès de pouvoir législatif*" (G. VEDEL, "Excès de pouvoir législatif et excès de pouvoir administratif", *in Cahiers du Conseil constitutionnel*, n° 1, 2e semestre 1996) au Bénin, n'est plus seulement juge du droit, il est aussi compétent pour être saisi ou se saisir, au même titre que les juges du fond, de ce qu'un premier Président de la Cour de cassation française a appelé "*la lave brûlante des faits de la vie au quotidien*" (P. DRAI, "Allocution d'ouverture", *in La Cour de cassation et la constitution de la République* , Actes du colloque des 9 et 10 décembre 1994, Aix-Marseille, Presses universitaires d'Aix-Marseille, 1995, p.8.).

Cette orientation jurisprudentielle ne s'est pas imposée aussitôt à la Cour (ou ce qui en tenait lieu) installée en 1991. Entre la première décision de la Cour en juin 1991 (Décision 1DC du 26 juin 1991, Président du bureau provisoire du comité de suivi de l'Association des ressortissants de la sous-préfecture de Sakété, Recueil 1991-1992-1993, p.9) et le premier recours sur des faits mettant en cause les droits de la personne humaine, il s'est écoulé environ quatre années, soit 1995 avec la décision Inoussa Bello (Décision DCC 95-014, Inoussa Bello du 08 mars 1995, Recueil 1995, p. 75).

Juge du droit mais aussi juge du fond, juge de l'excès de pouvoir autant que juge du contentieux de pleine juridiction, la juridiction constitutionnelle, au Bénin, exerce son *imperium* pour apprécier la "constitutionnalité" des tortures, sévices, traitements cruels, inhumains et dégradants, selon les termes de l'article 18 al.1 de la constitution. Pour la Cour, "*les traitements cruels, inhumains et dégradants s'apprécient non seulement en fonction de leur effet sur l'état physique ou mental de l'individu, mais également au regard de leur durée, de leur caractère délibéré et des circonstances dans lesquelles ils ont été infligés*" (Décision DCC 03-120 du 20 août 2003, Valentin SOMASSE, Recueil 2003, p. 485). Le corps, l'esprit, le temps, les circonstances, etc., autant d'éléments de paramétrage qui nous situent en pleine indétermination juridique. La Cour est seule maître du contenu et de l'application des notions et sa démarche est très existentielle.

L'examen de la jurisprudence de la Cour permet de dire que la phénoménologie des faits pouvant tomber sous le coup des interdits de l'article 18 al. 1 comprend des situations aussi diverses que les violences pratiquées par un citoyen sur son épouse (Décision DCC 04-056 du 19 mai 2004, Michel Agoungnon, Recueil 2004, p. 241), le port d'entraves pendant quatorze mois "comme un vulgaire bagnard" (Décision DCC 02-002 du 09 janvier 2002, Djaton Ganiou Aboudou, Recueil 2002, p. 15), le traumatisme crano-encéphalique avec perte de connaissance initiale, l'arrestation d'un enseignant par des agents en arme qui le conduisent torse nu au commissariat (Décision DCC 02-136 du 18 décembre 2002, Koï Franck, Recueil 2002, p. 545), le port de menottes à un citoyen sans que celui-ci manifeste "*une quelconque résistance*" (Décision DCC 04-036 du 20 avril 2004, Loudé Z. Daniel, Recueil 2004, p. 157), le fait de ligoter un individu et de le jeter dans le coffre arrière d'une voiture (Décision DCC 04-098 du 14 octobre 2004, Gawé Sambo, Recueil 2004, p. 449), le fait de contraindre un individu de laver un cyclomoteur et de sarcler l'enceinte du commissariat de police (Décision DCC 05-066 du 08 juillet 2005, Adandjékpo Désiré, Recueil 2005, p.331).

La Cour poursuit, en retenant au titre des traitements cruels, inhumains et dégradants, l'usage intensif de gaz lacrymongène avec des conséquences dommageables pour l'intégrité physique d'un citoyen (Décision DCC 18-047 du 1er mars 2018, Babadamagui, "Premier Ministre" du Palais royal Koburu de Parakou), l'usage de méthodes violentes contre un mineur de 10 ans en lieu et place de son père en fuite (Décision DCC 13-077 du 09 août 2013, Modeste Gbetowenonmon, Recueil 2013, vol.1, p.543), le fait qu'un detenu malade soit resté avec des menottes sur son lit d'hôpital (Décision DCC 16-055 du 28 avril 2016, Adama Mondoukpé Lawani, Recueil 2016, vol.1, p. 411), une gifle donnée par un gendarme (Décision DCC 15-018 du 27 janvier 2015, Faustin Metonou, Recueil 2015, vol.1, p. 311), l'interpellation musclée de vingt-six (26) fidèles de la "Très sainte Eglise de Jésus-Christ de la Mission de Banamè" (Décision DCC 17-093 du 04 mai 2017, Roland A. J. Viatonou et Togla Joachim Assogba), le fait de contraindre un citoyen à rester torse nu ("*qu'aucun citoyen ne peut être contraint à rester torse nu dans le cadre d'une interpellation ou d'une procédure judiciaire quelle que soit l'infraction qu'il aurait commise ; que cet acte a été posé sous le contrôle, la surveillance et l'autorité de l'adjudant Samuel H. AKOGBETO, alors commandant de la brigade de Gendarmerie de Houéyogbé ; que le fait de contraindre un citoyen à rester torse nu dans ces circonstances s'analyse comme un traitement inhumain au sens de l'article 18 alinéas 1er et 4 de la Constitution*" (Décision DCC 17-144 du 13 juillet 2017, Hyacinthe Lassey TOKOU) ou le fait de faire porter une ardoise au cou et en faire une phographie (Décision DCC 15-229 du 15 novembre 2015, Claude José Olory).

La violation de l'article 18 de la constitution n'est pas l'apanage des forces de sécurité publique ou des militaires. Les violences privées sont également concernées, notamment des faits de violence conjugale (Décision DCC 16-094 du 07 juillet 2016, Tchègbé Hermand Gounon, Recueil 2016, vol.2, p.653 "*Madame Florence GOUNON a été agressée physiquement à son domicile le samedi 21 février 2015 par son compagnon et père de son enfant, Monsieur Joachim E. GBEGBE AÏGO ; que l'intéressé lui a volontairement porté des coups et fait des blessures ayant entraîné une incapacité temporaire de travail de vingt et un (21) jours ; que le certificat médical délivré à Madame Florence GOUNON le 23 février 2015 par le docteur T. Didier AGBOZOGNIGBE, Médecin épidémiologiste, coordonnateur de la zone sanitaire d'Allada-Zè-Toffo, indique qu'à l'examen clinique on note un ébranlement des dents n°42 et n°43, une morsure humaine au 3ème doigt gauche ayant provoqué une section de la moitié supérieure de la phalangette, une contusion cervicale, une morsure humaine à la face antérieure de l'avant-bras droit, une morsure du bout distal de la phalangette*"), ou encore les actes de violence exercés par les membres de la secte "Orô" sur un ancien fidèle converti au christianisme (Décision DCC 15-024 du 12 février 2015, Albert Lande et alii, Recueil 2015, p. 365).

Pour la Cour la protection organisée par l'article 18 de la constitution concerne les citoyens dans leurs relations avec les dépositaires de la force publique, au regard du rapport de force inégal entre les deux parties. La Cour juge que la bonne intelligence de l'article 18 alinéa 1er de la Constitution signifie "*le constituant a voulu protéger les citoyens contre les éventuels abus ou mauvais traitements de l'Etat à travers ses forces de sécurité publique et, plus généralement les agents publics ; que si cette protection peut concerner aussi les agents de sécurité publique eux-mêmes, en revanche, il doit s'agir d'une atteinte physique ou morale portée contre eux par une autorité publique ou toute personne dépositaire de la puissance publique.*" Il en résulte que dans le cas d'espèce, *"la répression des faits dont est victime le requérant, agent des forces de sécurité publique dans l'exercice de ses fonctions, de la part d'un citoyen non dépositaire de la force publique, relève de la compétence du juge de l'ordre judiciaire et non de celle du juge constitutionnel ; que, dès lors, il échet pour la Cour de dire et juger qu'elle est incompétente."* (Décision DCC 15-157 du 16 juillet 2015, Stéphane Agossa, Recueil 2015, vol.3, p. 1325).

La Cour s'interdit, toutefois, d'apprécier des traitements inhumains et dégradants qu'un requérant allègue avoir subis en dehors du territoire national (Décision DCC 05-075 du 28 juillet 2005, Magazi Mamah, Recueil 2005, p. 385), ni de retenir au titre de la violation de l'article 18 de la constitution les traumatismes psychologiques (Décision DCC 14-209 du 11 décembre 2014, Germaine Ahidote).

En tout état de cause, le requérant doit d'abord, apporter la preuve des faits allégués et qui sont constitutifs de traitement cruels, inhumains et dégradants (Décision DCC 13-027 du 21 février 2013, Happy O. Chadare, Recueil 2013, vol.1, p.208), ensuite qu'il y ait un lien de causalité entre les violences subies et les dommages constatés (Décision DCC 13-005 du 15 janvier 2013, Julien Lonkponto, Recueil 2013, vol.1, p. 89).

L'inscription de la jurisprudence constitutionnelle dans la rubrique que la presse rangerait dans la catégorie des *faits divers,* a une justification découlant de la mutation culturelle et éthique nécessaire à une bonne inculturation démocratique. Dans un contexte où le projet démocratique semble encore dans "*une incertitude et une instabilité durables*" (F. AKINDES, « Les transitions démocratiques à l'épreuve des faits : réflexions à partir des expériences des pays d'Afrique noire francophone » *in Bilan des conférences nationales et autres processus de transition démocratique,* Paris, Pedone, 2001, p. 262.), la "*fonction pédagogique*" de la juridiction constitutionnelle conduit à "*éduquer l'ensemble de la population et (...) la classe politique au respect (des) principes*" (P. FOUCHER, "Contrôle de constitutionnalité, droits fondamentaux, démocratie : convergences, divergences, tendances" *in* F. DELPEREE et P. FOUCHER (dir.), *La saisine du juge constitutionnel : aspects de droit comparé*, Bruxelles, Bruylant, 1998 , p. 53) fondamentaux consacrés par la constitution, comme l'ont reconnu et préconisé les participants au colloque de Tunis sur les droits fondamentaux (A. AMOR, "Rapport introductif", *in* J. Y. MORIN (dir.), *Les droits fondamentaux*, Actes du colloque de Tunis, Bruxelles, AUPELF-UREF/BRUYLANT, 1997 p.29). L'intention du juge constitutionnel au Bénin en devient plus légitime

En définitive, la décision Dame Favi Adèle a un intérêt pratique et pédagogique. Elle pose aussi la question de principe qui est celle de savoir si face aux deux pôles du contrôle de constitutionnalité, l'attitude du juge constitutionnel serait idéalement celle d'un choix entre la *micro-constitutionnalité* et la *macro-constitutionnalité* ou celle d'un cumul des deux compétences. En tout état de cause, la juridiction constitutionnelle béninoise a fait son choix et au-delà de la qualification des faits, s'autorise à dire s'il y a un droit à réparation.

II : Le droit à réparation

L'apport de la justice constitutionnelle est d'autant plus remarquable qu'elle ne se limite plus à déclarer l'inconstitutionnalité de faits et gestes attentatoires aux libertés et droits de la personne humaine. Le juge constitutionnel, dans l'arrêt de principe Fanou Laurent (Décision DCC 02-052, du 31 mai 2002, Fanou

Laurent, Recueil 2002, p. 217), a admis que les préjudices subis à raison de violations des droits de la personne humaine, de traitements inhumains, cruels et dégradants "*ouvrent droit à réparation*". "*Toute atteinte à l'intégrité physique mérite réparation*" selon la Cour (Décision DCC 16-115 du 28 juillet 2016, Kouassi AHOUDJEZO AYATO, Recueil 2016 vol.2, p.831). La Cour applique cette jurisprudence avec constance (Décision DCC 10-014 du 08 mars 2010, Clément Anankpoedja) et l'étend même aux cas de méconnaissance du droit à un délai raisonnable de jugement (Décision DCC 03-144 du 16 octobre 2003, Cour constitutionnelle, Recueil, 2003, p. 587).

Le droit à réparation est, cependant, une affirmation de principe que la Cour ne se hasarde pas à concrétiser en accordant des dommages-intérêts. En effet, la Cour "*est incompétente pour allouer des dommages-intérêts en réparation d'un préjudice*" (Décision DCC 02-037 du 17 avril 2002, Cour constitutionnelle, Recueil 2002, p. 159 ; voir solution contraire du Tribunal constitutionnel d'Espagne qui réévalue le montant de l'indemnisation accordée par le juge judiciaire : Tribunal constitutionnel espagnol, 17 septembre 2001, Isabel Preysler, *in* P. Bon et D. Maus, *Les grands décisions des cours constitutionnelles européennes*, Paris, Dalloz, 2008, pp. 702 et suiv.). Le requérant ayant demandé une somme de "*10.000.000 en réparation du préjudice subi*", cette décision peut être interprétée comme le refus de liquider le préjudice et de donner des montants à payer aux victimes (Décision DCC 14-054 du 11 mars 2014, David Dagniho, Recueil 2014vol.1, p.385).

Une attitude de réserve qui tranche avec la hardiesse de la Cour de justice de la CEDEAO. Celle-ci a, en effet, reçu une requête tendant à "*condamner la République du Togo à payer (...) en réparation du préjudice subi, telle somme que la Cour estimera suffisante au titre des dommages et intérêts*". La Cour fait droit à ladite requête et "*ordonne à l'Etat togolais de réparer la violation des droits de l'homme des requérants et à payer à chacun le montant de trois millions (3.000.000) francs CFA*" (Arrêt n°ECW/CCJ/JUD/09/11 du 7 octobre 2011, Affaire Ameganvi Manavi Isabelle et autres c/ Etat du Togo).

6

Décision DCC 18-087 du 05 avril 2018
Bentiwa Florentine JOHNSON

Le droit à la défense

La Cour constitutionnelle,

Saisie d'une requête du 11 décembre 2017 enregistrée à son secrétariat le 18 décembre 2017 sous le numéro 2079/343/REC, par laquelle Madame Bentiwa Florentine JOHNSON forme devant la haute Juridiction un recours pour violation de son droit à la défense ;

VU la Constitution du 11 décembre 1990 ;

VU la loi n° 91-009 du 04 mars 1991 portant loi organique sur la Cour constitutionnelle modifiée par la loi du 31 mai 2001 ;

VU le règlement intérieur de la Cour constitutionnelle ;

Ensemble les pièces du dossier ;

Ouï Madame Marcelline-C. GBEHA AFOUDA en son rapport ;

Après en avoir délibéré,

CONTENU DU RECOURS

Considérant que la requérante expose : «… J'ai été radiée par la décision n°12 -2-180/EMG/DOPA/BCR/SA du 7 juin 2012 du chef d'Etat- major général pour une absence dite illégale de plus de trente (30) jours, au mépris des articles 7 et 17 alinéa 1er respectivement de la Charte africaine des droits de l'Homme et des peuples et de la Constitution …

En effet, mère de trois enfants et abandonnée par mon mari, j'ai demandé et obtenu, courant janvier 2011, une autorisation d'absence valant congé pour compter du 31 janvier au 21 février 2011 afin de me rendre auprès de ma grande sœur à KOUREL dans la commune de KALALE pour une consolation parentale.

Très tôt, ma situation matrimoniale a fini par me sombrer dans une dépression mentale qui m'aurait conduite chez un guérisseur traditionnel, selon les explications qui m'ont été données plus tard par ma grande sœur. Cette dernière, analphabète, n'a pu signaler ma situation à l'expiration de mon congé.

Après un séjour de plus de quatre mois auprès dudit guérisseur, j'ai fini par recouvrer partiellement mon état de santé, puis je suis retournée à Porto-Novo où j'ai repris service le 26 juillet 2011. J'ai expliqué à ma hiérarchie avec preuve à l'appui, aussi bien par le certificat de guérison du guérisseur traditionnel que par le rapport médical du docteur DOSSOU-TOGBE François … du 13 juillet 2012.

Malgré mon état de santé précaire, j'ai été mise aux arrêts par ma hiérarchie. Peu de temps après, ma situation s'était rétablie puis j'ai porté mon grade de maréchal des logis chef qui était en cours. » ; qu'elle affirme : « Contre toute attente, pendant que ma situation sanitaire s'améliorait, j'ai reçu notification de la décision n°12-2-180/EMG /DOPA/BCR/SA/ du 7 juin 2012 portant ma radiation de l'effectif des Forces armées béninoises. Ce coup dur m'a replongée dans un état plus dégradé que précédemment ; ce n'est que maintenant que je commence à retrouver ma santé.

Cette décision de radiation ne respecte aucune norme en la matière et, de ce fait, encourt annulation conformément à l'article 3 alinéa 3 de notre Constitution ainsi qu'il sera démontré ci-après. » ;

Considérant qu'elle développe : « Trois dispositions de loi ou textes réglementaires vont nous permettre d'élucider l'irrégularité de la décision de radiation. Il s'agit notamment de l'article 107 de la loi n°2005- 46 du 26 juin 2006, de l'article 7 de la Charte africaine des droits de l'Homme et des peuples, puis enfin de l'article 17 alinéa 1er de la Constitution ...

Sur l'article 107 de la loi n° 2005-46 du 26 juin 2006 portant statut général des personnels militaires des Forces armées béninoises : cet article évoque comme cause de radiation l'absence illégale de plus de trente (30) jours. La notion de l'illégalité d'une absence tire sa source dans la non justification ou d'une justification non valable de la cause. En ce qui concerne mon cas, j'ai justifié, aussi bien par le certificat de guérison du guérisseur traditionnel que par le rapport médical du docteur DOSSOU-TOGBE François … du 13 juillet 2012 ; ce qui pourrait lever le doute d'une absence illégale.

Sur l'article 7 de la Charte africaine des droits de l'Homme et des peuples : selon cet article, ''Toute personne a droit à ce que sa cause soit entendue. Ce droit comprend ... c) le droit à la défense, y compris celui de se faire assister par un défenseur de son choix''.

Dans la prise de cette décision de radiation, je n'ai été guère appelée à faire valoir mon droit à la défense ni me faire assister par un défenseur de mon choix. Cette décision a été prise en flagrante violation de l'article 7 de la Charte africaine des droits de l'Homme et des peuples.

Sur l'article 17 alinéa 1er de la Constitution ... : l'article 17 alinéa 1er dispose : ''Toute personne accusée d'un acte délictueux est présumée innocente jusqu'à ce que sa culpabilité ait été légalement établie au cours d'un procès public durant lequel toutes les garanties nécessaires à sa libre défense lui auront été assurées''.

Il résulte de la lecture combinée et croisée de ces dispositions que s'il est permis au chef d'Etat-major général de prendre une décision portant sanction d'un sous-officier de la Gendarmerie, celle-ci ne peut être prise sans que le mis en cause ne soit mis à même d'exercer son droit à sa défense conformément aux dispositions constitutionnelles sus-citées.

Ayant été absente pour cause de maladie pendant plus de trente jours, j'ai été radiée de l'effectif de la Gendarmerie sans avoir été mise en mesure d'exercer mon droit à la défense ; qu'en agissant ainsi qu'il l'a fait, le chef d'Etat-major de l'armée de terre à l'époque des faits a violé la Constitution. » ; qu'elle conclut : « C'est pourquoi, je prie la Cour de dire et juger que la décision n°12-2-180/EMG/DOPA/BCR/SA du 7 juin 2012 portant ma radiation de l'effectif des Forces armées béninoises est contraire à la Constitution et doit être déclarée nulle conformément à l'article 3 alinéa 3 de la Constitution aux termes duquel : '' Toute loi, tout texte réglementaire et tout acte administratif contraires à ces dispositions sont nuls et non avenus...'' » ;

INSTRUCTION DU RECOURS

Considérant qu'en réponse à la mesure d'instruction diligentée par la haute Juridiction, le directeur général de la Police républicaine, l'Inspecteur général de brigade Ahofodji Nazaire HOUNNONKPE, écrit : « ... I- La justesse de la radiation : l'ex maréchal des logis JOHNSON Bentiwa Florentine, matricule 4726, a été radiée du contrôle des effectifs des Forces armées béninoises (FAB) conformément aux textes en vigueur pour absence illégale du service pendant plus de trente (30) jours.

En effet, la requérante a quitté son service le 24 février 2011 sans aucun titre de permission et n'a été de retour que le 26 juillet 2011. Pendant cette absence prolongée sans motif valable, la procédure de sa radiation a été enclenchée et a suivi régulièrement les étapes ci-après:

- message porté n° 047/4-MP-DGGN/DP/SEC du 14 mars 2011 portant désertion d'un sous-officier subalterne ;
- message porté n° 048/4-MP-DGGN/DP/SEC du 14 mars 2011 portant suspension de solde ;
- lettre n° 070/4-DGGN/DP/SEC/CHAN du 13 mai 2011 portant demande de radiation d'un sous-officier subalterne du contrôle des effectifs de la Gendarmerie nationale ;
- décision n° 12-2-180/EMG/DOPA/BCR/SA du 07 juin 2011 portant radiation d'un (01) sous-officier des Forces armées béninoises.

La prise de la décision de la radiation querellée est conforme aux dispositions de l'article 107 de la loi n° 2005-43 du 26 juin 2006 qui énonce: ''... La perte du grade intervenue dans les conditions énumérées ci-dessus est irrévocable et entraîne automatiquement la radiation du sous-officier des Forces armées béninoises''.

Il convient également d'appeler l'attention de la Cour sur le fait que la requérante est restée sans nouvelles pendant cinq (05) mois, malgré le message d'avis de recherche émis à son encontre et qu'en l'espèce, à l'expiration des trente (30) jours d'absence illégale, l'autorité compétente est fondée à enclencher sa procédure de radiation. » ; qu'il ajoute : « De même, en considérant le rapport médical établi par le docteur François M. DOSSOU-TOGBE, chirurgien des hôpitaux de la clinique "Les Oliviers" de Porto-Novo, le 13 juillet 2012, qui déclare avoir hospitalisé Madame JOHNSON Bentiwa Florentine du 20 mars 2011 au 28 avril 2011 et l'avoir revue et hospitalisée une autre fois du 20 mai 2011 au 20 juin 2011 alors que dans le même temps, Monsieur GOUNOU-CHABI Dafia Koda, tradi-praticien, demeurant dans le village de Gbassi, arrondissement de Bouca, commune de Kalalé, déclare aussi avoir reçu et traité Madame JOHNSON Bentiwa Florentine du 19 février au 22 juillet 2011, il parait évident que la requérante a du mal à convaincre l'Administration sur sa position réelle.

Même si l'authenticité de ces actes apportés par la défenderesse n'est pas sujette à caution, il n'en demeure pas moins que leur sincérité pose problème. Il ne sera donc pas aisé de prouver que l'ex maréchal de logis JOHNSON Bentiwa Florentine suivait les soins aussi bien chez le tradi-praticien dans le département du Borgou et au même moment chez le docteur chirurgien dans le département de l'Ouémé. » ;

Considérant qu'il poursuit : « II- De son droit à la défense : Madame JOHNSON fait référence à l'article 7 de la Charte africaine des droits de l'Homme et des peuples qui veut que "sa cause soit entendue". Il convient d'appeler … l'attention de la Cour sur le fait que, pendant sa désertion qui a duré au total cinq (05) mois, l'intéressée n'a pas cru devoir rendre compte à sa hiérarchie de son état de santé ni par elle-même ni par un proche parent ou par une tierce personne.

III- Position de l'Administration : eu égard à tout ce qui précède, la radiation de l'ex maréchal des logis JOHNSON Bentiwa Florentine, matricule 4726, du contrôle des effectifs de la Gendarmerie nationale est intervenue conformément aux dispositions statutaires en vigueur contenues dans la loi n° 2005-43 du 26 juin 2006 portant statut général des personnels militaires des Forces armées béninoises. » ;

ANALYSE DU RECOURS

Considérant que la requérante demande à la Cour de déclarer contraire aux articles 7 de la Charte africaine des droits de l'Homme et des peuples et 17 alinéa 1er de la Constitution, sa révocation de l'effectif des Forces armées béninoises (FAB) ;

Considérant que les articles 7 de la Charte africaine des droits de l'Homme et des peuples, 17 alinéa 1er de la Constitution énoncent respectivement : « *Toute personne a droit à ce que sa cause soit entendue. Ce droit comprend ... c/ le droit à la défense y compris celui de se faire assister par un défenseur de son choix* » ; « *Toute personne accusée d'un acte délictueux est présumée innocente jusqu'à ce que sa culpabilité ait été légalement établie au cours d'un procès public durant lequel toutes les garanties nécessaires à sa libre défense lui auront été assurées* » ; que par ailleurs, l'article 107 de la loi n°2005-46 du 26 juin 2006 portant statut général des personnels militaires des Forces armées béninoises (FAB) dispose: « *Le sous-officier perd son grade sur décision du chef d'Etat-Major général pour une des causes suivantes : ... absences illégales de trente (30) jours du sous- officier en activité de son corps …* » ; qu'il résulte de la lecture combinée et croisée de ces dispositions que s'il est permis au chef d'Etat-Major général de prendre une décision portant sanction d'un sous-officier des FAB, *celle-ci ne peut être prise sans que le mis en cause ne soit mis à même d'exercer son droit à la défense conformément aux dispositions constitutionnelles sus-citées ;*

Considérant qu'il ressort des éléments du dossier que Madame Bentiwa Florentine JOHNSON, pour s'être absentée plus de trente (30) jours sans autorisation pour suivre des soins médicaux traditionnels, a été radiée de l'effectif des Forces armées béninoises (FAB) sans avoir été mise en mesure d'exercer son droit à la défense ; qu'en agissant ainsi qu'il l'a fait, le chef d'Etat-Major de l'armée de terre à l'époque des faits a violé la Constitution ; que dès lors, il échet pour la Cour de dire et juger que la décision n°12-2-180/EMG/DOPA/BCR/SA du 07 juin 2011 du chef d'Etat-Major de l'armée de terre des Forces armées béninoises (FAB) portant radiation du sous-officier Bentiwa Florentine JOHNSON est contraire à la Constitution et doit être déclarée nulle conformément à l'article 3 alinéa 3 de la Constitution aux termes duquel : « *Toute loi, tout texte réglementaire et tout acte administratif contraires à ces dispositions sont nuls et non avenus...* » ;

DECIDE :

Article 1er : La décision n°12-2-180/EMG/DOPA/BCR/SA du 07 juin 2011 du chef d'Etat-Major de l'armée de terre des Forces armées béninoises (FAB) portant radiation d'un sous-officier, JOHNSON Bentiwa Florentine, est contraire à la Constitution.

Article 2 : La présente décision sera notifiée à Madame Bentiwa Florentine JOHNSON, à Monsieur le Directeur général de la Police républicaine et publiée au Journal officiel.

Ont siégé à Cotonou, le cinq avril deux mille dix-huit,

Messieurs	Théodore	HOLO	Président
	Zimé Yérima	KORA-YAROU	Vice-Président
	Bernard Dossou	DEGBOE	Membre
Madame	Marcelline-C.	GBEHA AFOUDA	Membre
Monsieur	Akibou	IBRAHIM G.	Membre
Madame	Lamatou	NASSIROU	Membre

Le Rapporteur, Le Président,

Marcelline-C. GBEHA-AFOUDA Professeur Théodore HOLO

Décision DCC 04-046 du 23 avril 2004
Lamissi Fidèle
Recueil, 2004, p. 201

La Cour Constitutionnelle,
Saisie d'une requête du 29 mars 2004 enregistrée à son Secrétariat le 31 mars 2004 sous le numéro 0579/045/REC, par laquelle le Fonctionnaire de Police Fidèle LAMISSI assisté de Maître Joseph DJOGBENOU, Avocat près la Cour d'Appel de Cotonou, suite à la Décision DCC 04-006 du 06 janvier 2004 se plaint de la violation de son droit à la défense et estime que : « le défaut de

l'instruction et de l'examen contradictoire en l'espèce est une erreur matérielle » qu'il demande à la Cour de redresser ;

VU la Constitution du 11 décembre 1990 ;
VU la loi n° 91-009 du 04 mars 1991 portant loi organique sur la Cour Constitutionnelle modifiée par la Loi du 31 mai 2001 ;
VU le Règlement Intérieur de la Cour Constitutionnelle ;

Ensemble les pièces du dossier ;

Ouï le Conseiller Idrissou BOUKARI en son rapport ;

Après en avoir délibéré,

Considérant qu'aux termes de l'article 16 de la loi organique sur la Cour Constitutionnelle : « Les décisions et les avis de la Cour Constitutionnelle sont rendus par cinq (05) Conseillers au moins, sauf en cas de force majeure dûment constatée au procès-verbal ;

Considérant que Madame Clotilde MEDEGAN-NOUGBODE, Messieurs Christophe KOUGNIAZONDE et Lucien SEBO, conseillers à la Cour, sont empêchés ; que la Cour, conformément à l'article 16 précité, est habilitée à siéger et à rendre sa décision avec seulement quatre (04) de ses membres ;

Considérant que le requérant expose que pour rendre la décision querellée, la Cour « n'a pas cru devoir entendre sa version des faits et ses moyens de défense » ; qu'il n'a été informé de la plainte déposée à la Cour qu'à l'occasion de la notification de la décision ; qu'il développe que si l'on considère que « le défaut de l'instruction et de l'examen contradictoire en l'espèce est une erreur matérielle, il prie respectueusement la Cour de la redresser en vertu de l'article 22 alinéa 2 de son règlement intérieur » ; qu'il soutient que ladite décision viole en outre les dispositions de l'article 26 alinéa 2 du Règlement Intérieur de la Cour Constitutionnelle et l'article 7.1-c) de la Charte Africaine des Droits de l'Homme et des Peuples ; qu'en effet, l'article 26 alinéa 2 du Règlement Intérieur de la Cour dispose : « Elle (la procédure devant la Cour Constitutionnelle) est contradictoire selon la nature de la requête » ; qu'aux termes de l'article 7.1-c) de la Charte Africaine des Droits de l'Homme et des Peuples qui dispose : « Toute personne a droit à ce que sa cause soit entendue ». Ce droit comprend : ...c) le droit à la défense... » ; que le principe du contradictoire fait partie du droit à la défense ; qu'en statuant comme elle l'a fait sans l'avoir entendu, la Haute Cour a méconnu et violé les dispositions citées ;que par ailleurs, le moyen tiré de la chose jugée que l'on serait tenté de lui opposer ne saurait prospérer car conclut-il, « il ne saurait avoir autorité de chose jugée à l'égard d'une partie à une cause qui n'a pas été entendue conformément à la Constitution et aux textes qui règlent la procédure devant la Cour Constitutionnelle » ;

Considérant qu'aux termes de l'article 22 du Règlement Intérieur de la Cour Constitutionnelle : « Toute partie peut saisir la Cour Constitutionnelle d'une demande en rectification d'erreur matérielle d'une décision… » ; que selon une jurisprudence constante de la Cour, « l'erreur matérielle se définit comme une simple erreur de plume ou de dactylographie, d'orthographe d'un nom, de terminologie ou d'une omission dans la décision » ; que la décision querellée à l'évidence ne comporte aucune erreur matérielle au regard de cette définition ; qu'à supposer même que l'erreur matérielle eût existé, cette demande doit selon l'alinéa 2 de l'article 22 précité être introduite dans un délai d'un (01) mois à compter de la notification de la décision dont la rectification est demandée ; que notification de ladite décision ayant été faite au requérant le 20 février 2004 et sa demande en rectification étant enregistrée à la Cour le 31 mars 2004 soit plus d'un mois après ladite notification, cette demande doit être déclarée irrecevable de ce chef ;

Considérant qu'aux termes de l'article 124 alinéa 2 de la Constitution « Les décisions de la Cour Constitutionnelle ne sont susceptibles d'aucun recours » ; que la requête de Monsieur Fidèle LAMISSI tend à contester la décision DCC 04-006 du 06 janvier 2004 de la Haute Juridiction ; qu'en vertu de l'article 124 précité de la Constitution, les décisions de la Cour Constitutionnelle sont sans recours ; que la requête doit être déclarée irrecevable.

D E C I D E :

Article 1er.- La demande en rectification de la décision querellée est irrecevable.
Article 2. - Il y a autorité de la chose jugée.
Article 3.- La présente décision sera notifiée à Monsieur Fidèle LAMISSI, au Directeur Général de la Police Nationale, au Procureur Général près la Cour d'Appel de Cotonou et publiée au Journal Officiel.

Ont siégé à Cotonou, le vingt trois avril deux mille quatre,

Madame	Conceptia D. OUINSOU	Président
Messieurs	Jacques D. MAYABA	Vice-président
	Idrissou BOUKARI	Membre
	Pancrace BRATHIER	Membre

Le Rapporteur, — Le Président,

Idrissou BOUKARI — Conceptia D. OUINSOU

OBSERVATIONS

I : Les droits de la défense, un principe inhérent au *due process of law*

La question des droits de la défense est une de celles qui sont essentielles en matière de droit processuel. Elle participe de l'exigence d'un procès équitable, d'un *due process of law* selon la terminologie anglo-saxonne. Le procès équitable est plus large, d'un point de vue conceptuel, que le simple droit de la défense. Le procès équitable comporte des aspects institutionnel (droit d'accès à un tribunal indépendant et impartial) et processuel (droit à un procès public, association effective à la procédure, égalité des armes et procédure contradictoire, etc.). Il est un indicateur de démocratie constitutionnelle pluraliste (X. VUITTON, *Le procès équitable*, Paris, L.G.D.J., 2017). Elle met en œuvre le principe "*en dehors duquel, il ne peut être de bonne justice*", selon les mots du Président René ODENT (cité par Jean-Yves MADEC *in* J-Y MADEC et alii, dir, *Le principe du contradictoire dans le procès administratif*, Paris, L'Harmattan, 2010, p.11).

La constitution du 11 décembre 1990, pas plus que la Charte africaine des droits de l'Homme et des peuples, n'adopte une vision englobante qui est celle du procès équitable. Les deux textes font référence à certains droits pris *ut singuli* comme le droit à la défense (Charte africaine des droits de l'Homme et des peuples) ou la garantie à la libre défense (constitution du 11 décembre 1990).

De façon plus explicite, la Cour juge que "*le droit à la défense, principe fondamental de l'Etat de droit, commande que lorsqu'une personne est soupçonnée d'un acte délictueux, celle-ci doit être mise en mesure de discuter les griefs articulés contre elle avant la prise de toute décision à son encontre ; que par ailleurs, selon la jurisprudence constante de la haute Juridiction, le principe du contradictoire vise le respect des droits de la défense ; qu'il s'applique à tout moment, depuis la phase préliminaire jusqu'à la prise de la décision administrative, judiciaire ou arbitrale et s'impose à l'autorité administrative sans qu'il soit besoin pour le législateur d'en rappeler l'existence*" (Décision DCC 18-098 du 19 avril 2018, Serge Roberto PRINCE AGBODJAN). Ainsi donc, le respect des droits de la défense qui est, au premier chef, un mécanisme de droit processuel, une technique d'administration de la justice devient, par la force de la jurisprudence constitutionnelle, un principe universel de procédure disciplinaire. C'est ce que prouvent les décisions Fidèle Lamissi et Bentiwa Florentine Johnson.

Dans l'affaire Lamissi Fidèle, les moyens développés par la saisine sont fort explicites. Il y a "*défaut (...) d'examen contradictoire*" parce que le requérant "*n'a été informé de la plainte à la Cour qu'à l'occasion de la notification de la*" décision (Décision DCC 04-006 du 06 janvier 2004, Bossè Daniel, Recueil 2004,

p. 35), décision rédigée ainsi qu'il suit : "*les traitements inhumains et dégradants infligés par le gardien de la paix de première classe Fidèle Lamissi à monsieur Bossè Daniel constituent une violation de l'article 18 alinéa 1er et ouvrent droit à réparation*". L'article 18 al. 1er de la constitution dispose que "*nul ne sera soumis à la torture, ni à des sévices ou traitements inhumains et dégradants*". C'est l'appréciation des faits et leur qualification qui n'ont pas suivi la procédure du contradictoire et qui motivent le recours du Sieur Lamissi Fidèle pour violation des droits de la défense, et donc de la constitution et de la Charte africaine des droits de l'homme et des peuples.

La Cour n'a pas examiné le recours quant au fond. Elle s'est contentée de décider l'irrecevabilité sur le fondement d'une décision passée en force de chose jugée.

Une autre solution était difficilement concevable, au regard de la politique jurisprudentielle de la Cour en matière de recours contre ses propres décisions. La décision n'en soulève pas moins quelques interrogations de fond.

Primo, les faits de torture, de sévices et traitements inhumains et dégradants peuvent-ils être rangés dans la catégorie de ce que le droit pénal appelle les infractions matérielles, dont la seule constatation suffit à qualifier l'infraction, et sans qu'il y ait nécessité de suivre la procédure du contradictoire et d'écouter la partie adverse assistée ou non de son conseil ? La décision "Bossè Daniel" incline à répondre par l'affirmative ; une affirmative qui n'est point satisfaisante pour la casuistique juridique. Les faits de "*torture, de sévices ou traitements inhumains et dégradants*" requièrent un élément moral fort, une perversion de l'action, un esprit de système chez l'auteur des actes. Cet élément moral ne peut être apprécié en dehors de l'audition de cet auteur des actes et donc dans l'absolu des faits. Le refus du contradictoire devient un obstacle à la manifestation de la vérité juridique sur les faits de torture, de sévices ou traitements inhumains et dégradants. Le contraire nous semble un déni de justice équitable, de procès équitable.

Secundo, la Cour habituellement si prompte à appliquer les principes constitutionnels, à se saisir d'office, au besoin, lorsque les droits fondamentaux sont en cause, (Décision DCC 99-024 du 1er mars 1999, Populations de Kansoukpa, Chefs du quartier Aganmadin et des villages Kansoukpa et Gbodjo, Recueil 1999, p. 85) devait-elle se réfugier derrière l'autorité de la chose jugée pour esquiver un nouvel examen d'une affaire qui a été visiblement mal conduite, c'est-à-dire, en violation des droits de représentation d'une des parties dans une affaire aussi sensible que celle de la torture ?

Dans une affaire similaire où les droits de la défense étaient en cause devant la Cour de justice de la CEDEAO, le défendeur (en l'occurrence l'Etat du Togo) a allégué la chose jugée de l'article 106 de la constitution togolaise ("les décisions de la Cour constitutionnelle ne sont pas susceptibles de recours") et a exclu la compétence de la Cour communautaire. La Cour de justice de la CEDEAO, sur la forme, "*rejette l'exception d'incompétence soulevée par l'Etat du Togo*" et sur le fond dit et juge qu'il y a violation par l'Etat togolais (Assemblée nationale et Cour constitutionnelle confondues) "*du droit fondamental des requérants à être entendus*" droit prévu à l'article 10 de la Déclaration universelle des droits de l'homme et l'article 7 de la Charte africaine des droits de l'homme et des peuples (Arrêt n°ECW/CCJ/JUD/09/11 du 7 octobre 2011, Affaire Ameganvi Manavi Isabelle et autres c/Etat du Togo).

Certes, les textes fondamentaux de la Cour constitutionnelle béninoise ne l'y autorisent pas, mais sa propension presque compulsive à se faire le rempart des libertés et des droits fondamentaux nourrit l'attente qu'une hardiesse est possible, qu'une décision révolutionnaire est du domaine du faisable pour compléter toute la force mise à faire respecter les droits de la défense aussi bien dans les procédures administratives que dans les instances devant les juridictions.

II : Les droits de la défense, une exigence en matière de procédure disciplinaire

La Cour applique l'article 17 de la constitution et l'article 7 al. 1er de la Charte africaine des droits de l'homme et des peuples dans les procédures administratives les plus variées. *D'abord* en matière de gouvernance territoriale, la Cour censure l'arrêté de suspension de chefs de quartier pris par le sous-préfet parce qu'"*une telle sanction (...) a été prise sans que (lesdits chefs de quartier) aient été préalablement mis en mesure d'exercer leur droit à la défense*". Dès lors, "*l'arrêté querellé est contraire à la constitution*" (Décision DCC 99-024 du 11 mars 1999, Populations de Kansoukpa, Chefs du quartier Aganmadin et des villages Kansoukpa et Gbodjo, Recueil 1999, p. 85).

Ensuite, en matière de gouvernance des établissements publics et organismes parapublics. Ainsi, le directeur de la télévision nationale n'a pu être régulièrement suspendu de ses fonctions, par arrêté du ministre de tutelle, s'il n'a été "*en mesure d'exercer son droit à la défense*" (Décision DCC 99-026 du 11 mars 1999, Houenontin Clément, Recueil 1999, p. 94). Dans le même sens, la révocation d'un directeur technique d'une entreprise publique ne peut faire l'économie de la procédure contradictoire (Décision DCC 00-056 du 10 octobre 2000, Gourma Mohamed et autres, Recueil 2000, p. 205). Cependant, les droits de la défense sont réputés respectés lorsque l'occasion a été offerte et que l'individu refuse de la saisir. Ainsi, parce que "*le rapporteur ad'hoc de la Commission béninoise des droits de l'homme chargé de vérifier les faits allégués contre le requérant l'avait convoqué en vue de l'entendre (et que celui-ci) s'était toutefois refusé à cette audition au motif qu'il n'avait pas été saisi par écrit*", la Cour en déduit que la décision d'exclusion "*ne viole pas la constitution*"

(Décision DCC 98-002 du 07 janvier 1998, Dossou-Dossa Bernard, Recueil 1998, p. 17).

Enfin, en matière de sanction disciplinaire, la Cour décide que la mutation d'un fonctionnaire d'une localité vers une autre localité, lorsqu'elle a le caractère d'une mutation disciplinaire, c'est-à-dire de sanction, doit suivre une procédure qui garantisse le droit à la défense (Décision DCC 98-018 du 20 février 1998, Anago Akouta Aristide, Recueil 1998, p. 87). Dans le même sens, l'article 7 de l'Ordonnance n°69-14/PR/MFPRAT du 19 juin 1969, parce qu'il prévoit une procédure dérogatoire de sanction des agents de l'Etat en grève, "*sans qu'il soit nécessaire de recourir à la procédure disciplinaire*" c'est-à-dire la procédure contradictoire, n'est pas conforme à la constitution (Décision DCC 95-026 du 11 juillet 1995, Me Yansunnu Magloire représentant la CSTB, le SYNEMP, le SYNESTP, la FENSSAMEV, Recueil 1995, p. 133). N'est pas non plus conforme à la constitution "*l'article 107 de la loi n°2005-46 du 26 juin 2006 portant statut général des personnels militaires des Forces armées béninoises (FAB)*" en ce qu'il n'organise pas une procédure contradictoire dans ses dispositions relatives aux sanctions : "*Le sous-officier perd son grade sur décision du chef d'Etat-Major général pour une des causes suivantes : ... absences illégales de trente (30) jours du sous- officier en activité de son corps*" (Décision DCC 18-087 du 05 avril 2018 Bentiwa Florentine Johnson).

Selon la Cour, pour être valable au sens et à la portée que la constitution lui donne, le droit à la défense doit être exercé antérieurement à la sanction. Lorsqu'un agent n'a été mis en mesure de faire valoir le principe du contradictoire qu'après la prise de la sanction à son encontre, il y a violation du droit à la défense (Décision DCC 17-023 du 02 février 2017, Servais Sossoukpe).

Toutefois, la Cour se déclare incompétente pour apprécier le respect du contradictoire dans une procédure disciplinaire interne à un parti politique. "*la régularité de la suspension de Monsieur Bruno KANGNI du parti 'Conscience citoyenne' ; que l'appréciation d'une telle demande ne relève pas du champ de compétence de la Cour tel que défini par les articles 114 et 117 de la Constitution*" (Décision DCC 15-069 du 26 mars 2015, Noël Oliver Koko, Recueil 2015, vol.2, p.721).

III : Les droits de la défense, une exigence devant les juridictions et le Conseil supérieur de la magistrature

"*Les décisions de justice, pour autant qu'elles ne violent pas les droits de la personne humaine, ne sont pas susceptibles d'être déférées devant la Cour constitutionnelle*" (Décision DCC 06-155 du 19 octobre 2006, Sèvo Pierre Honoré, Recueil 2006, p. 795). Les droits de la défense étant une exigence du *due process of law*, du droit à un procès équitable et donc un droit fondamental, la Cour se réserve la compétence de faire respecter ce droit dans la procédure des décisions de justice. La question de l'autorité des décisions de la Cour sur les jugements et arrêts des cours et tribunaux relevant de la hiérarchie de la Cour suprême est, certes, posée. La stature de *régulateur des régulateurs juridictionnels*, de tribunal des conflits que la Cour s'est conférée (Décision DCC 09-087 du 13 août 2009, Menonkpinzon Atoyo, Alphonse Léon Atoyo et Daniel Menonkpinzon Atoyo, Recueil 2009, vol.2, p.432 et Décision DCC 14-135 du 15 juillet 2014, Menonkpinzon Atoyo, Alphonse Léon Atoyo et Daniel Menonkpinzon Atoyo, Recueil 2014, vol.2, p.930) reste à traduire dans la pratique des juridictions. A défaut, le syndrome d'un "*respect dû mais non sanctionné*" (R. Chapus, « Actualité bibliographique » *in Revue Française de Droit Administratif,* 1988, p. 713) continue de caractériser le droit positif national.

En tout état de cause, la Cour dit et juge qu'un changement de date de délibéré sans en avertir l'une des parties, laquelle se trouve ainsi privée d'exercer les voies de recours dans les délais "*constitue une fraude au droit de la défense*" ; dès lors, "*la formation de la Cour d'appel de Cotonou siégeant en matière civile traditionnelle qui a rendu l'arrêt n°167/98 du 11 décembre 1998 a violé la constitution*" (Décision DCC04-051 du 18 mai 2004, Kougbakin Thomas, Recueil 2004, p. 222). Cependant, lorsqu'un justiciable a été mis "*en mesure de produire ses moyens de défense*" et qu'il ne s'est pas exécuté, la Cour décide qu'"*il n'y a pas violation du droit de la défense*" (Décision DCC 00-055 du 10 octobre 2000, Akowanou Germain, Recueil 2000, p. 201 ; Décision DCC 16-022 du 28 janvier 2016, Jean-Claude M. AVIANSOU, Recueil 2016, vol.1, p.193), car *Nemo auditur propriam turpitudinem allegans.* Dans le même sens, le benefice des droits de la défense s'accompagne du respect par le justiciable des règles de procédure en cours devant les formations judiciaires, en l'occurrence le ministère d'avocat devant la Cour d'appel. Dès lors, si "*le requérant allègue qu'il n'a jamais été cité à comparaître au procès qui a abouti à sa condamnation*" alors que "*la constitution d'avocat en cause d'appel est une prescription légale ; que si au cours de la procédure, le requérant n'a pas jugé utile de constituer avocat, il ne saurait faire grief à la Cour de sa non comparution au procès qui a abouti à sa condamnation ; qu'il suit de ce qui précède, qu'en rendant sa décision dans ces conditions, la Cour d'appel n'a fait que respecter les prescriptions légales en vigueur ; que dès lors, l'arrêt n°33/10/A du 12 mars 2010 ne viole pas la Constitution*" (Décision DCC 14-182 du 06 novembre 2014, Radji Raïmy, Recueil 2014, vol.3, p.1239).

Par ailleurs, une disposition législative (art. 52, loi n°83-005 du 17 mai 1983 portant statut de la magistrature) qui organise les sanctions disciplinaires prises à l'encontre des magistrats par le Conseil supérieur de la magistrature, "*est contraire à la constitution en ce qu'elle ne prend pas en compte les exigences de la protection des droits fondamentaux de la personne humaine et des libertés publiques*" (Décision DCC 96-021 du 26 avril 1996, Amoussou Constant

Georges et deux autres, Recueil 1996, pp. 108-109). En vertu de l'autorité de chose jugée qui s'attache à ses décisions, la décision d'inconstitutionnalité qui frappe l'article 52 de la loi n°83-005 prive celui-ci de toute valeur juridique. Il ne peut servir à l'avenir de fondement juridique à un acte administratif. Toute initiative contraire est une violation de l'article 124 de la constitution qui affirme que les décisions de la Cour sont sans recours et s'imposent aux pouvoirs publics et aux autorités civiles et militaires.

Cependant, saisie d'un nouveau recours qui porte sur une suspension de magistrat prononcée sur le fondement du même article 52 (art. 52, loi n°83-005 du 17 mai 1983 portant statut de la magistrature), précédemment déclaré contraire à la constitution, la Cour ne s'est point épanchée sur l'aspect violation de l'article 124 de la constitution. Bien que l'acte de suspension en cause fût datée d'août 1995, donc postérieure à sa décision "Amoussou Constant Georges" la Cour s'est contentée de dire et juger que "*la décision du Conseil supérieur de la magistrature (...) est inconstitutionnelle*" parce que l'article 52, qui juridiquement n'est plus opposable, n'a pas expressément "*organisé le droit de la défense à cette étape de la procédure*" (Décision DCC 96-045 du 30 juillet 1996, Hadonou Lino Louis, Hodé Francis Aimé, Recueil 1996, p. 206).

"*Vingt fois sur le métier remettez votre ouvrage*" écrivait Nicolas BOILEAU. Délibérément, la Cour se met dans la situation d'un remplisseur du tonneau des Danaïdes. Elle revient sempiternellement sur les droits de la défense (Décision DCC 96-065 du 26 septembre 1996, Gouhouédé Antoine, Recueil 1996, p. 283) là où l'invocation de la chose jugée aurait suffi, s'agissant d'une disposition légale dont l'inconstitutionnalité a été décidée par le juge.

Enfin, et *a contrario,* il n'y a pas violation des droits de la défense s'il est établi que les requérants "*ont été à même de présenter leurs moyens de défense*" (Décision DCC 06-071 du 21 juin 2006, Biao Nicolas Pierre, Aloakinnou G. Honoré, Recueil 2006, p. 351) ou que le requérant a quitté la salle au moment du jugement (Décision DCC 14-028 du 18 février 2014, Sébastien SAGBO, Recueil 2014, vol.1, p. 265).

7

Décision DCC 02-144 du 23 décembre 2002
Président de la République, Vieyra-Soglo H. Rosine
Recueil 2002, p. 579

Le principe d'égalité

La Cour Constitutionnelle,

Saisie d'une requête du 20 juin 2002 enregistrée à son Secrétariat à la même date sous le numéro 031-C/079/REC, par laquelle le Président de la République, sur le fondement des articles 117 et 121 de la Constitution, soumet au contrôle de conformité à la Constitution la Loi n°2002-07 portant Code des personnes et de la Famille votée le 07 juin 2002 par l'Assemblée Nationale ;

Saisie également d'une lettre du 24 juin enregistrée à son Secrétariat à la même date sous le numéro 1402/082/REC, par laquelle Madame H. Rosine VIEYRA-SOGLO, député à l'Assemblée Nationale et président du groupe parlementaire ''RB'', défère à la Haute Juridiction pour inconstitutionnalité les articles 126, 143, 168, 185 et 335 de la même loi ;

VU la Constitution du 11 décembre 1990 ;
VU la Loi n° 91-009 du 04 mars 1991 portant Loi Organique sur la Cour Constitutionnelle modifiée par la Loi du 31 mai 2001 ;
VU le Règlement Intérieur de la Cour Constitutionnelle ;
Ensemble les pièces du dossier ;
Ouï le Conseiller Clotilde MEDEGAN-NOUGBODE en son rapport ;
Après en avoir délibéré,

Considérant que les deux requêtes portent sur la même loi et tendent aux mêmes fins ; qu'il y a lieu de les joindre pour y être statué par une seule et même décision ;

Considérant que Madame H.Rosine VIEYRA-SOGLO fait grief à l'Assemblée Nationale d'avoir supprimé l'alinéa 3 de l'article 126 tel que libellé dans le projet de loi et d'avoir ainsi violé la Constitution par « omission » ; qu'elle développe que « tout mariage religieux doit répondre à un minimum de conditions légales : l'âge de la majorité et le consentement exempt de toute pression pour les futurs époux. La loi doit imposer aux ministres du culte religieux ce contrôle minima » ;

Considérant qu'elle soutient par ailleurs que l'article 143 de la loi déférée est discriminatoire et viole « le principe d'égalité entre l'Homme et la femme » en ce que « si cette disposition permet à un homme d'épouser plusieurs femmes, elle ne permet pas à une femme d'épouser plusieurs hommes » ; que la requérante allègue en outre que les dispositions des articles 185, 168. 2è tiret qui érigent en droit commun le régime de la séparation des biens au lieu de celui de la communauté réduite aux acquêts « violent non seulement le principe d'égalité mais sont en contradiction avec d'autres dispositions du code telles que les articles 143, 74 (3è tiret) etc… » ; qu'enfin, elle affirme que selon l'article 335 de la loi sous examen : « L'action en recherche de paternité n'est pas ouverte, donc n'est pas recevable pour tout prétendu enfant, une fois arrivé à l'âge de la majorité, pour retrouver sa dignité d'être humain, en violation des droits fondamentaux de la personne humaine » ;
Considérant qu'elle sollicite en conséquence, qu'il plaise à la Haute Juridiction de déclarer les articles 126, 143, 168, 185 et 335 de la loi déférée non conformes à l'article 26 de la Constitution, à son préambule et aux articles 2, 3 et 5 de la Charte Africaine des Droits de l'Homme et des Peuples ;

Moyen tiré de la violation de l'article 143

Considérant que selon la requérante, l'article 143 viole le principe d'égalité entre l'homme et la femme ; que ledit article énonce : « les deux formes de mariage monogamique ou polygamique sont reconnues. Toutefois, les futurs époux doivent faire une option préalablement à la célébration du mariage » ;

Considérant qu'aux termes de l'article 26 alinéas 1 et 2 de la Constitution : « *l'Etat assure à tous l'égalité devant la loi sans distinction… de sexe…l'homme et la femme sont égaux en droit…* » ; qu'au regard de l'affirmation de cette règle constitutionnelle, il y a traitement inégal entre l'homme et la femme en ce que l'option prévue à l'alinéa 2 de l'article 143 permet à l'homme d'être polygame alors que la femme ne peut être que monogame ; qu'au demeurant, l'article 1032 de la loi sous examen édicte : *« les coutumes cessent d'avoir force de loi en toutes matières régies par le présent code » à* l'exception des mesures transitoires prévues notamment à l'article 1023 alinéa 1er selon lequel : « *les mariages contractés conformément à la coutume antérieurement à la date d'entrée en vigueur du présent code, demeurent soumis pour leur validité aux conditions de fond et de forme en vigueur lors de la formation du lien matrimonial…* » ; qu'il découle de ce qui précède que l'article 143 sous examen est contraire à la Constitution ;

Moyen tiré de la violation des articles 168 alinéa 3 et 185

Considérant que la requérante allègue que les articles 168 alinéa 1 et 185 sont contraires au principe d'égalité et en contradiction avec les articles 143, 74 (3è tiret) etc… ; qu'elle ne produit cependant aucune augmentation pour soutenir ses moyens ;

Considérant que les articles incriminés édictent respectivement :

- Article 168 alinéa 3 : « *Si l'acte de mariage mentionne qu'il n'a pas été fait de contrat, les époux seront, à l'égard des tiers, réputés mariés sous le régime de la séparation des biens, à moins que, dans les actes passés avec les tiers, ils n'aient déclaré avoir fait un contrat de mariage* » ;
- Article 185 : « *A défaut de contrat de mariage, les époux sont soumis au régime de la séparation des biens* » ;

Considérant que si le régime de la communauté réduite aux acquêts a l'avantage de protéger le conjoint qui n'a pas d'emploi salarié ou qui n'aménage aucune preuve de ses acquisitions propres, il ne résulte cependant pas de l'esprit et de la lettre des dispositions incriminées qu'elles rejettent un tel régime ; qu'au contraire, les époux sont libres conformément à l'article 165 de souscrire un contrat de mariage devant notaire pour choisir le régime matrimonial qui leur convient ; que ce n'est qu'au cas où ce choix préalable n'est pas fait, que ceux-ci seront soumis au régime de la séparation des biens ; que, dès lors, les articles attaqués n'ont rien de contraire à la Constitution ;

(…)

En ce qui concerne les dispositions non conformes à la Constitution

Considérant qu'il ressort de l'examen du texte de loi que certaines de ses dispositions sont contraires à la Constitution en ce que :

- *Article 12, alinéa 1er :* cette disposition ne permet pas à la femme de conserver son nom de jeune fille à l'instar du mari. Elle est donc contraire à l'article 26 de la Constitution. En outre, elle n'est pas en harmonie avec les dispositions contenues dans le chapitre V (articles 154 et suivants de la loi sous examen). Le mariage ne devant pas faire perdre son identité à la femme mariée, celle-ci doit pouvoir garder son nom de jeune fille auquel elle ajoute le nom de son mari.
- *Article 74 :* aux termes des dispositions de l'article 26 alinéas 1 et 2 de la Constitution : *« l'Etat assure à tous l'égalité devant la loi sans distinction… de sexe …L'homme et la femme sont égaux en droit… »*. Au regard de l'affirmation de cette règle constitutionnelle, il y a traitement inégal entre l'homme et la femme en ce que l'option prévue au 5è tiret de l'article 74 permet à l'homme d'être polygame alors que la femme ne peut être que monogame ; en tout état de cause, l'article 1032 de la loi sous examen édicte : « *Les coutumes cessent d'avoir*

force de loi, en toutes matières régies par le présent code » à l'exception des mesures transitoires prévues notamment à l'article 1023 alinéa 1er selon lequel : « *les mariages contractés conformément à la coutume, antérieurement à la date d'entrée en vigueur du présent code, demeurent soumis pour leur validité aux conditions de fond et de forme en vigueur lors de la formation du lien matrimonial...* ». Il découle de tout de qui précède, que l'article 74 sous examen est contraire à la Constitution.

- *Articles 125, 127, 4è tiret, 137, 141, 143, 144, 149, 150 et 154 alinéa 2* : mêmes observations que sous l'article 74.
- *Article 128* : mêmes observations que sous l'article 74 en ce qui concerne la date et la forme de l'union précédemment contractée.
- *Article 155 :* mêmes observations que sous l'article 74 en ce qui concerne la référence au mariage polygamique.
- *Article 171* : mêmes observations que sous l'article 74 en ce qui concerne le membre de phrase : « *...dans le cadre du mariage monogamique* ».
- *Article 383 dernier alinéa* : mêmes observations que sous l'article 74 en ce que la présence des coépouses suppose la polygamie déclarée contraire à la Constitution.
- *Articles 605 et 614* : mêmes observations que sous l'article 74.

- *Paragr. 4 du chap. III du Titre premier du Livre trois, articles 631, 633, 634, 635 et 636*: mêmes observations que sous l'article 74 en ce qui concerne la pluralité de conjoints survivants et de veuves.
- *Articles 732, 767, 768 alinéas 1 et 2, 769, 770 et 784 :* mêmes observations que sous l'article 74 en ce qui concerne la référence à la pluralité de conjoints.
- *Articles 813 et 820* : mêmes observations que sous l'article 74.
- *Article 1023 alinéa 2, 1er tiret* : mêmes observations que sous l'article 74, parce qu'il y est fait référence à deux formes de mariage. Prévoir toutefois, en ce qui concerne les mariages polygamiques contractés antérieurement à la promulgation de ce code, des dispositions transitoires pour en régler les effets.

(...)

DECIDE :

Article 1er : Sont conformes à la Constitution sous réserve de certaines observations les dispositions des articles 8 ; 12 alinéa 3 ; 32 alinéa 2 ; 37 alinéa 2 ; 69 in fine ; 70 ; 71 in fine ; 75 alinéa 1er ; 100 alinéas 2, 3 et 4 ; 127, 1er tiret ; 136 alinéa 2 ; 139 alinéa 1er ; 153 ; 197 ; 207 alinéa 2, 2è ligne ; 262 ; 277 ; 336 alinéa 3, 1ère ligne ; 355 ; 361 ; 399 alinéa 2, 3è ligne ; 408 alinéa 2 ; 500, 1ère

ligne ; 503 in fine ; 604 ; 620 alinéa 2, 2è ligne ; 625, 2è ligne ; 685, 3è ligne ; 687 ; 691, 1er et 2è tirets ; 692 alinéas 1 et 2 ; 862, 1er tiret ; 984 alinéa 2, 2è ligne ; Paragraphe 4 du chapitre II du Titre premier du Livre quatre, 991 et 992 ; 1025 alinéa 1er et 1030 alinéa 2 de la Loi n° 2002-07 votée le 07 juin 2002 par l'Assemblée Nationale.
Article 2 : Sont contraires à la Constitution les articles 12 alinéa 1er ; 74 ; 125 ; 127, 4è tiret ; 128 ; 137 ; 141 ; 143 ; 144 ; 149 ; 150 ; 154 alinéa 2 ; 155 ; 171 ; 383 dernier alinéa ; 605 et 614 ; paragraphe 4 du chapitre III du Titre premier du Livre trois ; 631 ; 633 ; 634 ; 635 et 636 ; 732 ; 767 ; 768 alinéas 1 et 2 ; 769 ; 770 et 784 ; 813 et 820 ; 1023 alinéa 2, 1er tiret de la Loi n° 2002-07 votée le 07 juin 2002 par l'Assemblée Nationale.
Article 3 : Toutes les dispositions des autres articles de la Loi n° 2002-07 sont conformes à la Constitution.
Article 4 : Sont inséparables de l'ensemble du texte de loi, les articles visés aux articles 1 et 2 de la présente décision.
Article 5 : La présente décision sera notifiée au Président de la République, au Président de l'Assemblée Nationale, à Madame H. Rosine VIEYRA-SOGLO et publiée au Journal Officiel.

Ont siégé à Cotonou, les 13, 14, 15 et 21 novembre, 16, 17, 18 et 23 décembre deux mille deux,

Madame	Conceptia D. OUINSOU	Président
Messieurs	Lucien SEBO	Vice-président
	Idrissou BOUKARI	Membre
	Maurice GLELE AHANHANZO	Membre
	Alexis HOUNTONDJI	Membre
	Jacques D. MAYABA	Membre
Madame	Clotilde MEDEGAN-NOUGBODE	Membre

Le Rapporteur, Le Président,

Clotilde MEDEGAN-NOUGBODE Conceptia L.DENIS. OUINSOU

Décision DCC 17-145 du 13 juillet 2017
Christophe ARALE

La Cour constitutionnelle,

Saisie d'une requête du 1er mars 2017 enregistrée à son secrétariat le 08 mars 2017 sous le numéro 0476/055/REC, par laquelle Monsieur Christophe ARALE forme un « recours contre la violation par certaines autorités des dispositions des articles 25 et 26 de la Constitution » ;

VU la Constitution du 11 décembre 1990 ;

VU la loi n° 91-009 du 04 mars 1991 portant loi organique sur la Cour constitutionnelle modifiée par la loi du 31 mai 2001 ;

VU le règlement intérieur de la Cour constitutionnelle ;

Ensemble les pièces du dossier ;

Ouï Madame Marcelline-C. GBEHA AFOUDA en son rapport ;

Après en avoir délibéré,

CONTENU DU RECOURS

Considérant que le requérant expose : « ... Dans le cadre de la politique de libération des espaces publics, le Gouvernement du Bénin a fixé une échéance de déguerpissement au terme de laquelle il a entrepris de démolir de force tout ce qui n'a pas été enlevé par les propriétaires eux-mêmes. Dans ce cadre, plusieurs casses ont été effectuées allant des boutiques, panneaux, enseignes, cabines .... aux églises comme cela a été le cas de l'église des Assemblées de Dieu à Jéricho.
Contre toute attente, des temples de vaudou ont été contournés. C'est le cas à Cotonou près de la station lègba à Saint Michel et c'est aussi le cas à Bohicon sur la voie inter-Etats dans le virage, non loin de l'hôtel de ville, pour ne citer que ces deux parmi la multitude de cas qu'on peut dénombrer à travers le pays.
Par ailleurs, dans la foulée du règlement de la crise née de l'injonction faite aux musulmans de ne plus prier hors des mosquées, notamment celle de Cadjèhoun comme ce fut le cas par le passé les vendredis, le ministre Joseph DJOGBENOU a déclaré à la télévision nationale, relayé par les médias, que les processions sont désormais interdites, ajoutant la précision en ce qui concerne le chemin de croix et la fête de Pâques. » ; qu'il poursuit : « ... S'il est juste et légitime que les espaces publics ne doivent pas être occupés anarchiquement, certaines prises de position des autorités, notamment des préfets du Littoral et du Zou ainsi que celles du ministre de la Justice, méritent d'être arbitrées par la haute juridiction...

Selon l'article 26 de la Constitution, "L'Etat assure à tous l'égalité devant la loi sans distinction d'origine, de race, de sexe, de religion, d'opinion politique ou de position sociale".

Le préfet du Littoral a fait démolir la petite partie de mon lieu de culte (Assemblée de Dieu Jéricho temple Salem) qui débordait sur l'espace public en même temps que les infrastructures se trouvant sur le même alignement et le même jour.

Mais, le jour où il démolissait les infrastructures se trouvant sur le même alignement que la station lègba, il a laissé le fétiche qui y occupe l'espace public et cette situation perdure.

Par ce fait, il y a manque d'égalité de traitement des citoyens à travers cette manière discriminatoire d'appliquer la loi à leur religion ainsi qu'à ses symboles en même temps qu'il s'en dégage un mépris de l'autorité pour certaines religions tandis que d'autres sont respectées. De telles actions engendrent des inégalités qui portent atteinte à la laïcité de l'Etat pourtant garantie par notre Constitution en son article 2. Les préfets auraient-ils des préférences religieuses? » ;

Considérant qu'il ajoute : « Selon l'article 25 de la Constitution : "L'Etat reconnait et garantit, dans les conditions fixées par la loi, la liberté d'aller et venir, la liberté d'association, de réunion, de cortège et de manifestation". Sur la base de cet article, on comprend mal les déclarations du ministre de la Justice qui interdit les processions religieuses qui, depuis des lustres, se font en respect des textes en vigueur et sont souvent encadrées par les forces de l'ordre et n'ont jamais engendré de troubles à l'ordre public.

Le ministre de la Justice voudrait-il priver les citoyens de leur liberté de culte, de célébration, d'association, de manifestation et de cortège ?

C'est à l'effet de déclarer contraires à la Constitution ces divers agissements et déclarations que je soumets le présent recours à l'arbitrage… de la Cour » ;

INSTRUCTION DU RECOURS

(…)

ANALYSE DU RECOURS

Considérant qu'aux termes des dispositions de l'article 26 alinéa 1 de la Constitution: *« L'Etat assure à tous l'égalité devant la loi sans distinction d'origine, de race, de sexe, de religion, d'opinion politique ou de position sociale. »* ;

Considérant qu'il ressort de l'analyse du dossier, notamment de la réponse du préfet du département du Littoral, que dans le cadre des opérations de libération des espaces publics, « *il a été tenu compte de la spécificité de ces lieux de culte* » ; qu'en effet, concernant l'église des Assemblées de Dieu de Jéricho Temple Salem, la largeur des escaliers installés sur le domaine public a été réduite, et « la baraque située dans l'enclos du fétiche lègba servant de magasin pour les usagers du marché Dantokpa et de ghetto pour les fumeurs d'opium a été détruite. » ; que dès lors, il échet pour la Cour de dire et juger que l'équipe dirigée par le préfet du département du Littoral, Monsieur Modeste S. TOBOULA, n'a pas méconnu les dispositions de l'article 26 alinéa 1 de la Constitution précité ;

Considérant que pour justifier la différence de traitement entre les églises et le fétiche vaudou de Bohicon, le préfet du département du Zou, Monsieur Firmin A. KOUTON, écrit : « ... Les églises sont des lieux de culte qui sont régulièrement fréquentés par un grand nombre de fidèles dont l'Etat se doit d'assurer la sécurité. C'est pour cette raison, et *pour prévenir les risques d'accident* au niveau de ces églises, qu'au cours des opérations de libération du domaine public, elles ont été reculées.

En revanche, les temples de vaudou cités ici ne sont pas aussi fréquentés par une foule de citoyens suivant une périodicité régulière, notamment les dimanches ainsi que cela se passe au niveau des églises.

C'est pour ces raisons que je n'ai pas jugé utile de faire reculer le temple de vaudou, cité en exemple à Bohicon dans mon département, qui n'est pas un lieu de rassemblement d'une foule impressionnante de fidèles et ceci de façon hebdomadaire » ;

Considérant que cependant, le fétiche en question est situé dans un virage, dans l'emprise d'une voie inter-Etats suffisamment fréquentée où les risques d'accident ne sont non plus exclus ; que ces raisons sécuritaires évoquées par le préfet du Zou pour justifier le non déguerpissement du temple vaudou érigé sur l'emprise du domaine public ne sont donc pas fondées ; que dès lors, il échet de dire et juger qu'en procédant comme il l'a fait, le préfet du département du ZOU a méconnu les dispositions de l'article 26 alinéa 1 de la Constitution précité ;

D E C I D E :

Article 1er.- L'équipe dirigée par le préfet du département du Littoral, Monsieur Modeste S. TOBOULA, dans le cadre des opérations de libération de l'espace public occupé par l'église des Assemblées de Dieu de Jéricho Temple Salem et le fétiche *lègba* de la station Saint Michel, n'a pas méconnu la Constitution.

Article 2 : Le Préfet du département du Zou, Monsieur Firmin A. KOUTON, dans le cadre des opérations de libération de l'espace public occupé par les églises et le fétiche vaudou situé dans un virage sur la voie inter-Etats à Bohicon a méconnu la Constitution.

Article 3 : La présente décision sera notifiée à Monsieur Christophe ARALE, à Monsieur Modeste S. TOBOULA, préfet du département du Littoral, à Monsieur Firmin A. KOUTON, préfet du département du Zou, à Monsieur le

Ministre de la Décentralisation et de la Gouvernance locale et publiée au Journal officiel.

Ont siégé à Cotonou, le treize juillet deux mille dix-sept,

Messieurs	Théodore	HOLO	Président
	Simplice C.	DATO	Membre
	Bernard D.	DEGBOE	Membre
Madame	Marcelline-C.	GBEHA AFOUDA	Membre
Monsieur	Akibou	IBRAHIM G.	Membre
Madame	Lamatou	NASSIROU	Membre.

Le Rapporteur, Le Président,

Marcelline-C. GBEHA AFOUDA.- Professeur Théodore HOLO.-

OBSERVATIONS

I : L'égalité, une vérité évidente en elle-même ?

Elle ne figure pas dans la devise du Bénin mais est inscrite dans le texte constitutionnel en son article 26. L'égalité est un des mythes fondateurs de la République. De la nuit du 4 août (et la fin des privilèges) aux luttes des populations autochtones montant à l'assaut de la citadelle coloniale, la revendication de l'égalité républicaine a toujours servi de force compulsive à ces grands moments de l'histoire. L'ambiguïté de cette quête a, quelques fois, été soulignée. Alexis de TOCQUEVILLE disait que "*chaque pas que les nations font vers l'égalité les rapproche du despotisme*" (A. de TOCQUEVILLE, *De la Démocratie en Amérique*, Paris, Flammarion, 1993). Quand l'égalité dégénère en égalitarisme, elle enfante la Grande Révolution culturelle de Mao Tsé-Toung ou le régime cambodgien de Pol Pot.

Le juge constitutionnel va s'efforcer de donner sens et portée à l'exigence constitutionnelle d'égalité. Pour la Cour, l'"*égalité s'analyse comme une règle selon laquelle les personnes relevant de la même catégorie doivent être soumises au même traitement sans discrimination, et ce, conformément à la loi*" (Décision DCC 98-023 du 11 mars 1998, Gnaho Claude et alii, Recueil 1998, p. 109). La Haute juridiction constitutionnelle ajoute que l'égalité est "*un principe général selon lequel la loi doit être la même pour tous dans son adoption et dans son application et ne doit contenir aucune discrimination injustifiée*" (Décision DCC 01-021 du 16 mai 2001, Association des parents d'élèves du CEG Gbégamey, Recueil 2001, p. 99).

L'idée axiale de cette définition est la règle de non discrimination ; la deuxième décision (Décision DCC 01-021 du 16 mai 2001) introduit, par prétérition, la notion de motif légitime qui pourrait fonder une discrimination et donc la rendre constitutionnellement valable. En tout état de cause, la stricte égalité devant la loi posée par la constitution en son article 26 ("l'égalité devant la loi" et "l'homme et la femme sont égaux en droit") est étendue par la Cour à l'égalité dans la mise en œuvre des politiques et actions publiques. C'est de cette double orientation de politique jurisprudentielle que rendent compte les deux décisions ci-dessus à savoir la Décision DCC 17-145 du 13 juillet 2017 Christophe Arale et la Décision DCC 02-144 du 23 décembre 2002 Président de la République, Vieyra-Soglo H. Rosine. La première illustre le contrôle de l'égalité dans la mise en œuvre des politiques et actions publiques tandis que la seconde censure l'absence d'égalité devant la loi.

II : L'égalité devant la loi

2.1 : Le principe de non-discrimination des femmes

La décision "Président de la République/Vieyra-Soglo H. Rosine" est l'une des plus révélatrices à cet égard. Le syllogisme de la décision est d'une limpidité éloquente. L'égalité est un principe de valeur constitutionnelle ; l'article 74 du projet de loi "*permet à l'homme d'être polygame alors que la femme ne peut être que monogame*" ; il y a donc discrimination. En conséquence "*l'article 74 sous examen est contraire à la constitution.*" La solution de la Cour était la seule envisageable dans une perspective de rétablissement de l'équilibre. Car, la restauration de l'équilibre par la légalisation d'un statut de la femme à maris multiples (la polyandrie, symétrie de la polygamie) n'a pas paru acceptable sur le plan des mœurs en milieu rural comme dans les centres urbains.

Le Code de la famille ayant rétabli le principe d'égalité, il perdurait dans le Code pénal des dispositions qui établissaient une discrimination entre l'homme et la femme en matière d'adultère notamment. Selon les dispositions combinées des articles 336 à 339 du Code pénal, l'adultère de la femme était toujours punissable ; celle de l'homme ne l'était pas toujours. Et tandis que l'adultère de la femme pouvait être sanctionné par une peine privative de liberté, l'homme convaincu d'adultère s'en sortait avec une amende. La Cour, saisie d'une exception d'inconstitutionnalité, juge que "*les articles 336 à 339 du Code pénal sont contraires à la constitution"* parce qu'ils violent l'article 26 de ladite constitution et les articles 2 et 3 de la Charte africaine des droits de l'homme et des peuples. Le principe de non discrimination reçoit ainsi une pleine et entière application. (Décision DCC 09-081 du 30 juillet 2009, Nelly Houssou et alii)

Ce même principe de non discrimination est à la base de la censure de la Cour sur une disposition législative ayant pour but de faire la promotion de la femme en politique, notamment au titre des effectifs de députés siégeant à l'Assemblée nationale. La loi n° 2010-35 votée par les députés et soumise au contrôle de constitutionnalité avant sa promulgation dispose en son article 3, alinéa 4 : "*La liste d'un parti politique ou groupe de partis politiques pour être valable doit comporter vingt pour cent (20) au moins de candidats féminins*". Saisie, la Cour juge, en effet, qu'"*en réservant aux femmes un quota de vingt pour cent (20%) au moins sur les listes de candidature, le législateur établit une disparité fondée sur le sexe entre les candidats masculins et féminins éligibles à une même fonction ; qu'une telle répartition ne répond ni à la lettre ni à l'esprit des dispositions constitutionnelles (...) qu'il en résulte que l'alinéa 4 de l'article 3 de la loi sous examen est contraire aux dispositions*" constitutionnelles. (Décision DCC 10-117 du 8 septembre 2010, Hilarion M. Ezin et alii).

"*Entre le fort et le faible, c'est la liberté qui opprime et la loi qui libère*" disait le dominicain Henri LACORDAIRE au 19ème siècle. Le souci du législateur est de pouvoir gommer les inégalités réelles, fondées sur un état de fait sociologique, économique ou autres par des lois correctrices. La "discrimination positive" institue des inégalités pour promouvoir l'égalité, en accordant à certains un traitement préférentiel. Elle a déjà fait son chemin en droit comparé (F. MELIN-SOUCRAMANIEN *Le Principe d'égalité dans la jurisprudence du Conseil constitutionnel*, Paris, Economica). La Cour révise alors sa jurisprudence et décide : "*le principe de l'égalité affirmé à l'article 26 de la Constitution ne saurait s'analyser comme une interdiction absolue faite aux autorités ou organes attributaires des pouvoirs réglementaire ou législatif de prendre des mesures appropriées pour corriger des inégalités initiales en vue de garantir ou de rendre effective l'égalité de tous devant la loi.*" En effet, s'il "*est vrai que l'Etat a l'obligation de pourvoir à l'éducation de la jeunesse en rendant obligatoire l'enseignement primaire, en revanche, il n'est pas indiqué qu'il a pour obligation d'assurer en même temps à tous la gratuité de l'enseignement public ; que celle-ci devra être assurée progressivement par lui*" (Décision DCC 16-046 du 18 février 2016, Ragid Roméo Loko, Recueil 2016, vol.1, p.333).

Par extrapolation géographique, la circonstance pour trois candidats à une même élection présidentielle, dont l'un est en liberté parce que n'ayant pas de dossier judiciaire, le second est en liberté provisoire mais inculpé et le troisième est inculpé et placé en détention provisoire, ne crée pas une rupture du principe d'égalité entre tous les candidats pour faire campagne et séduire les électeurs. Dans la mesure où, selon la Cour constitutionnelle du Niger il "*n'y a pas identité de situation entre le candidat (en détention) et les quatorze autres et que par conséquent, il n'y a pas rupture d'égalité entre eux*" Arrêt n°001/CC/MC du 09 février 2016).

2.2 : Le principe de non-discrimination des étrangers

L'article 26 de la constitution dispose que "*L'Etat assure à tous l'égalité devant la loi sans distinction d'origine...*". L'article 39 complète en ajoutant que "*les étrangers bénéficient sur le territoire de la République du Bénin des mêmes droits et libertés que les citoyens béninois et ce, dans les conditions déterminées par la loi*". Le principe d'égalité entre citoyens et ressortissants étrangers est ainsi établi sauf disposition contraire d'une loi. La Cour fait cependant une distinction entre les droits du citoyen (article 122, "*Tout citoyen peut saisir la Cour Constitutionnelle sur la constitutionnalité des lois, soit directement, soit par la procédure de l'exception d'inconstitutionnalité*") et les droits de l'homme de l'article 39. La Cour juge en effet qu'est irrecevable en la forme pour défaut de qualité la requête d'un ressortissant étranger tendant à faire apprécier la constitutionnalité d'une loi sur le fondement de l'article 122 de la constitution (Décision 12 DC du 13 août 1992, Mohamed Amadou Cissé, *Recueil,* 1991-1992-1993, p. 61).

Elle admet plus généreusement l'égalité lorsque les libertés publiques sont en cause. Elle juge ainsi que le retrait et la rétention du passeport de monsieur Sven PEDERSEN (nationalité danoise) "*sont arbitraires et constituent une violation de la constitution*". (Décision DCC 97-045 du 13 août 1997, Sven Pedersen, *Recueil* 1997, p. 191). Cependant, les étrangers autant que les citoyens béninois sont astreints au respect des lois qui organisent la liberté de culte (Décision DCC 97-058 du 8 octobre 1997, Membres du bureau provisoire de l'Eglise évangélique missionnaire internationale du Bénin, Recueil 1997, p.247). Les libertés s'exercent dans le cadre des lois qui les organisent et ces lois sont valables pour tous, nationaux comme ressortissants étrangers.

Le champ des articles 29 et 39 couvre aussi le domaine de la liberté d'entreprise. Ainsi, la Cour juge que la loi n°92-023 du 6 août 1992, portant détermination des principes fondamentaux des dénationalisations et des transferts de propriété viole la constitution parce qu'elle fonde, en son article 11, " *la répartition du capital sur l'origine des investisseurs*" ; que l'Avis d'appel d'offres international oblige les partenaires à se constituer en *consortium* mixte de béninois et d'étrangers, et que le règlement d'appel d'offres international a fondé le choix du partenaire stratégique et des soumissionnaires "*sur leur origine*", toutes circonstances qui sont contraires à la constitution en ses articles 26 et 39 (Décision DCC 98-047 du 15 mai 1998, Fagbohoun et alii, Recueil 1998, p. 235). La notion de motif légitime (Décision DCC 01-021 du 16 mai 2001, Association des parents d'élèves du CEG Gbégamey, Recueil 2001, p. 99) aurait pu orienter autrement cette décision, car l'intention du législateur et du Gouvernement est la promotion des intérêts économiques nationaux. L'Organisation Mondiale du Commerce (OMC), vigie du libre commerce planétaire et du principe de non discrimination dans les relations commerciales internationales, a réservé des cas de discrimination légitime. L'article XIX du GATT (Accord Général sur les Tarifs et le Commerce) et l'Accord sur les sauvegardes de l'OMC prévoient l'application de la clause d'exemption (ou "de sauvegarde") pour le commerce des marchandises. Ce qui n'a pas paru suffisant à la plus grande puissance libérale du monde, les Etats-Unis d'Amérique, lesquels ont institué le *Committee on Foreign Investisment in the United States* (CFIUS) dont la mission est de filtrer et de ségréguer les investissements étrangers, notamment de portefeuille, dès lors que les intérêts de sécurité nationale américaine sont en jeu. Une autre illustration éloquente de la discrimination légitime en matière économique est l'adjudication définitive du marché de trente cinq millions de dollars US au groupe américain Boeing contre son concurrent européen EADS, pour la fourniture d'avions ravitailleurs à *l'US Air Force*. Alors qu'un premier appel d'offres a été remporté en 2008 par le groupe européen, les protestations du Congrès américain et des syndicats conduisent à l'annulation de la procédure, puis à la modification du "*cahier des charges...désormais calibré pour le compatriote Boeing*". (F. DEDIEU, "Le protectionnisme assumé de Washington", *in* journal français *L'Expansion, Le mensuel de l'économie*, n°761, mars 2011, p. 49). La conséquence, c'est Boeing qui signe le contrat avec l'US Air Force le 11 février 2011 ! Signe qu'en matière économique et commerciale, opter pour la préférence nationale et donc discriminer les étrangers peuvent être une démarche légitime, contrairement au choix fait par la jurisprudence Fagbohoun et alii de la Cour constitutionnelle.

III : Le principe d'égalité dans la mise en œuvre des politiques et actions publiques.

La décision Christophe Arale (Décision DCC 17-145 du 13 juillet 2017) offre une bonne illustration de l'opposabilité du principe de non discrimination aux situations de fait, à l'exécution au quotidien de l'action administrative. Certains occupants illégaux de la voie publique ont été délogés *manu militari*, y compris certains édifices religieux appartenant aux églises protestantes. Les temples *vodoun*, religion endogène, ont par contre été épargnés. Saisie, la Cour dit et juge qu'il y a discrimination et violation de l'article 26 de la constitution.

D'une manière générale, la vie publique offre l'occasion de confronter les situations concrètes avec les principes posés par la constitution, notamment en matière de non discrimination. La Cour, gardienne de la légalité constitutionnelle, censure les cas de rupture d'égalité, que cela provienne des magistrats du siège (Décision DCC 06-127 du 27 septembre 2006, Aklé Paul et alii, Recueil 2006, p.653), du législateur qui interdit de vote les personnes en détention préventive (Décision DCC05-148 du 1er décembre 2005, Noumagnon Achi Efiotodji, Recueil 2005, p.737), de l'inscription et de la nomination de certains commissaires de police en délaissant d'autres (Décision DCC10-011 du 18 février 2010, Jean N'Kiabola M'Po), lorsqu'il y a violation de l'égalité à concourir pour un emploi public (Décision DCC 05-067 du 12 juillet 2005, Aledji Ousman et alii, Recueil 2005, p.337), pour cause de réintégration sélective de fonctionnaires précédemment dégagés (Décision DCC 03-071 du 16 avril 2003, Coulissou A. Rogatien et alii, Recueil 2003, p. 283), de non discrimination à raison de la filiation des enfants (naturel ou légitime), de l'âge des veuves aspirant aux prestations de la Caisse nationale de sécurité sociale (Décision DCC 98-097 du 11 décembre 1998, Président de la République, Recueil 1998, p.473) ou encore en discriminant sur le plan salarial le personnel du ministère des finances par rapport aux autres agents de l'Etat pourtant régis par la même loi n°86-013 du 26 février 1986 portant statut général des agents permanents de l'Etat (Décision DCC 11-042 du 21 juin 2011, Ingrid Houessou). Il y a aussi rupture de la règle d'égalité lorsque la Commission de vérification de la régularité de ces concours de recrutement au titre de l'année 2015 n'a pas auditionné le Directeur de la règlementation et du suivi de carrière des agents de l'Etat (DRSC), alors qu'elle l'a fait pour tous les autres acteurs (Décision DCC 17-207 du 19 octobre 2017, Donatien DOSSOU-GBETE). Par ailleurs, *"Considérant qu'il résulte de ce qui précède que les maires des communes, au même titre que les députés, les membres de la Cour constitutionnelle, de la haute Autorité de l'Audiovisuel et de la Communication, du Conseil économique et social, sont bénéficiaires d'une décoration, dès leur entrée en fonction ; qu'ils appartiennent ainsi à une seule et même catégorie de bénéficiaires de décorations ; qu'en outre, à la différence de l'article 26 de la Constitution, l'article 3.1 de la Charte africaine des droits de l'Homme et des peuples précité, en consacrant l'égalité de tous les citoyens devant la loi, ne limite la discrimination à aucune source précise."* Dès lors qu'en l'espèce, *"l'absence d'un décret de nomination des maires des communes dans l'Ordre national du Bénin, dès leur entrée en fonction, au même titre que les autres bénéficiaires désignés par la loi, crée une rupture d'égalité ; qu'il échet dès lors pour la Cour de dire et juger qu'il y a discrimination"* (Décision DCC 17-011 du 12 janvier 2017, Justin Segnon)

Au total, les cas de censure de la Cour pour motif de rupture du principe d'égalité sont des plus protéiformes.

8

Décision DCC 14-003 du 14 janvier 2014
L'Union des Professionnels et Acteurs de la Santé France-Bénin

Recueil 2014, volume 1, p.114

Les formes de la requête
L'intérêt à agir

La Cour Constitutionnelle,

Saisie d'une requête du 18 juillet 2010 enregistrée à son Secrétariat le 15 novembre 2010 sous le numéro 2030/194/REC, par laquelle l'Union des Professionnels et Acteurs de la Santé France-Bénin forme un recours devant la Haute Juridiction contre « la publication de la Liste Electorale Permanente Informatisée sur internet.» ;

VU la Constitution du 11 décembre 1990 ;

VU la Loi n° 91-009 du 04 mars 1991 portant loi organique sur la Cour Constitutionnelle modifiée par la Loi du 31 mai 2001 ;

VU le Règlement Intérieur de la Cour Constitutionnelle ;

Ensemble les pièces du dossier ;

Ouï Monsieur Bernard D. DEGBOE en son rapport ;

Après en avoir délibéré,

CONTENU DU RECOURS

Considérant que l'Union expose : « Les représentants de l'UPAS FB ont assisté avec intérêt à la séance de sensibilisation sur la LEPI tenue le 09 juillet 2010 à l'Ambassade du Bénin à Paris. Cette sensibilisation a été faite par une délégation de la CPS-LEPI avec la présence de son Excellence Monsieur l'Ambassadeur du Bénin en France.

Au cours de cette séance, plusieurs questions ont été posées et des réponses ont été apportées par la délégation venue de Cotonou. Une des réponses qui a été donnée et qui constitue l'objet de cette lettre est le fait que pour contribuer à la transparence du processus, il est prévu que la liste électorale de la République du Bénin sera intégralement publiée sur internet. Cette publication nous a semblé complètement curieuse et dangereuse. La délégation de l'UPAS présente à cette séance a attiré l'attention de la mission sur le fait qu'il serait dangereux pour le respect de la vie privée de tous les béninois et même pour la sécurité nationale de publier cette liste sur internet.

La réponse qui nous a été fournie est que cette procédure a été mise en place sur la demande de certains Honorables Députés. » ; qu'elle poursuit : « Nous voulons attirer ici votre attention sur les risques encourus par notre population si cette liste était mise sur internet.

En effet, … nous ne vous apprenons rien en vous disant que internet est un système, bien que très moderne, complètement incontrôlable et il se dit souvent qu'il peut porter atteinte à l'ensemble du système juridique de tout pays.

Tout document publié est répliqué, le remords ou la rétractation n'est possible, puisque votre propre production vous échappe.

L'UPAS FB est vraiment inquiète de la sécurité de l'ensemble du processus LEPI du fait que cette éventualité de publication soit même envisagée.

En effet, nous estimons que la LEPI et tout ce qui se fait (sans considération des enjeux politiques ni électoraux) est une bonne chose pour le développement du Bénin » ;

Considérant qu'elle fait observer : « Etant du domaine de la santé, l'UPAS est en cours d'élaboration de plusieurs projets dans le domaine sanitaire. Ces projets ont, pour la plupart, des préalables comme la connaissance exacte de la localisation des populations ou encore une cartographie, la plus exacte possible, des régions du Bénin afin d'en déduire une codification pouvant être utilisée dans les systèmes d'information de santé.

Une autre utilisation dans le domaine de la santé est l'élaboration d'un identifiant national de santé pour chaque individu. Ce dernier devra utiliser, entre autres, le lieu de naissance, la date de naissance, le sexe etc… » ; qu'elle développe : « Comme vous le voyez, les données recueillies dans le cadre de la LEPI sont les premiers éléments des données médicales. La publication sur internet de ces éléments, ne serait-ce que les Noms, Prénoms, Date de Naissance de tous les béninois va fragiliser tous les systèmes qui seront mis en place à partir de ces traits d'identité.

Au-delà de l'aspect sanitaire, nous pensons que la sécurité d'autres systèmes peut être mise à mal. Par exemple, cette publication va donner des éléments concrets aux faussaires. Il pourra être établi des pièces d'identité fausses sur la base d'éléments vrais. L'usurpation d'identité sera grandement favorisée.

Les exemples peuvent être multipliés à l'infini, la limite n'est que l'imagination des internautes du monde entier, et Dieu sait qu'elle est débordante.

Sur le site internet de la CPS-LEPI en date du 12/07/2010, on peut lire ce qui suit :

''Nonobstant les dispositions de la Loi n° 99-014 du 12 avril 2000 portant création, organisation et fonctionnement du Conseil National de la Statistique, notamment en son article 25, les informations relatives aux nom, prénoms, âge, filiation, profession, localisation des personnes recensées sont publiées dans le cadre de la liste électorale permanente informatisée.

La liste électorale permanente informatisée est publiée au journal officiel de la République du Bénin et par tous les moyens d'information : affichage, presse écrite. Il en est de même de la liste des bureaux de vote.

La liste électorale permanente informatisée est de même publiée sur internet.'' » ; qu'elle affirme : « L'UPAS estime que c'est une erreur de vouloir passer outre cette loi qui avait été prise pour de bonnes raisons, dont la protection de la vie privée des citoyens » ;

Considérant que l'Union des Professionnels et Acteurs de la Santé France-Bénin ajoute : « Sous d'autres cieux, l'utilisation ou la publication d'une liste nominative, même très limitée, se fait dans des conditions très réglementées et sous autorisation. La plupart du temps, les données ne peuvent être publiées que si elles sont au préalable anonymisées.

Nous sommes parfaitement conscients de la nécessité de transparence du processus de recensement garant d'élections transparentes pour les 10 années à venir, mais nous pensons que d'autres mesures pourraient parfaitement suffire comme l'affichage des listes dans les communes, les mairies et les représentations diplomatiques.

D'ailleurs, seules les personnes vivantes dans ces communes et autres représentations pourront reconnaître les fausses inscriptions puisque connaissant les habitants de cette localité.

Nous sommes même très réservées sur l'efficacité de la publication d'une liste complète dans la presse nationale car d'une autre manière ceci reviendrait à la publication sur internet.

Nous souhaiterions que vous considériez la liste électorale nationale comme une donnée sensible et que les mesures adéquates soient prises pour la protéger.» ; qu'elle conclut : «- Evitez qu'un seul individu ou une structure quelle qu'elle soit puisse disposer à un instant donné de la totalité de la liste électorale nationale complète sous forme numérique mise à part la cellule technique qui travaille sur le système.

- Si ce n'est déjà fait, faire auditer les mesures de sécurité des systèmes informatiques mis en place pour la LEPI par des personnes assermentées, indépendantes (sans appartenance politique), compétentes en matière de sécurité des systèmes informatiques comprenant des béninois et la mise en œuvre des recommandations qu'ils produiront.

- Appliquer les méthodes de publication utilisées dans d'autres pays comme la Côte d'Ivoire ou un site Internet permettait juste la vérification des informations personnelles des détenteurs d'un numéro d'identification.» ;

INSTRUCTION DU RECOURS

Considérant que par Lettre n° 0051/CC/SG/III du 19 janvier 2011, le Président du Bureau de l'Union des Professionnels et Acteurs de la Santé France-Bénin (UPAS-FB) a été invité à rapporter la preuve de la capacité juridique de l'Union à ester en justice ; que l'intéressé n'a pas cru devoir répondre à cette correspondance ;

ANALYSE DU RECOURS

Considérant que conformément à l'article 31 de son Règlement Intérieur, la Cour peut être saisie par soit une association non gouvernementale de défense des Droits de l'Homme soit une association ou un citoyen, à la condition d'indiquer ses nom, prénoms, adresse précise et signature ou empreinte digitale ; qu'il est de jurisprudence constante de la Cour que toute requête introduite au nom d'une association ou d'un groupe doit comporter nécessairement la preuve de la capacité du requérant à représenter ou à agir pour le compte du groupe ou de l'Union dont s'agit ;

Considérant que dans le cas d'espèce, l'Union des Professionnels et Acteurs de la Santé France-Bénin a introduit une requête ; que cette requête ne comporte ni nom ni prénoms du requérant ; que dès lors, elle ne remplit pas les conditions de forme requises par l'article 31 précité du Règlement Intérieur de la Cour ; que, malgré la Correspon-dance n° 0051/CC/SG du 19 janvier 2011 invitant le Président de l'Union dont s'agit à rapporter la preuve de la capacité à agir en justice de ladite Union dont il prétend être le Président, l'intéressé n'a pas cru devoir répondre à cette correspondance ; que dans ces conditions, il échet de dire et juger que la requête sous examen est irrecevable ;

D E C I D E :

<u>*Article 1er*</u>. La requête de l'Union des Professionnels et Acteurs de la Santé France-Bénin est irrecevable.

<u>*Article 2*</u>.- La présente décision sera notifiée à Monsieur le Président de l'Union des Professionnels et Acteurs de la Santé France-Bénin, à Monsieur le Président du Conseil d'Orientation et de Supervision de la LEPI et publiée au Journal Officiel.

Ont siégé à Cotonou, le quatorze janvier deux mille quatorze,

Messieurs	Théodore	HOLO	Président
	Simplice C.	DATO	Membre
	Bernard D.	DEGBOE	Membre
Madame	Marcelline-C.	GBEHA AFOUDA	Membre
Monsieur	Akibou	IBRAHIM G.	Membre
Madame	Lamatou	NASSIROU	Membre

Le Rapporteur, Le Président,

Bernard D. DEGBOE Professeur Théodore HOLO

OBSERVATIONS

I : La saisine de la Cour : des conditions de forme *a minima*

Selon les termes de l'article 3 de la constitution, "*Tout citoyen a le droit de se pourvoir devant la Cour constitutionnelle contre les lois, textes et actes présumés inconstitutionnels.*" Les conditions de forme qui organisent cette saisine ouverte de la Haute juridiction sont particulièrement simples.

Une requête adressée à la juridiction constitutionnelle doit respecter certaines conditions de forme, conformément à l'article 24 de la loi organique relative à la Cour constitutionnelle, ainsi que l'article 29 du Règlement intérieur de la Cour. Selon ces dispositions, les recours reçus à la Cour doivent obligatoirement comporter "*les nom, prénoms, adresse précise et signature ou empreinte digitale du requérant qui peut être une personne physique ou une personne morale justifiant de sa capacité à ester en justice*".

La saisine et la recevabilité d'une requête devant la Cour constitutionnelle ont été imaginées pour être très libérales. En effet, la procédure est gratuite et ne comporte pas de condamnation aux dépens. Les frais liés aux transports effectués par les membres de la Cour passent aux frais généraux de l'institution et ne sont point facturés, ni aux plaignants ni aux personnes reconnues en faute sur le terrain du respect des droits de la personne humaine contenus dans la constitution.

Les procédures devant les Hautes juridictions sont, de tradition, obligatoirement accompagnées du ministère d'un avocat. S'agissant de la saisine de la Cour constitutionnelle, l'assistance d'un conseil est facultative.

Enfin, l'amende pour requête abusive est inexistante devant la Cour constitutionnelle et le requérant n'a pas à justifier d'un intérêt à agir.

La Cour applique strictement cet encadrement très libéral du déclenchement de la procédure. La rançon de la grande ouverture de la saisine est la prolifération des recours farfelus.

II : L'application stricte des critères de recevabilité des recours

Les critères contenus dans la loi organique relative à la Cour constitutionnelle sont : les nom et prénom, l'adresse précise, la signature ou l'empreinte digitale du requérant, la capacité à agir pour les personnes morales.

C'est cette dernière condition que rappelle la Décision "Union des Professionnels et Acteurs de la Santé France-Bénin." Les personnes morales doivent apporter la preuve de leur capacité juridique et donc de leur existence légale. En d'autres termes, la requête n'apporte pas la preuve que l'association est régulièrement enregistrée au ministère en charge de l'intérieur et a fait les formalités de publicité au journal officiel ainsi qu'il est exigé des associations régies par la loi de 1901. La Cour relève aussi que les nom et prénom du représentant de l'association ne sont pas mentionnés. La Cour confirme ainsi la décision "Délégation des veufs de l'Ouémé" (Décision DCC 01-088 du 31 octobre 2001, Délégation des veufs de l'Ouémé, Recueil 2001, p. 357).

Cependant, une personne physique, en dehors de toute association normalement constituée, est recevable à valablement saisir la Cour au nom de plusieurs autres personnes si elle a reçu mandat de celles-ci. Ainsi et *a contrario*, la Cour juge que le Sieur Emmanuel Akpo qui *"prétend ester en justice au nom de ses collègues n'a pu ni préciser leur identité, ni apporter la preuve du mandat en vertu duquel il agit en leurs noms (...) il y a lieu de déclarer sa requête irrecevable*" (Décision DCC 02-001 du 9 janvier 2002, Akpo Emmanuel, Ahouandjinou Théophile, Recueil 2002, p. 11). Le défaut d'adresse précise peut emporter l'irrecevabilité étant entendu "*que le numéro de téléphone ne saurait à lui seul tenir lieu d'adresse, celle-ci se définissant comme l'indication entre autres, de la boîte postale, du lieu de domicile ou de résidence.*" (Décision DCC 13-022 du 14 février 2013, Mesdames Symphorose Béatrice LAKOUSSAN, Recueil 2013-1, p.175. Voir aussi Décision DCC 99-048 du 18 août 1999, Collectif des moniteurs de 2ème classe des eaux, forêts et chasse, Recueil 1999, p. 181). Le défaut de signature, (Décision DCC 97-057 du 8 octobre 1997, Awadon Victorin et Akpaki Dama, Recueil 1997, p.243) ou le défaut d'empreinte digitale (Décision DCC 99-004 du 13 janvier 1999, Dawenon Constant, Recueil 1999, p. 17) sont tous constitutifs de vices de forme qui rendent les recours irrecevables. Lorsque que le requérant est un mineur (en l'occurrence de 10 ans) et "*qu'il ne jouit pas de la capacité juridique pour signer une requête ; que cependant, la présente requête qui porte le nom de Modeste GBETOWENONMON et qui est revêtue de la signature de dame Espérance HOUANGNANNON GBETOWENONMON, sa tutrice, est valable*" sa requête est jugée recevable (Décision DCC 13-077 du 09 Août 2013, Modeste Gbetowenonmon, Recueil, 2013, vol.1, p.543).

La question de l'assistance d'un conseil a été prévue par le Règlement intérieur de la Cour. La décision "de Souza Serge" précise que "*l'assistance prévue à l'article 28 n'est pas la représentation*" (Décision DCC 02-073 du 20 juin 2002, De Souza Serge, Recueil, 2002, p. 303). Devant la juridiction constitutionnelle, les avocats ne sont pas autorisés à agir en lieu et place des requérants. Le requérant n'ayant pas à justifier d'un intérêt à agir, un avocat est recevable à déposer une requête en son propre nom, signé de lui-même mais qui prend fait et cause pour un client ou une tierce personne. Ainsi, dans l'affaire Agbantou Saïdou, la Cour a jugé, sur requête de Maître Agbantou Saïdou, signé de lui, que "*la décision n°185/MF/DC/CC/CP du 21 avril 1997 portant suspension de Monsieur Kiki Alexis, brigadier des douanes, de ses fonctions est contraire à la constitution*" (Décision DCC 98-005 du 8 janvier 1998, Maître Agbantou Saïdou, Tec. 1998, p 29).

III : La non exigence d'un intérêt à agir

Le recours pour excès de pouvoir, cette "*arme la plus efficace, la plus économique et la plus pratique qui existe au monde pour défendre les libertés individuelles*" selon le mot de Gaston JEZE (G. JEZE, "Les libertés individuelles", *Annuaire de l'institut international de droit public*, 1929, p.180), n'est pas ouvert à tous. Le juge administratif n'en fait pas une action populaire et en limite la recevabilité. Ainsi la notion d'intérêt à agir est essentielle au contentieux administratif. En plein contentieux, le requérant doit revendiquer un droit propre auquel l'administration a porté atteinte. Dans le contentieux de l'excès de pouvoir, seule est recevable la requête introduite par une personne qui a intérêt à obtenir l'annulation de l'acte querellé. Le recours devant la justice constitutionnelle a été assimilé à un "excès de pouvoir législatif" par Georges VEDEL (G. VEDEL, "Excès de pouvoir législatif et excès de pouvoir administratif", *in Cahiers du Conseil constitutionnel*, n° 1, 1er semestre 1996). Cet excès de pouvoir législatif ne présente pas tous les caractères de l'excès de pouvoir administratif, notamment dans sa dimension intérêt à agir.

Ainsi, un avocat peut légitimement, sous sa propre signature, obtenir l'inconstitutionnalité d'un arrêté administratif concernant son client, sans pour autant tomber sous le coup de l'irrecevabilité. (Décision DCC 98-005 du 8 janvier 1998, Maître Agbantou Saïdou, Tec. 1998, p 29). En effet, hors le contentieux électoral et hors la disposition attributive de compétence exclusive de l'article 121 al. 1 de la constitution, les auteurs des saisines de la Cour n'ont pas à justifier d'un intérêt à agir. La Cour est ainsi valablement saisie du recours d'un citoyen "*contre le Gouvernement et ses structures décentralisées en inconstitutionnalité de la disposition des couleurs du drapeau national sur les documents et courriers officiels*" (Décision DCC 17-057 du 09 mars 2017, Akibou Bassabi-Mousse Alassan). Elle est tout aussi valablement saisie par un individu qui s'insurge contre la "*décision unilatérale du Ministre de l'enseignement technique et de la formation professionnelle en vue du détournement du siège de la direction régionale de l'enseignement technique et de la formation professionnelle du Mono-Couffo et Zou-Collines à Bohicon*" (Décision DCC 06-102 du 11 août 2006, Sessou Placide Yaovi, Recueil 2006, p.537). La Cour est tout autant valablement saisie de la protestation d'un citoyen contre le "*transfert du dossier Alain Adihou à la Cour d'appel de Cotonou par l'Assemblée nationale*" (Décision DCC 06-097 du 3 août 2006, Djakpo Florian, Recueil 2006,p. 515) ou des violences conjugales qui ont cours au sein de la famille de Monsieur Jean-Marie Gansa et dont le requérant a pu être témoin (Décision DCC 04-056 du 19 mai 2004, Agoungnon C. Michel, Recueil 2004, p. 241).

Si le requérant n'est pas astreint à justifier d'un intérêt à agir, il n'est pas non plus prévu qu'il contribue aux frais d'administration de la justice constitutionnelle. Alors que le recours pour excès de pouvoir devant le juge administratif n'est pas gratuit (article 6, loi n°2004-20 du 17 août 2007 portant règles de procédures applicables devant les formations juridictionnelles de la Cour suprême), le recours en appréciation de constitutionnalité introduit devant la Cour constitutionnelle est un recours sans frais mis à la charge du requérant. Aucune contribution financière n'est demandée ni au moment de l'enregistrement de la requête ni à l'énoncé de la décision, que celle-ci soit favorable ou défavorable aux requérants. Dès lors, ceux-ci ne se retiennent plus.

IV : La prolifération des recours farfelus

L'esprit libéral qui a présidé à l'élaboration des textes en matière de recours devant la Cour constitutionnelle produit les servitudes liées à une telle générosité dans la protection de la légalité constitutionnelle et la préservation des droits de la personne humaine.

D'abord, il est né des lanceurs d'alerte assidus, prompts à saisir le juge constitutionnel sur les questions d'importance mais aussi sur des broutilles.

Il y a ensuite, tous ces recours dont l'intérêt constitutionnel reste subliminal mais qui encombrent l'agenda des membres de la Cour constitutionnelle. Ainsi, on lit ceci dans la décision "Waliss Boukary" (Décision DCC 18-090 du 12 avril 2018, Waliss Boukary) : *"j'ai déposé une plainte contre Monsieur le Ministre de l'Intérieur pour violation de l'article 35 de la Constitution et de l'article 8 de la Déclaration universelle des droits de l'Homme. J'avais prévu copie de cette plainte à Monsieur le Président de la République et j'ai donc envoyé, le même jour, copie de ladite plainte à la Présidence de la République, mais il y a eu un refus de réceptionner mon courrier sous le motif d'absence de précision du destinataire. La société de distribution de courriers m'en a aussitôt informé et dès le lendemain, je me suis rendu dans ses locaux où j'ai payé à nouveau les frais de distribution et procédé à la correction nécessaire (ajout de la précision du destinataire) et mon courrier a finalement été déposé à Monsieur le Président de la République le 13 décembre 2016 (...) Je vais donc devoir expliquer pourquoi j'ai informé Monsieur le Président de la République de ma plainte contre Monsieur le Ministre de l'Intérieur. J'aurais pu attendre que la Cour rende sa décision avant d'informer Monsieur le Président de la République. Si j'ai informé Monsieur le Président de la République, c'est parce que je m'attendais à un dénouement rapide de la situation qui m'a amené à saisir la Cour ... contre Monsieur le Ministre de l'Intérieur. Je m'attendais donc à ce que Monsieur le Président de la République demande à l'Administration de résoudre sans délai mes plaintes n°8402/15 et n°8403/15 déposées auprès du commissariat central de Cotonou au cas où Monsieur le Ministre de l'Intérieur ne réagirait pas. L'une ou l'autre des deux (02) autorités citées devait donc, à mon avis, donner des instructions à la Police sans attendre la décision de la Cour qui ne fera que constater une éventuelle violation de la Constitution par Monsieur le Ministre de l'Intérieur sans donner d'injonction à l'Administration quant à l'application de la loi. Dans ces conditions, même en cas de décision de la Cour ... comment vais-je récupérer mon argent par la Police et qui me récupèrera ma voiture ou m'informera de la suite donnée à ces affaires ? (...) La copie de ma plainte ayant été transmise à Monsieur le Président de la République le 13 décembre 2016, j'ai commencé par espérer une réaction de la part de l'Administration ou de la Police, mais rien ne venait. Et, c'est dans ces conditions que j'ai suivi comme tout le peuple béninois que le Gouvernement s'était donné des congés pour les fêtes de fin d'année. Ni Monsieur le Président de la République ni Monsieur le Ministre de l'Intérieur n'ont donc jugé urgent de demander à la Police ... de me remettre les quatre-vingt mille (80.000) francs CFA qui m'avaient été extorqués par le chauffeur de mon véhicule et que le commissariat central de Cotonou refusait de me restituer depuis janvier 2016. Je ne pouvais donc pas compter sur ces autorités pour entrer en possession de ces sous pour les fêtes de fin d'année, mais eux, ils savent se donner des congés pour aller fêter... Mais, je vis au Bénin et je connais les salaires des fonctionnaires : il y en a beaucoup qui ne gagnent pas quatre-vingt mille (80.000) francs CFA en début de carrière et je vois aussi les agents de cet Etat aller en grève illimitée parfois pour des défalcations sur salaires après grève qui n'atteignent pas quatre-vingt mille (80.000) francs CFA individuellement. Je note donc de la part de Monsieur le Président de la République et de Monsieur le Ministre de l'Intérieur, une malveillance et un mépris ou alors, une grande négligence qui n'est dans cette hypothèse qu'irresponsabilité ; je suis un combattant né et aucun combat légitime ne me fait peur. Je vais donc y répondre ! Mais, en attendant, je vais me permettre une longue digression qui n'en est pas vraiment une, mais plutôt un ajout d'éléments nouveaux (...) Je dois, en effet, reconnaitre que le Gouvernement n'est pas resté inactif suite à la réception par Monsieur le Président de la République de la copie de ma plainte contre Monsieur le Ministre de l'Intérieur. J'ai aussitôt remarqué que les numéros de téléphone que je mentionne sur mes courriers, pour être contacté par l'Administration, ont été mis sur écoute et le Gouvernement a étendu ces écoutes à, au moins, un membre de ma famille, à savoir, ma mère. Je le sais parce que j'ai l'expérience des écoutes téléphoniques et ce n'est pas la première fois que j'en suis victime, de même que ma famille de la part d'un Gouvernement. Le Gouvernement du Président de la République, qui a exercé de 2001 à 2006 a, déjà en 2005 après avoir mis ma famille sur écoutes téléphoniques pendant des mois et des années, tenté de détruire, puis ensuite de diviser ma famille alors que j'étais en France comme étudiant (...) Après le départ du Président de la République en 2006, ma famille et moi avons eu dix (10) ans de tranquillité et maintenant, il y a récidive. Je pensais que le départ de ce Président de la République en 2006 allait mettre un point final à ces pratiques (pas les écoutes en tant que telles, mais tout ce qui accompagne ces écoutes), mais 2006, ce n'était visiblement que la "demi-finale". La "finale" c'est maintenant contre le Président de la République actuel et je promets qu'il va y avoir du "sport" parce que je ne suis plus à l'étranger, mais bien sur le terrain (...) Personne ne peut m'empoisonner, personnellement parce que je n'avais même pas dix-huit (18) ans quand j'ai commencé à sortir y compris la nuit à Cotonou et rien ne m'est jamais arrivé de fâcheux. Pourtant les bars, les restaurants et les boîtes de nuit, j'en ai fait tous les week-ends et parfois tous les soirs pendant les congés ou vacances."*

Le lecteur reste évidemment songeur sur la question de droit constitutionnel que pose Monsieur Waliss Boukary. Il l'est tout autant d'ailleurs à la lecture de la requête de Madame Julienne Bocco Affedjou lorsque celle-ci saisit la Cour constitutionnelle pour protester contre la procédure de divorce engagée contre elle par son mari. "*Je ne me reconnais pas dans l'une des causes de divorce énoncées à l'article 233 du Code des Personnes et de la Famille. Le handicap physique résultant de l'opération de mon sein droit ne peut justifier une demande de divorce de mon mari qui veut me jeter comme une orange dont il a déjà vidé le contenu. Sa demande de divorce viole 'les droits et les devoirs de la personne humaine inscrits au titre II de la Constitution du 11 décembre 1990 en ses articles 7 et suivants' (...) C'est pourquoi je vous saisis du présent recours qui est pour moi une exception d'inconstitutionnalité dont je vais me prévaloir devant le juge saisi de la demande de divorce de mon époux à l'audience du 04 mai 2011*" (Décision DCC 13-160 du 29 octobre 2013, Julienne Bocco Affedjou, Recueil 2013, vol.2, p. 975).

Par ailleurs, le ou les requérants ont pu aussi demander au juge "*la restauration du vrai nom de leur village*" (Décision DCC 07-172 du 27 décembre 2007, Dowou Lamboudi Dayou et alii) ; d'apprécier le "*congé forcé puis l'exclusion du CEG au motif qu'il ne peut tripler la classe*" (Décision DCC 01-025 du 16 mai 2001, Imorou Aziz, Recueil 2001, p. 117) ; d'opérer la "*révision de l'article 44 de la constitution (...) afin de porter l'âge d'accès aux fonctions de Président de la République de trente (30) ans à soixante (70) ans au lieu de quarante (40) ans à soixante dix (70) ans en vue de permettre aux jeunes d'accéder à la magistrature suprême*" (Décision DCC 01-59 du 27 juin 2001, Agondanou G. Guy, Recueil 2001, p. 243) ; de ramener à la raison le père de famille qui "*a décidé un jour contre toute attente de ne plus payer les frais de scolarité de ses six (6) enfants dont trois mineurs*" (Décision DCC01-082 du 17 août 2001, Enfants Okpéitcha Mathieu, Recueil 2001, p. 239) ; d'apprécier la constitutionnalité de la décision du sous-préfet d'implanter "*un cimetière sur une partie du domaine de la famille Attolou du village Doïssa*" (Décision DCC 02-54 du 31 mai 2002, Houndété Jonas, Assogba Augustin, Recueil 2002, p. 227) ; de fustiger la bureaucratie administrative qui fait qu'admise à la retraite, "*elle vit dans un état de misère comme en témoignent les loyers impayés, coupure d'électricité depuis janvier 2000 et non paiement des contributions scolaires de son benjamin*" (Décision DCC 02-049 du 30 mai 2002, Sotomey Antoinette Désirée, Recueil 2002, p. 205) ; d'apprécier la destruction sans préavis de baraques situées au marché d'Azovè (Décision DCC 04-008 du 8 janvier 2004, Recueil 2004, p. 43) ou des violences conjugales (Décision DCC 04-056 du 19 mai 2004, Agoungnon C. Michel, Recueil 2004, p. 241) ; de penser à l'"*annulation du système démocratique actuel au Bénin, (...), système de majorité ou d'une fraction du peuple au pouvoir (...) entraîne dans certains Etats d'Afrique des guerres civiles causant des milliers de victimes (...) aucun autre Etat africain, même le Bénin, n'est à l'abri de telles guerres...*" (Décision DCC 06-030 du 4 février 2006, Nougbodohoué C. Sylvain, Recueil 2006, p. 141) ; de déclarer contraire à la constitution la loi n° 2006-19 portant répression du harcèlement sexuel et protection des victimes au motif que "*quiconque que moi sait que la femme est naturellement harcelée. Lorsque tu rencontres une femme pour la première fois et elle t'a plu et tu lui fais la cour, elle n'accepte pas généralement (...) La femme est hypocrite surtout dans le domaine sexuel (...) La femme naturellement aime que l'homme lui renouvelle les avances en lui faisant la cour de façon continuelle pour voir si ce dernier l'aime réellement (...) De plus, il n'y a pas de preuve pour des jugements en la matière*" (Décision DCC 06-119 du 1er septembre 2006, Bada Jean, Recueil 2006, p. 615) ; de bien vouloir recevoir la plainte contre "*les organisateurs de l'examen de permis de conduire qui s'est déroulé le 21 décembre 2016 à Akpakpa*" (Décision DCC 17-043 du 23 février 2017, Mohamed Houssein).

Autant de recours qui, à l'examen, ne permettent pas de discerner un intérêt constitutionnel certain.

9

Décision DCC 07-083 du 6 août 2007, Yibathou Sanni-Glèlè et alii,

L'amendement gagé

La Cour Constitutionnelle,

Saisie d'une requête du 14 juillet 2007 enregistrée à son Secrétariat le 16 juillet 2007 sous le numéro 1786/104/REC, par laquelle les Députés du Parti du Renouveau Démocratique ''PRD'', Mesdames Yibathou SANNI-GLELE, Amoudathou AHLONSOU et Messieurs Adrien HOUNGBEDJI, Ismaël TIDJANI SERPOS, Raphaël AKOTEGNON, Timothée GBEDIGA, Kifouli KAKPO, Edmond ZINSOU, Augustin AHOUANVOEBLA et Isidore GNONLONFOUN, sollicitent le contrôle de conformité à la Constitution de la loi portant institution du service militaire d'intérêt national votée par l'Assemblée Nationale en sa session extraordinaire du samedi 14 juillet 2007 ;

VU la Constitution du 11 décembre 1990 ;
VU la Loi n° 91-009 du 04 mars 1991 portant Loi Organique sur la Cour Constitutionnelle modifiée par la Loi du 31 mai 2001 ;
VU le Règlement Intérieur de la Cour Constitutionnelle ;
Ensemble les pièces du dossier ;
Ouï Monsieur Christophe KOUGNIAZONDE en son rapport ;
Après en avoir délibéré,

Considérant que les requérants exposent : « la proposition de loi déposée par les Députés CHABI-SIKA et autres a été adoptée alors qu'elle n'était accompagnée d'aucune proposition d'augmentation des recettes ou de diminution des charges publiques de l'Etat.» ; qu'ils allèguent : « L'adoption de cette proposition de loi … a manifestement pour conséquence une aggravation des charges publiques dans la mesure où ladite proposition de loi prévoit notamment :
'' le recensement obligatoire des assujettis au service militaire d'intérêt national'' ;

'' l'inscription des charges du service militaire d'intérêt national au budget général de l'Etat'' ;
''le versement à chaque appelé, pendant la durée du service militaire d'intérêt national, d'une indemnité mensuelle'' ;
'' la prise en charge par l'Etat de la totalité des soins de chaque appelé pendant la durée du service militaire d'intérêt national'' ;
''la réparation des préjudices que chaque appelé pourrait subir dans l'exercice ou à l'occasion de l'exercice de sa mission'' ;

De surcroît, le budget général de l'Etat n'a pas prévu les ressources nécessaires au financement des charges qu'impliquent l'adoption de la proposition de loi incriminée et la mise en œuvre de ses dispositions ; ce que reconnaît d'ailleurs explicitement l'article 15 de ladite proposition de loi qui dispose : '' *les charges du service militaire d'intérêt national sont inscrites au budget général de l'Etat qui prévoit les crédits nécessaires au fonctionnement et à l'investissement''* ;

Or, l'article 107 de la Constitution dispose sans équivoque que : '*'les propositions et amendements déposés par les députés ne sont pas recevables lorsque leur adoption aurait pour conséquence soit une diminution des ressources publiques, soit la création ou l'aggravation d'une charge publique, à moins qu'ils ne soient accompagnés d'une proposition d'augmentation de recettes ou d'économie équivalente''.*

En appui à l'article 107 de la Constitution, l'article 74.5 du Règlement Intérieur de l'Assemblée Nationale prévoit que : '' *les propositions de lois dont l'adoption aurait pour conséquences, soit une diminution des ressources publiques, soit la création ou l'aggravation d'une charge publique, sont déclarées irrecevables par le Président de l'Assemblée Nationale si elles ne sont pas accompagnées d'une proposition d'augmentation de recettes ou d'économies équivalentes, conformément aux dispositions de l'article 107 de la Constitution* '' ; qu'ils poursuivent : « Pour avoir été adoptée sur une proposition de loi irrecevable en ce qu'elle a pour conséquence d'aggraver les charges publiques sans être accompagnée d'une proposition d'augmentation de recettes ou d'économies équivalentes, la proposition de loi votée portant institution du service militaire d'intérêt national adoptée par l'Assemblée Nationale réunie en session extraordinaire le samedi 14 juillet 2007, est par conséquent manifestement contraire à la Constitution… » ; qu'en conséquence, les requérants demandent à la Cour Constitutionnelle de « déclarer contraire aux dispositions de l'article 107 de la Constitution et de l'article 74.5 du Règlement Intérieur de l'Assemblée Nationale, la proposition de loi votée en session extraordinaire le samedi 14 juillet 2007 et portant institution du service militaire d'intérêt national adoptée par l'Assemblée Nationale » ;

Considérant qu'aux termes de l'article 107 de la Constitution : « *Les propositions et amendements déposés par les députés ne sont pas recevables lorsque leur adoption aurait pour conséquence soit une diminution des ressources publiques; soit la création ou l'aggravation d'une charge publique, à moins qu'ils ne soient accompagnés d'une proposition d'augmentation de recettes ou d'économie équivalente* » ; que selon l'article 74.5 du Règlement Intérieur de l'Assemblée Nationale : « *les propositions de lois dont l'adoption aurait pour conséquences, soit une diminution des ressources publiques, soit la création ou l'aggravation d'une charge publique, sont déclarées irrecevables par le Président de l'Assemblée Nationale si elles ne sont pas accompagnées d'une proposition d'augmentation de recettes ou d'économies équivalentes, conformément aux dispositions de l'article 107 de la Constitution* » ;

Considérant qu'en réponse aux mesures d'instruction de la Haute Juridiction, le Président de l'Assemblée Nationale a transmis à la Cour copie de la correspondance du Ministre chargé des Relations avec les Institutions, porte-parole du Gouvernement, enregistrée à l'Assemblée Nationale le 23 juillet 2007 ; que selon ladite correspondance : « A l'occasion de l'examen de la proposition de loi sur le service militaire à la plénière de l'Assemblée Nationale, les Honorables ont relevé que la proposition de loi n'était pas accompagnée de mesures indiquant les sources de financement de cette initiative. Je voudrais à cet égard vous préciser que l'incidence budgétaire de cette mesure au titre de l'exercice 2007 est évaluée par le Gouvernement à un montant de 5,9 milliards de F CFA prévu pour être imputé aux charges non réparties du budget national.

Le Gouvernement l'a inscrit dans le cadre du collectif budgétaire qui sera prochainement soumis à l'appréciation et à l'approbation de l'Assemblée Nationale » ;

Considérant que les articles 12 et 14 de la loi querellée indiquent : « *Le financement du service militaire national est assuré principalement par le budget national. Les dépenses relatives au service militaire national sont inscrites au Budget du Ministère chargé de la Défense nationale qui prévoit les crédits nécessaires au fonctionnement, à l'investissement et au soutien de ce service* » ; « *Le service militaire national obéit au principe du bénévolat. Toutefois, pendant la durée de ce service militaire national, chaque appelé a droit à une indemnité mensuelle dont le montant est fixé part décret, et à la prise en charge par l'Etat de la totalité de ses soins de santé. Il a également droit à la réparation des préjudices qu'il aurait subis dans l'exercice de sa mission et conformément aux textes en vigueur » ;*

Considérant qu'il ressort de la lecture combinée et croisée de ces dispositions et de la correspondance du Ministre chargé des Relations avec les Institutions, porte-parole du Gouvernement, que l'adoption de la loi sur le service militaire d'intérêt national aura pour conséquence la création ou l'aggravation d'une charge publique ; qu'une telle proposition ne peut donc être recevable que si elle est accompagnée *d'une proposition* d'augmentation de recettes ou d'économies équivalentes conformément aux articles 107 de la Constitution et 74.5 du Règlement Intérieur de l'Assemblée Nationale précités ; que cette proposition d'augmentation de recettes ou d'économies équivalentes doit donc émaner des députés qui ont proposé la loi et non du Gouvernement ; qu'en acceptant cette proposition de loi, le Président de l'Assemblée Nationale a méconnu les dispositions des articles 107 de la Constitution et 74.5 du Règlement Intérieur de l'Assemblée Nationale ; qu'il s'ensuit que l'adoption dans ces conditions de la loi portant institution de service militaire d'intérêt national est contraire à la Constitution ;

DECIDE:

Article 1er : La loi portant institution du service militaire d'intérêt national votée par l'Assemblée Nationale en sa session extraordinaire du samedi 14 juillet 2007 est contraire à la Constitution.

Article 2 : La présente décision sera notifiée à Mesdames Yibathou SANNI-GLELE, Amoudathou AHLONSOU, Messieurs Adrien HOUNGBEDJI, Ismaël TIDJANI SERPOS, Raphaël AKOTEGNON, Timothée GBEDIGA, Kifouli KAKPO, Edmond ZINSOU, Augustin AHOUANVOEBLA et Isidore GNONLONFOUN, au Président de l'Assemblée Nationale, au Président de la République et publiée au Journal Officiel.

Ont siégé à Cotonou, le six août deux mille sept,

Madame	Conceptia D.	OUINSOU	Président
Messieurs	Jacques D.	MAYABA	Vice-président
	Pancrace	BRATHIER	Membre
	Christophe	KOUGNIAZONDE	Membre
	Lucien	SEBO	Membre

Le Rapporteur, Le Président,

Christophe C. KOUGNIAZONDE Conceptia D. OUINSOU

OBSERVATIONS

I : Une réminiscence du parlementarisme rationalisé

La notion de parlementarisme rationnalisé se manifeste à travers quelques traits essentiels : le domaine de la loi est limité, le Gouvernement dispose de moyens pour faire respecter le partage loi-règlement, comme l'irrecevabilité des amendements empiétant sur le domaine de la loi, ou la procédure de délégalisation de dispositions formellement législatives et matériellement règlementaires ; le Gouvernement peut demander au Parlement le droit de légiférer par ordonnances, dans des domaines précis et pour une durée limitée ; le Gouvernement dispose de droits particuliers au cours de la procédure législative : il établit l'ordre du jour, peut accélérer la procédure d'examen en déclarant l'urgence sur un texte, et demander un vote bloqué de tout ou partie des dispositions en discussion devant l'Assemblée, il peut engager sa responsabilité sur un texte ou opposer l'irrecevabilité sur un amendement qui rompt l'équilibre financier du projet de loi de finances de l'année, etc. Le régime politique institué par la constitution du 11 décembre 1990 est un régime de type présidentiel.

Ce régime présidentiel reproduit certaines techniques de légistique propres au système dit de parlementarisme rationnalisé. L'amendement gagé est de ces techniques. Selon les dispositions constitutionnelles, la première des fonctions du parlement est de voter la loi et de consentir l'impôt. (Article 96, de la constitution). Le droit d'amendement des députés fait partie du pouvoir générique de législation.

En matière financière, ce pouvoir de légiférer et d'amender est encadré dans le sens de la rationalisation, de l'encadrement de l'élan des parlementaires. Le texte constitutionnel complété par le Règlement intérieur de l'Assemblée nationale autorise les propositions de loi à incidence financière ainsi que les amendements au projet de loi de finances dans la mesure où ils sont tous deux gagés par des augmentations de ressources à due concurrence ou des réductions de charge équivalente (Article 107, de la constitution, Article 74.5 du Règlement intérieur de l'Assemblée nationale).

La Cour constitutionnelle a eu l'occasion de préciser le sens de ce mécanisme dit de législation gagée ou de l'amendement gagé.

II : Le gage doit provenir de l'auteur de la proposition de loi ou de l'amendement

C'est, en l'occurrence, le sens de la décision Yibathou Sanni-Glèlè et alii. La proposition de loi a été déposée par les parlementaires membres de la majorité présidentielle. Le recours devant la Cour constitutionnelle a été introduit par les députés de l'opposition contre une proposition de loi qu'ils estiment ne pas pouvoir être financée parce que ne précisant pas les moyens de financement. L'institution d'un service militaire d'intérêt national, pense l'opposition, aura des retombées importantes pour les finances de l'Etat. Le Gouvernement, en guise de soutien à sa majorité parlementaire, apporte la précision que la proposition de loi sera financée sur les ressources de la loi de finances en cours d'exécution, au titre des "des charges non réparties du budget national".

A ce stade, la question financière (disponibilité de ressources) et la question de technique financière (imputation de la dépense) ne se posent plus. Reste la question juridique de la recevabilité de la proposition de loi. Selon l'argumentation de la Cour, du moment où il s'agit d'une *proposition de loi*, le gage de la couverture de son financement doit être aussi une *proposition*, c'est-à-dire, un acte émané d'un parlementaire ; question de symétrie sémantique. Dès lors que c'est le Gouvernement qui apporte la solution des moyens de financement, les exigences des articles 107 (constitutions) et 74.5 (Règlement intérieur) ne sont pas satisfaites et la proposition de loi votée par l'Assemblée nationale est contraire à la constitution.

Ce faisant, la Cour se fait plus royaliste que le roi, dans la mesure où tout le mécanisme de la législation ou de l'amendement gagés vise à protéger le Gouvernement contre des initiatives intempestives et coûteuses de parlementaires qui n'ont pas prise sur le réel des contraintes économiques et financières que vit le pouvoir exécutif, lequel détermine et conduit la politique de la nation (Article 54 de la constitution). C'est ce même esprit de l'acquiescement préalable qui explique que, au cours de la procédure d'examen du projet de loi de finances, les amendements parlementaires au sein de la commission budgétaire de l'Assemblée nationale sont recevables dès lors que le ministre des finances les a approuvés. En conséquence, une aggravation ou une création de charges, lorsqu'elle est acceptée par le Gouvernement, est en principe conforme à la lettre et à l'esprit des articles 107 et 74.5 précités.

En ce sens, la Décision "Président de la République" (Décision DCC 10-117 du 8 septembre 2010, Président de la République, Hilarion Ezin et alii) est plus conforme à l'orthodoxie de la proposition de loi et de l'amendement gagés. La proposition de loi des parlementaires ne rencontre pas, en l'espèce, l'accord du Gouvernement pour sa mise en œuvre, notamment dans sa dimension financière Si les parlementaires doivent constamment se soucier de l'impact financier de leurs initiatives, par contre, la Cour juge que les juridictions n'ont pas à se préoccuper de l'incidence financière de leurs décisions. Celles-ci s'imposent quelle que soit la charge financière qui en résulte pour l'exécutif et qui justifie d'ailleurs la technique des crédits évaluatifs dans le budget général de l'Etat. (Décision DCC 05-028 du 31 mars 2005, Kilayossi J. Anna, Recueil 2005, p.129).

III : Le gage peut porter indifféremment sur une opération à caractère permanent ou une opération à caractère temporaire

La question sous-jacente est celle de savoir si un amendement ou une proposition de loi peut être gagée sur une économie de circonstances destinée à financer une dépense permanente. En guise d'illustration, la suppression de l'achat d'un scanner peut-elle constituer une économie dont le montant sert à financer une augmentation de salaire dans le projet de loi de finances soumis à l'examen du parlement ? En langage financier, une dépense conjoncturelle a-t-elle la même valeur qu'une dépense permanente ? Un scanner s'achète une fois, mais un salaire se paie tous les mois, toute l'année et sur toute la carrière du fonctionnaire. L'économie réalisée par l'annulation de l'achat de l'un peut-il légitimement et légalement servir à financer la dépense découlant de l'autre. La Cour a répondu par l'affirmative en décidant que par "*'économie équivalente' il faut entendre les crédits dégagés, qui à eux seuls, suffisent à compenser des charges publiques sans qu'il soit nécessaire de recourir à la création de recettes nouvelles ; qu'ainsi, en procédant comme ils l'ont fait (...), les députés ont fait une application correcte de l'article 107 de la constitution*" (Décision DCC 30-94 du 1er octobre 1994, Ahouandjinou Anselme, Président de la République, Président de l'Assemblée nationale, Recueil 1994, p. 135). L'argument du Gouvernement sur le caractère "*factice*" de l'économie réalisée n'a pas été retenu par le juge.

Elle devra l'être dorénavant car, la budgétisation est en train de dépasser le cadre annuel. Les budgets de programmes et les cadres de dépenses à moyen terme sont des instruments de gestion financière à moyen terme. La Cour a raisonné sur la base d'une loi de finances de douze mois dont l'équilibre n'est pas bouleversé par la mise en balance d'une économie "*factice*" avec une dépense permanente. Elle devra à l'avenir tenir compte de la pluriannualité qui découle des Directives de l'Union économique et monétaire ouest africaine (UEMOA, Directive n°06/2009/CM/UEMOA portant loi de finances au sein de l'UEMOA). Il n'est plus légitime ni légal de concevoir la loi de finances comme un engagement financier sur douze mois mais un maillon d'une programmation financière s'étalant sur plusieurs années. Les propositions de loi ainsi que les amendements doivent alors être gagés par des augmentations de ressource à due concurrence ou des réductions de charge équivalente, charges et ressources ayant, par ailleurs, la même nature.

10

Avis CC 00-01 du 7 janvier 2000,
Recueil 2000, p 7
Président de la République

Les ordonnances en matière budgétaires

La Cour Constitutionnelle,

Saisie d'une lettre du 03 janvier 2000 enregistrée à son Secrétariat à la même date sous le numéro 0001-C/0001/REC, par laquelle le Président de la République, Chef de l'Etat, Chef du Gouvernement demande l'avis de la Haute Juridiction en vue de prendre deux ordonnances portant l'une Loi de Finances et l'autre Loi de Programme d'Investissements Publics pour la gestion 2000 ;

VU la Constitution du 11 décembre 1990 ;
VU la Loi n° 91-009 du 04 mars 1991 portant Loi Organique sur la Cour Constitutionnelle ;
VU le Règlement Intérieur de la Cour Constitutionnelle ;
Ensemble les pièces du dossier ;
Ouï le Professeur Maurice GLELE-AHANHANZO en son rapport ;
Après en avoir délibéré,

Considérant que le requérant expose qu' « au 31 décembre 1999, l'Assemblée Nationale ne s'est pas prononcée sur le projet de Loi de Finances et le projet portant Programme d'Investissements Publics gestion 2000 ; qu'en conséquence, il décide de soumettre pour avis à la Haute Juridiction deux projets d'ordonnance, l'un portant Loi de Finances, l'autre portant Programme d'Investissements Publics » ;

Considérant que le Président de la République fonde son action sur l'article 102 alinéa 2 de la Constitution du 11 décembre 1990 ;

Considérant qu'aux termes de l'article 102 al 2 susvisé, « *les ordonnances sont prises en Conseil des Ministres, après avis de la Cour Constitutionnelle. Elles entrent en vigueur dès leur publication, mais deviennent caduques si le projet*

de la loi de ratification n'est pas déposé devant l'Assemblée avant la date fixée par la loi d'habilitation. » ;
Considérant que le Gouvernement n'invoque que l'alinéa 2 dudit article en le détachant de l'ensemble du texte ; que, pour en faire une saine application, il convient de le lire dans son intégralité ;

Considérant que la Constitution du 11 décembre 1990 en son article 102 dispose : « *le Gouvernement peut, pour l'exécution de son programme, demander à l'Assemblée Nationale de voter une loi l'autorisant à prendre par ordonnance pendant un délai limité des mesures qui sont normalement du domaine de la loi. Cette autorisation ne peut être accordée qu'à la majorité des deux tiers des membres de l'Assemblée Nationale.*
Les ordonnances sont prises en Conseil des Ministres, après avis de la Cour Constitutionnelle. Elles entrent en vigueur dès leur publication, mais deviennent caduques si le projet de la loi de ratification n'est pas déposé devant l'Assemblée avant la date fixée par la loi d'habilitation.
A l'expiration du délai mentionné au premier alinéa du présent article, les ordonnances ne peuvent plus être modifiées que par la loi dans leurs dispositions qui sont du domaine législatif. » ;

Considérant que les deux projets d'ordonnance sous examen ne sont pas élaborés sur le fondement d'une *loi d'habilitation* par l'Assemblée Nationale, qu'ils portent non sur l'exécution du programme du Gouvernement, mais sur la Loi de Finances et la Loi du Programme d'Investissements Publics pour la gestion 2000 ; qu'en l'espèce, l'article 102 de la Constitution ne saurait recevoir application ; qu'en conséquence, l'avis de la Cour n'est pas nécessaire ;

Est d'Avis :

Article 1er. Que *l'article 102* de la Constitution ne saurait recevoir application dans le cas d'espèce.
Article 2.-Le présent avis sera notifié au Président de la République, au Président de l'Assemblée Nationale et publié au Journal Officiel.

Ont siégé à Cotonou le sept janvier de l'an deux mille.

Madame	Conceptia D. OUINSOU	Président
Messieurs	Lucien SEBO	Vice-président
	Maurice GLELE-AHANHANZO	Membre
	Alexis HOUNTONDJI	Membre
	Jacques D. MAYABA	Membre
Madame	Clotilde MEDEGAN-NOUGBODE	Membre

Le Rapporteur,
Maurice GLELE AHANHANZO

Le Président,
Conceptia D. OUINSOU

OBSERVATIONS

I : La diversité des ordonnances

La notion d'ordonnance budgétaire peut être évoquée dans plusieurs hypothèses prévues par la constitution. Il y a d'abord, l'article 102 relatif aux lois d'habilitation ; ensuite, il y a l'article 110 relatif aux ordonnances prises par défaut de vote parlementaire au 31 décembre. Enfin, les ordonnances résultant de la mise en œuvre des pouvoirs de crise. Ces derniers feront l'objet d'un examen séparé dans un autre chapitre.

La Cour constitutionnelle a eu à préciser les régimes juridiques de ces différentes ordonnances.

II : Les ordonnances de l'article 102 de la constitution

L'article 102 permet au gouvernement, pour l'application de son programme, de légiférer par ordonnance sur habilitation du Parlement. Celui-ci précise dans quels domaines et pendant quelle durée le Gouvernement peut prendre des textes à valeur législative. Le Gouvernement, doit, par ailleurs, solliciter l'avis de la Cour constitutionnelle sur son projet d'ordonnance avant de saisir les députés. C'est ce que fait le Gouvernement en demandant l'avis de la Cour sur son intention de faire voter une loi d'habilitation parlementaire afin de faire mettre en vigueur par ordonnance les deux projets de loi de finances et de loi portant programme d'investissement public.

La question de droit tranchée par la Cour est celle-ci : la loi de finances entre-t-elle dans la catégorie des documents qu'on peut dire d'"*application du programme*" du Gouvernement ? La Cour répond par la négative. "*Les deux projets d'ordonnance (...) portent non sur l'exécution du programme du Gouvernement mais sur la loi de finances et la loi du Programme d'investissement public pour la gestion 2000*".

Les lois d'habilitation sont une vieille tradition républicaine. Les décrets-lois, avec ou sans loi de ratification, ont servi d'illustration à cette technique de législation déléguée. Le système anglais de la *delegated legislation* exprime la même démarche sous le double contrôle du parlement et du juge.

Les préoccupations sous-jacentes à la législation déléguée peuvent être nombreuses : éviter des débats parlementaires qui peuvent conduire à une motion de censure et la chute du gouvernement, traiter en cercle plus restreint des dossiers très techniques, désengorger le parlement, etc.

L'inconvénient majeur de la législation déléguée est qu'elle prive le parlement de sa fonction et de sa raison d'être : voter les lois et consentir l'impôt. Quand on sait que la naissance de l'institution parlementaire, contrepoids au pouvoir du monarque, a pris le chemin historique du consentement à l'impôt, on mesure la réticence de la juridiction constitutionnelle à conférer au Gouvernement le pouvoir de légiférer par ordonnance sur une matière qui concerne les ressources et les charges de l'Etat, la contribution de chacun aux charges communes, l'impôt.

Cet argument de la préservation des pouvoirs financiers du parlement a été plus fort que la lecture de l'article 102 sur l'exécution du programme du Gouvernement. Car, si le raisonnement porte sur l'exécution du programme du Gouvernement, la loi de finances et le programme d'investissements publics sont, par excellence et par essence des instruments d'application du programme du gouvernement. La loi de finances n'est-t-elle pas l'expression financière du programme d'action de tout Gouvernement ? C'est d'ailleurs ce qui explique qu'en cas d'alternance politique au sommet, l'une des premières actions des nouvelles majorités politiques est d'élaborer une loi de finances rectificative qui modifie les engagements financiers de l'Etat, conformément au projet politique des nouveaux élus. En d'autres termes, la loi de finances fait logiquement partie du programme du gouvernement. Plus exactement, elle met en œuvre ce programme. Cependant, il est peu démocratique de dessaisir le parlement d'une compétence aussi consubstantielle que le consentement à l'impôt ; même si la validation législative restitue le parlement dans ses pouvoirs en matière financière. La Cour, au lieu de l'efficacité de l'action publique, a choisi de privilégier la défense des principes fondateurs de la république.

III : Les ordonnances de l'article 110

Au terme de l'article 110 de la constitution, "*l'Assemblée Nationale vote le budget en équilibre. Si l'Assemblée Nationale ne s'est pas prononcée, à la date du 31 décembre, les dispositions du projet de loi de finances peuvent être mises en vigueur par ordonnance. Le Gouvernement saisit, pour ratification, l'Assemblée Nationale convoquée en session extraordinaire dans un délai de quinze jours. Si l'Assemblée Nationale n'a pas voté le budget à la fin de cette session extraordinaire le budget est établi définitivement par ordonnance.*"

Le Gouvernement invoque cet article pour retirer un texte déjà en cours d'examen par les parlementaires et le mettre en vigueur par ordonnance. La version finale de l'ordonnance reprend certains amendements parlementaires. Saisie par une requête, la Cour doit répondre à la question de droit suivante : le texte d'une ordonnance de l'article 110 doit-il être celui du projet de loi transmis par décret du Gouvernement ou celui en cours d'examen au parlement et donc ayant subi des modifications suite aux amendements des parlementaires ? La

Cour juge que "*le projet de loi de finances pouvant être mis en vigueur par ordonnance doit s'entendre comme du projet de loi de finances tel qu'il a été conformément aux dispositions de l'article 105 alinéa 2, délibéré en conseil des ministres, puis déposé au bureau de l'Assemblée nationale*" (Décision DCC 00-072 du 17 novembre 2000, Houetognankou Jude, Recueil 2000, p.267). La Cour conclut que l'ordonnance n° 2000-001 du 2 janvier 2000 portant loi de finances pour la gestion 2000 est contraire à la constitution.

Le petit *obiter dictum* qui dit que le "*projet de loi de finances tel qu'il a été, conformément aux dispositions de l'article 105 alinéa 2, délibéré...*", semble suggérer que les projets de lois de finances doivent subir aussi la formalité de l'avis de la Cour suprême tel que prescrit par l'article 105.2, alors que la Décision Dossou-Gbété affirme plutôt que "*le projet de loi de finances n'entre pas dans la catégorie des projets de loi visés par l'article 105 de la constitution*" (Décision DCC98-008 du 14 janvier 1998, Dossou-Gbété Maximin, Recueil 1998, p.41).

De l'invalidation de l'ordonnance n° 2000-001 du 2 janvier 2000 portant loi de finances pour la gestion 2000, la Cour tire une série de conséquences. Elle juge que l'ordonnance portant loi de finances étant contraire à la constitution, la loi de validation est, elle-même, contraire à la constitution (Décision DCC 00-072 du 17 novembre 2000, Houetognankou Jude, Recueil 2000, p.267) ; que les "*ressources de financement du Programme d'investissement public (PIP) sont inscrites au budget national*" donc dans la loi de finances, l'invalidation de celle-ci emporte de droit l'invalidation de la loi portant Programme d'investissement public (Décision DCC 00-74 du 6 décembre 2000, Président de la République, Recueil 2000, p. 275) ; et que la loi de finances rectificative d'une loi de finances invalidée par la Cour est, elle aussi, contraire à la constitution (Décision DCC 00-075 du 6 décembre 2000, Président de la République, Recueil 2000 p. 277).

Une inconstitutionnalité en cascade dont les effets pratiques sont difficiles à cerner. Les textes financiers déclarés contraires à la constitution ont déjà servi de fondement juridique à des opérations de dépenses et de recettes sur plusieurs mois. Il ne restait plus qu'à les valider *ex post* dans la loi de règlement.

Mais le gouvernement choisit purement et simplement d'ignorer la décision de la Cour. Aucune nouvelle loi de finances n'a été présentée et adoptée au parlement en remplacement de la loi de finances déclarée contraire à la constitution. Le comble a été que la loi n° 2005-39 du 5 décembre 2005 portant loi de règlement définitif du budget de l'Etat, gestion 2000 a été votée par l'Assemblée nationale pour cloturer l'exécution de la loi de finances gestion 2000 précédemment jugée contraire à la constitution (H. A. O. AFFOUKOU, *Le contrôle de constitutionnalité de la loi de finances au Bénin*, Mémoire de DEA, Droit public fondamental, FADESP, Université d'Abomey-Calavi, 2011-2012, p. 102).

11

Décision DCC 10-144 du 14 décembre 2010,
Raphaël Akotègnon
Recueil 2010, volume 2, p.784

L'autonomie financière des institutions constitutionnelles

La Cour Constitutionnelle,

Saisie d'une requête du 11 novembre 2010 enregistrée à son Secrétariat le 12 novembre 2010 sous le numéro 2014/193/REC, par laquelle Monsieur Raphaël AKOTEGNON, Député à l'Assemblée Nationale, défère à la censure de la Haute Juridiction le projet de loi de finances exercice 2011 et le décret de transmission dudit projet à l'Assemblée Nationale ;
Saisie d'une autre requête du 1er décembre 2010 enregistrée à son Secrétariat à la même date sous le numéro 034-C/208/REC, par laquelle le Président de la République soulève l'inconstitutionnalité du Budget de l'Assemblée Nationale gestion 2011 voté le 23 septembre 2010 ;

VU la Constitution du 11 décembre 1990 ;
VU la Loi n° 91-009 du 04 mars 1991 portant Loi Organique sur la Cour Constitutionnelle modifiée par la Loi du 31 mai 2001 ;
VU le Règlement Intérieur de la Cour Constitutionnelle ;
Ensemble les pièces du dossier ;
Ouï Monsieur Zimé Yérima KORA-YAROU en son rapport ;
Après en avoir délibéré,

CONTENU DES RECOURS

Considérant que Monsieur Raphaël AKOTEGNON expose : « …L'adoption par le Conseil des Ministres du projet de loi de finances 2011, ledit projet de loi de finances lui-même, et le décret portant transmission de ce projet de loi, violent…, ensemble le principe de la séparation des pouvoirs consacré par la Loi n° 90-32 du 11 décembre 1990 portant Constitution de la République du Bénin et les dispositions des articles 141, 144 et 150 du Règlement Intérieur de l'Assemblée Nationale, et sont par conséquent contraires à la Constitution… La loi n° 90-32 du 11 décembre 1990, portant Constitution de la République du Bénin, consacre le principe de la séparation des pouvoirs exécutif et législatif… La traduction de ce principe se trouve notamment dans les dispositions du

Règlement Intérieur de l'Assemblée Nationale, qui font corps avec la Constitution, et prévoient que :
''...l'Assemblée Nationale jouit de l'autonomie financière et établit son budget... '' (Art 141)
'' ... l'Assemblée Nationale établit son budget prévisionnel et le transmet au ministre chargé des finances pour intégration au projet de budget de l'Etat... '' (Art 144)
''... le projet de budget de l'Assemblée Nationale est présenté... devant l'Assemblée plénière qui en délibère et arrête le projet définitivement à inclure au projet de loi de finances... '' (Art 150)... Suivant en cela les dispositions... du Règlement Intérieur qui régissent la confection du budget du parlement, pour l'exercice 2011,

- Un avant-projet de budget de l'Assemblée Nationale a été élaboré par les Questeurs, de concert avec les membres du Bureau ;
- La Commission permanente chargée des Finances à l'Assemblée Nationale a étudié ledit avant-projet du budget et a proposé diverses modifications qui ont été présentées en assemblée plénière ;

- Après avoir délibéré sur l'avant-projet de budget soumis à la Commission de finances et les modifications proposées par cette dernière, l'assemblée plénière a arrêté un projet de budget qui s'établit à 11 283 millions de francs CFA » ; qu'il affirme : « ... le projet de budget de l'Assemblée Nationale au titre de l'exercice 2011, tel qu'il a été définitivement arrêté par les députés, a été transmis au Ministre de l'Economie et des Finances, pour son intégration au projet de budget de l'Etat... Sur proposition du Ministre de l'Economie et des Finances, le Conseil des Ministres, réuni en séance extraordinaire le 05 octobre 2010, a délibéré et adopté un projet de loi de finances pour la gestion 2011... Ce projet de loi de finances a été transmis à l'Assemblée Nationale par décret n° 2010-415 pris par le Président de la République en date du 13 octobre 2010. » ; qu'il soutient : « ...Il ressort de l'examen du projet de loi de finances gestion 2011, tel que transmis à l'Assemblée Nationale aux termes du décret susvisé, que le montant du budget de l'Assemblée Nationale qui s'y trouve incorporé (10 104 millions de francs CFA) est différent du montant du budget de cette institution (11 283 millions de francs CFA), tel qu'il fut arrêté à l'unanimité par les députés, réunis en assemblée plénière le 23 septembre 2010, pour être intégré au projet de loi de finances gestion 2011 et transmis à cette fin au Ministre de l'Economie et des Finances par courrier en date du 27 septembre 2010... En adoptant, lors de sa séance extraordinaire du 05 octobre 2010, un projet de loi de finances gestion 2011, auquel a été intégré un projet de budget de l'Assemblée Nationale différent de celui que cette institution a arrêté, le Conseil des Ministres a nécessairement violé le principe de la séparation des pouvoirs exécutif et législatif consacré par la Constitution et mis en œuvre par les dispositions des articles 141, 144 et 150 du Règlement Intérieur de l'Assemblée Nationale qui fait corps avec la Constitution » ; qu'il conclut : « Le projet de loi de finances gestion 2011, tel que délibéré en Conseil des Ministres, est, dès lors, contraire à la Constitution, en ce qu'il matérialise la violation susvisée du principe de la séparation des pouvoirs… Le décret n° 2010-415 du 13 novembre 2010 portant transmission à l'Assemblée Nationale du projet de loi de finances exercice 2011, qui forme un tout indissociable avec le projet de loi de finances qu'il transmet, est, dès lors, encore contraire à la Constitution, en ce qu'il véhicule la violation précitée » ;

Considérant que le Président de la République affirme quant à lui : « En application des dispositions des articles 143 et 144 de son règlement intérieur, l'Assemblée Nationale a voté, le 23 septembre 2010, son budget gestion 2011 qu'elle a transmis à l'Exécutif pour intégration au projet de budget général de l'Etat gestion 2011

Il convient de préciser que ledit budget a pris en compte l'accroissement du nombre de députés décidé par l'Assemblée Nationale à l'occasion du vote, le 24 août 2010, de la loi n°2010-35 portant règles particulières pour l'élection des membres de l'Assemblée Nationale, loi déclarée contraire à la Constitution suivant la Décision DCC 10-117 du 08 septembre 2010.

Le Gouvernement en ce qui le concerne s'est abstenu d'intégrer, en l'état, le budget du Parlement au projet de budget général de l'Etat gestion 2011, motif pris de la violation de l'autorité de la chose jugée attachée à la décision de la Cour Constitutionnelle sus-citée.

Il n'en a pas fallu davantage pour que la Représentation nationale refuse d'examiner le budget général de l'Etat gestion 2011 qui lui a été transmis par le Gouvernement.

Pour éviter l'impasse qu'une telle situation pourrait créer, le Gouvernement a intérêt à voir censurer le budget de l'Assemblée Nationale voté par le Parlement le 23 septembre 2010 en violation de la Constitution. » ; qu'il soutient : « …

Aux termes des dispositions de l'article 124 alinéa 3 de la Constitution, les décisions de la Cour Constitutionnelle '*'s'imposent aux pouvoirs publics et à toutes les autorités civiles, militaires et juridictionnelles.* ''

En conséquence, lorsque la Cour Constitutionnelle a examiné une loi puis l'a déclarée contraire à la Constitution, l'on ne saurait envisager son application.

Or, le 23 septembre 2010, à la faveur de l'adoption de son budget, le Parlement a inscrit des crédits supplémentaires en tenant compte de l'accroissement du nombre de députés porté de quatre vingt trois (83) à quatre vingt dix neuf (99) dans la loi n° 2010-35 portant règles particulières pour l'élection des membres de l'Assemblée Nationale que la Cour Constitutionnelle avait pourtant déclarée contraire à l'article 107 de la Constitution le 08 septembre 2010. Il s'agit là d'une mise en exécution déguisée d'une loi déclarée non conforme à la Constitution par la Cour Constitutionnelle.

Le document ainsi adopté par les députés, en l'occurrence le budget de l'Assemblée Nationale est un acte législatif et de ce fait, doit être conforme aux lois de la République, en l'espèce à la Constitution, la loi suprême.

Mieux, ce budget concourt directement à l'élaboration de la loi de finances en tant qu'il doit être intégré au projet de budget général de l'Etat, gestion 2011. Par conséquent, il est soumis au contrôle de la Cour Constitutionnelle.
C'est donc à bon droit que le Gouvernement requiert qu'il soit déclaré contraire à la Constitution pour avoir été élaboré au mépris de la Décision DCC 10-117 du 08 septembre 2010 qui, en vertu de l'article 124 alinéa 3 de la Constitution, s'impose à l'Assemblée Nationale » ;

Considérant qu'il développe par ailleurs : « ...Dans le préambule de la loi n°90-32 du 11 décembre 1990 portant Constitution de la République du Bénin, le peuple béninois a réaffirmé son ''opposition fondamentale à tout régime politique fondé sur l'arbitraire, la dictature, l'injustice...''
L'arbitraire s'entend d'un acte qui dépend de la seule volonté, du libre choix de son auteur et non de l'observation d'une loi, d'une règle acceptée par tous.
En subordonnant l'examen du projet de budget général de l'Etat gestion 2011 à l'intégration préalable du budget voté par l'Assemblée Nationale et ce, totalement en marge de la loi, le Parlement béninois impose au Gouvernement de mettre en œuvre un acte manifestement illégal.
Une telle exigence est un comportement qui participe de l'arbitraire proscrit par la Constitution et mérite d'être censurée par la Haute Cour. » ;

INSTRUCTION DES RECOURS

Considérant qu'en réponse aux mesures d'instruction de la Cour, Monsieur André DASSOUNDO, Premier Vice Président de l'Assemblée Nationale, affirme : « Dans le cadre de l'élaboration du budget de l'Assemblée Nationale, gestion 2011, la commission technique a préparé deux (02) avant-projets de budget : un dans l'hypothèse de quatre vingt trois (83) députés et un autre dans l'hypothèse de quatre vingt dix neuf (99) députés en raison du fait que la Loi n° 2010-35 portant règles particulières pour l'élection des membres de l'Assemblée Nationale était en étude à la Cour Constitutionnelle.

Les deux avant-projets ont été soumis à l'appréciation de la commission budgétaire qui a décidé d'étudier et de présenter à la plénière, la version relative à quatre vingt dix neuf (99) députés. C'est cette version qui a été adoptée en séance plénière le 23 septembre 2010 pour un montant de onze milliards deux cent quatre-vingt trois millions cent soixante deux mille cinq cent trente trois (11 283 162 533) francs CFA. C'est ce budget voté qui a été transmis au Président de la République conformément aux dispositions des articles 144 et 145 du Règlement Intérieur de l'Assemblée Nationale qui disposent respectivement que : ''... *l'Assemblée Nationale établit son budget prévisionnel et le transmet au ministre chargé des finances pour intégration au projet de budget de l'Etat''*.

''...Le budget de l'Assemblée Nationale fait partie intégrante du budget de l'Etat voté annuellement conformément aux dispositions de la loi organique relative aux Lois de finances... ''.
Il s'ensuit que ledit budget n'a pas respecté les termes de la lettre de cadrage n° 466/PR/CAB/SP du 14 août 2010 qui a attribué à l'Assemblée Nationale, une enveloppe de huit milliards huit cent vingt huit millions cent soixante quinze mille (8 828 175 000) francs CFA.
Le non respect de la lettre de cadrage s'explique par deux raisons fondamentales :

1- Le projet de budget de l'Assemblée Nationale, gestion 2011 a tenu compte des quatre vingt dix neuf (99) députés prévus dans la loi n° 2010-35 portant règles particulières pour l'élection des membres de l'Assemblée Nationale ;

2- Le budget de l'Assemblée Nationale, gestion 2011 étant un budget de transition entre deux législatures, il prend généralement en compte certaines charges non compressives et non reconductibles tels que le sevrage des députés non réélus et des agents contractuels dont les contrats sont arrivés à terme, l'achat de véhicules de fonction pour les membres de la Conférence des Présidents de la nouvelle législature...etc. Même si le nombre de députés de la prochaine législature est maintenu à quatre vingt trois (83), le budget 2011 sera d'environ dix milliards (10 000 000 000) de francs CFA » ;

Considérant que le Ministre de l'Economie et des Finances quant à lui écrit : « ... Le 14 août 2010, le Président de la République par lettre... a saisi le Président de l'Assemblée Nationale sur le contexte général dans lequel se déroulent les travaux d'élaboration du Budget de l'Etat 2011, la date limite de transmission à mes services et le Cadre de Dépenses à Moyen Terme (CDMT) 2011-2013 du projet de budget de son Institution.
Le 27 septembre 2010 soit plus de 30 jours après le délai fixé, mes services ont réceptionné le projet de budget 2011 de l'Assemblée Nationale qui porte sur un montant de 11 283, 162 millions de francs CFA au lieu de 8 828, 175 millions de francs CFA fixé dans le CDMT. Les motifs de cet accroissement évoqués dans la lettre de transmission de ce projet de budget sont notamment la prise en compte de l'augmentation à 99 de l'effectif des députés de la prochaine législature et l'incidence financière liée à la fin de la législature actuelle.
Par rapport aux contraintes de ressources limitées qu'offre le cadrage budgétaire 2011-2013 convenu avec les Partenaires Techniques et Financiers lors de la dernière mission du FMI au Bénin, mes services, à partir de l'enveloppe affectée dans l'avant projet de budget général 2011 aux charges non réparties, ont retenu un montant de 10 103, 904 millions de F CFA qui prend en compte l'intégralité de l'incidence financière de la fin de la législature actuelle. Ce montant correspond à celui contenu dans une lettre du Président de l'Assemblée Nationale en réaction à la demande du Président de la République de reviser le

budget initial de l'Institution pour ne considérer que le montant prévu dans le Cadre de Dépenses à Moyen Terme.
Par ailleurs, il me paraît également important de porter à la connaissance de la Cour que contrairement au montant de 12 283 millions de F CFA objet du recours du député Raphaël AKOTEGNON, le montant du budget transmis par les services de la questure de l'Assemblée Nationale, porte sur un montant de 11 283 millions de F CFA.

ANALYSE DES RECOURS

Considérant que les deux requêtes portent sur le même objet et tendent aux mêmes fins ; qu'il y a lieu de les joindre pour y être statué par une seule et même décision ;

Considérant qu'il ressort des éléments du dossier que dans le cadre de l'élaboration du budget général de l'Etat gestion 2011, le Ministre des finances a adressé à chaque ministère et institution une lettre de cadrage qui est un document d'orientation de l'économie nationale indiquant, compte tenu des ressources disponibles, le cadre dans lequel les dépenses doivent évoluer, le plafond que les ministères et institutions de l'Etat ne peuvent pas dépasser ; qu'ainsi, la lettre de cadrage a imposé à l'Assemblée Nationale un plafond de 8 828 175 000 francs CFA ; que l'Assemblée Nationale, en élaborant son projet de budget, s'est fondée sur l'augmentation du nombre de députés de 83 à 99 et a adopté un budget qui s'élève à 11 283 162 533 francs CFA ; que le Gouvernement, par rapport aux contraintes de ressources limitées qu'offre le cadrage budgétaire 2011-2013 et se fondant sur la Décision DCC 10-117 du 8 septembre 2010 de la Cour Constitutionnelle, a ramené ledit budget à la somme de 10 103 904 000 francs CFA, pour se conformer au nombre actuel de 83 députés ; que lors de sa séance extraordinaire du 5 octobre 2010, le Conseil des Ministres a adopté un projet de loi de finances gestion 2011, auquel a été intégré un projet de budget de l'Assemblée Nationale différent de celui qu'elle a voté ; que le requérant Raphaël AKOTEGNON affirme que ce faisant, « le Conseil des Ministres a nécessairement violé le principe de la séparation des pouvoirs exécutif et législatif consacré par la Constitution et mis en œuvre par les dispositions des articles 141, 144 et 150 du Règlement Intérieur de l'Assemblée Nationale qui fait corps avec la Constitution » ; que l'Assemblée Nationale refuse de voter le budget général de l'Etat tant que n'y sera pas intégré son budget initial ; que le Président de la République, quant à lui, demande de censurer ce refus et de déclarer contraire à la Constitution le projet de budget voté par l'Assemblée Nationale le 23 septembre 2010 au mépris de la Décision DCC 10-117 du 08 septembre 2010 ;

Considérant que l'article 109 de la Constitution énonce : « *L'Assemblée Nationale vote le projet de loi de finances dans les conditions déterminées par*

la loi... » ; qu'aux termes des articles 141, 144 et 150 du Règlement Intérieur de l'Assemblée Nationale : *« L'Assemblée Nationale jouit de l'autonomie financière et établit son budget » ;*
« L'Assemblée Nationale établit son budget prévisionnel et le transmet au Ministre des finances pour intégration au projet de budget de l'Etat » ;
« Le Président de l'Assemblée Nationale fait étudier l'avant-projet du budget par la Commission permanente chargée des finances.
En tenant compte des modifications proposées par cette commission permanente, le Président de l'Assemblée présente le projet de budget devant l'Assemblée plénière qui en délibère et en arrête le projet définitivement à inclure au projet de loi de finances » ; que de l'application combinée de ces dispositions, il résulte que le budget de l'Assemblée Nationale ne peut être intégré au projet de budget de l'Etat qu'après avoir été adopté en plénière par le Parlement ; que n'ayant pas soumis à l'Assemblée Nationale le budget qu'il a réaménagé en l'invitant à se conformer elle-même à la décision de la Cour Constitutionnelle, le Gouvernement a méconnu les dispositions précitées ;

Considérant que l'autonomie financière prévue à l'article 141 sus-cité ne saurait se confondre avec un budget autonome entendu comme « budget ou état de prévision distinct de la loi de finances de l'Etat qui englobe les dépenses et les recettes des services dotés de la personnalité morale, et donc *juridiquement distincts de l'Etat* » (cf Gérard CORNU, Vocabulaire juridique, Paris PUF 2009, page 124) ; que « pour être complète, l'autonomie financière suppose *l'existence de ressources propres* à la collectivité dont s'agit » (cf Raymond GUILLIEN et Jean VINCENT : Lexique des termes juridiques, Dalloz Paris, 2005, page 64) ; qu'il s'ensuit que seuls les démembrements de l'Etat que sont les collectivités locales, et les organismes publics pouvant disposer de ressources propres en quantité suffisante pour exercer sans difficultés financières majeures les compétences qui leur sont dévolues, bénéficient réellement de l'autonomie financière, (cf Pierre LALUMIERE, Les Finances Publiques, Armand COLIN Paris, 1971, page 137) ;

Considérant qu'en outre, les articles 54 alinéa 1er de la Constitution, 1er alinéa 1, 5 alinéa 2 de la Loi Organique n° 86-021 du 26 septembre 1986 relative aux Lois de Finances et 153 du Règlement Intérieur de l'Assemblée Nationale disposent respectivement : « *Le Président de la République est le détenteur du pouvoir exécutif. Il est le chef du Gouvernement, et à ce titre, il détermine et conduit la politique de la Nation... » ; « Les lois de finances déterminent la nature, le montant et l'affectation des ressources et des charges de l'Etat, compte tenu d'un équilibre économique et financier qu'elles définissent » ; « La loi de finances évalue, sur la base du projet gouvernemental, le rendement des impôts dont le produit est pris en compte dans le budget de l'Etat » ; « Le budget de l'Assemblée Nationale s'exécute essentiellement en dépenses, lesquelles comprennent :*

- *Les dépenses de fonctionnement incluant les indemnités parlementaires, le traitement du personnel d'appui et les dépenses du matériel* ;
- *Les dépenses d'équipement socio-administratif* » ; qu'ainsi, le budget de l'Assemblée Nationale, ne comportant aucun élément de ressources, ne saurait techniquement conférer à ladite Assemblée l'autonomie financière qui, en Droit des Finances Publiques, s'analyse comme la « situation d'une collectivité ou d'un organisme disposant d'un pouvoir propre de gestion de ses *recettes* et de ses dépenses, regroupées en un budget ou dans un document équivalent... » (cf Lexique des Termes Juridiques, op.cit.) ; que, dès lors, l'expression ''autonomie financière'' utilisée dans le Règlement Intérieur de l'Assemblée Nationale doit en réalité s'analyser comme une *autonomie de gestion* de ses dépenses à partir d'un budget propre, préparé par elle, voté par sa plénière, dans le strict respect de l'équilibre économique et financier de la Nation, et ce, conformément à l'article 54 de la Constitution, avant d'être intégré dans le budget général de l'Etat ;
Considérant qu'il est établi que le budget de l'Assemblée Nationale a été élaboré sur la base de l'augmentation du nombre de députés de 83 à 99 ; que la Cour Constitutionnelle, dans sa Décision DCC 10-117 du 08 septembre 2010, avait déclaré cette augmentation contraire à la Constitution ; que les députés, en adoptant un budget sur la base des 99 députés au mépris de la Décision DCC 10-117 précitée, ont méconnu l'article 124 de la Constitution aux termes duquel : « *Une disposition déclarée inconstitutionnelle ne peut être promulguée ni mise en application. Les décisions de la Cour Constitutionnelle ne sont susceptibles d'aucun recours. Elles s'imposent aux pouvoirs publics et à toutes les autorités civiles, militaires et juridictionnelles* » ; que, dès lors, le budget de l'Assemblée Nationale voté le 23 septembre 2010 est intervenu en violation de l'article 124 de la Constitution ;

Considérant que les députés, en subordonnant le vote du budget général de l'Etat gestion 2011 à l'intégration préalable de leur budget initial voté le 23 septembre 2010, refusent d'exercer l'une de leurs prérogatives essentielles telle qu'elle découle des articles 109 et 110 de la Constitution ; qu'un tel comportement viole l'article 35 de la Constitution aux termes duquel : « *Les citoyens chargés d'une fonction publique ou élus à une fonction politique ont le devoir de l'accomplir avec conscience, compétence, probité, dévouement et loyauté dans l'intérêt et le respect du bien commun » ;*

DECIDE :

Article 1er.- Le Gouvernement a méconnu les dispositions des articles 144 et 150 du Règlement Intérieur de l'Assemblée Nationale.
Article 2.- Le budget de l'Assemblée Nationale gestion 2011 voté par l'Assemblée Nationale le 23 septembre 2010 est contraire à la Constitution.

Article 3.-Les députés ont violé l'article 35 de la Constitution.
Article 4.- La présente décision sera notifiée à Monsieur Raphaël AKOTEGNON, à Monsieur le Président de la République, à Monsieur le Président de l'Assemblée Nationale et publiée au Journal Officiel.

Ont siégé à Cotonou, le quatorze décembre deux mille dix

Monsieur	Robert S. M. DOSSOU	Président
Madame	Marcelline-C. GBEHA AFOUDA	Vice Présidente
Messieurs	Bernard Dossou DEGBOE	Membre
	Théodore HOLO	Membre
	Zimé Yérima KORA-YAROU	Membre
Madame	Clémence YIMBERE DANSOU	Membre
Monsieur	Jacob ZINSOUNON	Membre

Le Rapporteur, Le Président,

Zimé Yérima KORA-YAROU Robert S. M. DOSSOU

OBSERVATIONS

I : L'autonomie financière, une formule "caoutchouc"

Le terme autonomie, pris *ut singuli,* fait partie, selon André de LAUBADERE, "*des mots dont le sens est relativement équivoque et en tout cas de contenu imprécis*" (A. de LAUBADERE, "La loi d'orientation de l'enseignement supérieur et l'autonomie des universités", *A.J.D.A.* 1969, p.8) De façon spécifique, l'autonomie financière, lorsqu'on l'évoque, donne "*l'impression de s'aventurer dans les sables mouvants ou d'utiliser une formule caoutchouc*" (J.-C. MAITROT, *Recherches sur la notion d'autonomie financière en droit public*, Thèse, Paris I , 1972 , p. 119).

La difficulté paraît ainsi bien réelle et découle *prima facie* de ce que l'étude de l'autonomie financière est transversale et concerne plusieurs disciplines juridiques. Elle s'applique tout à la fois aux collectivités territoriales, aux établissements publics, aux entreprises publiques, aux services personnalisés des organismes dépourvus de la personnalité morale, aux assemblées parlementaires. L'étendue du champ d'étude ne dispense cependant pas d'un exercice de synthèse.

D'abord, abordée sous l'angle de *l'autonomie fiscale*, la notion d'autonomie financière se ramène à la faculté de décision dont jouissent certaines personnes publiques s'agissant de la détermination et du recouvrement de leurs recettes.

L'autonomie financière peut ensuite être perçue sous l'angle de l'autonomie budgétaire, dès lors qu'on complète l'autonomie fiscale par le second volet des finances : les dépenses. Selon que cette autonomie budgétaire est accompagnée ou non de la personnalité morale, les caractérisations doctrinales varient. Dans la première hypothèse, celle du défaut de personnalité morale, les auteurs préfèrent les termes d'"*individualité financière*" (R. BONNARD, *Précis de droit public*, Paris, Sirey, 1939, p. 340) ou de "*personnalité financière*" (J. MOREAU, *Etude sur le régime financier des services industriels de l'Etat en France*, Thèse, Paris, 1937, pp. 19-21), expressions d'un simple mécanisme administratif dont la finalité est de pouvoir séparer et apprécier de façon immédiate les résultats d'une gestion. En ce sens, la technique du budget annexe constitue une illustration parfaite. Dans la seconde hypothèse, l'autonomie budgétaire s'affirme au moyen d'un budget autonome par identification et séparation de deux personnes juridiques et de deux patrimoines. Gaston JEZE exprime ainsi cette option : "*l'affectation de recettes à l'ensemble des dépenses d'un service public, affectation générale et permanente, affectation accompagnée de séparation d'un patrimoine général.*" (G. JEZE, *Les principes généraux du droit administratif*, Paris, Giard & Brière, 1909, p.27).

L'autonomie fiscale et l'autonomie budgétaire n'épuisent cependant pas le domaine de l'autonomie financière. La comptabilité publique entendue comme l'ensemble des règles juridiques et techniques applicables à l'exécution, à la description et au contrôle des opérations financières des organismes publics constitue le niveau trois d'intensité de l'autonomie financière.

Au total, l'autonomie financière ne se définit pas, mais elle se mesure en tenant compte des différents degrés d'autonomie conférée à un organisme de droit public. En droit comparé, l'autonomie financière est un principe inscrit dans les dispositions constitutionnelles au Gabon (Article 46, Constitution du Gabon), au Burkina Faso (Article 93, Constitution du Burkina Faso) alors que la jurisprudence constitutionnelle française en a aussi fait un principe à valeur constitutionnelle (Conseil constitutionnel, 2001-448 DC du 25 Juillet 2001, Loi organique relative aux lois de finances, Recueil p.99), se rattachant à la séparation des pouvoirs.

Cette séparation des pouvoirs va cependant donner lieu à deux grandes écoles en matière d'autonomie financière des assemblées parlementaires : l'école de l'autonomie souveraine et l'école de l'autonomie relative

II : L'autonomie financière souveraine des assemblées parlementaires

L'autonomie financière des assemblées parlementaires était énoncée par Eugène PIERRE, à la fin du 19e siècle : "*L'indépendance des Chambres exige que chacune d'elles ait son budget propre, préparé par elle seule, voté souverainement et définitivement apuré par elle, sans aucune immixtion ni du ministère des finances, ni de la Cour des comptes*" (E. PIERRE et J. POUDRA, *Traité pratique de droit parlementaire*, Cerf et fils/J. Baudry, Paris, 1875-1880, p. 1171, n°1177). L'autonomie financière des assemblées se décline ainsi en un pouvoir de décision autonome sur la fixation des ressources et la sélection des charges mais aussi un pouvoir d'organisation et de sanction autonome en matière d'exécution et de contrôle des finances parlementaires. Cette conception du droit financier parlementaire découle, selon ses défenseurs, de la notion de séparation des pouvoirs. Elle s'est imposée en France comme une tradition qui fait du budget du parlement (Assemblée nationale et Sénat) un document souverain, qui échappe aux arbitrages budgétaires du Gouvernement mais aussi à la juridiction de la Cour des comptes française. Le parlement français détermine par lui-même ses charges, les exécute souverainement selon son propre code des marchés publics et apure ses comptes sans implication de la juridiction financière. (V. DUSSART, *L'autonomie financière des pouvoirs publics constitutionnels*, Paris, CNRS Editions, 2000). Le budget du parlement, une fois voté par les assemblées, est transmis *pour ordre* au Ministre des finances pour insertion dans la loi de finances de l'Etat.

En droit comparé africain, saisie d'un recours en appréciation de constitutionnalité, la Cour constitutionnelle du Gabon donna une interprétation encore plus audacieuse que le droit français de la question de l'autonomie financière des assemblées parlementaires. Cette autonomie suppose, selon la Haute juridiction gabonaise, "*que chacune (des) chambres dispose d'un budget spécial distinct du budget général de l'Etat et qu'elle en assure souverainement l'exécution et le contrôle à travers ses propres organes internes*" (Cour constitutionnelle du Gabon, Décision n°2/CC du 17 mars 1999 *in* la *Revue du CERDIP*, vol.1, n°1, janv.-juin 2002, p. 157, obs. Jean Zech ONDOUA). Selon cette jurisprudence, l'autonomie couvre les aspects élaboration, exécution et contrôle du budget du parlement gabonais. L'autonomie financière du parlement gabonais se réalise au détriment et sur les cendres du principe de l'unité budgétaire.

C'est à cette forme d'autonomie que se réfère la requête du député Raphaël Akotègnon, qui affirme que le "*Conseil des ministres a adopté un projet de budget de l'Assemblée nationale différent de celui qu'elle a voté (...) que le Conseil des ministres a nécessairement violé le principe de séparation des pouvoirs exécutif et législatif*".

Sur la forme, la Cour donne raison au requérant sur la base d'une argumentation qui se ramène à ceci ; l'autonomie financière du parlement suppose un pouvoir de décision effectif. En toutes circonstances, le parlement doit pouvoir discuter et voter son budget. Procéder à une substitution de budget comme l'a fait le gouvernement est contraire au principe d'autonomie financière de la représentation nationale.

III : L'autonomie financière relative des assemblées parlementaires

La recherche du périmètre conceptuel de cette autonomie relative a conduit la Cour à faire de grandes digressions sur le terrain du droit administratif au lieu de s'accrocher au seul droit constitutionnel. Les auteurs cités (de façon insolite et incongrue dans le dispositif d'une décision juridictionnelle) ont évoqué la notion d'autonomie financière relativement aux collectivités territoriales et aux établissements publics, organes de la décentralisation technique ou territoriale. Or, la question de droit est de savoir si un pouvoir public constitutionnel peut jouir de l'autonomie financière, au sens où on l'entend en droits gabonais ou français. Elle est une question de droit constitutionnel et se doit d'être abordée sur le terrain des règles et principes constitutionnels.

L'école de l'autonomie financière souveraine est fondée sur la séparation des pouvoirs. Cette séparation des pouvoirs n'est, selon Georges VEDEL qu'un "*précepte d'art politique*," (G. VEDEL, *Manuel élémentaire de droit constitutionnel*, Paris, Dalloz, 2002, p. 157) dont la finalité est de réaliser le pouvoir modéré dont rêvait Montesquieu. Selon les traditions et les régimes politiques en vigueur, les pays de démocratie ancienne ont une réception de l'autonomie financière des assemblées qui est variable. En Irlande, le budget du parlement est directement établi par le Ministre des finances, tandis qu'aux Pays Bas, c'est le ministre des Affaires intérieures qui exécute les budgets parlementaires. D'une manière générale, dans presque tous ces pays occidentaux "*le Gouvernement peut limiter le montant de la dotation en raison de considérations budgétaires conjoncturelles*" (V. DUSSART, *L'autonomie financière des pouvoirs publics constitutionnels*, Paris, CNRS Editions, 2000, pp 175-176).

La séparation des pouvoirs, si elle est un principe de valeur constitutionnelle, doit pouvoir être conjuguée et articulée avec les autres principes constitutionnels. L'absolutisation d'un principe, comme le fait la requête du député Raphaël Akotègnon, est elle-même contraire à l'esprit de la constitution et aux valeurs républicaines. La constitution est un recueil de principes qui manquent de se neutraliser les uns les autres : le droit de grève, la continuité des services publics et la liberté d'entreprise, la propriété et le droit au logement, les libertés individuelles et l'ordre public, et surtout, en l'occurrence, l'autonomie financière et le principe de l'équilibre budgétaire ; enfin, l'autonomie financière et le principe de l'unité du budget, consigné dans la loi organique relative aux lois de finances et dont la juridiction constitutionnelle reconnaît qu'elle fait partie du bloc de constitutionnalité. La question juridique de fond est là.

Au demeurant, le principe de l'autonomie financière de l'Assemblée a un coût financier. De même que les droits-créances comme le droit à l'éducation ou le droit à la santé, l'autonomie financière est source de dépenses que le pouvoir exécutif, constitutionnellement chargé de la conduite de la politique de la nation et du respect des équilibres macro-financiers, doit pouvoir contrôler et encadrer. La tendance en droit comparé est dans ce sens et engage aussi bien le législateur que la juridiction constitutionnelle. Pour la Haute juridiction constitutionnelle italienne, "*la valeur constitutionnelle de l'équilibre financier, tirée de l'article 81 de la Constitution (···) représente un élément de la* pondération *d'ensemble des valeurs constitutionnelles opérée au sein du jugement de constitutionnalité des lois*" (Cour const. italienne, arrêt n° 260 du 23 mai 1990, cons. en droit n° 3, Giur. Cost. 1990, p. 1550). De même, la Cour constitutionnelle fédérale allemande estime que la réalisation des droits fondamentaux prévus et organisés par la constitution doit faire la part du "*possible*" c'est-à-dire "de ce que l'individu peut *raisonnablement* exiger de la société" (BVerfGE 33, 303, 333 ; 43, 291, 314, cité par D. RIBES, "L'incidence financière des décisions du juge constitutionnel" *in Cahiers du Conseil constitutionnel* n° 24/juillet 2008).

Enfin, le constituant sud-africain a pris soin d'établir un principe de réalité en matière financière. Selon les dispositions des articles 26 et 27 de la constitution d'Afrique du Sud, il appartient à l'Etat de "*prendre des mesures législatives et toute autre mesure raisonnable, compte tenu de ses ressources disponibles, pour mettre en œuvre la réalisation progressive*" des droits sociaux proclamés par le texte constitutionnel. Sur ce fondement, la Cour constitutionnelle sud-africaine exerce un *reasonnableness review* dans son arrêt *Grootboom* (Governement of Republic of South Africa v. Grootboom, 2001 (1) S.A. 46 (CC), § 38 à propos d'un programme d'urgence pour les sans-abris. Voir Philippe XAVIER, "Chronique Afrique du Sud", *Revue Française de Droit Constitutionnel*, 46-2001, p. 402) et établit ainsi le contrôle de la conciliation "*raisonnable*" entre effectivité minimale des droits sociaux constitutionnels et limitation des ressources publiques (M. WESSON, "Grootboom and beyond. Reassessing the socio-economic jurisprudence of the South African Constitutional Court", *South African Journal on Human Rights*, 20, 2004, p. 284)

La Haute juridiction constitutionnelle du Bénin s'inscrit dans cette logique. Elle a jugé dès 2001, s'agissant des indemnités parlementaires et autres avantages dus aux députés que "*la détermination de ces avantages doit, même dans le cadre d'une autonomie financière, tenir compte d'un minimum de concertation avec l'Exécutif...*" (Décision DCC 01-085 du 29 août 2001, Président de la République, Recueil 2001, p.343).

La méthode de la confrontation et de l'articulation des principes constitutionnels paraît bien plus judicieuse pour amener à la conclusion que les parlementaires béninois doivent respecter la lettre de cadrage du Gouvernement, lequel est constitutionnellement seul responsable de la détermination et de la conduite de la politique de la nation. Cette méthode permet de faire comprendre qu'en matière financière, les institutions constitutionnelles et les autorités administratives indépendantes, ne seront pas toujours ravies des dotations et même des décaissements faits en leur faveur (Décision DCC 15-006 du 15 janvier 2015, Noël Olivier KOKO, Recueil 2015, vol.1, p.225).

Enfin, la méthode de la confrontation des principes constitutionnels, de la recherche du juste équilibre entre l'affirmation de principes aux logiques contradictoires permet de développer une dynamique pédagogique à l'intention de tous ceux qui ont trop facilement tendance à fétichiser les droits et prérogatives consignés dans la constitution, de faire leur sort à tous les *ayatollahs* des droits qui ont tendance à vite oublier que la vie en société, c'est des droits mais aussi des devoirs comme l'indique d'ailleurs le Titre II de la constitution du 11 décembre 1990 : des droits et des devoirs de la personne humaine !

12

Décision DCC 01-021 du 16 mai 2001
Association des Parents d'Elèves du CEG de Gbégamey
Recueil 2001, p.99

L'impôt

La Cour Constitutionnelle,

Saisie de deux requêtes des 16 octobre et 26 novembre 1998 enregistrées à son Secrétariat aux mêmes dates respectivement sous les numéros 0127-C et 1809, par lesquelles l'Association des Parents d'Elèves du CEG de Gbégamey demande à la Haute Juridiction de déclarer contraires à la Constitution les arrêtés n° 0057/MENRSCAB/DC/SP du 25 septembre 1998 « portant Fixation des Taux des Contributions Scolaires dans les Lycées et Collèges d'Enseignement Secondaire Général Publics » et 039/MEN/CAB/DC du 02 décembre 1993 « portant Création, Attribution et Fonctionnement des Divers Conseils des établissements Publics et Privés d'Enseignement Secondaire » ;

Saisie également d'une lettre du 18 octobre 1998 enregistrée le 03 novembre 1998 sous le numéro 1680, par laquelle Monsieur Appolinaire D. TITO, sur le fondement de l'article 3 de la Constitution, forme un recours en inconstitutionnalité de l'Arrêté n°0057 suscité ;

Saisie enfin d'une requête du 02 novembre 1998 enregistrée le 09 novembre 1998 sous le numéro 1702, par laquelle Monsieur Anatole T. ALLADASSI demande à la Haute Instance de dire et juger que l'Arrêté n°0057 viole la Constitution ;

VU la Constitution du 11 décembre 1990 ;
VU la Loi n°91-009 du 04 mars 1991 portant Loi Organique sur la Cour Constitutionnelle modifiée par la Loi du 17 juin 1997;
VU le Règlement Intérieur de la Cour Constitutionnelle ;
Ensemble les pièces du dossier ;
Ouï le Professeur Alexis HOUNTONDJI en son rapport ;
Après en avoir délibéré,

Considérant que l'Association des Parents d'Elèves du CEG de Gbégamey représentée par son Président, Monsieur Nicolas AHOUANSOU AMANON, expose que : « l'Arrêté n°0057/MENRS/CAB/DC/SP du 25 septembre 1998 « portant Fixation des Taux des Contributions Scolaires dans les Lycées et Collèges d'Enseignement Secondaire Général Publics » , institue un ''quasi-impôt qui met à la disposition des responsables des établissements secondaires des ressources financières dont le contrôle de la gestion échappe aux citoyens en général et aux contribuables que sont les parents d'élèves en particulier ''; qu'il soutient que ledit arrêté dans son esprit et dans sa lettre viole l'article 98 de la Constitution ; qu'il affirme que l'Arrêté n°039/MEN/CAB/DC du 02 décembre 1993 « portant Création, Attribution et Fonctionnement des Divers Conseils des établissements Publics et Privés d'Enseignement Secondaire » est contraire à la Constitution en ce que la création des catégories d'établissements publics relève du domaine de la loi ;

Considérant que Monsieur Appolinaire D. TITO allègue que la révision à la hausse des droits d'écolage de 4 000F à 10.000 F est contraire à l'article 13 de la Constitution ;

Considérant que Monsieur Anatole T. ALLADASSI qualifie l'Arrêté n°0057 de « triste produit de sous-culture » et dénonce le « caractère ségrégatif, favoritiste et régionaliste qu'il développe à travers ses articles 3 et 4 et qui le rend tout à fait contraire à l'article 26 de la Constitution ; qu'il affirme que les contributions scolaires sont des impôts et que tous les impôts à prélever sont du domaine de la loi ; qu'il développe enfin que l'arrêté déféré entretient « le régionalisme à travers les taux disparates de ses impôts scolaires qui permettent de nous croire en Afrique du Sud du temps de l'Apartheid et qui font différencier nettement les Béninois de l'Est de ceux de l'Ouest, ou encore les originaires du Septentrion de ceux du Midi » ;

Considérant que toutes ces requêtes ont le même objet et tendent aux mêmes fins ; qu'il y a lieu de les joindre pour y être statué par une seule et même décision ;

En ce qui concerne la violation de l'article 98 de la Constitution :

Considérant que la Constitution en son article 98 dispose entre autres « *Sont du domaine de la loi les règles concernant : ...*

- *L'assiette, le taux et les modalités de recouvrement des impositions de toute nature ;...*
- *La création des catégories d'établissements publics ;...*

La loi détermine les principes fondamentaux :

- De l'enseignement et de la recherche scientifique ;... »

Considérant que l'un des requérants, citant les dictionnaires Larousse, Robert et Quillet assimile les contributions scolaires à un impôt ;

Considérant que le *Code général des impôts rattache le principe de l'impôt à la notion de bénéfice ou d'activité génératrice de revenus et n'inclut pas dans sa nomenclature les contributions scolaires ; que selon le Petit Robert, la contribution se définit comme étant : « la part que chacun donne pour une charge, une dépense commune » ;* que l'Etat, dans *l'impossibilité d'assurer pour le moment la gratuité de l'enseignement, demande aux citoyens une quote-part pour l'aider à faire face aux dépenses de fonctionnement des structures de formation ; que dans ces conditions, on ne saurait parler d'impôt* ; que, dès lors, le moyen tiré de la violation de l'article 98 est inopérant ;

(...)

Considérant qu'il résulte de tout ce qui précède que les articles 1er, 3 et 4 de l'Arrêté n° 0057, 1er, et 2 de l'Arrêté n° 039 ne sont pas contraires à la Constitution ;

DECIDE :

Article 1er.- L'Arrêté n° 039/MEN/CAB/DC du 02 décembre 1993 « portant création, attribution et fonctionnement des divers conseils des établissements publics et privés d'enseignement secondaire » et les articles 1er, 3 et 4 de l'Arrêté n°0057/MENRS/CAB/DC/SP du 25 septembre 1998 portant fixation des taux de contributions scolaires dans les Lycées et Collèges d'Enseignement Secondaire Général Publics ne sont pas contraires à la Constitution.

Article 2.- La présente décision sera notifiée à l'Association des Parents d'Elèves du CEG Gbégamey, à Messieurs Nicolas AHOUANSOU AMANON, Appolinaire D. TITO et Anatole T. ALLADASSI et publiée au Journal Officiel.

Ont siégé à Cotonou, les neuf février deux mille, neuf et seize mai deux mille un.

Madame	Conceptia D. OUINSOU	Président
Messieurs	Lucien SEBO	Vice-président
	Maurice GLELE AHANHANZO	Membre
	Alexis HOUNTONDJI	Membre
	Jacques D. MAYABA	Membre
	Clotilde MEDEGAN-NOUGBODE	Membre

Le Rapporteur — Le Président

Prof. Alexis HOUNTONDJI — Conceptia D. OUINSOU

Décision DCC 14- 020 du 11 février 2014

Serge Roberto PRINCE AGBODJAN
Recueil 2014, vol.1, p.223

La Cour Constitutionnelle,

Saisie d'une requête du 30 octobre 2008 enregistrée à son Secrétariat le 31 octobre 2008 sous le numéro 1924/144/REC, par laquelle Monsieur Serge Roberto PRINCE AGBODJAN, sur le fondement des articles 3 alinéa 2 et 114 de la Constitution, forme un recours en inconstitutionnalité de l'article 34 alinéa 3 du Code Général des Impôts (CGI) contenu dans la Loi n° 2006-24 portant Loi de Finances pour la gestion 2007 ;

VU la Constitution du 11 décembre 1990 ;
VU la Loi n° 91-009 du 04 mars 1991 portant loi organique sur la Cour Constitutionnelle modifiée par la Loi du 31 mai 2001 ;
VU le Règlement Intérieur de la Cour Constitutionnelle ;

Ensemble les pièces du dossier ;
Ouï Madame Lamatou NASSIROU en son rapport ;
Après en avoir délibéré,

CONTENU DU RECOURS

Considérant que le requérant expose : « ... En application des articles 99 et 107 de la Constitution du 11 décembre 1990, la loi de finances est votée par l'Assemblée Nationale et prévoit les recettes et les dépenses de l'Etat pour une année. Elle autorise la perception des recettes par l'Etat et doit être votée avant le début de l'année de référence.
Pour conforter les dispositions ci-dessus citées, la Constitution en vigueur en son article 96 dispose que : « l'Assemblée Nationale vote la loi et consent l'impôt » ; quant à l'article 98, il édicte que : « sont du domaine de la loi les règles concernant : ...l'assiette, le taux et les modalités du recouvrement des impositions de toute nature. » ; qu'il affirme : « La Constitution tout en édictant les articles précités a conditionné l'application d'une loi ou la disposition d'une loi à sa conformité à la Constitution. Ainsi, l'article 3 alinéa 2 de la Constitution du 11 décembre 1990 dispose que : " ... toute loi, tout texte réglementaire et tout acte administratif contraires aux dispositions de la Constitution sont nuls et non avenus... ".
Mais force est de constater que l'article 34 du Code Général des Impôts contenu dans la Loi n°2006-24 portant loi de finances pour la gestion 2007 est contraire aux articles 26 de la Constitution du 11 décembre 1990 et 3 de la Charte

Africaine des Droits de l'Homme et des Peuples en ce qu'il crée une inégalité des citoyens devant la loi et une discrimination entre les contribuables (Opérateurs Economiques) qui sont dans des régions où il existe des Banques ou Agences bancaires et ceux qui vivent dans les régions où on note une absence totale des Institutions bancaires. (Cas des contribuables de la Commune de Kérou, Banikoara, Nikki et autres…). » ;

Considérant qu'il allègue : « Si dans une jurisprudence du Conseil Constitutionnel français en date du 10 juillet 1985 (Cons. Const. déc, 10 juillet 1985 n° 191 DC), la Haute Juridiction a censuré une disposition qui pouvait donner lieu à deux interprétations en jugeant qu'en matière fiscale « la loi doit être suffisamment claire », il n'est pas aisé d'admettre l'article 34 du Code Général des Impôts adopté par la Loi n° 2006-24 portant loi de finances pour la gestion 2007 qui ne permet pas à certains citoyens du Bénin de pouvoir mettre en œuvre les dispositions de la loi qui exigent que « les charges de toute nature de montant supérieur ou égal à 100.000 francs, ne sont admises en déduction du bénéfice soumis à l'impôt que lorsqu'elles ont été payées par chèque ou virement bancaire ou postal.

Selon l'article 34 du Code Général des Impôts en son alinéa 3 : " …Les charges de toute nature de montant supérieur ou égal à 100.000 francs, ne sont admises en déduction du bénéfice soumis à l'impôt que lorsqu'elles ont été payées par chèque ou virement bancaire ou postal ".

Ainsi, l'article 34 du Code Général des Impôts, alinéa 3 dispose que "la condition de déductibilité des charges dont le montant est supérieur à 100.000 francs est qu'elles soient payées par chèque ou virement bancaire ou postal".

Cette mesure qui cause de graves discrimination et inégalité des citoyens, rencontre des difficultés dans son application, eu égard au contexte socio-économique du Bénin.

A titre d'exemple, cette mesure est totalement inapplicable dans les secteurs des travaux publics, agro-alimentaire et halieutique dont les entreprises sont « obligées » de régler en espèces leurs dépenses et coûts, notamment dans les zones reculées où les Banques n'ont pas d'Agence. » ;

Considérant qu'il soutient : « Cette mesure crée une discrimination dans la mesure où les Opérateurs Economiques du Bénin ou les contribuables qui sont dans certaines régions du Bénin ne peuvent l'appliquer et subissent à tort des pénalités, des redressements fiscaux étant entendu qu'il n'existe aucune Banque dans leur région. C'est le cas des Opérateurs Economiques qui sont dans la Commune de Kérou à 144 km de Natitingou. Ces Opérateurs Economiques subissent de ce fait des pénalités, des redressements et des abus des Inspecteurs des impôts du fait qu'ils se retrouvent dans une région sans aucune Banque ni Agence bancaire.

Avant qu'une pareille disposition ne soit applicable, il aurait fallu que le législateur élabore et mette en place une politique de promotion de l'élargissement des réseaux bancaires dans les régions les plus reculées, en

défiscalisant toute ouverture d'Agences et succursales bancaires dans les régions en question.
S'il faut noter que les Opérateurs Economiques qui sont dans des régions du Bénin sans Banque ni Agence bancaire ne peuvent bénéficier de la déductibilité que s'ils payent les salaires à leurs travailleurs par chèque ou par virement bancaire ou postal, cette disposition est d'autant plus discriminatoire et inégale car le législateur n'a pas mis hors du champ d'application le paiement de salaire qui est supérieur ou égal à 100.000 F CFA. De ce fait, il soumet le contribuable de ces régions (sans Institution bancaire) à une exigence qui du reste est discriminatoire parce que non applicable pour eux du fait de leur position géographique (inexistence de Banque ou d'Agence bancaire dans leur région.).
La Haute Juridiction dans une jurisprudence constante, en application des articles 26 alinéa 1er de la Constitution du 11 décembre 1990 et 3 de la Charte Africaine des Droits de l'Homme et des Peuples, n'a-t-elle pas dit et jugé que : " la notion d'égalité doit s'analyser comme étant un principe selon lequel la loi doit être la même pour tous dans son adoption et dans son application et ne doit contenir aucune discrimination injustifiée ; que l'égalité s'analyse comme une règle selon laquelle les personnes relevant de la même catégorie doivent être soumises au même traitement sans discrimination et ce, conformément à la loi." ?
Selon le principe à portée constitutionnelle ''Egalité devant l'impôt'' consacré par l'article 96 de la Constitution du 11 décembre 1990, la loi ne peut créer de discrimination entre les citoyens et doit s'appliquer de manière identique à tout contribuable placé dans la même situation. C'est ce que conforte le Conseil Constitutionnel français (DC du 27/12/1972 relative à la taxation d'office). » ; qu'il conclut : « Au vu de tout ce qui précède, nous prions la Haute Juridiction de déclarer contraire à la Constitution du 11 décembre 1990, l'article 34 du Code Général des Impôts contenu dans la Loi n° 2006-24 portant loi de finances pour la gestion 2007 » ;

INSTRUCTION DU RECOURS

Considérant qu'en réponse à la mesure d'instruction de la Cour, le Ministre de l'Economie et des Finances, Monsieur Jonas A. GBIAN, indique : « A l'analyse du grief soulevé par le requérant, il apparaît que la faible couverture bancaire ou l'absence d'Agences bancaires dans certaines régions du Bénin est une réalité, dans la mesure où certaines Communes de notre pays ne disposent d'aucune Banque. Mais au fond, les dispositions de l'article 34 alinéa 3 du Code Général des Impôts incriminé abordent la question sous deux angles, à savoir que les payements doivent être faits :

- soit par chèque ou virement bancaire ;
- soit par chèque ou virement postal.

En d'autres termes, il est offert la possibilité de virement postal en dehors du virement bancaire aux contribuables concernés par la mesure.

Or, de source postale, il ressort qu'aujourd'hui le réseau postal béninois est composé de :

- 69 Bureaux de poste de plein exercice ;
- 30 Guichets annexes ou recettes de 6ème classe rattachées à des bureaux de plein exercice ;
- 59 Agences postales fonctionnelles.

Les Agences postales ou les recettes auxiliaires de la Poste sont des établissements postaux à statut spécial créés en 1976 dans le cadre de la politique de rapprochement de l'Administration des administrés, mise en place par le Gouvernement du Bénin. Ainsi, le réseau postal a une couverture quasi nationale et est présent dans presque toutes nos Communes, ce qui s'oppose à l'argumentaire fondé sur l'insuffisance ou l'absence d'Agences bancaires dans notre pays. » ;

Considérant qu'il poursuit : « Par ailleurs, l'institution de cette disposition par modification de l'article 34 du Code Général des Impôts dans la loi de finances pour la gestion 2007 vise à mieux lutter contre l'évasion fiscale, puisque la plupart des Opérateurs Economiques s'adonnent à des transactions extra-bancaires, ce qui entretient l'économie souterraine et impacte négativement les recettes fiscales. C'est pour corriger cette situation préoccupante que les dispositions du Règlement n° 15/2002/CM/UEMOA du 19 septembre 2002 relatives aux systèmes de paiement dans les Etats membres de l'Union Economique et Monétaire Ouest-Africaine (UEMOA) et de la Directive n° 8/2002/CM/UEMOA du 19 septembre 2002 portant sur les mesures de promotion de la bancarisation et de l'utilisation des moyens de paiements scripturaux ont autorisé les Ministres chargés des Finances et le Gouverneur de la Banque Centrale des Etats de l'Afrique de l'Ouest (BCEAO) à fixer le montant de référence pour le paiement en monnaie scripturale.

Ainsi, afin de se conformer aux dispositions du Règlement et de la Directive de l'UEMOA cités ci-dessus, le Ministre en charge des Finances du Bénin et le Gouverneur de la BCEAO ont fixé respectivement, par Arrêté n° 141/MFE/DC/SGM/DAMF/BMC du 27 février 2003 et par Instruction n° 01/2003/SP du 08 mai 2003 le montant de référence pour le paiement par chèque ou virement bancaire ou postal à cent mille (100 000) francs CFA.

Tels sont les réels motifs qui fondent l'institution de l'alinéa 3 de l'article 34 du Code Général des Impôts par la Loi n° 2006-24 du 28 décembre 2006 portant loi de finances, gestion 2007 modifiée par la suite par la Loi n° 2010-46 du 31 décembre 2010, portant loi de finances pour la gestion 2011. La modification de 2011 porte l'amende fiscale à payer à 10 % du montant des payements effectués en espèces au-delà du seuil fixé (100 000) francs CFA, avec un minimum de cent mille (100 000) francs et un maximum de un million (1 000 000) de francs CFA.

Enfin, il importe de faire observer que le requérant, dans son recours, n'a nullement indiqué l'article de la Constitution béninoise violé par les dispositions incriminées. Ces dispositions étant de portée générale et traitant à égalité tous les citoyens sans aucune considération de race, de sexe, de région ou de religion, il n'est point exact de les taxer de discriminatoires.

L'inégale répartition des Banques sur le territoire national est largement comblée par les Services postaux présents dans la quasi-totalité des Communes du Bénin. » ;

ANALYSE DU RECOURS

Considérant qu'il ressort des éléments du dossier, notamment de la réponse du Ministre de l'Economie et des Finances à la mesure d'instruction de la Haute Juridiction, que la requête de Monsieur Serge Roberto PRINCE AGBODJAN tend, en réalité, à demander à la Cour d'apprécier les conditions d'application de l'article 34 alinéa 3 querellé ; que l'appréciation d'une telle demande relève du contrôle de légalité ; que la Cour, juge de la constitutionnalité et non de la légalité, ne saurait en connaître ; que, dès lors, il échet pour elle de se déclarer incompétente ;

D E C I D E :

Article 1er.- : La Cour est incompétente.
Article 2.- La présente décision sera notifiée à Monsieur Serge Roberto PRINCE AGBODJAN, à Monsieur le Ministre de l'Economie et des Finances et publiée au Journal Officiel.
Ont siégé à Cotonou, le onze février deux mille quatorze,

Messieurs	Théodore HOLO	Président
	Zimé Yérima KORA-YAROU	Vice-Président
	Simplice C. DATO	Membre
	Bernard D. DEGBOE	Membre
Madame	Marcelline-C GBEHA AFOUDA	Membre
Monsieur	Akibou IBRAHIM G.	Membre
Madame	Lamatou NASSIROU	Membre.

Le Rapporteur — Le Président,

Lamatou NASSIROU — Professeur Théodore HOLO

OBSERVATIONS

I : La fiscalité dans tous ses états...constitutionnels

Les questions fiscales ne sont pas de celles qui jonchent la table des délibérations de la Cour constitutionnelle. Pourtant, elles le mériteraient, si l'on tenait compte du grand chambardement des notions qui a cours dans la quotidienneté de la gestion publique. Un inventaire des prélèvements opérés sur le patrimoine des citoyens comme des entreprises serait une longue liste, incomplète et touffue. Dans l'histoire récente du Bénin, il a été institué un prélèvement appelé "*comptons sur nos propres forces*" dont la nature, rétrospectivement reste à déterminer.

La Cour contribue peu à clarifier le bazar des "*impositions de toute nature*" (Article 98, constitution du Bénin). Si elle a rendu une décision d'invalidation d'une disposition législative, en l'occurrence l'article 1143 al.3 en ce qu'il restreint la liberté d'aller et de venir (Décision DCC 97-045 du 13 août 1997, Pedersen SVEN, Recueil 1997, p.191), sa jurisprudence en matière fiscale tient plutôt du *case law*, de la solution au cas par cas. On chercherait vainement les grandes décisions de principe qui fonderaient les grands concepts de droit fiscal au Bénin.

II : L'impôt

La décision "Association des parents d'Elève du CEG de Gbégamey" pose quelques problèmes de fond.

2.1 : L'objet du recours : un recours en inconstitutionnalité et non un recours en illégalité

Dans cette décision, la Cour se fait censeur de légalité alors que la requête vise à apprécier la constitutionnalité d'une pratique. La Cour affirme que le "*Code général des impôts rattache le principe de l'impôt à la notion de bénéfice ou d'activités génératrices de revenu et n'inclut pas dans sa nomenclature les contributions scolaires*". Ce qui revient à dire que la loi portant Code général des impôts n'a pas été violée par le système des contributions scolaires fixées par des actes administratifs. Alors que le but visé par le requérant est de parvenir à la modification du Code général des impôts pour y inscrire les contributions scolaires parce que le juge les aurait déclassées et rangées dans les matières qui relèvent de la compétence du législateur.

2.2 : Les catégories fiscales en débats

De façon orthodoxe, les impôts sont des prélèvements obligatoires et sans contrepartie. Pour reprendre l'intégralité de la définition qu'on prête à Gaston

JEZE et Georges VEDEL, l'impôt est *une prestation pécuniaire requise des particuliers par voie d'autorité, à titre définitif et sans contrepartie, en vue de la couverture des charges publiques et pour des buts d'interventionnisme socio-économique* (O. NEGRIN, "Une légende fiscale : la définition de l'impôt de Gaston Jèze" *in Revue de Droit Public*, 2008, p. 139).

Les taxes sont des mécanismes juridiques et financiers de financement d'un service public. L'Etat fournit certaines prestations administratives, sociales, culturelles, ou académiques (école, hopitaux, musées, universités) il faut trouver des recettes de financement. Un lien est donc établi entre un service public, une prestation spécifique et une taxe. Mais la taxe, autant que l'impôt est obligatoire pour le contribuable, que celui-ci soit un usager du service public ou non. La taxe représente ainsi le financement d'un service public qui est proposé, et non un service rendu.

Quant à la redevance, elle est versée à un service public par le contribuable contre une prestation dont il est bénéficiaire. Pour payer la redevance, il faut être un usager du service public. La redevance vient en contrepartie du service. Le montant de la redevance se doit d'être proportionnel au coût du service tandis que ceux qui ne bénéficient pas du service public ne sont pas concernés par le paiement de la redevance liée à ce service public.

2.3 : L'intelligibilité des décisions de la Cour

Dans la décision "Association des Parents d'Elèves du CEG de Gbégamey" ci-dessus reproduite, la Cour juge que le "*Code général des impôts rattache le principe de l'impôt à la notion de bénéfice ou d'activités génératrices de revenu …*". En d'autres termes, il n'y a légitimement d'impôt que là où on fait des affaires, là où les hommes font du profit. La Cour vise, en l'occurrence, une des nombreuses assiettes de l'impôt (le bénéfice) à côté de toutes les autres assiettes que sont la dépense, la cédule, le salaire, etc. Un raisonnement syllogistique classique serait parti de la définition orthodoxe de l'impôt, pour finir par conclure si les contributions scolaires entrent dans les critères de l'impôt ou non.

A plusieurs occasions, la Cour a rappelé les caractères essentiels de l'impôt. Elle a conforté la doctrine en décidant que l'impôt se définit "*par le caractère obligatoire, imposé dudit prélèvement et sans aucune contrepartie*" (Décision DCC 96-078 du 12 novembre 1996, Talon Patrice et alii, Recueil 1996, p.329) ou que l'impôt est "*un prélèvement obligatoire, inconditionné et sans contrepartie*" (Décision DCC 10-027 du 11 mars 2010, Serge Roberto Prince Agbodjan). Les contributions scolaires sont des apports financiers au service public de l'enseignement. Elles ne concernent que les parents qui ont leurs enfants dans les lycées et collèges et les montants exigés de chaque parent sont en relation avec les besoins de financement de l'enseignement public.

En conséquence, les contributions scolaires sont des redevances, et en tant que telles, ne peuvent relever du régime juridique des impositions de toute nature de l'article 98 de la constitution. Elles relèvent du pouvoir règlementaire et c'est à bon droit que l'Arrêté n° 039/MEN/CAB/DC du 02 décembre 1993 "*portant création, attribution et fonctionnement des divers conseils des établissements publics et privés d'enseignement secondaire*" a organisé le régime des frais de scolarité. De même que les sommes perçues par les exploitants des postes de péage-pesage, lesquels se font payer leur prestation par les usagers automobilistes. Les sommes payées le sont "*en contrepartie de l'utilisation d'un service public, d'une concession*" (Décision DCC 10-027 du 11 mars 2010, Serge Roberto Prince Agbodjan) ; car dans son principe, l'utilité d'un ouvrage d'art "son coût et le service rendu aux usagers justifient la perception d'une redevance" (Décision DCC 02-143 du 19 décembre 2002, Houssou Désiré Christian, Recueil 2002, p.575).

Il en est tout autrement de l'Arrêté n° 159/MJSL/MFE/MTPT/MISD/MTCPE/ DC/SGM/ SA du 13/11/2003 portant mobilisation de ressources extrabudgétaires pour la participation du Bénin à la Coupe d'Afrique des Nations de football, Tunisie 2004 (Décision DCC 06-108 du 11 août 2006, Médé Nicaise, Recueil 2006, p.567) ou encore de l'instruction donnée par le Conseil des ministres "*au Ministre de la Communication, des Technologies de l'Information et de la Communication et à celui Délégué auprès du Président de la République chargé de l'Economie Maritime, des Transports Maritimes et des Infrastructures Portuaires, de veiller respectivement au prélèvement d'une taxe de 25 francs CFA sur chaque abonné des réseaux GSM et de 100 francs CFA sur chaque véhicule d'occasion sorti du Port Autonome de Cotonou, à titre de participation à la quinzaine de solidarité*" (Décision DCC 12-144 du 19 juillet 2012, Paul LANA), ou enfin de la Note de service n°069/DGFRN/DCPRN/DSI/SAFPN/SA du 12 juin 2012 par laquelle le Directeur général des forêts et ressources naturelles, crée une contribution des usagers du bois à l'effort national de reboisement et dont le produit est reversé sur le compte du Fonds national de reboisement (Décision DCC 13-135 du 17 septembre 2013, Etienne HOUGNI, Recueil 2013, vol.2, p.845).

Dans le premier cas, il s'agit d'un impôt cédulaire sur le ciment, les boissons gazeuses et le pétrole ; dans le second cas, nous sommes en présence d'un impôt cédulaire sur les communications GSM et sur les voitures d'occasion et dans le troisième cas il s'agit d'une taxe d'exploitation des forêts. Dans les trois cas, la Cour a, à bon droit, jugé qu'il s'agit d'une "*imposition de toute nature*" et que l'assiette, le taux et le recouvrement desdits prélèvements relèvent du pouvoir du législateur.

En tout état de cause, ne peut pas être assimilée à un impôt, une taxe ou une redevance, une souscription volontaire demandée par le roi pour la couverture des frais liés à l'organisation de la fête annuelle de la *Gani* parce qu'il ne s'agit pas d'une "*obligation imposée aux habitants dont la non-exécution est sanctionnée*" (Décision DCC 13-021 du 14 février 2013, Comlan Paul Adjile, Recueil 2013, vol.1, p.171).

Pour finir, et même si le recours ne prospère pas, la saisine de la Cour peut avoir comme conséquence l'ajustement de la loi fiscale pour prendre en compte certains dysfonctionnements dans les prélèvements opérés au titre des impositions de toute nature. Ainsi, la plainte d'un contribuable au motif qu'"*en violation (des textes), le Fonds national de Développement et de Promotion touristiques (FNDPT), organisme sous la tutelle du ministre du Tourisme et de la Culture, exige des hôteliers, en plus du paiement de la taxe sur les nuitées prévues par la loi, un impôt, une autre taxe, un prélèvement obligatoire dénommé forfait de 10.000 FCFA par mois*" (Décision DCC 18-091 du 12 avril 2018, Edwige Djoro). L'instruction du dossier conduite par la Cour a permis de comprendre que "*ces forfaits ont été institués compte tenu de la nature de ces réceptifs au niveau desquels il était difficile de percevoir des taxes sur les nuitées. En effet, la clientèle était composée de personnes qui passaient juste quelques heures et non une nuit.*" La Cour s'est néanmoins déclarée incompétente pour connaître de ce recours, au motif qu'il s'agit d'un contrôle de légalité. Le législateur a ensuite repris le dossier en modifiant les articles 293-9 à 293-12 du Code général des Impôts. Le montant de la Taxe de séjour dans les Hôtels et Etablissements assimilés est maintenant déterminé en fonction du tarif de l'hôtel et quel que soit la durée du séjour, que celle-ci soit en heure ou en nuitée. Si le tarif est inférieur à 20.000 FCFA, elle est de 500 FCFA ; la taxe passe à 1.500 FCFA si le tarif est compris entre 20.000 FCFA et 100.000 FCFA ; elle est de 2.500 FCFA si le tarif est supérieur à 100.000 FCFA.

III : Le principe de l'égalité devant l'impôt

Le principe d'égalité devant l'impôt comporte deux aspects : l'aspect de l'égalité devant la loi fiscale, et l'aspect de l'égalité devant les charges publiques. La décision "Prince Agbodjan" pose la question de l'égalité devant la loi fiscale, notamment en ses modalités de bénéfice du droit à déduction. Elle a été une occasion manquée pour la Cour constitutionnelle de fixer un grand principe de droit fiscal : l'égalité devant l'impôt.

En application du droit communautaire, notamment du Règlement n° 15/2002/CM/UEMOA du 19 septembre 2002 relatif aux systèmes de paiement dans les Etats membres de l'Union Economique et Monétaire Ouest-Africaine (UEMOA) et de la Directive n° 8/2002/CM/UEMOA du 19 septembre 2002 portant sur les mesures de promotion de la bancarisation et de l'utilisation des moyens de paiements scripturaux, le ministre en charge des finances a initié et fait modifier par le législateur l'alinéa 3 de l'article 34 du Code Général des Impôts par la Loi n° 2006-24 du 28 décembre 2006 portant loi de finances, gestion 2007 modifiée par la suite par la Loi n° 2010-46 du 31 décembre 2010. La nouvelle législation imposait aux contribuables le paiement par chèque bancaire ou postal de leurs charges professionnelles (lorsqu'elles sont supérieures à 100.000 FCFA), sous peine de ne pas pouvoir déduire ces charges de leurs résultats taxables. Le ministre en charge des finances reconnait que les relais des transactions en monnaie scripturale que sont les banques et les bureaux de poste couvrent la "*quasi-totalité*" du territoire national. Ce qui signifie qu'il existe une frange résiduelle de contribuables qui n'ont pas accès aux services bancaires ou postaux. Ceux-là ne peuvent pas être traités de la même manière que les autres, majoritaires, qui ont accès aux services financiers scripturaux. Or, selon la jurisprudence de la Cour, le principe d'égalité ne doit pas se dissocier de son socle sociologique. Les situations de fait, lorsqu'elles sont différenciées, doivent justifier une application non uniforme de la loi.

En droit comparé, on note par exemple, que "*le principe d'égalité devant la loi fiscale ne fait pas obstacle à ce que le législateur règle de façon différente des situations différentes, ni à ce qu'il déroge à l'égalité pour des raisons d'intérêt général, pourvu que, dans l'un et l'autre cas, la différence de traitement qui en résulte, soit en rapport direct avec l'objet de la loi qu'il établit*" (O. FOUQUET, "Le Conseil constitutionnel et le principe d'égalité devant l'impôt" *in Les Nouveaux cahiers du Conseil constitutionnel*, n°33, Dossier : le Conseil constitutionnel et l'impot, octobre 2011).

La Cour s'inscrit dans la même démarche, dans une perspective de globalisation du droit constitutionnel et plus exactement du contentieux constitutionnel. La Cour juge que ""*le principe de l'égalité affirmé à l'article 26 de la Constitution ne saurait s'analyser comme une interdiction absolue faite aux autorités ou organes attributaires des pouvoirs réglementaire ou législatif de prendre des mesures appropriées pour corriger des inégalités initiales en vue de garantir ou de rendre effective l'égalité de tous devant la loi*" (Décision DCC 16-046 du 18 février 2016, Ragid Roméo Loko, Recueil 2016, vol.1, p.333). Dès lors, un traitement différencié peut être fait en faveur des contribuables habitant les zones non couvertes par les banques ou la Poste S.A. Ceux-ci pourraient donc être exemptés des mesures prévues par le Code général des impôts modifié en matière de seuil de paiement en monnaie scripturale.

Mais la Cour n'a pas choisi cette solution. Elle a choisi de ne pas choisir, en se déclarant incompétente. Ce qui, du point de vue de la défense des principes constitutionnels, apparaît aussi être un choix.

13

Décision DCC 13-121 du 10 septembre 2013
Président de la République
Recueil 2013, vol.2. p.782

La loi organique relative aux lois de finances

La Cour constitutionnelle,

Saisie d'une requête du 25 juillet 2013 enregistrée à la même date sous le numéro 016-C/114/REC, par laquelle Monsieur le Président de la République, sur le fondement des articles 117 et 121 de la Constitution, défère à la Haute Juridiction pour contrôle de conformité à la Constitution, la Loi Organique n°2013-14 relative aux lois de finances votée par l'Assemblée Nationale le 08 juillet 2013 ;

Vu la Constitution du 11 décembre 1990 ;
Vu la Loi n°91-009 du 04 mars 1991 portant loi organique sur la Cour constitutionnelle modifiée par la Loi du 31 mai 2001 ;
Vu le Règlement intérieur de la Cour constitutionnelle ;

Ensemble les pièces du dossier ;

Ouï Monsieur Bernard D. DEGBOE en son rapport ;
Après en avoir délibéré,

Considérant que l'examen de la loi déférée révèle que toutes ses dispositions sont conformes à la Constitution.

DECIDE :

Article 1er.-. Sont conformes à la Constitution toutes les dispositions de la Loi Organique n°2013-14 relative aux lois de finances votée par l'Assemblée Nationale le 08 juillet 2013.

Article 2.-. La présente décision sera notifiée à Monsieur le Président de la République, à Monsieur le Président de l'Assemblée Nationale et publiée au Journal Officiel.
Ont siégé à Cotonou, le dix septembre deux mille treize,

Messieurs	Zimé Yérima KORA-YAROU	Vice-président
	Simplice C. DATO	Membre
	Bernard D. DEGBOE	Membre
	Akibou IBRAHIM G.	Membre
Madame	Lamatou NASSIROU	Membre

Le Rapporteur — Le Vice-Président

Bernard D. DEGBOE — Zimé Yérima KORA-YAROU

OBSERVATIONS

"*Sont conformes à la constitution toutes les dispositions de la loi organique n°2013-14 relative aux lois de finances votée par l'Assemblée nationale le 08 juillet 2013.*" En une phrase, la Cour a expédié et scellé le sort d'un texte aussi important que ce qui est appelé la "*constitution financière*" de l'Etat. Ni remarques sur le fond, ni observations sur la forme.

La Cour nous avait habitués à un examen minutieux des textes de loi soumis à son contrôle. On en a même déduit qu'elle exerce un rôle de co-législateur dans la confection des lois (voir *infra* p. 495). Dans l'espèce de l'examen de la LOLF, elle fait, au mieux, le service minimum, au pire un service néant. Et pourtant, il y avait de la matière à demander des ajustements. L'essentiel du travail d'amélioration de la loi a été synthétisé, en juillet 2013, par le Centre d'études et de recherche sur l'administration et les finances (CERAF) de l'Université d'Abomey Calavi dans le tableau ci-après :

N°	DISPOSITIONS DE LA LOI ORGANIQUE N°2013-14 DU 08 JUILLET 2013	POINTS DE NON-CONFORMITE OU D'INCONGRUENCE RELEVES PAR LE CERAF
1	Article 1 : Au sens de la présente loi, on entend par : (…….)	La présentation de glossaire en chapeau d'une loi est quelques fois pratiquée par le législateur : loi sur l'environnement, loi sur le foncier. Cependant, en l'espèce, le choix fait de définir certaines notions n'est pas salutaire parce que le glossaire est : - incomplet : rien sur le déficit, l'équilibre, l'endettement, le rapport de performance, le projet de performance, la performance, le virement de crédit, le transfert de crédit, etc. ;
2		

		- inutile : les mots ou expression choisie sont la plus part du temps présenté et définis dans le corps de la loi elle-même problématique : il y a par moments des contradictions entre le glossaire et le texte de la loi Quelques incohérences : - lorsque on rapproche la présentation de *l'autorisation d'engagement* faite dans le glossaire et l'article 18 de la directive relative aux lois de finances ainsi que l'article 21 de la loi organique (n°2013-14 du 08 juillet 2013) on se rend compte que le glossaire a ajouté des mots et des expressions qui perturbent la clarté de la loi ; - sur les *budgets annexes*, le glossaire dispose : " Ils constituent des missions et sont spécialisés par programme". Alors que l'article 37 de la loi organique dispose : "Un budget annexe constitue un programme au sens de l'article 14." - sur la notion de *budget de l'Etat*, le glossaire emploie indifféremment les notions de recette/dépenses et de ressources/charges alors les ressources et les charges sont des notions de trésorerie des comptes spéciaux du Trésor tandis que les recettes/dépenses correspondent à des opérations définitives. Voir articles 9 et 35 de la Loi (n°2013-14 du 08 juillet 2013) et les articles 6 et 7 de la directive relative aux lois de finances ; - "budget programme" : c'est l'expression employée par le glossaire et il est incorrect. Le langage courant ne doit pas prendre le pas sur la locution orthodoxe, surtout lorsqu'il s'agit d'une loi. La

			bonne appellation est "budget de programme", c'est-à-dire un budget composé de programmes budgétaires, unités de spécialisation des crédits ; - le glossaire présente la *certification des comptes* comme un "audit (…) de la situation financière et du patrimoine de la société à la fin de cet exercice". Définit-on la certification des comptes de l'Etat ou la certification des comptes des entreprises ? - *sur le contrôle financier*, le glossaire évoque le contrôle "a priori et a posteriori" mais la directive relative aux lois de finances ne parle que de contrôle "a priori" (art.69). Ce qui correspond bien à la pratique de la gestion budgétaire qui fait du contrôleur financier celui qui vise les actes d'engagement et les actes d'ordonnancement uniquement, lesquels sont des opérations effectuées avant le paiement, c'est-à-dire avant ou en cours de l'exécution d'une opération de dépense mais pas après. ; - sur le débat d'orientation budgétaire, explication, commentaires et définition se mêlent. C'est touffu ; - *"droits constatés"* : la budgétisation sur la base des droits constatés est différente de la comptabilisation sur la base des droits constatés. Le glossaire mélange les deux. La loi (n°2013-14 du 08 juillet 2013) ne parle d'ailleurs que de la comptabilisation sur la base des droits constatés (art. 80) ; - *fonds de concours* : la mention des pays en développement fait

		comprendre que le texte contenu dans le glossaire est copié sans discernement de quelque part; la loi organique concerne le Bénin et engage les béninois. La loi est prescriptive et non descriptive ; - *loi de finances* : le texte de la loi (n°2013-14 du 08 juillet 2013) en son article 7 ainsi que l'article 5 de la directive relative aux lois de finances sont suffisamment explicites et rendent superfétatoire les développements du glossaire sur la loi de finances ; - *programme* : l'article 14 de la Loi (n°2013-14 du 08 juillet 2013) ainsi que l'article 12 de la directive relative aux lois de finances suffisent et rendent sans intérêt le glossaire sur la notion de programme ; surtout que le glossaire paraît ici un exercice de rhétorique trop long, comme en matière de définition de la loi de finances. **<u>Conclusion</u> : il convient de sortir le glossaire de la loi pour en faire un Guide didactique de celle-ci, à l'usage des fonctionnaires de l'administration et des besoins de formation.**
3	**Article 1er nouveau**	La présente loi organique consacre la transposition en droit béninois de la Directive n°01/2009/cm/UEMOA portant Code de transparence dans la gestion des finances publiques au sein de l'UEMOA et de la Directive n°06/2009/CM/UEMOA portant lois de finances au sein de l'UEMOA
4	**Article 14 :** Les lois de finances répartissent les crédits budgétaires qu'elles ouvrent entre les différents ministères et	Cet article reprend la formulation de l'article 12 de la directive relative aux lois de finances. Seules les institutions prévues et organisées par la constitution peuvent être affectataires de crédits budgétaires.

	institutions **constitutionnelles.**	Or les structures comme la CENA ou le Médiateur de la République reçoivent des crédits budgétaires et leurs responsables sont ordonnateurs des dépenses de leurs structures. Ne faudrait-il pas adapter la directive au contexte béninois en supprimant l'adjectif "constitutionnelles" de la loi organique ?
.5	Article 15 : Pour les besoins de l'exercice de la fongibilité des crédits prévue à **l'article 16**, la modification des crédits de personnel, de biens et services ou de transfert en crédits d'investissement donne lieu à la création automatique d'autorisations d'engagement pour un montant équivalent. Ces autorisations d'engagement font l'objet d'une ratification dans la plus prochaine loi de finances.	La fongibilité des crédits est évoquée à l'article 18 de la loi organique (n°2013-14 du 08 juillet 2013) et non à l'article 16. Ecrire donc "Pour les besoins de l'exercice de la fongibilité des crédits prévue à **l'article 18**"
6	**Article 24 : (…)** A l'exception des crédits globaux pour des dépenses accidentelles et imprévisibles, aucun transfert, aucun virement ne peut être opéré d'une dotation vers un programme. *De même, aucun virement, aucun transfert ne peut être effectué au profit de programmes non prévus par une loi de finances.*	L'article 24 de la loi organique (n°2013-14 du 08 juillet 2013) reprend mot pour mot l'article 21 de la directive relative aux lois de finances. Elle y ajoute la phrase terminale en italique. Cette phrase est sans intérêt et sans portée, donc parfaitement superflue. Tout programme est créé par une loi de finances et seules les lois de finances peuvent créer et supprimer des programmes budgétaires. Dire que les virements et transferts de crédits ne peuvent bénéficier à des programmes non prévus par une loi de finances constitue de la science fiction, plus exactement de la science financière fiction. Il fautt supprimer la dernière phrase en italique de l'article 24 de la loi organique.

7	**Article 36 : (…)** *L'affectation par procédures particulières au sein du budget général, d'un budget annexe ou d'un compte spécial du Trésor, ne peut résulter que d'une disposition de la loi de finances, d'initiative gouvernementale.*	Ajout à la directive relative aux lois de finances mais l'intérêt de cet ajout peut être discuté. (art. 33, Directive relative aux lois de finances)
8	**Article 36 :** **(…)** L'emploi des fonds de concours est conforme à l'intention de la *partie versante ou du donateur*.	Cette rédaction est la reprise de l'article 33 de la Directive relative aux lois de finances. Cependant, il convient de noter la redondance de la formulation "partie versante ou donateur". Le donateur est aussi une partie versante, mais à titre gracieux. En conséquence partie versante et donateur sont les mêmes. Il convient alors d'écrire " L'emploi des fonds de concours est conforme à l'intention de la *partie versante* "
9	**Article 38 :** **(…)** *Les opérations des budgets annexes s'exécutent comme les opérations du budget général. Elles donnent lieu à l'établissement d'une balance des comptes, accompagnée d'un bilan patrimonial.*	Cette phrase de l'article 38 constitue un ajout à la directive relative aux lois de finances mais l'intérêt de cet ajout peut être discuté. (art. 35, Directive relative aux lois de finances)
10	**Article 39 :** Des comptes spéciaux du Trésor peuvent être ouverts par une loi de finances pour retracer des opérations effectuées par les services de l'Etat.	Cet article reprend la rédaction de l'article 36 de la directive relative aux lois de finances. Mais la formulation en italique est embarrassante. D'autant qu'à l'article 37 de la loi organique, il n'est pas question de "peuvent". La formulation est explicite et prescriptive. "Les budgets annexes

	Les comptes spéciaux du Trésor peuvent être traités comme des programmes.	constitue un programme au sens de l'article 14". Au demeurant, et au sein du même article 39 de la loi organique on lit "Chaque compte spécial d'affectation spéciale constitue un programme au sens des articles 14 et 15". Même rédaction pour les comptes d'avance (article 44 loi organique), les comptes de prêt (art. 45 de la loi organique) et les comptes de garantie ou d'aval (art. 46, loi organique). Ce qui est conforme aux articles 38 et 43 de la Directive relative aux lois de finances. Au total, seuls les comptes de règlement avec les gouvernements étrangers et les comptes de commerce ne constituent pas des programmes par détermination de la loi organique. En conséquence, la rédaction de la loi doit être revue pour tenir compte de ce que : - certains comptes spéciaux du Trésor sont des programmes au sens de l'article 14 de la loi - et certains comptes, notamment les comptes de commerces et les comtes de règlement avec les gouvernements étrangers peuvent être traités comme des programmes, au choix des gestionnaires des finances. - Le verbe "peuvent" ne s'applique pas à tous les comptes spéciaux du Trésor comme indiqué dans le paragraphe 2 de l'article 39 de la loi organique reprenant l'article 36 paragraphe 2 de la directive relative aux lois de finances.
11	**Article 49 :** *Le projet* de loi de finances est accompagné :	Le texte de la loi organique fait bien de corriger la rédaction de la directive relative aux lois de finances, laquelle prescrit en son article 46 " La loi de finances de l'année est accompagnée…". Evidemment ce n'est pas la loi de finances qui est envoyée au

		parlement mais le projet de loi de finances accompagné de…
12	**Article 50 : (…)** Les lois de finances rectificatives sont accompagnées :	Conformément au point précédent, ce n'est pas la loi de finances rectificative mais les *projets* de loi de finances rectificatives qui sont accompagnés de….
13	**Article 53 :** La loi de règlement est accompagnée :	Conformément au point précédent, ce n'est pas la loi de règlement mais les *projets* de loi de règlement qui sont accompagnés de….
14	**Article 54 :** La loi de règlement est accompagnée du …	Conformément au point précédent, ce n'est pas la loi de règlement mais les *projets* de loi de règlement qui sont accompagnés de….
15	**Article 54 :** La loi de règlement est accompagnée du rapport de la juridiction financière sur l'exécution de la loi de finances et *de la déclaration générale de conformité* entre les comptes des ordonnateurs et ceux des comptables publics.	Cette rédaction est à mettre en cohérence avec la rédaction de l'article 91 qui dispose " **Article 91 : (…)** La juridiction financière contrôle également l'exécution de la loi de finances. Elle élabore et transmet au Gouvernement un rapport annuel sur l'exécution des lois de finances et *une déclaration générale de conformité* entre les comptes individuels des comptables publics et les comptes généraux de l'Etat. La juridiction financière procède à la *certification des comptes en lieu et place de la déclaration générale de conformité*." La directive relative aux lois de finances ne comporte aucune disposition de cette nature. Il faudrait donc clarifier que c'est au titre des dispositions transitoires de l'article 106 de la loi organique que cette formulation inintelligible doit son existence. L'article 54 de la loi pourra être reformulé ainsi : ***Article 54 :*** *Le projet de loi de règlement est accompagnée du rapport de la*

		juridiction financière sur l'exécution de la loi de finances et de la déclaration générale de conformité entre les comptes des ordonnateurs et ceux des comptables publics, sous réserve des dispositions de l'article 91 paragraphe 4 de la présente loi. L'article 91 serait reformulé ainsi : " ***Article 91 : (…)*** *La juridiction financière contrôle également l'exécution de la loi de finances. Sous réserve du délai fixé à l'article 106 de la présente loi,* ***e****lle élabore et transmet au Gouvernement un rapport annuel sur l'exécution des lois de finances et une déclaration générale de conformité entre les comptes individuels des comptables publics et les comptes généraux de l'Etat.* *Au-delà du délai fixé à l'article 106 de la présente loi, la juridiction financière procède à la certification des comptes en lieu et place de la déclaration générale de conformité."*
16	**Article 61:** L'Assemblée Nationale vote le budget en équilibre.	La confusion entretenue entre loi de finances et budget par la constitution du 11 décembre 1990 en son article 110
17	**Article 61:** **(…)** Lorsque le projet de loi a été déposé dans les délais sur le bureau de l'Assemblée Nationale, il doit être adopté au plus tard à la date de clôture de la session budgétaire.	Remplacer "Lorsque le projet de loi a été déposé…" par "Lorsque le projet de loi de *finances* a été déposé…."
18	**Article 61:** (…) Si le projet de loi de finances n'a pu être déposé en temps utile pour être promulgué avant le début de l'exercice, le Président de la République demande d'urgence à	Cette rédaction de l'article 61 est conforme à la rédaction de l'article 58 de la directive relative aux lois de finances. Cependant, la transposition de la directive ne peut faire abstraction d'un problème béninois qui a conduit en 1994, le Gouvernement à fonctionner pendant 7 mois sur douzièmes provisoires et à geler ainsi tout son programme de réforme sur la moitié de l'année.

	l'Assemblée Nationale l'autorisation d'exécuter les recettes et les dépenses du budget précédent par *douzièmes provisoires*.	Le douzième provisoire est un palliatif en attendant le vote de la loi de finances de l'année. Il ne peut tenir lieu de loi de finances de l'année par défaut. En conséquence, et prenant leçon des expériences du passé, il convient de limiter les douzièmes provisoires dans le temps. Ainsi, l'article 61 pourra être rédigé de la manière suivante : *"**Article 61:*** *(...)* *Si le projet de loi de finances n'a pu être déposé en temps utile pour être promulgué avant le début de l'exercice, le Président de la République demande d'urgence à l'Assemblée Nationale l'autorisation d'exécuter les recettes et les dépenses du budget précédent par douzièmes provisoires.* *En tout état de cause, l'Assemblée nationale ne pourra voter qu'une seule loi portant autorisation d'exécuter les recettes et les dépenses par douzième provisoire. Si au 30 janvier la loi de finances de l'année n'est pas votée par l'Assemblée nationale, les dispositions des paragraphes 2, 3,4 et 5 précédents s'appliquent".*
19	**CHAPITRE II DE LA COMPTABILITE ET DES COMPTES DE L'ETAT**	Ce chapitre fait double emploi avec le règlement général sur la comptabilité publique en son volet directive communautaire et aussi le décret de transposition en droit béninois
20	**Article 93 : (…)** A cette fin, le Gouvernement transmet trimestriellement à l'Assemblée Nationale, à titre d'information, des rapports sur l'exécution du budget et l'application du texte de la loi de finances. *Ces rapports*	Cet article valorise et met en œuvre les principes et règles de la Directive n°01/2009/cm/UEMOA portant Code de transparence dans la gestion des finances publiques au sein de l'UEMOA. Au lieu d'en faire une application furtive, il convient de réserver au Code de transparence, une place de choix en lui consacrant un chapitre dans la présente loi organique

	sont mis à la disposition du public.	
21	**Article 101 :** Le régime des sanctions autres que disciplinaires relatives aux fautes de gestion énumérées à l'article 98 est défini par les textes en vigueur.	La formulation est vague. La loi organique relative à la Cour des comptes prévoira le régime des sanctions et le quantum de peine. Dès lors, il convient de renvoyer à cette loi en reformulant l'article 101 ainsi : ***Article 101 :** Le régime des sanctions autres que disciplinaires relatives aux fautes de gestion énumérées à l'article 98 est défini par les textes régissant la Cour des comptes au Bénin.*
22	**Article 106 :** Un délai est accordé jusqu'en 2019 pour la mise en œuvre de la procédure de certification des comptes par la juridiction financière, par dérogation aux dispositions de *l'alinéa 5* de l'article 91.	Il s'agit en fait de l'alinéa 4 et non de l'alinéa 5. **Article 106 :** Un délai est accordé jusqu'en 2019 pour la mise en œuvre de la procédure de certification des comptes par la juridiction financière, par dérogation aux dispositions de *l'alinéa 4* de l'article 91.

14

Décision DCC 14-065 du 03 avril 2014
Serge Roberto PRINCE AGBODJAN
Recueil 2014, vol.1, p.461

Les règles et principes budgétaires

La Cour Constitutionnelle,

Saisie d'une requête du 08 janvier 2014 enregistrée à son Secrétariat le 09 janvier 2014 sous le numéro 0045/006/REC, par laquelle Monsieur Serge Roberto PRINCE AGBODJAN introduit un recours pour « méconnaissance du principe de l'annualité budgétaire par le Président de la République lors de la prise de l'Ordonnance n° 2014-01 du 02 janvier 2014. » ;

VU la Constitution du 11 décembre 1990 ;

VU la Loi n° 91-009 du 04 mars 1991 portant loi organique sur la Cour Constitutionnelle modifiée par la Loi du 31 mai 2001 ;

VU le Règlement Intérieur de la Cour Constitutionnelle ;

Ensemble les pièces du dossier ;

Ouï Monsieur Simplice C. DATO en son rapport ;

Après en avoir délibéré,

CONTENU DU RECOURS

Considérant que le requérant expose : « Je me vois dans mon obligation citoyenne de vous soumettre, en vertu des articles 3 et 122 de la Constitution ..., l'Ordonnance n° 2014-01 du 02 janvier 2014 dont la prise le 02 janvier 2014 viole l'ensemble des textes constitutionnels organisant la procédure du vote du projet de loi de finances en République du Bénin.

En effet, les livres des finances publiques définissent unanimement le Budget de l'Etat comme l'ensemble des documents, votés par le Parlement qui prévoient et autorisent les ressources et les charges de l'Etat pour chaque année. C'est donc un acte de deniers publics. Quant à la loi de finances, c'est un ensemble de comptes dont elles décrivent les ressources et les dépenses. De cette définition universelle découle l'un des principes généraux des finances publiques qu'est "Le principe d'annualité budgétaire". Selon ce principe, l'autorisation de dépenses donnée par la loi de finances au Gouvernement ne couvre qu'une année et n'est valable que pour une année civile. C'est cet esprit que le constituant... a prévu en évitant un blocage du fonctionnement de l'Etat par l'absence d'une loi de finances au lendemain du 31 décembre. Pour conforter cette logique, la Constitution ... a prévu plusieurs mécanismes aux articles 96, 109, 110, 111 et 112. » ;

Considérant qu'il développe : « Selon l'article 96 de la Constitution : " L'Assemblée Nationale vote la loi et consent l'impôt". Les articles 109 à 112 disposent :
Article 109 : " L'Assemblée Nationale vote le projet de loi de finances dans les conditions déterminées par la loi. L'Assemblée Nationale est saisie du projet de loi de finances au plus tard une semaine avant l'ouverture de la session d'octobre. Le projet de loi de finances doit prévoir les recettes nécessaires à la couverture intégrale des dépenses".
Article 110 : "L'Assemblée Nationale vote le budget en équilibre. Si l'Assemblée Nationale ne s'est pas prononcée à la date du 31 décembre, les dispositions du projet de loi de finances peuvent être mises en vigueur par ordonnance.

Le Gouvernement saisit, pour ratification, l'Assemblée Nationale convoquée en session extraordinaire dans un délai de quinze jours.

Si l'Assemblée Nationale n'a pas voté le budget à la fin de cette session extraordinaire, le budget est établi définitivement par ordonnance".
Article 111 : "Si le projet de loi de finances n'a pu être déposé en temps utile pour être promulgué avant le début de l'exercice, le Président de la République demande d'urgence à l'Assemblée Nationale l'autorisation d'exécuter les recettes et les dépenses de l'Etat par douzièmes provisoires."

A tout cela, la Constitution ... à travers son article 68 ajoute que : " Lorsque les institutions de la République, l'indépendance de la Nation, l'intégrité du territoire national ou l'exécution des engagements internationaux sont menacées de manière grave et immédiate et que le fonctionnement régulier des pouvoirs publics et constitutionnels est menacé ou interrompu, le Président de la République, après consultation du Président de l'Assemblée Nationale et du Président de la Cour Constitutionnelle, prend en Conseil des Ministres les mesures exceptionnelles exigées par les circonstances sans que les droits des citoyens garantis par la Constitution soient suspendus.

Il en informe la Nation par un message.

L'Assemblée Nationale se réunit de plein droit en session extraordinaire". De l'ensemble des dispositions citées, on peut affirmer que l'autorisation des dépenses et des recettes au niveau de l'Etat est annuelle et ne saurait se faire sans assurer le principe de la continuité des services de l'Etat même s'il s'agissait d'une journée fériée et chômée. » ;

Considérant qu'il allègue : « Depuis toujours au Bénin, le vote de la loi de finances ou la prise de l'ordonnance portant loi de finances couvre la période allant du 1er janvier au 31 décembre. C'est le cas des nombreuses lois de finances votées ou des ordonnances prises depuis le 11 décembre 1990. Le Président de la République en exercice, Monsieur Boni YAYI, avait également respecté cette disposition en prenant l'Ordonnance n° 2010-01 du 1er janvier 2010 portant loi de finances pour la gestion 2010, mais force est de constater que pour la prise de l'ordonnance relative à la loi de finances pour la gestion 2014, alors même que l'article 110 de la Constitution du 11 décembre 1990 n'avait pas exigé un message à la Nation dans le cadre de cette procédure, le Président de la République a cru devoir faire un message à la Nation le 31 décembre 2013 informant qu'il venait de prendre une ordonnance pour éviter le risque évident que notre pays se retrouve sans Budget le 1er janvier 2014.

Malheureusement, cette ordonnance a été prise formellement le 02 janvier 2014 après un Conseil Extraordinaire des Ministres du même jour. Ce faisant, le Président de la République vient d'occulter les recettes et les dépenses de l'Etat effectuées le 1er janvier 2014.

Cette situation viole l'esprit des dispositions pertinentes de la Constitution ... relatives au vote de la loi de finances qui n'admet nulle part un vide juridique en la matière. Tous les textes en la matière confirment le principe de l'annualité du Budget. De la Directive de l'UEMOA relative aux lois de finances en passant par la loi organique du Bénin portant sur les lois de finances, il est clairement relevé que " la loi de finances de l'année prévoit et autorise, pour chaque année civile, l'ensemble des ressources et des charges de l'Etat". Si nous savons que l'année civile au Bénin commence le 1er janvier ..., l'on ne peut que soumettre à votre Haute Juridiction cette ordonnance du Président de la République du Bénin qui exclut du cadre juridique béninois l'ensemble des ressources et des charges de l'Etat fait le 1er janvier 2014. » ; qu'il demande à la Cour de déclarer contraire à la Constitution l'Ordonnance n° 2014-01 du 2 janvier 2014 portant loi de finances pour la gestion 2014 pour n'avoir pas pris en compte « l'ensemble des ressources et charges de l'Etat fait le 1er janvier 2014 » ;

INSTUCTION DU RECOURS

Considérant qu'en réponse à la mesure d'instruction de la Cour, le Secrétaire Général du Gouvernement, Monsieur Alassani TIGRI, écrit : « ... Avant toutes observations au fond, qu'il me soit permis de relever les erreurs commises par Monsieur Serge Roberto PRINCE AGBODJAN en ce qui concerne le concept de "loi de finances" et de "Budget de l'Etat".

La loi de finances est le " terme générique désignant les lois qui déterminent la nature, le montant et l'affectation des ressources et des charges de l'Etat. Outre l'autorisation de percevoir les impôts de l'Etat et des collectivités et l'ouverture par grandes masses des crédits budgétaires de l'Etat, elles ne peuvent contenir que certaines dispositions législatives ordinaires. Nous avons : la loi de finances de l'année, la loi de finances rectificative et la loi de règlement. Particulièrement, la loi de finances de l'année prévoit et autorise l'ensemble des ressources et des charges pour la durée de l'année civile.... ".

Le Budget de l'Etat est un " terme souvent employé comme synonyme de loi de finances, mais dont le sens est plus restreint. Ce n'est plus aujourd'hui un acte de décision, mais seulement un ensemble de comptes qui décrivent les ressources et les charges permanentes de l'Etat pour l'année qui vient...."

Aux termes des dispositions de l'article 110 de la Constitution : " L'Assemblée Nationale vote le Budget en équilibre. Si l'Assemblée Nationale ne s'est pas prononcée, à la date du 31 décembre, les dispositions du projet de loi de finances peuvent être mises en vigueur par ordonnance.

Le Gouvernement saisit, pour ratification, l'Assemblée Nationale convoquée en session extraordinaire dans un délai de quinze jours.

Si l'Assemblée Nationale n'a pas voté le Budget à la fin de cette session extraordinaire, le Budget est établi définitivement par ordonnance".

Par ailleurs, la même Constitution dispose en son article 55 alinéa 2 : " Le Conseil des Ministres délibère obligatoirement sur :

- les décisions déterminant la politique générale de l'Etat ;
- les projets de loi ;
- les ordonnances et les décrets réglementaires."

La Cour Constitutionnelle par sa Décision DCC 13-171 du 30 décembre 2013 a dit et jugé que : " Le vote sur la loi de finances portant Budget Général de l'Etat, exercice 2014, intervenu à l'Assemblée Nationale le jeudi 19 décembre 2013, est nul et de nul effet." et a indiqué que l'Assemblée Nationale "doit voter impérativement la loi de finances exercice 2014 le 31 décembre 2013 conformément aux dispositions de l'article 56 de son Règlement Intérieur". Il est constaté qu'à la date du 31 décembre 2013 à zéro heure, l'Assemblée Nationale n'a pu se prononcer et le Président de la République a pris, en Conseil des Ministres en sa séance du 02 janvier 2014, l'Ordonnance n° 2014-01 portant loi de finances pour la gestion 2014. En outre, l'article 110 de la Constitution est resté muet sur la date à laquelle l'ordonnance doit être prise. Mieux, l'ordonnance querellée dispose en son article 30 que : "La présente ordonnance qui entre en vigueur à compter du 1er janvier 2014, sera exécutée comme loi de l'Etat" ; elle a ainsi régularisé les recettes et dépenses qui auraient été effectuées le 1er janvier 2014, qui de surcroît est un jour férié, chômé et payé en République du Bénin.

Monsieur Serge Roberto PRINCE AGBODJAN a évoqué l'Ordonnance n° 2010-01 du 1er janvier 2010 portant loi de finances pour la gestion 2010 que le Président de la République, le Docteur Boni YAYI, a su prendre le 1er janvier 2010. Cette ordonnance a été prise dans les conditions décrites par l'article 68, différentes de celles décrites par l'article 110 de la Constitution.

Par conséquent, qu'il plaise à la Haute Juridiction de dire et juger que l'Ordonnance n° 2014-01 du 02 janvier 2014 portant loi de finances pour la gestion 2014 n'est pas contraire à la Constitution et sans qu'il soit besoin de statuer sur les autres moyens. » ;

ANALYSE DU RECOURS

Considérant qu'aux termes de l'article 110 de la Constitution : « *L'Assemblée Nationale vote le budget en équilibre. Si l'Assemblée Nationale ne s'est pas prononcée, à la date du 31 décembre, les dispositions du projet de loi de finances peuvent être mises en vigueur par ordonnance.*

Le Gouvernement saisit, pour ratification, l'Assemblée Nationale convoquée en session extraordinaire dans un délai de quinze jours.

Si l'Assemblée Nationale n'a pas voté le budget à la fin de cette session extraordinaire le budget est établi définitivement par ordonnance. » ;

Considérant qu'il ressort de l'analyse des pièces du dossier que par Décision DCC 13-171 du 30 décembre 2013, la Cour a annulé le vote sur la loi de finances portant Budget Général de l'Etat, exercice 2014 et a imparti jusqu'au 31 décembre 2013 à l'Assemblée Nationale pour la reprise dudit vote conformément aux dispositions de l'article 56 du Règlement Intérieur de cette dernière ; que le vote n'étant pas intervenu le 31 décembre 2013, et pour permettre à l'Etat de disposer des ressources nécessaires pour faire face à ses charges, le Président de la République, en vertu de l'article 110 de la Constitution, a pris en Conseil des Ministres, en sa séance du 02 janvier 2014, l'Ordonnance n° 2014-01 portant loi de finances pour la gestion 2014 ;

que cette ordonnance précise en son article 30 : "La présente ordonnance qui entre en vigueur à compter du 1er janvier 2014, sera exécutée comme loi de l'Etat" ; que la date d'entrée en vigueur de ladite ordonnance étant fixée au 1er janvier 2014, il s'ensuit que la loi de finances, exercice 2014 couvre la période allant du 1er janvier au 31 décembre 2014 ; que le grief de méconnaissance du principe de l'annualité budgétaire articulé par le requérant contre l'Ordonnance n° 2014-01 du 2 janvier 2014 portant loi de finances pour la gestion 2014 n'est pas fondé ; qu'en conséquence, il échet de dire et juger que l'Ordonnance n° 2014-01 du 2 janvier 2014 portant loi de finances pour la gestion 2014 n'est pas contraire à la Constitution ;

DECIDE :

Article 1er.-. L'Ordonnance n° 2014-01 du 2 janvier 2014 portant loi de finances pour la gestion 2014 n'est pas contraire à la Constitution.

Article 2.- La présente décision sera notifiée à Monsieur Serge Roberto PRINCE AGBODJAN, à Monsieur le Secrétaire Général du Gouvernement et publiée au Journal Officiel.

Ont siégé à Cotonou, le trois avril deux mille quatorze,

Messieurs	Théodore HOLO	Président
	Zimé Yérima KORA-YAROU	Vice-Président
	Simplice Comlan DATO	Membre
	Bernard Dossou DEGBOE	Membre
Madame	Marcelline C. GBEHA AFOUDA	Membre
Monsieur	Akibou IBRAHIM G.	Membre
Madame	Lamatou NASSIROU	Membre

Le Rapporteur, Le Président,

Simplice Comlan DATO.- Professeur Théodore HOLO.-

OBSERVATIONS

I : Les principes budgétaires et la juridiction constitutionnelle

Lorsqu'on examine la jurisprudence de la Cour constitutionnelle sur 20 ans, on ne peut se priver de dire que la Cour n'a pas une grande appétence à traiter ce type de sujet. En témoigne l'examen de la loi organique relative aux lois de finances. La Cour a délivré son *nil obstat* sans demander aux parlementaires de déplacer une virgule ou de modifier un point. Alors qu'il y avait matière à demander des modifications.

Qu'est-ce qu'un principe budgétaire sinon une exigence juridique opposable aux acteurs de la gestion financière et comptable publique ? Le nouveau cadre harmonisé des finances publiques dans l'espace UEMOA reste fidèle à la tradition des principes budgétaires habituellement retracés par le droit public financier.

D'un point de vue historique, les principes du droit budgétaire sont issus d'un processus de sédimentation progressive en France, de la Restauration à la Monarchie de Juillet et au-delà. Ils se fondent sur un double souci de "gestion claire et honnête des comptes publics" et de "contrôle plus efficace du parlement sur l'action gouvernementale." S'il paraît judicieux d'affirmer que la multiplicité des exceptions et aménagements aux principes en ont "ébranlé parfois la solidité," il est tout aussi vrai que les principes budgétaires ont "fait preuve d'une réelle constance", parce qu'ils sont l'expression de la tradition libérale et démocratique dont se réclament les Etats membres de l'Union économique et monétaire ouest-africaine.

Les principes du droit budgétaire confortent la règle des quatre temps alternés qui sont : la préparation de la loi de finances (pouvoir exécutif), le vote de la loi de finances (le parlement qui autorise la perception de l'impôt et vote les dépenses), l'exécution de la loi de finances (gouvernement et ses services) et le contrôle assuré, *a posteriori*, par le pouvoir législatif.

De la diversité des principes du droit budgétaire, on peut, par un exercice de synthèse, distinguer deux grandes familles : les principes analytiques qui mettent l'accent sur les exigences de présentation de la loi de finances de l'année, d'une part, et les principes qualitatifs qui focalisent la qualité de la gouvernance financière publique.

La loi de finances est un document unique, qui présente, selon une périodicité annuelle et conformément au canevas fixé par la nomenclature budgétaire, toutes les opérations de dépenses et de recettes de l'Etat. A cette formulation se rattachent les principes de l'annualité et de l'universalité budgétaires qui sont soumis à l'appréciation de la Cour.

II : L'annualité budgétaire

2.1 : La solution de la Cour

L'annualité budgétaire a un triple contenu : *d'abord*, la loi de finances de l'année est votée avant chaque année civile. C'est la traduction de la règle de l'antériorité. La loi de finances de l'année prévoit et autorise, anticipe et valide.

Ensuite, la loi de finances de l'année s'exécute sur une année. La directive relative aux lois de finances évoque l'année civile (article 5) comme année de référence, ce qui fait coïncider l'année budgétaire et fiscale avec l'année civile, soit du 1er janvier au 31 décembre.

Enfin, la loi de finances de l'année, dans les engagements qu'elle contient en termes d'autorisation de recettes et de dépenses, n'est opposable que sur l'année civile de référence.

Dans ces conditions, peut-on dire que l'Ordonnance n° 2014-01 portant loi de finances de l'année pour la gestion 2014 couvre l'année civile 2014 alors que ladite ordonnance a été signée le 2 janvier 2014 ? En d'autres termes, l'annualité budgétaire est-elle respectée ? C'est la question de droit posée à la Cour. Celle-ci y répond en se fondant sur la rédaction de l'ordonnance n°2014-01. L'article 30 de ladite ordonnance dispose qu'elle "*entre en vigueur à compter du 1er janvier 2014*" et donc couvre les 365 jours de l'année civile. En conséquence, l'annualité budgétaire est respectée et il n'y a pas violation de la constitution.

2.2 : La rétroactivité des lois de finances en débats

La solution trouvée par la Cour signifie que l'ordonnance du 2 janvier ratifie et régularise les opérations financières intervenues le 1er janvier 2014. Bien que la journée du 1er janvier soit une journée chômée et payée pour tous les services publics, on ne peut douter qu'il y ait eu des activités résiduelles ayant conduit à des opérations financières publiques, soit en décaissement soit en encaissement à la date du 1er janvier. Ces opérations financières se sont donc déroulées sans base légale, en dehors de toute légalité financière. Au 1er janvier 2014, l'Etat était dans un vide juridique et ne pouvait fonder aucune opération financière sur une loi existante.

En 1994, la loi de finances de l'année (les ordonnances n°s 94-001 du 1er Août 1994 portant Loi de Finances pour la Gestion 1994 et 94-002 du 1er Août 1994 portant Loi de Programme d'Investissements Publics pour la Gestion 1994) date du 1er août. Entre le 1er janvier et le 1er août, il y a eu sept douzièmes provisoires qui ont permis à l'Etat de fonctionner sur une base de légalité financière. Ce qui aurait dû être initié au 31 décembre 2013, c'est le vote d'une loi portant autorisation de percevoir et de dépenser par douzièmes provisoires. Quitte à prendre une ordonnance dès le 2 janvier.

En somme, c'est la rétroactivité de la loi de finances de l'année qui est irrecevable. Il n'y a pas d'opération financière sans texte, il ne saurait y avoir de recettes ni de dépenses sans une loi de finances qui leur serve de support juridique. C'est ce qu'aux Etats-Unis d'Amérique, on appelle le *shutdown*.

III : L'universalité budgétaire
3.1 : Le principe

L'universalité budgétaire signfie que :

- il ne doit pas y avoir de compensation entre recettes et dépenses. Toute administration doit tenir ses comptes en distinguant nettement d'un côté les recettes dans leur intégralité et de l'autre, les dépenses tout aussi intégrales. Compenser les dépenses par les recettes pour ne laisser subsister qu'un solde à inscrire dans la loi de finances (produit net) est contraire à la règle de la non-compensation. La règle de la non-compensation (produit brut) pose une exigence d'exhaustivité analytique ;

- aucune recette précise ne doit servir à payer une dépense précise. Les recettes du budget sont fongibles. Elles constituent une masse compacte et indifférenciée qui doit servir à financer les dépenses de façon tout aussi indifférenciée, sans relier une recette particulière à une dépense particulière.

L'universalité budgétaire est prévue par l'article 32 de la directive n°06/2009/CM/UEMOA du 26 juin 2009 relative aux lois de finances, et par l'article 35 de la loi organique n° 2013-14 du 27 septembre 2013 relative aux lois de finances.

3.2 : La décision de la Cour

Dans la Décision DCC 16-060 du 06 mai 2016, Séïdou ABOU, le requérant, greffier de son état, conteste la conformité à la constitution de deux textes : le premier est "*le décret n° 2012-301 du 13 août 2012 en fixant le coût des actes a ordonné le reversement de 100% des recettes au Trésor public ce qui prive les greffiers en chef de leurs émoluments ;*" le second texte est l'arrêté n°0183/MEFPD/DC/SGM/DGTCP/SP du 21 janvier 2015, qui organise le "*reversement intégral de tous les produits recouvrés dans les caisses du Trésor public sans possibilité d'en retenir tout ou partie pour payer des dépenses éventuelles.*" Il faut préciser que la pratique des juridictions est que les sommes perçues par les greffes à titre de service rendus ou de cautions diverses, sont gérées par les greffiers eux-mêmes, à la fois ordonnateurs et comptables des opérations de recettes et de dépenses.

Or, pour le ministère en charge des finances, "*les produits générés par les activités de l'administration judiciaire sont pris en compte dans la classification des rémunérations dans des services rendus au même titre que ceux générés par les activités des autres services administratifs et techniques des ministères et institutions de l'Etat. L'institution de ces produits, les modalités de leur perception de même que l'emploi des recettes recouvrées ne peuvent déroger à l'orthodoxie financière en la matière.*" Ces opérations doivent être retracées dans la loi de finances et suivre les règles de la comptabilité publique.

La question de droit posée à la Cour était de savoir si le décret n° 2012-301 du 13 août 2012 et l'arrêté n°0183/MEFPD/DC/SGM/DGTCP/SP du 21 janvier 2015 sont conformes à la directive n°06/2009/CM/UEMOA du 26 juin 2009 relative aux lois de finances, et à l'article 35 de la loi organique n° 2013-14 du 27 septembre 2013 relative aux lois de finances. Pour la Cour, un tel exercice "*relève d'un contrôle de légalité ; (...) la Cour, juge de la constitutionnalité et non de la légalité, ne saurait en connaître ; (...) dès lors, il échet pour elle de se déclarer incompétente.*"

L'occasion de traiter une question de finances publiques a été manquée. Pour autant, on sait que, dans la jurisprudence de la Cour :

- les lois organiques font partie des normes de référence de la juridiction constitutionnelle. La loi organique relative aux lois de finances devrait en être une. En effet, et en guise d'illustration, on peut citer cet extrait d'une décision de la Cour, "*La (...) a violé les dispositions des articles 15 et 16 de la loi organique relative à la Haute autorité de l'audiovisuel et de la communication, et par conséquent, la constitution*" (Décision DCC 09-061 du 8 mai 2009, Michel Gnonlonfoun, Recueil 2009, vol.1, p.317).
- la confrontation directe des textes règlementaires aux normes de référence n'est pas une situation inédite dans la pratique jurisprudentielle de la Cour. Ont pu être jugés contraires à la constitution, le Décret n°2016-616 du 05 octobre 2016 (Décision DCC 17-065 du 16 mars 2017 Thierry Dovonon et autres) ou encore le Décret n°2016-631 du 12 octobre 2016 (Décision DCC 17-209 du 19 octobre 2017, Amédée Vignon Serge Weinsou).

III : La gestion performancielle des finances publiques

La gestion budgétaire par la performance ou encore la gestion performancielle des finances publiques est le nouveau paradigme de la gestion des finances publiques dans les pays membres de l'Union économique et monétaire de l'Afrique de l'ouest (UEMOA). Elle est concrétisée sur le plan juridique par la directive n°06/2009/CM/UEMOA du 26 juin 2009 relative aux lois de finances, et par la loi organique n° 2013-14 du 27 septembre 2013 relative aux lois de finances. On rattache à cette nouvelle gestion des finances publiques les traits fondamenatux suivants : la pluriannualité, le résultat et la mesure de la performance, la responsabilité et la reddition de comptes, la comptabilisation

sur la base des droits constatés et des obligations, la comptabilité générale de l'Etat et la comptabilité analytique des coûts.
L'une des déclinaisons pratiques de la gestion performancielle des finances publiques est la règle des "4 E" : efficacité, efficience, économie, environnement. Il s'agit de dépenser mieux et d'optimiser les extrants attendus de chaque franc dépensé. Le droit budgétaire des organes de l'Union économique et monétaire ouest africaine contient aussi un principe de "*bonne gouvernance*" qui s'analyse comme une exigence de performance et de transparence dans l'exécution des opérations financières de la Commission de l'UEMOA (N. MEDE, *Finances publiques*, *Espace UMOA/UEMOA*, Dakar, L'Harmattan, 2016, pp. 422 et suiv.).

C'est cette nouvelle exigence de sérieux budgétaire que le requérant a voulu faire sanctionner par la Cour dans la Décision DCC 15-202 du 10 septembre 2015, Amédée Vignon Serge WEINSOU (Recueil 2015, vol.4, p.1643) : le bon emploi des crédits, fonds et valeurs. Pour la Cour, "*s'agissant du caractère ruineux et dispendieux de la cérémonie d'investiture du 15 juin 2015, il y a lieu (...) de dire et juger que l'appréciation de cette demande ne relève pas de sa compétence telle que définie par les articles 114 et 117 de la Constitution ; que, dès lors, elle doit se déclarer incompétente de ce chef.*" Le requérant est convié à mieux se pourvoir, notamment devant le juge des comptes.

Cependant, une consécration constitutionnelle de la bonne gestion financière comme principe inhérent à la nouvelle gestion des finances publiques, ne serait-ce que par un *obiter dictum*, aurait contribué à faire avancer la cause de la qualité de la dépense publique dans un pays pauvre.

Si la Cour se refuse à valider ce qui apparaît en droit comparé comme un principe nouveau de finances publiques, *a fortiori,* est-elle fondée à se déclarer incompétente pour des questions d'infraction à la loi financière de l'Etat. La Cour juge, en effet, "*que l'appréciation des faits de malversations financières et autres fautes graves commises par un membre de la CENA, ne relève pas du champ de compétence de la Cour tel que défini par les articles 114 et 117 de la Constitution ; que dès lors, il échet pour elle de se déclarer incompétente de ce chef*" (Décision DCC 15-194 du 10 septembre 2015, Recueil 2015, vol.4, p.1563).

15

Décision DCC 06-074 du 8 juillet 2006
Président de la République
Recueil, 2006, p. 365

Le "bloc de constitutionnalité" et les normes de référence

La Cour Constitutionnelle,

- Saisie des requêtes :
- Du 26 juin 2006 enregistrée à son Secrétariat à la même date sous le numéro 1392/099/REC,
- Du 26 juin 2006 enregistrée à son Secrétariat à la même date sous le numéro 1393/100/REC,
- Du 24 juin 2006 enregistrée à son Secrétariat le 26 juin 2006 sous le numéro 1403/101/REC,
- Du 24 juin 2006 enregistrée à son Secrétariat le 26 juin 2006 sous le numéro 1404/102/REC,
- Du 26 juin 2006 enregistrée à son Secrétariat à la même date sous le numéro 1409/103/REC,
- Du 26 juin 2006 enregistrée à son Secrétariat le 27 juin 2006 sous le numéro 1427/105/REC,
- Du 27 juin 2006 enregistrée à son Secrétariat le 28 juin 2006 sous le numéro 1429/106/REC,
- Du 26 juin 2006 enregistrée à son Secrétariat le 28 juin 2006 sous le numéro 1431/107/REC,
- Du 27 juin 2006 enregistrée à son Secrétariat le 28 juin 2006 sous le numéro 1435/108/REC,
- Du 26 juin 2006 enregistrée à son Secrétariat le 28 juin 2006 sous le numéro 1438/109/REC,
- Du 27 juin 2006 enregistrée à son Secrétariat le 28 juin 2006 sous le numéro 1439/110/REC,
- Du 28 juin 2006 enregistrée à son Secrétariat à la même date sous le numéro 1440/111/REC,
- Du 29 juin 2006 enregistrée à son Secrétariat à la même date sous le numéro 1447/113/REC,
- Du 30 juin 2006 enregistrée à son Secrétariat à la même date sous le numéro 1461/114/REC,

- Du 29 juin 2006 enregistrée à son Secrétariat le 03 juillet 2006 sous le numéro 1468/117/REC,
- Du 29 juin 2006 enregistrée à son Secrétariat le 03 juillet 2006 sous le numéro 1475/119/REC,
- Du 04 juillet 2006 enregistrée à son Secrétariat à la même date sous le numéro 1476/120/REC,
- Du 04 juillet 2006 enregistrée à son Secrétariat à la même date sous le numéro 1477/121/REC,
- Du 05 juillet 2006 enregistrée à son Secrétariat à la même date sous le numéro 029-C/122/REC,
- Du 03 juillet 2006 enregistrée à son Secrétariat le 06 juillet 2006 sous le numéro 1521/124/REC,
- Du 06 juillet 2006 enregistrée à son Secrétariat à la même date sous le numéro 1522/125/REC,
- Du 06 juillet 2006 enregistrée à son Secrétariat le 07 juillet 2006 sous le numéro 1523/126/REC,
- Sans date enregistrée à son Secrétariat le 07 juillet 2006 sous le numéro 1529/128/REC, par lesquelles :

  - Messieurs Irené Jean AHOSSI, Macaire AGBANTE, Serge Roberto PRINCE AGBODJAN, Romain Martin HOUNKPODOTE, Jules Victorien KOUGBLENOU, Marius Thomas DAKPOGAN, Franck BASSA, Zinsè Denis Louis AKPOUE, Frédéric Zinsou ALOWAKOU, Brice H. Serge MARIANO, Hilaire HOUNSA, Nacirou R. AKANGBE,
  - Le Président de la République, Chef de l'Etat, Chef du Gouvernement,
  - Les députés André DASSOUNDO, Karimou CHABI-SIKA, Sacca LAFIA, Jean-Claude HOUNKPONOU, Zacari YOLOU, Barthélémy KASSA,
  - Madame Félicienne KIKI épouse TAKPA,
  - Monsieur Francis DODO, Président Fondateur du Cercle de Réflexions et d'Analyses Politiques (CRAP-BENIN),
  - Monsieur Victor T.SOWANOU, Président Directeur Exécutif du Forum des Jeunes pour l'Eveil de la Société Civile du Bénin (FOJEC BENIN),
  - ''Le Roi'' ALIGBONON, Président de l'ONG les Récades et Représentant du culte vodoun,
  - Monsieur Jeannot ZOHOUN, Président du Mouvement des Démocrates Béninois (MDB),

Sollicitent le contrôle de constitutionnalité de la Loi constitutionnelle n° 2006-13 portant révision de l'article 80 de la Constitution du 11 décembre 1990 votée par l'Assemblée Nationale le 23 juin 2006 ;

VU la Constitution du 11 décembre 1990 ;

VU la Loi n° 91-009 du 04 mars 1991 portant Loi Organique sur la Cour Constitutionnelle modifiée par la Loi du 31 mai 2001;

VU le Règlement Intérieur de la Cour Constitutionnelle ;

Ensemble les pièces du dossier ;

Ouï Monsieur Jacques MAYABA en son rapport ;

Après en avoir délibéré,

Considérant que Monsieur Nacirou R. AKANGBE forme un recours « en validation de la décision des députés sur la modification de la Constitution » ;

Considérant que quinze (15) requérants ont saisi la Cour aux fins d'invalidation de la loi querellée ;

Considérant que six (6) députés à l'Assemblée Nationale ont déféré la même loi aux mêmes fins ;

Considérant enfin que le Président de la République sollicite le contrôle de conformité à la Constitution de la loi sous examen ;

Considérant que les vingt-quatre (24) recours portent sur le contrôle de conformité de la loi déférée à la Constitution ; qu'il y a lieu de les joindre pour y être statué par une seule et même décision ;

Considérant que Monsieur Nacirou R. AKANGBE expose : « la question de la révision de la Constitution a depuis des années agité le monde politique et a toujours servi de tremplin pour semer la psychose au sein des paisibles citoyens...les documents et débats ayant conduit à la rédaction des articles de la Constitution ont-ils défini un cadre de concertation préalable avec les populations, la société civile ... avant la modification d'un quelconque article de celle-ci, alors que la loi, elle-même en ses articles 154 à 156 définit les conditions dans lesquelles peut intervenir sa révision ? Le peuple n'est consulté que par référendum et à une condition : « il faut que le quorum des quatre cinquièmes (4/5) des députés à l'Assemblée Nationale ne soit pas atteint. » Il est même fait mention à l'alinéa 2 de l'article 156 de ce qui ne peut faire l'objet de révision...Ce vote est un pas qui vient d'être fait dans la résolution du problème de la révision. Il doit servir de déclic à un débat plus large... » ; qu'il conclut que les exigences prévues aux articles 154 et 155 ont été respectées et demande en conséquence à la Cour de valider la loi ainsi votée ;

Considérant que les autres requérants exposent que le 23 juin 2006, les députés à l'Assemblée Nationale ont procédé dans la précipitation à la modification de l'article 80 de la Constitution en portant à cinq ans la durée du mandat parlementaire avec effet rétroactif pour la présente législature ; que certains affirment que le vote de la loi est intervenue en l'absence des secrétaires parlementaires et cela en violation des articles 17.5, 47.5, 58.4 et 129 du Règlement Intérieur de l'Assemblée Nationales aux termes desquels : « *le procès-verbal et le compte rendu sommaire de chaque séance signés du Président de séance et d'un Secrétaire parlementaire sont déposés aux archives de l'Assemblée Nationale. Ils sont également envoyés en quatre exemplaires au Président de la République. La publication du procès-verbal des débats est assurée au journal des débats parlementaires ou à défaut au Journal Officiel de la République du Bénin » ; « Les Secrétaires procèdent au dépouillement. Le Président proclame les résultats en ces termes : « l'Assemblée Nationale a adopté... » ou « l'Assemblée Nationale n'a pas adopté... » ; « les Secrétaires parlementaires assistent le Président dans la conduite des débats. Ils inscrivent les députés qui demandent la parole, contrôlent les appels nominaux, constatent les votes à main levée ou par assis debout et dépouillent les scrutins. Ils surveillent la rédaction du procès-verbal des séances, le tout conformément à l'article 17.5 du présent Règlement Intérieur.* » ; que Monsieur Karimou CHABI –SIKA, député à l'Assemblée Nationale, dénonce par ailleurs le non respect du caractère public des séances de l'Assemblée Nationale ; qu'il déclare en effet que le Président de l'Assemblée Nationale a fait fermer au public le portail d'accès et cela au mépris des dispositions de l'article 40.1 du Règlement Intérieur qui énonce : « Les séances de l'Assemblée Nationale sont publiques » ; qu'il explique avoir été victime de cette violation des libertés parlementaires ; que toujours au chapitre de la violation des dispositions du Règlement Intérieur, le député Sacca LAFIA précise que les procurations délivrées par les députés Eric HOUNDETE, Bio Bagou OROU YAROU, Patrice TOSSE, Sylvain AKINDES, Adam LAFIA MONWOO, Adrien HOUNGBEDJI, Corentin COHOUE, Eustache AKPOVI et Emmanuel GOLOU ne l'ont pas été dans les conditions prescrites par l'article 54.4 du Règlement Intérieur qui édicte : « *La délégation de vote est toujours personnelle, rédigée au nom d'un seul député nommément désigné et ne peut être transférée à un autre bénéficiaire ; elle doit être notifiée au Président avant l'ouverture du scrutin ou du premier des scrutins auxquels elle s'applique.* »

Considérant que les requérants soutiennent par ailleurs que selon l'article 74.5 du même Règlement Intérieur : « *Les propositions de lois dont l'adoption aurait pour conséquences, soit une diminution des ressources publiques, soit la création ou l'aggravation d'une charge publique, sont déclarées irrecevables par le Président de l'Assemblée Nationale si elles ne sont pas accompagnées d'une proposition d'augmentation de recettes ou d'économies équivalentes, conformément aux dispositions de l'article 107 de la Constitution.* » ; que pour n'avoir pas déclaré irrecevable la proposition de loi portant modification de l'article 80 de la Constitution qui n'était pas accompagnée d'une proposition d'augmentation de recettes, le Président de l'Assemblée Nationale a méconnu les dispositions de l'article 35 de la Constitution tout comme les députés qui ont voté pour la révision ; qu'ils allèguent en outre que la proposition de loi n'a pas été transmise au gouvernement dans les quarante-huit (48) heures prescrites par l'article 74.8 du Règlement Intérieur ni communiquée à la Commission des finances comme l'exige l'article 34.6 du Règlement Intérieur afin de recueillir les avis de ces deux institutions ;

Considérant que des requérants soulignent d'autre part que la façon dont la prorogation de mandat « est faite viole les droits fondamentaux notamment le droit accordé à tous les citoyens de participer librement à la direction des affaires publiques de leur pays, soit directement, soit par l'intermédiaire de représentants librement choisis, ce, conformément aux règles édictées par la loi » (article 13.1 de la Charte Africaine des Droits de l'Homme et des Peuples) ; qu'ils déclarent que le comportement des députés « est une confiscation du pouvoir législatif au sens du préambule de notre Constitution » qui énonce : « ...affirmons notre opposition fondamentale à tout régime politique fondé sur l'arbitraire, la dictature, l'injustice, la corruption, la concussion , le régionalisme, le népotisme, *la confiscation du pouvoir* et le pouvoir personnel » ; qu'ils ajoutent que selon l'article 3 alinéa 1er de la Constitution « *La souveraineté nationale appartient au peuple. Aucune fraction du peuple, aucune communauté, aucune corporation, aucun parti ou association politique, aucune organisation syndicale ni aucun individu ne peut s'en attribuer l'exercice.* » ; que « les députés constituent une fraction du peuple et ne peuvent en tant que tel s'arroger le droit de confisquer cette souveraineté » ;

Considérant que certains requérants demandent à la Cour de déclarer l'article 2 de la loi querellée contraire à la Constitution au motif que cette disposition viole le principe de la non- rétroactivité des lois ; qu'ils estiment que la nouvelle loi constitutionnelle ne peut rétroagir pour remettre en cause un mandat antérieur à sa mise en vigueur ; qu'en dehors du caractère personnel de cette loi qu'ils dénoncent, ils allèguent qu' « aucune prorogation de contrat ni maintien de députés en fin de mandat ne saurait intervenir hors l'expression du suffrage populaire » ; qu'ils ajoutent que la proclamation des résultats définitifs des élections des députés de la législature en cours constate et établit qu'ils sont élus pour quatre (4) ans et non pour (5)ans ; que l'article 2 de la loi querellée viole par conséquent l'autorité de la chose jugée conférée aux décisions de la Cour Constitutionnelle par l'article 124 alinéas 2 et 3 de la Constitution ;

Considérant que d'autres requérants développent par rapport à la régularité de la procédure de révision : « la lecture combinée des articles 154 et 155 de la Constitution du 11 décembre 1990 montre clairement que la procédure de modification de la Constitution du 11 décembre 1990, qu'elle soit par un projet de loi ou une proposition de loi, est à deux phases.
La première phase est celle prévue par l'alinéa 1 de l'article 154 ; il s'agit de la prise en considération du projet ou de la proposition de révision par un vote à la

majorité des trois quarts des membres composant l'Assemblée Nationale. Au terme de ce vote de prise en considération du projet ou de la proposition de révision, nous passons à la deuxième phase.
La deuxième phase est celle prévue par l'article 155 de la Constitution du 11 décembre 1990 qui est l'approbation du projet ou de la proposition de loi. En effet, l'article 155 dispose que ''la révision n'est acquise qu'après avoir été approuvée par référendum, sauf si le projet ou la proposition en cause a été approuvé à la majorité des quatre cinquièmes des membres composant l'Assemblée Nationale.''
Il est donc clair que sans procéder à un premier vote de prise en considération à la majorité des trois quarts des membres composant l'Assemblée Nationale comme le stipule l'article 154, les députés, en leur séance du 23 juin 2006, ne pouvaient et ne devaient pas procéder à la révision ou à la modification de l'article 80 de la Constitution du 11 décembre 1990.
La procédure cavalière du vote des députés de l'Assemblée Nationale au cours de la séance est faite en méconnaissance complète des dispositions des articles 154 et 155 de la Constitution du 11 décembre 1990 ;
Sans respecter la phase de la prise en considération (article 154) et la phase de l'approbation (article 155), nos députés ont voté en violation de toutes les règles constitutionnelles en vigueur régissant la matière et du bon sens une modification de l'article 80 de la Constitution du 11 décembre 1990 ramenant la fin du mandat de la législature en cours au 19 avril 2008. » ;

Considérant que Monsieur Macaire AGBANTE soutient pour sa part : « ...L'article 154 en son alinéa 1er stipule que : « *l'initiative de la révision de la Constitution appartient* concurremment *au Président de la République après décision prise en Conseil des Ministres et aux membres de l'Assemblée Nationale.* » Ce qui suppose que toute initiative de révision est décidée conjointement par les deux institutions que constituent l'Exécutif et le Législatif et non l'un ou l'autre. Dans ce cas d'espèce, l'initiative de la révision a été décidée par le Législatif seul et prise en considération. Au vu de ce qui précède, j'estime que la procédure de révision de la Constitution n'est pas respectée et par conséquent, n'est pas conforme à la loi fondamentale » ;que , s'agissant du CRAP-Bénin, il demande à la Cour de « mettre fin à cette démarche impopulaire et suicidaire pour notre jeune démocratie », car si les députés ont le droit de modifier la Constitution, ils doivent au préalable organiser une large concertation entre les différentes forces sociales et politiques de notre pays sur la question ; qu'il ajoute : « c'est incontestable qu'ils sont les représentants du peuple. Mais leur contrat avec le peuple n'est que de quatre(4) ans. Et puis, la tradition enseigne qu'il faut légiférer pour l'avenir et qu'on ne peut pas modifier un mandat en fin d'exercice » ; qu'il conclut que « l'acte des députés est un coup d'Etat intellectuel, un manquement et une injure grave ...au peuple béninois » ; que le Forum des Jeunes pour l'Eveil de la Société Civile du Bénin de son côté porte plainte contre les députés, se pose la question de savoir s'ils n'ont pas enfreint l'ordre constitutionnel et demande en conséquence à la Haute Juridiction de « régulariser cette situation dans l'intérêt général de la Nation… en essayant de sauvegarder l'essentiel pour la paix et le plus grand bien du peuple béninois » ; que le président de l'ONG les RECADES (Retrouvailles et Echanges Culturelles de l'Aire Adja Tado pour le Développement Economique et Social) estime que les députés n'ont pas tenu compte de la « position du peuple qui est le seul souverain » ; que Monsieur Hilaire HOUNSA affirme qu'en modifiant l'article 80 de la Constitution pour proroger leur mandat à cinq ans, les députés ont violé les articles 34 et 36 de la Constitution qui leur font obligation de respecter la Constitution et l'ordre constitutionnel et « d'entretenir avec d'autres des relations qui permettent de sauvegarder, de renforcer et de promouvoir le respect, le dialogue et la tolérance réciproque en vue de la paix et de la cohésion nationale » ; que Monsieur Frédéric ZINSOU ALOWAKOU, qui sollicite l'annulation de la loi votée, fait remarquer que la Constitution contient « huit restrictions » : les mineurs, les malades mentaux, les prisonniers, les étrangers qui ne doivent pas voter, le Président de la République qui a deux mandats, les personnes âgées de 70 ans qui ne sont pas éligibles au poste de Président de la République, l'armée qui doit être neutre, les députés qui ont un mandat de quatre ans renouvelable ; qu'il se demande pourquoi les députés considèrent leur cas comme une injustice ; que pour Monsieur Marius Thomas DAKPOGAN, « la modification de la Constitution, telle que votée par les députés est une altération en tant que cette modification entame dangereusement la paix et la cohésion sociales. En d'autres termes, elle porte atteinte à l'intégrité du territoire. Notre pays se trouve ainsi menacé de l'intérieur à cause du coup de force perpétré par les députés » ; que Monsieur Franck BASSA affirme « qu'une révision de la Constitution devrait se faire dans l'intérêt supérieur du peuple et non au profit d'une minorité ; que les députés sont élus par le peuple qu'ils représentent et qui leur a confié sa souveraineté et qu'ils ne peuvent s'en attribuer l'exercice sans l'accord préalable de ce dernier ; que la paix et la cohésion sociales sont menacées suivant l'article 156 de notre Constitution, que cette modification de l'article 80 est contraire aux dispositions de l'article 3 de la Constitution » ; que Monsieur Jeannot ZOHOUN, Président du Mouvement des démocrates béninois (MDB) se demande « si un mandat accordé par le peuple et validé par la Cour peut être remis en cause sans au préalable avoir recours au peuple souverain » ; que Madame Félicienne KIKI TAKPA soutient quant à elle qu' « un mandat ne peut être prorogé que par le mandant et un représentant n'a absolument pas le droit de modifier les termes du contrat sans l'accord de son mandant » ;

Considérant qu'aux termes de l'article 121 alinéa 1er de la Constitution : « *La Cour Constitutionnelle, à la demande du Président de la République ou de tout membre de l'Assemblée Nationale, se prononce sur la constitutionnalité des lois avant leur promulgation.* » ; qu'il découle de cette disposition que, selon la qualité du requérant, certains recours peuvent être irrecevables ou recevables ;

(...)

Dans le cadre de l'instruction desdits recours, vous avez demandé de produire le procès –verbal des débats parlementaires relatifs au vote de la loi et un mémoire sur les violations alléguées.
A ce sujet, j'ai l'honneur de soumettre à votre appréciation dans le cadre de ce mémoire ce qui suit :

I-LES CIRCONSTANCES DE DEROULEMENT DE LA SEANCE PLENIERE

La séance plénière du vendredi 23 juin 2006, débutée à 16 h 23 mn sous la présidence du Président de l'Assemblée Nationale, Monsieur Kolawolé A. IDJI, avait à son ordre du jour sept (07) points dont copie jointe en annexe 1.
Sur invitation du Président de séance, le député André DASSOUNDO, 2ème secrétaire parlementaire, seul présent à l'hémicycle ce vendredi-là, a donné lecture des dossiers de communications avant la poursuite de l'examen, article par article de la proposition de loi portant réglementation de la production, de la commercialisation et de la consommation des cigarettes et autres produits du tabac en République du Bénin.
Après adoption de la proposition de loi à l'unanimité des députés présents et représentés avec une abstention, constatée par le 2ème secrétaire parlementaire, la plupart des députés ont souhaité que le dossier relatif à la proposition de loi portant modification de la Constitution du 11 décembre 1990 (en son article 80) soit appelé.
Face à l'alternative de poursuivre de façon chronologique et d'appeler le point 4 de l'ordre du jour qui comportait trois articles, le Président de séance, assisté de son 2ème secrétaire parlementaire, a consulté la plénière, qui, par cinquante huit (58) voix pour, treize (13) contre et deux abstentions, a décidé de la modification de l'ordre du jour afin que la proposition de loi qui ne comportait, que trois articles, à la différence des autres dossiers, soit évoquée.
A cette étape, le député Karimou CHABI –SIKA a sollicité une suspension de cinq (05) minutes pour une concertation qui a été rejetée par la plénière par cinquante deux (52) voix pour, huit (08) contre et trois abstentions après un avis contraire du député Candide AZANNAÏ conformément à l'article 52 du Règlement Intérieur de l'Assemblée Nationale.

La commission des lois, de l'administration et des droits de l'homme a été invitée à se mettre en place pour la présentation du rapport relatif à la modification de l'article 80 de la Constitution.

A peine la commission a commencé la présentation du rapport que le député André DASSOUNDO, seul secrétaire parlementaire dans l'hémicycle s'est levé de sa place, doigt levé ; il sortit comme s'il voulait répondre à un appel.

Le rapport de la commission a suscité l'intervention des députés SACCA Lafia, Théophile NATA et Epiphane QUENUM.
Avant d'aller au fond du débat comme les deux autres qui l'ont suivi, le premier intervenant, dans une intervention liminaire a fait constater à la plénière l'absence du deuxième secrétaire parlementaire sans faire ressortir qu'il était pourtant présent depuis le début de la séance.
Suite aux interventions des députés SACCA Lafia, Théophile NATA et Chabi SIKA tendant à faire constater l'absence du deuxième secrétaire parlementaire, le Président de l'Assemblée Nationale a expliqué que toute la Représentation nationale l'a vu sortir comme s'il sentait un besoin, ses effets et ses lunettes sont encore sur place et que le député André DASSOUNDO est bel et bien présent à la reprise de la séance et que la plénière qui est souveraine, n'a pas trouvé d'objection à la poursuite des débats.
Avant la mise en place du matériel de vote, le Président a, dans une intervention liminaire, expliqué le mode de scrutin. Puis les scrutateurs et assesseurs ont été désignés pour les opérations de vote au scrutin secret.
Ainsi, la proposition de loi relative à la révision de l'article 80 de la Constitution du 11 décembre 1990 a été adoptée par soixante et onze (71) voix pour, huit (08) contre et une (01) abstention.

II- DE LA DISCUSSION DES VIOLATIONS ALLEGUEES

II- 1. Des violations liées aux dispositions de la Constitution

II-1.1 Sur la question de la souveraineté du peuple et la question de la révision (Article 2, 3 et 4 de la Constitution)

La plénière n'a pris aucun acte ou décision qui peut laisser penser que ces dispositions ont été violées.
Au surplus, l'article 4 de la Constitution affirme à raison que « le peuple exerce sa souveraineté par ses représentants élus et par voie de référendum. ».
S'agissant de la révision de la Constitution, le peuple n'est consulté par référendum que si le projet ou la proposition de loi n'a pas été approuvé par la majorité des 4/5ème des membres composant l'Assemblée Nationale (Article 155 de la Constitution).

II-1.2 Sur la question du droit d'aller et de venir (Article 25)

« L'Etat reconnaît et garantit dans les conditions fixées par la loi, la liberté d'aller et de venir, la liberté d'association, de réunion, de cortège et de manifestation. »
Cet article n'a subi aucune violation. Les libertés reconnues et affirmées dans cette disposition n'ont pas été violées. L'enregistrement des débats tels que transcrits dans le compte rendu intégral annexé, l'atteste éloquemment.

II-1.3 Sur le respect de la Constitution et le devoir de la fonction avec conscience (Articles 34 et 35)
L'Assemblée Nationale a respecté les procédures qui s'appliquent à la révision de la Constitution comme il est dit plus haut.
Par ailleurs, le Président de l'Assemblée Nationale qui avait la police des débats n'a aucun moment failli aux devoirs que lui impose sa haute fonction. Il l'a accompli à cette séance, comme à toutes les autres séances avec conscience, compétence, probité, dévouement et loyauté et ce, à la satisfaction de tous les députés.

II-1.4 Sur le respect de la considération du semblable sans discrimination (Article 36)
La prétendue violation de cette disposition relève de l'imagination et de la pure fantaisie et ne peut se comprendre dans le cadre d'une séance parlementaire.

II-1.5 Sur les conditions de recevabilité d'une proposition ou d'un amendement (Article 107)
Les arguments ont été développés au niveau de l'article 74.5 du Règlement Intérieur.

II-1-6. Sur la procédure de la révision (Articles 154 et 155)
Les deux articles susvisés se complètent. Il résulte de leur lecture combinée que le référendum constitue le mode principal de révision de la Constitution.
Ce référendum appelé référendum constitutionnel a lieu toutes les fois que le vote des députés est supérieur ou égal à la majorité des trois quarts mais inférieur à celle du quatre cinquième ($4/5^{ème}$).
Comme il a été relevé au point II-1.1., la révision est acquise si ledit vote atteint les quatre cinquième des membres composant l'Assemblée Nationale.
Or, la proposition de loi querellée, signée par soixante dix (70) députés a été déposée le 11 avril 2006. Communiquée à la séance plénière du 18 avril 2006, elle a été transmise au Gouvernement le 20 avril 2006. La commission l'a examinée le 21 et le 27 avril 2006. A cette dernière date, le Gouvernement était représenté par le ministre de la justice, chargé des relations avec les institutions, porte parole du Gouvernement.
A la plénière du 23 juin 2006, ladite proposition a obtenu 71 voix pour, 08 contre et 01 abstention. Il convient de mentionner que l'Assemblée Nationale compte 83 députés.

II-1.7 Sur l'atteinte à l'intégrité du territoire (Article 156)
La modification de l'article 80 est intervenue dans une période de paix sur toute l'étendue du territoire national. Mieux, elle ne concerne nullement la forme républicaine ni la laïcité de l'Etat.

II-2. Des violations liées aux dispositions du Règlement Intérieur de l'Assemblée Nationale

II-2.1 Sur la fonction des secrétaires parlementaires

Le secrétaire parlementaire qui a pris la séance avec le Président de l'Assemblée Nationale, a rempli ses obligations conformément à cette disposition. Le deuxième secrétaire parlementaire, comme tout député présent dans l'hémicycle au moment des plénières, s'est retiré comme pour satisfaire un besoin, laissant ses lunettes, affaires et documents, laissant croire qu'il reviendra à tout instant. Au moment de son déplacement et à cette étape de la procédure, le Président avait besoin, pour l'assister, de scrutateurs. Les députés Modeste KEREKOU et Adjibadé KOUSSONDA ont été désignés à cet effet.

En tout état de cause, le secrétaire parlementaire n'a pas formellement demandé à être absent et son comportement relève de la volonté manifeste de ne pas s'acquitter de ses obligations, ce qui constitue une violation des articles 34 et 35 de la Constitution.

Ce n'est qu'après avoir suspendu la séance que le secrétaire du 2ème secrétaire parlementaire s'est rendu dans l'hémicycle pour récupérer ses affaires, ce à quoi le député Epiphane QUENUM s'est opposé ; demandant que cela soit d'abord constaté par un huissier de justice.

Les députés comprendront par la suite que c'est dans le dessein d'aller faire une déclaration sur la radio « Océan FM ».En effet, dans le Journal *Le Matinal n° 2381 du 24 juin 2006*, (Annexe3), on lit ce qui suit :

« ...Merci, je vous dirai pourquoi je suis à Cotonou et surtout pourquoi je suis sur Océan FM. Au fait, je ne devrais pas être sur votre radio mais je suis venu sur la radio parce que j'apprends alors que je suis à Cotonou que les débats ont lieu à Porto-Novo. Débats selon lesquels le secrétaire parlementaire était présent alors que je suis bien à Cotonou et vous me voyez assis dans votre studio. C'est pour cela que je suis venu pour prendre l'opinion publique à témoin pour dire que ce qui se passe à Porto-Novo est extrêmement grave. Qu'une poignée de députés avec la bénédiction du Président de l'Assemblée Nationale décide de réviser la Constitution par un coup de force... ».

A la question : « *Les deux secrétaires parlementaires ne sont pas à l'hémicycle, alors quelle suite donner à ce vote ?* » Le secrétaire parlementaire dira :

«Justement, c'est cela que j'appelle un coup de force. Le Président de l'Assemblée Nationale sait très bien qu'aucun débat ne peut avoir lieu en l'absence des secrétaires parlementaires. Le secrétaire parlementaire, l'honorable Atchodé était déjà parti parce qu'il avait des obligations et moi je ne suis pas resté à Porto-Novo. Je suis parti parce que l'ambiance était pourrie. Il y avait des complots partout... »

Le journaliste ayant demandé *« quelle sera alors l'attitude des secrétaires parlementaires »*, le député André DASSOUNDO répond :

« Dans notre pays, il y a les voies de recours. Nous allons faire tout ce que nous devons faire légalement. Mais si on échoue, on verra bien. Nous sommes en politique. »

Au regard de tout ce qui précède, il s'ensuit que l'intéressé a, non seulement violé les dispositions susmentionnées de la Constitution, mais a fait preuve d'une turpitude : s'étant refusé de remplir délibérément les obligations dues à sa charge pour des raisons inavouées, l'on ne peut se prévaloir de l'absence d'un tel responsable qui a organisé sa propre disparition momentanée dont l'intention est, de vicier la procédure.
Laissant lunettes et documents, l'intéressé était conscient de vouloir faire croire qu'il reviendrait. Or, « nul n'a le droit de se prévaloir de sa propre turpitude ».
Par ailleurs, la supervision de la rédaction des procès-verbaux est un acte administratif qui est exécuté en dehors de l'hémicycle et des plénières et impose la présentation de ces procès-verbaux en début des nouvelles séances plénières. Admettre une telle possibilité, serait permettre à tout secrétaire parlementaire de prendre en otage une plénière, et de bloquer la procédure pour des raisons qui lui sont propres.
C'est donc à bon droit que le juge constitutionnel déclarera que la séance ouverte par le Président avec le Secrétaire parlementaire, qui n'a connu aucune suspension, n'a fait que se poursuivre. En organisant à dessein son absence physique, il ne pourra être fait application des articles susmentionnés.

II-2.2. Sur la délégation de vote (article 54 al.4)

A la plénière du 23 juin 2006, le Président de l'Assemblée Nationale a reçu comme il est de règle, toutes les procurations et aucun député n'a reçu dans l'hémicycle, plus d'une procuration. (cf. Annexe 4).

II-2.3.Sur l'irrecevabilité liée à l'aggravation ou à la diminution des ressources publiques et le renvoi à la commission compétente (articles 74.5 et 74.8)
Il n'y a eu aucune violation de ces dispositions qui n'étaient pas concernées par la procédure de révision de la Constitution qui est une procédure spéciale.
Lesdits articles sont dans le chapitre 1 relatif aux procédures législatives ordinaires et non dans le chapitre III qui concerne les procédures législatives spéciales. De plus, cette disposition est appliquée lorsqu'il est question du vote des lois de finances ou des lois d'autorisation de paiement de dépenses ou de perception des recettes.
Au demeurant, dans le cadre de la révision de l'article 80, il ne peut d'ailleurs être conclu, ni à une aggravation ni à une diminution des ressources, d'autant que le budget qui sera alloué n'est que celui de l'année précédente. De même, la proposition de loi en question concerne une disposition normative.
Enfin, le Parlement, au regard de nos lois, en l'occurrence l'article 141 du Règlement Intérieur, jouit de l'autonomie financière et établit chaque année son propre budget.
Il n'en sera pas de même dans le cadre du renouvellement de la mandature où de nouvelles dépenses seront créées et concerneront les primes de sevrage des

anciens députés, les charges liées aux différents avantages de la fonction parlementaire.

II-2.4.Sur la charge du secrétaire parlementaire

Les observations relatives à cet article sont les mêmes que celles développées au point II-2.1. (supra).
Au total, la révision de l'article 80 est intervenue dans le respect de la procédure et de la Constitution. Elle devra aider le gouvernement à faire face dans l'immédiat à d'autres charges et à mieux concentrer les ressources pour les échéances de 2008.
L'exposé des motifs fait apparaitre en effet que :
« ... l'application de la Constitution et des lois électorales en vigueur dans notre pays, impose au Gouvernement, l'organisation respectivement en 2007 et 2008, des élections législatives et des élections communales et municipales.
Ces opérations entraîneront pour les finances publiques des dépenses énormes, alors que l'Etat rencontre visiblement des difficultés pour honorer ses engagements financiers, notamment le paiement régulier et à bonne date des salaires, ainsi que des factures de biens et services à l'Etat. C'est cette situation qui a failli compromettre la bonne organisation de la dernière élection présidentielle ; et la CENA 2006 traîne encore des dettes que le nouveau pouvoir devra rembourser.
Si la pression populaire a favorisé la non contestation des résultats des scrutins des 05 et 19 mars 2006, c'est parce que tout le monde voulait d'un changement à la tête du pays ; il n'est pas certain que les choses se passent de la même manière pour les prochaines échéances électorales. En effet, la LEPI tant souhaitée pour servir de base à des élections transparentes, justes et crédibles n'a pas été réalisée et le RENA, la dernière trouvaille pour apaiser les uns et les autres a connu le même sort, faute de ressources financières.
Pour remédier à cette situation, les députés signataires estiment qu'il serait plus sage de cumuler les prochaines législatives avec les prochaines communales et municipales » (cf. Annexe5).
Telle est, Madame le Président de la Cour Constitutionnelle, la substance de ce mémoire, que j'ai l'honneur de soumettre à vote haute appréciation. » ;

Considérant que certains députés soutiennent qu'il y a violation des articles 17.5, 74.5, 74.8, 34.6, 54.5, 40.1, 40.2, 58.4, 47.5, 92.1 et 191 du Règlement Intérieur de l'Assemblée Nationale ; que selon la jurisprudence constante de la Cour, la Haute Juridiction a compétence pour apprécier la violation des dispositions du Règlement Intérieur de l'Assemblée Nationale lorsque lesdites dispositions constituent la mise en œuvre des règles constitutionnelles et font partie dès lors du bloc de constitutionnalité ;

Considérant que les requérants contestent le vote de la loi intervenue, au motif que les secrétaires parlementaires étaient absents de l'hémicycle ;

Considérant qu'aux termes de l'article 89 alinéas 1 et 2 1er tiret de la Constitution : « *Les travaux de l'Assemblée Nationale ont lieu suivant un Règlement Intérieur qu'elle adopte conformément à la Constitution.*
Le Règlement Intérieur détermine :

- *La composition, les règles de fonctionnement du Bureau ainsi que les pouvoirs et prérogatives de son Président* » ; que les articles 17.5, 58.4 et 129 du Règlement Intérieur relatifs au rôle des Secrétaires parlementaires constituent la mise en œuvre de l'article 89 de la Constitution précité ;

Considérant qu'il ressort du procès-verbal des débats parlementaires et de la réponse à la mesure d'instruction que le député André DASSOUNDO, seul Secrétaire parlementaire présent dans l'hémicycle, s'est levé au moment où la Commission des lois, de l'Administration et des Droits de l'Homme a été invitée à se mettre en place pour la présentation du rapport relatif à la modification de l'article 80 de la Constitution ; que les députés Sacca LAFIA, Théophile NATA et Chabi SIKA sont intervenus pour faire constater l'absence du seul Secrétaire parlementaire ; qu'après le vote, à la suspension de séance, le secrétaire du Secrétaire parlementaire s'est rendu dans l'hémicycle pour récupérer les affaires de ce dernier, ce à quoi le député Epiphane QUENUM s'est opposé ; qu'il s'ensuit que lors de la présentation du rapport de la Commission des lois, de l'Administration et des Droits de l'Homme, des débats et du vote de la loi que Monsieur André DASSOUNDO, Secrétaire parlementaire était bel et bien absent ; *que ses effets et lunettes laissés sur place ne sauraient tenir lieu de sa présence physique* encore moins le représenter dans les fonctions à lui dévolues, nonobstant les affirmations du Président de l'Assemblée Nationale selon lesquelles « Monsieur André DASSOUNDO est bel et bien présent à la reprise de la séance et la plénière qui est souveraine, n'a pas trouvé d'objection à la poursuite des débats » ; que, dès lors, il y a lieu de dire et juger qu'il y a violation des articles 17.5, 58.4 et 129 du Règlement Intérieur de l'Assemblée Nationale et partant, de la Constitution ;

Considérant que les articles 40 et 125 du *Règlement Intérieur de l'Assemblée Nationale traitent du caractère public des séances de l'Assemblée Nationale ; qu'ils constituent la mise en œuvre des dispositions des articles 86 et 89 de la Constitution ; que les éléments du dossier ne permettent pas d'établir le bien fondé des allégations du requérant tirées de la violation de l'article 25 de la Constitution ;* que, dès lors, il n'y a pas lieu de statuer en l'état ;

Considérant que l'article 54 du Règlement Intérieur de l'Assemblée Nationale est relatif aux délégations de vote ; qu'il s'agit de la mise en œuvre de l'article 93 de la Constitution qui énonce : « *Le droit de vote des députés est personnel.*

Le Règlement Intérieur de l'Assemblée Nationale peut autoriser exceptionnellement la délégation de vote. Dans ce cas, nul ne peut recevoir délégation de plus d'un mandat » ;

Considérant que l'examen des photocopies des procurations versées au dossier par le Président de l'Assemblée Nationale révèlent que ces procurations, au nombre de vingt-quatre (24) sont soit sans date, soit sans précision d'objet, soit encore surchargées ou raturées, soit non signées, soit avec des durées excédant un mois, soit avec des signatures différentes de celles portées sur les documents intitulés « Exposé des motifs » et liste de présence ; qu'il est regrettable que l'utilisation de telles procurations qui frise une fraude à la loi ait été prise en compte pour asseoir l'une des majorités qualifiées requises par la Constitution ; que cependant, la Haute Juridiction ne dispose pas d'éléments suffisants pour statuer en l'état sur la violation alléguée ; qu'il n'y a donc pas lieu à statuer en l'état ;

Considérant qu'aux termes de l'article 92.1 du Règlement Intérieur de l'Assemblée Nationale, « *Le Président de l'Assemblée Nationale transmet en quatre exemplaires au Président de la République, aux fins de promulgation, les lois votées par l'Assemblée Nationale dans les quarante-huit (48) heures de leur vote* » ; que cette disposition participe de la mise en œuvre de l'article 57 alinéa 2 de la Constitution ; qu'il est établi que la loi querellée a été votée le 23 juin 2006, mais n'a été transmise au Président de la République que le 27 juin 2006, soit plus de quarante-huit heures après ; qu'en agissant ainsi qu'il l'a fait, le Président de l'Assemblée Nationale a violé la Constitution ;

Considérant que les députés requérants allèguent que l'Assemblée Nationale n'a pas respecté la procédure de vote prévue par les articles 154 et 155 de la Constitution qui disposent respectivement : « *L'initiative de la révision de la Constitution appartient concurremment au Président de la République après décision prise en Conseil des Ministres et aux membres de l'Assemblée Nationale.*
Pour être pris en considération, le projet ou la proposition de révision doit être voté à la majorité des trois quarts des membres composant l'Assemblée Nationale. » ; « *La révision n'est acquise qu'après avoir été approuvée par référendum, sauf si le projet ou la proposition en cause a été approuvé à la majorité des quatre cinquièmes des membres composant l'Assemblée Nationale.* » ;

Considérant que la lecture combinée et croisée des articles 154 et 155 précités fait apparaitre que la procédure de révision de la Constitution se déroule en deux phases à savoir, la prise en considération du projet ou de la proposition de révision et l'adoption du projet ou de la proposition de révision ; qu'aux termes de l'article 154 alinéa 2, pour que le projet ou la proposition de révision soit pris en considération, il faut qu'il soit voté à la majorité des trois quarts (3/4) des membres composant l'Assemblée Nationale ; que cette première phase qui engage la procédure de révision ne saurait être escamotée ; qu'à la seconde phase, la révision n'est acquise qu'après avoir été approuvée par référendum à moins de l'avoir été à la majorité des quatre cinquièmes (4/5) des membres composant l'Assemblée Nationale ; qu'il résulte des éléments du dossier, notamment de la réponse du Président, que la première étape de la procédure de révision n'a pas été observée par l'Assemble Nationale ; que, dès lors, l'Assemblée Nationale a violé la Constitution ;

Considérant que certains requérants se fondant sur les dispositions des articles 74.5 du Règlement Intérieur et 107 de la Constitution demandent à la Haute Juridiction de déclarer irrecevable la loi n° 2006-13 portant révision de l'article 80 de la Constitution au motif que la proposition de loi aurait dû être accompagnée d'une proposition d'augmentation de recettes ; qu'ils affirment que « l'exposé des motifs qui accompagne la loi s'appuie sur deux éléments à savoir coupler les élections législatives et communales afin de minimiser les coûts d'organisation des élections et disposer du temps nécessaire pour rendre disponible la liste électorale permanente informatisée (LEPI) avant les prochaines élections ;

Considérant que les articles 107 de la Constitution et 74-5 du Règlement Intérieur de l'Assemblée Nationale énoncent respectivement : « *Les propositions et amendements déposés par les députés ne sont pas recevables lorsque leur adoption aurait pour conséquence soit une diminution des ressources publiques, soit la création ou l'aggravation d'une charge publique, à moins qu'ils ne soient accompagnés d'une proposition d'augmentation de recettes ou d'économies équivalentes* » ; « *Les propositions de lois dont l'adoption aurait pour conséquences, soit une diminution des ressources publiques , soit la création ou l'aggravation d'une charge publique, sont déclarées irrecevables par le Président de l'Assemblée Nationale si elles ne sont pas accompagnées d'une proposition d'augmentation de recettes ou d'économies équivalentes, conformément aux dispositions de l'article 107 de la Constitution » ;*

Considérant qu'il résulte de la réponse du Président de l'Assemblée Nationale que la proposition de modification de l'article 80 de la Constitution n'était pas accompagnée d'une proposition d'augmentation de recettes ou d'économies équivalentes ; que l'exposé des motifs tend à démontrer a contrario que le cumul des élections législatives et communales en 2008 aboutirait à des économies substantielles pour le budget national ; que le Président de l'Assemblée Nationale aurait dû, dès lors, déclarer irrecevable ladite proposition de loi qui n'était pas accompagnée d'une proposition d'économies équivalentes ; que ne l'ayant pas fait, le Président de l'Assemblée Nationale a violé la Constitution ;

Considérant que les requérants, sur le fondement du principe de la non-rétroactivité de la loi, demandent à la Haute Juridiction de déclarer contraire à la Constitution l'article 2 de la loi querellée qui édicte : « *Le mandat de la législature en cours qui a démarré le 22 avril 2003 prend fin le 21 avril 2008* » ;

Considérant qu'aux termes de l'article 80 de la Constitution du 11 décembre 1990 : « *Les députés sont élus au suffrage universel direct. La durée du mandat est de quatre ans. Ils sont rééligibles. Chaque député est le représentant de...* » ;

Considérant que ce mandat de quatre (4) ans, qui est une situation constitutionnellement établie, est le résultat du consensus national dégagé par la Conférence des Forces Vives de la Nation de Février 1990 et consacré par la Constitution en son Préambule qui réaffirme l'opposition fondamentale du peuple béninois à ... la confiscation du pouvoir ; que même si la Constitution a prévu les modalités de sa propre révision, *la détermination du peuple béninois à créer un Etat de droit et de démocratie pluraliste, la sauvegarde de la sécurité juridique et de la cohésion nationale commandent que toute révision tienne compte des idéaux qui ont présidé à l'adoption de la Constitution du 11 décembre 1990, notamment le consensus national, principe à valeur constitutionnelle* ; qu'en conséquence, les articles 1 et 2 de la loi constitutionnelle n° 2006-13 adoptée par l'Assemblée Nationale le 23 juin 2006, sans respecter le principe à valeur constitutionnelle ainsi rappelé, sont contraires à la Constitution ; et sans qu'il soit besoin de statuer sur les autres moyens ;

DECIDE :

Article 1er .- Les requêtes de Messieurs Nacirou R. AKANGBE, (...) Président du Mouvement des démocrates béninois (MDB), sont irrecevables.
Article 2.- L'Assemblée Nationale a violé les dispositions des articles 17.5, 47.5, 58.4 et 129 du Règlement Intérieur de l'Assemblée Nationale.
Article 3.- Il n'y a pas lieu à statuer en l'état sur les dispositions des articles 40 et 54 du Règlement Intérieur de l'Assemblée Nationale.
Article 4.- Le Président de l'Assemblée Nationale a violé l'article 92.1 du Règlement Intérieur de l'Assemblée Nationale.
Article 5.- L'Assemblée Nationale a violé les dispositions des articles 154 et 155 de la Constitution.
Article 6.- Le Président de l'Assemblée Nationale a violé les dispositions des articles 74.5 du Règlement Intérieur de l'Assemblée Nationale et 107 de la Constitution.
Article 7.- Toutes les dispositions de la Loi constitutionnelle n° 2006-13 portant révision de l'article 80 de la Constitution du 11 décembre 1990 votée par l'Assemblée Nationale le 23 juin 2006 sont contraires à la Constitution.

Article 8 .- La présente décision sera notifiée au Président de l'Assemblée Nationale, (…) et publiée au Journal Officiel.

Ont siégé à Cotonou, le huit juillet deux mille six,

Madame	Conceptia D. OUINSOU	Président
Messieurs	Jacques D. MAYABA	Vice-président
	Idrissou BOUKARI	Membre
	Pancrace BRATHIER	Membre
	Christophe KOUGNIAZONDE	Membre
Madame	Clotilde MEDEGAN-NOUGBODE	Membre
Monsieur	Lucien SEBO	Membre

Le Rapporteur, Le Président

Jacques D. MAYABA Conceptia D. OUINSOU

OBSERVATIONS

I : Une conception large du bloc de constitutionnalité

Le contrôle de constitutionnalité exercé par la Cour constitutionnelle serait aisé à circonscrire s'il ne s'agissait que d'un contrôle terme à terme entre les dispositions constitutionnelles et les lois votées par le parlement. La décision "Président de la République" offre une belle illustration de l'extension prétorienne des normes constitutionnelles de référence. La notion de bloc de constitutionnalité que l'on doit au Doyen Louis Favoreu, devient un concept largement évolutif, qui s'enrichit au fur et à mesure de la production et de l'audace de la juridiction constitutionnelle.

II : Les dispositions de la constitution

Ce sont les premières sources du contrôle de constitutionnalité. Les 160 articles de la constitution constituent le socle de la légalité constitutionnelle qui fonde la censure de la juridiction constitutionnelle.

La question de la place du préambule aurait pu être posée. La Cour l'invoque dans la décision "Président de la République" : "*le mandat est le résultat du consensus national dégagé par (...) et consacré par la Constitution en son Préambule qui réaffirme l'opposition fondamentale du peuple béninois à la (...) confiscation du pouvoir*". Dans sa Décision Cyrille Gougbédji, la Cour rappelle dans un considérant que "*le Préambule de la constitution du 11 décembre 1990 réaffirme l'opposition fondamentale du peuple béninois à tout régime politique fondé sur l'arbitraire, la dictature...la confiscation du pouvoir, le pouvoir personnel*" (Décision DCC 03-078 du 12 mai 2003 Gougbédji Cyrille, Akobi Issifou Ahmed, Recueil, 2003, p. 317). La Cour a eu recours à cette phrase du préambule pour marquer la contradiction et ainsi juger contraire à la constitution le comportement du Président du bureau d'âge de l'Assemblée nationale qui bloque délibérément le déroulement normal des élections au sein de l'Assemblée tendant à choisir les nouveaux membres du bureau du parlement après les élections législatives qui venaient de se dérouler.

III : La Charte africaine des droits de l'homme et des peuples

La constitution affirme expressément, dans son Préambule, que les dispositions de la Charte "*font partie intégrante de la présente constitution et du droit béninois et ont une valeur supérieure à la loi interne*". La Charte a nourri une abondante jurisprudence sur des thèmes aussi divers que le respect des droits de la défense, la présomption d'innocence, le délai raisonnable de jugement devant les juridictions, et surtout en matière de traitements inhumains et dégradants. L'exploitation des dispositions de la Charte n'est cependant que parcellaire. La Charte est un document syncrétique qui trouve sa place aux valeurs de l'Afrique des traditions. Elle affirme que "*la jouissance des droits et libertés implique l'accomplissement des devoirs de chacun*" et consacre son chapitre II aux devoirs de l'homme. Ce chapitre de trois articles célèbre les valeurs culturelles africaines positives, le sens de l'Etat et de l'intérêt général, le développement harmonieux de la famille et le travail. Cette partie de la Charte est beaucoup moins référencée par la Cour elle-même mais aussi par les requêtes dont elle est saisie.

IV : La Déclaration universelle des droits de l'homme

A la différence de la Charte africaine des droits de l'homme et des peuples, la Déclaration universelle des droits de l'homme ne fait pas explicitement partie intégrante de la constitution de 1990. La Cour l'invoque cependant, et parle de manière très laconique de "*l'attachement du peuple*" : "*Considérant que l'attachement du peuple béninois aux principes de la démocratie et des droits de l'homme tels qu'ils ont été définis par la charte des nations unies de 1945 et la déclaration universelle des droits de l'homme de 1948, s'est traduit par l'intégration à la constitution du 11 décembre 1990 de la Charte africaine des droits de l'homme et des peuples qui fait siens les principes précités*" (Décision DCC 34-94 du 23 décembre 1994, Président de la République, Recueil 1994, p. 159).

D'autres instruments internationaux sont à l'occasion sollicités par la Cour sans qu'on puisse affirmer de manière certaine qu'ils fondent juridiquement la décision ou simplement renforcent et corroborent la disposition constitutionnelle de référence. Ainsi, la Cour juge que "*l'article 9 de la loi ne viole ni la constitution ni les principes fondamentaux de l'Organisation internationale du travail*" (Décision DCC 11-065 du 30 septembre 2011, Président de la République). Elle ajoute, s'agissant d'une loi qui en abroge une autre, que "*l'abrogation de la loi 2009-10 du 13 mai 2009 enlève aux accords avec les partenaires le soubassement juridique et viole, par ailleurs, les exigences du Protocole additionnel de la CEDEAO en matière de transparence et de fiabilité de la liste électorale ; qu'en procédant à l'abrogation de ladite loi, l'Assemblée nationale a violé la constitution*" (Décision DCC 10-049 du 05 avril 2010 du 05 avril 2010, Président de la République, et autres). On déduit de cet énoncé le caractère supra-législatif des traités et accords (article 147 de la constitution) et un contrôle incident de conventionalité des lois.

V : Les lois organiques

Les lois organiques présentent deux grandes caractéristiques : *d'abord*, elles sont limitativement prévues par la constitution et concernent des domaines précis : la loi organique 86-021 du 26 septembre 1986 relative aux lois de finances, la loi organique relative à la Cour constitutionnelle modifiée par la loi du 31 mai 2001 (article 115 de la constitution), la loi organique relative au Conseil économique et social (article 140), la loi organique relative à la Haute autorité de l'audio-visuel et de la communication (article 143), la loi organique relative à la liberté de la presse (article 24), la loi organique sur la Haute cour de justice (article 135), la loi organique relative au référendum (article 4), la loi organique relative aux hauts emplois publics (article 56), la loi organique relative au Conseil supérieur de la magistrature (article 128). *Ensuite*, elles sont adoptées selon des règles de procédures dérogatoires du droit commun de vote et de promulgation des lois (article 97).

Cette double spécificité fait que la violation d'une loi organique est, en sous-main, la violation de la constitution parce qu'elle revient à modifier la normativité dans un domaine que la constitution elle-même a voulu régir autrement, par une loi organique. C'est ce rapport d'automaticité que la Cour souligne dans la formulation de ses décisions : "*La (...) a violé les dispositions des articles 15 et 16 de la loi organique relative à la Haute autorité de l'audiovisuel et de la communication, et par conséquent, la constitution*" (Décision DCC 09-061 du 8 mai 2009, Michel Gnonlonfoun).

La Cour a recours à certaines de ces lois organiques comme normes de contrôle pour censurer le fonctionnement interne des institutions constitutionnelles, ou pour rétablir la légalité financière s'agissant des lois de finances ou des lois à incidence financière.

V : Les règlements intérieurs des pouvoirs publics

Ils régissent l'organisation et le fonctionnement des institutions constitutionnelles et présentent l'originalité de ne point entrer en vigueur sans le contrôle de constitutionnalité exercé par la Cour constitutionnelle (Article 117).

La Cour s'est refusé, pendant un temps, de recevoir les recours fondés sur la violation des règlements intérieurs des institutions constitutionnelles, que ce soit l'Assemblée nationale (Décision 17 DC du 3 juin 1993, Président de l'Assemblée nationale, Recueil 1991-1992-1993, p. 89) ou le Conseil économique et social (Décision DCC 97-020 du 6 mai 1997, Maître Robert Bonou, Recueil 1997, p. 87).

Elle a, par la suite, admis la recevabilité des recours fondés sur la violation d'un règlement intérieur mais avec une nuance. La Cour précise en effet que les "*articles du Règlement intérieur ne font partie du bloc de constitutionnalité que s'ils constituent la mise en œuvre d'une disposition constitutionnelle ou à valeur constitutionnelle*" (Décision DCC 01-013 du 29 janvier 2001, Sanny Babatoundé, Recueil 2001, p.69). Une illustration de cette démarche est fournie lorsque la Cour juge "*qu'il y a violation de l'article 48-2 du Règlement intérieur de l'Assemblée nationale, lequel constitue la mise en œuvre de l'article 89 de la constitution*" (Décision DCC 01-015 du 14 février 2001, Sacca-Kina Guezéré Chabi Jérôme, Recueil 2001, p.77).

VI : L'esprit de la constitution : les règles et principes de création prétorienne

Dès 1993, la Cour jugea "*non-conforme à l'esprit de la constitution*" certains actes qui furent déférés à sa censure. Elle ajouta que "*parmi les moyens dont dispose la Cour pour vérifier la constitutionnalité, figurent les techniques d'interprétation*" (Décision 14 DC du 16 février 1993, Association des journalistes du Bénin, Recueil 1991-1992-1993, p.69). D'où le recours au Préambule, aux fondements principiels du régime, au refus de l'arbitraire, du pouvoir personnel, de la dictature, de la confiscation du pouvoir, etc. L'interprétation se fait à la fois acte cognitif, descriptif (Hans KELSEN mentionnée par Y. AGUILA, "Cinq questions sur l'interprétation constitutionnelle", *Revue Française de Droit constitutionnel*, 1995, p.40) parce que rattachée à quelque substrat écrit ; elle se fait aussi acte de volonté et œuvre créatrice du juge (M. Troper, "Le problème de l'interprétation et la théorie de la supra-légalité constitutionnelle", *in* Mélanges Charles Eisenmann, Paris, Cujas, 1977).

La décision "Président de la République" apporte la preuve que la notion de bloc de constitutionnalité est non seulement indéterminée dans son contenu mais aussi très évolutive dans l'énoncé des normes constitutionnelles de référence. Par cette décision, la Cour fait émerger le *consensus national* au rang des principes de valeur constitutionnelle. Georges VEDEL soutenait que tout principe constitutionnel a sa source et ses références dans le texte même de la constitution (G. VEDEL, "Souveraineté et supra-constitutionnalité", *Pouvoirs* n°67/1993 p.82). Mais, lorsque les ressources tirées des dispositions constitutionnelles deviennent insuffisantes, le recours à l'interprétation devient une issue (S. PIERRE-CAPS, "L'esprit des constitutions", *in* Mélanges Pierre PACTET, Paris, Dalloz, 2003, p. 375). Le consensus national vient ainsi au secours de la république, mais son évocation relève d'une audace jurisprudentielle. La constitution n'en fait pas mention mais évoque dans son préambule, la Conférence nationale de février 1990 et la "*réconciliation nationale*" qu'elle a rendue possible. La démarche du juge fait-elle de la Conférence nationale elle-même un vivier de principes à valeur constitutionnelle ? Cette orientation jurisprudentielle semble se confirmer et il n'est pas exclu qu'à l'avenir, d'autres principes à valeur constitutionnelle soient directement et expressément tirés des travaux de ladite conférence.

En guise d'exemple, saisie d'un recours en appréciation de constitutionnalité de la loi organique n° 2011-27 portant conditions de recours au référendum, la Cour affirme "*que l'examen de la loi fait ressortir que l'article 6 est contraire à la Constitution en ce qu'il ne cite pas toutes les options fondamentales de la Conférence Nationale de février 1990 et qui sont reprises par les articles 42, 44 et 54 de la Constitution ; qu'il s'agit du nombre de mandats présidentiels, de la limitation d'âge pour les candidats à l'élection présidentielle et de la nature présidentielle du régime politique dans notre pays ; que l'article 6 doit donc être reformulé comme suit : 'Ne peuvent faire l'objet de questions à soumettre au référendum, les options fondamentales de la Conférence Nationale de février 1990, à savoir:*

- *la forme républicaine et la laïcité de l'Etat ;*
- *l'atteinte à l'intégrité du territoire national ;*
- *le mandat présidentiel de cinq ans, renouvelable une seule fois ;*
- *la limite d'âge de 40 ans au moins et 70 ans au plus pour tout candidat à l'élection présidentielle ;*
- *le type présidentiel du régime politique au Bénin'*".

Cette énumération va au-delà du contenu de l'article 156 de la constitution où il n'est question que de la forme républicaine et de la laïcité. La nouvelle rédaction de l'article 6 introduite par la Cour élargit ce bloc de principes et règles intangibles, hors des compétences du pouvoir constituant dérivé. Se trouve à nouveau posée la question de la légitimité des règles posant un principe de supraconstitutionnalité. Comme le dit un auteur, une génération peut-elle lier par ses lois les générations futures ? Lier de façon intangible ? Dans le contexte béninois, la vanité des dispositions de supraconstitionnalité a été mise en évidence, en 1989, lorsqu'une réunion de l'exécutif élargi au comité central du parti unique décide de renoncer au marxisme-léninisme alors que la Loi fondamentale de 1977 fait du socialisme marxiste-léniniste, un choix du peuple béninois insusceptible de révision par une loi constitutionnelle !

Au total, l'analyse de la jurisprudence de la Cour indique que celle-ci se situe moins sur le terrain des articles que sur celui des valeurs. Les normes de référence sont moins les dispositions constitutionnelles que l'évocation des idées qui fondent ces dispositions. Pour la Cour, "*la constitution, norme fondatrice de l'Etat, ne se réduit pas à la détermination des règles relatives à la dévolution et à l'exercice du pouvoir dans l'Etat ; (...) elle met toujours en œuvre une certaine idée de droit, c'est-à-dire, l'image de l'ordre social qu'il conviendrait de réaliser en vue du bien commun du peuple ; (...) elle est donc porteuse d'un idéal de société qui doit inspirer toute l'activité politique de l'Etat*" (Décision DCC 09-016 du 19 février 2009, Assouan Comlan Dègla). Cet idéal de société, qu'il transparaisse ou non dans le texte de la constitution, fait l'objet d'une défense assidue par la juridiction constitutionnelle.

16

Décision DCC 97-033 du 10 juin 1997
Dako Fortuné, Kakpo Damien
Recueil 1997, p. 137

L'inamovibilité des magistrats

La Cour Constitutionnelle,

Saisie d'une requête du 02 avril 1997 enregistrée à son Secrétariat à la même date sous le numéro 0545, par laquelle Monsieur Fortuné DAKO, Magistrat du siège, demande de déclarer inconstitutionnel le Décret n°97–80 du 28 février 1997 pour violation de l'article 126 alinéa 2 de la Constitution et d'ordonner avant-dire-droit de surseoir à son exécution ;
Saisie en outre d'une requête du 09 avril 1997 enregistrée à son Secrétariat à la même date sous le numéro 0581, par laquelle Monsieur Damien KAKPO, magistrat du siège, assisté de Maître Barthélémy SINGBO, avocat à la Cour, demande de déclarer inconstitutionnel le Décret n° 97-77 du 28 février 1997 pour le même motif et d'ordonner avant-dire-droit de surseoir à son exécution ;

VU la Constitution du 11 décembre 1990 ;
VU la Loi Organique n° 91–009 du 04 mars 1991 sur la Cour Constitutionnelle ;
VU le Règlement Intérieur de la Cour Constitutionnelle ;
Ensemble les pièces du dossier ;
Ouï Monsieur Pierre E.EHOUMI en son rapport ;
Après en avoir délibéré,

Considérant que les deux demandes ont pour objet l'application de l'article 126 de la Constitution ; qu'il y a lieu de les joindre pour y être statué par une seule décision ;

Considérant que par Décret n°97–80 du 28 février 1997, Monsieur Fortuné DAKO, juge au Tribunal de première instance de Porto–Novo, a été nommé juge au Tribunal de première instance de Natitingou ; que par Décret n° 97–77 de la même date, Monsieur Damien KAKPO, juge au Tribunal de première instance de Porto-Novo, a été nommé juge au Tribunal de première instance de Kandi ;

Considérant que les deux requérants développent qu'ils sont victimes d'une affectation d'office ; qu'en effet, lorsqu'ils ont été invités par le Garde des Sceaux, Ministre de la Justice, de la Législation et des Droits de l'Homme (M.J.L.D.H) à choisir de nouveaux postes (d'affectation), ils n'ont respectivement désigné ni Natitingou ni Kandi ; que, par conséquent, l'article 126 alinéa 2 de la Constitution a été violé ;qu'ils sollicitent par ailleurs qu'il soit ordonné le sursis à exécution des décrets déférés ;

Considérant que la Constitution dispose en son article 126 : « ...Les magistrats du Siège sont inamovibles. » ; qu'ainsi la Constitution pose le principe de l'inamovibilité des magistrats du siège sans en préciser le contenu ;

Considérant que la Loi n° 83–005 du 17 mai 1983 portant Statut de la Magistrature, seule actuellement en vigueur, ne contient aucune disposition sur le principe sus– énoncé, et ce contrairement à la Loi n° 65–5 du 20 avril 1965 portant Statut de la Magistrature qu'elle a abrogée ; qu'il s'ensuit que le Droit positif béninois ne dispose d'aucun texte d'application en la matière ;

Considérant cependant que dans le préambule de la Constitution, le peuple béninois a affirmé solennellement sa « *détermination... de créer un Etat de droit...dans lequel les droits fondamentaux de l'homme...et la justice sont garantis, protégés et promus comme la condition nécessaire au développement véritable et harmonieux de chaque Béninois...* » ;

Considérant en conséquence que la réalisation de l'Etat de droit est une exigence constitutionnelle dont le respect s'impose à tous, notamment au pouvoir exécutif ; que celui–ci, dès lors, a l'obligation de se conformer à la Constitution dans ses actes ;

Considérant que les dispositions de l'article 126 alinéa 2 de la Constitution ont pour objet notamment d'assurer aux magistrats du siège l'indépendance nécessaire à l'exercice de leurs fonctions ; que le principe de l'inamovibilité ainsi affirmé constitue une garantie essentielle de cette indépendance dont le vrai bénéficiaire est le justiciable ;

Considérant qu'en l'absence de tout texte définissant avec précision le principe d'inamovibilité et en conformité avec l'esprit de la Constitution du 11 décembre 1990, les magistrats du siège ne sauraient être sous la dépendance du pouvoir exécutif qui ne peut, sans observer *une procédure minimale* tendant à garantir cette indépendance, les nommer aux diverses fonctions ;

Considérant que dans le cas d'espèce, le Garde des Sceaux, Ministre de la Justice, de la Législation et des Droits de l'Homme a adressé à chacun des requérants la *Lettre n°228/MJLDH/DC/SP-C* du 11 juin 1996, par laquelle il leur demandait de lui faire connaître dans chacun des trois groupes de juridictions du territoire qu'il a constitués, et par ordre de préférence, une seule juridiction dans laquelle ils auraient « souhaité servir la Nation » ; qu'en réponse à cette lettre, Monsieur DAKO a choisi dans l'ordre Porto–Novo, Lokossa et Parakou, et Monsieur KAKPO a souhaité ne pas quitter son poste, le premier de sa carrière, estimant qu'une année de pratique était insuffisante pour acquérir la somme d'expérience utile à l'exercice de sa fonction ;

Considérant que c'est dans ces conditions que le premier a été affecté à Natitingou et le second à Kandi ;

Considérant que le respect du principe d'inamovibilité exige que le magistrat du siège ait été individuellement consulté à la fois sur les nouvelles fonctions qui lui sont proposées et les lieux précis où il est appelé à les exercer ; que les éléments de cette consultation constituent les conditions de la procédure minimale exigée pour la garantie de l'indépendance des magistrats du siège ; que la lettre précitée du Garde des Sceaux, Ministre de la Justice, de la Législation et des Droits de l'Homme n'ayant porté que sur le lieu d'affectation ne satisfait pas au principe d'inamovibilité des juges ; que, dès lors, les décrets d'affectation déférés ne sont pas conformes à la Constitution ;

Considérant qu'il n'y a pas lieu de statuer sur la demande de sursis à l'exécution de ces décrets ;

DECIDE :

Article 1er.-

Les décrets n°s 97–77 et 97–80 du 28 février 1997 ne sont pas conformes à l'article 126 alinéa 2 de la Constitution ;

Article 2.-

La présente décision sera notifiée à Messieurs Fortuné DAKO, Damien KAKPO, au Président de la République et publiée au Journal Officiel.

Ont siégé à Cotonou, le dix juin mil neuf cent quatre-vingt-dix-sept,

Madame	Elisabeth K. POGNON	Président
Messieurs	Alexis HOUNTONDJI	Vice-président
	Bruno O. AHONLONSOU	Membre
	Pierre E. EHOUMI	Membre
	Alfred ELEGBE	Membre
	Maurice GLELE-AHANHANZO	Membre
	Hubert MAGA	Membre

Le Rapporteur — Le Président,

Pierre E. EHOUMI — Elisabeth K. POGNON

OBSERVATIONS

I : L'inamovibilité, corollaire de l'indépendance de la magistrature

La notion d'indépendance est consubstantielle à la fonction juridictionnelle. Les auteurs s'accordent à reconnaître que "*la justice est par excellence, le domaine où l'indépendance des personnes ou des institutions est proclamée et garantie*" (R. HERTZOG "Réflexions sur l'indépendance des organes publics", *in Revue Française d'Administration Publique* n° 90/1999, pp. 218-219). Le constituant béninois ne déroge pas à cette orientation républicaine lorsqu'il inscrit dans le texte constitutionnel que le pouvoir judiciaire "*est indépendant du pouvoir législatif et du pouvoir exécutif*" (Article 125). La mise en œuvre de cette indépendance prend, entre autres chemins, la voie de l'organisation de l'inamovibilité des magistrats, telle qu'elle est d'ailleurs inscrite à l'article 126 de la constitution : "*les magistrats du siège sont inamovibles.*"

La Cour, garante de la légalité constitutionnelle, s'est prononcée à plusieurs reprises sur le sens et la portée de cette inamovibilité.

II : L'inamovibilité selon la "procédure minimale".

La "*procédure minimale*" est celle de la procédure par défaut. Ainsi que l'indique la Cour cette procédure s'applique "*en l'absence de tout texte définissant avec précision le principe de l'inamovibilité*". En effet, la loi n°65-5 du 20 avril 1965 portant statut de la magistrature avait prévu le sens et les modalités de l'inamovibilité des magistrats. Cette loi fut abrogée par la loi n°83-005 du 17 mai 1983 portant statut de la magistrature, laquelle loi, fidèle à l'esprit révolutionnaire marxiste-léniniste et au centralisme démocratique, ne fait aucune place aux notions "*bourgeoises*" dont l'inamovibilité des magistrats.

Le laconisme de la constitution de 1990 mettait la Cour dans une situation perplexe. Elle devait garantir le principe de l'inamovibilité en lui donnant un contenu. La Cour se refuse à s'inspirer du droit comparé du "*consentement exprès et préalable*" (Décision DCC 02-057 du 4 juin 2002, Dossou-Koko Stanislas, Recueil 2002, p. 239). La procédure minimale fixée par la Cour exige que le magistrat du siège "*ait été individuellement consulté à la fois sur les nouvelles fonctions (...) et les lieux précis où il est appelé à les exercer*". Qu'il ait ensuite donné son assentiment ou non, importait peu pour la validité de la "*consultation*" (Décision DCC 01-033 du 13 juin 2001, Dako Fortuné, Kakpo Damien, Recueil 2001, p147).

III : L'inamovibilité par l'exigence du consentement préalable

Le fondement juridique de la décision Dako Fortuné, Kakpo Damien est modifié avec l'entrée en vigueur d'une nouvelle loi portant organisation judiciaire (loi n° 2001-37 du 27 août 2002) et d'une nouvelle loi portant statut de la magistrature (loi n°2001-35 du 21 février 2003) lesquelles disposent respectivement que "*les magistrats du siège sont inamovibles et ne peuvent donc être mutés de leur poste, même pour une promotion, qu'avec leur consentement*" (Article 5) et que "*l'affectation du magistrat du siège est subordonnée à sa consultation à la fois sur la nouvelle fonction qui lui est proposée et le lieu où il est appelé à exercer d'une part, et à son consentement préalable d'autre part*" (Article 23 alinéa 1). A défaut de ce consentement préalable sur le poste et sur le lieu, un acte administratif portant affectation d'un magistrat du siège est contraire à la constitution (Décision DCC 06-070 du 21 juin 2006, Hodonou Armand, Recueil 2006, p.339 ; voir aussi Décision DCC 14-121 du 3 juillet 2014, Edouard Ignace Gangny, Recueil 2014, volume 2, p. 832).

Si par contre, le ministre de la justice entend faire une mutation motivée par une faute du magistrat du siège, il doit au préalable enclencher une procédure disciplinaire contre l'intéressé (Décision DCC 06-063 du 20 juin 2006, Koukpaki A. Fréjus, Recueil 2006, p. 307).

Enfin, "*L'inamovibilité du magistrat du siège ne constitue pas un privilège personnel pour le juge. Elle vise à garantir l'indépendance de la justice.*" Dès lors, les magistrats du parquet, ceux en service à la Chancellerie ainsi que les magistrats en position de détachement ne sont pas concernés par les règles posées en matière d'inamovibilité des magistrats (Décision DCC 14-143 du 17 juillet 2014, Claire Houngan Ayemona, Recueil 2014, volume 2, p.979).

17

Décision DCC 04-038 du 20 avril 2004
Boya Eugène
Recueil, 2004, p. 165

La charge de la preuve

La Cour Constitutionnelle,

Saisie d'une requête du 15 octobre 2002 enregistrée à son Secrétariat le 18 octobre 2002, sous le numéro 2066/127/REC, par laquelle Monsieur Eugène BOYA porte plainte contre le Ministre de l'Environnement, de l'Habitat et de l'Urbanisme et le Ministre de la Santé pour violation des articles 33, 34, 35 et 124 de la Constitution ;

VU la Constitution du 11 décembre 1990 ;
VU la Loi n° 91-009 du 04 mars 1991 portant Loi Organique sur la Cour Constitutionnelle modifiée par la Loi du 31mai 2001 ;
VU le Règlement Intérieur de la Cour Constitutionnelle ;
Ensemble les pièces du dossier ;
Ouï le Conseiller Pancrace BRATHIER en son rapport ;
Après en avoir délibéré,

Considérant que Monsieur Eugène BOYA expose que suite à la Décision DCC 02-065 du 05 juin 2002 de la Cour Constitutionnelle, le Ministre de l'Environnement, de l'Habitat et de l'Urbanisme et le Ministre de la Santé Publique « conformément aux dispositions de l'article 124 de la Constitution, devraient prendre des mesures adéquates et efficaces pour faire déplacer l'unité d'exploitation de volailles de Monsieur Innocent DAHOUETO en application des normes légales et réglementaires en vigueur, la décision de la Cour ayant entraîné des obligations erga omnes » ; qu'il soutient que les deux Ministres « n'ont pas pris des dispositions utiles et efficaces aux termes des articles 33, 34, 35 et 124 de la Constitution pour exécuter ladite décision... » ; qu'il demande à la Haute Juridiction de déclarer « contraires aux articles 27, 33, 34 et 124 ainsi qu'à tous autres... de la Constitution les comportements du Ministre de l'Environnement, de l'Habitat et de l'Urbanisme et le Ministre de la Santé Publique » ;

Considérant que la Constitution en ses articles 27, 33, 34, 35 et 124 dispose respectivement :

> Article 27 : « *Toute personne a droit à un environnement sain, satisfaisant et durable et a le devoir de le défendre. L'Etat veille à la protection de l'Environnement.* » ;
>
> Article 33 : « *Tous les citoyens de la République du Bénin ont le devoir de travailler pour le bien commun, de remplir toutes leurs obligations civiques et professionnelles, de s'acquitter de leurs contributions fiscales.* » ;
>
> Article 34 : « *Tout citoyen béninois, civil ou militaire, a le devoir sacré de respecter en toutes circonstances, la Constitution et l'ordre constitutionnel établi ainsi que les lois et règlements de la République.* » ;
>
> Article 35 : « *Les citoyens chargés d'une fonction publique ou élus à une fonction politique ont le devoir de l'accomplir avec conscience, compétence, probité, dévouement et loyauté dans l'intérêt et le respect du bien commun.* » ;
>
> Article 124 : « *...Les décisions de la Cour Constitutionnelle ne sont susceptibles d'aucun recours.*
> *Elles s'imposent aux pouvoirs publics et à toutes les autorités civiles, militaires et juridictionnelles* » ;

Considérant qu'en réponse aux mesures d'instruction de la Haute Juridiction, le Ministre de la Santé Publique a affirmé qu'en exécution de la Décision DCC 02-065 ci-dessus visée, « une équipe de son département a été dépêchée sur le site d'élevage de volailles de Monsieur Innocent DAHOUETO et a constaté que malgré les sommations successives adressées à l'intéressé par les polices sanitaire et environnementale suite à la première plainte de Monsieur Eugène BOYA, il n'a pas cru devoir cesser son élevage en agglomération » ; qu'il a indiqué qu'une convocation de l'intéressé dans son ministère par la police sanitaire a révélé qu'il a introduit un recours en annulation de la décision administrative du Ministère de l'Environnement, de l'Habitat et de l'Urbanisme (MEHU) qui lui faisait injonction de déplacer son poulailler de l'agglomération ; que, cependant, malgré ce recours, un délai de déguerpissement allant jusqu'à la fin de l'année 2002 a été accordé au mis en cause tout en lui imposant un suivi sanitaire régulier afin d'atténuer au maximum les risques de pollution atmosphérique ; qu'il a ajouté que « le suivi a été strictement observé et a abouti en janvier 2003 au dégagement du poulailler vers une zone rurale » ; qu'il s'ensuit que le Ministre de la Santé Publique n'a pas violé la Constitution ;

Considérant que le Ministre de l'Environnement, de l'Habitat et de l'Urbanisme a, quant à lui, produit à la Cour un « mémorandum » retraçant la chronologie des actions menées par ses services compétents dès la réception de la plainte de Monsieur BOYA ; qu'il ressort de ce mémorandum que suite à cette plainte, la police environnementale a effectué une inspection sur les lieux et adressé, le 22 novembre 2001, une lettre de mise en demeure à Monsieur Innocent DAHOUETO, lui demandant de faire déplacer son poulailler de l'agglomération au plus tard le 30 mai 2002 ; que cette lettre de mise en demeure ayant fait l'objet d'un recours en annulation devant la Cour Suprême, une attestation d'instance délivrée par le greffier en chef de cette juridiction a été notifiée au Ministère de l'Environnement, de l'Habitat et de l'Urbanisme (MEHU) par Maître Claudine HOUNNOU MOUGNI, Huissier de justice, lequel demandait expressément aux services compétents dudit Ministère, sous peine d'engager leur responsabilité, de s' « abstenir de toute action, voie de fait ou de troubler la quiétude du requérant jusqu'au règlement définitif du litige » ; qu'il conclut que du 17 décembre 2002 au 16 novembre 2003, il y a eu « suspension des actions du Ministère de l'Environnement, de l'Habitat et de l'Urbanisme en attente des instructions de la Cour Suprême… » ;
Considérant qu'en réponse à la mesure d'instruction de la Cour, le Président de la Cour Suprême a expliqué dans la lettre n°0311/PCS/DC/CAB/SA du 21 mars 2003 que « l'ordonnance 21/PR du 26 avril 1966, remise en vigueur par la Loi n° 90-012 du 1er juin 1990, dispose en ses articles 40 et 82 ce qui suit :

> Article 40 : « L'introduction d'un pourvoi en cassation ou d'un recours contentieux administratif ne suspend pas l'exécution du jugement ou de la décision attaquée sauf dans les cas prévus à l'article 82 ci-après ».
>
> Article 82 : « Par exception aux dispositions générales prévues à l'article 40 ci-dessus, les pourvois en cassation sont suspensifs :
> - En matière d'état des personnes ;
> - En cas de faux incidents ;
> - En matière d'immatriculation foncière ;
> - En matière pénale, sauf ce qui est dit à l'article 96 ci-après ».

En vertu des dispositions précitées, la requête de sieur DAHOUETO Innocent, qui ne rentre dans aucune des catégories énumérées à l'article 82 ci-dessus, ne saurait avoir un effet suspensif sur l'exécution de la décision.
Par ailleurs, je voudrais vous faire observer que le sieur DAHOUETO Innocent n'a pas sollicité le sursis à l'exécution de la décision incriminée et que cette mesure est accordée « sur demande expresse » des parties, comme il est précisé à l'article 73 de l'Ordonnance 21/PR mentionné dans votre correspondance » ;

Considérant qu'il résulte de tout ce qui précède que suite à la Décision DCC 02-065 du 05 juin 2002, le Ministre de l'Environnement, de l'Habitat et de l'Urbanisme n'a pris aucune disposition en vue de l'exécution de ladite décision, prenant à la lettre le contenu de l'exploit d'huissier par lequel lui a été notifiée une attestation d'instance portant sur l'annulation de sa lettre du 22 novembre 2001 et lui faisant défense d'entreprendre quelque action que ce soit tendant au déplacement du poulailler de Monsieur Innocent DAHOUETO sous peine d'engager sa responsabilité ; que, c'est seulement le 17 novembre 2003 après une séance de travail à la Haute Juridiction et sur instruction de celle-ci que ses services techniques ont « réinspecté le site d'élevage » pour constater que Monsieur Innocent DAHOUETO a déjà déplacé son poulailler ; que, dès lors, il y a lieu de dire et juger, sans qu'il soit besoin d'examiner les autres moyens, que le Ministre a violé les articles 35 et 124 de la Constitution ;

DECIDE :

Article 1er.- Le Ministre de la Santé Publique n'a pas violé la Constitution.

Article 2.- Le Ministre de l'Environnement, de l'Habitat et de l'Urbanisme a violé les articles 35 et 124 de la Constitution.

Article 3.- La présente décision sera notifiée à Monsieur Eugène C. A. BOYA, à Monsieur Innocent DAHOUETO, au Ministre de l'Environnement, de l'Habitat et de l'Urbanisme, au Ministre de la Santé Publique et publiée au Journal Officiel.

Ont siégé à Cotonou, les douze mars deux mille trois et vingt avril deux mille quatre,

Madame	Conceptia D. OUINSOU	Président
Messieurs	Jacques D. MAYABA	Vice-président
	Idrissou BOUKARI	Membre
	Pancrace BRATHIER	Membre
Madame	Clotilde MEDEGAN-NOUGBODE	Membre
Monsieur	Lucien SEBO	Membre

Le Rapporteur, Le Président

Pancrace BRATHIER Conceptia D. OUINSOU

Décision DCC 06-108 du 11 août 2006, Médé Nicaise

Recueil 2006, p.567

La Cour Constitutionnelle,

Saisie d'une requête du 26 novembre 2003 enregistrée à son secrétariat le 27 novembre 2003 sous le numéro 2499/142/REC, par laquelle Monsieur Nicaise MEDE demande à la Haute Juridiction de vérifier la conformité de l'Arrêté n° 159/MJSL/MFE/MTPT/MISD/MTCPE/ DC/SGM/SA du 13/11/2003 portant mobilisation de ressources extrabudgétaires pour la participation du Bénin à la Coupe d'Afrique des Nations de Football, Tunisie 2004 ;

VU la Constitution du 11 décembre 1990 ;
VU la Loi Organique n° 91-009 du 04 mars 1991 portant Loi Organique sur la Cour Constitutionnelle modifiée par la Loi du 31 mai 2001 ;
VU le Règlement Intérieur de la Cour Constitutionnelle ;
Ensemble les pièces du dossier ;
Ouï Monsieur Christophe KOUGNIAZONDE en son rapport ;
Après en avoir délibéré,

Considérant que le requérant expose : « Par un communiqué passé sur les antennes de la radio de service public ORTB ce jour, mercredi 26 novembre 2003, le Ministre en charge du sport informait le public de la prise d'un arrêté interministériel pour créer et fixer les taux de diverses taxes sur le ciment, les boissons, le passage à l'aéroport, etc… dont les produits seront versés au compte spécial de soutien à l'équipe nationale de football « les Ecureuils » ; qu'il développe : « Malgré le terme de taxe employé par le communiqué et sûrement par l'arrêté interministériel, c'est bien d'un impôt qu'il s'agit, puisque réunissant les caractères particuliers de l'impôt à savoir : un prélèvement obligatoire, inconditionné et sans contrepartie » ; qu'il cite les articles 96 et 98 de la Constitution ; qu'il en déduit que le régime juridique de l'impôt ne fait l'objet d'aucun doute dans le droit positif béninois ; qu'il affirme par ailleurs que la création d'un nouvel impôt doit être soumise à la représentation nationale pour vote et adoption ; qu'il ajoute : « Hors cette hypothèse, il n'y a que les lois d'habilitation, les circonstances exceptionnelles de l'article 68 ou les ordonnances de l'article 110 qui peuvent expliquer la prise d'acte réglementaire, mais sûrement pas de simples arrêtés interministériels pour créer un impôt à la charge des citoyens » ; qu'il demande en conséquence à la Cour « de déclarer contraire à la Constitution l'arrêté interministériel pris pour soutenir les Ecureuils du Bénin » ;

Considérant qu'aux termes de l'article 96 de la Constitution : « l'Assemblée Nationale vote la loi et consent l'impôt » ; que, de même, l'article 98 édicte : « Sont du domaine de la loi les règles concernant : ...

- *L'assiette, le taux et les modalités de recouvrement des impositions de toute nature ... » ;*

Considérant que l'Arrêté n°159/MJSL/MFE/MTPT/MISD/MTCPE/DC/SGM/SA du 13/11/2003 portant mobilisation de ressources extrabudgétaires pour la participation du Bénin à la Coupe d'Afrique des Nations de Football, Tunisie 2004, contient les mentions suivantes en son article 3 :
2- Produits pétroliers : 1 F CFA/litre à prélever sur le compte « soutien au sport » ouvert au Trésor pour appuyer le sport scolaire et militaire ;
3- Produits de la SOBEBRA : 3 F CFA/bouteille à prélever par la SOBEBRA ;
5- Embarquement à l'aéroport de Cotonou : 1000 F CFA/voyageur à percevoir par le biais de timbres spéciaux à apposer sur les titres de voyage avant l'embarquement des passagers ;
6- Le ciment : 75 F/paquet, soit 1.500 F/tonne, à prélever auprès des sociétés cimentières du Bénin ;
Que l'arrêté ainsi libellé s'analyse comme une taxe imposée aux consommateurs sur les produits et services en dehors des procédures exigées par la Constitution ; qu'en conséquence, l'Arrêté n°159/MJSL/MFE/MTPT/MISD/MTCPE/DC/SGM/SA portant mobilisation de ressources extrabudgétaires pour la participation du Bénin à la Coupe d'Afrique des Nations de Football, Tunisie 2004 est contraire à la Constitution.

DECIDE :

*Article1^er^*.-L'Arrêté n°159/MJSL/MFE/MTPT/MISD/MTCPE/DC/SGM/SA portant mobilisation de ressources extrabudgétaires pour la participation du Bénin à la Coupe d'Afrique des Nations de Football, Tunisie 2004, du 13 novembre 2003 est contraire à la Constitution.
Article 2.-La présente décision sera notifiée à Monsieur Nicaise MEDE, au Président de la République, au Président de l'Assemblée Nationale, aux signataires de l'arrêté interministériel et publiée au Journal Officiel.

Ont siégé à Cotonou, le onze août deux mille six,

Madame	Conceptia D. OUINSOU	Président
Messieurs	Jacques D. MAYABA	Vice-président
	Idrissou BOUKARI	Membre
	Pancrace BRATHIER	Membre
	Christophe KOUGNIAZONDE	Membre
	Lucien SEBO	Membre

Le Rapporteur — Le Président,

Christophe C. KOUGNIAZONDE — Conceptia D. OUINSOU

Décision DCC 09-022 du 5 mars 2009,
Nadine Menoukon née Houndonougbo

La Cour Constitutionnelle,

Saisie d'une requête du 19 mai 2008 enregistrée à son Secrétariat à la même date sous le numéro 0833/049/REC, par laquelle Madame Nadine MENOUKON née HOUNDONOUGBO porte « plainte » pour violation de la Constitution ;

VU la Constitution du 11 décembre 1990 ;
VU la Loi n° 91-009 du 04 mars 1991 portant Loi Organique sur la Cour Constitutionnelle modifiée par la Loi du 31 mai 2001 ;
VU le Règlement Intérieur de la Cour Constitutionnelle ;
Ensemble les pièces du dossier ;
Ouï Monsieur Bernard D. DEGBOE en son rapport ;
Après en avoir délibéré,

Considérant que la requérante expose : « je suis locataire chez Madame KPATINVOH, maison dans laquelle je vis avec mes trois (3) enfants, mon mari étant en Guinée Conakry. Le lundi 12 mai 2008, ma propriétaire m'adressa une correspondance dans laquelle elle me donnait un préavis de trois (3) mois pour vider les lieux. Après la réception du préavis, je me suis rapprochée d'elle en me rendant à son domicile pour lui demander de proroger un peu cette durée, mon mari n'étant pas présent.

Pendant la discussion, un de ses enfants avec lequel j'avais déjà eu des démêlées, le sieur Elie KPATINVOH est venu et à commencer par me brutaliser sous le fallacieux prétexte que j'élevais le ton sur sa maman, m'a poussée et m'a donnée une violente bastonnade (gifles, coups de poing par ci par là).

Alors, pour me soustraire de lui, j'ai été obligée de le mordre avant qu'il ne me relâche. Je traîne encore les séquelles de ses multiples gifles puisque jusqu'à présent, j'ai des maux d'oreille et des problèmes d'audition.

On en était là quand des policiers ont fait irruption dans la maison. Ils m'ont embarquée pour le Commissariat de Sodjèatinmè. Arrivée là-bas, j'ai été gardée à vue de 11h 30 mn jusqu'à 18h environ avant d'être relâchée. Pendant que j'étais là-bas, il envoyait de fréquents coups de fil aux policiers. Alors j'en ai déduit qu'il était en territoire conquis… Me sentant lésée, j'ai décidé de porter plainte contre Monsieur Elie KPATINVOH ailleurs. C'est ainsi que je me suis rendue au Commissariat de Kpondéhou le mardi 12 mai 2008 pour porter plainte contre lui : coups et blessures volontaires avec préméditation et violences et voies de fait. Nous fûmes convoqués pour le mercredi 14 mai à 10 h.

Déférant à la convocation à peine, j'ai commencé par être écoutée quand le portable de l'O.P.J qui nous recevait sonna : c'était le Commissaire de Sodjèatinmè qui lui intima l'ordre de ne point m'écouter et que l'affaire est à son niveau. Aussitôt dit, aussitôt fait. L'O.P.J de Kpondéhou a mis fin à la séance et le Commissaire de Sodjèatinmè envoya le véhicule de la Police pour nous embarquer (le sieur Elie et moi-même) en direction du Commissariat de Sodjèatinmè.

Dès que nous sommes arrivés à Sodjèatinmè, contre toute attente, au lieu de nous écouter cette fois-ci, ce sont plutôt les injures qui m'ont accueillie : Le Commissaire même a commencé par m'injurier : « Tu es une imbécile, c'est toi qui vas m'apprendre mon travail ? J'ai déjà vingt-sept (27) ans de service. Tu n'as pas le droit d'amener l'affaire ailleurs ».

Et il ordonna de me garder à vue tandis que le sieur Elie tel un conquistador n'a pas du tout été inquiété. Il a été aussitôt libéré et se pavanait dans les allées du Commissariat. C'est bien après que j'ai appris qu'un de ses frères germains travaillait dans ledit commissariat et qu'il serait même le chauffeur du Commissaire.

Je fus gardée à vue à partir de 11h 30. Comble d'injustice vers 22 heures du mercredi 14 mai, le Chef de Poste m'enchaîna les deux (02) pieds par ce qu'ils appellent ''entraves'' dans le jargon policier. A dessein, les entraves furent bien serrées pour que je ressente physiquement ses effets. Je suis restée sous les entraves jusqu'à 7 heures du matin du jeudi 15 mai où il me les enleva. Après maintes interventions, j'ai été libérée le jeudi 15 mai 2008 vers 21 heures » ; qu'elle affirme : « Mon arrestation et ma détention dans les locaux du commissariat de Sodjèatinmè sont arbitraires et abusifs en ce sens que j'étais en légitime défense contre un homme qui me rouait de coups et ma morsure dans ce cas ne constitue point une infraction et ne saurait justifier une telle mesure privative de liberté » ; que la requérante soutient que les dispositions des articles 8, 18 et 19 de la Constitution ainsi que l'article 4 de la Charte Africaine des Droits de l'Homme et des Peuples ont été violés et demande donc à la Cour de dire et juger que « sa garde à vue au Commissariat de Sodjèatinmè est abusive et arbitraire… ; qu'elle a subi des traitements inhumains, cruels et dégradants pour être restée enchaînée pendant neuf (9) heures de temps… ; que cela donne droit à réparation… » ;

Considérant qu'en réponse à la mesure d'instruction de la Haute Juridiction, le Commissaire de Police de Sodjèatinmè déclare : « Le lundi 12 mai 2008 à 14 h 25 mn, de retour d'une mission, mes collaborateurs ont eu leur attention attirée sur un attroupement formé devant la concession PATHINVOH sise au lot 127 à Sodjèatinmè Est à 150 mètres environ du Commissariat. Pour en savoir plus, ils ont marqué un arrêt. Ainsi, ils ont constaté que Madame Nadine MENOUKON tirait avec rage et vocifération de propos diffamatoires, le docteur Elie PATHINVOH qui subissait sans réagir.

En dépit de la sommation à elle faite, Madame MENOUKON n'a pas cru devoir laisser son sujet. Face à cette attitude, les collègues ont dû conduire les deux au poste de police où le docteur Elie PATHINVOH dont la chemise était visiblement tâchée de sang et qui portait des traces apparentes de morsures de dents sur le corps a sous la mention numéro 2373 enregistrée le même jour à 14 heures 30 mn déposé plainte contre Madame MENOUKON.

Vu la flagrance et la matérialité ainsi que le vécu par le service des faits sans oublier les indices graves et concordants de nature à motiver son inculpation pour coups et blessures volontaires, violences et voies de fait de même que diffamation et violation de domicile, Madame MENOUKON devrait en principe être gardée à vue mais dès sa conduite, alors que j'étais en ville, j'ai à partir de 15 h reçu de nombreux coups de fil provenant des collègues, parents et amis plaidant en sa faveur.

Malgré que c'était un jour férié, je me suis rendu au service pour mettre l'intéressée sous convocation pour le mardi 13 mai 2008 à 10 heures estimant qu'elle offrait la garantie de représentation vu les nombreuses interventions et la connaissant belle-fille d'un collègue à la retraite, bru du chef d'arrondissement de Sodjèatinmè et filleule du chef-quartier de Sodjèatinmè-Est abritant le Commissariat.

Le lendemain, Madame MENOUKON ne s'est pas présentée comme convenu alors que le plaignant était là pour connaître la suite donnée à sa plainte. Devant cet état de choses, il a été demandé au docteur PATHINVOH Elie de rentrer pour revenir le 14 mai 2008 à 10 heures, heure à laquelle Madame MENOUKON a été de nouveau convoquée.

On en était là quand le 14 mai 2008, le Commissaire de Police de Kpondéhou m'a téléphoniquement demandé si l'affaire intéressant les nommés PATINVOH et MENOUKON était en cours dans mon unité. Sur ma réponse positive, il m'a demandé d'envoyer les chercher pour continuer la procédure ouverte à mon niveau.

Cette démarche n'a pas plu à Madame MENOUKON qui, dans les locaux du commissariat, a repris ses injures non seulement envers Monsieur PATHINVOH mais aussi en direction des collaborateurs à qui elle adressait des menaces voire des injures outrageantes en présence des usagers du service.

Difficilement, elle a eu à faire sa déclaration dans laquelle elle a fait ressortir qu'elle a aussi eu des blessures et détenait un certificat médical qu'elle n'a pas pu produire jusqu'au 14 mai 2008 à 22h 45 mn pour permettre l'orientation de l'enquête dans le sens de coups et blessures volontaires réciproques... Pour mettre fin au dilatoire qu'elle entretenait et permettre l'avancée de la procédure, elle a été placée en garde à vue pour coups et blessures volontaires, violences et voies de fait, diffamation et violation de domicile.

Quelques heures après la prise de cette mesure, le plaignant et ses parents ainsi que ceux de Madame MENOUKON se connaissant et habitant les uns proches des autres m'ont tout le temps signifié que cette affaire est déjà réglée à l'amiable à leur niveau et de ce fait, qu'ils demandaient la relaxe de cette dernière qui était devenue calme et compréhensive. Dans le même objectif, Monsieur PATHINVOH est allé jusqu'à faire un désistement de plainte et est demeuré dans le Commissariat presque toute la durée de la garde à vue.

Compte tenu de ce qui précède et dans le souci de maintenir la cohabitation paisible dans le quartier, j'ai alors cédé à leur demande tout en invitant Madame MENOUKON à me produire le lendemain son certificat médical afin de permettre le bouclage du dossier et sa transmission en renseignement judiciaire : ce qu'elle n'a point fait jusqu'à ce jour. Pourtant, elle est arrivée plusieurs fois solliciter le service du Commissariat pour d'autres plaintes pour lesquelles elle a eu de satisfaction. Si effectivement elle était mal traitée par le service, y serait-elle revenue fréquemment ?...La garde à vue de Madame MENOUKON s'est déroulée au hall du poste de police accueillant d'habitude les femmes soumises à cette mesure et qui ne font l'objet d'aucune tracasserie... Il convient d'appeler votre attention sur ce que je n'ai menotté ou fait menotter aucune femme au cours de mes vingt neuf ans de carrière et que je suis respectueux des droits de l'homme... que j'ai eu le privilège d'enseigner pendant sept ans à l'Ecole Nationale de Police...Madame MENOUKON a été gardée à vue pendant 22 h 10 mn couvrant la période du mercredi 14 mai 2008 à 22h 55mn, au jeudi 15 mai 2008 à 20h 55 mn pour les motifs de coups et blessures volontaires, violences et voies de fait, diffamation et violation de domicile et n'a fait l'objet d'aucun traitement inhumain, cruel et dégradant » ;

Considérant que la Constitution dispose en son article 18 alinéa 1, 3 et 4 : « *Nul ne sera soumis à la torture, ni à des sévices ou traitements cruels, inhumains ou dégradants...*

Nul ne peut être détenu dans un établissement pénitentiaire s'il ne tombe sous le coup d'une loi pénale en vigueur.

Nul ne peut être détenu pendant une durée supérieure à quarante huit heures que par la décision d'un magistrat auquel il doit être présenté. Ce délai ne peut être prolongé que dans des cas exceptionnellement prévus par la loi et qui ne peut excéder une période supérieure à huit jours » ;

Considérant qu'il ressort des éléments du dossier que Madame Nadine MENOUKON née HOUNDONOUGBO a été arrêtée dans le cadre d'une procédure judiciaire ; qu'il s'ensuit que cette arrestation n'est pas arbitraire ; que par ailleurs l'intéressée a été gardée à vue du mercredi 14 mai 2008 au jeudi 15 mai 2008, soit pendant moins de 48 heures ; que, dès lors, sa garde à vue n'est pas abusive ;
Considérant qu'en ce qui concerne la pose des entraves, aucun élément du dossier ne permet à la Cour d'en établir la matérialité ; qu'il échet de dire et juger que les mauvais traitements allégués ne sont pas établis ;

D E C I D E :

Article 1er.- L'arrestation et la garde à vue de Madame Nadine MENOUKON née HOUNDONOUGBO ne sont pas contraires à la Constitution.
Article 2.-Les mauvais traitements allégués ne sont pas établis.
Article 3.-La présente décision sera notifiée à Madame Nadine MENOUKON née HOUNDONOUGBO, au Commissaire de police chargé du commissariat de police de Sodjèatinmè, au Directeur Général de la Police Nationale et publiée au Journal Officiel,

Ont siégé à Cotonou, le cinq mars deux mille neuf,

Monsieur	Robert S. M.	DOSSOU	Président
Messieurs	Bernard D.	DEGBOE	Membre
	Robert TAGNON		Membre
	Zimé Yérima	KORA-YAROU	Membre
	Théodore	HOLO	Membre
Madame	Clémence	YIMBERE DANSOU	Membre

Le Rapporteur, Le Président,

Bernard D. DEGBOE Robert S. M. DOSSOU

OBSERVATIONS

I : La preuve, rançon des droits

La question de la charge de la preuve repose en droit commun sur quelques préceptes bien connus : *Actori incubit probatio* (celui qui se prétend titulaire d'un droit doit le prouver) et le *Reus in excipiendo fit actor* (celui qui se prétend libéré d'une obligation parce qu'il l'a exécutée doit établir cette exécution). Il s'agit en l'occurrence de contentieux pour la défense de droits subjectifs.

L'instance devant la juridiction constitutionnelle, autant d'ailleurs que devant le juge de l'excès de pouvoir, est un contentieux objectif qui s'exerce dans l'intérêt de la loi, plus exactement de la loi constitutionnelle. En conséquence, il devrait en revêtir les attributs, notamment procéduraux.

Mais, la Cour constitutionnelle développe un ministère qui tient, d'une part, du contentieux objectif pour la préservation de la légalité constitutionnelle par la censure des textes juridiques soumis à son appréciation ; et d'autre part du contentieux subjectif pour statuer sur des prérogatives personnelles garanties par la constitution. Ceci explique l'ambivalence de son mode opératoire, s'agissant de la procédure.

La procédure devant la Cour est "*de type inquisitorial*" déclarait son Président au 2e congrès de l'Association des Cours Constitutionnelles ayant en Partage l'Usage du Français (Association des Cours Constitutionnelles ayant en Partage l'Usage du Français (ACCPUF), Actes de 2e Congrès : *L'accès au juge constitutionnel : modalités et procédures*, Paris, ACCPUF, 2000, p. 68). Il n'empêche que la Cour emprunte aussi à la procédure accusatoire, se faisant tantôt juge-enquêteur, tantôt juge-arbitre

II : La Cour, juge-arbitre

La décision "*Nadine Menoukon née Houndonougbo*" offre l'occasion à la Cour de faire valoir le modèle accusatoire de ses procédures. La requérante affirme avoir été brutalisée et avoir subi une "*violente bastonnade (gifles, coups de poing par-ci, par-là)*," et qu'elle en "*traîne encore les séquelles*" ; que le chef de poste lui enchaîna les "*deux (2) pieds par ce qu'ils appellent entraves*", etc.

Dans la logique de la jurisprudence de la Cour sur les violences policières (Décision DCC 99-010 du 4 février 1999, Agboton Mathieu Jeannot, Recueil 1999, p. 31) même s'il s'agit de l'exécution forcée d'une décision de justice (Décision DCC 02-109 du 22 août 2002, Bada Mathurin, Recueil 2002, p. 449) et dès lors qu'il y a port d'entraves ou de menottes (Décision DCC 00-014 du 9 février 2000, Ablo Luc Michel, Recueil 2000, p. 57) les auteurs de ces agissements sont jugés en situation de violation de la constitution et réparation est demandée au profit de la victime. Mais, la procédure accusatoire veut que chacune des parties se trouve à égalité avec son adversaire (la requérante et la police), chacune prouve les faits au soutien de ses prétentions. Le pouvoir du juge consiste en conséquence à arbitrer, davantage qu'à instruire. Il veille à la loyauté du procès, et départage les parties en fonction de leurs prétentions, arguments et preuves. Le juge est dans une position d'arbitre. A défaut pour l'une des parties d'apporter les preuves de ses allégations, sa cause est perdue. Et c'est ce qu'affirme la Cour en jugeant qu'"*aucun élément du dossier ne permet à la Cour* (d'établir) *la matérialité*" des traitements inhumains et dégradants. Et comme la "*preuve est la rançon des droits*" (IHERING), la requérante est déboutée par la Cour.

Cette exigence de preuve, la Cour va l'illustrer à plusieurs reprises, dans des dossiers de garde à vue (Décision DCC 03-102 du 24 juin 2003, Déguénon Abdon, Recueil 2003, p. 417), de traitements discriminatoires lors d'une affectation d'enseignant (Décision DCC 96-068 du 21 octobre 1996, Ibikounlé Taïrou et alii, Recueil 1996, p. 293), de sévices corporels (Décision DCC 01-004 du 11 janvier 2001, Agbadjiclounon Cossou Alain Christophe, Recueil 2001, p. 23), etc.

Cependant, dès lors que les preuves paraissent convaincantes, la Cour ne rechigne pas à brider l'autorité de chose jugée de ses décisions pour corriger le tir. Ainsi, dans l'affaire Vodonou Désiré, la Haute juridiction, saisie de recours en invalidation de la candidature aux élections législatives de ce dernier, a jugé successivement n'avoir pas suffisamment d'éléments permettant d'établir que la condamnation du nouvel élu était devenue définitive (Décision EL 07-037 du 29 mars 2007, Nestor Agoli-Agbo et autres), ni qu'il y ait d'éléments nouveaux permettant d'établir l'inéligibilité du sieur Vodonou Désiré (Décision EL 07-125 du 14 mai 2007, Félicien A. Danwouignan et autres). Dès lors que la preuve du jugement de condamnation en France a été apportée, la Cour en déduit par décision que "*Monsieur Vodonou Désiré est déchu de sa qualité de membre de l'Assemblée nationale*" (Décision EL 11-005 du 13 avril 2011, Sabitou Adamou et autres).

III : La Cour, juge-enquêteur

Lorsque la Cour endosse son manteau de juge-enquêteur, il est conforme au modèle inquisitoire des procédures devant les juridictions. Elle privilégie la position de surplomb d'un juge représentant l'intérêt général et chargé de diriger l'enquête afin de faire triompher la vérité. L'auteur de la requête n'est pas directement obligé d'assurer l'enquête au soutien de ses prétentions. Le juge est lui-même chargé de produire une vérité judiciaire, ce qui laisse une place réduite au requérant.

Dans le recours du Sieur Médé Nicaise, le requérant ne fait mention que d'un "*communiqué passé sur les antennes de la radio de service public*", sans précision de date et sans début de commencement de production du support papier dudit communiqué encore moins du texte authentique de l'arrêté interministériel querellé. Pour autant, le recours n'a pas été jugé irrecevable. La procédure a été conduite par la Cour elle-même, pour se procurer l'arrêté interministériel et juger de sa constitutionnalité.

Dans le même sens, le recours de Monsieur Boya Eugène, dirigé contre les Ministres en charge de l'environnement et de la santé, demande à la Haute juridiction de déclarer "*contraires aux articles (...) de la constitution les comportements*" desdits ministres parce qu'ils ont méconnu l'autorité de la chose jugée attachée à une précédente décision de la Cour. Cet énoncé lapidaire de la requête permit à la Cour d'organiser l'instruction du dossier, d'écouter les deux ministères concernés, d'organiser des séances de travail et même d'instruire les services techniques du ministère en charge de l'environnement sur les dispositions pratiques à prendre...pour finir par constater que, dans l'intervalle, la première décision de la Cour sur le dossier a déjà été exécutée !

18

Décision DCC 03-144 du 16 octobre 2003
Cour constitutionnelle
Recueil, 2003, p. 587

Le délai raisonnable

La Cour Constitutionnelle,

Saisie de la copie d'une lettre du 19 novembre 2001 adressée au Garde des Sceaux, Ministre de la Justice, de la Législation et des Droits de l'Homme et enregistrée à son Secrétariat sous le numéro 2515/266/REC, par laquelle Monsieur Paul AKOUEIKOU, Agent Permanent de l'Etat, précédemment conducteur des services agricoles en poste à Abomey-Calavi, se plaint de la lenteur de la justice dans le « dénouement » de son dossier ;

VU la Constitution du 11 décembre 1990 ;
VU la Loi n° 91-009 du 04 mars 1991 portant Loi Organique sur la Cour Constitutionnelle modifiée par la Loi du 31 mai 2001 ;
VU le Règlement Intérieur de la Cour Constitutionnelle ;
Ensemble les pièces du dossier ;
Ouï le Conseiller Clotilde MEDEGAN-NOUGBODE en son rapport ;
Après en avoir délibéré,

Considérant qu'aux termes de l'article 16 de la Loi organique sur la Cour Constitutionnelle « Les décisions et les avis de la Cour Constitutionnelle sont rendus par cinq (05) Conseillers au moins, sauf en cas de force majeure dûment constaté au procès-verbal » ;

Considérant que Messieurs Jacques D. MAYABA et Lucien SEBO, Conseillers à la Cour, sont en congés administratifs ; que Monsieur Christophe KOUGNIAZONDE, Conseiller à la Cour, est en mission à l'intérieur du pays ; que la Cour, conformément à l'article 16 précité, est habilité à siéger et à rendre sa décision avec seulement quatre (4) de ses membres ;

Considérant que le requérant expose qu'il avait été arrêté en même temps que son secrétaire Damien SAÏZONOU le 15 décembre 1976 et déféré le même jour à la prison civile de Cotonou ; que, placé sous mandat de dépôt n°1198/RP/77 du 10 mars 1977 du juge d'instruction du 3è Cabinet de Cotonou, il fut libéré sous caution le 12 mars 1979 ; qu'il soutient que toutes les requêtes successives qu'il a adressées depuis plus de deux décennies au juge d'instruction à l'effet d'obtenir la décision judiciaire qui permettra la régularisation de sa situation administrative au même titre que son co-inculpé qui lui, jouit de ses droits à la retraite suite à sa libération, sont restées sans suite ; qu'une telle situation le prive de ses droits pourtant garantis par les textes fondamentaux ; qu'il sollicite en conséquence l'intervention du Ministre de la Justice afin que soient « levés les obstacles humains et matériels à la régularisation de sa situation administrative » ;

Considérant que la recette fait état de la violation des droits fondamentaux garantis par la Constitution, notamment le droit d'être jugé dans un délai raisonnable ; qu'il y a lieu pour la Cour de se saisir d'office sur le fondement de l'article 121 de la Constitution ;

Considérant que ni le Président de la Cour d'Appel ni le Procureur Général près la Cour d'Appel n'ont cru devoir répondre aux mesures d'instruction de la Haute Juridiction ; que Monsieur Innocent S. AVOGNON, juge du 3è Cabinet d'Instruction a, quant à lui, rapporté que le dossier n°13/RI/77 (Ministère Public contre AKOUEIKOU Paul et SAÏZONOU Damien) ne figure pas au nombre des dossiers qui lui ont été transmis sur Procès-verbal lors de sa prise de service au 3è Cabinet d'Instruction en mars 1995 ; qu'il ajoute que les recherches qu'il a effectuées dans les armoires du cabinet et au Parquet ne lui ont pas permis de le retrouver ;

Considérant que les investigations effectuées les 14 et 15 juillet 2003 par une délégation de la Cour dans le registre d'instruction depuis 1977 et des procès-verbaux de passation de service successifs ont révélé que les derniers actes accomplis par le juge d'instruction et mentionnés au registre remontent à l'ordonnance de mise en liberté sous caution de 200.000F CFA de Monsieur Paul AKOUEIKOU du 27 février 1979 ; que par ailleurs, toutes les mesures d'instruction à l'effet d'obtenir des précisions sur la décision judiciaire sur le fondement de laquelle le co-inculpé du requérant qui jouit actuellement de ses droits à la retraite a pu obtenir la régularisation de sa situation administrative, sont restées sans réponse tant de la part du tribunal que de celle du requérant ;

Considérant que l'article 7 de la Charte Africaine des Droits de l'Homme et des Peuples énonce : « *Toute personne a droit à ce que sa cause soit entendue. Ce droit comprend :...d) le droit d'être jugé dans un délai raisonnable par une juridiction impartiale » ;*

Considérant qu'il est établi que depuis le 27 février 1979, date de la prise de l'ordonnance de mise en liberté provisoire sous caution du requérant, plus aucun acte n'a été à ce jour accompli dans ledit dossier soit *plus de vingt-quatre (24) ans sans que la poursuite pénale exercée contre lui ait connu un quelconque aboutissement* ; qu'il s'ensuit qu'un tel délai **est** *anormalement long* ; que, dès lors ,il échet de dire et juger que le droit du requérant à voir sa cause entendue dans un délai raisonnable tel que prescrit par l'article 7-d) précité n'a pas été respecté par les juges du Tribunal de Première Instance de Cotonou et que de ce fait, Monsieur Paul AKOUEIKOU a droit à réparation ;

Considérant que par ailleurs, le dossier du requérant est resté introuvable au Tribunal de Première Instance de Cotonou ; qu'il y a lieu de dire et juger qu'en agissant comme ils l'ont fait, les juges successifs, aussi bien à la tête du Parquet que du siège de cette juridiction de 1979 à ce jour, ont méconnu les dispositions de l'article 35 de la Constitution aux termes duquel : *« Les citoyens chargés d'une fonction publique ou élus à une fonction politique ont le devoir de l'accomplir avec conscience, compétence, probité, dévouement et loyauté dans l'intérêt et le respect du bien commun. » ;*

DECIDE :

Article 1er.- Les juges du parquet et du siège qui se sont succédé au Tribunal de Première Instance de Cotonou de 1979 à ce jour au cours de la procédure pénale suivie contre Monsieur Paul AKOUEIKOU ont violé la Constitution.
Article 2.- Monsieur Paul AKOUEIKOU a droit à réparation.
Article 3.- Les juges successifs du Tribunal durant la même période ont méconnu les dispositions de l'article 35 de la Constitution.

Article 4.- La présente décision sera notifiée à Monsieur Paul AKOUEIKOU, aux juges concernés, au Procureur de la République près le Tribunal de Première Instance de Cotonou, au Président du Tribunal de Première Instance de Cotonou, au Président de la Cour d'Appel, au Procureur Général près la Cour d'Appel et publiée au Journal Officiel.

Ont siégé à Cotonou, le seize octobre deux mille trois,

Madame	Conceptia D. OUINSOU	Président
Messieurs	Idrissou BOUKARI	Membre
	Pancrace BRATHIER	Membre
Madame	Clotilde MEDEGAN-NOUGBODE	Membre

Le Rapporteur, Le Président,

Clotilde MEDEGAN-NOUGBODE Conceptia D. OUINSOU

Décision DCC 03-004 du 18 février 2003
Secrétaire général de l'union nationale des syndicats des travailleurs du Bénin
(Lawani Amidou)
Recueil, 2003, p. 25

La Cour Constitutionnelle,

Saisie d'une requête du 20 avril 1994 enregistrée à son Secrétariat le 3 mai 1994 sous le numéro 0327, par laquelle Monsieur Amidou LAWANI, Secrétaire Général de l'Union Nationale des Syndicats des Travailleurs du Bénin, porte plainte contre le Ministre de la Fonction Publique et de la Réforme Administrative pour « abus de pouvoir et violation de l'article 31 de la Constitution » ;

VU la Constitution du 11 décembre 1990 ;
VU la Loi n° 91-009 du 04 mars 1991 portant Loi Organique sur la Cour Constitutionnelle modifiée par la Loi du 31 mai 2001 ;
VU le Règlement Intérieur de la Cour Constitutionnelle ;
Ensemble les pièces du dossier ;
Ouï Monsieur Lucien SEBO en son rapport ;
Après en avoir délibéré,

Considérant que le requérant expose que « l'acte posé par le Ministre de la Fonction Publique et de la Réforme Administrative par sa lettre n°093/MFPRA/DC/CTFP/SA du 18 mars 2004, porte atteinte aux dispositions du préambule de la Constitution, à l'article 31 de la Constitution, à la Loi n° 86-013 du 26 février 1986 portant Statut Général des Agents Permanents de l'Etat en son article 48, à la Convention n° 87 de l'OIT, à la Charte des Nations-Unies de 1945, à la Déclaration Universelle des Droits de l'Homme de 1948, à la Charte Africaine des Droits de l'Homme et des Peuples » ; qu'il sollicite en conséquence « l'annulation de la lettre précitée, le rappel à l'ordre du Ministre et du Gouvernement dans son ensemble et la présentation d'excuse par le Ministre à tous les travailleurs du Bénin » ;

Considérant qu'aux termes de l'article 31 de la Constitution : « *l'Etat reconnaît et garantit le droit de grève. Tout travailleur peut défendre, dans les conditions prévues par la loi, ses droits et ses intérêts soit individuellement, soit collectivement ou par l'action syndicale. Le droit de grève s'exerce dans les conditions définies par la loi ;* »

Considérant que dans son message du 18 mars 1994 adressé aux Ministres et ayant pour objet « Organisation séance d'informations sur les mesures sociales prises par le Gouvernement en faveur des travailleurs », le Ministre de la Fonction Publique et de la Réforme Administrative écrit : « Honneur vous prier préciser à l'attention de tous stop que grévistes dans leurs rangs seront considérés comme démissionnaires stop et que toute complicité dans présente grève à connotation politique stop sera sévèrement punie stop » ;

Considérant qu'un tel message constitue une négation du droit de grève tel que garanti par l'article 31 de la Constitution ; que, dès lors, il y a violation de la Constitution ;

Considérant par ailleurs que les autres demandes du requérant ne ressortissent pas à la compétence de la Haute Juridiction ;

DECIDE :

Article 1er.- Le message n°093/MFPRA/DC/CTFP/SA du 18 mars 1994 viole la Constitution.
Article 2.- La Cour n'a pas compétence pour donner des injonctions au Gouvernement.
Article 3.-La présente décision sera notifiée à Monsieur Amidou LAWANI et publiée au Journal Officiel.

Ont siégé à Cotonou, le dix-huit février deux mille trois,

Madame	Conceptia D. OUINSOU	Président
Messieurs	Lucien SEBO	Vice-président
	Idrissou BOUKARI	Membre
	Maurice GLELE-AHANHANZO	Membre
	Alexis HOUNTONDJI	Membre
	Jacques D. MAYABA	Membre
Madame	Clotilde MEDEGAN-NOUGBODE	Membre

Le Rapporteur, Le Président,

Lucien SEBO Conceptia D. OUINSOU

Décision DCC 02-029 du 10 avril 2002
Houétognankou Jude

Recueil, 2002, p. 127

La Cour Constitutionnelle,

Saisie d'une requête du 1er juin 2001 enregistrée à son Secrétariat le 06 juin 2001 sous le numéro 1622/193/REC, par laquelle Monsieur Jude HOUETOGNANKOU saisit la Haute Juridiction d'une requête « aux fins de voir déclarer contraire à la Constitution le délai accusé par la Cour Constitutionnelle pour statuer, par la Décision DCC 00-072 du 17 novembre 2000, sur sa requête en date du 10 février 2000, enregistrée le même jour au Secrétariat de la Cour sous le numéro 0249/0014/REC » ;

VU la Constitution du 11 décembre 1990 ;
VU la Loi n° 91-009 du 04 mars 1991 portant Loi Organique sur la Cour Constitutionnelle modifiée par la Loi du 31 mai 2001 ;
VU le Règlement Intérieur de la Cour Constitutionnelle ;
Ensemble les pièces du dossier ;
Ouï le Professeur Maurice GLELE AHANHANZO en son rapport ;
Après en avoir délibéré,

Considérant que le sieur Jude HOUETOGNANKOU fait grief à la Haute Juridiction de n'avoir rendu la décision susvisée que neuf (09) mois après sa saisine, ce, en violation des dispositions des articles 120,121 et 122 de la Constitution et des articles 24, 25 et 27 de la Loi Organique n° 91-009 du 04 mars 1991 portant loi organique sur la Cour Constitutionnelle ;

Considérant que les délais fixés par les dispositions précitées de la Constitution ne s'appliquent qu'aux cas de violation des droits de la personne humaine et des libertés publiques, d'urgence déclarée par le Gouvernement, et d'exception d'inconstitutionnalité ; que la requête du 10 février 2000 objet de la Décision DCC 00-072 du 17 novembre 2000 portait sur le contrôle de constitutionnalité d'une loi de finances et ne rentre donc dans des cas sus-visés ; qu'en conséquence, le délai mis par la Cour pour statuer ne viole pas la Constitution ;

DECIDE :

Article 1er.- Il n'y a pas violation de la Constitution.
Article 2.- La présente décision sera notifiée à Monsieur Jude HOUETOGNANKOU et publiée au Journal Officiel.

Ont siégé à Cotonou, le dix avril deux mille deux

Madame	Conceptia D. OUINSOU	Président
Messieurs	Lucien SEBO	Vice-Président
	Idrissou BOUKARI	Membre
	Maurice GLELE AHANHANZO	Membre
	Alexis HOUNTONDJI	Membre
	Jacques D. MAYABA	Membre
Madame	Clotilde MEDEGAN-NOUGBODE	Membre

Le Rapporteur, Le Président,

Professeur Maurice GLELE AHANHANZO Conceptia D. OUINSOU

OBSERVATIONS

I : Le délai raisonnable : le délai de jugement et la durée de la détention provisoire

Le droit au juge est une des dimensions de l'Etat de droit. Et le droit à un procès équitable est une des composantes du droit au juge. Enfin, le droit à être jugé dans un délai raisonnable est une exigence qui se rattache au procès équitable. La législation nationale ne contient ni ne définit la notion de délai raisonnable dans une instance devant les juridictions. C'est la Charte africaine des droits de l'homme et des peuples qui, en son article 7.1/d parle du "*droit d'être jugé dans un délai raisonnable par une juridiction impartiale*".

Le "délai" est le *quantum* de temps nécessaire pour atteindre un résultat. Le raisonnable renvoie aux idées de ce qui est acceptable, moyen, modéré. Les justiciables doivent pouvoir faire valoir et reconnaître leurs droits dans un laps de temps qui ne soit pas dans la démesure. Ce droit couvre la durée de l'instance, y compris éventuellement la phase de l'instruction. La Charte vise le droit d'obtenir une décision définitive dans un délai raisonnable. En droit comparé, le délai raisonnable s'apprécie de manière à la fois globale (première instance et voie de recours) et concrète (comportement des parties, juridiction saisie, circonstances propres au litige, etc. CE, Ass., 28 juin 2002, Garde des sceaux, ministre de la justice c/Magiera, n° 239575). Un délai anormalement long est assimilé à un déni de justice (Cour européenne des droits de l'Homme, Décision

12 juin 2001, *Giummarra et al. c/France,* Jurisclasseur périodique G. 2002, I. 105, n°9).

De façon analytique, le délai raisonnable concerne aussi bien le temps mis par les juges pour prendre une décision (en matière pénale, commerciale, civile, sociale ou autres) mais aussi l'appréciation de la durée d'une détention provisoire dans une procédure pénale. Pour la Cour, *"dans le domaine de la justice et particulièrement lorsqu'est en cause la liberté d'un citoyen, tout juge est tenu aux meilleures diligences pour faire aboutir toute procédure pénale dans un délai raisonnable. Toute défaillance à cette obligation s'analyse comme une violation des prescriptions de l'article 35 de la Constitution"* (Décision DCC 14-185 du 06 novembre 2014, Roberto Prince AGBODJAN et autres, Recueil 2014, vol.3, p.1253). Cette approche est confortée en droit comparé, dans la mesure où on estime que *"l'incarcération ne se justifie, dans une espèce donnée, que si des indices concrets révèlent une véritable exigence d'intérêt public prévalant, nonobstant la présomption d'innocence, sur la règle du respect de la liberté individuelle"* (F. SUDRE, *Les grands arrêts de la Cour européenne des droits de l'Homme*, Paris, PUF, 6ème édit. 2011, p. 223).

II : La constitution du délai anormalement long

26 ans de procédures et aucune décision en vue. La décision "Cour constitutionnelle" du 16 octobre 2003 offre une bonne illustration du délai anormalement long. La requête sollicite la levée *"des obstacles humains et matériels de la régularisation de (la) situation administrative"*. Au moment où la Cour rend sa décision, la juridiction saisie en est toujours à la phase de l'instruction du dossier et on imagine même un abandon intentionnel, si l'on en juge d'après les propos du juge du 3ème cabinet d'instruction. Ce délai est évidemment anormalement long et constitue une démonstration par l'absurde de ce que peut être la lenteur devant une juridiction.

Au-delà du délai mis pour rendre la décision de justice, la Cour apprécie aussi la célérité dans l'accomplissement des actes matériels d'administration du service public de la justice. Ainsi, sont constitutifs de délais anormalement longs, un délai de sept mois entre la date de l'arrêt de la Cour suprême et sa transmission au parquet général près la Cour d'appel (Décision DCC 05-127 du 25 octobre 2005, Yélouassi Louis-Marie, Recueil 2005, p. 617) ; un délai de cinq ans pour la trasmission d'un dossier du Tribunal de Porto-Novo à la Cour d'appel de Cotonou, (Décision DCC 01-023 du 16 mai 2001, Hounmènou Jean-Marie, Recueil 2001, p. 109) ; un délai de onze ans pour transmettre un dossier de la juridiction de 1er degré à la Cour d'appel (Décision DCC 98-059 du 4 juin 1998, Ekpagouda Vincent, Recueil 1998, p. 291) ; un délai de dix neuf mois pour ne faire qu'un interrogatoire au fond (Décision DCC 98-095 du 11 décembre 1998, Aïzoun Hounmènou, Recueil 1998, p. 461) ; un délai de quatorze ans en 1ère instance (Décision DCC 97-011 du 6 mars 1997, Hounmènou Jean-Marie, Recueil 1997, p. 49) ; un délai de quatorze mois pour une procédure de flagrant délit (Décision DCC 97-006 du 18 février 1997, Kohounfo Moïse, Recueil 1997, p. 27) ; un délai de trois ans pour une procédure de citation directe (Décision DCC 03-059 du 19 mars 2003, Cour constitutionnelle, Recueil 2003, p. 237) ; un délai de onze ans entre l'inculpation et le placement sous mandat de dépôt et le jugement du tribunal (Décision DCC 14-191 du 11 novembre 2014, Recueil 2014, vol.3, p.1301) ; un délai de 18 mois entre la date du jugement frappé d'appel et la date de transmission du dossier de procédure au président du tribunal de première instance d'Abomey-Calavi pour acheminement à la Cour d'appel de Cotonou (Décision DCC 16-032 du 04 février 2016, Timothée DANSOU, Recueil 2016, vol.1, p.241) ; un délai de 19 mois pour prendre une ordonnance de mise en liberté provisoire sous cautionnement (Décision DCC 16-124 du 18 août 2016, Ahmed KPOKPOGBE, Recueil 2016, vol.2, p. 881) ; un délai de sept ans pour la transmission du dossier du greffe au parquet général de la Cour d'appel (Décision DCC 18-023 du 08 février 2018).

Pour la Cour, le défaut de célérité de la justice ne saurait bénéficier de circonstances atténuantes : les mutations de magistrats, les grèves, les sessions de la Cour d'assises qui bloquent le fonctionnement des autres formations de jugement, la négligence des parties dans l'accomplissement des actes de procédures, "*pour réelles qu'elles soient, ne sauraient exonérer les juridictions de leur mission constitutionnelle*" (Décision DCC 00-007 du 2 février 2000, Féliho Jean Florentin, Recueil 2000, p. 33).

L'intransigeance de la Cour est évidente, s'agissant de la question du respect d'un délai raisonnable. Elle apprécie et évalue chaque étape de la procédure, chaque type d'acte au regard des exigences constitutionnelles du délai raisonnable. On comprend dès lors la démarche des citoyens qui veulent voir la Cour s'appliquer sa propre rigueur. Dans la Décision Houètognankou Jude, il est fait grief à la Cour d'avoir rendu sa décision au bout de neuf mois, mais celle-ci excipe de son interprétation de la constitution pour dire que les délais de quinze jours ne concernent que les "*cas de violation des droits de la personne humaine et des libertés publiques.*" Ce à quoi on peut objecter que la Décision "Secrétaire général de l'Union nationale des syndicats des travailleurs du Bénin" (Lawani Amidou) met en jeu un droit de la personne humaine, prévue au Titre II de la constitution intitulé Des droits et devoirs de la personne humaine, et dont l'article 31 est consacré au droit de grève. La requête du syndicat visait à faire apprécier par la Cour la constitutionnalité des entraves à l'exercice de ce droit de grève. Introduit le 20 avril 1994, le recours ne sera jugé que le 18 février 2003, soit plus de huit années après ! Ce délai est porté à neuf ans et six mois dans le dossier Agossou Jean Sourou relatif, lui aussi, au droit de grève (Décision DCC 03-003 du 18 février 2003, Secrétaire général du Syndicat national unifié des travailleurs des travaux publics, Agossou Jean Sourou, Recueil 2003, p.21 ; délai de huit ans pour la Décision DCC 13-086 du 16 août 2013, Serge Roberto PRINCE AGBODJAN, Recueil 2013, vol.2, p. 590). On apprécie alors l'acte de contrition de la Cour ou ce qui en tient lieu : "*Considérant que l'article 120 de la Constitution énonce : « La Cour constitutionnelle doit statuer dans le délai de quinze jours après qu'elle a été saisie d'un texte de loi ou d'une plainte en violation des droits de la personne humaine et des libertés publiques. Toutefois, à la demande du Gouvernement, s'il y a urgence, ce délai est ramené à huit jours. Dans ce cas, la saisine de la Cour constitutionnelle suspend le délai de promulgation de la loi » ;*

Considérant que dans le cas d'espèce, la Cour a été successivement saisie de douze (12) différents recours dont le dernier a été enregistré à son secrétariat le 21 février 2018 ; que ces différents recours ont requis, chacun, un délai d'instruction plus ou moins important ; que, portant tous sur le même objet et tendant aux mêmes fins, il y a lieu, pour une bonne administration de la justice, de les joindre pour y être statué par une seule et même décision ; qu'une mise en état de qualité nécessite donc objectivement un délai raisonnable ; qu'il ne saurait dès lors être fait grief à la haute Juridiction d'avoir méconnu la disposition ci-dessus citée" (Décision DCC 18-098 du 19 avril 2018, Serge Roberto PRINCE AGBODJAN). Dont acte.

III : La réparation de préjudice

Lorsque la méconnaissance du droit à un délai raisonnable de jugement cause un préjudice, les requérants peuvent obtenir la réparation du dommage ainsi causé par le défaut de fonctionnement normal du service public de la justice. C'est ce qu'indique la Cour dans la décision "Cour constitutionnelle" en affirmant que "*Monsieur Paul Akoueikou a droit à réparation.*" La décision de dédommager le réquérant est remarquable ici, dans la mesure où la Cour ne se prononce pas systématiquement pour la réparation de préjudice lorsqu'il y a délai anormalement long (Décision DCC 18-119 du 22 mai 2018, Omer CHANVOEDOU ; Décision DCC 07-046 du 3 juillet 2007, Yessoufou Aïssatou épouse Gansa).

La réparation couvre le préjudice né de la suspension de salaire et de la pension de retraite non versée du Sieur Paul Akoueikou, qui sont des manques directement liés au retard mis dans le prononcé du jugement. La question du préjudice moral, en l'absence d'une spécification par la Cour, fait l'objet de conjectures.

19

Décision DCC 08-008 du 17 janvier 2008
Abel Ayikpola et alii
Recueil 2008, volume 1, p.103

La liberté religieuse

La Cour Constitutionnelle,

Saisie d'une requête du 27 août 2007 enregistrée à son Secrétariat le 31 août 2007 sous le numéro 2104/127/REC, par laquelle Messieurs Abel A. AYIKPOLA, Jérôme ZANCLAN, Jacob LASSOKPO, Emmanuel KOUMOLOU, Daniel OLIBE, Félix ADEOTAN, Joachim DODOU, Félix ZANNOU et Elisée DAGA, membres du comité du collectif des églises chrétiennes de Sakété saisissent la Haute Juridiction d'une plainte contre les adeptes du culte ORO pour « menaces, intimidation et destruction de l'église de Dieu » ;

VU la Constitution du 11 décembre 1990 ;
VU la Loi n° 91-009 du 04 mars 1991 portant Loi Organique sur la Cour Constitutionnelle modifiée par la Loi du 31 mai 2001 ;
VU le Règlement Intérieur de la Cour Constitutionnelle ;
Ensemble les pièces du dossier ;
Ouï le Conseiller Pancrace BRATHIER en son rapport ;
Après en avoir délibéré,

Considérant que les requérants exposent : « … Le vendredi 17 août 2007 à 16h 30mn, les adeptes du culte d'ORO sont allés ramasser les instruments de musique dans l'Eglise (mission internationale pour la restauration de l'évangélisation) menaçant le Pasteur… Mis dans l'économie des affaires, nous sommes allés tenir informer le chef de la brigade de Sakété qui nous a aidés à trancher le problème près de l'ancien député ADJIBORIAN Saliou le dignitaire des adeptes du culte d'ORO en présence de ses sages. Le dimanche 19 août 2007, des mesures d'intimidation nous ont été adressées de ne pas tenter toucher aux tam-tam ni aux micros sous peine de lourdes représailles. Pris en tenaille, nous nous sommes réunis en séance extraordinaire le dimanche soir et avions pris l'initiative de mettre le chef de la brigade dans l'économie des faits. Ce dernier nous a apaisés. Toujours dans la même période d'ORO, c'est l'Eglise d'Iyogoun Tohou qui avait été prise pour cible. Elle était complètement démolie et saccagée lors de la première fermeture vers 15h ; les feuilles de tôle, tous les instruments de musique, bancs, tables, autel sont tous emportés...nous sommes allés alerter la brigade de Sakété. Le Chef de la Brigade de façon prompte a dépêché trois de ses agents... constater les dégâts en présence du chef de village d'Iyogoun Tohou le samedi 18 août 2007... Suite au constat fait, le chef de la Brigade a convoqué les deux parties en conflit pour le mardi 21 août 2007 à la gendarmerie de Sakété. » ; qu'ils développent : « Après avoir écouté les uns et les autres, il a été conclu que les Pasteurs se temporisent et aillent acheter un terrain et que l'Eglise leur sera reconstruite... C'est sur ces mots qu'il nous a ordonné de sortir de son bureau pour qu'il traite avec la deuxième partie. Par ces propos rassurants, nous avons obéi.

Chose curieuse le lundi 27 août 2007, le dirigeant de l'Eglise d'Iyogoun Tohou accompagné de son Pasteur est allé nous dire que c'est ainsi que les adeptes du culte d'ORO lui ont lancé un ultimatum que lui et sa progéniture vont périr et que sa maison sera mise en ruine... Après avoir écouté notre interlocuteur, nous Pasteurs et responsables des Eglises Chrétiennes de Sakété sommes allés voir le chef de la brigade pour le tenir informer... » ; qu'ils concluent : « Voilà les quelques attaques dont nous Pasteurs et responsables des Eglises de Sakété sommes victimes chaque année. Cette liberté chèrement acquise par l'entremise de notre jeune démocratie est dangereusement menacée lors du culte d'ORO dans la commune de Sakété.

Tout se fait avec violence et sans contrôle... On assiste à un débordement à outrance. Des fermetures anarchiques et incontrôlées s'observent de part et d'autre ... psychose...stress et ...hantise dans les cœurs de peur que les adeptes d'ORO demeurent les seuls maîtres du terrain.

A cette période, toutes les activités d'inter semaines sont bloquées. » ; qu'ils demandent en conséquence à la Cour de les « aider à trouver un terrain d'entente pour que continue de régner dans le plateau et en occurrence dans la commune de Sakété la paix, la concorde et la sérénité pour que dorénavant il n'y ait plus d'accrochage ni de conflit religieux » ;

Considérant que le Collectif des Eglises Chrétiennes de Sakété a été invité à rapporter à la Cour la preuve de son enregistrement au ministère de l'intérieur ; qu'en réponse, le Secrétaire dudit collectif déclare : « ...Le Collectif des Eglises Chrétiennes de Sakété dont nous sommes responsables est une association opérant sous...l'Union des Eglises et Missions Evangéliques du Plateau... inscrite sous le numéro 2002/037/MISD/DC/SG/DAI/SCC-ASSOC du 22 mars 2002 » ; que l'UEMEP n'étant pas la requérante en cette cause, la requête du collectif doit être déclarée irrecevable ; que toutefois, la requête faisant état de violation de droits fondamentaux de la personne humaine, il y a lieu pour la Cour de se saisir d'office en vertu de l'article 121 alinéa 2 de la Constitution ;

Considérant que suite à la mesure d'instruction de la Cour, le Commandant de la brigade de gendarmerie de Sakété a transmis les procès-verbaux qui rendent compte des réunions organisées entre les différentes parties en cause pour un règlement du problème ; qu'il ressort des différentes réunions que : « ...Chaque année les festivités du culte ORO engendrent des problèmes entre les religions... l'insurrection des adeptes du culte ORO est intervenue à la suite des dénigrements proférés par le pasteur du village ... ce responsable d'église profane leur culte et le démontre dans son église à ses fidèles en présence de la gente féminine... Les femmes du village vont raconter à leurs époux que ce pasteur leur montre aisément les éléments constitutifs de ce fétiche... ce responsable... aurait des propos ci-après : '' Si cette fois-ci les adeptes du culte ''ORO'' n'œuvrent pas pour faire avaler ma chapelle, c'est qu'ils sont des enfants bâtards'' ; ces propos auraient motivé les réactions des adeptes du culte ''ORO''.

...Pour les dignitaires du culte ''ORO''... les tam-tam autres que ceux de ''ORO'' ne peuvent résonner pendant la période des 17 jours de fête de ''ORO'' » ;

Considérant qu'il ressort des éléments du dossier qu'il est établi que l'insurrection des adeptes du culte ''ORO'' est intervenue à la suite des provocations verbales proférées par le pasteur de village de Yogou-Tohou ; que les deux parties en cause ont donc eu des comportements d'intolérance l'une vis-à-vis de l'autre ;

Considérant que les articles 23 de la Constitution et 8 de la Charte Africaine des Droits de l'Homme et des Peuples disposent respectivement : « *Toute personne a droit à la liberté de pensée, de conscience, de religion, de culte, d'opinion et d'expression dans le respect de l'ordre public établi par la loi et les règlements. L'exercice du culte et l'expression des croyances s'effectuent dans le respect de la laïcité de l'Etat.*

Les institutions, les communautés religieuses ou philosophiques ont le droit de se développer sans entraves... » ;

« La liberté de conscience, la profession, et la pratique libre de la religion sont garanties. Sous réserve de l'ordre public, nul ne peut être l'objet de mesures de contrainte visant à restreindre la manifestation de ces libertés. » ; que selon l'article 36 de la Constitution : « *Chaque Béninois a le devoir de respecter et de considérer son semblable sans discrimination aucune et d'entretenir avec les autres des relations qui permettent de sauvegarder, de renforcer et de promouvoir le respect, le dialogue et la tolérance réciproque en vue de la paix et de la cohésion nationale » ;* qu'il résulte de tout ce qui précède qu'aucune communauté religieuse ne doit imposer à l'autre ses croyances ou pratiques religieuses ; qu'il est également établi que les deux parties ont eu des comportements d'intolérance l'une vis-à-vis de l'autre ; qu'en agissant comme

ils l'ont fait, les adeptes du culte ''ORO'' et le pasteur de l'église évangélique de Yogou-Tohou ont méconnu les dispositions précitées de la Constitution ;

DECIDE :

Article 1er : La requête du collectif des églises chrétiennes de Sakété est irrecevable.
Article 2 : La destruction de l'église évangélique de Yogou-Tohou, dans l'arrondissement de Sakété par les adeptes du culte ''ORO'' constitue une violation de la Constitution.
Article 3 : Le comportement du pasteur de l'église évangélique de Yogou-Tohou est contraire à la Constitution.
Article 4 : Les adeptes d'Oro et les responsables des églises chrétiennes de Sakété ont violé l'article 36 de la Constitution.
Article 5 : La présente décision sera notifiée à Messieurs Abel A. AYIKPOLA, Jérôme ZANCLAN, Jacob LASSOKPO, Emmanuel KOUMOLOU, Daniel OLIBE, Félix ADEOTAN, Joachim DODOU, Félix ZANNOU et Elisée DAGA, membres de comité du collectif des églises chrétiennes de Sakété, Saliou ADJIBORIAN, au Commandant de la brigade de gendarmerie de Sakété et publiée au Journal Officiel.

Ont siégé à Cotonou, le dix sept janvier deux mille huit,

Madame	Conceptia D. OUINSOU	Président
Messieurs	Idrissou BOUKARI	Membre
	Pancrace BRATHIER	Membre
	Christophe KOUGNIAZONDE	Membre
Madame	Clotilde MEDEGAN-NOUGBODE	Membre
	Lucien SEBO	Membre

Le Rapporteur — Le Président,

Pancrace BRATHIER — Conceptia D. OUINSOU

OBSERVATIONS

I : Le Dieu d'Abraham …et du *vodoun*

La liberté de religion est un droit subjectif que les individus font valoir dans le choix ou la pratique d'une religion. L'histoire récente du Bénin n'a pas connu d'évènements majeurs qui aient trait à la méconnaissance du libre choix des citoyens en matière religieuse, ni de dissensions interconfessionnelles ouvertes, comparables à la fracture nord/sud au Soudan, en Iraq ou au Yémen. Cependant, la constitution contient plusieurs références à la question religieuse : le principe de liberté (article 23) le principe d'égalité et de non-discrimination (article 26). La Charte africaine des droits de l'homme et des peuples reprend ces grandes idées en son préambule et en ses articles 2 (principe d'égalité) et 8 (principe de liberté).

La constitution elle-même ne dessine pas les contours de la notion de religion. Pour Saint Augustin, "*le mot religio a l'air de désigner non pas n'importe quel culte, mais plus précisément celui qu'on voue à Dieu*" (Saint AUGUSTIN, *La cité de Dieu, X, 1,* trad. Lucien Jerphagon). La religion relève du monothéisme, et comme concluait Tertullien à propos du panthéon gréco-romain antique, il est "*certain que votre religion n'en est pas une, parce que vos dieux n'existent pas*" (TERTULLIEN, *Apologétique, 24, 9*). A cette approche plutôt doctrinale, on opposera la démarche de sociologues qui voient dans la religion une sorte d'"*administration du sacré*" (H. HUBERT, "Introduction", *in* Chantepie de la Saussaye, *Manuel d'histoire des religions*, Armand Colin, Paris, 1904, p. XLVII). Le français Emile Durkheim dit, plus complètement, que la religion est "*un système solidaire de croyances et de pratiques relatives à des choses sacrées, c'est-à-dire séparées, interdites, croyances et pratiques qui unissent en une même communauté morale, appelée Église, tous ceux qui y adhèrent*" (E. DURKHEIM, *Les formes élémentaires de la vie religieuse. Le système totémique en Australie*, 5ème édit. Paris, PUF, 1968).

Cette mise au point préliminaire n'est pas sans intérêt, car la question est d'importance au pays du *vodoun.* La Cour conforte, par sa jurisprudence, l'alignement du culte *vodoun* sur les religions du Livre pour affirmer les principes d'égalité et de liberté et leur corollaire : la laïcité de l'Etat.

II : L'affirmation juridictionnelle des principes de liberté et d'égalité

La décision "Abel Ayikpola, Jérôme Zanclan et alii" concerne des faits où le prosélytisme d'une religion du Livre doit faire face à la réaction énergique d'un culte *vodoun.* Le jugement de Salomon de la Cour a consisté à rappeler les principes constitutionnels de liberté et d'égalité : "*Aucune communauté religieuse ne doit imposer à l'autre ses croyances ou pratiques religieuses*". Les fidèles d'une religion jouissent de la liberté d'exercer leur culte, liberté qui s'arrête là où commence celle des autres religions. Ce double principe de liberté et d'égalité proscrit l'intolérance et la doctrine du territoire exclusif (Décision DCC 97-039 du 7 juillet 1997, Egbo W. Gilbert, Recueil 1997, p. 163). Dans ce jeu d'équilibre, l'autorité administrative doit tantôt garder une stricte neutralité et ne point s'engager pour ou contre une religion (Décision DCC 97-019 du 6 mai 1997, Adognon Etienne, Recueil 1997, p. 83) ; tantôt développer une action hardie pour prévenir ou faire cesser les violences interconfessionnelles (Décision DCC 00-049 du 31 août 2000, Oueounou Ernest, Recueil 2000, p. 177).

Ce principe de liberté doit aussi respecter le principe de la liberté d'entreprise des citoyens. Ainsi, une religion qui décrète "*habituellement après les cérémonies d'offrande auxdits fétiches sept jours d'interdiction formelle de pêcher sur le lac (...), lac qui au demeurant est un bien public*" viole les articles 2 et 23 de la constitution (Décision DCC 004-106 du 4 novembre 2004, Ogou Hinnoussi, Recueil 2004, p. 477).

L'exercice des cultes religieux doit se faire dans le strict respect de l'ordre public matériel. Les dissensions entre adeptes et dirigeants d'une même religion, lorsqu'elles ont des répercussions sur la quiétude des citoyens, peuvent légitimer un arrêté préfectoral de fermeture d'un temple religieux. (Décision DCC 03-028 du 27 février 2003, Comités paroissiaux de l'église Union renaissance d'hommes en Christ, Kossoko Justin et alii, Recueil 2003, p. 125). Cependant, le procureur de la République qui ordonne la fermeture provisoire d'une paroisse chrétienne céleste doit apporter la preuve du trouble à l'ordre public qu'il allègue (Décision DCC 03-142 du 16 octobre 2003, Amadou Awaou épouse Santos, Recueil 2003, p. 579).

III : La définition du périmètre conceptuel de la laïcité de l'Etat

La question de la laïcité de l'Etat est si fondamentale que le texte constitutionnel en fait l'une des dispositions insusceptibles d'être modifiées par une révision constitutionnelle : "*La forme républicaine et la laïcité de l'État ne peuvent faire l'objet d'une révision*". La laïcité est un terme relativement récent et ne date que du 19ème siècle français. Il pose la séparation de la religion et de l'Etat comme une valeur fondatrice et un principe essentiel de la République. Le but est de parvenir à la sécularisation des institutions politiques de l'État, en obtenant que l'Etat n'endosse aucune religion officielle et qu'il ne se légitime par aucune onction divine. Les révolutionnaires béninois de 1972 expriment bien cette idée de laïcité dans la rédaction de l'article 12 de la Loi fondamentale de 1977 : "*la croyance ou la non croyance, l'appartenance ou la non appartenance à une religion sont des manifestations propres à chaque individu, face auxquelles la Révolution béninoise garde une stricte neutralité.*"

Pour la Cour "*si la laïcité s'analyse comme un rejet de l'emprise du religieux sur la 'vie politique, publique et juridique', elle n'en demeure pas moins un principe d'organisation de la vie sociale fondé sur la concorde et l'harmonie sociale, garantissant l'égalité des citoyens et des cultes ; (...) la laïcité ne signifie nullement l'ignorance mais plutôt le respect du fait religieux, expression de la liberté du citoyen ; (...) la laïcité ne peut être assimilée ni à l'athéisme, ni à l'agnosticisme ; (...) elle est et demeure '' une philosophie de respect des croyances, mais aussi de rejet des discriminations'' ; (...) elle est tolérance et respect des différences ; (...) l'Etat laïc est donc un Etat qui n'exerce aucun pouvoir religieux et dans lequel les confessions religieuses n'exercent aucun pouvoir politique ; (...) il est, à la différence de l'Etat théocratique, un Etat neutre entre les cultes, dégagé de toute conception théologique* (Décision DCC 13-096 du 29 août 2013, Recueil 2013, vol.2, p.638).

La Cour a été amenée, à plusieurs occasions, à donner les implications pratiques de la laïcité. *D'abord* la laïcité n'exclut pas que des activités religieuses se déroulent sur le domaine privé de l'Etat, sur le lieu de travail des fonctionnaires. Ainsi, la construction d'une église chrétienne devant servir d'aumônerie catholique dans une garnison de la gendarmerie nationale ne constitue pas une violation de la constitution (Décision DCC 98-006 du 8 janvier 1998, Badarou Olaniyi Yacouba, Recueil 1998, p. 33). Dans le même sens, les personnalités investies d'un mandat public peuvent professer leur foi en privé comme en public sans que cela puisse être retenu comme une entorse à la laïcité de l'Etat. Dès lors, la référence constante et presque pavlovienne à "*Dieu dans les différents messages du Chef de l'Etat ne constitue pas une atteinte à la laïcité de l'Etat*" (Décision DCC 10-007 du 21 janvier 2010, John Augustino Francey). Ni la messe d'action de grâce d'un élu sur la place publique de Sèmè-Podji (Décision DCC 14-017 du 21 janvier 2014, Jean Avohou, Recueil 2014, vol.1, p.202), ni l'occupation du domaine public à des fins de dévotion collective (prière musulmane des vendredis dans la rue et les places publiques) ne contrarient la liberté d'aller et de venir des citoyens et ne sont donc pas contraires à la constitution (Décision DCC 17-197 du 06 octobre 2017, Vignon Josué Dohami). En conséquence, les déclarations et mesures du Garde des Sceaux et du ministre en charge de l'intérieur, qui interdisent les prières musulmanes sur les lieux publics sont elles-mêmes contraires à la constitution (Décision DCC 17-225 du 07 novembre 2017, Arsène Kocou Dossou)

Ensuite, les subventions gouvernementales de plusieurs dizaines de millions de francs, accordées à chacune des confessions religieuses et donc à toutes les confessions religieuses, sans discrimination, constitue la preuve de la neutralité de l'Etat et par là-même de sa laïcité (Décision DCC 09-019 du 26 février 2009, Boni Faakih Olakorédé et Décision DCC 10-006 du 21 janvier 2010, Franck Adégbola Oké).

Enfin, la laïcité de l'Etat se conjugue avec la tolérance religieuse, le respect de l'équité et de l'ordre public. Ainsi, les propos d'un pasteur évangélique invitant à abandonner "*l'adoration des idoles et en particulier les leaders de cette Nation d'enlever de notre Constitution l'expression 'les mânes de nos ancêtres' et de consacrer la date du 10 janvier à l'Eternel Dieu plutôt qu'aux idoles*" sont contraires à la constitution (Décision DCC 17-018 du 31 janvier 2017, Daagbo Hounon TOMADJLEHOUKPON II HOUWAMENOU). De même, le fétiche *lègbâ*, lorsqu'il est implanté sur le domaine public, doit être déplacé, au même titre que les églises protestantes érigées sur l'emprise des voies publiques, dans le cadre global des opérations entreprises par le préfet pour libérer l'espace public des occupants sans titre (Décision DCC 17-145 du 13 juillet 2017, Christophe Arale). Lorsque la sécurité et la tranquilité d'un citoyen sont menacées, l'ordonnance du tribunal qui suspend une manifestation religieuse ne viole pas la constitution ("*'des personnes se sont retrouvées autour d'un arbre sacré pour prononcer toutes sortes de malédictions contre le nommé HONVOH G. Barthélémy' (...) l'exercice du culte mis en œuvre, en l'espèce, à travers la manifestation dite "OMAN" porte atteinte aux droits de Monsieur (...) ; que dès lors, c'est à bon droit que le juge de la première chambre des référés civils du tribunal de première Instance de première classe de Porto-Novo a ordonné sa suspension*", Décision DCC 18-029 du 08 février 2018, Mesmin D. Dodjinou). L'ordre public étant le socle de la vie en société, il peut justifier une interdiction par arrêté préfectoral d'une sortie du culte "*Egoun goun*" (Décision DCC 18-117, du 22 mai 2018, Landry Angélo Koladjo Adelakoun) ou une dévotion publique prévue pour être organisée au stade municipal de Goho par la Très sainte Eglise de Jésus-Christ de la Mission de Banamè (Décision DCC 14-188 du 11 novembre 2014, Jean cardinal Viatonou, Nathanaël cardinal Agbassi, Judas cardinal Orekan, Pierre cardinal Assogba, Recueil 2014, vol.3, p.1271).

La laïcité semble s'accommoder de beaucoup de choses au Bénin. Le principe de laïcité reçoit une application particulièrement souple, qui mêle religion et exercice du pouvoir sur un socle sociologique fortement imprégné de religiosité. La laïcité reste résiduelle dans son interprétation parce qu'elle s'applique à un peuple de croyants et même de bigots. La constitution elle-même traduit l'ambivalence des termes de l'équation lorsqu'elle proclame la laïcité de l'Etat et fait prêter serment au Président de la République "*Devant Dieu, les mânes des Ancêtres*..." ! Prêter serment devant Dieu, c'est être responsable de ses actes publics devant Dieu, devoir faire sa reddition de comptes devant Dieu et en définitive se conformer aux préceptes divins dans la conduite des affaires publiques. La laïcité constitutionnelle béninoise semble se muer en crypto-confessionnalisme.

20

Décision DCC 06-154 du 19 octobre 2006,
Cour constitutionnelle
Recueil, 2006, p. 789

Le droit de propriété

La Cour Constitutionnelle,

Saisie de la copie d'une correspondance du 18 janvier 2005 adressée au Ministre des Mines, de l'Energie et de l'Hydraulique et enregistrée à son Secrétariat le 19 janvier 2005 sous le numéro 0177/005/REC, par laquelle le collectif de propriétaires des maisons menacées de démolition à Sékou revendique la juste application des dispositions de l'article 22 de la Constitution du 11 décembre 1990 ;

VU la Constitution du 11 décembre 1990 ;
VU la Loi Organique n° 91-009 du 04 mars 1991 portant Loi Organique sur la Cour Constitutionnelle modifiée par la Loi du 31 mai 2001 ;
VU le Règlement Intérieur de la Cour Constitutionnelle ;
Ensemble les pièces du dossier ;
Ouï Monsieur Idrissou BOUKARI en son rapport ;
Après en avoir délibéré,

Considérant que les requérants exposent que bien qu'ayant sollicité depuis plusieurs années l'électrification de leur arrondissement, ils n'ont jamais « choisi ni accepté que des câbles conduisant le courant de moyenne tension passent au-dessus de leurs habitations » ; qu'ils déclarent que dès le début des travaux, ils ont opposé leur refus catégorique à l'implantation des poteaux électriques dans leurs maisons, ce qui explique la vague de protestations élevées lorsque des « individus » se disant membres d'un comité de pilotage ont démoli les portails de deux maisons pour y faire entrer la grue ; qu'ils allèguent que l'entrepreneur changeant de stratégie a fait implanter les poteaux dans les maisons sans « casse » et qu'ainsi, rien n'indiquait que l'on envisageait la démolition systématique de leurs habitations ; que le Ministre en exprimant sa totale déception de voir encore des poteaux électriques dans les maisons, le 26 décembre 2004, laissait apparaître que les autorités locales lui avaient fait croire qu'ils ont été d'accord pour la démolition sans dédommagement préalable de leurs maisons alors qu'aucune allusion de démolition de maisons n'avait été faite lors du lancement des travaux d'électrification en 2003 ; qu'ils concluent que la coupure de l'électricité ordonnée par le Ministre vise à soulever une partie de la population contre eux pour les obliger à démolir leurs habitations, mais qu'ils ne cèderont jamais à un tel chantage ; qu'en conséquence, ils exigent qu'il leur soit appliqué les dispositions de l'article 22 de la Constitution du 11 décembre 1990 ;

Considérant qu'en l'application de l'article 31 alinéa 2 du Règlement Intérieur de la Cour Constitutionnelle, les associations (collectifs) doivent en plus de leur nom, adresse précise et signature ou empreinte digitale, rapporter la preuve de leur capacité juridique à ester en justice par leur enregistrement au Ministère chargé des Affaires Intérieures ; que le « collectif de propriétaires des maisons menacées de démolition à Sékou » n'ayant pas rapporté la preuve de cette capacité, sa requête doit être déclarée irrecevable ;

Considérant toutefois que ledit collectif revendique l'application des dispositions de l'article 22 de la Constitution, il y a lieu pour la Cour, sur le fondement de l'article 121 alinéa 2 de la Constitution, de se prononcer d'office ;

Considérant qu'en réponse aux mesures d'instruction de la Haute Juridiction, le Maire d'Allada déclare : «... Le 19 décembre 2004, lors de la mise en service du réseau électrique à Sékou, le Ministre des Mines, de l'Energie et de l'Hydraulique a déploré la situation et demandé à la Mairie d'Allada que les maisons concernées soient dégagées sans délai de l'emprise de la voie sous peine de coupure d'électricité à toute la localité ... Le Ministre a fermement signifié devant l'assistance qu'il n'y aura pas de dédommagement pour les maisons à dégager...Le 05 janvier 2005, après la coupure d'électricité à toute la localité de Sékou, la Mairie a réuni à nouveau les propriétaires des maisons à dégager. Au cours de cette séance, les participants ont décidé de dégager progressivement toutes les habitations qui se trouvent sous les fils électriques en respectant l'emprise de la route inter-Etats n° 2, ce qui a déjà commencé... en attendant le dégagement définitif... » ; que le Ministre des Mines, de l'Energie et de l'Hydraulique, quant à lui, n'a pas cru devoir répondre à la mesure d'instruction à lui adressée ; qu'à la suite de l'audition des parties à la Cour le 23 juin 2005, il est apparu qu'il existe un décret de 1962, révisé en 1982 puis en 2002 et portant classement des voies d'intérêt économique, touristique et stratégique et fixant la largeur de leur emprise et qui a toujours servi de référence à la SBEE pour les travaux d'électrification en zones non loties ;

Considérant que l'article 22 de la Constitution dispose : « toute personne a droit à la propriété. Nul ne peut être privé de sa propriété que pour cause d'utilité publique et contre juste et préalable dédommagement » ;

Considérant que le Directeur de Cabinet du Ministre des Travaux Publics et des Transports dans sa réponse à une mesure d'instruction de la Cour déclare : « Par décret n°433/PR/MTPTPT du 05 octobre 1962 portant classement des voies d'intérêt économique, touristique et stratégique, les emprises des différentes catégories de routes ont été fixées aux termes de l'article 6 alinéa 1er comme ci-après :

- Routes nationales inter-Etats : 40 mètres ;
- Routes nationales : 30 mètres ;
- Routes départementales 20 mètres.

La route Godomey-Parakou-Malanville passant par Sékou étant classée Route Nationale inter-Etats, fait partie du domaine public de l'Etat suivant les dispositions de l'article 5 alinéa 2 du décret précité ;

Le Décret n° 2001-092 du 20 février 2001 ... ne modifie pas les dispositions du Décret n° 433/PR/MTPTPT du 05 octobre 1962 en ce qui concerne les largeurs des emprises ainsi qu'elles ont été fixées depuis quarante trois (43) ans.

En conséquence, toute construction érigée dans ces emprises constitue une violation des décrets sus cités et les propriétaires desdites constructions ne peuvent exiger de l'Autorité aucune réclamation en cas de démolition de leurs bâtiments » ; qu'aux termes des articles 5 et 6 du Décret n° 2001-092 du 20 février 2001 portant classement des voies d'intérêt économique, touristique et stratégique : « L'acte de classement a pour effet d'incorporer au domaine public, la route ainsi que les dépendances immédiates de celle-ci (fossés, talus, accotements, etc.) et de soumettre les propriétés situées en bordure, aux servitudes de voirie prévues par la législation en la matière.

Les routes nationales inter-Etats et les routes nationales font partie du domaine public de l'Etat... » ; « La largeur d'emprise des différentes catégories de route est fixée comme suit :

- Routes nationales inter-Etats : 40 mètres

  ...

Des dérogations pourront être apportées à ces règles (largeur de l'emprise) par arrêté du Ministre chargé des Travaux Publics, dans la traversée et aux sorties des agglomérations ainsi que dans les cas où leur application porterait atteinte à des droits acquis antérieurement à la publication du présent décret » ;

Considérant que l'application de l'article 22 de la Constitution précité suppose la préexistence d'un droit de propriété établi selon les voies légales ; qu'en l'espèce, les requérants n'ont pas encore produit les documents attestant leur droit de propriété antérieurement acquis à la publication du décret de 1962 ;

qu'en conséquence ; il échet de dire et juger qu'il n'y a pas lieu à statuer en l'état ;

DECIDE:

*Article 1er.-*La requête du collectif des propriétaires des maisons menacées de démolition à Sékou est irrecevable.
Article 2.- : Il n'y a pas lieu de statuer en l'état.
Article 3.- :La présente décision sera notifiée au collectif de propriétaires des maisons menacées de démolition à Sékou, au Ministre des Mines, de l'Energie et de l'Eau, au Ministre Délégué chargé des Transports, des Travaux Publics et de l'Urbanisme auprès du Président de la République, au Ministre de la Justice chargé des Relations avec les Institutions, Porte-parole du Gouvernement, au Maire d'Allada et publiée au Journal Officiel.

Ont siégé à Cotonou, le dix neuf octobre deux mille six,

Madame	Conceptia D. OUINSOU	
Président		
Messieurs	Jacques D. MAYABA	Vice-président
	Idrissou BOUKARI	Membre
	Pancrace BRATHIER	Membre
	Christophe KOUGNIAZONDE	Membre
Monsieur	Lucien SEBO	Membre

Le Rapporteur — Le Président

Idrissou BOUKARI — Conceptia D. OUINSOU

OBSERVATIONS

I : La propriété, un droit emblématique du libéralisme

Au commencement était la propriété, pensait Jean-Jacques ROUSSEAU. "*Le premier qui, ayant enclos un terrain, s'avisa de dire : ceci est à moi, et trouva des gens assez simples pour le croire, fut le vrai fondateur de la société civile*" (J.-J. ROUSSEAU, *Discours sur l'origine et les fondements de l'inégalité parmi les hommes,* Paris, Flammarion, 2011, *passim.*).

La propriété a été présentée comme un droit inaliénable et sacré par les révolutionnaires français de 1789 mais comme un fait de l'homme par les révotionnaires américains en 1776. La vanité et l'hypocrisie sous-jacente à ces grandes proclamations retiennent aujourd'hui l'attention des chercheurs. "*On use de termes très généraux à des fins relativement restreintes*" écrit Jacques CHEVALLIER (J. CHEVALLIER, *Les débuts de l'Etat moderne : une histoire des idées politiques au 19ème siècle*, Paris, Fayard, 1976, p. 4).

La constitution reprend ce droit de propriété en son article 22 et la Charte africaine des droits de l'homme et des peuples en son article 14.
En son contenu, le droit de propriété est " *le droit de jouir et disposer des choses de la manière la plus absolue pourvu qu'on n'en fasse pas un usage prohibé par la loi ou les règlements*" (article 544 du Code civil). La jurisprudence de la Cour nous renseigne sur certains aspects des régimes juridiques respectifs de la naissance du droit de propriété et des atteintes à l'exercice de ce droit.

II : L'existence du droit de propriété

La Cour, dans la décision sous étude, examine un cas de propriété foncière, comme d'ailleurs la quasi-totalité des affaires soumises à sa juridiction et qui concernent la question du droit de propriété. Se fondant sur la circonstance que les requérants n'ont pas "*produit les documents attestant leurs droits de propriété*", la Cour juge le recours irrecevable. L'existence physique de maison sur une parcelle n'est pas constitutive de propriété. La décision ne précise pas la nature des documents de preuve à produire. Mais d'autres décisions nous renseignent sur la nature desdites preuves.

Ainsi, la Cour juge que "*l'application de l'article 22 de la constitution (...) suppose la préexistence d'un droit de propriété établi selon les voies légales*" (Décision DCC 06-154 du 19 octobre 2006 décision DCC 06-154 du 19 octobre 2006). Elle ajoute que les réquérants doivent produire "*des documents légaux, notamment les titres fonciers, attestant de leur droit de propriété.*" (Decision DCC 14-201 du 09 decembre 2014, Hounwanou Trougnin, Recueil 2014, vol.3, p.1375).

Mais la technique de l'enregistrement conduisant à la délivrance d'un titre foncier est très résiduelle dans les habitudes nationales. Les nouvelles lois (Loi n° 2013-01 du 14 août 2013 portant code foncier et domanial modifiée par la Loi n° 2017-15 du 26 mai 2017) poussent à la formalisation croissante par écrit des droits sur le foncier. La Cour, quant à elle, prenant en compte la diversité de tenures foncières en usage, adopte, sur l'ensemble de sa jurisprudence une interprétation plutôt libérale des critères de constitution du droit de propriété sur les biens immeubles. Ainsi, on lit ceci dans l'affaire "dah Célestin Dah Toffon Assogba" (Décision DCC 13-036 du 28 mars 2013, Célestin Dah Toffon Assogba, Recueil 2013, vol.1, p.251) : "*Je suis Chef traditionnel du quartier Ngbêhan à Savalou. Je cultive cette terre depuis des décennies et avant je l'avais cultivée avec mon père et lui avec mon grand-père et ainsi de suite depuis plusieurs générations. C'est donc une propriété ancestrale héritée de mon père. Je cultive cette terre ; je vis de cette terre. J'ai mes vodouns et totem, mes plantations, mes arbres sur cette terre. Cette terre est connue de tous les riverains comme ma propriété. C'est une pratique constante dans notre localité que les terres cultivables, les champs n'ont pas de titre foncier. Nos ancêtres, nos parents, grands-parents et arrières grands-parents n'en avaient pas. Le Palais royal de Savalou a-t-il un titre foncier ? il y a des propriétés pour lesquelles personne ne possède de titre foncier tout juste parce que ce n'était pas une habitude, ni une pratique constante. Ce n'était pas la coutume. Les champs, les plantations etc, dont se servent les habitants pour vivre au village relèvent de cette catégorie. Nous, paysans n'avons pas de titre foncier pour nos champs et plantations. Ce n'est pas la coutume. Je tiens à cet héritage que m'a légué mon père. Je ne saurais en aucun cas y renoncer, ni le donner à la Mairie.*" A défaut de documents écrits, la Cour a eu recours dans le cas d'espèce, à la notion de *"présumé propriétaire."* Elle a pu ensuite juger que la donation du domaine réclamé par le requérant ne peut être faite, par le maire, au profit du ministère en charge de l'enseignement supéreiur que sur le consentement de la collectivité qui exploite ces terres ou *"par la procédure de l'expropriation pour cause d'utilité publique ; que n'ayant pas procédé de la sorte, le Maire de Savalou a méconnu l'article 22 de la Constitution précité"* (Décision DCC 13-036 du 28 mars 2013, Célestin Dah Toffon ASSOGBA, Recueil 2013, vol.1, p.251).

La même tenure foncière coutumière confère un droit de propriété opposable, lorsque le sous-préfet déclare d'utilité publique une parcelle de terrain et dispose par Arrêté n°4/351/SG-SAD que les "*présumés propriétaires dudit domaine seront recensés à l'état des lieux et recasés.*" Bien que n'ayant qu'un statut de présumé propriétaire, la Cour juge que la propriété des "*descendants Gansêkpo Gandaho est incluse dans le domaine d'utilité publique ; que les membres de cette collectivité dépossédés de leur bien, n'ont pas été préalablement dédommagés ; que dès lors l'Arrêté n°4/351/SG-SAD (...) viole l'article 22 de la constitution*" (Décision DCC 97-056 du 8 octobre 1997, Collectif des descendants Gansêkpo Gandaho, Recueil 1997, p. 239).

Dans l'affaire "Koumagnon Hossou Antoine et alii", la Cour a été saisie du fait que le préfet "*par Arrêté n°1/031/SG-SAD, (...) a attribué la propriété d'un certain nombre de parcelles à madame Dadirou Koudirat et aux collectivités (...) ; que cette même autorité administrative a pris (...) l'Arrêté n° 1/038/SG-SAD portant attribution d'un domaine pour abriter le marché de la commune urbaine de Djassin-Zoumè qui a abrogé l'Arrêté*" n°1/031/SG-SAD précité. Dans sa décision, la Cour estime que l'Arrêté n°1/031/SG-SAD emporte "*attribution de propriété desdites parcelles aux*" requérants ; que dès lors, le préfet ne peut "*priver les bénéficiaires de cette attribution de leur droit de propriété sans un juste et préalable dédommagement ; qu'en disposant comme il l'a fait, l'Arrêté déféré a violé les dispositions de l'article 22 de la constitution*" (Décision DCC 98-050 du 20 mai 1998 Koumagnon Hossou Antoine et alii, Recueil 1998, p. 249). Le droit de propriété des requérants se fonde, en l'occurrence, sur un arrêté préfectoral et, ni le respect du parallélisme des formes, ni l'intérêt public (aménagement du marché forain de Djassin-

Zoumè) ne suffisent à priver les bénéficiaires du droit acquis à la propriété né du premier arrêté du préfet.

La Cour estime même que le document topographique d'état des lieux, dès lors qu'il est confirmé par l'autorité administrative confère le droit de propriété sur un terrain. Selon les explications du préfet de département, dans l'affaire "Kpadonougan Gilbert" le requérant a été une première fois recensé à l'état des lieux sous le n°769^{E} puis proposé au recasement sur un autre terrain du lot 2038 parcelle D, terrain sur lequel l'école primaire publique est en train d'être érigée. Selon la Cour, le préfet, dans sa correspondance officielle, "*reconnaît le droit de propriété du requérant sur la parcelle G du lot 2038*" dès lors qu'il affirme que l'état des lieux mentionne le nom du requérant sur la portion de terre objet du recours. En conséquence, le préfet viole l'article 22 de la constitution en décidant l'affectation du domaine à une école publique, sans un préalable dédommagement (Décision DCC 01-064 du 26 juillet 2001, Kpadonougan Gilbert, Recueil 2001, p.263).

A l'examen, l'interprétation faite par la Cour de l'article 22 de la constitution révèle trois grandes constantes : d'abord, la grande souplesse sur l'existence juridique du droit de propriété : l'enregistrement conférant un titre foncier n'est pas un critère dirimant. Ensuite le caractère préalable du dédommagement est un impératif. Un dédommagement postérieur à la dépossession est contraire à la constitution (Décision DCC 00-032 du 28 juin 2000, Héritiers de feu Fohounhedo Houévoessan, Recueil 2000, p. 119). Un dédommagement en cours alors que la dépossession est déjà réalisée, viole également la constitution (Décision DCC 16-066 du 26 mai 2016, Basile Dadjo Atenoukon, Recueil 2016, vol.1, p.475). Enfin, le caractère juste du dédommagement ne suppose pas une évaluation vénale établissant une égalité de valeur entre le bien dépossédé et le bien acquis en dédommagement. Ainsi, un échange de terrain d'habitation contre un autre terrain d'habitation, quel qu'en soit le lieu de situation, satisfait les termes de l'article 22 de la constitution (Décision DCC 00-002 du 14 janvier 2000, Collectif des victimes de la modernisation du marché de Ouando, Recueil 2000, p.15 ; Decision DCC 18-014 du 1er fevrier 2018, Célestin C. AGBANGLANON).

III : Les atteintes au droit de propriété

Les démembrements du droit de la propriété foncière comprennent l'*usus* (droit d'user), le *fructus* (Droit de jouir de la chose et d'en percevoir les fruits) et l'*abusus* (droit de disposer matériellement et juridiquement d'une chose, la vendre, la casser, la donner, etc) aux termes de l'article 42 de la loi n° 2013-01 du 14 août 2013 portant code foncier et domanial en République du Benin, modifiée par la Loi n° 2017-15 du 26 mai 2017. Pour la Cour, l'article 22 de la constitution s'applique lorsque l'*usus*, le *fructus* et l'*abusus* sont cumulativement concernés. Dès lors que l'*usus* et le *fructus* sont seuls en cause, et que le droit de disposer de la chose n'est pas ôté à son propriétaire, l'article 22 ne peut recevoir application. Ainsi, en cas de réquisition de biens, le requérant ne peut utilement invoquer l'article 22 de la constitution. Dès lors, la réquisition par le Gouvernement des stations-services de la Société nationale de commercialisation des produits pétroliers (SONACOP SA), société d'économie mixte dont le capital est détenu à 55% par un actionnaire privé, est conforme à la constitution, même si l'indemnisation est prévue pour être faite ultérieurement. (Décision DCC 06-126 du 27 septembre 2006, Aklé Paul Joseph et alii, Recueil 2006, p. 643).

21

Avis CC-001/98, du 19 novembre 1998
Président de la République
Recueil, 1998, p. 423

La liberté de commerce et de l'industrie

La Cour Constitutionnelle,

Saisie d'une première requête du 20 août 1998 enregistrée à son Secrétariat le 21 août 1998 sous le numéro 093-C, par laquelle le Président de la République sollicite l'avis de la Haute Juridiction en vue de faire abroger la Décision-Loi n°88-005 du 26 septembre 1988 instituant au profit de la Société de Ciment d'Onigbolo, de la Société Nationale de Ciment et de la Société des Ciments du Bénin, le monopole de la distribution et de la vente au détail du ciment ;
Saisie d'une seconde requête du 16 septembre 1998 enregistrée à son Secrétariat à la même date sous le numéro 105-C, par laquelle le Président de la République formule la même demande ;

VU la Constitution du 11 décembre 1990 ;
VU la Loi Organique n°91-009 du 04 mars 1991 sur la Cour Constitutionnelle;
VU le Règlement Intérieur de la Cour Constitutionnelle ;

Ensemble les pièces du dossier ;
Ouï Monsieur Jacques D. MAYABA en son rapport ;
Après en avoir délibéré,

Considérant que les deux requêtes ont le même objet et développent le même moyen ; qu'il y a lieu de les joindre pour y être statué par une seule et même décision ;

Considérant que le Président de la République expose que l'abrogation de la Décision-Loi n°88-005 du 26 septembre 1988 répond au souci de se conformer aux exigences du libéralisme économique adopté par le Bénin ; qu'il fonde son action sur l'article 100 alinéa 2 de la Constitution qui édicte : « *Les textes de forme législative intervenus en ces matières antérieurement à l'entrée en vigueur de la présente Constitution peuvent être modifiés par décret pris après avis de la Cour Constitutionnelle.* »; qu'il développe que le monopole de la distribution et de la vente au détail du ciment ne figure pas parmi les matières énumérées à l'article 98 de la Constitution ;

Considérant que le monopole de la distribution et de la vente au détail du ciment dont jouissent les sociétés cimentières est une limitation à la liberté du commerce et de l'industrie qui est une liberté publique garantie par la Constitution ;

Considérant en effet que la Constitution dispose en son article 98 alinéa 1, 1er tiret : « Sont du domaine de la loi les règles concernant :

- La citoyenneté, les droits civiques et *les garanties fondamentales accordées aux citoyens pour l'exercice des libertés publiques.* » ;

Considérant que le législateur est seul habilité à prendre des dispositions affectant une liberté publique ;

N'est pas d'avis :

Que la Décision-Loi n°88-005 du 26 septembre 1988 soit abrogée par décret.
Le présent avis sera notifié au Président de la République et publié au Journal Officiel.

Ont siégé à Cotonou, le cinq juin mil neuf cent quatre-vingt-dix-huit,

Madame	Conceptia D. OUINSOU	Président
Messieurs	Lucien SEBO	Vice-président
	Maurice GLELE AHANHANZO	Membre
	Hubert MAGA	Membre
	Jacques D. MAYABA	Membre

Le Rapporteur — Le Président

Jacques D. MAYABA — Conceptia D. OUINSOU

OBSERVATIONS

Par cet avis, la Cour affirme d'emblée que "*la liberté de commerce et de l'industrie (...) est une liberté publique garantie par la constitution*". La solennité de l'affirmation méritait d'être relevée d'autant que les dispositions constitutionnelles ne mentionnent guère, *expressis verbis,* la liberté de commerce et de l'industrie. Le Rapport général de la Conférence nationale ne parle pas non plus d'économie libérale pour qu'on puisse en inférer un principe comme l'a fait la Cour dans la Décision "Président de la République" (Décision DCC 06-074 du 8 juillet 2006 Président de la République, Recueil, 2006, p. 365). Le préambule de la constitution évoque, de manière peu déterminante pour la vie économique, l'"*État de droit et de démocratie pluraliste, dans lequel les droits fondamentaux de l'homme, les libertés publiques, la dignité de la personne humaine et la justice sont garantis, protégés et promus comme la condition nécessaire au développement véritable et harmonieux de chaque Béninois*".

D'un point de vue historique, la liberté de commerce et de l'industrie dérive d'un ancien texte français qui n'en fait d'ailleurs pas mention expressément. Selon le décret d'Allarde des 2 et 17 mars 1791 "*il sera libre à toute personne d'exercer telle profession, art, ou métier qu'il trouvera bon*". A défaut d'un travail de systématisation par le législateur français, c'est la jurisprudence administrative (Conseil d 'Etat. Sect. 18 octobre 1960, Martial de Laboulaye, Droit social 1961, p. 141) et constitutionnelle (Décision n° 81-132 DC du 16 janvier 1982, loi de nationalisation, Recueil p. 18) qui a donné sa force de principe juridique à la notion de liberté de commerce et de l'industrie. La Cour avise dans le même sens mais sans faire une analyse du principe.

Selon les auteurs, la liberté de commerce et de l'industrie est un principe gigogne qui comprend, d'une part, la liberté d'entreprendre qui est de l'essence du libéralisme économique, et d'autre part, la liberté de la concurrence. Ce dernier aspect est surtout règlementé en droit communautaire. Le Traité de l'UEMOA consacre un Paragraphe 4 aux règles de concurrence qui prescrivent l'interdiction des accords, pratiques et associations concertées entre entreprises, l'abus de position dominante et les aides publiques qui faussent le libre jeu de la concurrence (Article 88 du Traité).

La Cour a appliqué ce principe de liberté de la concurrence dans un dossier où le monopole de l'importation des intrants agricoles est octroyé à la Coopérative d'Approvisionnement et de Gestion des Intrants Agricoles du Bénin (CAGIA-Bénin) créée par une Union de producteurs ruraux dénommée FUPRO-Bénin. Les producteurs ruraux membres de la Fédération Nationale des Producteurs de Coton (FENATROC), fédération concurrente de la FUPRO-Bénin, saisissent la Cour aux fins de déclarer contraire à la constitution l'arrêté interministériel qui crée ce privilège au profit de CAGIA-Bénin, créée et appartenant à la FUPRO-Bénin. A l'analyse, on relève qu'il y a abus de position dominante et entrave à la concurrence, parce que l'offre d'intrants ne peut provenir que du seul canal d'importation maîtrisé par la FUPRO-Bénin. En effet, la FUPRO-Bénin, première union de producteurs sur le plan historique comme sur le plan de l'importance économique, veut en imposer aux autres unions de producteurs et rester la seule interlocutrice de l'Etat, dans le mécanisme d'approvisionnement des agriculteurs en intrants agricoles.

Cependant, la Cour dans sa décision, ne choisit pas le moyen tiré de la concurrence et des entraves à cette concurrence entre acteurs économiques. Elle axe sa décision sur la violation du droit d'association. La Cour décide "*qu'en réalité il existe désormais des organisations concurrentes à la FUPRO ; que l'Etat, sans violer la liberté d'association, ne saurait contraindre à intégrer*" le mécanisme de sélection des importateurs conçu par le Gouvernement et que dès lors "*l'Arrêté interministériel n°081/MICPE/MFE/DC/SG/DCCI/DGDI (...) est discriminatoire et viole le principe de liberté d'association*" (Décision DCC 06-037 du 4 avril 2006, Koutinhouinzanou Théodore et alii, Recueil 2006, p. 171).

22

Décision DCC 08-066 du 26 mai 2008
Thierry Ifedola Mahugnon et alii
Recueil 2008, volume 1, p. 350

Les domaines de la loi et du règlement

La Cour Constitutionnelle,

Saisie des requêtes des 19, 22 et 23 septembre 2006 enregistrées à son Secrétariat respectivement les 19, 22 et 25 septembre 2006 sous les numéros 2251/174/REC, 2342/177/REC et 2370/179/REC, par lesquelles Messieurs Thierry Ifédola MAHUGNON, Hugues Lambert de SOUZA et Cyriaque GBENOU défèrent à la Haute Juridiction pour contrôle de constitutionnalité le Décret n° 2006-417 du 25 août 2006 portant création, attributions, organisation et fonctionnement de l'Organe Présidentiel de Médiation ;

VU la Constitution du 11 décembre 1990 ;
VU la Loi n° 91-009 du 04 mars 1991 portant Loi Organique sur la Cour Constitutionnelle modifiée par la Loi du 31 mai 2001 ;
VU le Règlement Intérieur de la Cour Constitutionnelle ;
Ensemble les pièces du dossier ;
Ouï Monsieur Christophe KOUGNIAZONDE en son rapport ;
Après en avoir délibéré,

Considérant que Monsieur Thierry Ifédola MAHUGNON expose : « La Constitution béninoise du 11 décembre 1990 a institué un régime présidentiel de séparation des pouvoirs. Dans ce cadre, le Pouvoir Exécutif a à sa tête, le Président de la République qui est également Chef du Gouvernement. La mission qui est assignée au Président de la République est contenue dans l'article 41 alinéa 2 de la Constitution qui dispose : ''... Il est le garant de l'indépendance nationale, de l'intégrité territoriale et du respect de la Constitution, des traités et accords internationaux...''.

L'article 54 de la Constitution ajoute : ''Le Président de la République est le détenteur du pouvoir exécutif. Il est le Chef du Gouvernement, et à ce titre, il détermine et conduit la politique de la Nation. Il exerce le pouvoir réglementaire. Il dispose de l'Administration et de la Force Armée.

Il est responsable de la Défense Nationale''.

Dans la mission ainsi dévolue au Président de la République ou dans l'intégralité des pouvoirs exécutifs qui lui sont attribués, notre Constitution qui institue un régime présidentiel de séparation des pouvoirs ne mentionne nulle part la fonction d'arbitrage comme il en existe dans certaines constitutions étrangères, notamment à l'article 5 de la constitution française de 1958 qui dispose : ''*Le Président de la République veille au respect de la Constitution ; il assure par son arbitrage le fonctionnement régulier des pouvoirs publics ainsi que la continuité de l'Etat…''*.

L'article 2 du Décret n°2006-417 qui dispose que '' l'organe présidentiel de Médiation a pour mission d'assister le Président de la République dans le règlement des différends et litiges de toute nature soumis à *son arbitrage''* ajoute une nouvelle mission à celle qui est confiée au Président de la République par l'article 41 alinéa 2 de notre Constitution.

De même, l'article 3 alinéa 2 du Décret n°2006-417 qui énonce que '' le Président de la République peut également confier au médiateur des missions spéciales de rapprochement, de réconciliation et d'arbitrage sur des questions générales concernant les relations avec les forces politiques et sociales ainsi que *le fonctionnement* harmonieux *des Institutions''* enlève à la Cour Constitutionnelle, l'exclusivité de l'une de ses attributions essentielles.

En effet, aux termes de l'article 114 de notre Constitution, ''la Cour Constitutionnelle est *l'organe régulateur du fonctionnement des Institutions…''*.

Désormais, la Haute Juridiction (la Cour Constitutionnelle) doit partager cette fonction avec le Président de la République qui peut à son tour la confier au Médiateur de la République.

Il en résulte, avec la « mission d'arbitrage », « les missions spéciales portant sur le fonctionnement des institutions », que le Décret n°2006-417 modifie en profondeur les équilibres fondamentaux des institutions mises sur pied par notre loi fondamentale, ce qui pourrait même ébranler les fondements de notre Etat » ; qu'il affirme : « …Aux termes du Décret n°2006-417 du 25 août 2006, une véritable administration est organisée et des crédits particuliers seront mis à la disposition du médiateur, ordonnateur délégué.

Cette administration, selon l'article 10 du décret sus-indiqué comprend :

- Le secrétaire permanent, nommé par décret du Président de la République sur proposition du Médiateur ;
- Trois rapporteurs spécialisés en sociologie, en économie, en droit et ayant une solide expérience dans le domaine de l'administration

publique. Ils sont tous nommés par décret du Président de la République sur proposition du Médiateur ;

L'article 17 du décret ajoute : ''L'organe Présidentiel de Médiation dispose d'un budget alimenté par le budget national et tous autres apports extérieurs. Il jouit d'une autonomie de gestion''.

Dans le partage des compétences entre la loi et le règlement, c'est au législateur et non au pouvoir exécutif que la Constitution attribue l'organisation de l'Administration. Son article 98, 13ème tiret dispose à cet effet : ''La loi détermine les règles concernant (...) l'organisation générale de l'administration''. Dans ce domaine, le législateur est seul maître. Il possède une compétence d'attribution.

Selon l'article 17 du décret l'instituant, l'Organe Présidentiel de Médiation n'est pas du tout rattaché au budget de la présidence de la République. Il a un budget autonome. Il en résulte qu'il n'est pas assujetti au contrôle financier des dépenses engagées. Mieux, l'article 9 du décret querellé dispose que le médiateur bénéficie des avantages accordés aux membres du Gouvernement. Une telle disposition ne peut se retrouver que dans le cadre d'une institution de la République. L'Organe Présidentiel de Médiation se voit ainsi doté du statut d'une autorité administrative indépendante que seule la loi et non un décret peut conférer » ; qu'il poursuit : « ...Les fonctions du Médiateur telles qu'elles sont contenues dans l'article 2 alinéa 2 du décret 2006-417 relèvent essentiellement de la protection des libertés.

Aux termes de l'article 2 du décret, il règle par la médiation, ''les différends et litiges nés des rapports entre les personnes physiques et morales, les collectivités territoriales, les Etablissements publics et tout autre organisme investi d'une mission de service public''.

A ce titre, ''il reçoit les réclamations des usagers des structures ci-dessus,, les examine et préconise des solutions susceptibles d'aider au règlement''.

De façon concrète, les différends et litiges nés des rapports entre les personnes physiques, c'est-à-dire les particuliers y compris les agents permanents de l'Etat ou les personnes morales et les administrations d'Etat relèvent de la protection de ces personnes physiques ou morales contre les abus de l'administration, puisque le règlement ne pourra porter que sur les actes de l'administration qui font grief à la personne physique ou morale.

Ainsi, pour prendre quelques exemples, une détention arbitraire ou des brutalités policières contre un particulier, un problème d'affectation, de mutation dans une administration, un problème d'avancement dans la fonction publique relèvera du Médiateur de la République.

De même, en présence d'une sanction disciplinaire prise par l'autorité hiérarchique contre un agent, le médiateur pourra connaître du dossier, pourra contrôler si la sanction est justifiée par l'existence d'une faute ou si la gravité de la sanction est en rapport avec la faute.

En intervenant dans les différends entre les particuliers et l'administration, le médiateur assure en réalité la protection des personnes physiques et morales contre les abus de l'administration auxquels il essaiera de trouver une solution à l'amiable.

Il en résulte que l'Organe Présidentiel de Médiation (OPM) s'analyse comme une véritable institution chargée de « missions d'arbitrage », de « missions spéciales sur le fonctionnement des institutions » et de la protection des libertés publiques, mise en œuvre par une personne investie, non par la Constitution ou une loi, mais par décret du Président de la République » ; qu'il conclut : « Il y a besoin de rappeler que :

1) Pendant le débat constituant sur l'avant-projet de la Constitution, le peuple consulté avait rejeté au cours de la popularisation l'institution du Médiateur parce que portant sur le domaine très sensible des libertés publiques.
2) En 2004, l'ancien Président de la République, le général Mathieu KEREKOU a tenté vainement de se saisir de l'institution du Médiateur pour réviser la Constitution à ses propres fins.

Aussi, le Décret n°2006-417 apparaît-il comme une révision de la Constitution en ce qu'il attribue une mission nouvelle au Président de la République à savoir la fonction d'arbitrage, mais aussi la fonction de régulation du fonctionnement des institutions qu'il enlève de fait à la Haute Juridiction » ;

Considérant que Monsieur Hugues Lambert de SOUZA, reprenant les mêmes arguments que ceux développés ci-dessus, soutient, quant à lui, que « Ce Décret a créé en réalité un Médiateur de la République que seule la Constitution ou la loi peut créer… » ;

Considérant enfin que Monsieur Cyriaque GBENOU expose : « … Le 25 août 2006, le Président de la République a créé par Décret 2006-417 l'organe présidentiel de médiation après avoir opéré le retrait du projet de loi portant création du Médiateur de la République qui était en étude à l'Assemblée Nationale.

L'organe Présidentiel de Médiation se substitue dorénavant au Médiateur de la République et devient la nouvelle appellation…

Le Médiateur de la République est enfin nommé par décret en conseil des Ministres.
Etant donné que l'action du médiateur porte sur la protection des libertés, il ne peut logiquement être créé que par une loi et non par un décret.
D'ailleurs l'article 98 de notre Constitution en son alinéa 1er dispose : *''les règles concernant les garanties fondamentales accordées aux citoyens pour l'exercice des libertés publiques sont du domaine de la loi'' ;* cela veut dire qu'il appartient au législateur de fixer les limites et d'établir les garanties fondamentales à l'exercice d'une liberté.

Dans le contexte particulier de notre pays, ce serait trop dangereux de confier un tel organe chargé de la protection des libertés contre l'administration à l'exécutif sans aucun autre regard ni un quelconque contrôle.

Le médiateur de l'organe présidentiel de médiation est sans aucun contrôle. Il ne prête ni serment, n'a aucune incompatibilité, ni aucune limitation à l'exercice de cette fonction.

On ne sait même pas pour quelle durée il est nommé.
L'article 9 du décret dit qu'il bénéficie des avantages accordés aux membres du gouvernement et l'article 17 ajoute qu'il a une autonomie de gestion de son budget. Enfin, l'article 23 ajoute qu'il peut faire des propositions en vue de contribuer aux réformes législatives et/ou réglementaires nécessaires » ;

Considérant que les requérants demandent en conséquence à la Cour Constitutionnelle de déclarer contraire à la Constitution le décret querellé ;

Considérant que les trois (03) recours portent sur le même objet et tendent aux mêmes fins ; qu'il y a lieu de les joindre pour y être statué par une seule et même décision ;

Considérant qu'en réponse aux mesures d'instruction de la Cour, le Directeur adjoint de cabinet civil du Président de la République, Monsieur Edouard A. OUIN-OURO, transmet à la Haute Juridiction un mémoire aux termes duquel il affirme : « ...Le fait de retirer la Loi en étude à l'Assemblée Nationale en même temps que le Président prenait le Décret n°2006-417 du 25 août 2006 n'autorise nullement à conclure que le nouvel organe se substitue dorénavant au Médiateur de la République encore moins qu'il en devient la nouvelle appellation. Il s'agit d'une conclusion trop hâtive qui ne saurait soutenir substantiellement un recours auprès de la Cour Constitutionnelle. Au mieux, cela peut être interprété comme une révision à la baisse des ambitions de l'Exécutif. En tout état de cause, il ne peut en être autrement puisque les attributions de l'Organe créé par le Décret ne sont pas les mêmes que celles du Médiateur de la République créé par la Loi...

Les requérants semblent fonder leur recours sur les dispositions pertinentes de l'article 98 de la Constitution qui stipulent que '' sont du domaine de la loi, les règles concernant : ... les garanties fondamentales accordées, aux citoyens pour l'exercice des libertés publiques...''

L'Exécutif voudrait attirer l'attention de la Cour Constitutionnelle sur le fait que le Décret n°2006-417 du 25 août 2006 n'édicte en aucun cas '' des règles concernant les garanties fondamentales accordées aux citoyens pour l'exercice des libertés publiques''. Il s'agit pour l'OPM comme l'énonce l'article 2 du décret '' *d'assister le Président de la République dans le règlement par la médiation des différends et litiges de toute nature soumis à son arbitrage, sans préjudice des compétences reconnues aux Institutions et Structures de l'Etat par les lois et règlements''*. Il peut également, conformément aux dispositions de l'article 3, *''participer, à la demande du Président, à toute recherche de conciliation entre l'Administration et les forces sociales et/ou professionnelles ou à des missions spéciales de rapprochement, de réconciliation et d'arbitrage sur des questions concernant les relations avec les forces politiques et sociales ainsi que le fonctionnement harmonieux des institutions de la République*... Il peut enfin effectuer des *missions particulières relatives aux questions de réconciliation et de paix au niveau régional ou international''*.

Mieux, l'article 4 du présent décret précise que '' échappent à la compétence de l'OPM :

- Les différends opposant les personnes physiques ou morales privées entre elles ;
- Les procédures engagées devant les juridictions ;
- Les conflits nés entre les Administrations publiques et leurs agents, à l'exception de ceux pour lesquels les agents concernés ne sont plus en fonction''

Au total, les attributions de l'OPM ne portent pas fondamentalement sur ''la protection des libertés'' comme le notent les requérants mais visent au contraire à aider la Haute Autorité dans l'exécution de missions de conciliation pour lesquelles elle est quotidiennement sollicitée par nos concitoyens et parfois par nos voisins de la sous-région voire au-delà... »

Considérant que le Décret n° 2006-417 du 25 août 2006 portant création, attributions, organisation et fonctionnement de l'Organe Présidentiel de Médiation a prévu en son article 3 alinéa 2 : *« le Président de la République peut également confier au médiateur des missions spéciales de rapprochement, de réconciliation et d'arbitrage sur des questions générales concernant les relations avec les forces politiques et sociales ainsi que le fonctionnement harmonieux des Institutions de la République »* ; qu'en disposant comme il l'a fait, ledit décret a violé les dispositions des articles 114 et 117 de la Constitution selon lesquelles : « La Cour Constitutionnelle est la plus haute juridiction de

l'Etat en matière constitutionnelle... *Elle est l'organe régulateur du fonctionnement des institutions et de l'activité des pouvoirs publics.* » ;
« La Cour Constitutionnelle

- Statue obligatoirement sur : ...
  - *Les conflits d'attribution entre les institutions de l'Etat ...* » ;

Que par ailleurs, aux termes des dispositions de l'article 98 de la Constitution : « *Sont du domaine de la loi, les règles concernant : ...l'organisation générale de l'administration* » ; qu'il résulte de cette disposition que la création d'une nouvelle administration, en l'occurrence une structure administrative autonome, relève de la compétence exclusive du législateur ; que, dans le cas d'espèce, l'article 17 du décret querellé édicte : « *L'organe Présidentiel de Médiation dispose d'un budget alimenté par le budget national et par tous autres apports extérieurs.*

Il jouit d'une *autonomie de gestion.* » ; que bien que déclaré ''placé sous l'autorité directe du Chef de l'Etat'', cet organe n'en demeure pas moins, dans son organisation, son fonctionnement et ses attributions, une administration autonome ; qu'une telle administration ne peut être créée que par une loi ; que, dès lors, il échet pour la Haute Juridiction de dire et juger que le Décret n° 2006-417 du 25 août 2006 portant création, attributions, organisation et fonctionnement de l'Organe Présidentiel de Médiation est contraire à la Constitution ; et sans qu'il soit besoin de statuer sur les autres moyens ;

DECIDE :

Article 1er : Le Décret n° 2006-417 du 25 août 2006 portant création, attributions, organisation et fonctionnement de l'Organe Présidentiel de Médiation (OPM) est contraire à la Constitution.
Article 2 : La présente décision sera notifiée à Messieurs Thierry Ifédola MAHUGNON, Hugues Lambert de SOUZA, Cyriaque GBENOU, au Président de la République, au Président de l'Assemblée Nationale, au Médiateur à la Présidence de la République et publiée au Journal Officiel.

Ont siégé à Cotonou, le vingt six mai deux mille huit,

Madame	Conceptia D. OUINSOU	Président
Messieurs	Jacques D. MAYABA	Vice-président
	Idrissou BOUKARI	Membre
	Pancrace BRATHIER	Membre
	Christophe KOUGNIAZONDE	Membre
Madame	Clotilde MEDEGAN-NOUGBODE	Membre
	Lucien SEBO	Membre

Le Rapporteur, Le Président,

Christophe KOUGNIAZONDE Conceptia L. D. OUINSOU

OBSERVATIONS

I : La conception organico-matérielle de la loi

L'idée et le principe de répartir les compétences entre la loi et le règlement a paru la grande affaire du constitutionnalisme au siècle dernier, dans les pays ayant la même filiation politique et juridique que le Bénin. Le sentiment, un demi-siècle après, est plutôt au déclin de l'intérêt théorique et pratique de la question (J. RIVERO "Le domaine de la loi et du règlement", Rapport de synthèse, Colloque d'Aix-en-Provence, 1978). Elle constitue cependant, l'essentiel de la jurisprudence de juridictions constitutionnelles restées conformes au modèle de "*juge de la loi.*" La loi reste un texte voté en la forme législative par le parlement dans les domaines circonscrits par l'article 98 de la constitution.

Les Médiateurs de la République ont été créés par certains pays au cours de la décennie 1990 : le Mali (loi n°97-022 du 14 mars 1997), le Burkina Faso (loi organique n°22/94/ADP du 17 mai 1994), le Sénégal (loi n°91-14 du 11 février 1991). Le Bénin crée d'abord un Médiateur ayant un statut de Conseiller technique du Président de la République puis, introduit un projet de loi et enfin prend un décret dont la constitutionnalité est contestée devant la juridiction constitutionnelle. La Cour règle ses comptes sur la concurrence de compétence en matière de régulation ("*les missions spéciales de rapprochement, de réconciliation et d'arbitrage*" relatives au "*fonctionnement harmonieux des institutions de la République*" violent les articles 114 et 117 de la constitution) et censure les articles qui brident ses propres attributions constitutionnelles. Elle fonde cependant, l'essentiel de sa décision sur le membre de phrase "*organisation générale de l'administration*".

L'office du juge est plus aisé lorsque les mots du recours se retrouvent dans le texte même de la constitution, notamment en son article 98, comme cette requête portant sur l'amnistie (Décision DCC 96-064 du 26 septembre 1996, Hounyovi M. Jean Claude, Recueil 1996, p. 279). Mais, lorsqu'il est question de jours fériés et de fêtes religieuses "*tel un lit asséché d'une rivière exténuée, la constitution se fait évanescente*" et son interprète autorisé se fait plus créateur (Avis CC-001/97 du 5 août 1997, Président de la République, Recueil 1997, p. 171), tantôt par le développement d'une conception extensive du domaine de la loi, tantôt l'inverse.

II : Une conception extensive du domaine de la loi

La Cour assimile à "*l'organisation générale de l'administration*", la création d'une "*nouvelle administration*", d'une "*structure administrative autonome*". Le décret querellé entre dans cette catégorie d'autant qu'il accorde l'autonomie de gestion à l'Organe présidentiel de médiation (OPM). Même placé sous l'autorité directe du Chef de l'Etat, l'OPM n'en demeure pas moins, selon la Cour, une administration autonome.

L'idée de généralité, de globalité et même d'impersonnalité qui sous-tend l'article 98 de la constitution ("*organisation générale de l'administration*") se ramène, dans la décision de la Cour, à l'assimilation à une structure identifiée, à une nouvelle structure administrative. De l'abstrait de la constitution, nous passons au concret de la jurisprudence constitutionnelle. La même démarche avait conduit le Conseil constitutionnel français à dire que la création d'un tribunal est synonyme de création d'un nouvel ordre de juridiction, et donc relève de la compétence de la loi, (Décision n° 61-14 L du 18 juillet 1961, Recueil, p. 38 ; Obs. L. Favoreu/L. Philip, *Les grandes décisions du Conseil constitutionnel*, Paris, Dalloz, 2005, p.73).

Si l'on retient les deux critères de la Cour (structure administrative autonome, autonomie de gestion) la création d'un nouveau ministère ou d'un nouveau département (administration territoriale) sont du domaine de la loi ; parce que les ministres autant que les préfets sont à la tête d'une administration, ils sont les ordonnateurs des opérations financières de leurs entités et sont placés sous l'autorité du Chef de l'Etat. Au surplus, les universités nationales du Bénin, créées par décret, sont des personnes morales, jouissant de l'autonomie financière (ressources et dépenses) et sont placées sous la tutelle (et non l'autorité hiérarchique) du Gouvernement. En conséquence, leur création devrait relever de la loi, si l'on retient les critères d'application de l'article 98 par la Cour.

Le recours à la loi a un sens, s'agissant de l'Organe présidentiel de médiation ; sens qui découle de la pratique des Etats membres de l'UEMOA comme le Niger, le Burkina Faso, le Sénégal ; sens qui découle aussi du surcroît de légitimité et de crédibilité qu'offre le vote de la représentation nationale à une instance dédiée à la tradition africaine du dialogue et de l'humanisation des relations publiques ; sens de sécurisation de la fonction et sens de sécurisation des hommes dans la fonction.

De même, fidèle à sa conception extensive du domaine de la loi, la Cour estime qu'une simple opération matérielle de recensement de citoyens en appui à l'établissement des actes de l'état civil ne peut se fonder et s'exécuter qu'en vertu d'une loi dès lors que l'article 98 mentionne "*l'état et la capacité des personnes*" comme relevant de la compétence du législateur (Décision DCC 06-171 du 7 novembre 2006, Botokou Georges, Recueil 2006, p. 879).

Par ailleurs, un décret qui confie à un comité la mission de "*procéder à la mise à jour de la liste électorale*" est contraire à la constitution dans la mesure où l'article 98 donne compétence au législateur en matière de "*régime électoral, du Président de la République, des membres de l'Assemblée nationale et des Assemblées locales*" (Décision DCC 99-023 du 10 mars 1999, Nathaniel Bah et alii, Recueil 1999, p. 81).

III : Le strict respect des dispositions constitutionnelles

La Cour veille au strict respect des dispositions constitutionnelles en matière de crimes et délits (Décision DCC 15-091 du 14 avril 2015, Recueil 2015, volume 2, p. 874). Par aileurs, pour la Cour, les frais de mission à l'étranger des parlementaires relèvent du même régime juridique que les indemnités parlementaires dont les montants sont fixés par la loi, en vertu de l'article 91 de la constitution (Décision DCC 95-009 du 21 février 1995, Président de la République, Recueil 1995, p. 45 ; voir aussi Décision DCC 16-133 du 8 septembre 2016, Rose Marie GNIMASSOU ZANKE, Recueil 2016, volume 2, p943). Il en est de même de la liste civile du Président de la République en application de l'article 48 alinéa 2 de la Constitution "*La loi fixe la liste civile du Président de la République*" (Décision DCC 15-002 du 13 janvier 2015, Lucien Gbénou A. Chede, Recueil 2015, volume 1, p. 197).

Les institutions de la République, comme la Haute autorité de l'audio-visuel et de la communication, sont aussi tenues au respect des dispositions de l'article 98 de la constitution. La Haute autorité de l'audio-visuel et de la communication ne peut, en effet, en l'absence d'une loi précisant les conditions et les modalités des autorisations d'installation et d'exploitation des radiodiffusions et de télévisions se substituer au législateur et prendre une décision fixant lesdites conditions et modalités. (Décision DCC 95-041 du 12 décembre 1995, Union des journalistes de la presse privée du Bénin, Recueil 1995, p.199).

IV : L'interprétation restrictive de la compétence du législateur en matière fiscale et financière

L'article 98 fait également des "*impositions de toute nature*" (assiette, taux, recouvrement) le domaine réservé de la compétence législative. Le foisonnement des prélèvements obligatoires conduit la Cour à sérier ceux qui relèvent du domaine de la loi. Des prélèvements inconditionnés opérés sur les citoyens et les entreprises, même si les produits sont affectés à un but défini (participation de l'équipe nationale de football à la Coupe d'Afrique des nations) sont un empiètement sur les compétences du législateur, dès lors que c'est le Gouvernement qui les crée par arrêté interministériel (Décision DCC 06-108 du 11 août 2006, Médé Nicaise, Recueil 2006, p. 567).

En revanche, ne sont pas des impositions de toute nature, les contributions scolaires payées par les parents d'élèves des écoles, lycées et collèges (Décision

DCC 01-021 du 16 mai 2001, Association des parents d'élèves du CEG de Gbégamey, Recueil 2001, p. 99), ni les frais perçus par les services vétérinaires au titre de leurs prestations (Décision DCC 10-027 du 11 mars 2010, Serge Robert Prince-Agbodjan). Cette orientation jurisprudentielle permet à la masse insoupçonnée et insondable des services publics qui font payer leurs prestations d'échapper à toute rationalisation par la voie législative. Par des notes de service et des circulaires, le patrimoine des citoyens continuera à être mis à contribution pour faire fonctionner les services publics étatiques et communaux.

Ne relèvent pas non plus de la compétence du législateur, la détermination de la valeur du point d'indice des fonctionnaires ni le montant de la bourse des étudiants. Ainsi, les députés ne pouvaient légalement "*réévaluer le point d'indice, augmenter le taux des bourses d'études et décider de l'inscription au budget national des crédits devant servir éventuellement à la couverture de la mesure de réintégration des 438 agents 'déflatés'*". Les amendements introduits par l'Assemblée nationale dans ce sens n'étant pas séparables de l'ensemble des lois n°94-010 et 94-011 portant respectivement loi de finances pour la gestion 1994 et Programme d'investissement public pour l'année 1994, "*il s'ensuit que lesdites lois sont contraires à la constitution*" (Décision DCC 30-94 du 1er octobre 1994, Ahouandjinou Anselme et alii, Recueil 1994, p. 141).

Ne relève, enfin, pas de la compétence du législateur, la prise de l'acte de transposition en droit béninois du Code de transparence des finances publiques au sein de l'UEMOA objet de la Directive n° 01/2009/CM/UEMOA. Pour cette transposition, le gouvernement a pris le décret n° 2015-035 du 29 janvier 2015 portant Code de transparence dans la gestion des finances publiques du Bénin. Une loi n'était pas nécessaire selon la Cour parce que "*seules la loi de finances de l'année, la loi de finances rectificative, la loi de règlement et la loi organique de finances relèvent de la compétence du législateur*" (Décision DCC 18-031 du 08 février 2018, Mohammed W. Lawani). Il se trouve, cependant, que les principes de transparence, de reddition de compte et d'intégrité des acteurs publics doivent être pris en compte dans l'élaboration des lois de finances (loi de finances de l'année, loi de finances rectificative et loi de règlement). Il est difficile de faire apprécier la conformité d'une loi (loi de finances) par rapport à un décret (décret portant Code de transparence) si l'on veut respecter la hiérarchie des normes sur laquelle est bâtie l'ordonnancement juridique béninois. La Directive communautaire portant Code de transparence invite d'ailleurs la Commission et les Etats membres à prendre "*les dispositions nécessaires pour conformer la préparation et l'adoption des textes se rapportant directement ou indirectement à la gestion des finances publiques aux principes et règles définis par ledit Code*" (article 2, Directive n° 01/2009/CM/UEMOA). Le texte de la Directive poursuit en prescrivant que "*les dispositions de l'alinéa 1er du présent article s'appliquent notamment à la préparation et à l'adoption des directives portant : Lois de Finances, Règlement*

Général sur la Comptabilité Publique, Plan Comptable de l'Etat, Nomenclature Budgétaire de l'Etat, Tableau des Opérations Financières de l'Etat, - Plan Comptable et Nomenclature Budgétaire des Collectivités locales."

Dans l'esprit du jurislateur communautaire, la Directive portant Code de transparence est une directive-cadre, la matrice de toutes les directives relatives aux finances publiques. En tant que directive des directives, elle mérite d'être transposée au moins comme une loi organique. C'est en vertu de ce raisonnement que la Côte d'Ivoire a fait voter et promulguer la loi organique n° 2014-33 du 05 juin 2014 portant Code de transparence dans la gestion des finances publiques en Côte d'Ivoire. Les autres pays de l'UEMOA ont fait prendre des lois ordinaires. Le Bénin reste seul dans sa (mauvaise ?) compréhension de la Directive portant Code de transparence.

23

Décision DCC 98-061 du 5 juin 1998
Zossoungbo Edgard
Recueil, 1998, p. 299

La configuration politique

La Cour Constitutionnelle,

Saisie d'une requête du 02 juin 1998 enregistrée à son Secrétariat à la même date sous le numéro 0806, par laquelle Monsieur ZOSSOUNGBO Edgard forme un recours en inconstitutionnalité contre la Décision n° 98-260/AN/PT du 26 mai 1998 du Président de l'Assemblée Nationale portant nomination à la Cour Constitutionnelle de :

-Madame	MEDEGAN Clotilde,	Magistrat
-Monsieur	MAYABA Jacques,	Magistrat
-Madame	POGNON Elisabeth,	Juriste
-Monsieur	HOUNTONDJI Alexis,	Personnalité

Et contre leur nomination respective ;

VU la Constitution du 11 décembre 1990 ;

VU la Loi Organique n° 91-009 du 04 mars 1991 sur la Cour Constitutionnelle ;

VU le Règlement Intérieur de la Cour Constitutionnelle ;

Ensemble les pièces du dossier ;

Ouï le Professeur Maurice GLELE AHANHANZO en son rapport ;

Après en avoir délibéré,

Considérant que le requérant allègue que la décision n°98-260 susvisée « est contraire à la Constitution en ce qu'elle est la conséquence de la Décision n°98-254/AN/PT du 26 mai 1998 qui a violé le principe fondamental de la séparation des pouvoirs » ; (…) qu'au surplus, les personnes nommées proviennent des seules propositions des groupes parlementaires Alternance Démocratique, Conscience Patriotique et du Parti RDL-Vivoten, à l'exclusion des autres groupes parlementaires ; que la Décision n°98-260 est donc fondée sur l'arbitraire, l'injustice, la confiscation du pouvoir et le pouvoir personnel ; qu'elle viole de ce fait le Préambule de la Constitution qui proclame : « Nous, Peuple Béninois, réaffirmons notre opposition fondamentale à tout régime fondé sur l'arbitraire, la dictature, l'injustice, la corruption, la concussion, le régionalisme, le népotisme, la confiscation du pouvoir et le pouvoir personnel. » ; qu'enfin, la Décision n°98-260/AN/PT du 26 mai 1998 est contraire à la Décision 14 DC du 16 février 1993 par laquelle le Haut Conseil de la République, siégeant en qualité de Cour Constitutionnelle, s'est fondé sur la même disposition de ce Préambule pour déclarer contraires à la Constitution, les nominations intervenues à la Haute Autorité de l'Audiovisuel et de la Communication (HAAC) ;

(...)
Considérant, sur la prétendue violation du Préambule de la Constitution et de la non conformité de la décision querellée à la Décision 14 DC du 16 février 1993 du HCR, que l'article 18 du Règlement Intérieur de l'Assemblée Nationale ne prescrit que deux conditions pour la nomination des membres à la Cour Constitutionnelle, à savoir : *l'avis préalable de la Conférence des Présidents* et la désignation desdits membres par le Bureau de l'Assemblée Nationale au scrutin secret ; que l'article 115 de la Constitution a clairement défini les critères de nomination des membres de la Cour Constitutionnelle ; *que les dispositions susvisées ne prévoient pas, au niveau de la désignation des membres de la Cour, la représentation de toutes les tendances politiques existant au sein du Bureau de l'Assemblée Nationale ; qu'une telle interprétation est, au demeurant, contraire à la Décision 14 DC par laquelle le HCR a affirmé, au sujet de la HAAC, la nécessité d'une ''Institution indépendante de tout pouvoir politique, de tout parti politique, association ou groupe de personnes de quelque nature que ce soit'', Institution pour laquelle, ''il importe que la nomination de ses membres soit faite avec objectivité, impartialité et rigueur'' ; que, dès lors, le moyen tiré de la violation du Préambule de la Constitution et de la Décision 14 DC du 16 février 1993 est inopérant* ;

(...)

Sans qu'il y soit besoin de statuer sur tous autres moyens ;

DECIDE :

Article 1er. -Les nominations respectives comme membres à la Cour constitutionnelle de :

-Madame MEDEGAN	Clotilde,	Magistrat
-Monsieur MAYABA	Jacques,	Magistrat
-Monsieur HOUNTONDJI	Alexis,	Personnalité

Par décision n°98-260/AN/PT du 26 mai 1998, sont conformes à la Constitution.

Article 2.-La nomination de Madame Elisabeth K. POGNON en qualité de juriste, par Décision n°98-260/AN/PT du 26 mai 1998, n'est pas conforme à la Constitution.

Article 3.-La présente décision sera notifiée sans délai à Monsieur ZOSSOUNGBO Edgard, au Président de l'Assemblée Nationale, au Président de la République, à Mesdames Elisabeth K. POGNON, MEDEGAN Clotilde, Messieurs MAYABA Jacques et HOUNTONDJI Alexis et publiée au Journal Officiel.

Ont siégé à Cotonou, le cinq juin mil neuf cent quatre-vingt-dix-huit,

Messieurs	Hubert MAGA	Président
	Bruno O. AHONLONSOU	Vice-président
	Pierre E. EHOUMI	Membre
	Alfred ELEGBE	Membre
	Maurice GLELE AHANHANZO	Membre

Le Rapporteur — Le Président

Prof. Maurice GLELE AHANHANZO — Hubert MAGA (Doyen d'Age des Conseillers)

OBSERVATIONS

I : La mutation des postulats du libéralisme politique

Une juxtaposition de deux mots, d'apparence anodine, mais dont la conjonction au hasard des contextes et des prétextes émerge à la vie juridique et constitutionnelle du Bénin. Monstesquieu a voulu la séparation des pouvoirs pour rendre possible un pouvoir modéré, qui laisse éclore les libertés. La démocratie partisane et le principe majoritaire fragilise sa belle construction. Dorénavant, le pouvoir modéré se recherche aussi dans le respect des droits des minorités politiques, en un mot, de l'opposition. (Slobodan MILACIC, "De la séparation des pouvoirs à l'idée de contre-pouvoirs : Montesquieu revigoré par le néolibéralisme", *in* A. Pariente (dir.), *La séparation des pouvoirs, Théorie contestée et pratique renouvelée*, Paris, Dalloz, 2007, p. 31). La Cour, dans un exercice pédagogique plutôt inhabituel, enseigne que la "*démocratie pluraliste ne saurait être de manière absolue et exclusive la loi de la majorité mais la protection de la minorité ; (...) si la règle démocratique exige que la majorité décide et que la minorité s'incline, dans l'exercice de ce pouvoir de décision, la majorité doit cependant s'imposer à elle-même, le cas échéant, une limite qu'elle ne saurait transgresser sous peine de devenir tyrannique, à savoir le respect des droits de la minorité*" (Décision DCC 09-016 du 19 février 2009, Assouan Comlan Dègla et alii).

La configuration politique découle de cette exigence d'équilibre du pouvoir. Elle se rattache aux idéaux républicains que retrace le Préambule de la constitution : l'"*opposition fondamentale à tout régime politique fondé sur l'arbitraire, la dictature, (...), la confiscation du pouvoir et le pouvoir personnel*". Le recours de Monsieur Zossoungbo Edgard fait expressément référence à ce préambule pour souligner la contradiction avec la méthode des parlementaires qui a consisté à ne retenir que les propositions de nomination provenant de groupes parlementaires alliés. Le point de droit que la Cour a à trancher est celui de savoir si les nominations à la Cour constitutionnelle doivent refléter le spectre politique de ladite assemblée ; en d'autres termes, si l'opposition doit également faire passer des noms selon une clé de répartition proportionnelle. Autrement dit, le refus de la confiscation du pouvoir, le rejet du pouvoir personnel sont-ils compatibles avec des nominations monocolores, provenant d'une fraction, même majoritaire de l'Assemblée nationale ?

La solution donnée par la Cour et l'évolution ultérieure de sa jurisprudence, permettent de distinguer deux approches : la prise en compte de la configuration politique est une entrave au gouvernement libre et républicain d'une part ; et d'autre part, la prise en compte de la configuration politique est une exigence d'équilibre politique pour contrer la confiscation du pouvoir et le pouvoir personnel.

II : Le refus de la prise en compte de la configuration politique va de pair avec le refus de la confiscation du pouvoir et du pouvoir personnel.

Dans le dossier Zossoungbo Edgard, la Cour relève d'abord que la prise en compte de la configuration politique n'a pas de base juridique. Elle juge que la constitution ne prévoit pas, pour la désignation des membres de la Cour constitutionnelle, "*la représentation de toutes les tendances politiques existant au sein du bureau de l'Assemblée nationale*". Elle précise dans une autre décision que les membres de la Cour "*doivent être indépendants par rapport aux institutions qui les ont nommés et à tous les partis politiques pour mener à bien la mission qui leur a été confiée ; qu'en conséquence, le moyen tiré de la violation du principe de la configuration politique du Bureau de l'Assemblée nationale est inopérant*" (Décision DCC 08-065 26 mai 2008, Sacca Fikara).

Cette série de citations est la traduction de la doctrine de la Cour en matière d'organisation et de fonctionnement des institutions de contre-pouvoir. La démocratie a besoin d'institutions fortes et indépendantes, notamment celles qui sont chargées de promouvoir et de garantir le libéralisme et la transparence dans la vie politique. La Cour a ainsi jugé qu'est contraire à "*l'esprit de la constitution*" la nomination des membres de la Haute autorité de l'audio-visuel et de la communication "*sur la base de leur appartenance et alliance politique identique à ceux du bureau de l'Assemblée nationale*". En raison de ce que la Haute autorité de l'audio-visuel et de la communication est "*une institution indépendante de tout pouvoir politique, de tout parti politique, association ou groupe de personnes de quelque nature que ce soit*" la nomination de ses membres doit être faite "*avec objectivité, impartialité et rigueur*" (Décision 14 DC du 16 février 1993, Association des journalistes du Bénin, Recueil 1991-1992-1993, p. 69).

La Cour développe la même argumentation pour légitimer la création, sur initiative des parlementaires, de la Commission électorale nationale autonome (CENA), dont la constitutionnalité était contestée par le Gouvernement. Pour la Cour, la CENA est "*une autorité administrative indépendante (...) liée à la recherche d'une formule permettant d'isoler, dans l'Administration de l'Etat, un organe disposant d'une réelle autonomie par rapport au Gouvernement, aux départements ministériels et au Parlement*". Sa création permet "*d'instaurer une tradition d'indépendance et d'impartialité en vue d'assurer la liberté et la transparence des élections*" (Décision DCC 34-94 du 23 décembre 1994, Président de la République, Recueil 1994, p. 159).

Cette orientation jurisprudentielle de la Cour traduit l'idée que les institutions républicaines doivent être fortes. Lorsqu'elles sont des institutions de contre-pouvoir comme la Haute autorité de l'audio-visuel et de la communication, la Cour constitutionnelle et, *a priori*, la Commission électorale nationale autonome, elles doivent réunir des membres impartiaux, libres de toute allégeance politique, neutres. La transposition des clivages politiques au sein de ces instances de régulation conduirait à les fragiliser, à en faire des instances partisanes au lieu d'être des instances républicaines tout simplement. Dès lors, la Cour développe une grande réticence à intégrer et faire appliquer la configuration politique dans ses décisions. Elle s'est même refusé, alors que le Règlement intérieur le prévoit, à faire respecter la configuration politique du bureau de l'Assemblée nationale arguant du fait que ledit Règlement intérieur "*ne définit pas la notion de 'configuration politique' pas plus qu'il n'impose une obligation de résultat*". Dès lors, et selon les termes du requérant, un bureau de l'Assemblée nationale constitué "*presqu'exclusivement de membres de partis qui sont tous de l'opposition*" ne viole pas le Règlement intérieur et n'est donc pas contraire à la constitution (Décision DCC 99-037 du 28 juillet 1999, Arouna Soumanou, Recueil 1999, p.141). Pour la Cour, la rédaction du Règlement intérieur est la source de sa propre réserve. L'article 15.2 dudit Règlement intérieur dispose que le bureau de l'Assemblée nationale est élu "*en s'efforçant autant que possible de reproduire au sein du bureau la configuration politique de l'Assemblée...*". Cette rédaction impose une obligation de moyens, une obligation de diligence qui ne sauraient être assimilées à une exigence de respect d'une quelconque règle de proportionnalité, d'ailleurs difficile à appliquer en début de législature (Décision DCC 03-117 du 10 juillet 2003, Assan Gounou Dominique et alii, Recueil 2003, p. 471).

Corollaire de la configuration politique, la notion de configuration socioprofessionnelle a fait son apparition au Conseil économique et social, instance qui assure la représentation organisée des forces économiques et sociales. La Cour saisie, dit et juge "*qu'il ne résulte ni de la lettre ni de l'esprit des (textes) qu'une quelconque configuration socioprofessionnelle et/ou équilibre interrégional aient été prévus (...) que le moyen tiré de la prise en compte de la configuration socioprofessionnelle, de l'équilibre interrégional et de la présidence tournante pour l'élection des membres du bureau du Conseil économique et social et des commissions permanentes est inopérant*" Décision DCC 04-065 du 29 juillet 2004, Féliho Honorine/Ninko Nestor, Recueil 2004, p. 285)

Au total, la démarche sous-jacente à ces décisions est que le rejet de l'autocratie peut aller de pair avec le rejet ou la réticence à intégrer la configuration politique comme précepte de référence. La Cour se donnera l'occasion de revoir sa copie.

III : La prise en compte de la configuration politique est une exigence d'équilibre politique pour contrer la confiscation du pouvoir et le pouvoir personnel.

Le contrôle de constitutionnalité des lois électorales de 2000 (loi n°2000-18 portant règles générales pour les élections en République du Bénin et loi n°2000-19 définissant les règles particulières pour l'élection du Président de la République) offre l'occasion à la Cour d'"*amender*" le texte des députés. La Cour décide, en effet, de compléter les articles 41 et 43 de la loi "*avec le membre de phrase 'en tenant compte de sa configuration politique' pour assurer la participation de toutes les forces politiques représentées à l'Assemblée nationale et pour garantir la transparence (principe à valeur constitutionnelle) dans la gestion des élections*" (Décision DCC 00-078 du 7 décembre 2000, Bigou Bio Bani Léon et alii, Recueil 2000, p.287). La désignation des représentants de l'Assemblée nationale à la Commission électorale nationale autonome doit se faire dans le respect de la configuration politique de ladite Assemblée. Le mode opératoire de cette configuration politique n'est pas explicité. La préparation de l'élection présidentielle de 2001 donne l'opportunité à la Cour de préciser que "*la règle de la proportionnelle doit être intégralement respectée*" (Décision DCC 01-012 du 22 janvier 2001, Bio Bigou Bani Léon et alii, Recueil 2001, p. 61). Cette même règle de la proportionnelle doit être observée dans la désignation des membres du bureau de la Commission électorale nationale autonome en distinguant de première part, les forces soutenant le Président de la République et son gouvernement (représentants de l'Assemblée nationale et du Président de la République), de seconde part, les forces d'opposition (représentants de l'Assemblée nationale) et de troisième part les représentants de la société civile (Décision DCC 05-124 du 7 octobre 2005, Djivo Patrick et alii, Recueil 2005, p. 603).

La configuration politique vient au secours du principe de transparence des élections, principe à valeur constitutionnelle. De l'équilibre des forces en présence devrait jaillir le scrutin neutre. L'équilibre de la terreur, ou plus exactement l'équilibre de la fraude, doit générer l'élection sincère et paisible souhaitée. A l'épreuve, la doctrine de l'équilibre de la fraude manque d'être totalement convaincante.

Enfin, si, *faute de texte*, le respect de la configuration politique ne s'impose pas pour l'élection des membres des bureaux des Commissions électorales départementales (Décision DCC 06-007 du 17 janvier 2006, Sourou William, Recueil 2006, p. 35), cette configuration politique s'impose, *sans texte*, à l'Assemblée nationale, pour la désignation des membres de la Haute cour de justice (Décision DCC 09-002 du 8 janvier 2009, Come Oké Okanla et alii) et pour la sélection des membres des parlements régionaux ((Décision DCC 09-016 du 19 février 2009, Assouan Comlan Dègla et alii).

24

Décision DCC 03-132 du 21 août 2003
HOUSSOU D. Christian
Recueil, 2003, p. 535

La première Dame

La Cour Constitutionnelle,

Saisie d'une requête du 28 avril 2003, enregistrée à son Secrétariat le 19 mai 2003 sous le numéro 1260/050/REC, par laquelle Monsieur Christian D. HOUSSOU, Président de l'Association des contribuables béninois, demande à la Haute Juridiction de déclarer non conforme à la Constitution et d'annuler le décret n° 2003-102 du 25 mars 2003 portant nomination de Monsieur Pascal B. Mahougnon PATINVOH en qualité de Directeur de Cabinet de la Première Dame du Bénin ;

VU la Constitution du 11 décembre 1990 ;
VU la loi n° 91-009 du 04 mars 1991 portant loi organique sur la Cour Constitutionnelle modifiée par la Loi du 31 mai 2001 ;
VU le Règlement Intérieur de la Cour Constitutionnelle ;
Ensemble les pièces du dossier ;
Ouï Monsieur Jacques D MAYABA en son rapport ;
Après en avoir délibéré,

Considérant que le requérant expose à l'appui de sa requête que « dans la Constitution du Bénin, la place d'une première dame, fut-elle active ou très dévouée au service de la République n'est ni prévue, ni implicitement définie… » ; qu'il allègue que : « l'imputation des incidences financières au budget national d'une telle nomination pourrait constituer au regard des droits des contribuables un excès de pouvoir et un précédent grave dans notre démocratie, face aux dérives des chefs » ; qu'il se demande quelle légitimité aurait un Directeur de Cabinet d'une Première Dame qui n'est pas nommée ;

Considérant qu'aux termes de l'article 54 alinéa 2 et 56 alinéa 3 de la Constitution : « … *Il (le Président de la République) dispose de l'Administration* » ; « *Il nomme également en Conseil des Ministres : les membres de la Cour Suprême, les Ambassadeurs, les Envoyés extraordinaires, les Magistrats, les Officiers Généraux, et Supérieurs, les Hauts Fonctionnaires dont la liste est fixée par une loi organique.»* ; qu'il résulte de ces dispositions que le Président de la République est le Chef de l'Administration ; que, dès lors, le Décret n° 2003-102 du 25 mars 2003 portant nomination de Monsieur Pascal B. Mahougnon PATINVOH en qualité de Directeur de Cabinet de la Première Dame du Bénin n'est pas contraire à la Constitution ;

D E C I D E :

Article 1er.- Le Décret n° 2003-102 du 25 mars 2003 portant nomination de Monsieur Pascal B. Mahougnon PATINVOH en qualité de Directeur de Cabinet de la Première Dame du Bénin n'est pas contraire à la Constitution.
Article 2.- La présente décision sera notifiée à Monsieur Christian D. HOUSSOU et publiée au Journal Officiel.

Ont siégé à Cotonou, le vingt et un août deux mille trois,

Madame	Conceptia D. OUINSOU	Président
Messieurs	Jacques D MAYABA	Vice-président
	Pancrace BRATHIER	Membre
	Christophe KOUGNIAZONDE	Membre
Madame	Clotilde MEDEGAN- NOUGBODE	Membre

Le Rapporteur, Le Président,

Jacques D. MAYABA Conceptia D. OUINSOU

OBSERVATIONS

I : Le dilemme cornélien : entre le cœur et le devoir

Une Première Dame ! Une dame Première ! La juxtaposition de ce substantif et de ce qualificatif a quelque chose d'incongru. Elle introduit un principe hiérarchique dont il convient de déterminer la nature. Les Américains qui l'ont inventée avec Dolley Madison en 1849, en ont fait une règle qui régit le protocole d'Etat. La *First Lady* vient juste après son époux. Dans les manifestations officielles où elle est conviée, elle seconde ou supplante son époux selon qu'elle accompagne le président des Etats-Unis ou qu'elle officie seule. Elle fait corps avec son époux et selon la formule biblique, les deux ne font qu'un dans le protocole républicain.

Les Premières dames se sont progressivement donné de l'étoffe. De simples ambassadrices de charme et de charité, elles en sont arrivées à avoir un ascendant plus politique. Le *staff* de Jackie KENNEDY (1961-1963) comptait une quarantaine de personnes et Rosalyn CARTER (1977-1981) assistait aux réunions du cabinet du Président des Etats-Unis. Jackie Kennedy fut l'initiatrice d'une loi qui porte son nom, la Jacqueline's Bill n°2422 (musée). Hillary CLINTON, dont le bureau était à côté du Bureau ovale du Président, fut sénatrice et gouverneur de l'Etat de New York avant d'être candidate malheureuse à l'élection présidentielle de 2016. Eleanor ROOSEVELT (1933-1945) parcourait les champs de bataille du Pacifique sud mais n'avait, pour les finances publiques, que le statut de secrétaire salariée de son époux. (Régine TORRENT, *First ladies: d'Eleanor Roosevelt à Hillary Clinton*, Racine, Bruxelles, 2006).

Le Bénin entend s'inscrire dans cette tradition américaine (devenue aussi française) dès 1991. Les épouses des Présidents de la République successifs se font visibles, sur les plans médiatique, politique, administratif et diplomatique. En leur donnant un directeur de cabinet qui coiffe le *staff* mis à disposition sur deniers publics, les Premières Dames se sont exposées à la critique fondée sur le défaut de base légale du statut qu'on leur confère. Le recours introduit est signé de l'Association des contribuables béninois, laquelle allègue un "*excès de pouvoir*" et un défaut de "*légitimité*". Le recours insinue, en filigrane, que l'argent public se perd dans les garde-robes et que la Première Dame n'est l'élue de personne sinon de son mari.

Les requêtes ont été déclarées recevables et tranchées par la Cour constitutionnelle. Celle-ci fonde ainsi une coutume constitutionnelle qui n'est pas sans conséquence pour l'épouse mais aussi pour le Président de la République.

II : La reconnaissance jurisprudentielle de la Première Dame : naissance d'une coutume constitutionnelle

La Cour argumente que le Président de la République a la compétence de nommer les hauts fonctionnaires dont la liste est fixée par une loi organique, laquelle loi organique ne contient pas de mention de cabinet de Première Dame (et donc que le juge administratif pourra annuler dans le cadre d'un recours pour excès de pouvoir, pour défaut de base légale). Plus pertinemment, la Cour affirme que le Président de la République dispose de l'Administration (article 54, Constitution) et qu'il est le chef de l'Administration. A ce titre, il fait et défait les emplois publics, crée et supprime les ministères, fusionne ou scinde les administrations, affecte ou retire du personnel aux administrations. Ce pouvoir de "*Chef de l'Administration*" selon les mots de la Cour rend valide le décret portant nomination d'un Directeur de cabinet de la Première Dame.

L'expression "directeur de cabinet de la première Dame"a des conséquences juridiques certaines. Elle réalise que la *First Lady* émerge au droit, plus exactement au droit public. Qui dit cabinet dit, en effet, groupe de collaborateurs, *staff* d'agents liés à la personne de la Première Dame, en marge des structures administratives habituelles. Le directeur de cabinet coiffe cet appareil administratif mis au service et placé sous l'autorité de la Première Dame. Celle-ci n'avait qu'une existence virtuelle au regard du droit. Elle n'était que l'appendice de son époux, la seconde moitié comme le dit le langage commun, l'objet des sentiments affectueux du Président, vers qui converge la sollicitude des services spéciaux (sécurité), des services de logistique (véhicule, carburant, etc.) et du protocole d'Etat.

Mais les Premières Dames se sont souvent affirmées autrement qu'en étant l'ombre de leurs époux. Sous les Présidences de Nicéphore Soglo et de Mathieu Kérékou, elles ont dirigé des équipes et occupé des locaux relevant de la domanialité publique. Leurs charges étaient couvertes par des affectations qu'on suppose provenant de fonds spéciaux, des donations émanant du secteur public productif, de la générosité (intéressée) des hommes d'affaires, etc. La presse s'en offusquait, par moments, mais la classe politique s'en accommodait le plus souvent. L'habitude s'est installée que la Première Dame n'est pas qu'une personnalité de décor, de charme et de grâce. Elle a une existence publique et participe de l'exercice de *l'imperium* de l'Etat, à l'ombre de son Président de mari.

La Décision Houssou Christian vient valider cette pratique de la vie publique nationale en déclarant conforme à la constitution l'existence d'un cabinet de la Première Dame, cabinet dirigé par un directeur qui émarge au budget national et placé sous l'autorité de la maîtresse de céans, la Première Dame. Une coutume constitutionnelle est ainsi née. Elle sanctionne par décision juridictionnelle, une pratique constante depuis la décennie 1990. L'Administration de la Première Dame reçoit une reconnaissance légale. Elle peut figurer sur un organigramme officiel de la Présidence de la République, d'un ministère ou être considérée comme un organisme administratif indépendant. Elle est éligible à avoir un "budget", alimenté par des crédits inscrits dans la loi de finances de l'année. Elle peut enfin, être source d'une normativité individuelle (recrutement de collaborateurs) ou d'une normativité réglementaire (organisation interne du cabinet ou régime de circulation aux abords des locaux de l'Administration de la Première Dame, par exemple). Ce qui l'expose au régime de responsabilité de tout détenteur d'une parcelle de l'autorité de l'Etat.

III : La responsabilité de la Première Dame

Le droit public béninois soustrait le Chef de l'Etat au régime de responsabilité de droit commun que peut encourir un citoyen ou un agent public. Il est justiciable de la Haute Cour de justice pour des faits qualifiés de haute trahison, d'outrage à l'assemblée, ou d'atteinte à l'honneur et à la probité (articles 73 et 138 de la Constitution). Ce régime spécifique de responsabilité qui s'étend également aux ministres dans l'exercice de leurs fonctions est de nature, selon François LUCHAIRE, à réaliser un équilibre délicat entre deux exigences contradictoires : assurer la sécurité de l'homme dans la fonction et maintenir la dignité de la fonction contre l'homme. En d'autres termes, le titulaire de la fonction présidentielle doit être prémuni contre les assauts intempestifs de ses opposants, sans pour autant que la nation soit contrainte de laisser en fonction un Président de la République devenu manifestement indigne.

Ce régime de responsabilité ne concerne pas la Première Dame. En conséquence, sa gestion administrative mais aussi sa gestion financière, notamment en cas de gestion de fait, seraient *a priori* alignées sur le droit commun de la responsabilité des agents administratifs. Le juge administratif et le juge financier mais aussi la justice judiciaire (pénale et civile) auraient compétence sur ses actes. Ce qui, en droit n'a rien de singulier. Mais, le microcosme politique pourrait s'émouvoir et s'offusquer des dommages collatéraux qui naîtraient de la mise en jeu de la responsabilité de la Première Dame. Lorsque que le gibier sort du bois, il devient une proie facile pour tous les chasseurs. A défaut de frapper la statue du commandeur, on peut se rabattre sur son épouse. L'effet n'est pas identique mais est probablement similaire. La Première Dame est le chef d'une Administration, mais elle est avant tout l'épouse du Président de la République. Si, à raison de ses activités officielles, un arrêt la condamne sur son patrimoine personnel (mise en débet, amende, faute de gestion, etc.) ou une décision de justice l'atteint dans sa liberté d'aller et de venir, cela sera perçu comme une affaire d'Etat, parce que mettant gravement en cause une personne qui partage l'intimité du Président de la République. Une situation de crise pourrait en découler, crise que ne semble pas avoir perçue la Cour en rendant sa Décision Houssou Christian.

IV : Une loi sur le statut de Première Dame ou du Premier Gentleman ?

L'irruption de la Première Dame sur le terrain juridico-institutionnel, à la faveur d'une pratique constante aujourd'hui sanctionnée par la juridiction constitutionnelle, ouvre évidemment le champ à la manifestation de toutes les conséquences qui peuvent en découler pour le titulaire ou la titulaire. Les interférences avec le fonctionnement régulier des pouvoirs publics et avec l'appareil administratif, les relations avec les citoyens et leurs organisations représentatives, etc. relèvent encore du domaine de la conjecture juridique. Cependant, les juges, lorsqu'ils seront saisis, seront obligés de trancher, que ce soit au civil, au pénal, au financier, au constitutionnel ou devant le juge administratif. La bonne question paraît dès lors être celle de savoir s'il n'est pas temps, en l'état actuel de la vie de nos institutions, de légiférer sur le statut de la Première Dame (ou, à l'occasion, du Premier Gentleman), à l'image de la loi sur le statut de l'opposition ? D'autant que la sécurité juridique et la clarté du droit sont des composantes de l'Etat de droit et de la démocratie.

25

Décision DCC 96-020 du 26 avril 1996
Gbétin Dézégni et consorts
Recueil, 1996, p. 101

Le Premier Ministre

La Cour Constitutionnelle,
Saisie d'une requête du 09 avril 1996 enregistrée à la même date au Secrétariat de la Cour sous le numéro 0993, par laquelle Monsieur GBETIN Dézégni saisit la Haute Juridiction d'une *''vive protestation''* pour *''le poste de Premier Ministre créé par le Général''* et qui lui *'' semble une violation de notre Constitution'' ;*
Saisie d'une requête du 08 avril 1996 enregistrée au Secrétariat de la Cour le 09 avril 1996 sous le numéro 1008, par laquelle Monsieur MENSAH Séraphin élève une *'' protestation contre la création d'un Poste de Premier Ministre par le Chef de l'Etat, Chef du Gouvernement du Bénin''* et demande *''purement et simplement que ce poste soit supprimé'' ;*
Saisie d'une requête du 10 avril 1996 enregistrée à la même date au Secrétariat de la Cour sous le numéro 1022, par laquelle Monsieur SENAHOUN ALODO Théodore estime que *''l'appellation Premier Ministre pour un Ministre d'Etat, est non conforme au régime présidentiel pour lequel nous avons opté''* et que *''cette appellation est ... anticonstitutionnelle'' ;*
Saisie d'une requête du 11 avril 1996 enregistrée à la même date au Secrétariat de la Cour sous le numéro 1026, par laquelle Monsieur GBAGUIDI Athanase estime que, *« du point de vue formel, l'institution du poste de Premier Ministre porte atteinte à l'esprit et à la lettre de la Constitution » ;*
Saisie également d'une requête du 11 avril 1996 enregistrée à la même date au Secrétariat de la Cour sous le numéro 1027, par laquelle Monsieur MISSINHOUN V. Désiré demande de déclarer inconstitutionnelle la création du poste de Premier Ministre aux motifs que la Constitution du 11 décembre 1990 a institué dans notre pays un régime présidentiel et *'' l'institution actuelle d'un poste de Premier Ministre cadre avec un régime parlementaire ou semi-présidentiel, donc responsable devant le Parlement'' ;*
Saisie par ailleurs d'une requête du 11 avril 1996 enregistrée au Secrétariat de la Cour le 15 avril 1996 sous le numéro 1037, par laquelle Monsieur Jean KPOTON demande de *« vérifier la constitutionnalité du Décret n° 96-128 du 09 avril 1996 portant composition du Gouvernement... en son article 1er alinéa 2, quant à l'usage du mot Premier Ministre... »* ;

Saisie enfin d'une requête du 15 avril 1996 enregistrée à la même date au Secrétariat de la Cour sous le numéro 1077, par laquelle Monsieur Gilles Z. AHOKPOSSI demande '*'de déclarer que le Décret n° 96-128 du 09 avril 1996 au terme duquel un poste de Premier Ministre est créé par le Président de la République est contraire à l'esprit et à la lettre de l'article 54 de la Constitution du 11 décembre 1990''* ;

VU la Constitution du 11 décembre 1990 ;
VU la Loi Organique n° 91-009 du 04 mars 1991 sur la Cour Constitutionnelle ;
VU le Règlement Intérieur de la Cour Constitutionnelle ;
Ensemble les pièces du dossier ;

Ouï Monsieur Alfred ELEGBE en son rapport ;
Après en avoir délibéré,
Considérant que les sept requêtes portent sur le même objet et tendent aux mêmes fins ; qu'il y a lieu de les joindre pour y être statué par une seule et même décision ;
Considérant que tous les requérants contestent la création du Poste de Premier Ministre contenue dans le Décret n° 96-128 du 09 avril 1996 portant composition du Gouvernement et demandent de déclarer ledit décret contraire à la Constitution au motif que celui-ci a institué dans notre pays un régime présidentiel et non parlementaire qui implique la responsabilité du Premier Ministre devant le Parlement ;
Considérant que le critère juridique essentiel qui définit le régime parlementaire est la responsabilité politique du Gouvernement devant le Parlement ; qu'en revanche, le régime présidentiel retenu par la Constitution du 11 décembre 1990 se caractérise par *l'élection du Président de la République au suffrage universel direct et par le fait que, détenteur du pouvoir exécutif, le Président de la République est le Chef du Gouvernement et n'est pas responsable devant l'Assemblée Nationale* ;
Considérant que l'article 54 de la Constitution dispose : '*'Le Président de la République est le détenteur du pouvoir exécutif. Il est le Chef du Gouvernement, et à ce titre, il détermine et conduit la politique de la Nation. Il exerce le pouvoir réglementaire.*
(...)
Il nomme, après avis consultatif du bureau de l'Assemblée Nationale, les membres du Gouvernement ; il fixe leurs attributions et met fin à leurs fonctions. Les membres du Gouvernement sont responsables devant lui.
(...)
qu'il en résulte que la Constitution n'impose au Président de la République, Chef du Gouvernement, ni la structure du Gouvernement ni la dénomination et les attributions de ses membres ; que la seule limite apportée à ses prérogatives est contenue dans l'article 70 de la Constitution selon lequel il

peut déléguer certains de ses pouvoirs aux ministres, à l'exception de ceux prévus aux articles *54 alinéa 3*, 60, 61, 101, 115, 133 et 144 ;
Considérant que le décret querellé est signé : *' 'Le Président de la République, Chef de l'Etat, Chef du Gouvernement... ' '* ; qu'il appert que le Président de la République est le Chef du Gouvernement ; que les attributions confiées au Premier Ministre, à savoir la Coordination de l'Action Gouvernementale et les Relations avec les Institutions, ne font de lui que le *premier* des Ministres ; que la création, dans ces conditions, d'un poste de Premier Ministre ne porte pas atteinte au régime présidentiel choisi par le peuple béninois ; que, dès lors, le Décret n° 96-128 du 9 avril 1996 portant composition du Gouvernement n'est pas contraire à la Constitution ;

DECIDE :

Article 1er : La création du poste de Premier Ministre par le Décret n° 96-128 du 9 avril 1996 portant composition du Gouvernement n'est pas contraire à la Constitution.
Article 2 : La présente décision sera notifiée à Messieurs GBETIN Dézègni, MENSAH Séraphin, SENAHOUN ALODO Théodore, GBAGUIDI Athanase, MISSINHOUN V. Désiré, Jean KPOTON, Gilles Z. AHOKPOSSI, au Président de la République et publiée au Journal Officiel.
Ont siégé à Cotonou, les vingt cinq et vingt six avril mil neuf cent quatre vingt seize,

Madame	Elisabeth K.POGNON	Président
Messieurs	Alexis HOUNTONDJI	Vice-président
	Bruno O. AHONLONSOU	Membre
	Pierre E. EHOUMI	Membre
	Alfred ELEGBE	Membre
	Hubert MAGA	Membre
	Maurice GLELE AHANHANZO	Membre

Le Rapporteur, Le Président,

Alfred ELEGBE Elisabeth K . POGNON

OBSERVATIONS

I : Le Premier Ministre : entre sémantique et sémiologie

L'une des grandes originalités que draina l'alternance politique au sommet de l'Etat en 1996 fut la création d'un poste de Premier Ministre. La promesse électorale du candidat Mathieu Kérékou, qu'on disait saugrenue, est devenue réalité politique et institutionnelle avec la prise du Décret n° 96-128. L'incrédulité de départ se mue en hostilité manifeste et sept recours sont déposés au secrétariat de la Cour. Pêle-mêle, les requérants évoquent la nature présidentielle du régime issue de la constitution du 11 décembre 1990, le viol de l'esprit et de la lettre de la constitution, l'usage abusif de la dénomination de Premier Ministre.

La Décision de la Cour s'articule autour de trois idées forces : le Président de la République reste le Chef de l'Etat et surtout le Chef du Gouvernement conformément à l'article 54 paragraphe 1 de la constitution ; il nomme et révoque les membres du Gouvernement sans que la constitution lui impose une dénomination particulière de ceux-ci. Il peut déléguer certaines de ses compétences dont celle de coordination de l'action du Gouvernement à un autre membre du Gouvernement.

La Cour fonde ainsi sa décision sur une double conception à la fois matérielle et organico-institutionnelle de la qualité de Premier Ministre

II : La conception matérielle de la qualité de Premier Ministre

Que fait le Premier Ministre ? Quel est son domaine de compétence ? La question paraît étrange car, par vocation, le premier entre ses pairs n'a pas de porte-feuille. Il se contente d'être le premier et de brider l'action des autres ministres. Il est le chef et à ce titre, s'intéresse à tout.

En 1996, le Premier Ministre avait une compétence *putative* de coordonnateur de l'action du gouvernement. En 2011, le Décret n°2011-450 du 28 mai 2011 le charge explicitement, cette fois ci, de la Coordination de l'Action gouvernementale, de l'Evaluation des Politiques publiques, du Programme de Dénationalisation et du Dialogue Social. Le Décret n°2015-370 du 18 juin 2015 portant composition du Gouvernement, désigne un Premier ministre, Chargé du Développement Economique, de l'Evaluation des politiques Publiques et de la Promotion de la Bonne Gouvemance.

De la coordination au dialogue social en passant par l'évaluation des politiques publiques et la promotion de la bonne gouvernance, le domaine de compétence du Premier Ministre recouvre les attributions d'un ministre qui peut ne pas être forcément le premier. Ce ne sont pas des attributions qui sont, par essence, de la compétence d'un Premier Ministre. La fonction de coordination peut même échoir à un agent qui n'a pas le titre de ministre. Seydou MADANI SY relève, ainsi, qu'au cours de la décennie 1960 au Sénégal, le cumul des fonctions de directeur de cabinet du Président de la République et de secrétaire général du gouvernement a permis au titulaire du double poste de coordonner l'action gouvernementale (S. MADANI SY, *Les régimes politiques sénégalais de l'indépendance à l'alternance politique :1960-2008,* Paris, Khartala, 2009, p.120).

Les attributions du Premier Ministre, de 1996, de 2001 et de 2015, ne créent pas une situation d'excès de compétence qui serait en contradiction avec les termes de la constitution. L'histoire récente du Bénin nous montre que lesdites attributions ont été presque constamment assurées par des membres du gouvernement autres que le chef. Ce fut le cas de certains ministres d'Etat qui avaient la responsabilité additionnelle de coordonner l'action gouvernementale, à raison de leur poids politique (Ministre d'Etat en charge du plan de 2001 à 2005), des rapports personnels et de confiance qui les lient au Chef du Gouvernement (Ministre d'Etat chargé de la défense nationale de 1991 à 1996) ou encore au titre de la technocratie (Ministre en charge du plan de 2007 à 2011).

Pour la Cour, ces différents schémas s'inscrivent dans une lecture qui, au surplus, ne bouleverse pas l'ordonnancement organico-institutionnel du régime politique issu de la constitution de 1990.

III : La conception organico-institutionnelle de la qualité de Premier Ministre

La Cour estime que le monocéphalisme instauré par la constitution n'est pas bouleversé. Le Gouvernement a un seul chef et tous les ministres, y compris le Premier Ministre n'ont d'autre légitimité que celle qui découle de la confiance que leur accorde le Chef de gouvernement, à l'exclusion de tout mécanisme d'investiture du Premier ministre ou de responsabilité de celui-ci devant le parlement. Le Premier Ministre est le majordome du chef du Gouvernement. Il est un facilitateur de l'action du Président de la République. Le Président, dans la logique du régime, est le seul chef de l'exécutif.

Le Premier Ministre issu du Décret n° 96-128 tout comme ceux issus du Décret n°2011-450 du 28 mai 2011 et Décret n° 2015-370 du 18 juin 2015 rentrent dans cette catégorie. Chefs d'orchestre mais non maîtres de la musique, animateurs de l'équipe mais étrangers à sa sélection, coordonnateurs de l'action gouvernementale mais pas concepteurs de la politique de la nation, serviteurs du Chef de Gouvernement mais inconnus du suffrage du peuple… On en revient aux sources de la notion et du poste de Premier Ministre, tel qu'il fit son apparition dans l'Angleterre du 18ème siècle.

Pour marquer l'absence de bicéphalisme au sommet de l'exécutif, le conseil des ministres en sa séance du 21 juin 2001, apporta des précisions sur l'organisation du travail au sein du Gouvernement et l'articulation du travail entre les ministres. Le Conseil des ministres est "*l'instance solennelle qui réunit l'ensemble des membres du Gouvernement sous la présidence du Président de la République*". Ensuite viennent les "*Conseils interministériels*", instances permanentes ou occasionnelles consacrées à des thématiques particulières et présidées par le Président de la République ou le Premier Ministre. Enfin, il y a les "*Comités interministériels*", réunions *ad hoc* convoquées à l'initiative d'un ministre, du Premier Ministre ou du secrétaire général adjoint de la Présidence de la République (Journal *La Nation*, n° 5268, 23 juin 2011, p.3).

L'architecture institutionnelle prévue par la constitution, notamment en ce qui concerne l'exécutif, est préservée. Les conseils et comités interministériels que le Premier Ministre peut présider ne sont que des rouages managériaux, sans pouvoir de décision opposable, mais qui préparent et facilitent le travail du Conseil des Ministres, "*instance solennelle*" et "*point d'aboutissement d'initiatives et de projets élaborés à l'avance*" (Journal *La Nation*, n° 5268, 23 juin 2011, p.3).

Les apparences sont sauves et le droit constitutionnel aussi. Le Premier Ministre a tout l'air d'une baudruche, du fait de la double précarité qui entoure le poste et le titulaire du poste. Tous deux sont à la merci du Chef du Gouvernement, en l'occurrence le Président de la République. Cependant, premier entre ses pairs mais sans être le chef du Gouvernement, le Premier Ministre n'en détient pas moins un ascendant politique (*intérim* du Président de la République) et même juridique (contreseing des décrets en conseil des ministres en sa qualité de coordonnateur) parce qu'il est le ministre responsable de la coordination, c'est-à-dire, de ce que chaque ministre fait et de la manière dont cela rentre dans l'articulation synergique de l'action gouvernementale. La jurisprudence administrative nous renseignera utilement sur la question de savoir si ce contreseing est une formalité substantielle, obligatoire à peine de nullité des décrets pris en conseil des ministres. La question n'est pas sans intérêt car le contreseing du Premier Ministre a été l'un des catalyseurs du basculement de la monarchie absolue vers le régime parlementaire.

Ainsi, l'évolution de ce mécanisme meta-constitutionnel de Premier Ministre, peut déboucher, à l'occasion, sur une ossification du mollusque institutionnel. Au nombre des facteurs pouvant y contribuer on peut citer la personnalité des titulaires, leur envergure politique ou les circonstances ou rapports de force politiques. La constitution, "*temple allégorique habité par des ombres*" (Georges BURDEAU) accoucherait d'une réalité qui n'est aujourd'hui que virtuelle.

26

Décision DCC 13-071 du 11 juillet 2013
Serge Roberto PRINCE AGBODJAN
Aristide DOMINGO
Recueil 2013, volume 1, p. 501

La paix : un principe constitutionnel

La Cour Constitutionnelle,

Saisie d'une requête du 03 août 2012 enregistrée à son Secrétariat le 07 août 2012 sous le numéro 1408/114/REC, par laquelle Monsieur Serge Roberto PRINCE AGBODJAN sollicite sur le fondement des articles 36, 41 et 35 de la Constitution, « le contrôle de constitutionnalité de certaines paroles tirées de l'entretien du Président Boni YAYI au cours de l'interview dénommée "Boni YAYI à cœur ouvert" diffusée sur l'ensemble des chaînes de la télévision béninoise et en rediffusion le 02 août 2012 sur la Télévision Nationale » ;

Saisie d'une autre requête du 11 août 2012 enregistrée à son Secrétariat le 14 août 2012 sous le numéro 1450/119/REC, par laquelle Monsieur Serge Roberto PRINCE AGBODJAN demande à la Cour, sur le fondement des articles 34 et 36 de la Constitution, d'une part, de « contrôler la constitutionnalité de certaines paroles tirées de la conférence de presse du Front Citoyen pour la Sauvegarde des Acquis Démocratiques, d'autre part, de déclarer contraires aux articles 3, 8 et 12 de la Loi n°2001-21 du 21 février 2003 portant Charte des partis politiques, les déclarations faites au cours de cette sortie médiatique du Front Citoyen pour la Sauvegarde des Acquis Démocratiques tendant à déclarer illégitime une autorité qui a régulièrement prêté serment… » ;

Enfin saisie d'une autre requête du 31 août 2012 enregistrée à son Secrétariat le 03 septembre 2012 sous le numéro 1571/133/REC, par laquelle Monsieur Aristide DOMINGO, membre du mouvement "y en a marre", porte « plainte contre Monsieur Boni YAYI pour violation de la Constitution en son préambule et en ses articles 2 alinéa 1, 8, 41 alinéa 1 et 53 » ;

VU la Constitution du 11 décembre 1990 ;
VU la Loi n° 91-009 du 04 mars 1991 portant loi organique sur la Cour Constitutionnelle modifiée par la Loi du 31 mai 2001 ;
VU le Règlement Intérieur de la Cour Constitutionnelle ;

Ensemble les pièces du dossier ;

Ouï Maître Simplice C. DATO en son rapport ;

Après en avoir délibéré,

CONTENU DES RECOURS

Considérant que Monsieur Serge Roberto Prince AGBODJAN expose : « La Constitution du Il décembre 1990 dispose en son article 36 que " Chaque béninois a le devoir de respecter et de considérer son semblable sans discrimination aucune et d'entretenir avec les autres des relations qui permettent de sauvegarder, de renforcer et de promouvoir le respect, le dialogue et la tolérance réciproque en vue de la paix et de la cohésion nationale". Quant à l'article 41, il ajoute que : "Le Président de la République est le Chef de l'Etat. Il est l'élu de la Nation et incarne l'unité nationale. Il est le garant de l'indépendance nationale, de l'intégrité territoriale et du respect de la Constitution, des traités et accords internationaux".

Malgré la clarté de ces dispositions, son excellence Monsieur Boni YAYI, Président de la République, au cours de cette émission "Boni YAYI à cœur ouvert "a tenu des propos suffisamment graves et menaçant la paix publique et sans égard pour certains citoyens traités de "petits" et des "personnes ou partis politiques en voie de disparition".

On peut noter des propos tels que :"je leur opposerai les miens du Bénin profond et ils vont s'affronter". "Je dis que les gens sont trop petits avec Boni YAYI ".

Sans être exhaustif étant entendu que les propos ont été largement diffusés dans la presse nationale et internationale, je puis vous affirmer qu'un béninois convaincu des idéaux de paix et de solidarité ne saurait accepter que de tels propos sortent de la bouche de notre Chef de l'Etat. Ces propos s'ils ne sont pas relevés et sanctionnés par votre Haute Juridiction sera sans doute une incitation à la partition du pays et au régionalisme. La preuve est que certains citoyens se sont déjà manifestés pour empêcher d'autres de s'exprimer sur la question.» ; qu'il poursuit : « Que notre Chef de l'Etat annonce publiquement qu'il va opposer ses partisans "les miens" à une autre frange de la population est une incitation à la haine et met en cause la cohésion nationale. Le Président de la République ne saurait avoir des siens. Il est le Père de la Nation toute entière. Il doit se comporter comme l'exige la Constitution du Il décembre 1990 notamment en son article 53 qui dispose qu'il ne doit se laisser guider que par l'intérêt général et le respect des droits de la personne humaine, de consacrer toutes ses forces à la recherche et à la promotion du bien commun, de la paix

et de l'unité nationale. Cet entretien tel que diffusé et les paroles qui en sont sorties ne sauraient être une recherche de la paix et de l'unité nationale. » ;
Considérant qu'il déclare : « S'il est vrai que notre Président de la République est un homme et peut donc s'énerver, les charges et la fonction qu'il exerce l'obligent à avoir une maîtrise de soi et ne pas sortir des propos aussi graves pour menacer l'unité nationale. Quel que soit son état d'âme, traiter des citoyens béninois de "petits" "je peux leur faire mal ces petits-là qui m'insultent tous les matins" , dire au cours d'une émission publique, "je peux leur faire mal" est une violation des articles 36 et 35 de la Constitution du Il décembre 1990. Les moyens de droit existent pour punir celui qui ose insulter notre Chef d'Etat, son Excellence le Président Boni YAYI. Ne pas user de ces moyens et proférer des menaces du genre "je peux leur faire mal mais je laisse" à l'encontre des journalistes n'est pas acceptable et mérite une condamnation de la Haute Juridiction qui est garante des libertés publiques et du respect des droits de l'Homme au Bénin. » ; qu'il conclut: "au vu de tout ce qui précède, nous demandons à la Haute Juridiction de déclarer contraires à la Constitution de pareils propos pour la cohésion de notre pays qui est le Bénin.
Au subsidiaire, nous demandons également à la Haute Juridiction de déclarer le comportement du Directeur de la Télévision Nationale contraire à l'article 35 étant entendu qu'il a autorisé sans traitement une rediffusion de cette émission le 2 août 2012 livrant au peuple ces propos aussi graves pour la cohésion de notre Etat. Même si l'on peut tolérer l'imprudence commise par les Directeurs des Télévisions lors de la première diffusion, la deuxième effectuée par la Télévision Nationale sans traitement professionnel et déontologique mérite sanction de votre Haute Juridiction. » ;
Considérant que de son côté, Monsieur Aristide DOMINGO formule les mêmes griefs et ajoute: « Le Président de la République ne peut, sous aucun prétexte, tenir des propos du genre:

« ... j'ai appris qu'ils ont tenu des réunions pour dire qu'ils vont bloquer puisqu'on veut créer un front uni, on va chercher les syndicats, les magistrats, les ceci, pour chasser qui du pouvoir ? Moi YAYI Boni? ...Ils sont trop petits. C'est le peuple qui peut me chasser, ...c'est Dieu avec le peuple qui m'ont mis ici. Ils sont trop petits. Parce que en créant..., laissez moi terminer, ce front uni-là, je vais leur prouver que moi aussi j'ai du monde derrière dans le Bénin profond, ils vont s'affronter. Je vais leur prouver cela ... ".
" ... Si vous faites comme ça, moi-même, je vais soulever les miens, ça va donner quoi dans le pays ?...".
Comme il est aisé de le constater, ces propos méprisants, bilieux, dédaigneux et partisans du Président de la République que la formation ou l'existence d'aucun "front uni" ne saurait justifier, ne favorisent ni la paix, ni l'unité nationale qu'il est censé incarner. ..

Bien au contraire, par de tels propos, le Président de la République prêche plutôt pour la désunion et la division des fils d'un même pays et incite à l'affrontement d'une partie des Béninois contre l'autre partie, ainsi qu'à la haine et à la violence. Mieux, la grande dignité et l'honorabilité attachées à ses charges et fonctions proscrivent la tenue de tels propos par le Président de la République qui, à travers tous ses faits et gestes, doit éviter d'apparaître comme un Chef de clan ou le Président d'une minorité contre une majorité, d'une majorité contre une minorité, de la mouvance contre l'opposition, ou d'une région contre une autre. Or, en promettant d'amener ses partisans pour affronter d'autres béninois, le Président de la République démontre à suffire qu'il n'a que faire de l'unité nationale qu'il a ainsi cessé d'incarner et qu'il est prêt à commanditer à ses partisans toute sorte de violences et d'atteintes sur la personne des non partisans. Il tombe donc sous le sens que les propos tenus les 1er et 02 août 2012 sur les chaînes de télévision, par le Président de la République, sont attentatoires à l'unité nationale que son serment l'oblige à incarner, ainsi qu'à la paix et aux droits de la personne humaine qu'il s'est pourtant engagé à respecter au terme de son serment. » ; qu'il conclut: « En se comportant comme il l'a fait, lors de l'entretien qu'il a accordé aux journalistes de la Télévision Nationale, de Golfe TV et de Canal3, le Président de la République, Chef de l'Etat et Chef du Gouvernement a trahi son serment et violé, non seulement le préambule de la Constitution du 11 décembre 1990, mais encore et surtout les articles 2 alinéa 1, 8, 41 alinéa 1 et 53 de la Constitution. » ;
Considérant qu'à l'encontre du Front Citoyen pour la Sauvegarde des Acquis Démocratiques, Monsieur Serge Roberto PRINCE AGBODJAN expose : « La Constitution du 11 décembre 1990 dispose en son article 34 que "Tout citoyen béninois, civil ou militaire, a le droit sacré de respecter, en toutes circonstances la Constitution et l'ordre constitutionnel établi, ainsi que les lois et règlements de la République". Quant aux articles 3, 8 et 12 de la Loi n° 2001- 21 portant Charte des partis politiques, ils disposent que « Tous les partis politiques doivent à travers leurs objectifs et leurs pratiques, contribuer à :

- la défense de la démocratie, de la souveraineté nationale ;
- la consolidation de l'indépendance nationale ;
- la sauvegarde de l'intégrité territoriale sans exclure toute entreprise d'intégration régionale ou sous-régionale qui ne porterait pas atteinte aux intérêts nationaux ;
- la protection de la forme républicaine et du caractère laïc de l'Etat·
- la protection des libertés fondamentales et des droits de la personne humaine.

La création et les activités des partis politiques s'inscrivent dans le strict respect de la Constitution, des lois et règlements en vigueur en République du Bénin.
Les partis ou groupes de partis politiques ont le devoir:

- de respecter scrupuleusement la Constitution ainsi que les lois et règlements de la République;
- d'animer la vie politique nationale
- de participer activement à la moralisation de la vie publique sous tous ses aspects, de défendre et de respecter le bien public ;
- de contribuer à la dépolitisation de l'Administration publique;
- de contribuer par leurs objectifs, leurs programmes et leurs pratiques à:
    - la sauvegarde de la cohésion et de l'unité nationale;
    - la protection de la forme républicaine de l'Etat;
    - la promotion des libertés fondamentales et des droits de la personne humaine dans le respect de l'ordre constitutionnel. " » ;

Considérant qu'il développe : «L 'existence des articles ci-dessus cités dans le corpus constitutionnel du Bénin montre et exige que les acteurs politiques et civils doivent, dans les actions menées, respecter la Constitution du 11 décembre 1990 qui reste et demeure notre loi fondamentale ".
Mais force est de constater que certaines activités et déclarations annoncent ouvertement le non-respect des Institutions de la République et de l'ordre constitutionnel en cours et surtout des incitations à des actions de rue pour " braver l'autorité". C'est le cas de la sortie médiatique du Front Citoyen pour la Sauvegarde des Acquis Démocratiques.
Bien que la création d'un Front Citoyen pour la Sauvegarde des Acquis Démocratiques soit une initiative citoyenne rentrant dans le respect du droit constitutionnel qu'est la "défense de la démocratie", les activités de ce front doivent forcément se dérouler dans le respect strict de l'ordre constitutionnel et des Institutions de la République. Cette exigence constitutionnelle n'a pas été respectée lors de la sortie médiatique du Front Citoyen pour la Sauvegarde des Acquis Démocratiques le lundi 30 juillet 2012 au Chant d'oiseau.
En effet, au cours de cette sortie relayée par la presse nationale et internationale notamment le quotidien béninois d'information et d'analyses « La Presse du Jour» n° 1692 du mardi 31 juillet 2012, l'on peut noter des propos et déclarations qui méconnaissent la Constitution du 11 décembre 1990.
Sans être limitatif, on peut citer:
... les différentes composantes du front ont unanimement constaté qu'en plus des syndicats, de la société civile et de l'opposition, la mouvance présidentielle a fini par reconnaître que la LEPI ayant servi à réélire le Président Boni YAYI comporte des imperfections. En conséquence, les membres du Front constatent que le Président est illégitime et illégal. Ils ont alors décidé de lui demander de démissionner. Leur décision est désormais irréversible d'autant plus que toutes les couches sociales crient leur ras-le bol. ..
Si Boni YAYI partait de lui-même, on peut lui accorder la faveur de ne pas le poursuivre pour lui demander des comptes. Mais si c'est le peuple qui réussit à le faire partir, alors, on ne sait pas toutes les conséquences que cela pourrait

avoir. Pour l'heure, le front a décidé de passer à des actions concrètes dans les jours à venir ... (Certains acteurs présents) ont invité les citoyens à des actions de rue pour le faire partir... Il faut sauver le pays en faisant partir le Président. Dans les jours à venir, le front bravera le pouvoir à travers les rues pour permettre que le Bénin retrouve la paix ... Il faut leur donner l'occasion de libérer le pays comme l'ont fait des jeunes dans le Maghreb ...

Dans la déclaration du Front faite ce même jour, on peut noter au point 6 que "l'unanimité doit donc se faire sur le manque de légitimité de celui-ci; en l'occurrence le Chef de l'Etat, qui a été élu sur la base de cet outil aujourd'hui reconnu par tous comme mauvais, non fiable, introuvable voire inexistant et source de discorde et de graves tensions dans notre pays ... " » ;

Considérant qu'il poursuit : « Les déclarations faites au cours de la sortie du 30 juillet 2012 au Chant d'oiseau montrent clairement que les acteurs incitent à la mise en cause de l'ordre constitutionnel établi, ainsi que les lois et règlements de la République.

Même si des griefs et des contestations ont existé après les élections de 2011, à partir du moment où la Haute Juridiction a proclamé que le vainqueur est M. Boni YAYI, l'on ne saurait plus d'une année après, déclarer ce dernier illégitime et inviter à des actions de rue pour le faire partir du pouvoir.

Le dire de cette manière constitue une mise en cause de l'ordre constitutionnel établi, des lois et règlements de la République et de la cohésion de notre pays » ; qu'il conclut: « Au vu de tout ce qui précède, nous demandons à la Haute Juridiction de déclarer contraires à la Constitution de pareils propos pour la cohésion de notre pays qui est le Bénin » ;

INSTRUCTION DES RECOURS

Considérant qu'en réponse aux mesures d'instruction diligentées par la Haute Juridiction, le Secrétaire Général du Gouvernement, Monsieur Eugène DOSSOUMOU, écrit :

« Sur instructions du Président de la République, Chef de l'Etat, Chef du Gouvernement, j'ai l'honneur de vous transmettre sa déclaration en réponse à votre mesure d'instruction.

"Aux termes de l'article 42 de la Constitution du 11 décembre 1990, le Président de la République est élu pour un mandat de cinq (05) ans renouvelable une fois. Le 29 mars 2011, la Cour Constitutionnelle a proclamé les résultats définitifs de l'élection présidentielle du 13 mars 2011 d'où il ressort que le candidat YAYI Boni est élu Président de la République pour un mandat de cinq (05) ans. Le 06 avril 2011, j'ai prêté serment en vertu de l'article 53 de ladite Constitution. Dans mon serment, j'ai pris l'engagement de respecter et de défendre la Constitution que le Peuple béninois s'est librement donnée; de remplir loyalement les hautes fonctions que la Nation nous a confiées ; de ne nous laisser guider que par l'intérêt général et le respect des droits de la personne humaine; de consacrer toutes nos forces à la recherche et à la promotion du bien commun, de la paix et de l'Unité Nationale.

Ayant été proclamé élu Président de la République par la Cour Constitutionnelle avec plus de 53% de suffrages, soit plus d'un million cinq cent mille (1 500 000) de béninois qui ont porté leurs voix sur moi, il me paraît inconcevable et inadmissible qu'une minorité de citoyens regroupés au sein de "l'Union fait la Nation" fasse des déclarations appelant à une mobilisation générale des forces politiques et sociales et à une insurrection afin de se constituer en un front unifié pour engager le combat, parce que selon cette minorité la "Nation se porte mal, très mal".

La constitution de "l'Union fait la Nation" est en marge des Institutions de la République.

En effet, aux termes de notre Constitution et de la Charte des partis, les organisations politiques doivent se faire enregistrer au Ministère de l'Intérieur, de la Sécurité Publique et des Cultes.

Aujourd'hui au Bénin, il est enregistré plus de deux cent onze (211) partis et alliances de partis légalement constitués. A la date de sa déclaration, l'Union fait la Nation n'est pas enregistrée. Elle n'est donc pas légalement constituée.

Par rapport au grand nombre de béninoises et de béninois m'ayant soutenu et voté pour moi, les personnes regroupées au sein de "l'Union fait la Nation" constituent une petite minorité.

Le terme "petit" employé lors de mon entretien télévisé ne s'adresse donc qu'à cette minorité. En revanche, les "miens" constituent la grande majorité des béninois qui m'ont soutenu, voté pour moi et qui continuent de me renouveler leur confiance. Ils sont nombreux du Nord au Sud et de l'Est à l'Ouest ...

En tant que Président de l'Organe régulateur chargé du bon fonctionnement des Institutions de la République, pouvez-vous me dire si l'appel à la constitution du Front Unifié des forces politiques et sociales en vue d'une mobilisation générale et d'une insurrection contre un pouvoir légitimement établi ne constitue pas un coup de force quelconque dans un Etat de droit comme le nôtre?

En tout état de cause, en tant que garant du respect de la Constitution, le mandat du Président de la République ainsi que celui des autres Institutions de la République doivent aller à leur terme. L'article 66 de notre Constitution interdit le coup d'Etat, le putsch, l'agression par des mercenaires ou un coup de force quelconque.

Les prochaines élections présidentielles n'auront lieu qu'en 2016.

L'appel à la mobilisation générale visant la tenue d'une conférence nationale bis constitue, à notre sens, un acte attentatoire contre la démocratie béninoise. La Cour Constitutionnelle, en vertu de ses compétences, devrait s'élever contre de tels agissements. Mes déclarations, lors de l'entretien avec la presse n'ont rien de propos haineux et ne sont en rien contre l'unité et la cohésion nationales.

Eu égard à tout ce qui précède, je demande qu'il plaise à la Haute Juridiction de déclarer inopérants les recours n° 1408/114/REC et n° 1571/133/REC. » ;

Considérant que de son côté, le Directeur de l'Office de Radiodiffusion et de Télévision du Bénin (ORTB), Monsieur Stéphane TODOME, explique : « Par rapport à la rediffusion de l'émission "A cœur ouvert, le Président parle au peuple béninois", il convient de faire observer que l'émission diffusée le mercredi 1er août dernier est la version montée, donc celle qui a été corrigée.

Par ailleurs, conformément à l'article 66 alinéa 2 de la Loi n° 97-010 du 20 août 1997 portant libéralisation de l'espace audiovisuel, obligation est faite aux radiodiffusions et aux télévisions de conserver pendant quinze (15) jours au minimum l'enregistrement intégral de leurs émissions. Le but de cette démarche est de permettre aux personnes qui se sentiraient touchées par des propos tenus au cours de cette émission d'exercer leurs droits de réponse conformément aux dispositions de l'article 63 et suivants de la Loi n° 97-010 du 20 août 1997. Je voudrais signaler à ce niveau que toutes les personnes physiques et morales qui ont estimé que les propos tenus par le Chef de l'Etat lors de cette émission ont porté atteinte à leur honneur et à leur réputation ont exercé leurs droits de réponse et ont sollicité des copies de l'émission telle qu'elle a été diffusée.

Tout montage a posteriori d'une émission est répréhensible. Changer le contenu d'une émission à sa rediffusion viole l'article 7 de la Constitution du 11 décembre 1990 en ce sens qu'elle priverait les téléspectateurs de leur droit à l'information surtout ceux qui ne l'ont pas regardée en première diffusion.

Pour conclure, je dois rappeler que l'entretien du Chef de l'Etat est éminemment politique et il a été fait dans le cadre de ses fonctions politiques et à l'occasion de la fête nationale comme c'est le cas dans toutes les démocraties. Je dois ajouter que la télévision n'a enregistré aucune réaction susceptible de perturber l'unité nationale suite à la diffusion de ladite émission. » ;

Considérant qu'en ce qui le concerne, le Président du Front citoyen pour la Sauvegarde des Acquis Démocratiques, Monsieur Antoine Robert DETCHENOU, écrit : « Le Front Citoyen pour la Sauvegarde des Acquis Démocratiques est un regroupement de citoyens qui portent un regard patriotique, mais qui émettent des opinions différentes de celle qui est la plus politiquement correcte au Bénin ces dernières années et la seule audible. Le Front Citoyen n'est donc ni un parti politique, ni une alliance de Partis, mais un creuset de libre expression des opinions différentes et de réflexion sur l'avenir de tout un chacun. Le Front Citoyen comprend en ce sens des personnalités et organisations de la société civile y compris les partis politiques et mouvements qui adhèrent à l'objectif citoyen de la sauvegarde des acquis démocratiques du peuple béninois issus de la revitalisation de la démocratie libérale de 1990, après l'historique Conférence des Forces Vives de la Nation, de l'intégrité nationale et de la paix sociale.

Cette composition plurielle du Front Citoyen renforce, de toute évidence, le caractère citoyen à la base de sa création et le partage d'un objectif commun de nature à constituer un large regroupement des forces citoyennes opposées à la remise en cause insidieuse du Renouveau Démocratique, de l'Etat de droit en République du Bénin, puis à asseoir les fondamentaux consensuels d'une reconstruction du pays.

A la suite de ces notes liminaires, abordons maintenant la substance de notre réponse au recours dont votre Haute Juridiction est saisie.

LES OBSERVATIONS SOLLICITEES

Le recours formulé par le sieur Serge Roberto PRINCE AGBODJAN tend à voir déclarées non-conformes à la Constitution, diverses allégations imputées au Front Citoyen pour la Sauvegarde des Acquis Démocratiques ou rapportées par la Presse en raison de : La violation par des responsables du Front Citoyen des articles 34 et 36 de la Constitution du 11 décembre 1990 et ceux des articles 3, 8 et 12 de la charte des Partis politiques pour avoir déclaré lors de la conférence de presse du 30 juillet 2012 :

- illégitime une autorité qui a régulièrement prêté serment conformément à la Constitution en vigueur" ;
- "les différentes composantes du Front Citoyen ont unanimement constaté qu'en plus des syndicats, de la société civile et de l'opposition, la mouvance présidentielle a fini par reconnaître que la LEPI ayant servi à réélire le Président Boni YAYI comporte des imperfections. En conséquence, les membres du front constatent que le Président est illégitime et illégal. Ils ont alors décidé de lui demander de démissionner ... (certains acteurs présents) ... ont invité les citoyens à des actions de rue pour le faire partir".

La violation de la Constitution par des responsables par l'intention d'inciter à la mise en cause de l'ordre constitutionnel établi et des lois et règlements de la

République, et celle-ci toujours par déclaration faite lors de la conférence de presse du 30 juillet 2012.
C'est donc en substance à la consécration d'un délit d'opinion que vous invite le recours du sieur Serge PRINCE AGBODJAN car en fait, il ne peut y avoir de société démocratique sans pluralisme des opinions et égalité d'expression de celles-ci et ce sont ces libertés qu'il est demandé à votre Haute Juridiction de sanctionner » ;

Considérant qu'il poursuit : « ... en réponse à votre demande d'instruction et en tout premier lieu, je prie votre Haute Juridiction de constater qu'elle ne saurait opérer le contrôle de conformité aux dispositions de la loi portant Charte des Partis politiques en République du Bénin. Il s'agit en effet d'un contrôle de légalité qui ne relève pas de la compétence de la Cour de céans.

Il y a lieu ensuite d'inviter votre Haute Juridiction à constater que la Constitution du 11 décembre 1990 comporte l'affirmation solennelle par le peuple béninois de sa détermination de créer un Etat de droit et de démocratie pluraliste, dans lequel les droits fondamentaux de l'Homme, les libertés publiques, la dignité de la personne humaine et la justice sont garantis, protégés et promus comme la condition nécessaire au développement véritable et harmonieux de chaque béninois tant dans sa dimension temporelle, culturelle que spirituelle.

A ce titre, outre la Charte Africaine des Droits de l'Homme et des Peuples qu'elle intègre, la Constitution prévoit en son article 23 que "toute personne a droit à la liberté de pensée, de conscience, de religion, de culte, d'opinion et d'expression dans le respect de l'ordre public établi par la loi et les règlements".

De même, en vertu de l'article 98 de la Constitution, il appartient au législateur, seul compétent pour fixer "les règles concernant les droits civiques et les garanties fondamentales accordées aux citoyens pour l'exercice des libertés publiques ; les sujétions imposées, dans l'intérêt de la défense nationale et la sécurité publique aux citoyens en leur personne et en leurs biens", de concilier l'exercice de la liberté d'expression d'une part et d'autre part le respect de la liberté d'autrui, la sauvegarde de l'ordre public et des bonnes mœurs. Il apparaît dès lors qu'aux termes de la Constitution, les limites aux libertés publiques sont déterminées par la loi de sorte que l'appréciation de l'exercice de ces libertés relève du contrôle pour lequel la Cour Constitutionnelle doit également se déclarer incompétente.

Par suite, le recours de Monsieur AGBODJAN doit être déclaré en la forme irrecevable en ce qu'il demande à la Haute Juridiction de déclarer inconstitutionnels des propos et déclarations de citoyens qui relèvent avant tout de la libre expression d'opinion de citoyens exerçant leurs droits fondamentaux reconnus par les articles 23 et 25 de la Constitution du 11 décembre 1990, ainsi que les dispositions de l'article 19 de la Déclaration Universelle des Droits de l'Homme. » ;

Considérant qu'il ajoute : « Les conclusions auxquelles le Front est parvenu découlent d'un raisonnement logique sur la base de deux syllogismes :

- la Loi n° 2009-10 du 13 mai 2009 a établi les conditions dans lesquelles la liste électorale peut être qualifiée de LEPI ;
- ces conditions n'ont pas été remplies pour la confection de la liste électorale ayant servi pour les élections de mars- avril 2011 ;
- donc la LEPI n'existe pas au sens de la Loi n° 2009-10 du 13 mai 2009 portant loi électorale ;
- Or, les élections ont eu lieu sur le fondement de la liste électorale qualifiée de LEPI ;
- Donc, les élections ont violé la Loi n° 2009-10 du 13 mai 2009 portant loi électorale.

Il s'ensuit une logique naturelle pour en tirer toutes les conséquences juridiques et démocratiques, pour autant que le Préambule de la Constitution en donne aux citoyens le droit en ces termes: " Nous, peuple béninois, réaffirmons notre opposition fondamentale à tout régime politique fondé sur l'arbitraire, la dictature, l'injustice, la corruption, la concussion, le régionalisme, le népotisme, la confiscation du pouvoir...".

C'est cette seule démarche qui donne lieu au communiqué de presse du 30 juillet 2012. Le fait d'exposer à l'opinion d'autrui ces conclusions ne constituent pas en soi une agression, ni une incitation quelconque, quels que soient la divergence d'idée et le niveau de tolérance des courants les plus influents dans la société.

Le requérant AGBODJAN fonde son recours, entre autres, sur les dispositions des articles 34 et 36 de la Constitution.

a. Le Sieur AGBODJAN demande à la Haute Juridiction de censurer ces conclusions logiques du Front en ce qu'elles tendent "à déclarer illégitime une autorité qui a régulièrement prêté serment conformément à la Constitution en vigueur".

Il faut observer dans un premier temps que le Front Citoyen n'a saisi aucune institution en vue de voir déclarer illégitime une autorité qui a régulièrement prêté serment. Le Front Citoyen a exprimé une opinion dans l'exercice d'une liberté d'opinion et d'une liberté d'expression constitutionnellement garanties, lesquelles peuvent être définies comme le droit pour toute personne de penser comme elle le souhaite et de pouvoir exprimer ses opinions et ce qu'elle considère comme conforme à la vérité, celui de chercher, de recevoir et de

répandre ses idées par des moyens proportionnés aux limites qui assurent aux autres
membres de la société la jouissance de ces mêmes droits. Elles valent ainsi autant pour les propos, déclarations et opinions accueillies avec faveur mais aussi pour celles qui marquent une différence, une divergence avec les idées et les mots d'ordre les plus influents dans la société ;

A l'occasion et sans entrer dans une discussion approfondie, il se dégage que la prestation régulière de serment d'une autorité ne peut et ne saurait empêcher l'expression de la vérité et couvrir le fait établi et incontestable de non-conformité à la loi électorale ayant entaché les élections de mars-avril 2011, permettant d'asseoir la conclusion déductive et la qualification d'illégal ou illégitime du résultat qui en est issu.

Par ailleurs, le serment est l'acte juridique qui engage l'agent assermenté à remplir sa mission conformément aux obligations légales et morales de sa charge.

Dans le cas d'espèce, la légitimité en cause est tributaire d'une organisation transparente, régulière, sincère et fiable de la consultation. Dans ce contexte, le Front Citoyen tout comme votre Haute Juridiction reste persuadé que la Liste Electorale Permanente Informatisée (LEPI) garantit une élection transparente, ainsi qu'elle a eu à l'affirmer dans un de ses considérants de sa décision DCC 10-049 du 5 avril 2010.

Mieux, votre Haute Juridiction, motivant sa décision sus citée, a été sans équivoque en reprenant l'extrait du rapport du PAREL/PNUD en date du 15 septembre 2009 " La LEPI est mise en place à bonne date afin de renforcer le caractère libre, transparent, crédible et démocratique des échéances électorales de 2011 tout en permettant aux électeurs d'exercer leurs droits".

b. Le Sieur AGBODJAN demande encore à la Haute Juridiction de censurer ces conclusions logiques du Front en ce qu'elles comporteraient l'intention d'inciter à la mise en cause de l'ordre constitutionnel établi et des lois et règlements de la République.
Autrement dit, démontrer la vérité alors qu'aucune loi ne l'interdit, exprimer des options différentes, veiller à la consolidation de l'Etat de droit avec la simple parole à travers une conférence de presse soumise par ailleurs à la censure de l'Autorité de Régulation après une autocensure des organes de presse, constituerait un abus du droit à la libre expression et serait une incitation à la mise en cause de l'ordre constitutionnel établi.

Ce faisant le sieur PRINCE AGBODJAN ajoute au délit d'opinion un délit d'intention ou une supposition d'intention d'actes futurs. Il place de ce fait le débat dans un registre subjectif étranger à la nature du contentieux dont la Cour de céans est saisie.

Mais surtout, il n'établit ni l'intention qu'il impute à la simple expression de vérité et d'opinion du Front Citoyen pour la Sauvegarde des Acquis Démocratiques, ni la mise en œuvre anormale en dehors de sa finalité et dans le but de nuire du droit à la libre opinion et à la libre expression.

Le but de la démonstration de l'inexistence de la LEPI que porte le propos du Front est d'éviter que cette soi-disant LEPI serve de nouveau en l'état pour un processus électoral au Bénin. La mobilisation citoyenne s'est d'ailleurs faite en raison de l'inaction des autorités publiques depuis la fin des dernières opérations électorales.

c. Le requérant PRINCE AGBODJAN fonde son recours, entre autres, sur les dispositions des articles 34 et 36 de la Constitution. "Tout citoyen béninois, civil ou militaire a le devoir sacré de respecter, en toutes circonstances, la Constitution et l'ordre constitutionnel établi ainsi que les lois et règlements en vigueur" et "chaque béninois a le devoir de respecter et de considérer son semblable sans discrimination aucune et d'entretenir avec les autres des relations qui permettent de sauvegarder, de renforcer et de promouvoir le respect, le dialogue et la tolérance réciproque en vue de la paix et de la cohésion nationale" ;

C'est bien la vocation principale du Front Citoyen pour la Sauvegarde des Acquis Démocratiques, qui regroupe des citoyens de tous les horizons, œuvrant pour le respect strict et intégral de la Constitution et de l'ordre constitutionnel que cet outil établit.

Au bénéfice de tout ce qui précède, ... qu'il plaise à la Haute Juridiction : se déclarer incompétente; déclarer irrecevable le recours du Sieur AGBODJAN ; le débouter de toutes autres conclusions, fins et moyens qu'il croirait articuler à l'appui de son recours. » ;

ANALYSE DES RECOURS

Considérant que les trois recours visent les mêmes déclarations et tendent aux mêmes fins ; qu'il y a lieu de les joindre pour y être statué par une seule et même décision ;

Considérant que Messieurs Serge Roberto PRINCE AGBODJAN et Aristide DOMINGO demandent à la Cour de dire et juger que certains propos tenus par le Président de la République les 1er et 2 août 2012 sur les chaines de télévision violent la Constitution en son préambule et en ses articles 2 alinéa 1, 8, 35, 36, 41 alinéa 1 et 53 ; que par ailleurs, Monsieur Serge Roberto PRINCE AGBODJAN sollicite de la Cour de déclarer contraires à la Constitution, notamment en ses articles 34 et 36, certaines paroles tirées de la Conférence de presse du Front Citoyen pour la Sauvegarde des Acquis Démocratiques et en son article 35, le fait pour le Directeur de la Télévision Nationale d'avoir autorisé « sans traitement professionnel et déontologique », le 02 août 2012, une rediffusion de l'émission dénommée « A cœur ouvert, le Président parle au peuple béninois » ;

Considérant qu'aux termes des articles 34 et 36 de la Constitution : « T*out citoyen béninois, civil ou militaire, a le devoir sacré de respecter en toutes circonstances, la Constitution et l'ordre constitutionnel établi ainsi que les lois et règlements de la République » ;*

« *Chaque béninois a le devoir de respecter et de considérer son semblable sans discrimination aucune et d'entretenir avec les autres des relations qui permettent de sauvegarder, de renforcer et de promouvoir le respect, le dialogue et la tolérance réciproque en vue de la paix et de la cohésion nationale* » ;

Sur les propos tenus par le Président de la République

Considérant que le Président de la République pour être Chef de l'Etat et Chef du Gouvernement n'en est pas moins un citoyen de la République titulaire des droits, libertés et devoirs incombant à tout citoyen, sous la seule réserve des obligations spécifiques et fonctionnelles de sa charge ; qu'ainsi les propos par lui tenus le 1er août 2012 en réponse aux déclarations faites le 30 juillet 2012 par les membres du Front Citoyen pour la Sauvegarde des Acquis Démocratiques ne sont pas contraires à la Constitution sauf en ce qu'il a déclaré « je leur opposerai les miens du Bénin profond et ils vont s'affronter » et « je peux leur faire mal ces petits-là qui m'insultent tous les matins » ; qu'il est constant qu'au cours de l'émission, le Président de la République a déclaré lui-même être en colère, mais que l'effet produit sur lui par les menaces de citoyen, quelle qu'en soit l'ampleur, ne saurait le dispenser de ses obligations de Chef de l'Etat ; que la paix, principe constitutionnel consubstantiel à la démocratie et à l'Etat de Droit, s'impose aussi bien aux gouvernés qu'aux gouvernants et particulièrement au Chef de l'Etat, Président de tous les Béninois ; qu'en conséquence, le Président de la République, le 1er août 2012 par les propos ci-dessus cités a méconnu l'article 36 de la Constitution ;

Sur les propos tenus par le Front Citoyen pour la Sauvegarde des Acquis Démocratiques

*Considérant que l'*usage de la liberté d'expression ne saurait constituer en lui-même une violation de la loi mais seul le contenu de la parole peut être de nature à enfreindre la loi y compris la loi constitutionnelle ; qu'ainsi, en déclarant le lundi 30 juillet 2012 que « le Président est illégal », les membres du Front Citoyen pour la Sauvegarde des Acquis Démocratiques ont méconnu les

dispositions de l'article 124 de la Constitution en ses alinéas 2 et 3 aux termes desquelles : « *Les décisions de la Cour Constitutionnelle ne sont susceptibles d'aucun recours.*
Elles s'imposent aux pouvoirs publics et à toutes les autorités civiles, militaires et juridictionnelles » ; qu'en effet, par Décision en date du 29 mars 2011 portant Proclamation des résultats définitifs de l'élection présidentielle du 13 mars 2011, la Cour Constitutionnelle, vidant le contentieux de l'élection présidentielle a dit et jugé que Monsieur Boni YAYI est élu Président de la République ; que le seul mode d'alternance politique et de dévolution du pouvoir est et demeure l'élection telle que prescrite par la Constitution ; qu'en conséquence, les membres du Front, en s'écartant des dispositions prévues par la Constitution et en déclarant « passer à des actions concrètes dans les jours à venir » et braver « le pouvoir à travers les rues » pour demander la démission du Président de la République, ont méconnu la Constitution ;

Sur la rediffusion par le Directeur de la Télévision Nationale le 02 août 2012 de l'émission ''A cœur ouvert, le Président parle au Peuple Béninois''

Considérant que Monsieur Serge Roberto PRINCE AGBODJAN demande à la Cour de déclarer contraire à la Constitution, en son article 35, le fait pour le Directeur de la Télévision Nationale d'avoir autorisé « sans traitement professionnel et déontologique », le 02 août 2012, une rediffusion de l'émission dénommée « A cœur ouvert, le Président parle au peuple béninois » ; que cette demande tend en réalité, à faire apprécier par la Cour les manquements par le Directeur de la Télévision Nationale aux règles professionnelles et déontologiques régissant les médias ; qu'une telle appréciation ne relève pas du domaine de compétence de la Cour tel que défini par les dispositions des articles 114 et 117 de la Constitution ; que dès lors, il y a lieu pour elle de se déclarer incompétente ;

DECIDE

Article 1er. Le Président de la République a méconnu l'article 36 de la Constitution.

Article 2.- Le Front Citoyen pour la Sauvegarde des Acquis Démocratiques représenté par son Président, Monsieur Antoine Robert DETCHENOU, a méconnu la Constitution ;

Article 3.- La Cour est incompétente.

Article 4.- La présente décision sera notifiée à Messieurs Serge Roberto PRINCE AGBODJAN et Aristide DOMINGO, à Monsieur le Directeur Général de l'ORTB, à Monsieur le Président du Front Citoyen pour la

Sauvegarde des Acquis Démocratiques, à Monsieur le Président de la République et publiée au Journal Officiel.

Ont siégé à Cotonou, le 11 juillet deux mille treize

Messieurs	Théodore HOLO	Président
	Zimé Yérima KORA-YAROU	Vice-Président
	Simplice C. DATO	Membre
	Bernard D. DEGBOE	Membre
Mesdames	Marcelline-C. GBEHA AFOUDA	Membre
	Lamatou NASSIROU	Membre

Le Rapporteur, Le Président,

Simplice Comlan DATO Professeur Théodore HOLO

OBSERVATIONS

La requête de Monsieur Roberto Prince Agbodjan est un long réquisitoire contre ce que l'auteur estime être une menace à la "*paix et la cohésion nationale*," telles qu'elles sont prévues par l'article 36 de la constitution. La décision de la Cour est très lapidaire. Elle juge que le Président de la République "*a méconnu la constitution*" mais ne reprend pas le grand développement sur les ressorts de la paix au Bénin, à l'instar de ce qui a été fait pour le "*consensus national*" dans la Décision DCC 06-074 du 08 juillet 2006 (voir *infra* p. 473). La référence à la Conférence nationale n'est pas faite, encore moins l'attachement des populations du Bénin à la paix.

La Cour saisit l'occasion de ce recours pour non seulement dire le droit mais aussi poser une exigence de civilisation. *"La paix (est un) principe constitutionnel consubstantiel à la démocratie et à l'Etat de Droit.*" Si la démocratie est une technique de gouvernement, elle est tout autant un art de vivre en société et la paix est son autre nom. La recherche de la paix, la préservation de la paix sont un impératif citoyen qui "*s'impose aussi bien aux gouvernés qu'aux gouvernants et particulièrement au Chef de l'Etat, Président de tous les Béninois.*"

Ce qu'on pourrait appeler la doctrine Hubert Maga ("*si le sang doit couler dans ce pays pour que je me maintienne au pouvoir, je préfère démissionner*" 1963) traverse le conscient et le subconscient des citoyens béninois. Elle peut se résumer ainsi : il est inadmisible d'ajouter à la pauvreté matérielle, la misère morale de populations qui doivent pleurer leurs morts et leurs blessés et ensuite devoir prendre le chemin de l'exil proche ou lointain, un baluchon sur la tête, avec comme unique consolateur le Haut Commissariat des Nations Unies pour les Réfugiés (HCR).

De la doctrine Hubert Maga, on peut dégager deux obligations à la charge du Président de la République :

- *une obligation de ne pas faire* : c'est ce que la Cour constitutionnelle s'efforce de rappeler au Président de la République. En toute circonstance, et quelles que soient les provocations affichées il "*ne saurait (se) dispenser de ses obligations de Chef de l'Etat,*" en l'occurrence ne rien faire qui puisse être susceptible de perturber l'ordre public, fragiliser la paix et troubler la quiétude des citoyens. Le Président de la République doit toujours avoir à cœur de garder son sang froid en toutes circonstances et de prendre de la hauteur (présidentielle) face aux tumultes habituels qu'engendrent la vie politique et la compétition pour le pouvoir politique ;

- *une obligation de faire* qui se décline en un devoir de calmer le jeu, d'apaiser les esprits. Il s'agit d'abord d'une pédagogie de masse pour inculquer la culture de la paix dans les esprits. Il s'agit ensuite de pourvoir ou de contribuer à pourvoir les populations en biens et services nécessaires à une existences sociale paisible.

"*La paix ne relève pas du genre du donné mais du construit. La paix est un état sans cesse évanescent parce que temporaire et provisoire*" écrit Guillaume PAMBOU-TCHIVOUNDA (G. PAMBOU-TCHIVOUNDA, "A propos de quelques standards élémentaires du mythe de la paix, *in* Mélanges Jacqueline MORAND-DEVILLER, Paris, Montchrestien, 2007, p.142). La paix se construit au quotidien, dans une relation dialectique qui peut conduire de l'insurrection générale au rétablissement de la paix. En effet, les citoyens se doivent de "*désobéir et s'organiser pour faire échec à l'autorité illégitime*" (Article 66 de la constitution du 11 décembre 1990) lorsque l'ordre constitutionnel normal est brutalement remis en cause. La paix deviendrait un champ de ruine sur lequel deux dynamiques s'affronteraient. C'est le prix à payer pour le retour à une paix républicaine.

27

Décision DCC 27-94 du 24 août 1994
Président de l'Assemblée nationale
Recueil, 1994, p. 111

Le droit constitutionnel de la nécessité : l'article 68 et les pouvoirs de crise

La Cour Constitutionnelle,

Saisie par requête n° 451/AN/PT/SP du 05 août 1994 enregistrée au Secrétariat de la Cour Constitutionnelle sous le numéro 703, par laquelle le Président de l'Assemblée Nationale sollicite, sur la base des articles 114 et 117 de la Constitution et de l'article 23 de la Loi Organique n° 91-009 du 04 Mars 1991 sur la Cour Constitutionnelle, un contrôle de constitutionnalité des Ordonnances n°s 94-001et 94-002 du 01 Août 1994, en invoquant la violation des articles 98, 99, 109, 110 et 68 de la Constitution, et des articles 75, 76 et 77 de la Loi Organique précitée ;

VU la Constitution du 11 Décembre 1990 ;
VU la Loi Organique n° 91-009 du 04 Mars 1991 sur la Cour Constitutionnelle ;
VU le Règlement Intérieur de la Cour Constitutionnelle ;
Ensemble les pièces du dossier ;
Ouï Monsieur Pierre EHOUMI en son rapport ;
Après en avoir délibéré,

Considérant que le Président de l'Assemblée Nationale soutient que les ordonnances précitées violent :

- d'une part, les articles 98 et 99 de la Constitution en ce qu'elles fixent les ressources et les dépenses de l'Etat pour l'exercice 1994, et constituent la Loi de Finances gestion 1994, alors que c'est la ''Loi de Finances qui détermine les recettes et les dépenses de l'Etat'' et que les règles concernant ''l'assiette et le taux des impositions de toute nature'' sont du domaine de la Loi, ''principale attribution'' du Parlement ;
- d'autre part, les articles 109 et 110 de la Constitution, en ce que le Chef de l'Etat a mis en vigueur un projet de Loi de Finances par ordonnances en excipant de l'article 110 de la Constitution, alors que les dispositions du projet de Loi des Finances ne peuvent être mises en vigueur par ordonnance que si l'Assemblée Nationale ne s'est pas prononcée à la date du 31

Décembre, ce qui suppose nécessairement qu'elle en a été saisie avant cette date, le Gouvernement n'ayant en l'espèce saisi l'Assemblée Nationale de son projet que le 29 Mars 1994 ; que le contenu des ordonnances précitées n'est identique, ni à l'avant-projet de Loi de Finances, ni au projet de loi déposé devant l'Assemblée Nationale par le Gouvernement, mais est plutôt un texte modifié en plusieurs points par rapport à l'avant-projet et au projet mis en vigueur par ordonnances ;

- enfin, les articles 68 de la Constitution, 75, 76 et 77 de la Loi Organique précitée ;
  - d'abord, en ce qui concerne l'avis motivé de la Cour Constitutionnelle sur la réunion des conditions exigées par l'article 68 ainsi que les mesures envisagées n'a été, ni sollicité, ni publié au Journal Officiel ;
  - ensuite, en ce que, par son message à la Nation en date du 1er Août 1994, ''le Chef de l'Etat fonde les deux ordonnances sur le fait que le budget voté par l'Assemblée Nationale nous met en contradiction avec nos engagements vis-à-vis de nos bailleurs de fonds'', n'est pas en équilibre, ne respecte pas les repères financiers du Programme d'Ajustement Structurel et '' ne respecte pas les engagements internationaux déjà souscrits par le Bénin'', alors que la première condition n'est pas réalisée, et encore moins son cumul avec la deuxième ;
  - en outre, en ce que lesdits engagements internationaux dont la violation est invoquée par le Chef de l'Etat , ne sont, ni précisés, ni produits, ce qui rend impossible la vérification des allégations contenues dans le message, alors que, '' ne peuvent être considérés comme traités, accords ou engagements internationaux que ceux qui ont été ratifiés en vertu d'une loi, tel le cas des accords de crédits relatifs au Deuxième Programme d'Ajustement Structurel dont la ratification a été régulièrement autorisée par la loi c'est-à-dire par l'Assemblée Nationale'' ; que, non seulement le budget voté ne contient aucune disposition qui leur soit contraire, mais encore, s'il n'en était pas ainsi, seul reste possible le recours en inconstitutionnalité ou la demande d'une deuxième lecture à l'Assemblée Nationale ;
  - enfin, en ce que contrairement à ce qui a été prétendu, le budget a été voté en équilibre, et que, s'il n'en était pas non plus ainsi, ''la sanction d'une telle violation relève de la compétence de la Cour Constitutionnelle juge de la conformité des lois à la Constitution ;

En ce qui concerne la recevabilité :

Considérant que selon la requête, ce recours fait suite à l'adoption, le 4 Août 1994, par l'Assemblée Nationale, d'un rapport au terme duquel il a été décidé de déférer les ordonnances précitées à la Cour Constitutionnelle pour contrôle de constitutionnalité ;

Considérant que l'article 3 de la Constitution dispose : *''la souveraineté nationale appartient au peuple. Aucune fraction du peuple, aucun parti ou association politique, aucune organisation syndicale ni aucun individu ne peut s'en attribuer l'exercice.*
La souveraineté s'exerce conformément à la présente Constitution qui est la Loi Suprême de l'Etat.
Toute loi, tout texte réglementaire et tout acte administratif contraires à ces dispositions sont nuls et non avenus. En conséquence, tout citoyen a le droit de se pourvoir devant la Cour Constitutionnelle contre les lois, textes et actes présumés inconstitutionnels'' ;

Considérant qu'aux termes de l'article 114 de la Constitution, ''... *Elle (la Cour Constitutionnelle) est l'organe régulateur du fonctionnement des institutions et de l'activité des pouvoirs publics'' ;*

Considérant que selon les dispositions de l'article 122 de la Constitution, '' *Tout citoyen peut saisir la Cour Constitutionnelle sur la constitutionnalité des lois...'' ;*

Considérant qu'il résulte des textes ci-dessus cités que la requête répondant aux exigences de forme, de qualité prescrites par la Constitution, la Loi Organique sur la Cour Constitutionnelle et le Règlement Intérieur de ladite Cour ; qu'en conséquence, le recours est recevable ;

En ce qui concerne la compétence :

Considérant que les actes querellés ont été pris dans le cadre de l'exercice des pouvoirs exceptionnels organisés par les dispositions des articles 68 et 69 de la Constitution ;

Considérant que l'article 68 dispose : *''Lorsque les institutions de la République, l'indépendance de la Nation, l'intégrité du Territoire national ou l'exécution des engagements internationaux sont menacés de manière grave et immédiate et que le fonctionnement régulier des pouvoirs publics et constitutionnels est menacé ou interrompu, le Président de la République, après consultation du Président de l'Assemblée Nationale et du Président de la Cour Constitutionnelle, prend en Conseil des Ministres, les mesures exceptionnelles exigées par les circonstances sans que les droits des citoyens garantis par la Constitution soient suspendus. ...''* ;

Considérant qu'aux termes de l'article 69, *''Les mesures prises doivent s'inspirer de la volonté d'assurer aux pouvoirs publics et constitutionnels dans les moindres délais, les moyens d'accomplir leur mission.*

L'Assemblée Nationale fixe le délai au terme duquel le Président de la République ne peut plus prendre des mesures exceptionnelles'' ;

Considérant que l'article 68 attribue au Président de la République le pouvoir de prendre des mesures exceptionnelles ; que cette compétence implique nécessairement une décision initiale qui serve de fondement à ces mesures ;

Considérant que cette décision initiale de mise en œuvre des pouvoirs exceptionnels est un pouvoir discrétionnaire du Président de la République ;

Considérant que le recours à l'application de l'article 68, dès lors qu'il a été exercé dans les conditions prescrites par la Constitution, est un acte de gouvernement qui n'est pas susceptible de recours devant la Cour Constitutionnelle ;

Considérant en revanche, que les mesures exceptionnelles de l'article 68 sont prises en Conseil des Ministres ; que, quel que soit leur objet ou le domaine dans lequel elles interviennent, ces mesures exceptionnelles ont pour limites la sauvegarde des droits des citoyens garantis par la Constitution ainsi que la volonté d'assurer aux pouvoirs publics et constitutionnels dans les moindres délais, les moyens d'accomplir leur mission ; qu'en conséquence, l'exercice des pouvoirs exceptionnels par le Président de la République ne peut échapper de manière absolue au contrôle de constitutionnalité de la Cour Constitutionnelle ;

Considérant qu'en vertu des articles 114, 117 et 121 de la Constitution, seule la Cour Constitutionnelle, la plus haute juridiction de l'Etat en matière constitutionnelle, est juge de la constitutionnalité de la loi, garantit les droits fondamentaux de la personne humaine et les libertés publiques, statue obligatoirement, et même d'office, sur la constitutionnalité des lois et de tout texte réglementaire censés porter atteinte aux droits fondamentaux de la personne humaine et aux libertés publiques ;

Considérant que par suite, les mesures exceptionnelles que sont les ordonnances prises en Conseil des Ministres par le Président de la République sont assujetties à ce contrôle ;

En ce qui concerne la conformité à la constitution des ordonnances en cause :

Considérant que l'article 77 de la Loi Organique sur la Cour Constitutionnelle dispose : *''Le Président de la République avise la Cour Constitutionnelle des mesures qu'il se propose de prendre. La Cour Constitutionnelle lui donne sans délai son avis'' ;*
Considérant qu'il résulte des articles 117 et 123 de la Constitution que les lois organiques sont soumises au contrôle de constitutionnalité avant leur

promulgation ; que la Loi Organique n° 91-009 sur la Cour Constitutionnelle a été votée par le Haut Conseil de la République qui, en vertu de l'article 159 alinéa 3 de la Constitution, exerçait cumulativement les attributions du Pouvoir législatif et de la Cour Constitutionnelle ; que ladite loi a été promulguée le 04 Mars 1991 ; qu'en conséquence, toute exception d'inconstitutionnalité opposée à l'application de cette loi est inopérante ;

Considérant que cette loi organique a été prise conformément à l'article 115 dernier alinéa de la Constitution, et la prolonge ;

Considérant qu'en l'espèce, les ordonnances en cause ne contiennent aucun visa de la consultation préalable de la Cour Constitutionnelle ; que le Président de la République, a pris ces ordonnances sans aviser la Cour Constitutionnelle ; qu'il s'ensuit qu'il y a vice de procédure ;

Considérant qu'il n'y a plus lieu de statuer sur les autres moyens ;

DECIDE :

Article 1er.- La Cour Constitutionnelle est incompétente pour connaître de la décision de mise en œuvre de l'article 68 de la Constitution.
Article 2.- Les ordonnances n°s 94-001 du 1er Août 1994 portant Loi de Finances pour la Gestion 1994 et 94-002 du 1er Août 1994 portant Loi de Programme d'Investissements Publics pour la Gestion 1994 et constituant les mesures exceptionnelles sont déclarées non conformes à la Constitution pour vice de procédure.
Article 3.-La présente décision sera notifiée au Président de l'Assemblée Nationale, au Président de la République, et publiée au *Journal Officiel*.
Ont siégé à Cotonou, les dix sept, vingt et deux et vingt et quatre août mil neuf cent quatre vingt quatorze,

Madame	Elisabeth K.POGNON	Président
Monsieur	Alexis HOUNTONDJI	Vice-président
Messieurs	Bruno AHONLONSOU	Membre
	Pierre EHOUMI	Membre
	Alfred ELEGBE	Membre
	Maurice GLELE AHANHANZO	Membre
	Hubert MAGA	Membre

Le Rapporteur, Le Président,

OBSERVATIONS

I : Le droit constitutionnel de la nécessité

Pouvoirs de crise ou mesures exceptionnelles, le contenu de l'article 68 de la constitution constitue une réminiscence de la raison d'Etat au cœur de l'Etat de droit et de démocratie pluraliste. (M. BOSSOU, "L'article 68, sa pratique et ses conséquences", Actes des Journées de réflexion sur la constitution du 11 décembre 1990, IDH, Cotonou, 2007, p. 103). C'est en cela que cet article intrigue et fouette la sagacité des juristes et des citoyens. L'arbitrage de la Cour était attendu. Moins d'une demi-décennie après l'entrée en vigueur de la constitution, l'occasion lui est donnée de fixer la religion de tous en la matière.

La décision Président de l'Assemblée Nationale distingue trois niveaux de contrôle de constitutionnalité. La décision initiale de recours à l'article 68, les mesures exceptionnelles et la question de la procédure.

II : La décision initiale, un acte de gouvernement

La Cour affirme que les mesures exceptionnelles prises en application de l'article 68 de la constitution se déduisent d'"*une décision initiale qui (sert) de fondements à ces mesures*". Cette décision initiale est "*un pouvoir discrétionnaire*", conféré au Président de la République. Elle est un "acte de gouvernement", soustraite, à ce titre, au pouvoir d'appréciation de la juridiction constitutionnelle. Celle-ci est "*incompétente pour statuer sur les conditions de fond*" de l'article 68 (Décision DCC 96-023 du 26 avril 1996, Amoussou Bruno, Recueil 1996, p.118).

La forme juridique de cette décision initiale, le visage ou l'acte d'extériorisation de la décision initiale restent incertains. Elle ne se confond pas avec le message à la nation du Président de la République, lequel message est postérieur à la décision initiale et aux mesures exceptionnelles. Elle est un acte virtuel dont on ne certifiera l'existence qu'à l'occasion du message à la nation ou dans l'énoncé des visas d'ordonnances portant mesures exceptionnelles.

Ceci pose la question de la datation de la décision initiale, datation qui pourrait être importante pour le juge.

III : Les mesures exceptionnelles

Par le recours à l'article 68, le Président de la République "*concentre entre ses mains tous les pouvoirs*" (Décision DCC 96-023 du 26 avril 1996, Amoussou Bruno, Recueil 1996, p.119). Cette formulation de la juridiction constitutionnelle donne une idée de l'étendue des pouvoirs que le chef de l'exécutif s'arroge dans l'exercice des pouvoirs de crise. Il peut tout, certes, mais "*sans que les droits des citoyens garantis par la constitution soient suspendus*" (article 68, constitution). La Cour délimite le champ de son propre rôle de censeur en réaffirmant qu'en vertu des dispositions constitutionnelles elle est l'organe qui "*garantit les droits fondamentaux de la personne humaine et des libertés publiques*" (Décision DCC 96-023 du 26 avril 1996, Amoussou Bruno, Recueil 1996, p.118). Si les ordonnances de l'article 68 sont opposables dès leurs signatures et sont donc insusceptibles de recours sur le fondement des articles 117 et 121 de la constitution, (Décision DCC 02-009 du 7 février 2002, Président de la République, Recueil 2002, p. 45) le pouvoir de la juridiction constitutionnelle se limite à un contrôle spécial : celui de l'absence de "*violation des droits fondamentaux des citoyens*" (Décision DCC 10-129 du 21 octobre 2010, Kolawolé A. Idji). En conséquence, tous autres arguments tirés de la violation de "*la séparation des pouvoirs*" (Décision DCC 02-099 du 14 août 2002, Lègba Nanou Toussaint et alii, Recueil 2002, p. 412), de la méconnaissance du principe constitutionnel d'équilibre de la loi de finances (Décision DCC 10-061 du 30 juin 2010, Razaki Amouda Issifou), d'absence de base matérielle ou de détournement de pouvoir (Décision DCC 10-129 du 21 octobre 2010, Kolawolé A. Idji) sont simplement inopérants.

IV : Le contrôle de constitutionnalité externe

La Cour affirme que les mesures exceptionnelles ne sont susceptibles de contrôle que "*sur le fondement des articles 68 et 69*" de la constitution (Décision DCC 96-023 du 26 avril 1996, Amoussou Bruno, Recueil 1996, p.119), notamment sur les règles de forme qui y sont prescrites : consultation des Présidents de l'Assemblée nationale et de la Cour constitutionnelle, mesures exceptionnelles prises en conseil des ministres, message à la nation. Ces divers niveaux de mise en œuvre des pouvoirs de crise constituent des formalités substantielles, prescrites à peine de nullité des mesures exceptionnelles. C'est le sens de la décision de la Cour qui constate que ni le Président de l'Assemblée nationale, ni le Président de la Cour constitutionnelle n'ont été consultés avant la prise des mesures exceptionnelles (Décision DCC 27-94 du 24 août 1994, Président de l'Assemblée nationale, Recueil 1994, p.118).

La production de cet avis peut donner à la Cour l'occasion d'une appréciation de fond sur les mesures exceptionnelles, appréciation qu'elle se refuse de faire lorsqu'elle statue au contentieux. La Cour relève ainsi que la loi de finances votée par le parlement le 28 juillet 1994 a été présentée par le Président de la République comme étant "*en contradiction avec nos engagements vis-à-vis de nos bailleurs de fonds*", ce qui a expliqué le recours à l'article 68 et aux ordonnances du 1er août 1994 (Décision DCC 27-94 du 24 août 1994, Président de l'Assemblée Nationale, Recueil, 1994, p. 113). Cette même loi de finances du 28 juillet 1994, loi non promulguée par le Président de la République pour produire ses effets financiers et juridiques, ne peut pas, à la date du 14 septembre 1994, soit plus d'un mois après, "*constituer une menace grave et immédiate pour l'exécution des engagements internationaux*" du Bénin. En conséquence, la Cour est d'avis que "*ne sont pas réunies les conditions exigées par la constitution pour l'application de son article 68*" (Avis CC-001/94 du 14 septembre 1994, Président de la République, Recueil p.131). Pour la Cour, le Président de la République, par le recours à l'article 68, dans sa décision initiale comme par les mesures exceptionnelles, se trouve en situation de détournement de pouvoir et commet une erreur manifeste d'appréciation. (Avis CC-002/94 du 14 septembre 1994, Président de la République, Recueil p.133).

La Cour saisit la même occasion pour préciser que la conjonction de coordination "*et*" de l'article 68 pose un critère de conjonction des situations de violation des engagements internationaux du Bénin d'une part, et d'autre part de perturbation sur le fonctionnement régulier des pouvoirs publics et constitutionnels (Avis CC-001/94 du 14 septembre 1994, Président de la République, Recueil p.130).

En tout état de cause, les avis des présidents de l'Assemblée nationale et de la Cour constitutionnelle sont platement consultatifs. Malgré les termes sans équivoques des deux avis précités, le Président de la République a beau jeu de prendre deux nouvelles ordonnances sur le fondement de l'article 68 (Ordonnance n°94-001 du 16 septembre 1994 portant loi de finances pour la gestion 1994 et ordonnance n°94-002 du 16 septembre 1994 portant loi de programme d'investissement public pour la gestion 1994). Saisie de nouveau pour une appréciation de constitutionnalité, la Cour rejeta le recours pour défaut de qualité (Décision DCC 32-94 du 24 novembre 1994, Président de l'Assemblée Nationale, Recueil 1994, p. 154) et valida, par abstention, les ordonnances pour lesquelles elle avait émis deux avis défavorables (Avis CC-001/94 du 14 septembre 1994, Président de la République, Recueil p.131 et Avis CC-002/94 du 14 septembre 1994, Président de la République, Recueil p.133).

V : Eléments d'herméneutique juridique sur l'article 68

L'argumentaire soutenu par la Cour dans les deux avis précités amène à s'interroger sur le sens à donner à l'article 68. Selon la Cour, un lien de causalité (réciproque ?) doit exister entre le dérèglement des pouvoirs publics d'une part et d'autre part la menace qui pèse sur l'intégrité territoriale, l'exécution des engagements internationaux ou l'indépendance de la nation. La Cour poursuit en affirmant qu'une *menace grave et immédiate* ne peut s'attacher à un texte adopté par le parlement depuis plus de deux mois, sans risquer de tomber dans l'affabulation (Avis CC-002/94 du 14 septembre 1994, Président de la République, Recueil p.133). Une des requêtes introduites devant la Cour évoque "*l'usage anarchique*" de l'article 68 (Décision DCC 10-129 du 21 octobre 2010,

Kolawolé A. Idji) tandis que la Cour souligne que les mesures exceptionnelles sont, par nature, "*dérogatoires à l'ordre constitutionnel établi*" (Décision DCC 02-099 du 14 août 2002, Lègba Nanou Toussaint et alii, Recueil 2002, p. 413) et sont donc frappées au sceau de la *gravité* à la fois instrumentale et circonstancielle.

La doctrine a parlé de dictature présidentielle constitutionnellement organisée, qui rappelle le sens originel du mot dictature en droit public romain. La république romaine antique permettait, en cas de "*forts troubles*", que l'un des consuls en exercice nommât un dictateur, approuvé par le Sénat. Ce dictateur désigné recevait les pleins pouvoirs pour une durée maximale de six mois. Cependant, Jules César en l'An 46 avant Jésus Christ, se fit octroyer la dictature pour un an, puis dix ans et enfin la dictature à vie. Bien que la fonction fût liée aux périodes de troubles graves, Sylla (81 av. Jésus Christ) se fit désigner dictateur, pour une mission de réforme en profondeur des institutions romaines. Il fut *dictator legibus scribendis et rei publicae constituendae* c'est-à-dire dictateur chargé de rédiger les lois et d'organiser l'État. (G. HACQUARD, et alii, *Guide romain antique*, Hachette, coll. « Roma », 1991). En 368 avant Jésus Christ, Publius Manlius Capitolinus fut porté dictateur pour mettre fin au blocage politique qui durait depuis dix ans.

Mais la filiation de l'article 68 est plus récente. Elle rappelle dans sa rédaction un certain article 16 de la constitution française de 1958. Les travaux préparatoires du texte français permettent d'apporter un éclairage édifiant sur la question d'herméneutique juridique qui se pose. Devant les membres du Comité consultatif constitutionnel en sa séance du 8 août 1958, le Président du Conseil déclara "*Nous avons assisté (...) en 1940 (...) à une crise des institutions qui coïncidait avec une crise nationale épouvantable (...). Le Président de la République, dans notre nouvelle constitution (...) a la charge de faire fonctionner les institutions (...) (s') il constate que les institutions ne fonctionnent plus, qu'il n'y a plus moyen d'avoir un gouvernement, qu'il n'y a plus moyen de faire siéger un Parlement et qu'alors il faut bien qu'il agisse dans ce vide (...).*" (F. HAMON, *L'article 16 de la constitution de 1958*, Paris, La Documentation Française, Documents d'études n°1.07/1994, p.5.). Ce à quoi le fondateur de la Vème République française ajoute, dans son discours de Bayeux : au Président de la République, "*s'il devait arriver que la patrie fût en péril, le devoir d'être le garant de l'indépendance nationale et des traités conclus*" (R. BARRILLON et alii, *Dictionnaire de la constitution*, Paris, Cujas, 1986, p.22).

On en déduit que le signe génétique de l'article 68 est la notion de circonstances exceptionnelles, au sens que le droit administratif lui donne (jurisprudence *Heyriès*, Conseil d'Etat français, 28 juin 1918, *in* M. LONG et alii, *Les grands arrêts de la jurisprudence administrative*, Paris, Dalloz 2007, p.198). La nation est menacée dans son existence ou sur ses fondements, ce qui implique la prise de mesures dérogatoires au droit commun, des mesures "*dérogatoires à l'ordre constitutionnel établi*" (Décision DCC 02-099 du 14 août 2002, Lègba Nanou Toussaint et alii, Recueil 2002, p. 413) pour reprendre la formule de la Cour constitutionnelle.

Dès lors, l'article 68 peut-il servir de fondement juridique à la mise en vigueur d'une loi de finances, à l'autorisation de ratification d'un accord de crédit ou simplement pour légiférer dans le secteur des télécommunications, sans qu'on soit en droit d'invoquer l'abus de droit, le détournement de pouvoir ou l'erreur manifeste d'appréciation ?

VI : La loi des brodequins

L'allégorie est de Georges VEDEL qui l'employait à un tout autre propos, notamment pour expliquer la longévité de l'ordonnance française du 2 janvier 1959, relative aux lois de finances (*Revue française de finances publiques*, n°26/1989, p.16). Les brodequins sont ces chaussures de soldat, qui, lorsqu'elles sont neuves, tiennent nos militaires à l'étroit, les serrent, mais qui à force de manœuvres militaires et de marches finissent par se dilater et s'adapter au pied de leurs propriétaires, comme d'amicales pantoufles. L'ordonnance française du 2 janvier 1959 a fonctionné ainsi et la constitution du 11 décembre 1990 semble lui emboiter le pas.

"*Les lois sont faites pour les hommes, et non les hommes pour les lois*" écrivait PORTALIS, l'un des rédacteurs du Code civil de 1804 (PORTALIS, *Discours préliminaire du premier projet de code civil*, Préface de M. Massenet, Bègles, réédit. Confluences, 1999, p.16). Elles doivent pouvoir s'adapter aux circonstances changeantes de la vie, à l'évolution de la société aux contextes de l'action. Rien n'est plus préjudiciable à l'Etat de droit que la fétichisation du droit. Le mérite du juge a été de faire droit à des notions fonctionnelles comme les "*circonstances exceptionnelles*" en droit administratif, "*l'état de nécessité*" en droit pénal et les pouvoirs de crise du Président de la République. Dans un cas comme dans l'autre, le viol de la loi, la méconnaissance de la légalité ordinaire, trouvent dans les circonstances de l'action un fait justificatif et deviennent par ce fait, une composante de la légalité, de la constitutionnalité.

L'aperçu d'histoire nous a révélé que les pouvoirs de crise des dictateurs romains se justifiaient par la guerre, les luttes fratricides entre cités-Etats ou les troubles intérieurs. La magistrature extraordinaire était donc une magistrature de crise majeure au sens où l'existence de la république ou le fonctionnement normal des institutions étaient en cause. La pratique française de l'article 16 conforte cette idée de crise majeure, liée au "*putsch des généraux à Alger*" en 1961, une substitution violente d'organes dirigeants, en un mot, un "*changement anticonstitutionnel*" si l'on veut utiliser le langage de la Communauté Economique des Etats de l'Afrique de l'Ouest (CEDEAO). Les évènements de mai 1968 n'ont pas donné lieu au recours à l'article 16, même si les circonstances, les affrontements dans les rues, l'atmosphère de révolution (révolte des étudiants et grève des travailleurs) qui prévalait ainsi que la déclaration de vacance du pouvoir par François MITTERRAND ("*Il n'y a plus d'Etat*", disait le leader socialiste dans sa conférence de presse du 28 mai 1968) pouvaient expliquer un recours à une magistrature exceptionnelle pour sauver la légalité républicaine. On peut donc en conclure que les pouvoirs de crise du Président de la République sont un *ultima ratio* pour permettre à l'exécutif d'être réactif dans des situations de troubles majeurs, de survenance d'une guerre ou d'un putsch. Ils ne sont pas un mode de gestion courante des affaires publiques, une solution de facilité pour contourner, en toutes occasions, la légalité constitutionnelle. Ceci expliquant cela, la doctrine française n'évoque pas, même pour en discuter et la rejeter, l'hypothèse d'un recours à l'article 16 de la constitution française de 1958 comme cas de figure où une ordonnance budgétaire peut intervenir (P. GAUCHER, "Les ordonnances budgétaires", *Annales de la faculté de Droit et de Sciences Economiques de Clermont*, 1965, p.7 ; M. VERPEAUX, "Les ordonnances de l'article 38 ou les fluctuations contrôlées de la répartition des compétences entre la loi et le règlement", *in Cahiers du Conseil constitutionnel* n° 19, janvier 2006).

Pour autant, on remarque qu'en 368 avant Jésus Christ, Publius Manlius Capitolinus a été nommé dictateur pour mettre fin au blocage politique qui durait depuis dix ans (Tite-Live, *Histoire romaine*, Livre VI, 38) et que Sylla (81 av. Jésus Christ) se fit désigner dictateur, pour une mission de réforme en profondeur des institutions romaines (F. HINARD, *Sylla*, Paris, Fayard, 1985). La notion de circonstances exceptionnelles devenait plus large. La dictature dans la Rome antique subissait ainsi une petite mutation dans ses finalités.

La pratique constitutionnelle béninoise est encore plus expansive sur la réception, en droit national, des pouvoirs exceptionnels du Chef de l'exécutif. Avec un recours presque biannuel à l'article 68, les Présidents de la République ont tôt fait, depuis 1990, d'utiliser cet instrument, plutôt commode, pour vaincre une des maladies infantiles de la démocratie : la transhumance politique débridée (F. K. AWOUDO, *Le mal transhumant : les infidélités politiques dans le Bénin démocratique,* Cotonou, édit. Tundé, 2004). Lorsque les majorités parlementaires fondent comme la neige au soleil des ambitions déçues, des espérances contrariées, et des calculs défaits, l'Assemblée nationale n'est plus le lieu où s'exprime une opposition politique mais la nouvelle barricade institutionnelle contre laquelle vient échouer toute initiative gouvernementale. Dans une Assemblée introuvable, la majorité parlementaire cohérente et stable se transforme en majorité d'idées si ce n'est en majorité du "porte-monnaie". Les quinquennats successifs de Nicéphore Soglo, de Mathieu Kérékou et de

Yayi Boni ont connu leurs moments de disgrâce parlementaire. Du blocage de l'action gouvernementale par le rejet des projets de loi jusqu'à l'invocation d'une éventuelle traduction devant la Haute Cour de Justice, rien ne fut épargné aux Chefs successifs de l'exécutif.

La loi de finances de l'année est un point majeur de cristallisation des ardeurs déstabilisatrices de l'opposition parlementaire. Elle est l'expression financière du programme d'action du gouvernement et concentre, à ce titre, les attentions à la fois des partenaires au développement et de l'opinion. En 1994, sept douzièmes provisoires ont été votés et la loi de finances mise en vigueur par ordonnance de l'article 68 n'a pu couvrir que cinq mois d'exécution budgétaire normale, soit de septembre à décembre 1994 (Voir Décision DCC 32-94 du 24 novembre 1994, Président de l'Assemblée nationale, Recueil 1994, p.151). Les principes fondamentaux du régime des télécommunications et la création de l'Autorité de régulation des télécommunications ont donné lieu en 2002, dans le sillage de la mise en vigueur de la loi de finances de l'année, au recours à l'article 68 (Voir Décision DCC 02-099 du 14 août 2002, Lègba Nanou Toussaint et alii, Recueil 2002). En 2010, une autorisation de ratification d'accord de prêt sur le financement décentralisé a donné lieu à une bataille épique gouvernement-parlement qui se conclut par le recours à l'article 68 (Voir Décision DCC 10-129 du 21 octobre 2010, Kolawolé A. Idji).

A l'évidence, l'article 68 se banalise. Tel le chien de Pavlov, les citoyens assistent impassibles à l'utilisation des pouvoirs de crise comme une normalité, un fait ordinaire découlant de la mésentente entre pouvoirs publics, une technique courante de gouvernement, une coutume constitutionnelle consentie par le juge dès lors que les libertés fondamentales ne sont pas en cause. La loi fondamentale s'est adaptée à son peuple par une sédimentation de pratiques constitutionnelles *a priori* peu orthodoxes mais qui conservent le mérite d'assortir une disposition constitutionnelle à ses environnements sociologique, anthropologique, éthique et institutionnel béninois. Le brodequin de l'article 68 a fini par s'ajuster à la classe politique et aux institutions de la République !

28

Décision DCC 28-94 du 02 septembre 1994
Collectif des cinq dynasties royales, Collectif Te-Agbanlin, Cadres de Porto-Novo
Recueil, 1994, p. 119

La capitale du Bénin

La Cour Constitutionnelle,

Saisie d'une requête en date du 29 septembre 1993 enregistrée au Secrétariat de la Cour sous le n° 249 du 1er Octobre 1993, par laquelle le collectif des Cinq Dynasties Royales, les Collectivités TE AGBANLIN et les Cadres de PORTO-NOVO sollicitent sur le fondement de l'article 1er alinéa 2 de la Constitution, le contrôle de constitutionnalité de la décision de construire à Cotonou un Bâtiment Administratif regroupant des Ministères ;

VU la Constitution du 11 décembre 1990 ;
VU la Loi Organique n° 91-009 du 04 mars 1991 sur la Cour Constitutionnelle;
VU le Règlement Intérieur de la Cour Constitutionnelle ;
Ensemble les pièces du dossier ;
Ouï Madame Elisabeth K.POGNON en son rapport ;
Après en avoir délibéré,

Considérant que les requérants développent qu'en application de l'article 1er alinéa 2 de la Constitution, Porto-Novo est la Capitale de la République du Bénin ; qu'à ce titre, elle doit abriter tout l'appareil administratif de l'Etat : Présidence de la République, ministères ; que la décision prise par la Commission Sino-Béninoise à l'issue de sa réunion à Cotonou du 06 au 09 Septembre 1993 de construire à Cotonou un Centre Administratif pour abriter tous les ministères ne respecte ni l'esprit ni la lettre de l'article précité ;

Considérant que les requérants sont répartis en trois (3) groupes : le collectif des Cinq Dynasties Royales, les Collectivités TE AGBANLIN et les Cadres de PORTO-NOVO ; qu'il ressort des pièces du dossier qu'aucun de ces groupes n'est une association ; que les signatures apposées au bas de la requête l'ont été à titre individuel ;

Considérant que l'article 24 alinéa 1 de la Loi Organique relative à la Cour Constitutionnelle et l'article 29 alinéa 2 du Règlement Intérieur de la Cour édictent que pour être valable, une requête émanant d'un individu doit comporter ses nom, prénom, adresse précise et signature ; que Messieurs Houindodji Houndagnon, Hodonou-Houssou Antoine, Goussanou Louis, Agouma D. Joseph, Akotonou A. Richard, Adjohan G. Benoît, Houédouto Houéton Ahoumbè, Oké Laurent, Dohou Henri, Ahouansou Z. Emmanuel, Houédouto Zounyi, Sovi Sindé, Houessou A. Emile, Kodja Sounhouin, Houédouto Yègnon, Houénoukpo Nicolas, Monlade Ignace, Fassinou Dona Mathieu, Salako R. Mathias, n'ont donné aucune précision sur leur adresse ; que ce faisant, leur requête n'a pas satisfait aux conditions de forme exigées par les textes ci-dessus mentionnés ; qu'il y a lieu de la déclarer irrecevable ;

Considérant que l'article 1er alinéa 2 de la Constitution dispose : ''... La capitale de la République du Bénin est PORTO-NOVO...'', qu'aucune autre disposition constitutionnelle ou légale dont la violation pourrait être invoquée n'organise les attributs spécifiques attachés à cette dénomination ; que l'article 55 de la Constitution donne compétence au Gouvernement, pour déterminer la politique générale de l'Etat ; que dans ces attributions figure celle de la localisation des services administratifs sur le territoire national ; que, dès lors, la décision du Gouvernement de construire à Cotonou un Centre Administratif devant abriter des ministères n'est pas contraire à la Constitution ;

DECIDE:

Article 1er.- La requête de Messieurs Houindodji Houndagnon, Hodonou-Houssou Antoine, Goussanou Louis, Agouma D. Joseph, Akotonou A. Richard, Adjohan G. Benoît, Houédouto Houéton Ahoumbè, Oké Laurent, Dohou Henri, Ahouansou Z. Emmanuel, Houédouto Zounyi, Sovi Sindé, Houessou A. Emile, Kodja Sounhouin, Houédouto Yègnon, Houénoukpo Nicolas, Monlade Ignace, Fassinou Dona Mathieu, Salako R. Mathias, est irrecevable.

Article 2.- La décision prise par le Gouvernement de construire à Cotonou un Centre Administratif devant abriter des Ministères n'est pas contraire à la Constitution.

Article 3.- La présente décision sera notifiée aux requérants et publiée au Journal Officiel.

Ont siégé à Cotonou, le vendredi deux septembre mil neuf cent quatre vingt quatorze,

Madame	Elisabeth K.POGNON	Président
Messieurs	Alexis HOUNTONDJI	Vice-président
	Bruno. AHONLONSOU	Membre
	Pierre. EHOUMI	Membre
	Alfred ELEGBE	Membre
	Maurice GLELE AHANHANZO	Membre

Le Rapporteur, Le Président,

Elisabeth K.POGNON Elisabeth K. POGNON

Décision DCC 11-090 du 06 décembre 2011
Messieurs Noukpo N. AGOSSOU, Bernard DOSSOU-DOSSA
Recueil 2011, p. 567

La Cour Constitutionnelle,

Saisie d'une requête du 10 décembre 2010 enregistrée à son Secrétariat à la même date sous le numéro 2002/192/REC, par laquelle Monsieur Noukpo N. AGOSSOU forme un recours contre l'érection d'une Tour Administrative à Cotonou au lieu de PortoNovo la capitale ;
Saisie d'une autre requête du 13 juillet 2011 enregistrée à son Secrétariat le 15 juillet 2011 sous le numéro 1663/087/REC, par laquelle Monsieur Bernard DOSSOU DOSSA introduit devant la Haute Juridiction un « recours en invalidation du choix de la ville de Cotonou comme site pour abriter la Tour Administrative. » ;

VU la Constitution du 11 décembre 1990 ;
VU la Loi n° 91-009 du 04 mars 1991 portant loi organique sur la Cour Constitutionnelle modifiée par la Loi du 31 mai 2001 ;
VU le Règlement Intérieur de la Cour Constitutionnelle ;

Ensemble les pièces du dossier ;
Ouï Monsieur Zimé Yérima KORA YAROU en son rapport ;
Après en avoir délibéré,

CONTENU DES RECOURS

Considérant que Monsieur Noukpo N. AGOSSOU expose que la Constitution en son article 2 stipule que « La capitale de la République du Bénin est Porto-Novo. » ; qu'il soutient que dans les Etats du monde, c'est la capitale qui abrite les organes des pouvoirs exécutif, législatif, judiciaire, les Institutions de la République ainsi que les autres organes de l'Administration d'Etat ; qu'il affirme qu'une occasion est offerte au Bénin de donner à Porto-Novo les moyens matériels de ses attributs de capitale par l'érection d'une Tour Administrative pour laquelle un accord a été signé entre le Bénin et la Chine ; qu'il déclare saisir la Cour Constitutionnelle pour stigmatiser les actes répétés de violation de la Constitution qui consistent à ériger les administrations à Cotonou ; qu'il demande à la Cour « que soit mis fin à de tels actes et que la Cour Constitutionnelle saisisse le Gouvernement pour empêcher que soit érigée ladite tour administrative en tout autre lieu que dans la capitale, conformément à l'article précité. » ;

Considérant que Monsieur Bernard DOSSOU DOSSA quant à lui affirme : « … Le lundi 04 juillet 2011, l'Assemblée Nationale a autorisé le gouvernement à ratifier trois accords de prêts dont celui portant la construction à Cotonou d'une tour jumelle administrative de neuf étages d'un montant de 16 milliards de FCFA, cette construction est destinée à abriter un certain nombre de ministères. Ce projet conçu pour être implanté à Cotonou suscite des interrogations de la part des citoyens parce que devenu un débat républicain. » ; qu'il ajoute : « Et comme tout citoyen béninois, je ne comprends pas le choix du gouvernement de faire construire la tour administrative à Cotonou au détriment de la capitale. Or, deux raisons au moins plaident en faveur de Porto-Novo : - Porto-Novo est la capitale du Bénin avec en principe pour signe distinctif la ville où siègent les pouvoirs publics d'un Etat car la définition de capitale selon le dictionnaire universel Hachette Edicef 5ème édition, est "la ville où siègent les pouvoirs publics d'un Etat". On y trouve le quartier général du gouvernement, l'administration, les ministères, les institutions de contre-pouvoir, les ambassades et autres institutions internationales.

Les engagements pris par les Présidents KEREKOU et YAYI à leur investiture et au lendemain de leur investiture à savoir : Mathieu KEREKOU : parlant de la réhabilitation de Porto-Novo s'engage à y "installer les institutions de contre-pouvoir". Il y a eu début de respect de la parole donnée à travers l'implantation progressive des institutions de contre-pouvoir. Mais il y a fait entorse en construisant le nouveau palais de la République dans l'enceinte de l'ancien à Cotonou. Yayi Boni : avec sa promesse de "redonner à Porto-Novo les attributs de vraie capitale." » ; qu'il conclut : « … je vous prie …, d'invalider le choix du site de Cotonou pour abriter la Tour administrative et de proclamer élue pour recevoir la Tour administrative la capitale. » ;

ANALYSE DES RECOURS

Considérant que les deux requêtes portent sur le même objet et tendent aux mêmes fins ; qu'il y a lieu de les joindre pour y être statué par une seule et même décision ;

Considérant que les requérants demandent à la Cour de saisir le Gouvernement pour empêcher que la Tour Administrative, objet de l'accord signé entre le Bénin et la Chine, soit érigée en tout autre lieu qu'à Porto-Novo, la capitale du Bénin ; qu'une telle demande ne relève pas du domaine de compétence de la Cour Constitutionnelle tel que fixé par les articles 114 et 117 de la Constitution ; que, dès lors, elle doit se déclarer incompétente ;

DECIDE:

Article 1er .- La Cour Constitutionnelle est incompétente.
Article 2.- La présente décision sera notifiée à Messieurs Noukpo N. AGOSSOU et Bernard DOSSOU DOSSA et publiée au Journal Officiel.

Ont siégé à Cotonou, le six décembre deux mille onze,

Monsieur	Robert S. M. DOSSOU	Président
Madame	Marcelline-C. GBEHA AFOUDA	Vice-Président
Messieurs	Théodore HOLO	Membre
	Zimé Yérima KORA-YAROU	Membre
Madame	Clémence YIMBERE DANSOU	Membre

Le Rapporteur, Le Président,

Zimé Yérima KORA-YAROU.- Robert S. M. DOSSOU.-

OBSERVATIONS

I : Une situation insolite

Singulière situation que celle du Bénin où la ville que la constitution consacre comme étant la capitale n'abrite ni la Présidence de la République, ni les réunions du conseil des ministres, ni les ministères régaliens que sont : les affaires étrangères, la défense, la sécurité, les finances et l'économie, la justice. Le parlement sous le régime de la Loi fondamentale de 1977 a toujours siégé à l'hôtel PLM Alédjo de Cotonou, ignorant superbement la ville aux trois noms d'Adjatchè, de Hogbonou et de Porto-Novo. On comprend le sentiment d'exaspération des dignitaires de Porto-Novo lorsqu'ils se décident à faire rappeler par la juridiction constitutionnelle que la construction de blocs administratifs devant abriter les ministères à Cotonou ne respecte "*ni l'esprit, ni la lettre*" de la constitution. Et pour cause ! Une capitale se définit comme "*la ville où siège le gouvernement d'un Etat*" (Petit Larousse illustré) *ou encore le "siège du gouvernement*" (Le Petit Robert). Le droit n'en donne pas une définition alternative puisque les lexiques et autres dictionnaires juridiques ne consacrent pas de ligne à ce mot. Le sens littéraire est donc le sens de référence de toute interprétation du mot "capitale."

II : La Cour esquive le débat de fond

Saisie par deux fois sur la question du rétablissement de Porto-Novo dans ses attributs de ville capitale du Bénin, telle que prescrite par la constitution, la Cour, une première fois dans la décision "*Collectif des cinq dynasties royales*"

(Décision DCC 28-94 du 02 septembre 1994) se livre à une casuistique spécieuse qui frise le deni de justice. Pour la Cour, "*Aucune disposition constitutionnelle ou légale (...) n'organise les attributs spécifiques attachés*" à la notion de capitale. L'interprète attitré de la constitution ne s'autorise pas à interpréter le bout de phrase de l'article 1er de la constitution : "La capitale du Bénin est Porto-Novo." La démarche syllogistique attendue était : *une capitale se définit comme...... ; Porto-Novo est la capitale du Bénin. Donc Porto-Novo doit accueillir sur son sol le et les...*

Mais alors, comment définir la capitale d'un Etat, en l'occurrence la République du Bénin ? La consitution ne comporte pas une définition ni les caractères d'une ville-capitale. A défaut d'une définition légale, le juriste a encore la ressource de procéder à une herméneutique par la "*libre recherche scientifique*", c'est-à-dire trouver le sens d'une notion en recourant à des éléments historiques, utilitaires ou simplement rationnels. Cette démarche a été, à plusieurs reprises, utilisée par la Cour pour donner sens à des notions dont la constitution n'a pas pu définir les contours. Ainsi dans la décision "*Association des parents d'élèves du CEG de Gbégamey"* à défaut d'une référence satisfaisante contenue dans les dispositions constitutionnelles, la Cour considéra que "selon le Petit Robert (de la langue française) la contribution se définit comme...". De façon plus abondante encore, ne sachant sur quelles références constitutionnelles, fonder une dénotation de la locution "*sans préjudice de*", la Cour (Décision DCC 13-171 du 30 Décembre 2013, Gilbert BANGANA et autres, Recueil, 2013, volume 2, p.1056) eut recours, d'abord au dictionnaire de la langue française le Petit Robert ("*selon le dictionnaire Le Robert 2012, page 2002, le membre de phrase 'sans préjudice de' signifie 'sans porter atteinte à'*") ; ensuite, est appelé à la rescousse le Vocabulaire juridique ("*dans l'ouvrage 'Le Vocabulaire Juridique' de Gérard CORNU, éditions PUF, Paris, juillet 2012, page 782, il est mentionné que 'l'expression est couramment employée dans les textes de loi pour indiquer que la règle posée laisse intégralement subsister telle autre disposition'*") ; enfin, le Lexique de termes juridiques apporte son éclairage ("*le Lexique des Termes Juridiques, 20ème édition 2013, Dalloz, Paris, page 830, définit l'expression 'sans préjudice de' comme une 'formule souvent employée dans des textes ou dans des conventions signifiant : 'sans faire obstacle à'*").

A défaut de dictionnaire, de lexique juridique et autres vocabulaires juridiques, la Cour se saisit des écrits des auteurs ayant autorité dans la matière sous étude pour étayer sa décision. Ainsi, dans les motifs de la décision Georges Constant AMOUSSOU (Décision DCC 16-043 du 11 février 2016, Recueil, 2016, volume 1, p.313) la Cour argumente que, "*selon **la doctrine**, l'interprétation est définie comme 'une voie de recours particulière permettant à ceux qui ont la qualité de parties à l'instance de solliciter de la juridiction qui a statué une interprétation du jugement', un 'procédé visant à préciser la signification d'un jugement ou d'un acte.'*"

Enfin, en l'absence de toute autre référence, la Cour se donne elle-même sa propre conception des notions constitutionnelles. Saisie d'un recours en appréciation de la conformité au principe constitutionnel de l'inamovibilité des magistrats, la Cour constate "*l'absence de tout texte définissant avec précision le principe de l'inamovibilité.*" Puis la Haute juridiction corrige l'insuffisance du constituant et définit les contours de l'inamovibilité : il faut, pour que l'inamovilité soit respectée, que le magistrat du siège "*ait été individuellement consulté à la fois sur les nouvelles fonctions (...) et les lieux précis où il est appelé à les exercer*". Qu'il ait ensuite donné son assentiment ou non, importe peu pour la validité de la "*consultation*" (Décision DCC 01-033 du 13 juin 2001, Dako Fortuné, Kakpo Damien, Recueil 2001, p147).

Ainsi qu'on le voit, l'absence d'une définition légale de la notion de ville-capitale n'est pas un obstacle à la solution de la question de fond posée par la requête des *cinq dynasties royales* de Porto-Novo. La solution est à fleur de texte et risquait d'animer des recours saisonniers sur le destin de Porto-Novo et de statut réel de capitale putative du Bénin. En se déclarant incompétente dans la Décision Agossou Noukpo et Bernard Dossou Dossa ("*une telle demande ne relève pas du domaine de compétence de la Cour Constitutionnelle tel que fixé par les articles 114 et 117 de la Constitution*", Décision DCC 11-090 du 06 décembre 2011) la Cour a fermé le robinet des recours futurs sur un sujet pour le moins embarrasant.

En effet, la question de droit qui est posée a des implications économiques et financières certaines, mais difficilement maîtrisables. Donner raison au Collectif des dynasties royales, à Monsieur Agossou Noukpo et à Monsieur Dossou Dossa Bernard, génère des coûts, une incidence financière qui n'échappe ni au Gouvernement ni à la juridiction constitutionnelle. En décidant sans convaincre puis en décidant de ne pas décider, la Cour a sans doute procédé à une analyse intérêt/coût de sa décision ; elle a mis en balance ce que la Nation peut tirer de l'opération et ce qu'elle y perd. C'est ce que les anglo-saxons appellent l'analyse *value for money.*

Près de deux décennies après la signature de la convention objet de la saisine du juge, les tours jumelles administratives se dressent dans le ciel de Cotonou. Le petit village de pêcheurs devenu mégapole économique continue de dépecer Porto-Novo de ses attributs physiques et institutionnels de capitale du Bénin. Mais un mouvement inverse semble perceptible. L'Assemblée nationale, par le vote de la Loi n° 99-026 du 26 octobre 1999, a décidé le transfert du siège de la Cour suprême de Cotonou à Porto Novo, loi de transfert que la Cour a jugée en tout point conforme à la constitution (Décision DCC 00-004 du 20 janvier 2000, *Président de la République*, Recueil 2000, p. 23). Une hirondelle ne fait pas le printemps, mais elle peut y contribuer !

29

Décision DCC 33-94 du 24 novembre 1994
Joseph Houéssou H. Gnonlonfoun
Recueil, 1994, p. 155

L'indépendance des pouvoirs publics constitutionnels

La Cour Constitutionnelle,

Saisie d'une requête du 17 août 1994, enregistrée au Secrétariat de la Cour Constitutionnelle le 25 août 1994, sous le numéro 762, par laquelle Monsieur Joseph Houessou H. GNONLONFOUN, Vice-président de la Commission Béninoise des Droits de l'Homme, sollicite , sur la base des articles 3, 120, 121 et 122 de la Constitution, le contrôle de constitutionnalité et l'annulation de l'article 2, 4è tiret du Décret n°94-11 du 26 janvier 1994 portant obligations des membres de la Cour Constitutionnelle ;

VU la Constitution du 11 décembre 1990 ;
VU la Loi Organique n° 91-009 du 04 mars 1991 sur la Cour Constitutionnelle;
VU le Règlement Intérieur de la Cour Constitutionnelle ;
Ensemble les pièces du dossier ;
Ouï le Professeur Maurice GLELE AHANHANZO en son rapport ;
Après en avoir délibéré,

Considérant que Monsieur Joseph Houessou H. GNONLONFOUN invoque à l'appui de son recours, la violation de la Constitution du 11 décembre 1990, notamment en son article 25, de la Charte Africaine des Droits de l'Homme et des Peuples, notamment en son article 10 ainsi que de la Déclaration Universelle des Droits de l'Homme ;

Considérant que Monsieur GNONLONFOUN a relevé que le décret précité, en son article 2, 4e tiret dispose : ''*...Les membres de la Cour Constitutionnelle s'interdisant en particulier pendant la durée de leurs fonctions d'adhérer à un Parti ou Groupement Politique, le cas échéant, ils doivent justifier de leur démission du Parti ou Groupement Politique avant leur installation ou la poursuite de l'exercice de leurs fonctions*'' ;

Considérant que le requérant déclare avoir été surpris que le texte querellé porte dans ses visas : '*'sur proposition de la Cour Constitutionnelle''* ; qu'il s'est demandé ''comment la Cour chargée de la protection des libertés fondamentales peut violer elle-même une de ces libertés en ce qui concerne ses membres qui sont citoyens comme les autres béninois'' ;

Considérant en effet que la Loi Organique n° 91-009 du 04 mars 1991 sur la Cour Constitutionnelle dispose en son article 11 : '*'Un Décret pris en Conseil des Ministres, sur proposition de la Cour Constitutionnelle, définit les obligations imposées aux membres de la Cour, afin de garantir l'indépendance et la dignité de leurs fonctions* '';

Considérant que la Cour Constitutionnelle, conçue par la Constitution comme la pierre angulaire de l'Etat de droit libéral, a proposé, non pas l'interdiction mais une limitation de l'exercice de la liberté d'association de ses membres ;

Considérant que même si l'on peut interpréter la formule ''sur proposition de la Cour Constitutionnelle'' comme un simple droit d'initiative, il est de principe général de droit que l'institution habilitée à prendre la décision finale discute de la proposition avec celle qui l'a initiée ; que, dans le cas d'espèce, le changement profond apporté en Conseil des Ministres au projet de décret initial sur le rôle des membres de la Cour Constitutionnelle au sein d'un parti politique n'a été ni soumis à la Cour, encore moins discuté avec elle ; qu'il a lieu de déclarer irrégulière la procédure de son adoption ;

Considérant que, au demeurant, la Cour s'est efforcée, par une lettre en date du 11 avril 1994 et une autre du 13 mai 1994 transmettant un projet modificatif du Décret querellé, et au cours d'une audience accordée à son Président par le Président de la République, de faire rétablir le droit mais en vain ; que ce faisant, la Cour, chargée de la protection des libertés fondamentales, n'a pas pu violer elle-même une de ces libertés en ce qui concerne ses membres ;

Considérant qu'aux termes de l'article 11 de la Constitution : '*'l'Etat reconnaît et garantit dans les conditions fixées par la loi... , la liberté d'association...''* ; qu'il s'agit d'une liberté garantie ; que si le législateur peut en limiter l'exercice en l'organisant, il ne saurait la supprimer ou l'annihiler ; qu'en tout état de cause, eu égard à la hiérarchie des normes, un décret ne peut interdire l'exercice d'une liberté ou d'un droit reconnu et garanti par la Constitution ; qu'en conséquence, le Décret n°94-11 du 26 janvier 1994, en son article 2, 4e tiret, est contraire à la Constitution ;

DECIDE:

Article 1er.- l'article 2, 4e tiret du Décret n°94-11 du 26 janvier 1994 portant obligations des membres de la Cour Constitutionnelle est contraire à la Constitution.
Article 2.-La présente décision sera notifiée à Monsieur Joseph Houessou H. GNONLONFOUN, au Président de la République et publiée au Journal Officiel.

Ont siégé à Cotonou, le jeudi vingt quatre novembre mil neuf cent quatre- vingt-quatorze,

Madame	Elisabeth K.POGNON	Président
Messieurs	Alexis HOUNTONDJI	Vice-président
	Bruno. O. AHONLONSOU	Membre
	Pierre E. EHOUMI	Membre
	Alfred ELEGBE	Membre
	Maurice GLELE AHANHANZO	Membre
	Hubert MAGA	Membre

Le Rapporteur, Le Président,

Prof. Maurice GLELE AHANHANZO Elisabeth K. POGNON

OBSERVATIONS

I : Curieuse compétence du pouvoir réglementaire

Le pouvoir législatif organique délègue au pouvoir règlementaire la compétence de définir "*les obligations imposées aux membres de la Cour, afin de garantir l'indépendance et la dignité de leurs fonctions*". Ces obligations s'analysent en une série de restrictions aux libertés, ce qui rend douteuse la compétence du pouvoir règlementaire au regard du domaine de la loi tel que défini par l'article 98 de la constitution. Ce domaine de la loi inclut " *les droits civiques et les garanties fondamentales accordées aux citoyens pour l'exercice des libertés publiques, les sujétions imposées, dans l'intérêt de la défense nationale et de la sécurité publique, aux citoyens en leur personne et leur biens*". La Cour relève d'ailleurs que le décret objet de la saisine met en cause une "*liberté garantie*". Elle n'ira pas plus loin sur la dimension répartition des compétences entre la loi et le règlement en matière de détermination des obligations à imposer aux membres de la Cour constitutionnelle.

II : Le juge hors de la mêlée

La constitution elle-même parle de "*l'indépendance de la justice*" (article 127) et la loi organique sur la Cour constitutionnelle évoque le besoin de "*garantir l'indépendance et la dignité* " de la fonction de membre de la Cour.

Cette exigence d'indépendance fonde d'ailleurs l'aménagement global des pouvoirs publics constitutionnels depuis 1990. Les institutions de contre-pouvoir ont vocation à rendre possible un gouvernement modéré, propice à l'éclosion et à l'épanouissement des libertés et des droits fondamentaux de l'homme. Pour ce faire, il importe que lesdites institutions soient dotées d'une autonomie fonctionnelle mais aussi que leurs membres soient déliés de toute allégeance politique ou partisane qui briderait leurs actions.

La Cour a affirmé cette orientation jurisprudentielle par une décision de principe dès 1993. Elle dit "*que les membres de la Cour constitutionnelle une fois nommés et après leur prise de fonction, doivent être indépendants de toutes les institutions qui les ont nommés et de tous les partis politiques*" (Décision 15 DC du 16 mars 1993, Président de la République, Recueil 1993, p. 83). Le même souci d'autonomie des pouvoirs publics est perceptible dans la décision " Association des journalistes du Bénin" (Décision 14 DC du 16 février 1993, Association des journalistes du Bénin, Président de la République, Recueil 1993, p.69). La Cour estime que les textes fondateurs de la Haute Autorité de l'Audiovisuel et de la Communication font de celle-ci une "*institution indépendante de tout pouvoir politique, de tout parti politique, association ou groupe de personnes de quelque nature que ce soit*" (Considérant n° 11). La Cour ajoute que "*pour assurer le bon fonctionnement d'une si haute institution (...), il importe que la nomination de ses membres soit faite avec objectivité, impartialité et rigueur*" (Considérant n° 12). Après avoir établi que le "*choix des trois personnes (de la Haute Autorité de l'Audiovisuel et de la Communication) nommées par le bureau de l'Assemblée nationale a été fait sur la base de leur appartenance et alliance politique*" (considérant n° 2), la Cour décide que lesdites nominations "*sont déclarées non conformes à l'esprit de la Constitution.*"

La lettre et l'esprit de la constitution sont aussi en cause et impliquent que "*la composition de ce Conseil (supérieur de la magistrature) doit refléter le souci d'indépendance du Pouvoir judiciaire.*" Dès lors, "*en retenant comme membre de droit, outre le Président de la République, garant de l'indépendance du Pouvoir judiciaire, et le Garde des sceaux, ministre ayant en charge la gestion de la carrière des magistrats, le ministre chargé de la Fonction publique et le ministre chargé des Finances, l'article 1er en son article 1er nouveau de la loi sous examen (loi organique n°2018-02 modifiant et complétant la loi organique n°94-027 du 18 mars 1999 relative au Conseil supérieur de la magistrature) est contraire à la Constitution.*" (Décision DCC 18-005 du 23 janvier 2018, Président de la République).

La Cour confirme sa logique d'impartialité et d'indépendance des institutions de contre-pouvoir et invente, hors texte, le déport et peut-être la récusation d'un ou de plusieurs de ses membres. "*Considérant que Mesdames (...) et Messieurs (...) impliqués dans la cause évoquée par le présent recours, se sont déportés*" (Décision DCC 03-091 du 04 juin 2003, Quenum David Abel, Recueil 2003, p. 376). La décision DCC 03-091 est rendue par un juge unique, l'unique conseiller qui n'a pas été cité dans la lettre de saisine et qui, en l'occurrence, fait office de rapporteur et de président de séance !

III : Le juge dans la mêlée

"*L'impartialité ne résulte pas d'une position supérieure qui, parce qu'elle se situe complètement hors de la mêlée, trancherait la querelle*" écrit Hannah ARENDT (H. ARENDT, *Juger. Sur la philosophie politique de Kant*, Paris, Editions du Seuil, 1991, p. 70). La Cour fait sienne cette conception de l'indépendance, et revenant sur sa propre jurisprudence, elle affirme que la Décision 14 DC précitée (Décision 14 DC du 16 février 1993, Association des journalistes du Bénin, Président de la République, Recueil 1993, p.69) "*n'interdit point à un membre de la HAAC (Haute Autorité de l'Audiovisuel et de la Communication) d'être membre d'un parti politique*" (Décision DCC-10-94 du 09 mai 1994, Gbénou Tonwas Jean, Recueil 1994, p. 36). Le militantisme politique et partisan n'est donc pas incompatible avec l'exercice d'une mission de contre-pouvoir au sein des institutions qui sont censées établir l'équilibre des pouvoirs et le gouvernement modéré prônés par le préambule de la constitution du 11 décembre 1990.

Il n'existe non plus "*aucune incompatibilité entre la fonction de membre de la Cour constitutionnelle et de membre ou de président d'une association régie par la loi de 1901*", parce que celle-ci a un "*but social et non lucratif*" (Décision DCC 02-066 du 05 juin 2002, Hounsinou Sylvain, Recueil 2002, p. 277). La qualité de membre ou de président d'une association de la loi 1901 n'est pas un obstacle rédhibitoire pour siéger à la Cour constitutionnelle en qualité de membre.

Revenant sur sa jurisprudence antérieure, (Décision DCC 03-091 du 04 juin 2003, Quenum David Abel, Recueil 2003, p. 376), la Cour juge que, dans l'hypothèse où ses membres sont personnellement concernés par l'instance en cours, à raison de leurs vies professionnelles antérieures, l'impartialité et l'indépendance de l'institution ne sont point remises en cause par la présence desdits membres aux délibérations. La Cour tranche ainsi : "*Considérant que le requérant sollicite "le déport du général Pancrace Brathier pour les décisions à intervenir dans l'affaire" ; qu'ainsi, Monsieur Nestor K. N. R. Akpadji met en doute l'impartialité de la Haute juridiction ; qu'aucune disposition, ni de la constitution, ni de la Loi organique ni du Règlement intérieur, ne fait obligation à un conseiller de se déporter dans une affaire, ni n'autorise un requérant à solliciter un tel déport ; qu'en conséquence, il échet de dire et juger qu'il n'y a pas violation du principe de l'impartialité*" (Décision DCC 07-143 du 20 novembre 2007, Nestor K. N. R. Akpadji).

IV : "Le devoir d'ingratitude"

Le croisement des décisions contradictoires de la Cour n'indique pas une direction claire à imprimer à l'indépendance des pouvoirs publics constitutionnels. La séparation des pouvoirs, principe de valeur constitutionnelle (Décision DCC 07-175 du 27 décembre 2007, Jeanne Oboubé Vele, Georges Constant Amoussou et alii) est mise à mal, dans les démocraties contemporaines par le fait majoritaire. Un seul parti ou encore une coalition de partis peut contrôler politiquement les principaux organes de l'Etat : exécutif, législatif, juridictionnel, et autres autorités de régulation. Le cumul autorisé d'un statut partisan et d'un poste au sein des institutions de contre-pouvoir (juridictions et autorités de régulation) peut être perçu comme un germe de fragilisation de l'indépendance et de l'impartialité des structures en question et des membres qui les animent.

La solution inverse, celle découlant de la décision "Association des journalistes du Bénin, Président de la République" précitée semble pourtant de la bonne méthode du docteur Coué. En effet, la politique imprègne profondément le cœur et le champ d'action de certains pouvoirs publics constitutionnels. La cause dans le contentieux constitutionnel n'est pas de savoir si Bio a bien droit à une pension alimentaire suite à son divorce mais plutôt de discerner qui mérite d'être élu à l'Assemblée nationale ou qui est sincèrement choisi au cours d'un scrutin populaire pour la magistrature suprême ; ou encore, quel organe de presse ne joue pas correctement le jeu de la liberté de presse. La Cour constitutionnelle et la Haute Autorité de l'Audiovisuel et de la Communication sont constamment au cœur de préoccupations par essence politique ou à implications politiques. Elles intéressent objectivement les hommes politiques et cette classe politique sait se compter et se déployer sur la scène des institutions publiques. Ainsi que le dit Max WEBER, les joutes politiques et partisanes ont surtout pour finalité de "*contrôler la distribution des emplois*" (Cité par J. LAGROYE, *Sociologie politique*, Paris, Presses de la Fondation Nationale de Science Politique-Dalloz, 2002, p.234).

Dès lors, l'impartialité et l'indépendance des institutions trouvent surtout refuge dans l'équation personnelle des hommes qui les animent. Se trouve interpellé le sens de discernement, de rupture et de sublimation de soi qu'un Président du Conseil constitutionnel français a nommé "*le devoir d'ingratitude*".

30

Décision DCC 11-019 du 21 avril 2011
Serge Roberto Prince Agbodjan

Les devoirs de l'homme

La Cour Constitutionnelle,

Saisie d'une requête du 31 décembre 2009 enregistrée à son secrétariat à la même date sous le numéro 2299 / 195 / REC par laquelle Monsieur Serge Roberto PRINCE AGBODJAN forme un recours en inconstitutionnalité de l'article 114 alinéa 2 du code pénal ;

Vu la Constitution du 11 décembre 1990 ;
Vu la Loi n° 91-009 du 04 mars 1991 portant loi organique sur la Cour Constitutionnelle modifiée par la loi du 31 mai 2011 ;
Vu le règlement intérieur de la Cour Constitutionnelle ;

Ensemble les pièces du dossier ;

Oui Madame Marcelline-C. GBEHA AFOUDA en son rapport ;

Après en avoir délibéré,

Contenu du recours

Considérant que le requérant expose qu'aux termes de l'article 114 alinéa 2 du code pénal : « Lorsqu'un fonctionnaire public, un agent ou un préposé du gouvernement aura ordonné ou fait quelque acte arbitraire ou attentatoire soit à la liberté individuelle soit aux droits civiques d'un ou de plusieurs citoyens, soit à la charte (à la Constitution), il sera condamné à la peine de la dégradation civique.

Si néanmoins, il justifie qu'il a agi par ordre de ses supérieurs pour des objets du ressort de ceux-ci, sur lesquels il leur était dû obéissance hiérarchique, il sera exempt de la peine, laquelle sera dans ce cas, appliquée seulement aux supérieurs qui auront donné l'ordre. » ; qu'il soutient qu' « en disposant ainsi, l'alinéa 2 de cet article 114 viole l'alinéa 2 de l'article 19 de la Constitution du 11 décembre 1990 dans la mesure où il n'accorde aucune possibilité au fonctionnaire public, à l'agent ou au préposé du gouvernement de désobéir à un acte arbitraire ou attentatoire soit à la liberté individuelle, soit aux droits civiques d'un ou plusieurs citoyens. » ; qu'il développe qu'en se basant sur cette disposition, « le devoir de désobéissance de l'agent de l'Etat ou de l'individu au cas où l'ordre reçu constitue une atteinte grave et manifeste au respect des droits de l'homme et des libertés publiques est une exigence constitutionnelle... que l'article 114 du code pénal en vigueur accorde... une excuse absolutoire entrainant de facto « une exemption de peine » au fonctionnaire public, à l'agent ou au préposé de gouvernement qui justifie qu'il a agi par ordre de ses supérieurs » ; qu'il demande en conséquence à la Cour de déclarer l'article 114 alinéa 2 du Code Pénal contraire à la Constitution ;

ANALYSE DU RECOURS

Considérant que selon l'article 114 du Code Pénal : « Lorsqu'un fonctionnaire public, un agent ou un préposé du gouvernement, aura ordonné au fait quelque acte arbitraire ou attentatoire soit à la liberté individuelle soit aux droits civiques d'un ou de plusieurs citoyens, soit à la charte (à la constitution), il sera condamné à la peine de la dégradation civique.

Si néanmoins, il justifie qu'il a agi par ordre de ses supérieurs pour des objets du ressort de ceux-ci, sur lesquels il leur était dû obéissance hiérarchique, il sera exempt de la peine, laquelle sera dans ce cas, appliquée seulement aux supérieurs qui auront donné l'ordre » ; qu'aux termes de l'article 19 de la Constitution : « Tout individu, tout agent de l'Etat qui se rendrait coupable d'acte de torture, de sévices ou traitements cruels, inhumains ou dégradants dans l'exercice ou à l'occasion de l'exercice de ses fonctions, soit de sa propre initiative, soit sur instruction, sera puni conformément à la loi.
Tout individu, tout agent de l'Etat est délié du devoir d'obéissance, lorsque l'ordre reçu constitue une atteinte grave et manifeste au respect des droits de l'homme et des libertés publiques.» ;

Considérant qu'il résulte de cette dernière disposition que même sur instructions de son supérieur hiérarchique, un agent de l'Etat ou tout individu qui se rend coupable d'une atteinte grave et manifeste au respect des droits de l'homme et des libertés publiques doit être personnellement puni par la loi ; qu'en disposant qu'un fonctionnaire public, un agent ou un préposé du Gouvernement coupable d'acte arbitraire ou attentatoire soit à la liberté individuelle, soit aux droits civiques d'un ou de plusieurs citoyens, soit à la charte, sera exempt de la peine au détriment de son supérieur à qui il a obéi, l'article 114 alinéa 2 précité est contraire à la Constitution ; qu'il échet donc pour la Cour de dire et juger que l'alinéa 2 de l'article 114 du Code Pénal en vigueur en République du Bénin est contraire à la Constitution ;

DECIDE :

Article 1er.- L'alinéa 2 de l'article 114 du Code Pénal en vigueur en République du Bénin est contraire à la Constitution.

Article 2 – La présente décision sera notifiée à Monsieur Serge Roberto PRINCE AGBODJAN, à Monsieur le Président de la République, à Monsieur le Président de l'Assemblée Nationale, à Monsieur le Président de la Cour Suprême, à Monsieur le Président de la Haute Cour de Justice, à Monsieur le Ministre de la Justice, de la Législation et des Droits de l'homme et publié au Journal Officiel.

Ont siégé à Cotonou, le vingt et un avril deux mille onze,

Monsieur	Robert S.M.	DOSSOU	Président
Madame	Marcelline-C.	GBEHA AFOUDA	Vice-présidente
Messieurs	Bernard Dossou	DEGBOE	Membre
	Théodore	HOLO	Membre
	Zimé Yérima	KORA-YAROU	Membre
	Jacob	ZINSOUNON	Membre

Le Rapporteur — Le Président,

Marcelline-C GBEHA AFOUDA.- — Robert DOSSOU

OBSERVATIONS

I : La dialectique des droits et des devoirs

La déferlante des droits de l'homme est un phénomène à la fois juridique, politique et médiatique. Le siècle des Lumières, la Déclaration d'indépendance des Etats-Unis d'Amérique ainsi que la Déclaration française des 20-26 août 1789, décrétée par l'Assemblée nationale française et acceptée par le Roi, ont toutes contribué à magnifier la notion de Droits de l'homme. "*Le but de toute association politique est la conservation des droits naturels et imprescriptibles de l'homme*", lit-on à l'article 2 du texte français de 1789. Il en est résulté une grande pauvreté de la production doctrinale sur la question pourtant corrélative des devoirs du citoyen. On a même feint de suspecter les auteurs qui se sont intéressés à la question de penchants fascisants dans un monde qui peine à refermer les stigmates de la seconde guerre mondiale, la guerre de tous les fascismes, de la célébration du Chef en politique et de la négation de l'autonomie du citoyen-homme.

Les lointaines constitutions du Bénin, notamment celles qui ont parsemé le parcours de la République indépendante depuis 1960, se sont faites l'écho des préoccupations des révolutionnaires occidentaux dans des contextes où il est également question d'émancipation de l'être humain face à une puissance coloniale ou face à l'autoritarisme de dirigeants locaux.

Mais le rapport Etat-citoyen est plus complexe et plus ambivalent. La célébration des droits ne saurait occulter la promotion des devoirs. "*L'exercice des droits naturels de chaque homme n'a de bornes que celles qui assurent aux autres membres de la société la jouissance de ces mêmes droits*", proclamaient les révolutionnaires français de 1789. La philosophie sous-jacente à cette affirmation est que les citoyens s'épanouissent en société grâce à la défense et à la préservation de leurs droits ; lesquels droits n'ont d'effectivité que par l'observance des devoirs auxquels ils sont astreints. L'Etat de droit postule et implique l'Etat des devoirs, les deux n'étant que les deux faces du même Janus-Démocratie.

Les constitutions du Bénin, de 1960 à nos jours ont diversement pris en compte la nécessité pour le citoyen d'assumer sa part de responsabilité dans la construction de nations démocratiques et prospères.

De façon analytique, la Loi fondamentale de 1977 se singularise par la place que la société occupe dans ses dispositions. L'individu apparaît comme le maillon d'une chaîne sociale qui le broie et manque de l'asservir. La Constitution du 11 décembre 1990 vient en réaction contre cet état de choses et remet au devant de la scène la notion de droit, ressassée sur une quarantaine d'articles, mais tout de même agrémentée de quelques devoirs à la fois d'abstention et de participation.

II : Les devoirs d'abstention

La décision "Serge Roberto Prince Agbodjan" est une bonne illustration des devoirs de l'homme et du citoyen, lorsque les droits de l'homme et les libertés publiques sont en cause. La Cour affirme, en application de l'article 19 de la constitution, que le commandement de l'autorité légitime ne peut être un fait justificatif qui efface l'élément légal de l'infraction comme l'enseigne le droit pénal. La doctrine de "*la baïonnette intelligente*" doit imprégner les enseignements et la pratique au sein des forces de l'ordre.

Sur un autre plan, l'article 37 de la constitution dispose que "*les biens publics sont sacrés et inviolables. Tout citoyen béninois doit les respecter scrupuleusement et les protéger*". Ainsi, pour avoir soustrait à l'esthétique urbaine, les "*statuts de Hêbiosso-Ayédohouèdo et de Mami-Wata*" implantées au carrefour des quartiers Védoko et Ganhi à Cotonou, le "*Ministre de l'intérieur, de la sécurité et de l'Administration Territoriale, le Ministre des Travaux publics et des Transports, le Directeur du Port Autonome de Cotonou et le Chef de la circonscription urbaine de Cotonou ont violé les articles 37 et 10 de la Constitution*". (Décision DCC 00-067 du 15 novembre 2000, Midiohouan Ossito Guy, Recueil 2000, p.251).

Par ailleurs, la constitution confère aux citoyens le droit à un environnement sain (article 27) ce qui emporte corrélativement le devoir pour les citoyens de ne rien faire, de s'abstenir de porter atteinte à la qualité de vie des autres citoyens. Pour avoir méconnu ce devoir d'abstention, le propriétaire d'un poulailler en agglomération s'est vu notifier une décision d'inconstitutionnalité pour le choix du site d'implantation de son entreprise (Décision DCC 02-065 du 5 juin 2002, Boya Comlan Eugène, Recueil, 2002, p.271). Face à la réticence du propriétaire à déménager son affaire, la Cour n'hésita pas à faire des injonctions au ministre en charge de l'environnement pour obtenir l'exécution de sa première décision passée en force de chose jugée (Décision DCC 04-038 du 20 avril 2004, Boya Eugène, Recueil, 2004, p. 165).

Dans le même sens, bien que la Cour n'ait pas encore eu l'occasion de sanctionner cette prescription constitutionnelle, les citoyens ont un devoir de loyauté envers l'Etat et les institutions. "*Tout citoyen béninois, civil ou militaire, a le devoir sacré de respecter en toutes circonstances, la constitution et l'ordre constitutionnel établi ainsi que les lois et règlements de la République*" (Article 34, constitution).

Enfin, dans le but de donner sens à la devise nationale (fraternité, justice, travail) la constitution de 1990 impose à chaque citoyen le "*devoir de respecter et de considérer son semblable sans discrimination aucune et d'entretenir avec les autres des relations qui permettent de sauvegarder, de renforcer et de promouvoir le respect, le dialogue et la tolérance réciproque en vue de la paix et de la cohésion nationale*."

Ces différentes prescriptions constitutionnelles trouveraient utilement à s'appliquer et à être rappelées par les juridictions de tous ordres, parce que les faits au quotidien, l'actualité de tous les jours est un long fleuve tranquille qui charrie les atteintes aux biens publics, les manquements au civisme et à l'ordre républicain, les entorses aux droits de la personne humaine.

III : Les devoirs de participation

Une addition d'abstentions ne peut pas cuire un œuf. La république a besoin d'actions positives pour se construire et promouvoir le bien-être des citoyens. Aussi, la constitution invite-elle à l'action, au dévouement, à la contribution des citoyens au bien public. "*Tous les citoyens de la république du Bénin ont le devoir de travailler pour le bien commun, de remplir toutes leurs obligations civiques et professionnelles*" (article 33, constitution). L'une des manifestations les plus évidentes de cette obligation de participation est l'article 35 de la constitution qui dispose : "*Les citoyens chargés d'une fonction publique ou élus à une fonction politique ont le devoir de l'accomplir avec conscience, compétence, probité dévouement et loyauté dans l'intérêt et le respect du bien commun*". Trois idées forces se dégagent du libellé de cet article : sur le terrain de l'éthique publique la conscience, la loyauté, le dévouement et la probité ; sur le terrain technique, l'exigence de compétence ; enfin, s'agissant du but, il y a l'intérêt et le bien communs. La Cour a eu l'occasion de se prononcer sur ces trois niveaux.

D'abord, en matière d'éthique publique, la Cour a eu à décider que la mauvaise collaboration des forces de l'ordre, notamment des gendarmes, à la manifestation de la vérité sur des affaires de détention arbitraire, constitue une violation de l'article 35 de la constitution (Décision DCC 01-042 du 21 juin 2001, Ligue pour la défense des droits de l'homme, Recueil 2001, p. 179 ; Décision DCC 03-021 du 20 févier 2003, Davo Nicolas, Recueil 2003, p. 97).

De même, le préfet de département qui s'abstient d'appliquer une décision de justice se met en situation de "*refus délibéré de se conformer à l'autorité de chose jugée attachée aux décisions de la Cour suprême*" et viole ainsi l'article 35 de la constitution (Décision DCC 03-15 du 19 février 2003, Dagba Inoussa, Recueil 2003, p. 71).

Le fait, pour les agents de police, d'induire délibérément en erreur les membres de la Cour par la production d'informations fausses ou tronquées constitue une violation de l'article 35 de la constitution (Décision DCC 05-105 du 06 septembre 2005, Akpovi Nazaire, Recueil 2005, p. 507 ; Décision DCC 06-140 du 05 octobre 2006, Sessinou Prosper Comlanvi, Recueil 2006, p.723).

Ensuite, en matière de compétence et de professionnalisme, la Cour relève que le "*délai anormalement long*" mis par le Ministre de la fonction publique et celui de l'Enseignement supérieur pour traiter le dossier d'arriérés salariaux d'un agent public constitue "*un comportement* " qui dénote une "*inertie et une négligence graves*" en violation de l'article 35 de la constitution (Décision DCC 00-53 du 02 octobre 2000, Chabi B. Louis, Recueil 2000, p. 191). Dans le même sens, pour n'avoir transmis que sept mois après, et tronqué des moyens produits par la défense, une exception d'inconstitutionnalité soulevée devant la Cour d'appel de Cotonou, le Président de la Chambre correctionnelle "*a méconnu les dispositions de l'article 35 de la constitution*" (Décision DCC05-140 du 17 novembre 2005, Yansunnu Magloire, Recueil 2005, p. 687). La circonstance que le "*dossier a été instruit par son prédécesseur*" ou encore que "*l'arrêt avant-dire droit et les conclusions (...n'aient) pas été transmis à la Cour constitutionnelle dans les délais requis parce que (...), les collaborateurs ignoraient l'urgence que requiert la procédure devant la Haute juridiction*" ou enfin "*les excuses de la Cour d'appel de Cotonou pour ce dysfonctionnement*" n'ont été de nature à empêcher la Cour de dire et juger que "La Cour d'appel de Cotonou a méconnu les dispositions des articles 35 et 122 de la constitution" (Décision DCC 04-023 du 04 mars 2004, Sagbohan Moïse, Recueil 2004, p. 103).

Enfin, s'agissant du but d'intérêt commun de l'action publique, la Cour a jugé que les députés, en adoptant par un vote majoritaire la demande d'ajournement *sine die* des débats de fond sur l'autorisation de ratification des accords de prêt et en subordonnant la reprise des travaux parlementaires à l'installation de tous les conseils communaux par le Gouvernement, ont méconnu l'intérêt général de la lutte contre l'érosion côtière. La Cour dit et juge que : "*Considérant que l'Assemblée nationale dont l'une des missions principales est de voter les lois, s'est abstenue d'autoriser la ratification des accords de prêt devant contribuer à la lutte contre l'érosion côtière ; que ce faisant, les députés à l'Assemblée nationale ont violé l'article 35 de la constitution*" (décision DCC 08-072 du 25 juillet 2008 Joseph H. Gnonlonfoun et décision DCC 08-076 du 13 août 2008, Désiré Ahyi).

Dans le même sens, face à l'imminence de l'élection présidentielle de mars 2006 et au regard de la réticence manifeste du Gouvernement à dégager les ressources financières nécessaires pour permettre à la Commission Electorale Nationale Autonome (CENA) de fonctionner, la Cour enjoint au Gouvernement de "*mettre dans les vingt quatre heures de la présente décision à la CENA une avance substantielle de fonds pour assurer le démarrage immédiat de ses activités*" (Décision DCC 05-139 du 17 novembre 2005, Equite Juste, Hodonou Armand, Recueil 2005, p. 681). L'inaction du Gouvernement et de son ministre en charge des finances est l'objet d'une nouvelle saisine de la Cour. Celle-ci dit et juge "*qu'il est (...) établi que plus de douze jours après la décision DCC 05-139 de la Cour, le Gouvernement n'a pas cru devoir mettre à la disposition de la CENA l'avance de fonds devant lui permettre de démarrer ses travaux*" que dès lors, "*en se comportant comme ils l'ont fait, le Gouvernement et le Ministre des Finances et de l'économie ont violé l'article 35 de la constitution*" (Décision DCC 05-145 du 1er décembre 2005, Hodonou Armand, Prince Agbodjan Robert Serge, Ahovè Chite, Recueil 2005, p. 721).

Progressivement, la Cour gardienne des droits de la personne humaine, se fait aussi l'écho des devoirs à la charge des citoyens.

31

Décision DCC 98-062 du 05 juin 1998
Djima John Christian
Recueil 1998 p.307

La bonne moralité
La grande probité
La personnalité de grande réputation professionnelle

La Cour Constitutionnelle,

Saisie d'une requête du 02 juin 1998 enregistrée à son Secrétariat à la même date sous le numéro 0809, par laquelle Monsieur DJIMA John Christian demande de déclarer contraire à la Constitution, la nomination à la Cour Constitutionnelle de Madame Elisabeth K. POGNON et de la faire poursuivre pour flagrant délit de faux et usage de faux ;

VU la Constitution du 11 décembre 1990 ;
VU la Loi Organique n° 91–009 du 04 mars 1991 sur la Cour Constitutionnelle ;
VU le Règlement Intérieur de la Cour Constitutionnelle ;

Ensemble les pièces du dossier ;

Ouï le Professeur Alexis HOUNTONDJI en son rapport ;

Après en avoir délibéré,

Considérant que le requérant expose que Madame Elisabeth K. POGNON a produit hors délai un curriculum vitae non daté et deux casiers judiciaires différents ayant le même numéro, délivrés par la Cour d'Appel de Cotonou, l'un le 22 mai 1998 sans mention de la profession et de la filiation avec l'inscription ''identité non vérifiée'', l'autre le 25 mai 1998 portant la mention ''Magistrat à la Retraite '' et sur lequel est précisée la filiation ; qu'il développe qu'elle est la ''seule parmi les candidats à envoyer son dossier le 22 mai et un deuxième le 25 mai 1998, donc informée de ce qui se passe à l'Assemblée Nationale ; qu'il conclut qu'il y a ''faux et usage de faux, manque de probité'' et que ''la nomination de Madame POGNON ne respecte pas les conditions de bonne moralité et de grande probité'' prescrites par l'article 115 alinéa 2 de la

Constitution : qu'il demande en conséquence à la Haute Juridiction de déclarer contraire à la Constitution ladite nomination et ''d'envoyer l'affaire devant un tribunal compétent pour flagrant délit de faux et usage de faux''

Considérant que la Constitution en son article 115 alinéa 2 dispose : '*'Pour être membre de la Cour Constitutionnelle, outre la condition de compétence professionnelle, il faut être de bonne moralité et d'une grande probité.*'' ; que l'appréciation sur pièces de ce critère ne peut se faire qu'au regard du casier judiciaire exigé par l'article 1er alinéa 2 de la loi organique sur la Cour Constitutionnelle ;

Considérant que dans le cas d'espèce, les casiers judiciaires versés au dossier ne portent mention d'aucune condamnation ; que, dès lors, le moyen tiré de la violation de l'article 115 alinéa 2 relatif à la bonne moralité et la grande probité de Madame POGNON est inopérant ;
Sans qu'il soit besoin de statuer sur tous autres moyens ;

DECIDE :

Article 1er.-La nomination de Madame Elisabeth K. POGNON à la Cour Constitutionnelle n'est pas contraire à l'article 115 alinéa 2 de la Constitution en ce qui concerne *la bonne moralité et la grande probité.*
Article 2.- La présente décision sera notifiée à Monsieur DJIMA John Christian, au Président de l'Assemblée Nationale, au Président de la République et publiée au Journal Officiel.

Ont siégé à Cotonou, les quatre et cinq juin mil neuf cent quatre-vingt-dix-huit,

Messieurs	Alexis HOUNTONDJI	Vice-Président
	Bruno O. AHONLONSOU	Membre
	Pierre E. EHOUMI	Membre
	Alfred ELEGBE	Membre
	Maurice GLELE-AHANHANZO	Membre

Le Rapporteur, Le Président,

Prof. Alexis HOUNTONDJI Prof. Alexis HOUNTONDJI

Décision EP 16-002 du 21 janvier 2016
Andoche Célestin Fortuné AMEGNISSE

La Cour constitutionnelle,

VU la loi n° 90-032 du 11 décembre 1990 portant Constitution de la République du Bénin ;
VU la loi n° 91-009 du 04 mars 1991 portant loi organique sur la Cour constitutionnelle modifiée par la loi du 31 mai 2001 ;
VU la loi n° 2001-021 du 21 février 2003 portant charte des partis politiques en République du Bénin ;
VU la loi n° 2013-06 du 25 novembre 2013 portant code électoral en République du Bénin ;
VU le décret n° 2014-118 du 17 février 2014 portant attributions, organisation et fonctionnement du secrétariat général de la Cour constitutionnelle ;
VU le règlement intérieur de la Cour constitutionnelle ;
VU le décret n° 2015-248 du 06 mai 2015 portant convocation du corps électoral pour l'élection du président de la République ;

Ensemble les pièces du dossier ;
Ouï Madame Marcelline-C. GBEHA AFOUDA en son rapport ;

Après en avoir délibéré,

Considérant que par une requête du 13 janvier 2016 enregistrée à son Secrétariat général à la même date sous le numéro 0064/001/EP, Monsieur Andoche Célestin Fortuné AMEGNISSE forme un recours contre la candidature de Monsieur Sébastien Germain AJAVON à l'élection présidentielle de février 2016 ;

CONTENU DU RECOURS

Considérant que le requérant expose : « Nous venons ... porter à votre jugement les faits ci-après exposés et demander à la haute juridiction de dire si selon le droit et si selon l'esprit de la Constitution, un tortionnaire est une personne de bonne moralité et de grande probité? Et si confier la fonction de président de la République et de chef de l'Etat à un tortionnaire au caractère violent, prompt à se rendre justice et n'hésitant pas à recourir aux sévices, aux traitements cruels, inhumains et dégradants comme c'est le cas de notre compatriote Monsieur Sébastien Germain AJAVON, candidat à l'élection présidentielle du 28 février 2016, est sans risque grave pour la République et pour les citoyens ? Si la haute juridiction répond à ces questions par la négative, qu'il lui plaise de constater en conséquence que les faits ci-dessous exposés témoignent en toute logique que la candidature de Monsieur Sébastien AJAVON constitue une violation de la loi n° 90-32 du 11 décembre 1990 portant Constitution de la République du Bénin et qu'elle est donc non recevable... » ; qu'il affirme : « Premier fait : Le sieur Sébastien Germain AJAVON a déposé à la Commission électorale nationale autonome (CENA) sa candidature à l'élection présidentielle du 28 février 2016. La date du dépôt des candidatures ayant été fixée au 12 janvier 2016, les dossiers de candidature vous ont été certainement transmis pour, conformément à l'article 339 de la loi n° 2013-06 du 25 novembre 2013 portant code électoral en République du Bénin, en contrôler la recevabilité avant la délivrance du récépissé définitif par la CENA. Une vérification par vos soins des dossiers qui vous ont été transmis vous permettrait de constater l'effectivité de la candidature du sieur Sébastien Germain AJAVON.

Deuxième fait : Le sieur Sébastien Germain AJAVON a, le 26 juin de l'an 2000, infligé à son employé Monsieur René TINGBO, torture, sévices graves, traitement cruel, inhumain et dégradant. Par la décision DCC 01-031 du 17 mai 2001, la Cour constitutionnelle a elle-même constaté et condamné ce comportement grave, cruel, inhumain et dégradant dont le sieur Sébastien Germain AJAVON a été l'auteur et qui fait que nombre de nos compatriotes sont inquiets de ce que Monsieur Sébastien Germain AJAVON serait capable d'infliger sa politique dans le cas où il deviendrait président de la République et disposerait de l'armée, la police, la gendarmerie ... » ;

Considérant qu'il poursuit : « Troisième fait : Monsieur Sébastien Germain AJAVON a fait arrêter par ses agents de sécurité son employé Monsieur René TINGBO le 26 juin 2000, l'a battu et jeté dans une chambre froide, pieds et mains ligotés. Quelle que soit la faute commise par le sieur René TINGBO, son employeur Monsieur Sébastien Germain AJAVON a abusé de sa position et de son pouvoir de chef pour le torturer et lui infliger les sévices graves et le traitement cruel, inhumain et dégradant. On constate ainsi que lorsqu'il est en colère, Monsieur Sébastien Germain AJAVON peut devenir très violent et peut abuser de sa position et de son pouvoir de chef sur toute personne sans défense se trouvant à sa merci.

Quatrième fait : Après ces sévices graves et traitements cruels, inhumains et dégradants, Monsieur Sébastien Germain AJAVON a conduit dans la nuit du 26 au 27 juin 2000, son employé Monsieur René TINGBO au commissariat central de Cotonou avec les poignets et les pieds ligotés. On constate donc que dans la mentalité de Monsieur Sébastien Germain AJAVON, il est normal de ligoter son employé. Par ailleurs, le fait de conduire son employé ainsi ligoté devant des représentants de la loi prouve que Monsieur Sébastien Germain AJAVON était convaincu d'être dans son bon droit d'infliger torture et traitement inhumain et dégradant à celui qu'il considérait comme étant en son pouvoir. Pire, c'est dans l'enceinte du commissariat central de Cotonou qu'il a été ordonné au sieur Sébastien Germain AJAVON de détacher son employé. Et comme celui-ci saignait des deux poignets, c'est dans l'enceinte du commissariat central qu'il a été exigé du sieur Sébastien Germain AJAVON de conduire sa victime dans un centre de santé pour y recevoir des soins. On constate donc que dans la mentalité de Monsieur Sébastien Germain AJAVON, le plus fort peut maltraiter le plus faible sans s'inquiéter pour sa vie ou pour sa santé. En pleine République et nonobstant notre Constitution, nous sommes en présence d'un exemple de citoyen dangereux appliquant la loi de la jungle et la raison du plus fort, comme dans la fable de La FONTAINE : le loup et l'agneau. Se rendre justice soi-même parce qu'on est en situation de force est un comportement contraire à l'éthique, au droit et à l'esprit de la Constitution. La Cour constitutionnelle peut donc constater que le sieur Sébastien Germain AJAVON n'a pas une bonne moralité et encore moins une grande probité. » ;

Considérant qu'il fait observer : « Cinquième fait : Le dépôt de sa candidature à l'élection présidentielle par un citoyen implique que celui-ci a effectivement pris connaissance de la Constitution et des lois électorales. Il en découle que si le candidat est conscient d'avoir, par le passé, posé des actes graves et anticonstitutionnels qui pourraient conduire à douter de sa bonne moralité et de sa probité, alors il sait qu'il devrait s'abstenir d'être candidat, parce que l'article 44 de la loi n° 90-32 du 11 décembre 1990 portant Constitution de la République du Bénin dispose clairement que nul ne peut être candidat aux fonctions de président de la République s'il n'est de bonne moralité et d'une grande probité. Le sieur Sébastien Germain AJAVON ayant néanmoins déposé sa candidature en toute connaissance de sa condamnation par la décision DCC 01-031 du 17 mai 2001 de la Cour constitutionnelle, cette candidature constitue la preuve qu'en tant que candidat à la magistrature suprême, le sieur Sébastien Germain AJAVON n'a pas conscience de la nécessité de respecter les lois et la Constitution de la République. Comment s'assurer alors que, devenu président de la République, il ne violerait pas les lois et la Constitution de la République selon ses humeurs et en fonction des circonstances ? Comment s'assurer que le tortionnaire ne recommencerait pas sans état d'âme, s'il lui était donné plus de pouvoir d'en user à sa guise et de disposer comme il l'entend de ses compatriotes ? Comment s'assurer que le sieur Sébastien Germain AJAVON ne se mettra pas à torturer ses concitoyens et à leur infliger des sévices, des traitements cruels, inhumains et dégradants quand il sera le chef de l'Etat et que certains prendraient la liberté de le critiquer ou de critiquer sa gouvernance ? Comment s'assurer que le sieur Sébastien Germain AJAVON a retrouvé une bonne moralité et une grande probité et qu'il n'est plus un potentiel tortionnaire ? » ; qu'il relève : « … un tortionnaire étant de toute évidence une personne de mauvaise moralité et qui manque de probité, la candidature du sieur Sébastien Germain AJAVON constitue dans ces conditions une infraction par violation de l'article 44 de la loi n°90-32 du 11 décembre 1990 portant Constitution de la République du Bénin » ; qu'il conclut : « - Considérant les faits exposés ci-dessus et l'infraction qui en découle ; - Considérant que nous avons clairement établi que ces faits et infraction sont constitutifs d'une violation flagrante de l'article 44 de la Constitution de la République du Bénin, nous demandons à la haute juridiction constitutionnelle : 1- de constater que la candidature de Monsieur Sébastien Germain AJAVON à l'élection présidentielle du 28 février 2016 viole la loi n° 90-32 du 11 décembre 1990 portant Constitution de la République du Bénin ; 2- de déclarer en conséquence cette candidature non recevable au motif de cette violation de la Constitution. » ;

ANALYSE DU RECOURS

Considérant qu'aux termes de l'article 44 de la Constitution : « Nul ne peut être candidat aux fonctions de président de la République s'il: - n'est de nationalité béninoise de naissance ou acquise depuis au moins dix ans ; - n'est de bonne moralité et d'une grande probité ; - ne jouit de tous ses droits civils et politiques ; - n'est âgé de 40 ans au moins et 70 ans au plus à la date de dépôt de sa candidature ; - ne réside sur le territoire de la République du Bénin au moment des élections ; - ne jouit d'un état complet de bien-être physique et mental dûment constaté par un collège de trois médecins assermentés désignés par la Cour constitutionnelle. » ; Considérant qu'en outre, les articles 339 alinéas 2, 3 et 4, 340 alinéa 5 et 343 de la loi n° 2013-06 du 25 novembre 2013 portant code électoral en République du Bénin disposent : « La déclaration de candidature est faite en double exemplaire, revêtue de la signature du candidat et attestant sur l'honneur qu'il remplit les conditions d'éligibilité requises. Cette déclaration est enregistrée par la Commission électorale nationale autonome. Un récépissé provisoire de la déclaration est immédiatement délivré au déclarant. Le récépissé définitif est délivré par la Commission électorale nationale autonome, après versement de la somme prévue à l'article 343 ci-dessous et après contrôle de la recevabilité de la candidature par la Cour Constitutionnelle. » ; « En sus des pièces ci-dessus mentionnées, la déclaration de candidature doit être complétée, avant son examen, par le bulletin n°2 du casier judiciaire adressé par la juridiction compétente à la Commission électorale nationale autonome, sur demande de celleci. » ; « Dans les deux jours qui suivent la déclaration de candidature, le candidat devra verser auprès du Directeur du Trésor ou auprès d'un receveur-percepteur du Trésor qui transmettra au Directeur du Trésor, un cautionnement de quinze millions (15.000.000) de francs remboursables au candidat s'il a obtenu au moins dix pour cent (10%) des suffrages exprimés au premier tour. » ; Considérant qu'il découle de la lecture combinée et croisée des dispositions sus-énoncées que la liste des candidats à l'élection présidentielle n'est définitive qu'après contrôle de la recevabilité des candidatures par la Cour constitutionnelle, délivrance du récépissé définitif et publication officielle de la liste des candidats par la Commission électorale nationale autonome ; que dans le cas d'espèce, à la date du 13 janvier 2016, date de saisine de la Cour par Monsieur Andoche Célestin

Fortuné AMEGNISSE, la Commission électorale nationale autonome n'a publié aucune liste de candidats à l'élection présidentielle du 28 février 2016 ; que dès lors, à cette date, Monsieur Sébastien Germain AJAVON n'a pas encore la qualité de candidat ; qu'en conséquence, le recours sous examen est prématuré et doit être déclaré irrecevable ;

DECIDE:

Article 1er.- Le recours de Monsieur Andoche Célestin Fortuné AMEGNISSE est irrecevable.

Article 2.- La présente décision sera notifiée à Monsieur Andoche Célestin Fortuné AMEGNISSE et publiée au Journal officiel.

Ont siégé à Cotonou, le vingt et un janvier deux mille seize,

Messieurs	Théodore HOLO	Président
	Zimé Yérima KORA-YAROU	Vice-Président
	Simplice Comlan DATO	Membre
	Bernard Dossou DEGBOE	Membre
Madame	Marcelline-C. GBEHA AFOUDA	Membre
Monsieur	Akibou IBRAHIM G.	Membre
Madame	Lamatou NASSIROU	Membre

Le Rapporteur, Le Président,

Marcelline- C. GBEHA AFOUDA Professeur Théodore HOLO

Décision DCC 03-082 du 26 mai 2003
Lafia Joachim
Recueil 2003, p. 335

La Cour Constitutionnelle,

Saisie d'une requête du 22 mai 2003 enregistrée à son Secrétariat à la même date sous le numéro 1284/053/REC, par laquelle Monsieur Joachim LAFIA demande à la Haute Juridiction de déclarer contraire à la Constitution la nomination, par le Président de la République, de Monsieur Idrissou BOUKARI en qualité de personnalité de grande réputation professionnelle ;

VU la Constitution du 11 décembre 1990 ;

VU la Loi n° 91-009 du 04 mars 1991 portant loi organique sur la Cour Constitutionnelle modifiée par la Loi du 31 mai 2001 ;

VU le Règlement Intérieur de la Cour Constitutionnelle ;

Ensemble les pièces du dossier ;

Ouï Madame Conceptia OUINSOU en son rapport ;

Après en avoir délibéré,

Considérant que le requérant expose que « Monsieur Idrissou BOUKARI avait été nommé membre de la Cour Constitutionnelle en remplacement de Monsieur Hubert MAGA décédé en cours de mandat. Il est donc venu terminer le mandat de Feu Président MAGA, lequel mandat a été déjà renouvelé une fois conformément aux dispositions de l'article 115 de la Constitution et 2 de la Loi Organique de la Cour » ; qu'il soutient que « Reconduire sous cette forme Monsieur BOUKARI signifierait donc reconduire le mandat de Monsieur Hubert MAGA pour une deuxième fois, ce qui est contraire à l'article 115 de la Constitution » ;

Considérant que le requérant développe par ailleurs que « Monsieur BOUKARI n'est nullement une personnalité de grande réputation professionnelle, l'intéressé étant simplement un conducteur des travaux agricoles à la retraite et titulaire d'une Maîtrise en Droit… et n'est pas une personnalité connue même dans son secteur d'activités » ;

Considérant qu'aux termes de l'article 115 alinéa 1 de la Constitution : « *La Cour Constitutionnelle est composée de sept membres… nommés… pour un mandat de cinq ans renouvelable une seule fois. Aucun membre de la Cour ne peut siéger plus de dix ans.* » ; que les articles 13 et 14 de la Loi n° 91-009 du 4 mars 1991 portant loi organique sur la Cour Constitutionnelle modifiée par la Loi du 31 mai 2001 énoncent :

Article 13 : « *La Cour Constitutionnelle constate, le cas échéant, à la majorité de cinq (5) Conseillers au moins, la démission d'office de celui de ses membres qui aurait exercé une activité ou accepté une fonction ou un mandat électif incompatible avec sa qualité de membre de la Cour ou qui n'aurait pas la jouissance des droits civils et politiques. Il est alors pourvu à son remplacement dans la quinzaine pour le reste du mandat.*

Article 14 *: « Les règles posées à l'article 13 sont applicables aux membres de la Cour Constitutionnelle définitivement empêchés par une incapacité physique permanente. » ;*

Considérant que la Loi Organique sur la Cour Constitutionnelle n'ayant pas prévu expressément le remplacement en cours de mandat pour cause de décès, il convient d'assimiler cette situation à l'empêchement définitif résultant d'une incapacité physique permanente prévu à l'article 14 ci-dessus évoqué ;

Considérant qu'il ressort de la lecture croisée et combinée des dispositions sus-citées, que le mandat d'un Conseiller à la Cour Constitutionnelle est de cinq ans ; que ledit mandat est renouvelable une fois ; qu'aucun Conseiller ne peut passer plus de dix ans à la Cour Constitutionnelle ; que tout remplacement d'un Conseiller intervenu en cours de mandat ne l'est que pour le reste du mandat ;

Considérant que selon le requérant, le Conseiller Idrissou BOUKARI ne peut plus être nommé à la Cour Constitutionnelle pour un mandat de cinq ans, ayant achevé le deuxième mandat du feu Conseiller, qui s'il avait survécu n'aurait pas été nommé à nouveau car ne pouvant passer plus de dix ans à la Cour Constitutionnelle ;

Considérant que la règle posée par l'article 13 alinéa 2 précité doit s'analyser comme une dérogation à l'article 115 de la Constitution selon lequel le mandat de tout Conseiller à la Cour Constitutionnelle est de cinq ans ; que le Conseiller remplaçant doit terminer le mandat en cours en même temps que les autres Conseillers ; qu'il peut, dès lors, bénéficier d'un second mandat dans les conditions prévues à l'article 115 susvisé ; qu'il résulte de tout ce qui précède que le renouvellement du mandat du Conseiller Idrissou BOUKARI qui a terminé le second mandat du feu Conseiller Hubert MAGA n'a rien de contraire à la Constitution ;

Considérant qu'il est dénié au Conseiller Idrissou BOUKARI la qualité de personnalité de grande réputation professionnelle ;

Considérant que l'article 115 alinéa 3 de la Constitution énonce : « *La Cour Constitutionnelle comprend : ... deux personnalités de grande réputation professionnelle... » ;* que c'est en fonction de cet article que la Loi Organique sur la Cour Constitutionnelle exige en son article 1er que les personnes pressenties pour être membres de la Cour Constitutionnelle doivent produire entre autres documents, un curriculum vitae permettant de juger de leur qualification et expérience professionnelles ;

Considérant que le Haut Conseil de la République siégeant en qualité de Cour Constitutionnelle a, par la Décision 15 DC du 16 mars 1993, jugé que la notion de personnalité doit être jumelée avec la qualification et la compétence professionnelles ;

Considérant qu'il résulte de l'examen de son curriculum vitae qu'il remplit les conditions requises pour être nommé par le Président de la République membre de la Cour Constitutionnelle en qualité de personnalité, qualité qu'il avait au moment où il a remplacé le Président Hubert MAGA ; que, dès lors, sa nomination n'est pas contraire à la Constitution ;

DECIDE :

Article 1er.- Le renouvellement du mandat du Conseiller Idrissou BOUKARI en qualité de personnalité n'est pas contraire à la Constitution.

Article 2.- La présente décision sera notifiée au Président de la République, à Messieurs Joachim LAFIA et Idrissou BOUKARI et publiée au Journal Officiel.

Ont siégé à Cotonou, le vingt six mai deux mille trois,

Madame	Conceptia D. OUINSOU	Président
Messieurs	Lucien SEBO	Vice-président
	Maurice GLELE-AHANHANZO	Membre
	Alexis HOUNTONDJI	Membre
	Jacques D. MAYABA	Membre
Madame	Clotilde MEDEGAN- NOUGBODE	Membre

Le Rapporteur, Le Président,

Conceptia D OUINSOU Conceptia D. OUINSOU

OBSERVATIONS

I : L'inquisition à fleur de procédure

La "*moralité n'est pas un objet de la raison*" écrit le philosophe HUME. Elle est du domaine des "*perceptions de l'esprit*" (Cité par A. Garapon et alii, *Les vertus de juges*, Paris, Dalloz, 2008, pp. 76-77). Or, l'exigence de bonne moralité parcourt nombre de nos textes fondamentaux et constitue un obstacle dirimant pour les mandats électifs (Décision DCC 23-94 du 08 juillet 1994, King Adeniyi et Frères, KAF, Recueil 1994, p. 93) et aussi pour certaines professions réglementées dont celles des huissiers de justice (Décision DCC 03-058 du 19 mars 2003, Président de la République, Ali-Yérima Auguste, Recueil 2003, p.231) et des magistrats. La moralité, une vie humaine conduite selon les canons des bonnes mœurs, s'apprécie difficilement dans l'absolu. L'environnement social avec son système de valeurs et d'interdits est le premier référentiel de la morale. L'idée d'une morale intrinsèque est difficile à soutenir dans une société complexe en mutation constante et ouverte sur la mondialisation. En définitive, il n'est de morale et de moralité que contingentes. André HAURIOU percevait déjà cette difficulté de transition entre le droit et la morale lorsqu'il estimait que l'ordre public ne peut être que "*matériel et extérieur*". Toute perception extensive de l'ordre public conduirait, selon lui, à l'inquisition, à fouiller dans les eaux troubles et quelques fois nauséeuses de la vie privée du citoyen.

Que dire ensuite de la grande réputation, sinon qu'elle est une perception extérieure à la personne, une célébration de cette personne qui peut ne pas être contemporaine à cette personne mais posthume ! Nicolas COPERNIC (1473-1543) et sa révolution copernicienne ne devinrent célèbre et d'une grande réputation professionnelle qu'à la fin du 16ème siècle. L'Eglise catholique romaine ne se rallia à ses thèses que vers 1750.

La bonne question est comment la science du droit peut prendre en compte ces notions aux contours méta-juridiques.

II : La bonne moralité : le casier judiciaire ou la preuve par le droit pénal

L'évocation de la bonne moralité n'est pas propre au droit constitutionnel. Le statut de la magistrature la prévoit aussi pour tout auditeur de justice qui aspire à devenir magistrat. En effet, avant leur admission dans le corps de la magistrature, les auditeurs de justice et les personnes recrutées sur titre sont soumis à une enquête de moralité effectuée par un magistrat d'une cour d'appel qui en adresse le rapport au Garde des sceaux, ministre chargé de la justice.

La Cour constitutionnelle se réfère aussi aux magistrats des cours et tribunaux pour trancher le débat sur la bonne moralité. L'instrument choisi est une pièce qui a une valeur juridique objective : le casier judiciaire. Dès lors que le casier judiciaire est vierge, la bonne moralité prescrite par la loi est établie, selon la jurisprudence de la Cour. Ce qui constitue une manière réaliste de ne pas ouvrir la boîte de Pandore. Car la faune politique et administrative, d'ici et d'ailleurs, n'est pas faite d'enfants de cœur ni de modèles en éthique. L'effet domino d'une décision contraire aurait ennuyé plus d'un.

Pourtant, les arguments du requérant ne manquent guère de pregnance : un curriculum vitae non daté, deux casiers judiciaires différents et un soupçon de délit d'initié. Dans un dossier ultérieur de fraudes sur le casier judiciaire, la Cour n'a pas hésité à prononcer l'annulation des résultats d'une élection (Décision EL 11-005 du 13 avril 2011, Sabitou Adamou, Romulus B. Zodéhougan, Wilfried C. Yassinguezo et Décision EL 11-005 du 13 avril 2011, Sabitou Adamou et autres).

Dans le cas de Madame Elisabeth POGNON, les bizarreries sur le casier judiciaire suffisent-elles à établir la moralité douteuse ? Peut-être que si, peut-être que non.

Les faits sont non moins graves, dans une autre appréciation de la bonne moralité tranchée par la Cour. Selon le requérant, le membre nommé de la Haute autorité de l'audiovisuelle et de la communication (HAAC) "*a été inculpé et mis sous mandat de dépôt le 17 mars 2010 pour détournement de deniers publics, faux en écritures authentiques et publiques devant le 1er Cabinet d'Instruction du Tribunal de Première Instance de Deuxième Classe d'Abomey suite à une plainte avec constitution de partie civile des huit (08) Conseillers de la Mairie de Savè*". La Cour, en se fondant sur la présomption d'innocence décide "*qu'en le désignant comme membre de la Haute Autorité de l'Audiovisuel et de la Communication, le Bureau de l'Assemblée Nationale n'a pas violé la Constitution*" (Décision DCC 14-163 du 28 août 2014, Toulassi Thomas ESSOWE, Recueil 2014, vol.3, p. 1096).

La solution se résume à ceci : montre-moi ton casier judiciaire, je te dirai si tu es de bonne moralité !

Et cette solution fait école dans les juridictions constitutionnelles africaines. En effet, la constitution du Niger dispose en son article 47 que les candidats à l'élection présidentielle doivent jouir "*d'une bonne moralité attestée par les services compétents.*" Les services compétents ont produit un rapport sur l'un des candidats à l'élection de 2016. Ce rapport indique que l'intéressé a fait l'objet d'un «*PV n°07/DPJ du 07 janvier 2007 pour provocation aux crimes et délits et complicité d'incendie volontaire ; que l'intéressé serait d'une mauvaise réputation pour son penchant pour les femmes mariées, ce qui lui a valu son limogeage spectaculaire durant le régime d'Ali Saïbou ; que très rancunier et égoïste, l'intéressé traine derrière lui plusieurs affaires les unes plus scabreuses que les autres : il s'agit de l'affaire MEBA, l'affaire de fonds d'aide à la presse, l'affaire d'incendie volontaire, l'affaire des bébés importés pour laquelle il est détenu (préventivement) à la prison civile de Filingué ; qu'il s'est fait toujours entourer par des gens de moralité douteuse ; qu'il est poursuivi pour supposition d'enfant, faux et usage de faux en écriture publique et complicité.*"

Après examen du rapport de moraliré, la Cour du Niger décida que le candidat est suffisamment de bonne moralité pour participer à l'élection présidentielle parce que "*s'agissant des affaires judiciaires, les dossiers sont soit pendants devant les juridictions, soit définitivement réglés sans que cela n'ait donné lieu à des condamnations définitives, comme l'atteste le Bulletin n° 3 du casier judiciaire délivré par le Tribunal de grande instance de Tillabéri le 08 décembre 2015*" (Arrêt n°001/CC/ME du 09 janvier 2016).

III : La Décision EP 16-002 du 21 janvier 2016 : le "casier constitutionnel" en débats !

La Cour constitutionnelle a une compétence d'appréciation de la constitutionnalité de la loi mais aussi "*d'une plainte en violation des droits de la personne humaine et des libertés publiques*" (Article 120, constitution du 11 décembre 1990). Ce qui amène la Cour à juger du comportement et des actes des citoyens au regard des prescriptions constitutionnelles en matière de respect des droits et libertés. Cet exercice est une attribution traditionnellement dévolue au juge judiciaire qui prononce à l'occasion des condamnations de nature pénale pour des motifs divers : coups et blessures volontaires, violences au sein du couple, sequestration arbitraire, etc. (voir *supra* p. 33).

La mise en œuvre de l'article 120 de la constitution a conduit la Cour constitutionnelle à développer une jurisprudence parallèle sur les comportements du citoyen en matière d'observance des dispositions constititionnelles sur les droits et libertés. La revue de la jurisprudence de la Cour permet de mettre en évidence une importante série de décisions dans lesquelles sont relevés et déclarés constitutifs de violations des dispositions de la constitution les violences sur une épouse, la garde à vue arbitraire, la détention administrative arbitraire, le traitement cruel, inhumain et dégradant, les coups et blessures volontaires, le meurtre, la dégradation de l'environnement, le bon citoyen de l'article 35 de la constitution et bien d'autres situations attentatoires aux droits de l'homme (Voir *supra* p. 93). La Cour s'autorise même à juger des faits antérieurs à la constitution du 11 décembre 1990 et qui ont donc été perpétrés sous le régime de la Loi fondamentale de 1977 dans la mesure où "*les constitutions et chartes constitutionnelles du Bénin ont, de façon constante, proclamé et affirmé le droit à la vie et à l'intégrité de la personne humaine.*" Dès lors, "*la haute juridiction est compétente pour se prononcer, au regard de la constitution de 1990 sur des faits de tortures de décembre 1987 allégués par le requérant*" et peut décider, qu'"*il y a traitements cruels, inhumains et dégradants*" et que "*les préjudices subis ouvrent droit à réparation*" (Décision DCC 04-088 du 7 octobre 2004, Rocka Locco Toussaint, Recueil 2004, pp. 401 et suiv.).

Les mis en cause de violation des dispositions constitutionnelles se constituraient ainsi un "*casier constitutionnel*" qui pourrait servir à apprécier, concurremment avec le casier judiciaire, le critère de "*bonne moralité et de grande probité*" posé par l'article 44 de la constitution du 11 décembre 1990 pour les candidats aux fonctions de Président de la République.

La Décision EP 16-002 du 21 janvier 2016 est déroutante de ce point de vue pour deux raisons :

1. la question de fond posée par la requête n'est pas examinée. La Cour se fonde sur la procédure et son *timing* pour juger le recours "*irrecevable*" sur une question de violation des droits de l'homme qui, traditionnellement fait l'objet de sa saisine d'office (Voir *infra* p. 413), y compris dans les situations où les traitements cruels, inhumains et dégrandants ont été commis sous l'empire de la constitution du 11 décembre 1977. Signe de l'imprescriptibilité des atteintes aux droits de l'Homme (Voir *infra* p. 383). On aurait pu penser, *a priori*, que, se fondant sur ses propres décisions, l'autorité de chose jugée attachée à sa jurisprudence lui permet de sérier les bons citoyens et les mauvais, les coupables de violation des droits de l'homme et les honnêtes gens. Ceci, d'autant que l'instruction et le jugement dans ces affaires sont le fait de la Cour elle-même et non la résultante d'une activité exercée par une instance extérieure comme cela est le cas pour le casier judiciaire délivré par les cours et tribunaux relevant de la hiérarchie de la Cour suprême. On n'est jamais bien servi que par soi-même, dit le dicton !

2. la Décision EP 16-002 du 21 janvier 2016 fait suite à la décision DCC 01-031 du 17 mai 2001. Celle-ci conclut à une violation de la constitution pour "*tortures, sévices, et traitements cruels, inhumains et dégradants*." Certes, la constitution n'établit pas de hiérarchie entre les droits de l'homme. Cependant, le droit international des droits de l'homme et le droit comparé des droits de l'homme font de la lutte contre les "*tortures, sévices, et traitements cruels, inhumains et dégradants*" une sorte de *jus cogens*, et constituent de ce fait, des droits dont la violation ne peut bénéficer ni de circonstances atténuantes, ni de faits justificatifs, ni d'une quelconque autorisation de la loi. Ces droits consacrent "*l'une des valeurs fondamentales des sociétés démocratiques*." Ces valeurs doivent prévaloir envers et contre tout, y compris, "*dans les circonstances les plus difficiles, telles la lutte contre le terrorisme et le crime organisé*." Somme toute, cette prohibition ne "*souffre nulle dérogation, même en cas de danger public menaçant la vie de la nation*" (Cour européenne des droits de l'homme, affaire Selmouni c/ France, 28 juillet 1999, *in* F. SUDRE et alii, *Les grands arrêts de la Cour européenne des droits de l'homme*, 6ème édit. Paris, PUF, 2011, pp.154 et suiv.). En lieu et place de cette ligne internationale de préservation des droits humains, la Cour constitutionnelle choisit de rejeter le recours du Sieur Andoche Célestin Fortuné AMEGNISSE et d'autoriser la candidature à l'élection présidentielle d'une personne au "*casier constitutionnel*" chargé.

IV : La personnalité de grande réputation professionnelle

Une personnalité, c'est comme une girafe : elle est facile à reconnaître mais difficile à définir. La question posée au juge est plutôt spécieuse. Elle revient à juger si le Président de la République sait discerner une personnalité de grande réputation professionnelle. La constitution elle-même contient quelques spécimens de ces formulations brumeuses, qui sont aux frontières fuyantes de la compétence et de l'éthique : le juriste de haut niveau, la personnalité de grande réputation professionnelle, etc.

L'analyse exégétique ne permet pas d'en savoir plus sur les intentions du constituant originaire. Le texte n'a pas fait l'objet de débats parlementaires mais est passé de l'étape de la commission technique érigée par la Conférence nationale souveraine au Haut Conseil de la république et enfin au suffrage universel des béninois par la voie du référendum. Ce cheminement a laissé peu de place à des documents qu'on pourrait qualifier de travaux préparatoires.

Ni la constitution, ni les lois organiques sur les différents pouvoirs publics constitutionnels ne contiennent de critères de caractérisation des grandes catégories qu'elles fixent : personne de bonne moralité et de bonnes mœurs, juriste de haut niveau, personnalité de grande réputation professionnelle, etc. A défaut de fixer un répertoire des personnes concernées, répertoire nominatif qui ouvrirait immédiatement la voie des recours en omission de noms, la Cour se contente du cas par cas. Sa technique s'inspire d'un existentialisme sartrien qui révèle à la fois la gêne mais aussi le peu de latitude dont elle dispose pour dire le droit.

Dans sa décision de 1993, (Décision 15 DC du 16 mars 1993, Président de la République) la Cour a rappelé les termes de la Loi organique 91-009 du 04 mars 1991 sur la Cour constitutionnelle. Cette loi organique exigeait la production d'un curriculum vitae. Ce curriculum vitae devait permettre d'attester de la "*qualification et de la compétence professionnelles*" que la loi veut grande. Mais à l'arrivée, il persiste un sentiment d'inachevé car le raisonnement syllogistique attendu manque de sa majeure. Ce qui débouche sur des formulations lapidaires dans le genre : : "*Considérant qu'il résulte de l'examen de son curriculum vitae qu'il remplit les conditions requises*" (Décision DCC 03-082 du 26 mai 2003, Lafia Joachim) ou encore "*la désignation faite par le Président de la République est conforme à la constitution*" (Décision DCC 13-061 du 24 juin 2013, Noël Olivier KOKO, Recueil 2013, vol.1, p.392).

En définitive, seule la nomination fait la personnalité de grande réputation professionnelle. Je suis nommé donc je suis (une personnalité de grande réputation) !

32

Décision DCC 95-035 du 1er septembre 1995
Société Oluwa Lony Kpé Koyeni, Dovonou Corneille
Recueil, 1995, p. 175

La Loi fondamentale de 1977

La Cour Constitutionnelle,

Saisie d'une requête du 14 juillet 1993 enregistrée au Secrétariat de la Cour le 15 juillet 1993 sous le numéro 114, par laquelle la Société OLUWA LONY KPE KOYENI assistée de Maître Arthur BALLE, Avocat, demande à la Haute Juridiction de déclarer contraire à la Constitution la Décision-Loi n° 88-004 du 26 septembre 1988 pour violation de l'article 46 de la Loi Fondamentale du 26 avril 1977 sur le fondement des articles 3 et 122 de la Constitution ;
Saisie d'une seconde requête non datée, enregistrée au Secrétariat de la Cour le 17 novembre 1994 sous le numéro 1068, par laquelle Monsieur DOVONOU Corneille assisté de Maître Magloire YANSUNNU, Avocat, défère pour violation de l'article 46 de la Loi Fondamentale et pour défaut de publicité la décision-loi précitée ;

VU la Constitution du 11 décembre 1990 ;
VU la Loi Organique n° 91-009 du 04 mars 1991 sur la Cour Constitutionnelle ;
VU le Règlement Intérieur de la Cour Constitutionnelle ;
Ensemble les pièces du dossier ;
Ouï Monsieur Bruno O. AHONLONSOU en son rapport ;
Après en avoir délibéré,

Considérant que les requêtes susvisées de la Société OLUWA LONY KPE KOYENI et du sieur DOVONOU Corneille sont relatives à la même loi ; qu'il y a lieu de les joindre pour y être statué par une seule et même décision ;

(...)

Considérant que les auteurs de la saisine font grief à la Décision-Loi du 26 septembre 1988 d'avoir été prise en méconnaissance de l'article 46 de la Loi Fondamentale du 26 avril 1977 amendée par la Loi Constitutionnelle n° 84-003 du 06 mars 1984, en ce que ladite décision-loi, édictée par le Comité Permanent de l'Assemblée Nationale Révolutionnaire, n'a pas été soumise à la session de l'Assemblée Nationale Révolutionnaire (A.N.R), en vue de son approbation ou de son annulation ;

Considérant que l'autorité de chose jugée attachée à la décision du H.C.R, siégeant en qualité de Cour Constitutionnelle est limitée à la déclaration de conformité à la Constitution des dispositions de la Décision-Loi n° 88-004 du 26 septembre 1988 aux articles 17 et 22 de la Constitution ; que, dès lors, la procédure d'élaboration de ladite décision n'ayant pas été examinée par le H.C.R., peut actuellement être soumise au contrôle de constitutionnalité de la Cour ;

Considérant que le moyen tiré de la violation de l'article 30 de la Constitution est inopérant ;

Considérant qu'il est constant que la proposition de loi portant approbation de la décision-loi querellée a figuré au point n° 5 du projet d'ordre du jour de la sixième session ordinaire de la deuxième législature de l'A.N.R. ; que le rapport sur ladite proposition a été présenté et voté le 28 avril 1989 par l'A.N.R. au cours de la session sus-indiquée ; qu'ainsi, le grief tiré de la méconnaissance de l'article 46 de la Loi Fondamentale n'est pas fondé ;

Considérant qu'il est fait grief à la Décision-Loi du 26 septembre 1988 de faire bénéficier au Syndic de la B.C.B-Liquidation, société d'Etat régie par les règles de droit privé, un '' *privilège aussi exorbitant que celui du Trésor Public'' ;*

Considérant que le législateur, dans son domaine de compétence a le pouvoir de déterminer librement le rang et le bénéficiaire d'un privilège pourvu qu'il ne méconnaisse pas les dispositions constitutionnelles ; qu'en conséquence, en octroyant à la B.C.B., société d'Etat par sa nature, et de droit privé par sa gestion, le privilège du Trésor, le législateur n'a pas violé la Constitution ;

(…)

D E C I D E :

*Article 1er* : La procédure d'élaboration de la Décision-Loi n° 88-004 du 26 septembre 1988 n'est pas contraire à l'article 46 de la Loi Fondamentale du 26 avril 1977.
Article 2 : La Cour est incompétente pour connaître de la question de la publication de la Décision-Loi précitée.
Article 3 : La Décision-Loi, en ce qu'elle accorde le privilège du Trésor à la B.C.B., n'est pas contraire à la Constitution.

Article 4 : La demande de contrôle de conformité de ladite décision-loi à l'article 22 de la Constitution est irrecevable.
Article 5 : La présente décision sera notifiée à la Société OLUWA LONY KPE KOYENI, à Monsieur DOVONOU Corneille et publiée au Journal Officiel.

Ont siégé à Cotonou, le premier septembre mil neuf cent quatre-vingt-quinze,

Madame	Elisabeth K.POGNON	Président
Messieurs	Alexis HOUNTONDJI	Vice-président
	Bruno. O. AHONLONSOU	Membre
	Pierre E. EHOUMI	Membre
	Alfred ELEGBE	Membre
	Maurice GLELE AHANHANZO	Membre

Le Rapporteur, Le Président,

Bruno O. AHONLONSOU Elisabeth POGNON

OBSERVATIONS

I : Le changement de régime par la Conférence nationale de 1990

La Loi fondamentale de 1977 a consacré la naissance d'un régime constitutionnel normal après cinq années de régime d'exception (1972-1977). Ce texte a fondé les institutions des années révolutionnaires (Assemblée nationale révolutionnaire, Conseil Exécutif national, les Organes Locaux du Pouvoir d'Etat, la Cour Populaire centrale et le Parquet Populaire Central) et surtout disposé solennellement qu'au Bénin, "*la voie de développement est le socialisme*" et que son "*fondement philosophique est le marxisme léninisme*" et qu'enfin la vie politique et sociale s'organise "*sous la direction centralisée du Parti de la révolution Populaire du Bénin*"(article 4).

La Loi fondamentale est adoptée par l'Assemblée nationale révolutionnaire et ne peut être modifiée que par elle. Toutefois, cette modification "*ne peut remettre en cause l'orientation socialiste*" du régime (article 154).

Tel était l'état du droit positif lorsque le 7 décembre 1989, une réunion conjointe du Comité central du parti unique, du Conseil exécutif national et du Comité permanent de l'Assemblée nationale révolutionnaire décide que "*désormais, le marxisme léninisme n'est plus l'idéologie officielle de l'Etat béninois*" et qu'une conférence nationale sera convoquée au premier trimestre de l'année suivante. La Conférence nationale souveraine de février 1990 adopte une motion sur "*la dissolution des institutions suivantes issues de la Loi fondamentale : réforme judicaire, Assemblée nationale révolutionnaire et Conseil exécutif national*".

La transition politique est ouverte de février à décembre 1990, et est clôturée par l'adoption, par référendum, de la constitution du 11 décembre 1990. Un changement de légalité (de la Loi fondamentale à la nouvelle constitution), accompagne un changement de légitimité (du pouvoir socialiste marxiste-léniniste à la démocratie constitutionnelle pluraliste). La question qui se pose aux citoyens est celle de savoir comment juger les actes et faits passés sous l'ancien régime et dont les juridictions sont saisies après 1990. Les solutions appliquées par les pays en transition démocratique distinguent l'abrogation et la décision d'inconstitutionnalité. L'abrogation peut être constatée par n'importe quelle juridiction qui décide alors de ne pas appliquer la loi antérieure à la constitution nouvelle. Cette inapplication a un effet relatif entre les parties et la loi pourra toujours être invoquée devant d'autres instances.

La décision d'inconstitutionnalité est, quant à elle, du ressort exclusif de la juridiction constitutionnelle, en l'occurrence, pour le Bénin, la Cour constitutionnelle. Cette décision a un effet absolu et entraîne la sortie de la loi visée du droit positif.

L'article 158 de la constitution, conforté par la procédure de l'exception d'inconstitutionnalité de l'article 122, opte pour la solution de la décision d'inconstitutionnalité, aussi bien pour les actes que pour les faits juridiques antérieures au 11 décembre 1990.

II : Les actes juridiques

Les lois et règlements entrés en vigueur sous l'empire de la Loi fondamentale reçoivent un sort qui est contenu dans la constitution de 1990, en son article 158 : "*La législation en vigueur au Bénin jusqu'à la mise en place de nouvelles institutions reste applicable, sauf intervention de nouveaux textes en ce qu'elle n'a rien de contraire à la présente constitution*". La Cour constitutionnelle se réserve ainsi la compétence de contrôler la conformité à la constitution, du droit issu de la période antérieure à décembre 1990. Elle dit et juge "*qu'elle ne saurait se prononcer sur la constitutionnalité de la législation antérieure à la constitution que pour autant que ladite législation relève du champ d'application de l'article 158 de la constitution du 11 décembre 1990*" ; dès lors que l'ordonnance n°80-06 du 11 février 1980 n'entre pas dans ce champ, la Cour "*est incompétente pour statuer*" (Décision DCC 97-060 du 28 octobre 1997, Babadjidé Alphonse, Chambre administrative de la Cour suprême, Recueil 1997, p.260).

La solution de la décision "Société Oluwa Lony Kpé Koyeni, Dovonou Corneille" ne semble pas poser problème s'agissant de l'application de l'article 158 de la constitution. La Cour, qui a une "*compétence d'attribution*" comme elle le rappelle souvent (Décision DCC97-060 du 28 octobre 1997, Babadjidé

Alphonse, Chambre administrative de la Cour suprême, Recueil 1997, p.260) affirme à bon droit que "*la Décision-loi, en ce qu'elle accorde le privilège du Trésor à la BCB, n'est pas contraire à la constitution*" (Décision DCC 95-035 du 1er septembre 1995, Société Oluwa Lony Kpé Koyeni, Dovonou Corneille, Recueil, 1995, p. 175). En effet, ladite Décision-loi est datée du 26 septembre 1988 et, parce qu'elle était toujours en vigueur, était éligible à recevoir le *nil obstat* de la Cour.

Le 6ème considérant de la décision paraît, par contre, inattendu. La Cour affirme : "*Considérant qu'il est constant que la proposition de loi portant approbation de la décision-loi querellée a figuré au point n° 5 du projet d'ordre du jour de la sixième session ordinaire de la deuxième législature de l'A.N.R. ; que le rapport sur ladite proposition a été présenté et voté le 28 avril 1989 par l'A.N.R. au cours de la session sus-indiquée ; qu'ainsi, le grief tiré de la méconnaissance de l'article 46 de la Loi Fondamentale n'est pas fondé*". La Haute juridiction en déduit que "*La procédure d'élaboration de la Décision-loi n°88-004 du 26 septembre 1988 n'est pas contraire à l'article 46 de la Loi fondamentale du 26 avril 1977*" (Décision DCC 95-035 du 1er septembre 1995, Société Oluwa Lony Kpé Koyeni, Dovonou Corneille, Recueil, 1995, p. 175). *A contrario*, si la Décision-loi était contraire à la Loi fondamentale, la Cour aurait décidé son inconstitutionnalité sur le fondement des dispositions de cette Loi fondamentale. La Loi fondamentale entrerait *de jure* dans le champ du bloc de constitutionnalité au Bénin. Et pour cause. Pour être "*en vigueur*" selon les dispositions de l'article 158 de la constitution, une loi doit être, au moment de son édiction, conforme à la Loi fondamentale applicable avant 1990. Ce que semble vérifier la Cour constitutionnelle avant de passer à l'application de l'article 158.

Le régime politique issu de la Conférence nationale souveraine aurait donc deux sources de légalité : la Loi fondamentale et la constitution du 11 décembre 1990. Ce qui, en droit comme en fait, est tout à fait problématique.

La décision "Société Oluwa Lony Kpé Koyeni, Dovonou Corneille" restera une décision solitaire, sans descendance, pour le plus grand bonheur de l'Etat de droit. La Cour se montre très parcimonieuse dans les recours formulés, notamment, lorsqu'ils mettent en jeu des faits antérieurs à 1990.

III : Les faits juridiques

L'expropriation pour cause d'utilité publique a un régime juridique organisé qui culmine avec la prise d'un arrêté ou d'un décret, actes juridiques par essence. Cependant, les opérations de déguerpissement opérées sous le régime à parti unique n'ont presque jamais un support textuel qui les fonde ou les justifie. Ce sont des faits juridiques dont la Cour a été saisie pour appréciation de constitutionnalité au regard du droit au dédommagement. La Cour dit et juge que "*Considérant que la constitution du 11 décembre 1990 est postérieure à l'expropriation incriminée ; qu'il n'y a pas lieu à statuer.*" (Décision DCC 97-046 du 13 août 1997, Aklébé Rufin, Recueil 1997, p. 197).

Sa jurisprudence se nuance quelque peu lorsque qu'elle évoque les principes à valeur constitutionnelle. Elle juge que "*selon la jurisprudence constante de la Cour, la Constitution n'est rétroactive que si l'affaire querellée porte sur un principe à valeur constitutionnelle* ". (Décision DCC 13-074 du 06 août 2013, Dona Désiré ABOH, Recueil 2013 volume1, p.530 ; voir aussi Décision DCC 01-051 du 27 juin 2001, Cour constitutionnelle, Recueil 2001, p. 214). Ainsi, saisie d'un dossier de traitements cruels, inhumains et dégradants, la Cour affirme "*que les constitutions et chartes constitutionnelles du Bénin ont, de façon constante, proclamé et affirmé le droit à la vie et à l'intégrité de la personne humaine ; (...) qu'en conséquence, la haute juridiction est compétente pour se prononcer, au regard de la constitution de 1990 sur des faits de tortures de décembre 1987 allégués par le requérant*". Après examen, la Cour décide qu'"*il y a traitements cruels, inhumains et dégradants*" et que "*les préjudices subis ouvrent droit à réparation*" (Décision DCC 04-088 du 7 octobre 2004, Rocka Locco Toussaint, Recueil 2004, pp. 401 et suiv.).

S'agissant des recours pour expropriation sans dédommagement, la Cour reste constante sur son refus d'accepter le principe de l'indemnisation, soit qu'elle se déclare "*incompétente*" (Décision DCC 05-168 du 27 décembre 2005, Kpossou François, Recueil 2005, p. 838), soit qu'elle décide qu'"*il n'y a pas lieu à statuer*" (Décision DCC 04-96 du 14 octobre 2004, Dansou Agossa, Recueil 2004, p. 440). La Cour se justifie en affirmant que "*si la Constitution du 11 décembre 1990 fait du dédommagement une condition préalable à toute expropriation, la Loi fondamentale du 26 août 1977 n'en fait qu'une faculté laissée à la discrétion des pouvoirs publics*" (Décision DCC 18-049 du 1er mars 2018, Justin ALLABI et Koffi Pierre DEGUENON) ; voir aussi Décision DCC 03-043 du 13 mars 2003, Hounkpévi Anani Emmanuel, Recueil 2003, p.179).

33

Décision DCC 96-017 du 5 avril 1996
Gangbé Aurélien, Fagninou Gilles R. B.
Recueil, 1996, p. 89

Le serment du Président de la République

La Cour Constitutionnelle,

Saisie d'une requête du 4 avril 1996 enregistrée au Secrétariat de la Cour le 5 avril 1996 sous le numéro 0986, par laquelle Monsieur GANGBE Aurélien demande à la Haute Juridiction de contrôler la conformité à la Constitution du serment tel que prêté le 04 avril 1996 par le Président de la République ;
Saisie par ailleurs, d'une requête du 04 avril 1996 enregistrée au Secrétariat de la Cour le 05 avril 1996 sous le numéro 0987, par laquelle Monsieur FAGNINOU Gilles R. B. se plaint du « *non respect de la Constitution du 11-12-1990* » par le Président de la République lors de sa prestation de serment ;

VU la Constitution du 11 décembre 1990 ;
VU la loi organique n° 91-009 du 04 mars 1991 sur la Cour Constitutionnelle ;
VU le Règlement Intérieur de la Cour Constitutionnelle ;
Ensemble les pièces du dossier ;
Ouï Monsieur Pierre EHOUMI en son rapport ;
Après en avoir délibéré,

Considérant que les deux requêtes portent sur le même objet et tendent aux mêmes fins ; qu'il y a lieu de les joindre pour y être statué par une seule et même décision ;

Considérant que les deux requérants développent qu'au cours de la prestation de son serment le 04 avril 1996, le Président de la République a omis de prononcer le membre de phrase : « *…les Mânes des Ancêtres…* » ; que, ce faisant, il n'a pas respecté la Constitution ;

Considérant que l'article 53 de la Constitution dispose en son alinéa 2 : « *Devant Dieu, les Mânes des Ancêtres, la Nation et devant le peuple béninois, seul détenteur de la souveraineté » ;*

Considérant que le Président de la République n'a pas effectivement prononcé le membre de phrase « les Mânes des Ancêtres » ;

Considérant que le texte du serment, tel que fixé par la Constitution est une formule sacramentelle indivisible ; qu'il ne saurait donc subir une quelconque modification et doit être prononcé dans son intégralité ; que, dès lors, il y a lieu de déclarer non conforme à la Constitution le serment tel qu'il a été prêté par le Président de la République ;

DECIDE :

Article 1er.- Est déclaré non conforme à la Constitution le serment prêté le 04 avril 1996 à Porto-Novo par le Président de la République.
Article 2 .- La présente décision sera notifiée à Messieurs GANGBE Aurélien et FAGNINOU Gilles R. B. , au Président de la République et publiée au Journal Officiel.
Ont siégé à Cotonou, le cinq avril mil neuf cent quatre -vingt -seize,

Madame	Elisabeth K.POGNON	Président
Messieurs	Alexis HOUNTONDJI	Vice-président
	Bruno. O. AHONLONSOU	Membre
	Pierre E. EHOUMI	Membre
	Alfred ELEGBE	Membre
	Hubert MAGA	Membre
	Maurice GLELE AHANHANZO	Membre

Le Rapporteur, Le Président,

Pierre E. EHOUMI Elisabeth POGNON

OBSERVATIONS

I : Une formule sacramentelle

La requête fait état de ce que le Président de la République a omis de prononcer le membre de phrase : « ...*les Mânes des Ancêtres*... » et a donc amputé le texte contenu dans la constitution.

Le serment est une "*formule sacramentelle indivisible*" selon la décision de la Cour. La tronquer est une inconstitutionnalité qui a frappé le Président de la République du Bénin.

Dix ans après, la Cour se retrouve devant un autre prononcé inexact de la formule sacramentelle. Le Président de la République, Monsieur Patrice

Guillaume Athanase TALON, dit : "*les mânes de nos ancêtres*" en lieu et place de "*les mânes des ancêtres.*" La Cour réaffirme que le serment est "*une formule sacramentelle indivisible, qui doit donc être prononcée dans son intégralité et de sorte à ne pas modifier la substance même dudit serment, c'est-à-dire, ce qu'il a d'essentiel*" (Décision DCC 16-088 du 16 juin 2016, Irénée Adjé, Recueil, 2016, p.617). Cependant, à l'examen, la Cour estime que "*la substitution du pronom personnel « **nos** »* (en réalité « *nos* » est grammaticalement un adjectif possessif dans la pureté de la langue française !) *à l'adjectif « **des** »* (en réalité il s'agit d'un article) *dans la formule du serment telle que libellée à l'article 53 de la Constitution n'entache en rien la substance même, c'est-à-dire, l'essentiel de ce serment, contrairement à la situation produite en 1996 où le président de la République Mathieu KEREKOU a nettement et sans détours **omis le membre de phrase** « les Mânes des Ancêtres », modifiant ainsi de façon **substantielle** la formule du serment.*" En conséquence, le serment prêté par le Président de la République, Monsieur Patrice Guillaume Athanase Talon n'est pas contraire à la constitution (Décision DCC 16-088 du 16 juin 2016, Irénée Adjé, Recueil, 2016, p.617).

Sans le dire, et un peu par prétérition, la Cour insinue l'idée qu'il faut faire la part des choses entre, d'un côté, ce qui serait une simple bafouille due aux circonstances du moment, à la charge émotionnelle liée à l'évenement de la prestation sollennelle de serment devant les microphones du monde entier, la part de stress et de fébrilité qui peut déstabiliser tout homme normalement constitué ; et de l'autre, ce qui serait perçu comme une intention délibérée de modifier le texte validé par le peuple souverain. Patrice TALON appartient à la première hypothèse alors que Mathieu KEREKOU voudrait prendre ses distances avec les dieux du panthéon africain, dans un environnement spirituel qui est celui du Bénin, c'est-à-dire, celui du *vodoun* omniprésent et envahissant (H. AGUESSY, *Cultures vodoun: manifestations, migrations, métamorphoses : Afrique, Caraïbes, Amériques*, Ouidah, IDEE, 1989, 382 pages).

Par ailleurs, un serment mal prononcé n'est pas chose rare. Pour n'avoir pas dit exactement ce qui est écrit dans la constitution des Etats-Unis d'Amérique, le Président Barack Hussein OBAMA a été amené à faire une reprise à *huis clos* en 2009, après un cafouillage lors de la première cérémonie d'investiture (Journal français *Le Figaro* 23 janvier 2009). Barack H. OBAMA avait répété, après le juge John Roberts, *je jure solennellement de remplir les fonctions de président des États-Unis **fidèlement***" au lieu du "*je jure solennellement de remplir **fidèlement** les fonctions de président des États-Unis*" contenu dans la constitution. Un mot a été déplacé, comme déjà en 1929, lorsque le président de la Cour suprême William Howard TAFT avait quasiment réinventé le texte quand il avait fait prêter serment à Herbert HOOVER. Au lieu de dire "*sauvegarder, protéger et défendre*", William H. TAFT avait dit "*sauvegarder, maintenir et défendre*" la constitution.

II : Les effets juridiques du serment mal prononcé

"*Nous avons décidé de recommencer parce que c'était tellement amusant*", aurait déclaré Barack Hussein OBAMA, au moment de reprendre sa prestation de serment (Journal français *Le Figaro* 23 janvier 2009). Pour les juristes américains, l'exercice est superfétatoire car, en application du 20ème amendement à la Constitution de 1787, le mandat du président expire le 20 janvier à midi, et celui du vainqueur de la présidentielle prend automatiquement effet.

Pour ce qui concerne le Bénin, la constitution dispose en ses articles 47 alinéa 2 et 53 alinéa 1 que : "*Le mandat du nouveau Président de la République prend effet pour compter de la date d'expiration du mandat de son prédécesseur* » ; et qu'"*Avant son entrée en fonction, le Président de la République prête ... serment ...*".

En application de ces dispositions constitutionnelles, la Cour a, dans sa Proclamation du 29 mars 2006 relative aux résultats définitifs de l'élection présidentielle du 19 mars 2006, dit que "*le mandat de Monsieur Boni YAYI, élu Président de la République, prend effet pour compter du 06 avril 2006 à 00 heure*" (article 3) et "*qu'avant son entrée en fonction, Monsieur Boni YAYI doit prêter le serment prévu à l'article 53 de la Constitution*" (article 4).

Si l'on faisait une intérprétation logique des textes, les articles 47 et 53 de la constitution se soutiendraient et s'interprêteraient l'un par rapport à l'autre. Le serment n'accompagne pas la prise de fonction du Président de la République ; il la consacre. Le Président de la République, selon la rédaction de la constitution entrerait en fonction à la date correspondant à la fin du mandat de son prédécesseur. Il ne serait valablement en fonction que dans la mesure où il "*prête serment*". L'indicatif employé par le constituant vaudrait impératif, ce que rappelle d'ailleurs la Cour constitutionnelle dans sa Proclamation du 29 mars 2006 : "*Monsieur Boni YAYI doit prêter le serment prévu à l'article 53 de la Constitution.*" Le serment ferait donc le Président de la République et sans serment (défaut de serment ou serment non valide) il n'y aurait pas de Président de la République. D'autant que la violation du serment peut entrainer des poursuites contre le Président de la République sous le chef de haute trahison (article 74 de la constitution). En droit comparé, la trahison du serment est une violation grave de la constitution et réciproquement (Cour constitutionnelle de Lituanie, avis du 31 mars 2004 *in* P. BON, D. MAUS, *Les grandes décisions des cours constitutionnelles européennes*, Paris, Dalloz,2008, pp. 489 et suiv.).

La rédaction des décisions de la Cour semble conforter cette analyse. Selon la Cour, en application des articles 47 et 53 de la constitution, "*Monsieur Boni YAYI, qui a été proclamé élu Président de la République par la Cour, a prêté serment le 06 avril 2006 ; qu'il s'ensuit que le 05 avril 2006, Monsieur Boni YAYI n'était pas encore entré en fonction*" (Decision DCC 06-162 du *19 Octobre 2006,* Prince Agbodjan Roberto Serge). La Cour ne fait pas référence à l'article 47 mais à l'article 53 de la constitution pour dire si le Président de la République élu est en fonction ou non à la date du 6 avril 2006. Ce qui semble ne pas correspondre au texte de la Proclamation de la même Cour en date du 29 mars 2006 relative aux résultats définitifs de l'élection présidentielle du 19 mars 2006. Ladite Proclamation dit que "*le mandat de Monsieur Boni YAYI, élu Président de la République, prend effet pour compter du 06 avril 2006 à 00 heure.*"

La question de la lecture combinée des articles 47 et 53 de la constitution mérite bien une clarification. Le serment consacre-t-il la prise de fonction ou l'accompagne-t-il ? La réponse, comme des poupées gigognes, renvoie à deux sous-questions :

1. *Quid* des actes signés par le Président de la République entre le premier serment invalidé et le second serment ? Lesdits actes peuvent-ils être qualifiés d'inexistants car ayant été pris par une autorité qui n'en aurait pas du tout ou n'en aurait pas encore la qualité ?

2. La seconde sous-question est relative à la durée du mandat présidentiel. Ce mandat est de cinq ans et court constitutionnellement à partir de la fin du mandat du prédécesseur. Si, en raison de la reprise du serment, le début du nouveau mandat ne coincide pas avec la fin du mandat fini, alors, il y aurait deux computations de la durée du mandat présidentiel : l'une fondée sur la fin du mandat précédent et l'autre commençant à la date de la prestation de serment reprise.

III : L'Etat et le sacré : la laïcité et ses limites au Bénin

Au-delà de la question du serment, l'intrusion du sacré dans une procédure publique et dans un Etat que la constitution elle-même déclare laïc (article 2, constitution de 1990) a quelque chose d'aporétique.

D'abord, parce que l'addition de Dieu et des mânes des ancêtres n'est pas recevable par tous. Les adeptes des cultes vodouns, qui adorent les mânes, ("*âmes des morts considérés comme des divinités*", *Le Petit Larousse illustré*, 2006) mais qui vénèrent aussi le Dieu tutélaire (*Mawu-Lisa* chez les fons, *Goussounon* chez les baribas, *Irikpè* chez les dendis) dont les divinités sont des intercesseurs, se retrouveront aisément et sans trouble de conscience dans la juxtaposition de Dieu et des mânes des ancêtres dans la formulation du serment constitutionnel.

Par contre, les adeptes des religions du Livre, des religions du Dieu jaloux (Décalogue, "*Tu n'auras pas d'autre Dieu que moi*") auront quelque souci d'orthodoxie spirituelle à amalgamer le Dieu d'Abraham, d'Isaac et de Jacob avec les divinités des mânes des ancêtres. Au demeurant, le serment en lui-même pose problème pour tout disciple du Christ Jesus, dans la mesure où tout serment est réputé parjure. Dans la bible, le livre saint des chrétiens, Jésus Christ avertit ses fidèles : "*Mais moi, je vous dis de ne jurer aucunement, ni par le ciel, parce que c'est le trône de Dieu; ni par la terre, parce que c'est son marchepied; ni par Jérusalem, parce que c'est la ville du grand roi. Ne jure pas non plus par ta tête, car tu ne peux rendre blanc ou noir un seul cheveu. Que votre parole soit oui, oui, non, non; ce qu'on y ajoute vient du malin*" (Mathieu, 5, verset 34-37).

C'est fidèle à ces préceptes que Djibergui Rosine AMANE, une chrétienne protestante, nommée ministre de l'Aviation civile de la République du Tchad, a refusé de prêter serment sur la bible, le 10 mai 2018, au motif que sa foi lui interdit de jurer. L'article 106 de la constitution tchadienne de la IVème République oblige les membres du gouvernement à prêter serment devant la Cour suprême sur le Coran ou sur la Bible. En l'absence de ce serment, Madame Djibergui Rosine AMANE ne pouvait prendre fonction et fut remplacée séance tenante. Le ministre porte-parole du gouvernement, Madame Madeleine ALINGUE, chrétienne elle aussi, a accepté de prononcer le serment mais en modifiant le contenu, par un remplacement d'Allah par Dieu, au mépris de la mise en garde de l'évangile selon Saint Mathieu (Mathieu, 5, verset 34-37).

Le serment présidentiel, tel que formulé par la constitution du 11 décembre 1990 traduit le synchrétisme dominant au sein des populations béninoises. On est à l'église et à la mosquée le matin. Le soir, l'ombre de la nuit fait sa place aux fréquentations païennes, à la consultation du *fâ̂â* et aux services utiles du féticheur et du marabout.

Ensuite, l'intrusion du sacré dans le champ public a quelque chose d'illogique parce que la liberté religieuse est un principe à valeur constitutionnelle, que la Cour a, à maintes occasions, réaffirmé. Elle postule une exigence d'autonomie de la volonté ; on est libre d'épouser une religion ou de ne point en avoir. Un citoyen béninois a le droit d'être athée, agnostique, libre-penseur, etc. Il a aussi l'obligation d'avoir de l'égard envers les confessions religieuses (s'il n'en a pas personnellement) ou les autres confessions religieuses, s'il est lui-même croyant. "*Aucune communauté religieuse ne doit imposer à l'autre ses croyances ou pratiques religieuses*" dit la Cour (Décision DCC 08-008 du 17 janvier 2008, Abel Ayikpola et alii). Sur ce fondement, il est juridiquement insoutenable d'obliger un chrétien ou un mahométan à prêter serment sur les mânes des ancêtres sans violer le principe à valeur constitutionnelle de la liberté du culte au Bénin.

Le comble de l'intolérance religieuse et du déni de laïcité de l'Etat serait franchi lorsqu'on obligera un athée ou un agnostique, élu Président de la République, à prêter serment devant Dieu et devant les divinités de notre panthéon si prolifique !

Enfin, le serment (du latin *sacrare,* rendre sacré) a largement perdu de son caractère sacré. Des professions organisées comme les médecins, les architectes, les avocats, les comptables publics, et autres prêtent serment, instant solennel, affirmation sur l'honneur, sans que cela soit teinté de religiosité. La constitution béninoise gagnerait, dans ce sens, à se délier des scories du sacré qui encombrent un texte constitutionnel qui dispose par ailleurs que "*la forme républicaine et la laïcité de l'État ne peuvent faire l'objet d'une révision*" (article 156, constitution de 1990).

34

Décision DCC 01-096 du 07 novembre 2001
Houssou Désiré Christian
Recueil, 2001, p. 385

La gratuité du service public

La Cour Constitutionnelle,

Saisie d'une requête du11 janvier 2001 enregistrée à son Secrétariat à la même date sous le numéro 0239/007/REC, par laquelle Monsieur Christian Désiré HOUSSOU, au nom des contribuables béninois, demande à la Haute Juridiction de déclarer contraire à la Constitution l'instauration d'un péage sur la route Cotonou-Porto-Novo ;-

VU la Constitution du 11 décembre 1990 ;
VU la Loi n°91-009 du 04 mars 1991 portant Loi Organique sur la Cour Constitutionnelle modifiée par la Loi du 17 juin 1997;
VU le Règlement Intérieur de la Cour Constitutionnelle ;
Ensemble les pièces du dossier ;
Ouï Monsieur Jacques D.MAYABA en son rapport ;
Après en avoir délibéré,

Considérant que le requérant invoque à l'appui de son recours le principe de libre circulation des personnes et celui de la liberté de tout citoyen d'aller et venir, la compétence du législateur pour autoriser par une loi la perception des taxes ou de sommes nécessaires à l'entretien d'une autoroute ; qu'il conteste la légalité du projet de péage sur la route Cotonou- Porto-Novo et demande à la Cour de dire si l'acte administratif instituant le péage a été pris dans la forme requise ;

Considérant qu'en réponse à la mesure d'instruction du requérant a produit, pour prouver la capacité de son association à ester en justice, le Règlement Intérieur et les statuts de cette association élaborés et déposés au Ministère de l'Intérieur le 8 février 2001 ; que le dépôt desdits documents au Ministère étant intervenu postérieurement à la saisine de la Cour, l'association des contribuables béninois n'avait pas au moment de la saisine la capacité d'ester en justice ; que , dès lors, sa requête est irrecevable ;

Considérant néanmoins que cette requête fait état de la violation de la liberté d'aller et venir, un des droits fondamentaux de la personne humaine ; qu'en vertu de l'article 121 alinéa 2 de la Constitution, il y a lieu de se prononcer d'office ;

Considérant qu'il ressort de la réponse à la mesure d'instruction que le Bénin a conclu avec des bailleurs de fonds des accords de prêts en vue de la reconstruction de la route Cotonou- Porto-Novo ; qu'aux termes de ces accords, le gouvernement du Bénin s'est engagé à instaurer sur ladite route une station de péage-pesage ; que cet engagement était une des conditions nécessaires au décaissement des fonds ; que ces accords de prêts ont fait l'objet d'autorisation de ratification par l'Assemblée Nationale suivant les Lois n°96-015 du 5 juillet 1996 et n°97-006 du 21 février 1997 ;

Considérant que si l'usage des voies publiques est en principe gratuit, cet usage peut, dans certaines conditions, donner lieu au versement d'une redevance ; qu'en l'espèce l'utilité de l'ouvrage d'art, ses dimensions, son coût et le service rendu aux usagers justifient la perception d'une telle redevance ; qu'il en résulte que l'instauration du péage sur la route Cotonou- Porto-Novo ne viole pas la liberté d'aller et venir et n'est donc pas contraire à la Constitution ;

D E C I D E :

Article 1er.- La requête de Monsieur Christian Désiré HOUSSOU, agissant au nom des contribuables béninois, est irrecevable.
Article 2.-L'instauration du péage sur la route Cotonou-Porto-Novo n'est pas contraire à la Constitution.
Article 3.- La présente décision sera notifiée à Monsieur Christian Désiré HOUSSOU, au Ministre des Travaux Publics et des Transports et publiée au Journal Officiel.

Ont siégé à Cotonou, le sept novembre deux mille un.

Madame	Conceptia D. OUINSOU	Président
Messieurs	Lucien SEBO	Vice-président
	Idrissou BOUKARI	Membre
	Jacques D. MAYABA	Membre
Madame	Clotilde MEDEGAN-NOUGBODE	Membre

Le Rapporteur, Le Président,

Jacques D. MAYABA Conceptia D. OUINSOU

OBSERVATIONS

I : La gratuité du service public, un principe constitutionnel introuvable

Le mot gratuit figure une seule fois dans le texte constitutionnel de 1990. *"L'Etat assure progressivement la gratuité de l'enseignement public"* (article 13, constitution de 1990). Une gratuité progressive, qui dépend de l'évolution des capacités de financement de l'Etat, et qui n'est donc pas un droit subjectif opposable à la puissance publique. Elle relève dès lors d'une déclaration de principe, d'un acte de foi et de raison dont les conséquences pratiques sont à la discrétion des gouvernants, de l'exécutif et du législatif. Hors ce champ de l'article 13, la gratuité n'apparaît nulle part, y compris dans le domaine des services publics régaliens de l'Etat comme la justice, la sécurité, la diplomatie, les finances.

Le droit administratif, en dégageant le régime juridique commun à l'ensemble des services publics fixe, au travers des lois de Rolland, les quelques principes classiques au nombre desquels : la mutabilité et la continuité, l'égalité et la neutralité auxquels on ajoutera la laïcité, le principe de valeur ajoutée nulle et l'obligation de fonctionnement correct. La gratuité ne figure pas sur cette liste et on est bien aise de constater sur cette base, qu'une condamnation "*aux dépens*" oblige un justiciable à contribuer aux charges publiques d'administration de la justice, un domaine de compétence régalienne de l'Etat !

Le mot gratuit renvoie à une prestation ou à un bien qui ne coûte rien à personne, ni à la collectivité ni aux bénéficiaires. Or, le service public a un coût qui est pris en charge par tout le monde par le truchement des impositions de toute nature. Si le bénéficiaire le perçoit comme gratuit, il a coûté en amont quelque chose à tous y compris au bénéficiaire lui-même par les impôts qu'il paye. La gratuité pose ainsi moins une question de droit qu'une exigence politique, celle de la mutualisation des coûts dans une société qui recherche plus de solidarité envers les plus défavorisés dans la satisfaction des besoins d'intérêt général (G-J GUGLIELMI *La gratuité, une question de droit* ? Paris, L'Harmattan, 2003).

Le texte constitutionnel de 1990 ne comporte, cependant, qu'une référence laconique à la solidarité nationale ("*L'Etat veille au développement harmonieux de toutes les collectivités territoriales sur la base de la solidarité nationale*", article 153 de la constitution de 1990) d'où la juridiction constitutionnelle aurait pu inférer un principe de gratuité des services publics. Mais la solidarité de l'article 153 de la constitution vise les collectivités territoriales et engage une règle de péréquation et non de gratuité.

II : La gratuité, une vraie-fausse création jurisprudentielle

La Cour ne fait aucune déclaration de portée générale sur les services publics. La requête visait à faire apprécier par la haute juridiction, le bien-fondé constitutionnel des péages routiers et la légalité de la procédure qui a conduit à leur création. La Cour fait, en l'occurrence du *case law,* et se contente de décider sur le sujet qui lui est soumis : "*l'usage des voies publiques est en principe gratuit*" même s'il a un coût pour les finances publiques locales et étatiques. Il n'est pas question ici du service public d'une manière générale mais d'une partie du domaine public, la voirie, objet de la saisine du requérant. La Cour ajoute que "*cet usage peut, dans certaines conditions, donner lieu au versement d'une redevance*". Ce bout de phrase règle deux questions soulevées par la saisine.

D'abord, la question de la gratuité que la décision entoure d'une grande relativité : "*dans certaines conditions*", lesquelles conditions ne sont ni définies, ni même esquissées. Elles relèvent d'un exercice spéculatif qui conforte la liberté d'action des pouvoirs publics, sous le contrôle, il est vrai, du juge. La gratuité s'avère simplement déclarative et non prescriptive. Elle ne met pas une obligation juridique précise à la charge des gouvernants.

Ensuite et enfin, le "*paiement d'une redevance*" répond à la question de la procédure administrative ayant conduit à la création des taux exigibles aux postes de péage-pesage. Les "*impositions de toute nature*" de l'article 98 de la constitution visent les impôts et taxes à l'exclusion des redevances et des droits de douane. En appelant "*redevance*" les sommes perçues au titre de la circulation et du passage aux postes de péage, la Cour exclut de l'article 98 de la constitution et de l'obligation constitutionnelle d'organiser par une loi, le taux et les modalités de perception des droits de péage. La compétence réglementaire est confirmée en la matière.

Au total, la Cour se garde bien de créer un principe général de gratuité des services publics et sa jurisprudence montre un souci de conciliation et de mesure. Elle réaffirmera sa position dans une seconde décision "Houssou Désiré Christian" (Décision DCC 02-143 du 19 décembre 2002, Houssou Désiré Christian, Recueil 2002, p. 575) avec la même constance et la même concision.

35

Décision DCC 96-037 du 18 juillet 1996
AHONOUKOUN Florence
Recueil 1996, p. 173

L'arrestation et la détention arbitraires

La Cour Constitutionnelle,
Saisie d'une requête du 03 mai 1996 enregistrée le même jour au Secrétariat de la Cour sous le numéro 2084, par laquelle Madame AHONOUKOUN Florence sollicite de déclarer contraire à la Constitution la détention dont a été objet Monsieur AHONOUKOUN Paul au Commissariat Central de Cotonou ;

VU la Constitution du 11 décembre 1990 ;
VU la Loi Organique n° 91-009 du 04 mars 1991 sur la Cour Constitutionnelle
VU le Règlement Intérieur de la Cour Constitutionnelle ;

Ensemble les pièces du dossier ;

Ouï Madame Elisabeth K. POGNON en son rapport ;

Après en avoir délibéré,
Considérant que Madame AHONOUKOUN Florence expose que le samedi 27 avril 1996 vers 21h 45, des policiers armés sont entrés chez elle avec brutalité pendant qu'elle était avec son mari, le nommé AHONOUKOUN Paul ; qu'ils se sont jetés sur lui et l'ont emmené au Commissariat de Cotonou après l'avoir immédiatement enchaîné ; qu'elle développe qu'il est « gardé au violon » dans les conditions inhumaines ; qu'elle affirme enfin « que ces actes sont contraires à notre Constitution et aux Droits de l'Homme » ;
Considérant qu'en réponse aux mesures d'instruction ordonnées par la Cour, le Commissaire Central de Cotonou, Monsieur A. SOHOU, affirme que le nommé AHONOUKOUN Paul a été conduit à son commissariat le 28 avril 1996 vers 22 heures par Monsieur KEITA Aboubakar et par la Compagnie Républicaine de Sécurité pour vol d'une moto Yamaha 750 ; qu'il a été déféré au parquet le 06 mai 1996 à 8 heures après avis du Procureur de la République et mis sous mandat de dépôt ;
Considérant que l'article 18 alinéa 4 de la Constitution dispose : « Nul ne peut être détenu pendant une durée supérieure à quarante huit (48) heures que par la

décision d'un magistrat auquel il doit être présenté. Ce délai ne peut être prolongé que dans les cas exceptionnellement prévus par la loi et qui ne peut excéder une période supérieure à huit jours » ;
Considérant qu'il en ressort du dossier que le sieur AHONOUKOUN a été détenu du 27 avril au 06 mai 1996, soit pendant huit(08) jours 10 heures ; qu'aucune allégation telle que la pénurie du personnel et l'avis du Procureur de la République invoqués par le Commissaire SOHOU ne saurait justifier une détention au-delà de la durée expressément prescrite par la Constitution ; qu'il y a lieu, dès lors, de dire et juger que la détention à compter du 29 avril 1996 à 22 heures au 06 mai 1996 à 8 heures de Monsieur AHONOUKOUN Paul est arbitraire et abusive ;

DECIDE :

Article 1er : La détention de Monsieur AHONOUKOUN Paul à compter du 29 avril 1996 dans les locaux du Commissariat Central de Cotonou par le Commissaire A. SOHOU viole la Constitution.
Article 2 : La présente décision sera notifiée à Madame AHONOUKOUN Florence et publiée au Journal Officiel.
Ont siégé à Cotonou, le dix-huit juillet mil neuf cent quatre vingt seize,

Madame	Elisabeth K.POGNON	Président
Messieurs	Alexis HOUNTONDJI	Vice-président
	Bruno. O. AHONLONSOU	Membre
	Pierre E. EHOUMI	Membre
	Alfred ELEGBE	Membre
	Maurice GLELE AHANHANZO	Membre
	Hubert MAGA	Membre

Le Rapporteur, Le Président,

Elisabeth K. POGNON Elisabeth K. POGNON

OBSERVATIONS

I : Un choc en retour

La rigueur avec laquelle la Cour applique le principe de rejet de l'arrestation ou de la détention arbitraires ne surprend guère quand on l'examine en focalisant les évènements d'un passé récent. Le régime de la Loi fondamentale de 1977 a été, en matière de libertés publiques, l'un des plus répressifs de toute l'histoire du Bénin. Selon cette Loi fondamentale "*L'Etat exerce la dictature révolutionnaire*" (article 8 Loi fondamentale) et "*défend le régime révolutionnaire contre tous les ennemis du peuple de l'intérieur comme de l'extérieur, liquide toutes les séquelles de l'Etat colonial et néo-colonial, (...)*

réprime tous les traîtres à la nation" (article 9, Loi fondamentale). Le ton ainsi donné sur la dictature et sur la répression va avoir des effets pratiques désastreux comme savent en produire les régimes d'obédience marxiste-léniniste. Les camps d'internement administratif prolifèrent sur le territoire national. La Conférence nationale souveraine vient clôturer cette page sombre des libertés publiques par le vote d'une motion de principe "*sur les droits de l'homme*" et d'une motion "*sur la libération de tous les détenus politiques*".

La jurisprudence en matière de détention arbitraire se comprend mieux à la lumière de ce passé récent. Elle vient comme un choc en retour des traumatismes encore mal cicatrisés occasionnés par 17 ans de dictature révolutionnaire.

II : Rien ne peut excuser une arrestation ou une détention arbitraires

La Cour, dans l'affaire "Ahonoukoun Florence", rejette l'excuse de la "*pénurie de personnel*" et ajoute "*qu'aucune allégation*" ne peut venir absoudre les auteurs d'acte de détention ou d'arrestation arbitraires. Dans le délicat jeu d'équilibre entre les mesures de police et les libertés, la Cour choisit ostensiblement et expressément le parti des libertés. Les cas sont courants dans les hôtels de police où des citoyens passent plusieurs mois en détention, à l'insu de l'autorité judicaire et sans l'assistance d'un conseil (Décision DCC 95-024 du 06 juillet 1995, Fohounti Boniface, Aho Roger, Lawani Yacoubou, Recueil 1995, p. 125).

Les questions d'effectif de personnel, si courantes dans les commissariats de police et les postes de gendarmerie, ne peuvent excuser les agents des forces de l'ordre lorsqu'il y a détention arbitraire. En clair, mieux vaut des troubles à l'ordre public qu'une atteinte aux libertés garanties par la constitution.

La Cour décide aussi que même "*en matière de Sécurité de l'Etat, les règles prescrites par la constitution et relatives à la garde à vue s'imposent*" (Décision DCC 96-015 du 22 février 1996, Albert Tévoèdjrè, Recueil 1996, p. 79). Les notions de haute police ou de circonstances exceptionnelles ne peuvent prévaloir contre l'affirmation et le respect des libertés telles que prescrites dans la constitution.

Enfin, la Cour estime que la rétention, par l'autorité administrative, du passeport d'un individu, "*sans intervention de l'autorité judiciaire est arbitraire et prive d'un droit fondamental, celui d'aller et de venir, reconnu et garanti*" par la constitution (Décision DCC 96-060 du 26 septembre 1996, Mélo Gomez Angéla Patricia épouse Bertrand, Recueil 1996, p.263).

36

Décision DCC 95-035 du 1er Septembre 1995
Société Oluwa Lony Kpé Koyeni, Dovonou Corneille
Recueil, 1995, p. 175

La publication des lois
La promulgation des lois

La Cour Constitutionnelle,

Saisie d'une requête du 14 juillet 1993 enregistrée au Secrétariat de la Cour le 15 juillet 1993 sous le numéro 114, par laquelle la Société OLUWA LONY KPE KOYENI assistée de Maître Arthur BALLE, Avocat, demande à la Haute Juridiction de déclarer contraire à la Constitution la Décision-Loi n° 88-004 du 26 septembre 1988 pour violation de l'article 46 de la Loi Fondamentale du 26 avril 1977 sur le fondement des articles 3 et 122 de la Constitution ;
Saisie d'une seconde requête non datée, enregistrée au Secrétariat de la Cour le 17 novembre 1994 sous le numéro 1068, par laquelle Monsieur DOVONOU Corneille assisté de Maître Magloire YANSUNNU, Avocat, défère pour violation de l'article 46 de la Loi Fondamentale et pour défaut de publicité la décision-loi précitée ;

VU la Constitution du 11 décembre 1990 ;
VU la Loi Organique n° 91-009 du 04 mars 1991 sur la Cour Constitutionnelle ;
VU le Règlement Intérieur de la Cour Constitutionnelle ;
Ensemble les pièces du dossier ;
Ouï Monsieur Bruno O. AHONLONSOU en son rapport ;
Après en avoir délibéré,

(...)

Considérant que le sieur DOVONOU Corneille allègue que '' *la Décision-Loi du 26 septembre 1988 n'a jamais été publiée en vue de sa mise à exécution, qu'une loi n'acquiert force exécutoire qu'après sa publication au Journal Officiel et qu'il en résulte l'inapplicabilité de ladite loi'' ;*

Considérant que la promulgation d'une loi est distincte de sa publication ; que la Loi Fondamentale du 26 avril 1977 et la Constitution du 11 décembre 1990 instituent la promulgation pour donner à la loi son caractère exécutoire ;

qu'aucune disposition constitutionnelle n'organise la publication de la loi qui est une modalité d'exécution de celle-ci ; que, dès lors, la question de publication d'une loi relève de la compétence du juge chargé de l'application de cette loi et non de celle de la compétence de la Cour Constitutionnelle ;

DECIDE:

Article 1er : La procédure d'élaboration de la Décision-Loi n° 88-004 du 26 septembre 1988 n'est pas contraire à l'article 46 de la Loi Fondamentale du 26 avril 1977.
Article 2 : La Cour est incompétente pour connaître de la question de la publication de la Décision-Loi précitée.
Article 3 : La Décision-Loi, en ce qu'elle accorde le privilège du Trésor à la B.C.B., n'est pas contraire à la Constitution.
Article 4 : La demande de contrôle de conformité de ladite décision-loi à l'article 22 de la Constitution est irrecevable.
Article 5 : La présente décision sera notifiée à la Société OLUWA LONY KPE KOYENI, à Monsieur DOVONOU Corneille et publiée au Journal Officiel.
Ont siégé à Cotonou, le premier septembre mil neuf cent quatre-vingt-quinze,

Madame	Elisabeth K.POGNON	Président
Messieurs	Alexis HOUNTONDJI	Vice-président
	Bruno. O. AHONLONSOU	Membre
	Pierre E. EHOUMI	Membre
	Alfred ELEGBE	Membre
	Maurice GLELE AHANHANZO	Membre

Le Rapporteur, Le Président,

Bruno O. AHONLONSOU Elisabeth POGNON

Décision DCC 99-058 du 29 décembre 1999
Abissinti Raphaël
Recueil, 1999, p. 217

La Cour Constitutionnelle,
Saisie d'une requête du 03 mai 1999 enregistrée à son Secrétariat le 04 mai 1999 sous le numéro 1038/0065/REC, par laquelle Monsieur Raphaël ABISSINTI défère à la censure de la Haute Juridiction pour inconstitutionnalité la Loi Organique n° 94-027 du 12 février 1999 relative au Conseil Supérieur de la Magistrature ;

VU la Constitution du 11 décembre 1990 ;

VU la loi n° 91-009 du 04 mars 1991 portant loi organique sur la Cour Constitutionnelle ;

VU le Règlement Intérieur de la Cour Constitutionnelle ;

Ensemble les pièces du dossier ;

Ouï le Professeur Maurice GLELE AHANHANZO en son rapport ;

Après en avoir délibéré,

Considérant que le requérant soutient que la loi organique précitée a été promulguée en violation de l'article 57 de la Constitution ; qu'il développe que suite à la Décision DCC 96-048 du 06 août 1996 de la Cour Constitutionnelle, l'Assemblée Nationale a adopté le 28 juillet 1998 La Loi Organique n° 94-027 relative au Conseil Supérieur de la Magistrature ; que par Décision DCC 98-075 du 30 septembre 1998, la Haute Juridiction a déclaré ladite loi conforme à la Constitution en toutes ses dispositions ; que la décision a été notifiée au Président de la République le 14 octobre 1998 et publiée au Journal Officiel le 1er janvier 1999 ; que le 16 février 1999, la Cour Constitutionnelle a été saisie d'une requête du 12 février 1999 par laquelle le Président de l'Assemblée Nationale lui demandait, conformément aux dispositions de l'article 57 de la Constitution, de déclarer exécutoire la Loi Organique n° 94-027 relative au Conseil Supérieur de la Magistrature adoptée le 28 juillet 1998 ; que, par Décision DCC 99-030 du 17 mars 1999, la Cour Constitutionnelle a fait droit à la demande du Président de l'Assemblée Nationale, la loi organique en question n'étant toujours pas promulguée le 12 février 1999, date de la requête du Président de l'Assemblée Nationale ; qu'un peu plus d'un mois après cette décision, est « apparue la même Loi Organique n° 94-027 promulguée le 12 février 1999 » ; qu'il conclut qu'il y a violation de l'article 57 de la Constitution, le texte promulgué le 12 février 1999 étant contraire à la Constitution, car à la date du 12 février 1999, le délai de promulgation constitutionnellement accordé au Président de la République était expiré, et le Chef de l'Etat n'avait plus compétence pour procéder à la promulgation ;

Considérant qu'il ressort des investigations de la Cour que le *12 février 1999, le Président de la République a effectivement promulgué* la Loi Organique n°94-027 du 12 février 1999 relative au Conseil Supérieur de la Magistrature contrairement aux affirmations du Secrétaire Général du Gouvernement qui soutient dans sa lettre du 23 juillet 1999 adressée au Secrétariat Général de la Cour *''que ladite loi n'a pas été promulguée le 12 février 1999'' ;*

Considérant que la loi susvisée, après mise en conformité à la Constitution suite aux Décisions n° 95-027 du 02 août 1995 et DCC 96-048 du 06 août 1996 de la Cour Constitutionnelle, a été transmise par le Président de l'Assemblée Nationale au Président de la République le *30 juillet 1998* ; que le Chef du

Gouvernement l'a déférée à la Haute Juridiction le *12 août 1998*, ce qui suspend le délai de promulgation conformément à l'article 120 de la Constitution ;

Considérant que par sa Décision DCC 98-075 du 30 septembre 1998, la Cour Constitutionnelle a déclaré la loi organique, en toutes ses dispositions, conforme à la Constitution ; que ladite décision a été notifiée au Président de la République le *14 octobre 1998* et publiée au Journal Officiel le *1er janvier 1999* ; que conformément à l'article 34 du Règlement Intérieur de la Cour, la publication met fin à la suspension du délai de promulgation ; qu'il s'ensuit qu'au *4 janvier 1999* le délai de promulgation imparti au Président de la République était expiré ; que passé ce délai, le Président de la République n'était plus habilité à promulguer ladite loi ; qu'en conséquence, il y a lieu de déclarer inconstitutionnelle, *pour vice de procédure*, la promulgation de la loi organique sur le Conseil Supérieur de la Magistrature intervenue le *12 février 1999* ;

Considérant qu'il résulte par ailleurs de la réponse aux mesures d'instruction que le Président de la République a promulgué le 18 mars 1999 la Loi Organique n°94-027, alors même qu'elle a été déclarée exécutoire par la Cour Constitutionnelle dans sa Décision DCC 99-030 du 17 mars 1999 ; qu'en procédant comme il l'a fait, le Président de la République a méconnu les dispositions de l'article 57 alinéa 5 et 6 de la Constitution ; qu'au regard desdites dispositions, *la décision de la Cour rendant exécutoire une loi emporte mise à exécution dès sa publication* ;

DECIDE :

Article 1er.- La promulgation de la Loi Organique n° 94-027 relative au Conseil Supérieur de la Magistrature intervenue le 12 février 1999 est contraire à la Constitution pour vice de procédure.
Article 2.- La promulgation, le 18 mars 1999 par le Président de la République, de la loi n° 94-027 relative au Conseil Supérieur de la Magistrature déclarée exécutoire par la Cour Constitutionnelle est contraire à la Constitution.
Article 3.- Seule la loi n° 94-027 relative au Conseil Supérieur de la Magistrature déclarée exécutoire par la Cour le 17 mars 1999 dans sa Décision DCC 99-030 est en vigueur à compter de la date de publication de celle-ci au Journal Officiel.
Article 4.- La présente décision sera notifiée à Monsieur Raphaël ABISSINTI, au Président de la République, au Président de l'Assemblée Nationale et publiée au Journal Officiel.

Ont siégé à Cotonou, le vingt-neuf décembre mil neuf cent quatre-vingt-dix-neuf,

Messieurs	Lucien SEBO	Vice-président
	Maurice GLELE AHANHANZO	Membre

	Alexis HOUNTONDJI	Membre
	Jacques D. MAYABA	Membre
Madame	Clotilde MEDEGAN- NOUGBODE	Membre

Le Rapporteur,	Le Vice-président,
Prof. Maurice GLELE AHANHANZO	Lucien SEBO

OBSERVATIONS

I : La publication des lois

La publication est un acte matériel consistant à porter la loi à la connaissance du public, afin de la rendre obligatoire. La promulgation détermine l'entrée en vigueur de la loi, la publication fixe le moment de son opposabilité.

Le Sieur Dovonou Corneille soutient que la loi visée ne lui est pas applicable parce qu'elle "*n'a jamais été publiée*". Au nombre des moyens développés pour soutenir l'inconstitutionnalité de la Décision-Loi n°88-004, il dit, à tort, "*qu'une loi n'acquiert force exécutoire qu'après sa publication*". La Cour rappelle que le caractère exécutoire découle de la promulgation de la loi. Reste alors la question de la publication de la loi qui détermine le moment de son opposabilité. Selon la Cour, la publication n'est organisée par "aucune disposition constitutionnelle". Elle "*relève de la compétence du juge chargé de l'application (...) et non de celle (...) de la Cour constitutionnelle*". Or, semble oublier la Cour, la juridiction constitutionnelle est juge de la loi, de sa validité et de son opposabilité.

Certes, la formalité de publication n'est évoquée dans la constitution qu'aux articles relatifs aux traités ou accords (article 147, " *Les traités ou accords régulièrement ratifiés ont, dès leur publication, une autorité supérieure à celle des lois*") ou en matière d'ordonnance de l'article 102 (Les ordonnances "*entrent en vigueur dès leur publication*"). Cependant, les fondamentaux de la science du droit nous enseignent que la publicité (par publication ou par notification) est le préalable normal avant qu'un texte ne soit opposable. Cette formalité paraît si évidente que la Cour peut en dégager un principe général du droit. Ceci aurait un effet pédagogique certain, surtout, envers les autorités administratives qui font "*du tout confidentiel*", l'assise de leur pouvoir et le ferment de la puissance de l'administration face aux usagers-citoyens. On étalerait à perte de vue, le nombre de circulaires, de décrets et autres mesures à portée réglementaire ou individuelle, mais frappés du sceau de la confidentialité, contre toute logique juridique !

La décision de la Cour a, malgré tout, un intérêt pratique et utile indéniable. Elle permet de ne point passer par pertes et profits, toutes les lois qui ne figurent pas au journal officiel de la république depuis 1960. L'irrégularité et l'inconstance des parutions du journal officiel donnent une idée de l'importance des actes juridiques qui devraient être retirés de l'ordonnancement juridique positif, si la Cour devait rigoureusement présenter la publication des lois comme une formalité substantielle, prescrite à peine d'inconstitutionnalité.

A défaut, la Cour s'en tient à une lecture littérale de la constitution et décide qu'une convention internationale qui "*n'a jamais été publiée (...) n'entre pas dans le droit positif béninois*" (Décision DCC 03-009 du 19 février 2003, Sinzogan Capo-Chichi Marguerite, Recueil 2003, p. 47 ; voir solution similaire pour une publicité insuffisante, Cour d'arbitrage belge, 16 juin 2004, *in* P. BON, D. MAUS, *Les grandes décisions des cours constitutionnelles européennes*, Paris, Dalloz, 2008, pp. 51 et suiv.), parce que l'article 147 dispose que "*Les traités ou accords régulièrement ratifiés ont, dès leur publication, une autorité supérieure à celle des lois.*"

II : La promulgation des lois

Léon DUGUIT brocardait le législateur français qui "*comme un écolier, (a) confondu deux notions juridiques distinctes*" celle de publication et celle de promulgation. (Cité par H. et L. et J. MAZEAU, *Leçons de droit civil*, Tome 1, Premier volume, Paris, Montchrestien 1980, p.113). La promulgation est un acte juridique, un décret ordonnant l'exécution de la loi par l'énoncé de la formule consacrée : "*la présente loi sera exécutée comme loi de l'Etat.*"

Le constituant béninois a voulu des institutions fortes mais équilibrées, un exécutif qui a les moyens de gouverner mais sans verser dans une dérive autoritaire. L'Assemblée nationale est la représentation nationale, la représentation du peuple dans sa diversité. Ses compétences législatives sont largement bridées par la procédure des ordonnances prévues en diverses circonstances par la constitution. Cependant, la constitution n'a pas entendu la priver de l'effet utile de ses délibérations en conférant au Président de la République, le pouvoir de ne pas promulguer les lois votées par le parlement, c'est-à-dire, en langage imagé, de les faire passer à la trappe.

La promulgation de la loi donne à celle-ci "*son caractère exécutoire*" (Décision DCC 95-035 du 1er septembre 1995, Société Oluwa Lony Kpé Koyeni, Dovonou Corneille, Recueil 1995, p. 177). Elle est de la compétence du Président de la République. Cette compétence n'est toutefois pas discrétionnaire. Le Chef du gouvernement peut refuser de prendre le décret de promulgation dans les cinq ou quinze jours fixés par l'article 57 de la constitution. Il peut aussi demander une seconde délibération. L'issue de la seconde délibération ou la fin du délai constitutionnel des cinq ou quinze jours mettent fin à l'autonomie de décision du Chef de l'exécutif. En cette hypothèse, la Cour, en régulateur constitutionnel, saisie par le Président de l'Assemblée nationale, déclare la loi exécutoire, si elle est conforme à la constitution. C'est ce qu'elle fit en déclarant "*exécutoire la loi n°94-027 relative au Conseil supérieur de la magistrature*" après épuisement du délai constitutionnel de promulgation de quinze jours (Décision DCC 16-156 du 13 octobre 2016, Président de l'Assemblée nationale, Recueil 2016, volume 3, p. 1083).

Le délai de cinq ou quinze jours court à compter de la date de transmission de la loi votée au Président de la République. Le décompte du délai est suspendu si le Président de la République saisit la Cour constitutionnelle pour un contrôle de constitutionnalité de la loi votée. Le nouveau délai de quinze jours court à compter de la date de notification au Président de la République, en sa qualité de réquérant, de la décision rendue par la Cour constitutionnelle.

Le décret de promulgation qui intervient ultérieurement sur cette même loi déjà rendue exécutoire est superfétatoire parce que destiné à mettre en vigueur une loi qui l'est déjà par décision de la Haute juridiction constitutionnelle. Il est entaché d'inconstitutionnalité pour "*vice de procédure*" (Décision DCC 99-058 du 29 décembre 1999, Abissinti Raphaël, Recueil 1999, p. 220).

Sur la forme, une promulgation ne peut valablement être faite que par un Président de la République en exercice, qui a donc régulièrement prêté serment. Dès lors, est entaché d'un vice de forme, le décret de promulgation signé d'un Président de la République qui n'a pas encore prêté serment et dont le mandat du prédécesseur n'est pas encore arrivé à échéance (Décision DCC 06-162 du 19 octobre 2006, Prince Agbodjan Roberto Serge, Recueil 2006, p.833 et Décision DCC 07-047 du 03 juillet 2007, Prince Agbodjan Roberto Serge).

37

Décision DCC 01-046 du 21 juin 2001
Cour constitutionnelle
Recueil, 2001, p. 193

La saisine d'office

La Cour Constitutionnelle,

Se prononçant, d'office, en vertu de l'article 121 de la Constitution, suite à une lettre ouverte adressée le 28 août 2000 au Président de la République et dont copie a été enregistrée au Secrétariat de la Haute Juridiction le 31 août 2000 sous le numéro 1308/0077/REC, par laquelle la population de Houéganmè, sous-préfecture de Dogbo, se plaint de l'arrestation de Monsieur Germain KOKOU ;

VU la Constitution du 11 décembre 1990 ;
VU la loi n° 91-009 du 04 mars 1991 portant loi organique sur la Cour Constitutionnelle modifiée par la Loi du 17 juin 1997 ;
VU le Règlement Intérieur de la Cour Constitutionnelle ;
Ensemble les pièces du dossier ;
Ouï le Professeur Alexis HOUNTONDJI en son rapport ;
Après en avoir délibéré,

Considérant que la population de Houéganmè, Foncomé II, Commune « urbaine » de Tota, sous-préfecture de Dogbo, expose que, dans le cadre « de l'opération de démantèlement des réseaux de voleurs et malfrats dans les départements du Mono et du Couffo menée par la milice du Colonel Civil DEVI, Monsieur Gbavou Germain KOKOU a été arrêté à domicile dans la nuit du 16 août 1999, par les para-commandos dépêchés à l'époque dans le Couffo par le gouvernement » et mis en prison ; qu'elle soutient que cette arrestation est arbitraire et sollicite « la libération du digne fils de Foncomé » ;

Considérant que la correspondance adressée au Président de la République et dont la Cour a reçu ampliation est relative à une violation présumée des droits de l'Homme ; que la Haute Juridiction en vertu de l'article 121 alinéa 2 de la Constitution, doit se *prononcer d'office* ;

Considérant qu'il ressort des réponses aux mesures d'instruction adressées au Commandant de la Brigade de Gendarmerie de Dogbo et au Procureur de la République près le Tribunal de Première Instance de Lokossa, que le nommé Gbavou Germain KOKOU, a été soupçonné de vols d'objets divers et recel d'objets volés ; qu'il a été arrêté par les éléments du groupe DEVI assistés des militaires para-commandos basés à Dogbo et à Djakotomey ; qu'il a fait l'objet du procès-verbal d'arrestation n° 065/99 du 30 août 1999 de la Brigade des Recherches de Lokossa ; qu'il a été déféré au Parquet de Lokossa ensemble avec six (06) autres personnes le 31 août 1999 et placé sous mandat de dépôt le même jour ; que le dossier n° 1004/99 de la procédure de flagrant délit a été vidé à l'audience du 03 octobre 2000 ; que l'intéressé a été relaxé au bénéfice du doute pour les faits de vol d'objets divers mis à sa charge et condamné à 200.000 F d'amende ferme pour la détention illégale d'armes à feu ;

Considérant qu'il résulte de tout ce qui précède, que Monsieur KOKOU a été arrêté et détenu dans une procédure judiciaire normale ; que, dès lors, son arrestation et sa détention ne sont pas contraires à la Constitution ;

D E C I D E :

Article 1er.- L'arrestation et la détention de Monsieur Gbavou Germain KOKOU ne sont pas contraires à la Constitution.
Article 2.-La présente décision sera notifiée aux populations de Houéganmè, Foncomé II et publiée au Journal Officiel.
Ont siégé à Cotonou, le vingt-et-un juin deux mille un,

Madame	Conceptia D. OUINSOU	Président
Messieurs	Idrissou BOUKARI	Membre
	Alexis HOUNTONDJI	Membre
	Jacques MAYABA	Membre
Madame	Clotilde MEDEGAN- NOUGBODE	Membre

Le Rapporteur, Le Président,

Professeur Alexis HOUNTONDJI Conceptia D. OUINSOU

OBSERVATIONS

I : La définition d'un espace d'ordre public républicain

La Cour n'emploie pas l'expression "*saisine d'office*" ni la locution "*saisir d'office*" pour désigner cette compétence de traiter un recours sur une question de fond alors que l'irrecevabilité est encourue pour des raisons de forme posées par son Règlement intérieur. La Décision DCC 01-046 du 21 juin 2001 parle de "*se prononcer d'office*" (ou encore de "*statuer d'office*" Décision DCC 13-

145 du 08 octobre 2013, Adrien Houngbedji, Recueil 2013, volume 2, p.908) ce qui est, selon le Secrétariat général de la Cour, l'illustration du pouvoir de se saisir d'office d'une violation des droits de l'Homme. Pour la Cour, la saisine d'office suppose au *préalable* une saisine, soit par voie d'action soit par la voie de l'exception d'inconstitutionnalité. Sans saisine préalable, pas de jugement d'office sur les cas de violation des droits de l'Homme. Ceci distingue la saisine d'office de l'autosaisine selon la typologie établie par le Secrétariat général de la Cour. L'autosaisine est présentée par la Cour comme une compétence de connaître d'un dossier sans avoir reçu et enregistré à son secrétariat un recours qui lui donne l'occasion de se prononcer d'office.

Cette approche n'est pas toujours retenue en droit comparé du contentieux constitutionnel. Ce que la Cour constitutionnelle semble appeler l'"*autosaisine*" est assimilée à une "*saisine d'office*" par la juridiction constitutionnelle française. Pour le Conseil constitutionnel français, "*en principe une juridiction ne saurait disposer de la faculté d'introduire spontanément une instance au terme de laquelle elle prononce une décision revêtue de l'autorité de chose jugée ;(...) si la Constitution ne confère pas à cette interdiction un caractère général et absolu, la saisine d'office d'une juridiction ne peut trouver de justification.*" (Décision n° 2012-286 QPC du 7 décembre 2012, *Société Pyrénées services et autres*, Saisine d'office du tribunal pour l'ouverture de la procédure de redressement judiciaire, *Journal officiel de la république française*, 8 décembre 2012, page 19279). Le point visé par le recours en insconstitutionnalité devant la Haute juridiction constitutionnelle française porte sur une loi qui confère au président du tribunal de commerce la compétence de combler l'inertie des parties en déclenchant, *proprio motu*, la procédure de redressement judiciaire. En effet, selon la loi querellée, le président de tribunal de commerce déclenche la procédure de redressement judiciaire, "*convoque le débiteur, par acte d'huissier de justice, à comparaître dans le délai qu'il fixe. À la convocation est jointe une note par laquelle le président expose les faits de nature à motiver la saisine d'office,*" (www.conseil-constitutionnel.fr/sites/default/files/as/root/bank_mm/decisions/2012286qpc/).

Manifestement, ce qui est présenté comme une saisine d'office au-delà des Pyrénées, s'assimile à une autosaisine en deça. Les catégories juridiques sont embrouillées et le langage doctrinal courant ne se gêne pas pour juger interchangeables les notions de saisine d'office et d'auto-saisine (M.-A. FRISON-ROCHE, "Principe d'impartialité et droit d'auto-saisine de celui qui juge", *in Dalloz,* 2013, p.28) et même d'"*auto-question d'inconstitutionnalité*" (P. BON, D. MAUS, *Les grandes décisions des cours constitutionnelles européennes*, Paris, Dalloz, 2008, p. 768).

Or, le contentieux des droits et libertés du citoyen devant les juges du fond fait traditionnellement une place importante au principe de séparation des autorités de poursuite et de jugement. Selon ce principe, la juridiction qui est appelée à statuer sur les faits, ne peut pas se saisir d'office en se transformant en organe de poursuite.

Cependant, la spécificité du contentieux constitutionnel béninois est qu'il fait de la Cour constitutionnelle à la fois le juge de la loi, le juge des actes règlementaires et le juge des faits ou actes attentatoires aux droits et libertés du citoyen (voir *supra* p.33). L'idée de sanction (*ad hoc*) est sous-jacente à toute procédure visant à constater la violation des droits de l'homme par la Cour constitutionnelle. Il s'ensuit que le principe de séparation des autorités de poursuite et de jugement devrait logiquement s'appliquer. Mais la constitution du 11 décembre 1990 en dispose autrement.

Le préambule de la constitution de 1990 affirme l'"*attachement aux principes de la Démocratie et des droits de l'homme*". L'article 34 dispose que "*Tout citoyen béninois, civil ou militaire, a le devoir sacré de respecter en toutes circonstances, la constitution et l'ordre constitutionnel établi*". Ce respect dû aux institutions démocratiques n'est pas une pure exigence de neutralité, de distance. Il est aussi et surtout une adhésion aux principes républicains et à leurs manifestations institutionnelles et normatives. Ce qui emporte que lorsque l'ordre constitutionnel est menacé "*désobéir et s'organiser pour faire échec à l'autorité illégitime constituent le plus sacré des droits et le plus impératif des devoirs*" (article 66, constitution). Le devoir d'obéissance à la hiérarchie administrative publique disparaît lorsque les droits de la personne sont en cause. "*Tout individu, tout agent de l'Etat est délié du devoir d'obéissance lorsque l'ordre reçu constitue une atteinte grave et manifeste au respect des droits de l'homme et des libertés publiques*" (article 19, constitution).

Cet échantillon de dispositions constitutionnelles renseigne sur l'intention du constituant originaire, lequel a voulu fonder la nouvelle République sur le roc des libertés. Il définit, ce faisant, un ordre public républicain, dont la violation n'est pas qu'une atteinte aux droits subjectifs du citoyen mais une agression contre le nouveau pacte social, ses fondements, ses manifestations. D'où la légitimité de la saisine d'office ou autosaisine de la juridiction constitutionnelle lorsque les droits fondamentaux de la personne humaine sont violés.

II : Une saisine dans l'intérêt de l'ordre public républicain

Les circonstances de la décision "Cour constitutionnelle" sont assez symptomatiques de la thématique de la sauvegarde de l'ordre public républicain. Une lettre ouverte est adressée au Président de la République et copie est déposée au secrétariat de la Cour. On eût dit, une ampliation pour information. En tout état de cause, les auteurs de la lettre entendaient former un recours hiérarchique devant le chef de l'administration d'Etat, le Président de la

République. Rien, *a priori*, n'est attendu de la Cour. Cependant, celle-ci se saisit d'office sur la base de l'article 121 al.2 de la constitution et initie une instruction pour élucider les faits de la cause, donner du contradictoire à sa procédure et délibérer.

Selon la Cour, sa compétence se fonde sur l'article 121 al.2 qui dispose qu'elle "*se prononce d'office sur la constitutionnalité des lois et tout texte réglementaire censés porter atteinte aux droits fondamentaux de la personne humaine et aux libertés publiques*". Comme on peut s'en convaincre, cet énoncé constitutionnel fait de la Haute juridiction, le juge de la loi et des textes réglementaires. Les faits de violence et autres atteintes à l'intégrité physique des personnes ne sont, de toute évidence, pas visés dans cet article de la constitution. Ces faits auraient pu valablement être connus et jugés par les tribunaux répressifs avec une palette de sanctions à la fois rétributives et dissuasives.

Par hypertrophie de ses compétences et dans la droite ligne de la jurisprudence "Maître Agnès Campbell" (La Cour affirme sa "*compétence exclusive (...) pour statuer sur les violations des droits de la personne humaine*", Décision DCC 11-94 du 11 mai 1994, Maître Agnès Campbell, Recueil 1994, p.38), la Cour, parce que l'ordre public républicain est en cause, instruit et juge une cause pour laquelle le requérant n'a pas la capacité juridique (Décision DCC 01-10 du 11 janvier 2001, Mouvement des amis de Nicéphore Soglo, Recueil 2001, p. 49), ou une affaire qui ne relève pas des compétences de la Cour telles que définies par les articles 114 et 117 de la constitution (Décision DCC 13-101 du 29 août 2013 Gabriel OSSEY, Recueil 2013, vol.2, p.669), ou une requête qui ne comporte pas de signature et encourt l'irrecevabilité (Décision DCC 17-002 du 06 janvier 2017, Maître Salomon K. ABOU ; Décision DCC 96-031 du 26 juin 1996, Maître A. Pognon, Recueil 1996, p. 149) ou enfin, lorsqu'une association n'apporte pas la preuve de sa capacité à ester en justice (Décision DCC 17-016 du 31 janvier 2017, Odilon HOUEDANOU). On peut aussi citer l'exception d'inconstitutionnalité qui ne porte pas sur une loi et mérite d'être déclarée irrecevable mais qui est, malgré tout, examinée par la Cour (Décision DCC 98-070 du 24 août 1998, Chambre d'accusation de la Cour d'appel de Cotonou, Recueil 1998, p. 343).

La constante de cette orientation de politique jurisprudentielle est que la Cour a à cœur, le respect des droits de la personne humaine.

38

Décision DCC 05-117 du 20 septembre 2005
Gagnon Bonaventure, Houessou Tossavi Francisco
Recueil, 2005, p. 559

Le désistement

La Cour Constitutionnelle,

Saisie d'une requête du 28 juillet 2005 enregistrée à son Secrétariat à la même date sous le numéro 1488/130/REC, par laquelle Messieurs Bonaventure GAGNON et Francisco Tossavi HOUESSOU se plaignent de la violation de leurs droits à la défense par le Tribunal de première instance de Ouidah ;
Saisie d'une autre lettre du 18 août 2005 enregistrée à son Secrétariat à la même date sous le numéro 1599/143/REC, par laquelle le Président du tribunal de première instance de Ouidah lui transmet l'exception d'inconstitutionnalité soulevée par Messieurs Bonaventure GAGNON et Tossavi Francisco HOUESSOU ;

VU la Constitution du 11 décembre 1990 ;
VU la loi n° 91-009 du 04 mars 1991 portant loi organique sur la Cour Constitutionnelle modifiée par la Loi du 31 mai 2001 ;
VU le Règlement Intérieur de la Cour Constitutionnelle ;
Ensemble les pièces du dossier ;
Ouï le Conseiller Clotilde MEDEGAN-NOUGBODE en son rapport ;
Après en avoir délibéré,

Considérant que les requérants exposent que, poursuivis sans mandat devant la chambre correctionnelle du tribunal de première instance de Ouidah, leur dossier « n'a fait l'objet que de deux renvois ; le premier pour la défense et le dernier pour le tribunal » ; qu'ils développent qu'en ce qui concerne le premier renvoi opéré, « leur Conseil Maître Joseph DJOGBENOU a régulièrement saisi le tribunal pour lui annoncer sa constitution... et l'informer de son empêchement à ne pouvoir se déplacer à cette audience » ; qu'ils soutiennent que « contrairement à la pratique du tribunal ainsi qu'à la loi, ni le ministère public ni le greffe du tribunal n'ont avisé leur conseil du renvoi spécial opéré » pour le tribunal ; qu'ils ajoutent « qu'à la barre, ils ont expressément émis le souhait d'être défendus par leur avocat » ; que « même la demande aux fins de renvoi pour plaidoirie de l'un de ses confrères Maître Zakari D. SAMBAOU, présent dans la salle, a été purement et simplement écartée » et la cause mise en délibéré pour décision à rendre le 04août 2005 ; qu'ils concluent qu'« il s'induit alors...que... les droits de la défense consacrés par l'article 7.1.c) de la Charte Africaine des Droits de l'Homme et des Peuples repris par l'article 17 de la constitution béninoise..., et 14.3 – d du pacte international relatif aux droits civils et politiques ont été méconnus » et demandent en conséquence à la Haute Juridiction de censurer cette violation ;

Considérant que par lettre du 26 juillet 2005 enregistrée au Secrétariat de la Cour le 28 juillet 2005 sous le numéro 1487, les requérants se désistent de l'exception d'inconstitutionnalité qu'ils ont soulevée devant le tribunal de première instance de Ouidah ; que par une correspondance du 11 août 2005 enregistrée au Secrétariat de la Cour le 12 août 2005 sous le numéro 1574, les requérants informent la Cour Constitutionnelle « de leur désistement du recours en inconstitutionnalité en date du 28 juillet 2005 » ;

Considérant qu'aux termes de l'article 122 de la Constitution : « *Tout citoyen peut saisir la Cour Constitutionnelle sur la constitutionnalité des lois, soit directement, soit par la procédure de l'exception d'inconstitutionnalité invoquée dans une affaire qui le concerne devant une juridiction. Celle-ci doit surseoir jusqu'à la décision de la Cour Constitutionnelle qui doit intervenir dans un délai de trente jours. » ;* qu'il en résulte que les requérants ont le choix entre l'action directe et l'exception d'inconstitutionnalité ; qu'en l'espèce, ayant usé concurremment des deux voies, il échet de dire et juger que l'exception d'inconstitutionnalité soulevée par les requérants est irrecevable ;

Considérant que selon la jurisprudence de la Cour, *le désistement n'est recevable que pour autant que les faits ne portent pas sur la violation des droits fondamentaux de la personne humaine ; qu'en l'espèce, le recours faisant état d'une violation des droits de la défense, il y a lieu de passer outre leur désistement ;*

Considérant qu'il résulte des éléments du dossier et notamment des observations du Président du Tribunal de première instance de Ouidah qu'une information a été ouverte le 18 novembre 2002 contre les nommés GAGNON Bonaventure et HOUESSSOU T. Francisco qui ont été inculpés le premier pour abus de biens sociaux et abus de confiance, le second pour complicité d'abus de confiance ; que la première chambre correctionnelle a été saisie du dossier des intéressés enrôlé pour l'audience du 16 juin 2005 ; que Maître Joseph DJOGBENOU, par lettre en date du 15 juin 2005 reçue à l'audience du 16 juin 2005, s'est constitué pour la défense des intérêts des prévenus ; qu'absent à cette audience, il a été substitué par Maître BEDIE Claret qui a sollicité un renvoi en raison, dit-il, des problèmes de santé de Maître DJOGBENOU ; que le tribunal, malgré les réactions de la victime, résidant à Parakou et de son Conseil Maître YEDE, a renvoyé le dossier au 14 juillet 2005 pour Maître DJOGBENOU et pour être retenu et plaidé ; que le 14 juillet 2005, en raison de l'empêchement du tribunal, les magistrats étant retenus pour un séminaire, le dossier a été renvoyé au lendemain 15 juillet 2005 à une audience spéciale de tribunal correctionnel conformément à la pratique en cours au tribunal de Ouidah où toute audience notamment correctionnelle non tenue pour quelque empêchement est reportée à une audience spéciale , fixée à une date raisonnable, qui se tient le plus souvent le lendemain de la date d'audience ; qu'ainsi l'ordonnance n° 007/PTO-2005 du 07 juillet 2005 a été prise par le Président du Tribunal et communiqué au Président de la Cour d'Appel, au Garde des Sceaux, Ministre de la Justice, de la Législation et des Droits de l'Homme, au Bâtonnier de l'ordre des avocats et au Président de la Chambre Nationale des Huissiers conformément aux dispositions des articles 44 et 46 de la loi portant organisation judiciaire n° 2001-37 du 27 août 2002 ; *que les parties à l'audience du 14 juillet 2005 ont été informées oralement puis par affiche apposée à l'initiative du parquet* ; qu'à l'audience du 15 juillet 2005, les prévenus GAGNON Bonaventure et HOUESSOU T. Francisco ont comparu et ont sollicité à nouveau un renvoi pour leur conseil ; que le tribunal, après les observations de la partie civile et du Ministère Public, a retenu le dossier et entendu les parties ; qu'après les plaidoiries de la partie civile et les réquisitions du Ministère Public, parole a été donnée une nouvelle fois aux prévenus pour leur défense et le dossier a été mis en délibéré pour être vidé le 4 août 2005 ; que c'est alors que le dossier a été mis en délibéré que le conseil des prévenus qui, malgré sa constitution au stade de l'information, n'a jamais assisté ses clients, les inculpés ayant dû expressément demandé à être entendus en l'absence de leur avocat qui ne répondait jamais aux convocations du juge d'instruction et qui « n'a pu être joint » par ces derniers pour l'audience du 15 juillet 2005, a transmis au secrétariat du Président du Tribunal un recours en inconstitutionnalité à 17 heures du jour de l'audience ; que le délibéré qui dans ces conditions devrait être rabattu en vue de recevoir l'exception et ordonner le sursis à statuer a dû être prorogé du 04 août 2005 au 11 août 2005 en raison encore de l'absence de Maître DJOGBENOU ;

Considérant qu'il résulte de ce qui précède que le renvoi opéré pour l'audience spéciale querellée a été porté à la connaissance de toutes les parties et de leurs conseils ; qu'en conséquence, il n'y a pas violation de la Constitution ;

DECIDE :

Article 1er - : L'exception d'inconstitutionnalité soulevée devant le tribunal de première instance de Ouidah par Messieurs Bonaventure GAGNON et Francisco Tossavi HOUESSOU est irrecevable.
Article 2 - : Il est passé outre au désistement.

Article 3 - : Il n'y a pas violation de la Constitution.
Article 4 - : La présente décision sera notifiée à Messieurs Bonaventure GAGNON et Francisco Tossavi HOUESSOU, au Président du Tribunal de Première Instance de Ouidah et publiée au Journal Officiel.

Ont siégé à Cotonou, le vingt septembre deux mille cinq,

Madame	Conceptia D. OUINSOU	Président
Messieurs	Jacques D. MAYABA	Vice-président
	Idrissou BOUKARI	Membre
	Pancrace BRATHIER	Membre
	Christophe KOUGNIAZONDE	Membre
Madame	Clotilde MEDEGAN- NOUGBODE	Membre
Monsieur	Lucien SEBO	Membre

Le Rapporteur, Le Président,

Clotilde MEDEGAN-NOUGBODE Conceptia D. OUINSOU

OBSERVATIONS

I : Le désistement, une prérogative du requérant

Qui peut le plus, peut le moins. Si le citoyen peut saisir les tribunaux, il a *a contrario* le droit de ne point les saisir ou de renoncer à la saisine. La Cour juge ainsi que, pour le citoyen, le droit de saisine "*s'analyse comme une faculté, et non une obligation ; dès lors, il lui est loisible d'y renoncer*" (Décision DCC 10-087 du 15 juillet 2010, Simon G. Haïkou). La Cour établit ainsi un parallélisme des compétences et des droits en matière d'instance juridictionnelle.

Ce droit est cependant encadré selon les termes de la décision "Gagnon Bonaventure, Houessou Tossavi Francisco". La Cour confirme sa jurisprudence sur la saisine d'office et décide de passer outre le désistement dès lors que l'ordre public républicain est en cause. Le désistement est irrecevable si l'objet et la cause de l'instance sont *également* de l'intérêt de la loi et de la protection des libertés. La Cour dit et juge que le désistement ne met pas fin à l'instance lorsque la plainte porte sur des faits d'arrestation et de détention arbitraires. (Décision DCC 09-006 du 05 février 2009, Populations du village d'Adjagbo, Hagnigbé Hounsou, Kpadonou Odjo), d'atteinte à la liberté de pensée, d'opinion et d'expression (Décision DCC 05-084 du 18 août 2005, Gouclounon Xavier, Recueil 2005, p. 423). Pour la Cour, "*le désistement n'est recevable que pour autant que les faits allégués ne portent pas sur la violation des droits fondamentaux de la personne humaine* (Décision DCC 18-094 du 12 avril 2018, Emmanuel H. AZONDOOGA).

A l'inverse, si le "*le requérant ne fait état de violation d'un droit fondamental et que par ailleurs les éléments du dossier n'établissent pas la violation d'un droit fondamental*", la Cour se contente de lui "*donner acte de son désistement*" (Décision DCC 16-095 du 07 juillet 2016, Yaya LAWANI, Recueil 2016, volume 2, p.659).

II : Désistement d'action et désistement d'instance

Le requérant "*se désiste de son action*" lit-on dans la décision "Dansi Florent" (Décision DCC 01-066 du 26 juillet 2001, Dansi Florent, Recueil 2001, p. 269). Cette rédaction suggère une différentiation entre le désistement d'action et le désistement d'instance. Le premier interdit toute demande nouvelle qui tendrait aux mêmes fins et serait fondée sur la même cause juridique. Le Sieur Dansi Florent dit se désister parce que "*le problème a été résolu par le directeur général du CARDER-Mono*". En conséquence, toute saisine future serait sans objet.

Le second, c'est-à-dire le désistement d'instance offre la possibilité de renouveler la saisine du juge, par exemple, celle du juge compétent ou même de la juridiction constitutionnelle. En choisissant d'arrêter la procédure en cours devant la juridiction constitutionnelle parce que "*la chambre administrative de la Cour suprême est mieux indiquée pour résoudre (leur) situation*" (Décision DCC 01-081 du 17 août 2001, Amoussou Jean Marie et consorts, Recueil 2001, p.326), les requérants ne renoncent ni à l'objet, ni à la cause, ni aux fins de leur saisine mais entendent mieux se pourvoir. Pour la Cour le désistement "*est la renonciation à une initiative prise dans le cadre d'une instance juridictionnelle et dont les effets ne sont pas encore acquis*" (Décision DCC 13-145 du 08 octobre 2013, Adrien HOUNGBEDJI, Recueil 2013, volume 2, p.906). La circonstance qu'aucune procédure n'ait encore abouti et qu'aucune décision sur le fond de l'affaire ne soit passée en force de chose jugée, laissent ouverte la possibilité d'une saisine ultérieure de la Haute juridiction constitutionnelle, pour autant qu'elle ne se soit pas prononcée d'office.

39

Décision DCC 95-011 du 02 mars 1995
Amoussou Georges Constant, Adjovi C. Honorat
Recueil 1995, p. 65

Le sursis à exécution

La Cour Constitutionnelle,

Saisie d'une part d'une requête en date du 08 février 1995 de Monsieur AMOUSSOU Georges Constant, enregistrée au Secrétariat de la Cour le 10 février 1994 sous le numéro 0170, d'autre part, d'une requête en date du 13 février 1995 de Monsieur ADJOVI C. Honorat, enregistrée au Secrétariat de la Cour le 13 février 1995 sous le numéro 0176, par lesquelles les requérants, demandent à la Cour, premièrement de déclarer inconstitutionnel le Décret n° 95-19 du 25 janvier 1995 portant nomination de Magistrats et deuxièmement d'ordonner le sursis à exécution dudit décret ;

VU la Constitution du 11 décembre 1990 ;
VU la Loi Organique n° 91–009 du 04 mars 1991 sur la Cour Constitutionnelle ;
VU le Règlement Intérieur de la Cour Constitutionnelle ;
Ensemble les pièces du dossier ;
Ouï Madame Elisabeth K. POGNON en son rapport ;
Après en avoir délibéré ;

Considérant que les requérants sollicitent qu'en attendant qu'une décision soit prise sur le fond, la Cour ordonne au Président de la République, au Ministre de la Justice et de la Législation, de surseoir à exécuter le Décret n°95-19 du 25 janvier 1995 aux motifs qu'il viole manifestement l'article 126 qui dispose : « *...les Magistrats du siège sont inamovibles* » et l'article 129 de la Constitution relatif à la procédure de nomination des Magistrats; que l'application dudit décret n'est justifiée par aucune urgence et qu'elle risque plutôt de créer une « *situation de fait notoirement inconstitutionnelle* » ;

Considérant que les deux recours portent sur le même décret et développent les mêmes moyens ; qu'il y a lieu de les joindre pour y être statué par une seule et même décision ;

Considérant que la Cour a ordonné des mesures d'instruction et qu'elle ne peut se prononcer immédiatement sur le fond ; qu'il y a lieu d'accueillir la demande de sursis à exécution et de statuer ;

Considérant que la Cour *estime que les moyens articulés par les requérants sont de nature telle que le décret déféré pourrait, pour cause d'inconstitutionnalité être censuré ; que dès lors, il y a lieu d'ordonner le sursis à exécution dudit décret en ce concerne les requérants ;*

DECIDE :

Article 1er : La Cour ordonne le sursis à l'exécution du Décret n°95-19 du 25 janvier 1995 en ce qui concerne Messieurs AMOUSSOU Georges Constant et ADJOVI C. Honorat.
Article 2 : La présente décision sera notifiée à Messieurs AMOUSSOU Georges Constant, ADJOVI C. Honorat, au Président de la République, au Garde des Sceaux, Ministre de la Justice et de la Législation et publiée au Journal Officiel.

Ont siégé à Cotonou, le deux mars mil neuf cent quatre-vingt-quinze,

Madame	Elisabeth K. POGNON	Président
Messieurs	Alexis HOUNTONDJI	Vice-président
	Bruno O. AHONLONSOU	Membre
	Pierre E. EHOUMI	Membre
	Alfred ELEGBE	Membre
	Hubert MAGA	Membre
	Maurice GLELE-AHANHANZO	Membre

Le Rapporteur, Le Président,

Elisabeth K. POGNON Elisabeth K. POGNON

OBSERVATIONS

I : L'alignement sur le droit administratif

Le recours devant une juridiction administrative n'a point d'effet suspensif sur l'application d'un acte administratif. L'acte administratif est certes gouverné par "*le principe de précarité*" selon l'expression de Roger-Gérard SCHWARTZENBERG (R-G SCHWARTZENBERG, *L'autorité de chose décidée*, Paris, LGDJ, 1969, pp. 346 et suiv.). L'autorité de chose décidée que revêt l'acte administratif exécutoire ne met pas celui-ci à l'abri d'un retrait prononcé par l'autorité administrative ou d'une annulation par le juge saisi d'une exception d'illégalité. Dans un cas comme dans l'autre, il s'agit d'une décision au fond, qui sanctionne la légalité interne ou externe de l'acte ou simplement le changement de perspective de l'action administrative, notamment en matière de retrait d'actes administratifs. Hors ces hypothèses, l'acte administratif a vocation à une application immédiate.

Le sursis à exécution est une mesure accordée par une juridiction administrative qui aboutit à la suspension de l'exécution d'un acte administratif dès lors que cette exécution entraînerait des conséquences difficilement réparables. Le juge administratif béninois y recourt en application de l'article 73 de l'ordonnance n° 21/PR du 26 avril 1966 portant composition, organisation, fonctionnement et attributions de la Cour Suprême, remise en vigueur par la loi n° 90-012 du 1er juin 1990. Le sursis est accordé à la double condition d'être en présence de moyens sérieux et d'un préjudice irréparable.

La juridiction constitutionnelle recourt à ce mécanisme, par une innovation toute prétorienne. Les conditions de recevabilité de la demande de sursis sont déterminées *a minima.*

II : Recours en sursis à exécution : des critères très libéraux

Dans l'affaire "Amoussou Georges, Constant Adjovi C. Honorat", la Cour estime que les "*moyens articulés par les requérants sont de nature telle que le décret (...) pourrait être censuré*". La même formulation laconique se retrouve dans les décisions Hounmènou A. Akowé Michel/Dovoédo A. S. Michée" (Décision DCC 95-017 du 15 mars 1995, Hounmènou A. Akowé Michel/Dovoédo A. S. Michée, Recueil 1995, p. 99) et "Toboulat Josaphat" (Décision DCC 95-021 du 12 mai 1995, Toboulat Josaphat, Recueil 1995, p. 117).

La Cour précise dans le dossier "Koukpaki A. Fréjus" qu'elle a "*ordonné des mesures d'instruction et qu'elle ne peut se prononcer immédiatement sur le fond ; (dès lors) il y a lieu d'accueillir la demande de sursis à exécution*". Elle complète et conclut par la phrase rituelle : les "*moyens articulés par les requérants sont de nature telle que le décret (...) pourrait être censuré*" (Décision DCC 06-018 du 06 février 2006, Koukpaki A. Fréjus, Recueil 2006, p. 87).

A l'examen de sa jurisprudence, on déduit que la Cour ne retient que les moyens sérieux pour accorder le sursis à exécution. Ni le préjudice irréparable, ni l'atteinte à une liberté fondamentale ne transparaissent comme des conditions additionnelles à l'octroi du sursis à exécution. La Haute juridiction constitutionnelle se montre ainsi très libérale sur le sursis à exécution des décisions administratives. Cependant, elle n'admet pas et déclare irrecevable une demande de sursis à exécution des décisions rendues par elle-même au motif que l'autorité de chose jugée attachée à ses décisions fait qu'elle ne peut "*ni ordonner le sursis à exécution d'une décision déjà rendue, ni en retarder l'exécution, ni décider des modalités de son exécution*" (Décision DCC 05-156 du 20 décembre 2005, Kpossi Sylvestre, Recueil 2005, p.775).

40

Décision DCC 34-94 du 23 décembre 1994
Président de la République
Recueil, 1994, p.159

La Commission Electorale Nationale Autonome (CENA)

La Cour Constitutionnelle,
Saisie par le Président de la République, Chef de l'Etat, Chef du Gouvernement, d'un recours en date du 30 novembre 1994, enregistré au Secrétariat de la Cour Constitutionnelle à la même date, sous le numéro 060-C, en inconstitutionnalité des articles 36, 37, 38, 42, 57 et 96 de la Loi n° 94-013 adoptée par l'Assemblée Nationale le 15 septembre 1994 et en deuxième lecture le 21 novembre 1994 portant règles générales pour les élections du Président de la République et des Membres de l'Assemblée Nationale, aux motifs que les dispositions de ladite loi ''sont contraires aux articles 48, 49, 54,81, 98, 100 et 117 de la Constitution du 11 décembre 1990 '' et sont '' en contradiction avec l'esprit et les termes des articles 52 et 53 de la Loi n° 91-009 du 04 mars 1991 portant loi organique sur la Cour Constitutionnelle ;

VU	la Constitution du 11 décembre 1990 ;
VU	la Loi Organique n° 91-009 du 04 mars 1991 sur la Cour Constitutionnelle ;
VU	le Règlement Intérieur de la Cour Constitutionnelle ;
	Ensemble les pièces du dossier ;
	Ouï le Professeur Maurice GLELE AHANHANZO en son rapport ;

Après en avoir délibéré,

Considérant que le Président de la République conteste :

- le principe de la création par l'Assemblée Nationale, pour chaque élection, d'une Commission Electorale Nationale Autonome (C.E.N.A.) ;
- les attributions conférées à la C.E.N.A. par le législateur ;
- l'extension de la compétence de la Cour Constitutionnelle, par l'Assemblée Nationale, au contrôle a priori de la régularité du scrutin et à la proclamation des résultats des élections législatives ;

En ce qui concerne le principe de la création de la C.E.N.A. et ses attributions
Considérant que la C.E.N.A. s'analyse comme une autorité administrative autonome et indépendante du pouvoir législatif et du pouvoir exécutif ;

Considérant que la création de la C.E.N.A, en tant qu'autorité administrative indépendante, est liée à la recherche d'une formule permettant d'isoler, dans l'Administration de l'Etat, un organe disposant d'une réelle autonomie par rapport au Gouvernement, aux départements ministériels et au Parlement, pour l'exercice d'attributions concernant le domaine sensible des libertés publiques, en particulier des élections honnêtes, régulières, libres et transparentes ;
Considérant que l'institution de la C.E.N.A. se fonde sur les exigences de l'Etat de droit et de la démocratie pluraliste affirmées dans le Préambule de la Constitution du 11 décembre 1990 ;

Considérant que l'attachement du Peuple Béninois aux principes de la démocratie et des Droits de l'Homme tels qu'ils ont été définis par la Charte des Nations Unies de 1945 et la Déclaration Universelle des Droits de l'Homme de 1948, s'est traduit par l'intégration à la Constitution du 11 décembre 1990 de la Charte Africaine des Droits de l'Homme et des Peuples qui fait siens les principes précités ; que les dispositions de ladite Charte font partie intégrante du Droit béninois et ont une valeur supérieure à la loi interne ;

Considérant que la Déclaration Universelle des Droits de l'Homme dispose en son article 21 alinéa 3 : ''... *La volonté du peuple est le fondement de l'autorité des pouvoirs publics ; cette volonté doit s'exprimer par des élections honnêtes qui doivent avoir lieu périodiquement, au suffrage universel égal et au vote secret suivant une procédure équivalente assurant la liberté de vote...*'' ;

Considérant que la création d'une Commission Electorale Indépendante est une étape importante de renforcement et de garantie des libertés publiques et des droits de la personne ; qu'elle permet, d'une part, d'instaurer une tradition d'indépendance et d'impartialité en vue d'assurer la liberté et la transparence des élections, et d'autre part, de gagner la confiance des électeurs et des partis et mouvements politiques ;

Considérant que la Constitution dispose en son article 48, alinéa 1er : ''*la loi fixe les conditions d'éligibilité, de présentation des candidatures, de déroulement du scrutin, de dépouillement et de proclamation des résultats de l'élection du Président de la République...*'' ; qu'aux termes de l'article 49, ''*la Cour Constitutionnelle veille à la régularité du scrutin et en constate les résultats*'' ; que la Constitution, en son article 81, dispose : ''*La loi fixe le nombre des Membres de l'Assemblée Nationale, les conditions d'éligibilité, le régime des incompatibilités...*
La Cour Constitutionnelle statue souverainement sur la validité de l'élection des députés...'' ;

Considérant qu'aux termes de l'article 98 de la Constitution : ''Sont du domaine de la loi les règles concernant :

-… la citoyenneté, les droits civiques et les garanties fondamentales accordées aux citoyens pour l'exercice des libertés publiques ;
-… le régime électoral du Président de la République, des membres de l'Assemblée Nationale et des Assemblées Locales ;
-… la création et la modification de Circonscriptions administratives ainsi que les découpages électoraux…" ;

Considérant que le régime électoral, qui se définit comme l'ensemble des règles juridiques qui déterminent la manière dont il est possible de se porter candidat à une élection et d'être élu, repose sur des séries d'opérations à savoir des mesures opératoires (date du scrutin et convocation des électeurs, présentation des candidats), la campagne électorale (organisation et contrôle), le scrutin (mode, déroulement, dépouillement, proclamation, réclamation ou contentieux) ; qu'ainsi, selon la Constitution, le régime électoral est une matière remise dans sa totalité au législateur ; que, dès lors, l'Assemblée Nationale peut, à volonté, en fixant les règles électorales, descendre, aussi loin qu'il lui plaît, dans le détail de l'organisation du processus électoral, ou laisser au Gouvernement le soin d'en arrêter les mesures d'application ;

Considérant que rien dans la Constitution ne s'oppose à la création, par l'Assemblée Nationale, d'une Commission Electorale Nationale Autonome ; qu'en procédant comme elle l'a fait, l'Assemblée Nationale n'a fait qu'exercer l'une de ses prérogatives constitutionnelles et n'a donc pu violer le principe de la séparation des pouvoirs contenus notamment dans les articles 54, 98 et 100 de la Constitution ;

Considérant que l'organisation, le fonctionnement et les attributions de la C.E.N.A., tels qu'ils apparaissent dans la Loi n° 94-013, ne ressortissent pas au domaine du pouvoir réglementaire ; qu'il s'ensuit qu'il n'y a pas eu non plus violation du principe de la séparation des pouvoirs ;

(…)

Considérant que toutes les autres dispositions de la Loi n° 94-013 déférée sont conformes à la Constitution ;

DECIDE :

Article 1er : L'article 57 de la Loi n° 94-013 adoptée par l'Assemblée Nationale le 15 septembre 1994 et après deuxième lecture le 21 novembre 1994, portant règles générales pour les élections du Président de la République et des Membres de l'Assemblée Nationale est déclarée contraire à l'article 49 de la Constitution et à l'article 54 de la Loi Organique sur la Cour Constitutionnelle en ce qu'il dispose : « Elle (Cour Constitutionnelle) doit avoir achevé ses travaux dans un délai maximum de quatre (4) jours après la date du scrutin. »

Article 2 : Est déclarée séparable de l'ensemble du texte de la loi, la phrase ci-dessus citée.

Article 3 : Toutes les autres dispositions de ladite loi dont notamment celles des articles 36, 37, 38, 42 et 96 sont déclarées conformes à la Constitution.
Article 4 : La présente décision sera notifiée au Président de la République et au Président de l'Assemblée Nationale et publiée au Journal Officiel.
Ont siégé à Cotonou, les vingt-deux et vingt-trois décembre mil neuf cent quatre vingt quatorze

Madame	Elisabeth K.POGNON	Président
Monsieur	Alexis HOUNTONDJI	Vice-président
Messieurs	Bruno O.AHONLONSOU	Membre
	Pierre EHOUMI	Membre
	Alfred ELEGBE	Membre
	Hubert MAGA	Membre
	Maurice GLELE AHANHANZO	Membre

Le Rapporteur, Le Président,

Prof. Maurice GLELE AHANHANZO Elisabeth K . POGNON

OBSERVATIONS

I : L'esprit, la lettre,...

La décision "Président de la République" fait suite à une requête du Chef du gouvernement suite à l'adoption par l'Assemblée nationale d'une proposition de loi qui porte entre autres choses, sur la création d'une Commission Electorale Nationale Autonome (CENA). Les élections ont été jusque-là organisées par le ministère en charge de l'intérieur, c'est-à-dire par le gouvernement. L'opposition parlementaire, majoritaire à l'Assemblée nationale, dans un élan de défi et de défiance vis-à-vis du gouvernement, fit passer un texte de son cru. Le régime électoral est bouleversé avec la création d'un organisme qui hérite des compétences du ministère en charge de l'intérieur en matière électorale. Le Président de la république conteste, dans son recours, "le principe de la création" de la Commission Electorale Nationale Autonome (CENA).

La décision de la Cour tient en quelques phrases fortes : la création de la CENA "*est liée à la recherche d'une formule permettant d'isoler, dans l'administration de l'Etat, un organe disposant d'une réelle autonomie par rapport au gouvernement, aux départements ministériels et au Parlement*". L'intention étant d'"*instaurer une tradition d'indépendance et d'impartialité en vue d'assurer la liberté et la transparence des élections (...) de gagner la confiance des électeurs et des partis et mouvements politiques*". La finalité ultime étant de rendre possible des "*élections honnêtes, régulières, libres et transparentes*".

La création de la CENA se justifie par les buts visés, qui sont aussi préconisés par les instruments internationaux auxquels le Bénin a souscrit. La Déclaration universelle des droits de l'homme postule des "*élections honnêtes*" (article 21 al. 3), tandis que le Protocole A/SP1/12/01 sur la démocratie et la bonne gouvernance de la Communauté économique des Etats de l'Afrique de l'ouest (CEDEAO) impose des "*élections libres, honnêtes et transparentes*" (article 1er, b.). Enfin, la Charte africaine de la démocratie, des élections et de la gouvernance, (Union africaine, 2007) autant que la Déclaration de Bamako (2000) veulent des élections transparentes, libres, fiables et justes.

L'idée même de la CENA est présentée comme une originalité des régimes politiques africains nés des sursauts démocratiques de la décennie 1990. Elle serait un point de divergence qui marque la rupture avec une tendance au mimétisme institutionnel, souvent décriée par les auteurs. L'Afrique trouverait dans les CENA sa propre voie pour des élections libres et transparentes. (S. BALDE, *La convergence des modèles constitutionnels*, Paris, Publibook, 2011).

Autorité administrative indépendante, selon la Cour, la CENA doit refléter cette autonomie en vue de l'impartialité grâce à sa composition. Cette impartialité, pour la Cour, est servie par l'équilibre des forces politiques, par la prise en compte de la configuration politique de l'Assemblée nationale au moment de la désignation des membres de la CENA. Pour la Cour, la "*composition de la CENA, et par-delà, de ses démembrements, ne doit pas conduire à une confiscation de cette institution par certains groupes parlementaires*" (Décision DCC 05-056 du 22 juin 2005, Président de la République, Missikpodé Michel, Zinzindohoué Abraham, Recueil 2005, p. 275). D'où il suit que la désignation des membres de la CENA par l'Assemblée nationale doit être gouvernée par la règle légale de la configuration politique du parlement en vue d'assurer "*la participation de toutes les forces politiques représentées à l'Assemblée nationale et pour garantir la transparence, principe à valeur constitutionnelle, dans la gestion des élections*" (Décision DCC 01-011 du 12 janvier 2001, Bio Bigou Bani Léon, Sacca-Kina Guezere L. Chabi Jérôme, Davo Lani Bernard, Akobi I. Ahamed, Recueil 2001, p.57).

Il faut, toutefois, préciser que la nécessaire prise en compte de l'équilibre des forces politiques en présence au parlement ne concerne pas les parlementaires non inscrits. En effet, "*pour la désignation des candidats à la Commission Electorale Nationale Autonome (CENA) par l'Assemblée Nationale, les seuls organes habilités par le législateur sont et demeurent la majorité et la minorité parlementaires*" ; Dès lors, "*le seul schéma de configuration possible en l'espèce est la répartition de tous les Députés en 'majorité parlementaire' et 'minorité parlementaire'"* ; Il revenait alors "*aux Députés non-inscrits de s'apparenter à un groupe ou à un autre selon leur affinité afin de prendre part à ladite désignation*" et éviter ainsi leur exclusion de la procédure de désignation des membres de la CENA (Décision DCC 14-131 du 08 juillet 2014, Sacca FIKARA, Recueil 2014, volume 2, p. 904).

Au total, la création de la CENA, son but, son fonctionnement, son positionnement institutionnel riment avec les mots transparence, honnêté, liberté, justice appliqués aux processus électoraux.

II : ...et la pratique : le mariage de la carpe et du lapin

"*La politique est une chose sale qui se fait salement*" dit une femme politique française. Le champ politique est un univers fait de violence, de ruse, de puissance et de choc des rapports de force. Il ne s'accommode pas aisément de notions comme la transparence, l'honnêteté, la liberté, la justice qui ont toutes une résonnance axiologique certaine.

La CENA, auréolée des meilleures intentions à sa création, est devenue, au fil des années, un centre de pouvoir, un enjeu de pouvoir, une citadelle politique à conquérir par toute force politique impliquée dans une compétition électorale. "*Nul n'accepte une parcelle de pouvoir sans la condition d'une parcelle de méchanceté*" dit le philosophe Alain (Alain, *Préliminaires à la mythologie*, *in Les Arts et les Dieux*, Pléiade, 1943, p. 1189) ; la méchanceté ici découle de la perversion de l'esprit et de la lettre des textes organisant la CENA. Celle-ci est en effet composée de "*personnalités reconnues pour leur compétence, leur probité, leur impartialité, leur moralité, leur sens patriotique*" (article 36, loi n°2005-14) qui prêtent serment, jurent sur l'honneur de rester fidèles aux idéaux de liberté et de démocratie pluraliste avant leur entrée en fonction.

L'expérience de ces dernières années montre qu'un membre de la CENA est d'abord un fantassin envoyé sur le front de bataille qu'est la CENA ; les généraux, en l'occurrence, les chefs de partis politiques, restés en arrière plan, attendent de lui des résultats, des actions, des comportements qui valorisent les scores électoraux de leurs camps et non du camp adverse. Ils ne revendiquent ni la neutralité, ni l'objectivité, et se font chichement légalistes. Le but recherché est la victoire de leurs camps et leurs moyens, les intrigues, les combinaisons, les manœuvres de toutes sortes. En mars 2011, la proclamation des résultats de l'élection présidentielle par le président de la CENA est aussitôt contestée par le vice-président (Journal *La Nation* n° 5204 du lundi 21 mars 2011, p. 7). Et pour cause. L'un et l'autre ont été, en effet, désignés membres de la CENA par les deux grandes forces politiques en compétition. Ils se sont pourtant engagés, par serment, à "*garder le secret des délibérations auxquelles*" ils ont pris part (loi n°2005-14 portant règles générales pour les élections en République du Bénin).

L'organe chargé de pacifier le processus électoral, de lui donner du crédit et de la fiabilité pour une démocratie apaisée, est devenu lui-même source de conflits. L'idée d'une autorité administrative indépendante devient facteur d'élections contestables aussi bien à Abidjan, à Kinshasa qu'à Lomé. Marier la politique avec la transparence et l'honnêteté semble tenir du mariage de la carpe et du lapin !

41

Décision DCC 16-94 du 27 mai 1994
Bossou Moïse
Recueil, 1994, p.59

La liberté d'association

La Cour Constitutionnelle,

Saisie le 25 janvier 1994 par Monsieur Moïse BOSSOU d'une requête enregistrée sous le numéro 0061 du 3 février 1994 pour inconstitutionnalité de l'Arrêté n° 260/MISAT/DC/DAI/SAAP du 22 novembre 1993 portant conditions et modalités d'enregistrement des associations.

VU la Constitution du 11 décembre 1990 ;
VU la loi organique n° 91-009 du 04 mars 1991 sur la Cour Constitutionnelle ;
VU le Règlement Intérieur de la Cour Constitutionnelle ;

Ensemble les pièces du dossier ;

Ouï Monsieur Bruno O. AHONLONSOU en son rapport ;

Après en avoir délibéré,

Considérant que par arrêté n° 260/MISAT/DC/DAI/SAAP du 22 novembre 1993 portant conditions et modalités d'enregistrement des associations, le Ministre de l'Intérieur, de la Sécurité et de l'Administration Territoriale (MISAT) a, notamment aux articles 8, 10, 12 dudit arrêté, posé des conditions limitatives à l'exercice de la liberté d'association ;

Considérant que la Constitution du 11 décembre 1990 en ses articles 25 et 98 et la Charte Africaine des Droits de l'Homme et des Peuples en son article 10 affirment et garantissent la liberté d'association sous réserve des règles édictées par la loi ;

Considérant que dans le cas d'espèce, le Ministre de l'Intérieur, de la Sécurité et de l'Administration Territoriale, en décidant '' qu'il ne sera enregistrée qu'une seule association de développement par entité administrative'', '' qu'une association régulièrement déclarée peut obtenir son titre d'enregistrement après enquête de moralité'', que ''les associations auxquelles l'autorisation est refusée ou retirée doivent cesser immédiatement leurs activités et procéder à la liquidation de leurs biens dans le délai d'un mois à compter de la date de notification de la décision en se conformant aux dispositions de leurs statuts et à la loi du 1er juillet 1901'' a empiété sur le domaine réservé à la loi par les articles 25 et 98 de la Constitution et 10 de la Charte Africaine des Droits de l'Homme et des Peuples ;

Considérant que les conditions et modalités d'exercice que le Ministre de l'Intérieur, de la Sécurité et de l'Administration Territoriale pourrait décider dans le cadre de l'enregistrement des associations doivent se conformer aux prescriptions de la loi ; qu'il s'ensuit que l'arrêté querellé viole la Constitution ;

DECIDE

Article 1er.-L'arrêté n° 260/MISAT/DC/DAI/SAAP du 22 novembre 1993 portant conditions et modalités d'enregistrement des associations n'est pas conforme à la Constitution.

Article 2.- La présente décision sera notifiée à Monsieur Moïse BOSSOU, au Ministre de l'Intérieur, de la Sécurité et de l'Administration Territoriale et sera publiée au *Journal Officiel.*

Ont siégé à Cotonou, le vingt sept mai mil neuf cent quatre vingt quatorze,

Madame	Elisabeth K.POGNON	Président
Messieurs	Alexis HOUNTONDJI	Vice-président
	Bruno. O. AHONLONSOU	Membre
	Pierre. EHOUMI	Membre
	Alfred ELEGBE	Membre
	Hubert MAGA	Membre

Le Rapporteur, — Le Président,

Bruno O. AHONLONSOU — Elisabeth POGNON

OBSERVATIONS

I : Une liberté fondamentale

La démocratie constitutionnelle pluraliste repose sur quelques postulats essentiels dont le pluralisme politique et le libéralisme politique. Pas de monopartisme politique et pas de vérité officielle et exclusive. La Loi fondamentale de 1977 disposait que "*toutes les activités de la vie sociale nationale (...) s'organisent (...) sous la direction centralisée du parti de la Révolution Populaire du Bénin*" (article 4) tandis que "*tous les travailleurs de tous les secteurs d'activité doivent s'appliquer à étudier le marxisme-léninisme*" (article 7 al.2).

Désormais "*que cent fleurs s'épanouissent, que cent écoles rivalisent*" sous le régime de la constitution de 1990. La liberté d'association se fonde et se justifie des dispositions de la constitution (articles 25 et 98) et de la Charte africaine des droits de l'homme et des peuples (article 10). Elle est une liberté fondamentale, sans laquelle la compétition politique (association politique) et le dynamisme social (association caritative, association corporatiste) ne sauraient exister. Elle est, selon la jurisprudence constitutionnelle, une exigence de liberté mais aussi un facteur de non discrimination.

II : La liberté d'association, une exigence de démocratie

La décision "Moïse Bossou" intervient lorsque le gouvernement a voulu réglementer la création des associations de développement dans les communes du Bénin. Dans la logique de la Loi fondamentale de 1977, chaque commune (anciennement district rural ou urbain) avait son association de développement qui assurait la représentation exclusive des populations du territoire. Il ne saurait donc y avoir plus d'une association de développement par commune. Ce qui était dans la logique organisationnelle et idéelle de 1977, avec un seul syndicat national, un seul parti, une seule organisation nationale des jeunes et une seule organisation nationale des femmes.

L'arrêté objet du recours reprend naïvement la pratique antérieure à la constitution de 1990. En décidant "*qu'il ne sera enregistré qu'une seule association de développement par entité administrative*", l'arrêté n°260/MISAT viole le principe de séparation du domaine de la loi et du règlement. L'arrêté ministériel a "empiété sur le domaine réservé à la loi par les articles 25 et 98 de la constitution et 10 de la Charte africaine des droits de l'homme et des peuples". C'est un vice de compétence et donc de forme qui peut être effacé par l'introduction d'un projet de loi. Mais la question de fond demeure celle de savoir s'il est loisible au gouvernement ou au parlement de restreindre la liberté des citoyens de créer des associations de développement dans leurs localités. La Cour dira que s'il appartient au législateur d'organiser la liberté d'association constitutionnellement garantie, "*il ne saurait la supprimer ou l'annihiler*" (Décision DCC 33-94 du 24 novembre 1994, Joseph Houéssou H. Gnonlonfoun, Recueil 1994, p. 155). Le principe de liberté voudrait qu'il y ait autant d'associations de développement communales que d'initiatives dans ce sens. Et d'une manière générale, qu'il n'y ait aucune restriction à la création des associations. Ce que la Cour n'a pas eu l'occasion d'affirmer solennellement, ni dans le dossier "Moïse Bossou" ni plus tard dans l'affaire UNSEB (Décision DCC 95-033 du 1er septembre 1995, Union Nationale des Scolaires et Etudiants du Bénin, Recueil 1995, p. 167) elle le fera lorsqu'elle jugera que "*la liberté d'association, (...) est constitutionnellement garantie et que si la loi peut en règlementer l'exercice, voire la limiter, en revanche, elle ne saurait en aucun cas la supprimer ou l'annihiler, fût-ce même temporairement.*"

S'il est établi que "*le souci légitime du Gouvernement de préserver l'ordre public ne l'autorise pas à méconnaître les libertés fondamentales des citoyens*" il s'ensuit que "*la décision issue du Conseil des ministres du 05 octobre 2016 en ce qui concerne l'interdiction d'activités associatives et nouvelles conditions d'exercice d'activités, de reconnaissance d'associations estudiantines, et partant, le décret n° 2016-616 du 05 octobre 2016 portant interdictions d'activités des fédérations, unions, associations ou organisations faîtières d'étudiants dans toutes les universités nationales du Bénin sont contraires à la Constitution et donc nuls et non avenus*" (Décision DCC 17-065 du 16 mars 2017, Thierry DOVONOU).

II : La liberté d'association et le principe de non-discrimination

L'exercice d'une liberté, en l'occurrence la liberté d'association, ne saurait constituer un obstacle à une nomination à la Cour constitutionnelle (Décision DCC 33-94 du 24 novembre 1994, Joseph Houéssou H. Gnonlonfoun, Recueil 1994, p. 155) ou au poste de Médiateur de la République (Décision DCC 09-084 du 06 août 2009, Président de la République).

En revanche, dit la Cour "*nul ne peut être obligé de faire partie d'une association*" et le contenu d'un arrêté qui exclut certains usagers et certains conducteurs des Comités de cogestion des gares routières parce qu'ils ne sont pas membres d'un syndicat de travailleurs, est contraire à la constitution (Décision DCC 98-043 du 14 mai 1998, Hounsougbo Alphonse, Recueil 1998, p. 219).

42

Décision DCC 06-047 du 05 avril 2006
Banni Sidi, Demon Abdoulaye
Recueil, 2006, p.221

La liberté de réunion
La liberté de manifestation

La Cour Constitutionnelle,

Saisie d'une requête du 12 novembre 2005 enregistrée à son Secrétariat le 14 novembre 2005 sous le numéro 4066/207/REC, par laquelle Messieurs Sidi BANNI et Abdoulaye DEMON forment un recours en « inconstitutionnalité de l'interdiction par le Maire de Kalalé et le Préfet du Borgou de la marche pacifique que l'association des producteurs agricoles de la commune de Kalalé a voulu organiser le mardi 15 novembre 2005 pour protester contre le massacre de leurs enfants souvent perpétré sans justice. » ;

VU la Constitution du 11 décembre 1990 ;

VU la Loi n° 91-009 du 04 mars 1991 portant loi organique sur la Cour Constitutionnelle modifiée par la Loi du 31 mai 2001 ;

VU le Règlement Intérieur de la Cour Constitutionnelle ;

Ensemble les pièces du dossier ;

Ouï Monsieur Idrissou BOUKARI en son rapport ;

Après en avoir délibéré,

Considérant que les requérants exposent que le samedi 08 octobre 2005 alors que Monsieur Sanmon G. BOUBAKAR, membre de l'association des producteurs agricoles de la commune de Kalalé revenait du marché, il fut pris dans une horde de manifestants qui a érigé une barrière sur la voie et qui protestait contre l'arrestation arbitraire de leurs motos effectuée par les douaniers de la région ; qu'ils ajoutent qu'un autre douanier revenant d'une mission et ayant cru qu'il serait attaqué par la foule prit son arme et ouvrit le feu sur la foule, tuant le sieur Sanmon G. BOUBAKAR et blessant ses amis qui étaient avec lui ; qu'ils développent que leur association voulant protester contre cet acte ignoble, a envoyé à Monsieur le Préfet du Borgou une demande d'autorisation pour une marche pacifique ; que le Maire de Kalalé et le Préfet « ont pris cause pour le douanier meurtrier » et qu'en violation de la Constitution et du décret fixant le cadre général du règlement intérieur du Conseil Communal, ces autorités ont purement et simplement interdit la marche pacifique que leur association a voulu organiser ; qu'ils demandent en conséquence à la Cour « que la loi se dise pour le triomphe les libertés fondamentales et de la démocratie afin qu'ils puissent faire leur marche » ;

Considérant qu'aux termes de l'article 25 de la Constitution : « *L'Etat reconnaît et garantit, dans les conditions fixées par la loi, la liberté d'aller et venir, la liberté d'association, de réunion, de cortège et de manifestation.* » ;

Considérant qu'en réponse à la mesure d'instruction de la Cour, le Maire de la commune de Kalalé, Monsieur Imorou BOURAHIMA, affirme : « ..., Je voudrais tout d'abord vous faire la genèse de la bavure policière ...du 08 octobre 2005 à Dunkassa. Ce jour, la Douane de Nikki en patrouille dans cette localité a arraisonné trois (03) motos entre Dunkassa et Gbassakpérou, deux villages distants de 17 km.
Alors avant le retour de la douane à Dunkassa, ceux dont les motos ont été arrêtées ont sollicité l'aide de certaines personnes pour ériger des barricades dans le souci de contraindre les douaniers à leur rétrocéder les motos. La douane voulant passer coûte que coûte, il y a eu affrontement entre les manifestants et la douane. Cet affrontement s'est soldé par la mort de BOUBAKAR Sanmon.
Cette situation a été sérieusement relayée par sieur OROU SE Guéné, Maire destitué et ses acolytes. Il fallait saisir cette aubaine pour me discréditer voire me mettre hors d'état de nuire. C'est dans cette condition que des réunions non autorisées ont été tenues les 14, 15 et 20 octobre 2005 par les membres de l'association "E SEMEN ALLAH" avec à leur tête le maire destitué OROU SE Guéné. La décision issue de ces rencontres était d'abattre le Chef d'Arrondissement de Dunkassa et moi-même puis abattre tout douanier en mission à Kalalé dans le souci de venger l'âme de la victime.
C'était la psychose, la panique dans toute la commune. Chaque jour mes réseaux de renseignement me donnaient des informations concordantes. Il en est de même de la gendarmerie de Kalalé. C'est dans cette période critique caractérisée par l'insécurité et la méfiance que j'ai reçu cette demande de marche.
Conscient de la liberté d'expression et de celle d'aller et de venir constitutionnellement reconnue à tout citoyen et conscient des dégénérescences que cette marche aurait provoquées, dans le souci de faire régner l'ordre public, la sécurité et la tranquillité publique et après avis de l'autorité de tutelle du département, j'ai refusé d'autoriser cette marche.» ;

Considérant qu'il résulte des dispositions de l'article 25 de la Constitution que la jouissance des libertés par les citoyens, doit se faire dans le respect de l'ordre public établi par la loi et les règlements ; que de telles dispositions visent à éviter les abus tant dans la jouissance desdites libertés par les citoyens que dans leur restriction par les autorités chargées de l'Administration territoriale ; qu'en l'espèce, en n'autorisant pas la marche projetée, le Maire n'a pas violé la Constitution ;

D E C I D E :

Article 1er.- : Le Maire de la Commune de Kalalé n'a pas violé la Constitution.
Article 2.- : La présente décision sera notifiée à Messieurs Sidi BANNI et Abdoulaye DEMON, au Maire de la Commune de Kalalé, au Préfet des départements du Borgou et de l'Alibori et publiée au Journal Officiel.

Ont siégé à Cotonou, le cinq avril deux mille six,

Madame	Conceptia D. OUINSOU	Président
Messieurs	Jacques D. MAYABA	Vice Président
	Idrissou BOUKARI	Membre
	Pancrace BRATHIER	Membre
	Christophe KOUGNIAZONDE	Membre
Madame	Clotilde MEDEGAN-NOUGBODE	Membre

Le Rapporteur,
Idrissou BOUKARI.-

Le Président,
Conceptia D. OUINSOU.-

OBSERVATIONS

I : Une liberté fondamentale qui peut être restreinte…

A la fois droit fondamental et liberté publique, les libertés de réunion et de manifestation sont l'expression d'une double exigence éthique et politique mais aussi une consécration des lois républicaines. Elles sont le prolongement logique de la liberté d'association et un mode d'organisation et d'action des associations politiques, caritatives ou corporatistes.

De part leur définition en tant que droits de l'homme, les libertés de réunion et de manifestation mettent en jeu des prérogatives personnelles et "*l'ordre public matériel et extérieur*". Le Doyen Yves MADIOT écrit ainsi qu'il est de l'essence des droits de l'homme, des libertés de réunion et d'association d'assurer "*la conciliation entre d'une part l'affirmation de la dignité de la personne humaine et sa protection et, d'autre part, le maintien de l'ordre public*" (Cité par D. BREILLAT, *Libertés publiques et droits de la personne humaine*, Paris, Gualino éditeur, 2003, p.27). La manifestation et la réunion sont des mouvements de foule, de masses humaines qui peuvent encombrer ou non la voie publique. Le corollaire est un risque d'atteinte aux droits des autres citoyens, une menace à la sécurité, à la tranquillité ou à la salubrité publiques, alors que le pays est coutumier des marches de soutien et des marches de défiance, parfois concomitantes (Décision DCC 05-0159 du 20 décembre 2005, Abdou Mohamed, Lokossou Madeleine épouse Lantonkpodé, Ntcha Sotima gabriel, Recueil 2005, p787).

II : ...sous le contrôle de la juridiction constitutionnelle

La Cour ne s'étend pas vraiment ou n'a pas eu l'occasion de s'étendre sur le contenu des libertés d'association et de manifestation, leurs essences et leurs modes opératoires. Elle se contente d'affirmer que "*la jouissance des libertés par les citoyens doit se faire dans le respect de l'ordre public établi par la loi et les règlements*" et que son contrôle de constitutionnalité vise à éviter "*les abus tant dans la jouissance desdites libertés par les citoyens que dans leur restriction par les autorités*". Sa mission est donc la chasse aux abus : abus des citoyens, abus de l'administration. Son contrôle est d'abord un contrôle de proportionnalité qui met en balance l'exercice des droits et les risques de troubles à l'ordre public. Saisie d'un recours contre l'interdiction faite à un parti politique d'organiser une marche pacifique, le chef de la circonscription urbaine de Cotonou s'est vu rappeler que "*les raisons invoquées sont sans rapport avec l'exception d'ordre public et l'effectif suffisant de forces de sécurité publique disponible*" (Décision DCC 03-134 du 21 août 2003, Badet Pierre, Recueil 2003, p.546). La mesure de l'autorité administrative est surdimensionnée au regard de la menace réelle à l'ordre public. Elle l'est davantage encore, lorsque l'autorité administrative ne fait même pas l'effort de motiver sa décision, s'agissant de l'atteinte à une liberté publique (Décision DCC 00-003 du 20 janvier 2000, Bureau directeur de l'Association de développement Wanignon de Toffo, Recueil 2000, p. 19).

A contrario, le maire est dans son bon droit et "*l'arrêté querellé ne viole pas la constitution*" dès lors qu'il "*résulte des éléments du dossier qu'il existe entre les deux camps antagonistes des tensions susceptibles d'engendrer des affrontements*" entre partisans de l'intronisation du nouveau roi de Karimama et leurs adversaires (Décision DCC 01-097 du 7 novembre 2001, Président du collectif des princes Dendi, Recueil 2001, p. 391). Dans le même sens, le maire qui interdit une réunion à la maison des jeunes de la commune de Bopa parce que soucieux de "*maintenir la quiétude des paisibles citoyens de la commune (...) ne viole pas la constitution*" (Décision DCC 08-054 du 20 mai 2008, Jean Claude Hounkponou).

Au total, la Cour exerce un contrôle effectif sur l'appréciation concrète de la menace à l'ordre public au regard des forces en présence et du dispositif de sécurité disponible. Ce contrôle semble, cependant, surabondant, au sens où le juge administratif, avec les méthodes qui sont les siennes (sursis à exécution, excès de pouvoir), est tout aussi bien à même de pourvoir aux exigences de l'Etat de droit, qui doit concilier l'exercice des libertés avec un minimum d'ordre dans la cité.

43

Décision DCC 05-059 du 07 juillet 2005
Zounon Emmanuel, Fambo Edgar
Recueil, 2005, p. 301

Les libertés syndicales

La Cour Constitutionnelle,
Saisie d'une requête du 05 mai 2004 enregistrée à son Secrétariat à la même date sous le numéro 0824/070/REC, par laquelle Monsieur Emmanuel ZOUNON forme un « recours en inconstitutionnalité contre la lettre n° 278/MISD/DGPN/SP-C en date du 13 avril 2004 et contre les mesures coercitives qui ont été prises à l'encontre des membres du comité préparatoire » du congrès constitutif du syndicat national de la police béninoise ;
Saisie d'une autre requête en date du 21 mai 2004 enregistrée à son Secrétariat à la même date sous le numéro 0939/080/REC, par laquelle Monsieur Edgar FAMBO demande à la Haute Juridiction de déclarer contraire à la Constitution la lettre sus-citée de même que tous les actes tendant à l'interdiction de la tenue dudit congrès ;

VU la Constitution du 11 décembre 1990 ;
VU la Loi n° 91-009 du 04 mars 1991 portant loi organique sur la Cour Constitutionnelle modifiée par la Loi du 31 mai 2001 ;
VU le Règlement Intérieur de la Cour Constitutionnelle ;

Ensemble les pièces du dossier ;

Ouï Madame Clotilde MEDEGAN-NOUGBODE en son rapport ;
Après en avoir délibéré,
Considérant que les deux requêtes portent sur le même objet et tendent aux mêmes fins ; qu'il y a lieu de les joindre pour y être statué par une seule et même décision ;
Considérant que les requérants exposent que conformément à la Loi n° 93 -010 du 20 août 1997, le personnel de la Police Nationale a entrepris de créer un syndicat ; que pour ce faire, le comité préparatoire du congrès constitutif dudit syndicat a saisi le Directeur Général de la Police Nationale afin de porter à sa connaissance la date de la tenue du congrès fixée au samedi 28 février 2004 ; que sur demande de ce dernier, le comité a dû reporter la date au 17 avril 2004 ;

qu'ils allèguent que le 13 avril 2004, le Directeur Général de la Police Nationale a, par une correspondance, « récusé le choix unilatéral de la nouvelle date de tenue du congrès opéré par le comité préparatoire et a saisi la même occasion pour souligner le caractère inopportun dudit congrès en raison d'une prétendue situation sociale déjà dégradée à la Police Nationale » ; que le Ministre de l'Intérieur, de la Sécurité et de la Décentralisation a d'abord donné l' « ordre formel de surseoir à la tenue du congrès »puis a fini « par dénier aux policiers le droit syndical » ; qu'ils soutiennent qu'au lendemain du congrès avorté, des mesures coercitives ont été prises à l'encontre des sieurs Edgar FAMBO, Sébastien HOUNHOUEDO, Blanchard KANGBETO, Maxime GNANHO et consorts ; qu'ils estiment que, empêcher les policiers de s'organiser en groupement de défense d'intérêts professionnels constitue une violation grave et caractérisée d'un droit fondamental de la personne humaine et d'une liberté publique garantie par la Constitution ; qu'ils demandent par conséquent à la Cour « de prononcer l'annulation des actes pris en violation de la Constitution et du Décret n° 97-622 du 30 décembre 1997 » ;
Considérant que les articles 23 alinéa 1 et 25 de la Constitution disposent respectivement : « *Toute personne a droit à la liberté de pensée, de conscience, de religion, de culte, d'opinion et d'expression dans le respect de l'ordre public établi par la loi et les règlements » ; « l'Etat reconnaît et garantit, dans les conditions fixées par la loi..., la liberté d'association, de réunion, de cortège et de manifestation » ;*
Considérant qu'en réponse aux mesures d'instruction de la Cour, le Ministre de l'Intérieur, de la Sécurité et de la Décentralisation indique que la Loi n° 93-010 du 20 août 1997 portant statut spécial des personnels de la Police Nationale, en excluant en son article 8 le droit de grève, « n'a pas expressément consacré l'existence d'un syndicat ; que c'est seulement le Décret n° 97-622 du 30 novembre 1997 portant statut particulier des corps du personnel de la Police Nationale qui dispose que : « le droit syndical s'exerce pour l'ensemble des corps de la police, dans le respect de la réglementation en vigueur en la matière... » ; qu'il précise que le toilettage des textes fondamentaux de la police devant définir le cadre de l'exercice du droit syndical au sein de cette corporation est actuellement en cours et que la suspension du projet de création du syndicat de la Police Nationale par le Directeur Général de la Police est motivée par le fait que « cette corporation traversait une période qui ne permettait pas de se prêter à une telle entreprise... qu'il ne convient pas que, pour une entreprise du genre de celle de l'organisation d'un congrès, les personnels imposent une date de manifestation sans accord de la hiérarchie qui est responsable de l'emploi des effectifs en appréciant les contraintes du moment » ; que Monsieur Emmanuel ZOUNON affirme que les mesures coercitives prises à l'encontre des membres du comité préparatoire du congrès constitutif du syndicat de la Police Nationale ont été suspendues ; que le Ministre de l'Intérieur, de la Sécurité et de la Décentralisation déclare quant à

lui que « la Direction Générale de la Police Nationale n'a pris aucune mesure coercitive contre les fonctionnaires de Police sus-cités » ;
Considérant qu'il ressort des éléments du dossier que d'une part, les textes régissant le personnel de la Police Nationale, notamment le Décret n° 97-622 du 30 novembre 1997 sus-cités, reconnaissent au personnel de la police le droit de s'organiser en formation syndicale ; que d'autre part, le Ministre de l'Intérieur, de la Sécurité et de la Décentralisation ne rapporte pas la preuve de ce que la tenue du congrès constitutif du syndicat de la police serait de nature à porter atteinte à l'ordre public ; qu'il y a lieu, par conséquent, de déclarer contraires aux articles précités de la Constitution la Lettre n° 278/MISD/DGPN/SP-C du 13 avril 2004 du Directeur Général de la Police Nationale portant suspension provisoire de la tenue du congrès constitutif du syndicat de la police ;

D E C I D E :

Article 1er.- La Lettre n° 278/MISD/DGPN/SP-C du 13 avril 2004 est contraire à la Constitution.
Article 2.- La présente décision sera notifiée à Messieurs Emmanuel ZOUNON, Edgar FAMBO, au Ministre de l'Intérieur, de la Sécurité et de la Décentralisation, au Directeur Général de la Police Nationale et publiée au Journal Officiel.
Ont siégé à Cotonou, les cinq août deux mille quatre et sept juillet deux mille cinq,

Madame	Conceptia D. OUINSOU	Président
Messieurs	Jacques D. MAYABA	Vice-président
	Idrissou BOUKARI	Membre
	Pancrace BRATHIER	Membre
Madame	Clotilde MEDEGAN- NOUGBODE	Membre
Monsieur	Lucien SEBO	Membre

Le Rapporteur, Le Président,

Clotilde MEDEGAN-NOUGBODE Conceptia D. OUINSOU

OBSERVATIONS

I : La liberté de création

Selon les termes de l'article 25 de la constitution, "*L'Etat reconnaît et garantit, dans les conditions fixées par la loi, (...) la liberté d'association.*" Le principe constitutionnel ainsi affirmé s'applique en prenant en compte les dispositions de la loi n°93-010 portant statut spécial des personnels de la police nationale et le décret n°97-622 portant statut particulier des corps du personnel de la police nationale. L'un et l'autre ne comportant pas de restrictions à la création d'un syndicat de policiers, la lettre de suspension du congrès constitutif du syndicat de la police "*est contraire à la constitution*".

La décision "Zounon Emmanuel, Fambo Edgar" affirme ce principe de liberté et conforte la décision "Moïse Bossou" sur la liberté d'association, expression de l'autonomie de la volonté du citoyen dans un régime qui repose sur le libéralisme politique. Cette liberté de création s'accompagne d'une liberté d'organisation.

II : La liberté d'organisation

Les libertés syndicales font partie de ce que la doctrine appelle les libertés-limites, celles qui posent la règle de la non-immixtion de l'administration. Elles définissent une sphère d'autonomie des citoyens et de leurs organisations à l'abri de l'influence des autorités publiques. Ainsi, la Cour dit et juge que le maire qui "*s'est immiscé dans la gestion des affaires des syndicats et créé une discrimination en leur sein (...) a violé la constitution*" (Décision DCC 05-149 du 1er décembre 2005, Bakpon Gérard, Avodagbé Hy, Recueil 2005, p.745).

L'exercice des libertés syndicales se conjugue avec la nécessaire obligation de préservation de l'ordre public. Ainsi, le maire ne viole pas la constitution lorsqu'il s'oppose aux activités syndicales sur les gares routières de sa commune, dès lors qu'"*il y a persistance de la menace à l'ordre public et la paix*" (Décision DCC 10-091 du 15 juillet 2010, Bureau directeur national du Collectif des syndicats de conducteurs, travailleurs assimilés du Bénin, COSYCOTRAB). Cette réserve d'ordre public s'applique également au droit de grève.

III : Le droit de grève

2.1 : Les évolutions de la jurisprudence de la Cour

"*Le droit de grève s'exerce dans les conditions définies par la loi*" (Article 31, constitution de 1990). Il est un droit qui opérationnalise la liberté syndicale, comme un mode de l'action revendicative des travailleurs, regroupés ou non en syndicat. La jurisprudence de la Cour sur la nature et les caractères de ce droit va connaître, au fil des ans, une évolution erratique, dont les temps forts sont les décisions de 1995, 2006, 2011 et 2018.

Le droit de grève est-il un droit absolu, valable envers et contre tout, ne pouvant être modulé selon les corps de métier, le secteur d'activité ou la personne des titulaires dudit droit ? La Cour constitutionnelle répond d'abord par la nécessaire modulation du droit de grève pour réaliser l'équilibre dans la jouissance des droits constitutionnellement garantis. Ainsi, "*pour assurer la sauvegarde de l'intérêt général auquel le droit de grève peut porter atteinte, le législateur ou l'autorité administrative compétente peut apporter à ce droit des limitations nécessaires qui concilient les intérêts professionnels, l'intérêt général et la continuité du service public* " (Décision DCC 95-026 du 11 juillet 1995, Me Yansunnu Magloire, Recueil 1995, p. 136). On en déduit que le droit de grève n'est pas un droit absolu et qu'il peut subir des limitations en vue d'une bonne articulation avec les autres principes constitutionnels, dont la continuité du service public.

En 2006, le discours de la Cour subit une inflexion. La notion de "*limitations nécessaires*" peut-elle conduire le législateur à interdire la grève à une catégorie de personnel de l'Etat ? L'examen de la loi n° 2005-43 portant Statut Général des Personnels Militaires des Forces Armées Béninoises donne à la Cour l'occasion de préciser la portée de la formulation lapidaire contenue dans la constitution, notamment la latitude que la constitution confère au législateur pour définir les conditions d'exercice du droit de grève. Pour la Cour, "*la Constitution ne prévoit aucune exception au droit de grève pour telle ou telle catégorie. Le droit de grève (...) proclamé et consacré par la Constitution du 11 décembre 1990 est un droit absolu au profit de l'ensemble des travailleurs dont les citoyens en uniforme des Forces Armées*" (Décision DCC 06-034 du 04 Avril 2006, Président de la République, Recueil 2006, p. 157).

En 2011, la jurisprudence subit une nouvelle évolution. Saisie d'un recours concernant la loi n° 2011-25 portant règles générales applicables aux personnels militaires, des forces de sécurité publique et assimilés, la Cour affirme cette fois qu'est absolu "*ce qui est sans réserve, total, complet, sans nuance ni concession qui tient de soi-même sa propre justification et est donc sans limitation ; qu'est aussi absolu ce qui existe indépendamment de toute condition, de toute représentation, qui échappe à toute limitation et à toute contrainte*." Le droit de grève ne réunissant pas ces critères, la Cour juge que "*le droit de grève (...) n'est pas absolu*" et que la compétence constitutionnellement dévolue au législateur de déterminer les conditions d'exercice du droit de grève peut le conduire à "*aller jusqu'à l'interdiction dudit droit aux agents dont la présence est indispensable pour assurer le fonctionnement des éléments du service dont l'interruption porterait atteinte aux besoins essentiels du pays*" (Décision DCC 11-065 du 30 septembre 2011, Louis Vlavonou). La modulation du droit de grève par l'interdiction se fait à raison de l'activité et des effets induits de cette activité sur l'intérêt général. C'est à un prodigieux revirement de jurisprudence que nous assistons. Et il ne sera pas le dernier.

En 2018, la Cour opère une autre volteface. L'examen de la conformité à la constitution de la loi n° 2015-18 du 13 juillet 2017 portant statut général de la Fonction publique votée par l'Assemblée nationale le 28 décembre 2017, offre l'occasion à la Cour de rappeler que "*dans sa décision DCC 06-034 du 4 avril*

2006, s'agissant de l'interdiction du droit de grève aux personnels militaires des Forces armées béninoises, la Cour a dit et jugé que la Constitution ne prévoit aucune exception au droit de grève pour telle ou telle catégorie ; que le législateur ordinaire ne pourra porter atteinte à ce droit ; qu'il ne peut que dans le cadre d'une loi en tracer les limites." Dès lors, "*il échet pour la Cour de dire et juger que l'alinéa 5 de l'article 50 nouveau prévu par l'article 1er de la loi sous examen excluant de la jouissance du droit de grève les (...) est également contraire à l'article 31 précité de la Constitution*" (Décision DCC 18-001 du 18 janvier 2018, Président de la république). Le même raisonnement et la même position seront réaffirmés par la Cour lors de l'examen de constitutionnalité de la loi n°2018-01 portant statut de la magistrature en République du Bénin votée par l'Assemblée nationale le 04 janvier 2018 (Décision DCC DCC 18-003 du 22 janvier 2018, Président de la République) et à l'occasion du contrôle de constitutionnalité *a priori* de la loi n° 2017-42 portant statut des personnels de la Police républicaine votée par l'Assemblée nationale le 28 décembre 2017 (Décision DCC 18 – 004 du 23 janvier 2018, Président de la République).

Les trois décisions de 2018 (Décision DCC 18-001 du 18 janvier 2018, Décision DCC DCC 18-003 du 22 janvier 2018 et Décision DCC 18 – 004 du 23 janvier 2018) ne rétablissent pas le caractère et la nature absolus du droit de grève. Ce qu'elles apportent de nouveau est que le droit de grève n'est plus absolu, il peut être supprimé à l'occasion mais le pouvoir de suppression du droit d'aller en grève appartient *exclusivement* au constituant lui-même et non au législateur. "*Seul le constituant peut interdire l'action syndicale et le droit de grève, le législateur n'étant habilité qu'à encadrer leur exercice*" (Décision DCC 18 – 004 du 23 janvier 2018, Président de la République). Si le gouvernement veut restreindre jusqu'à la suppression le droit de grève pour certaines catégories de salariés, il doit passer par la révision de la constitution.

Face aux thèses en présence, (la doctrine sociale tient le droit de grève comme absolu et la doctrine libérale considère le droit de grève comme un droit soluble dans tous les autres droits) la solution de la Cour constitutionnelle aurait pu, de façon plus convaincante, couper la poire en deux. Elle aurait été bien inspirée de distinguer les secteurs d'activité correspondant à une compétence régalienne de l'Etat et les secteurs ne correspondant à une telle compétence exclusive de la puissance publique. Pour les travailleurs exerçant dans la première catégorie, la grève peut être interdite en raison de l'absence de recours des citoyens lorsque les salariés concernés sont en grève. La justice, la police, la douane, les diplomates entrent dans cette première catégorie. Quant aux agents appartenant aux catégories ne relevant pas d'une compétence régalienne de l'Etat, le droit de grève s'exercerait sans limitation. Si l'hôpital public est en grève, les cliniques privées peuvent suppléer la peine des malades et recevoir les citoyens. D'un autre point de vue, la Cour juge que le droit de grève doit respecter les conditions prévues par la loi et ne pas être un facteur de perturbation de l'ordre public. Selon la Cour, la liberté de grève "*implique la liberté de faire ou de ne pas faire grève*". En toute hypothèse, l'Etat a l'obligation "*d'assurer une égale protection des personnes et des biens,*" des travailleurs en grève et ceux qui ne le sont pas ; dès lors, la circonstance que des "*membres des forces de l'ordre (soient) installés à l'entrée*" du ministère des travaux publics (pour protéger les travaileurs qui ne sont pas en grève) ne constitue pas une violation de la constitution (Décision DCC 03-003 du 18 février 2003, Secrétaire général du syndicat national unifié des travailleurs des travaux publics, Agossou Jean Sourou, Recueil 2003, p.21).

Par contre, lorsque les autorités publiques procèdent par intimidation et menaces, lorsque le ministre en charge du travail écrit aux travailleurs que les "*grévistes dans leurs rangs seront considérés comme démissionnaires*" et que toute complicité "*sera sévèrement punie*", il y a "*négation du droit de grève*" et donc violation de la constitution (Décision DCC 03-004 du 18 février 2003, Secrétaire général de l'Union nationale des syndicats des travailleurs, Lawani Amidou, Recueil 2003, pp. 26-27).

2.2 : Des droits absolus à la hiérarchie des droits

2.2.1 : Les droits absolus en débat

Une prérogative absolue, un droit absolu, l'absolu en droit, l'absolu en société, l'absolu dans la vie, l'absolu dans le monde et l'absolu dans l'univers. La décision de la Cour nous plonge dans un de ces débats à tiroirs où le droit lui-même est absorbé par l'abstrait, la pensée retournée sur elle-même, la pensée de la pensée, la philosophie. Pour la Cour, l'absolu c'est "*ce qui est sans réserve, total, complet, sans nuance ni concession qui tient de soi-même sa propre justification et est donc sans limitation ; est aussi absolu ce qui existe indépendamment de toute condition, de toute représentation, qui échappe à toute limitation et à toute contrainte*" (Décision DCC 11-065 du 30 septembre 2011, Louis Vlavonou). Une manière de conforter la thèse que l'absolu, en adjectif ou en substantif à trait à la chose, à l'être ou au principe "*dont l'existence ou la réalisation ou la valeur est indépendante de toute condition de temps, d'espace, de connaissance.*" L'épistémologie nous indique, par moments, les limites de la science, de la raison humaine : "*notre raison,* écrit Henri BERGSON, *aime mieux annoncer une fois pour toutes, avec une orgueilleuse modestie, qu'elle ne connaîtra que du relatif et que l'absolu n'est pas de son ressort*" (H. BERGSON, *L'évolution créatrice*, Paris, Félix Alcan, 1907, p. 48).

Pour autant, la science juridique conserve un usage fréquent du mot absolu. La nullité peut être absolue ou relative selon qu'elle protège un intérêt général ou un intérêt privé ; le propriétaire d'un brevet d'invention jouit d'un droit absolu sur l'exploitataion, un droit qui ne souffre pas de

concurrence (B. STARCK et alii, *Introduction au droit*, Paris, Litec, 5ème édit. 2000, p.459).
Pour sa part, la Cour européenne des droits de l'homme a sa typologie des droits de la personne humaine. Elle distingue, en effet :

- *les droits absolus* (torture, peine ou traitement inhumain et dégradant, l'esclavage ou la servitude, le droit de ne pas être condamné pour un comportement qui ne constituait pas une infraction lorsqu'il s'est produit, le droit de ne pas se voir infliger, pour une infraction, une peine plus forte que celle applicable lors de sa commission) qui n'autorisent ni restriction, ni dérogation ;
- *les droits relatifs* qui peuvent recevoir et dérogations et restrictions et ;
- *les droits intermédiaires* parce qu'ils ne peuvent recevoir de restrictions mais seulement des dérogations (R. ERGEC, "Les droits de l'homme à l'épreuve des circonstances exceptionnelles. Etude sur l'article 15 de la Convention européenne des droits de l'homme", *in Revue internationale de droit comparé*, 1989, p.803).

Cependant, l'universalité et l'atemporalité qui sont de l'essence des droits de l'homme et surtout de la gamme des droits absolus n'ont pas encore conduit à la révision des procès de Nuremberg et de Tokyo pour violation de la règle *nullum crimen, nulla poena sine lege.* Signe que la justice internationale et les droits de l'homme sont plus l'expression des rapports de force en présence et l'indicateur des intérets en présence.

2.3 : La hiérarchisation des droits

La décision sur les droits absolus (Décision DCC 06-034 du 04 Avril 2006, Président de la République, Recueil 2006, p. 157) établissait déjà une hiérarchisation des droits entre lesdits droits absolus et les autres. La décision DCC 18-001 du 18 janvier 2018 conforte cette approche en distinguant les droits auxquels seul le constituant peut apporter des dérogations et les autres droits auxquels le législateur peut déroger et *a fortiori* le pouvoir constituant.

Nous avons ainsi deux grandes catégories de droits : les droits à assise constitutionnelle et les droits à assise législative. Les premiers et les seconds trouvent leurs sources et leurs fondements dans les dispositions constitutionnelles. Mais alors que les seconds peuvent recevoir des dérogations par la voie législative, il ne peut être dérogé aux premiers qu'en modifiant la constitution. Une loi ordinaire votée par le parlement ne suffit pas.

Si l'on se fonde sur les dispositions constitutionnelles, trois catégories de droits ont été prévues sans le supplément de phrase "*dans les formes et conditions prévues par la loi*" (articles 20 et suiv.) : il s'agit de l'article 15 de la constitution qui dispose : "*Tout individu a droit à la vie, à la liberté, à la sécurité, et l'intégrité de sa personne.*" Si la constitution ne renvoie pas aux lois ordinaires pour définir les conditions de jouissance de ces droits, notamment les restrictions et dérogations, il n'appartient logiquement pas au législateur de déroger ou de restreindre ces droits. Or, si l'on prend le droit à la vie ou l'intégrité de la personne humaine on se rend compte que des dérogations-suppressions y sont apportées par la voie législative (code pénal et la légitime défense, l'ordre de la loi ou le commandement de l'autorité légitime) ou jurisprudentielle (usages en matière de sport pour la boxe ou le catch). On peut en dire de même du pouvoir de restriction ou de dérogation par la voie législative, règlementaire ou jurisprudentielle sur la liberté ou la sécurité, ne serait-ce qu'en lisant l'arrêt *Dame Dol et Laurent* (Conseil d'Etat français, 28 février 1919).

De sorte que la démarche de la Cour constitutionnelle ne traduit ni la lettre ni l'esprit de la constitution. Les droits de l'article 15 que la constitution n'assortit pas expressément de la faculté de modulation "*dans les formes et conditions prévues par la loi*" sont ceux qui sont, en réalité, organisés par la loi, les règlements et la jurisprudence administrative en termes de dérogation et de restriction.

Dès lors, dire et juger qu'un droit que la constitution elle-même dit "*s'exerce (r) dans les conditions définies par la loi*" ne peut subir de dérogation que par la voie constitutionnelle procède d'une lecture apocryphe des dispositions constitutionnelles. La hiérarchisation des droits qui procède de la décision DCC 18-001 du 18 janvier 2018 est une hiérachisation *tête-bêche* qui ne peut logiquement se rattacher à la rédaction des dispositions constitutionnelles, ni se justfier par aucune technique d'interprétation consacrée.

44

Décision DCC 03-091 du 04 juin 2003
Quenum David Abel
Recueil, 2003, p. 375

La responsabilité des membres de la Cour constitutionnelle

La Cour Constitutionnelle,

Saisie d'une requête du 30 mai 2003 enregistrée à son Secrétariat le 02 juin 2003 sous le numéro 1342/060/REC, par laquelle Monsieur Abel David QUENUM sollicite « l'autorisation de la Cour Constitutionnelle et du Bureau de la Cour Suprême siégeant en session conjointe en vue de poursuivre et de faire arrêter des membres de la Cour » ;

VU la Constitution du 11 décembre 1990 ;
VU la loi n° 91-009 du 04 mars 1991 portant loi organique sur la Cour Constitutionnelle modifiée par la Loi du 31 mai 2001 ;
VU le Règlement Intérieur de la Cour Constitutionnelle ;

Ensemble les pièces du dossier ;

Ouï Monsieur Idrissou BOUKARI en son rapport ;

Après en avoir délibéré,

Considérant qu'aux termes de l'article 16 de la loi organique sur la Cour Constitutionnelle : « *Les décisions et les avis de la Cour Constitutionnelle sont rendus par cinq (05) Conseillers au moins, sauf en cas de force majeure dûment constatée au procès-verbal* » ;

Considérant que Mesdames Conceptia DENIS OUINSOU et Clotilde MEDEGAN-NOUGBODE, Messieurs Lucien SEBO, Maurice GLELE AHANHANZO, Alexis HOUNTONDJI et Jacques D. MAYABA, impliqués dans la cause évoquée par le présent recours, se sont déportés ; que la Cour, conformément à l'article 16 précité, est habilitée à siéger et à rendre sa décision avec seulement un (01) de ses membres ;

Considérant que le requérant expose que par « ordonnance n°99-027/CC/Pt du 10 mars 1999, Madame Conceptia Liliane DENIS OUINSOU s'est autorisée à se rendre au Port- au- Prince (Haïti) du 11 au 28 mars 1999 pour une mission spéciale n'ayant aucun rapport avec les activités de la Cour » ; qu'il allègue que « c'est pour se rendre au chevet de sa mère indisposée qu'elle a pris ladite ordonnance en exécution de laquelle les ordonnances n° 99-028/CC/SG/SAF et 99-029/CC/SG/SAF du 10 mars 1999 ont été signées pour débiter les comptes de la Cour respectivement de 4.080.000 F CFA et 3.980.000 F CFA » ; qu'il conclut à « une malversation, c'est-à-dire détournement de fonds prévu et puni par la loi » ;

Considérant que le requérant ajoute par ailleurs que Madame Clotilde MEDEGAN-NOUGBODE, Messieurs Lucien SEBO et Jacques D MAYABA ayant eu à participer à la prise de cette décision... qui a autorisé le débit des comptes de la Cour pour le voyage de Madame Conceptia Liliane DENIS OUINSOU ont accompli ainsi un acte matériel de complicité à cette malversation ; qu'il sollicite en conséquence, sur le fondement des articles 115 alinéa 4 de la Constitution, 81 et 82 de la loi organique sur la Cour Constitutionnelle, « l'autorisation de la Cour Constitutionnelle et du Bureau de la Cour Suprême siégeant en session conjointe pour que Mesdames Conceptia Liliane DENIS OUINSOU et Clotilde MEDEGAN-NOUGBODE, Messieurs Lucien SEBO et Jacques D MAYABA soient poursuivis et arrêtés » ;

Considérant qu'aux termes de l'article 115 alinéa 4 de la Constitution : *« Les membres de la Cour Constitutionnelle sont inamovibles pendant la durée de leur mandat. Ils ne peuvent être poursuivis ou arrêtés sans l'autorisation de la Cour Constitutionnelle et du Bureau de la Cour Suprême siégeant en session conjointe sauf les cas de flagrant délit* » ; que selon l'article 79 de la Loi 91-009 du 04 mars 1991 portant loi organique sur la Cour Constitutionnelle modifiée par la Loi du 31 mai 2001 : « *Conformément aux dispositions de l'article 115 alinéa 4 de la Constitution, les membres de la Cour Constitutionnelle sont inamovibles pendant la durée de leur mandat. Ils ne peuvent être poursuivis ou arrêtés sans l'autorisation de la Cour Constitutionnelle et du Bureau de la Cour Suprême siégeant en session conjointe sauf les cas de flagrant délit »* ; qu'enfin, l'article 80 de la même loi énonce *: « Dans les cas prévus à l'article précédent, sur décision du Gouvernement, le Ministre de la Justice saisit immédiatement le Président de la Cour Constitutionnelle ainsi que le Président de la Cour Suprême dans les quarante-huit heures. » ;*

Considérant qu'il résulte de la lecture combinée et croisée des dispositions précitées que Monsieur Abel David QUENUM n'a pas qualité pour solliciter l'autorisation de la Cour Constitutionnelle et du Bureau de la Cour Suprême siégeant en session conjointe pour des poursuites judiciaires à engager contre des membres de la Cour Constitutionnelle ; que, dès lors sa requête est irrecevable ;

DECIDE:

Article 1er.- la requête de Monsieur Abel David QUENUM est irrecevable.
Article 2.- La présente décision sera notifiée à Monsieur Abel David QUENUM, au Président de la République, au Président de l'Assemblée Nationale, au Président de la Cour Suprême et publiée au Journal Officiel.
A siégé à Cotonou, le quatre juin deux mille trois,

Monsieur Idrissou BOUKARI Membre

Le Rapporteur, Le Président,

Idrissou BOUKARI Idrissou BOUKARI

OBSERVATIONS

I : Ni immunité pénale, ni privilège de juridiction

La décision "Quenum David Abel" vient rappeler que les membres de la Cour constitutionnelle, ceux que le langage commun et journalistique appelle les "*sept sages*", sont aussi des hommes et des femmes capables de fautes dans l'exercice ou à l'occasion de l'exercice de leurs fonctions ou tout simplement dans leurs vies de citoyens. Ils peuvent pour cela être traduits devant les cours et tribunaux (pas d'immunité de juridiction) et être poursuivis pour des infractions qui leur sont imputables (pas d'immunité pénale).

Le régime juridique de la responsabilité des membres de la Cour constitutionnelle est ainsi plus libéral que celui des membres du gouvernement. Alors que ceux-ci ne peuvent être poursuivis que devant la Haute cour de justice (sauf les cas de flagrant délit), les conseillers à la Cour sont justiciables des cours et tribunaux de droit commun.

La Haute cour de justice, de par sa composition et la procédure qui a cours devant elle, est un mélange de politique et de justice, mélange "*toujours calamiteux*" selon le professeur français Pierre AVRIL (Cité par J. Gicquel et J.-E. Gicquel, *Droit constitutionnel et institutions politiques*, Paris, Montchrestien, 21ème édit., 2007, p. 564), dans la mesure où l'agenda politique pervertit presque toujours les termes d'une bonne justice. En ce sens, les membres du gouvernement sont en meilleure posture, car, à travers la Haute cour de justice, c'est la classe politique qui se juge, avec des risques, certes, de

règlements de comptes, mais surtout avec la tentation des compromis et des compromissions qui sont les ressorts essentiels de la vie politique.
Les conseillers à la Cour n'ont pas cet avantage. Ils sont jugés par des magistrats de métier plus sensibles à l'application de la loi qu'aux arrangements politiciens. Si toutefois, le ministre de la justice se décide à les "livrer".

II : Le gouvernement, maître de la procédure

L'autorisation des poursuites est donnée par la session conjointe de la Cour suprême et de la Cour constitutionnelle. L'action publique est par contre déclenchée par le ministre de la justice "*sur décision du gouvernement*". Malgré la solennité du recours à une décision collégiale de l'exécutif, le déclenchement des poursuites reste conforme au droit commun du rôle souverain du procureur de la république (et donc du ministre de la justice) dans la décision de poursuite ou de classement sans suite pour insuffisance de charges.

Cette approche teintée de procédure criminelle risque de contrarier les actions de reddition de compte devant la juridiction financière. Celle-ci est au cœur d'un renouveau qui en fait un instrument privilégié de la performance financière des personnes publiques (N. Médé, "La juridiction financière, d'hier à demain…et après demain", *Revue Béninoise de Science juridique et Administrative*, n° 24, 2010). Le régime juridique des poursuites, dans les pays membres de l'Union économique et financière ouest africaine (UEMOA) fait une place importante à l'auto-saisine, à l'occasion soit des apurements juridictionnels de comptes publics, soit lors des inspections sur place que la Cour des comptes exécute. L'autonomie des infractions financières est attestée par le nouveau cadre harmonisé des finances publiques dans les pays membres de l'UEMOA. Est ainsi une faute de gestion punissable, "*le fait, pour toute personne dans l'exercice de ses fonctions, d'octroyer ou de tenter d'octroyer à elle-même ou à autrui un avantage injustifié, pécuniaire ou en nature ; le fait d'avoir dans l'exercice de ses fonctions ou attributions, en méconnaissance de ses obligations, procuré ou tenté de procurer à autrui ou à soi-même, directement ou indirectement, un avantage injustifié, pécuniaire ou en nature, entraînant un préjudice pour l'Etat, ou tout autre organisme public*" (article 80, Directive n°06/2009/CM/UEMOA, portant loi des finances au sein de l'UEMOA).

La décision "Quenum David Abel", où il est question de gros sous et de deniers publics, rappelle bien les termes de ces dispositions communautaires à transposer en droits nationaux des Etats. La juridiction financière a une double compétence juridictionnelle et extra-juridictionnelle. Elle juge mais aussi elle relève des irrégularités qu'elle publie pour tenir le citoyen-contribuable informé de la gestion des deniers publics. Si le ministre de la justice devait rester maître de la procédure, notamment de son déclenchement, y compris en ce qui concerne la procédure financière devant la Cour des comptes, celle-ci aura toujours la ressource alternative de publier dans son rapport annuel ou dans un rapport thématique, les circonstances et les faits de l'espèce, les irrégularités notées, en un mot, de faire de l'opinion publique, juge de l'affaire, ce qui en toute hypothèse, semble également une forme de sanction tout aussi infâmante quoique non afflictive.

45

Décision DCC 03-068 du 20 mars 2003
Togblanon B. Xavier, Assogba Martin
Recueil 2003, p. 273

La politique et les affaires

La Cour Constitutionnelle,
Saisie d'une requête du 8 mars 2002 enregistrée à son Secrétariat le 13 mars 2002 sous le numéro 0520/034/REC, par laquelle Monsieur Xavier B. TOGBLANON saisit la Haute Juridiction de la violation de l'article 52 de la Constitution par Monsieur Sévérin ADJOVI ;
Saisie d'une autre requête du 22 mars 2002 enregistrée à la même date à son Secrétariat sous le numéro 0566/038/REC, par laquelle Monsieur Martin ASSOGBA, Président de l'Association de Lutte contre le Racisme, l'Ethnocentrisme et le Régionalisme (A.L.C.R.E.R.), forme un « recours » contre la violation de la Constitution du 11 décembre 1990 en son article 52 par l'ex Ministre Monsieur Sévérin ADJOVI et sa qualité d'Associé dans TELECEL BENIN » ;

VU la Constitution du 11 décembre 1990 ;
VU la loi n° 91-009 du 04 mars 1991 portant loi organique sur la Cour Constitutionnelle modifiée par la Loi du 31 mai 2001 ;
VU le Règlement Intérieur de la Cour Constitutionnelle ;
Ensemble les pièces du dossier ;
Ouï Monsieur Lucien SEBO en son rapport ;
Après en avoir délibéré,

Considérant que les deux recours portent sur le même objet et tendent aux mêmes fins ; qu'il y a lieu de les joindre pour y être statué par une seule et même décision ;
Considérant que Monsieur Xavier B. TOGBLANON expose que « la Société SARCI est une Société d'Etat » dans laquelle Monsieur Sévérin ADJOVI « a pris 40% des parts sociales… pendant qu'il exerçait la fonction de Ministre de la Culture et de la Communication » ; qu'il soutient que « c'est grâce à ces 40% que Monsieur Sévérin ADJOVI s'est trouvé l'un des associés de TELECEL-Bénin qui, elle-même, a soumissionné à un appel d'offres en vue de l'acquisition de l'agrément de l'OPT ; qu'il demande à la Cour de « mener l'enquête qu'il faudrait » ;

Considérant que Monsieur Martin ASSOGBA déclare que « si Monsieur Sévérin ADJOVI, Président de la Société SARCI … Ministre au Gouvernement au moment de la création de TELECEL-Bénin en 1997 n'a pas requis au préalable l'autorisation de la Cour Constitutionnelle pour acquérir 40% des actions de TELECEL BENIN, c'est qu'il a violé la Constitution en son article 52 alinéa 1 » ; qu'il affirme par ailleurs qu' « … au regard de l'article 8 des actes de l'OHADA…, Monsieur Sévérin ADJOVI ne peut avoir la qualité d'associé pour agir. Sa dite qualité est nulle et de nul effet » ; qu'il allègue enfin que « dans le cadre de la licence accordée à TELECEL-Bénin, les 40% d'action reviennent au Gouvernement Béninois, la qualité d'associé de Monsieur Sévérin ADJOVI étant nulle ; qu'il demande en conséquence à la Cour de rendre justice « au peuple béninois qui a opté pour la moralisation de la vie publique » ;
Considérant qu'aux termes de l'article 52 alinéa 1 de la Constitution : « *Durant leurs fonctions, le Président de la République et les membres du Gouvernement ne peuvent par eux-mêmes, ni par intermédiaire rien acheter ou prendre en bail qui appartienne au domaine de l'Etat, sans autorisation préalable de la Cour Constitutionnelle dans les conditions fixées par la loi » ;*
Considérant que Monsieur Sévérin ADJOVI et son épouse, Madame Marie Léontine ADJOVI née FOURN, ont créé, en 1978, une société dénommée SOCIETE AFRICAINE DE RELATIONS COMMERCIALES ET INDUSTRIELLES (SARCI), immatriculée au registre du commerce le 27 septembre 1978 sous le numéro 4692-B et dont l'annonce légale de la constitution a été faite au Journal EHUZU n° 742 du 19 août 1978 ; qu'il en résulte que le moyen tiré de la qualité de société d'Etat de la SARCI est inopérant ;
Considérant que le 15 juillet 1997, la société TELECEL INTERNATIONAL LTD, représentée par Monsieur Miko RWAYITARE, de nationalité islandaise, et la société SARCI, représentée par Monsieur Alfred TOKELO, de nationalité béninoise, ont créé une société à responsabilité limitée dénommée TELECEL-BENIN SARL avec 550 parts sociales réparties à raison de 330 (60%) pour TELECEL INTERNATIONAL et 220 (40%) pour SARCI ; que par décret n° 98-502 du 26 octobre 1998, la société TELECEL-BENIN a été agréée à installer et exploiter les équipements de radio téléphonie cellulaire mobile terrestre ; que le 06 juillet 2001 ; l'Office des Postes et Télécommunications et la Société TELECEL-BENIN ont signé une convention d'interconnexion par laquelle ils conviennent des conditions techniques et financières de raccordement de leurs réseaux ; que selon cette convention, TELECEL-BENIN devra payer à l'Office des Postes et Télécommunications des frais de « location de locaux techniques, de terrains nus et de terrasses » ; qu'il en résulte que l'opération d'interconnexion opère cession en bail à TELECEL-BENIN de biens appartenant au domaine de l'Etat ;
Considérant toutefois qu'à cette date du 06 juillet 2001, Monsieur Sévérin Adjovi n'était plus membre du Gouvernement et n'avait donc pas besoin de requérir l'autorisation préalable de la Cour Constitutionnelle comme le prescrit

l'article 52 alinéa 1 précité ; que, dès lors, il n'y a pas violation de la Constitution ;

DECIDE :

Article 1ER.- Il n'y a pas violation de l'article 52 alinéa 1 de la Constitution.

Article 2.- La présente décision sera notifiée à Messieurs Xavier B. TOGBLANON, Martin ASSOGBA, Sévérin ADJOVI et publiée au Journal Officiel.

Ont siégé à Cotonou, le vingt mars deux mille trois,

Madame	Conceptia D. OUINSOU	Président
Messieurs	Lucien SEBO	Vice-président
	Idrissou BOUKARI	Membre
	Jacques D. MAYABA	Membre
Madame	Clotilde MEDEGAN- NOUGBODE	Membre

Le Rapporteur,
Lucien SEBO

Le Président,
Conceptia D. OUINSOU

Décision DCC 15-026 du 12 Février 2015
Monsieur Laïssi BISSIRIOU

Recueil 2015, volume 1, p. 380

La Cour constitutionnelle,

Saisie d'une requête du 19 février 2014 enregistrée à son secrétariat à la même date sous le numéro 0358/034/REC, par laquelle Monsieur Laïssi BISSIRIOU introduit devant la haute juridiction un recours pour violation de la Constitution par le Président de la République ;

VU la Constitution du 11 décembre 1990 ;
VU la loi n° 91-009 du 04 mars 1991 portant loi organique sur la Cour constitutionnelle modifiée par la loi du 31 mai 2001 ;
VU le règlement intérieur de la Cour constitutionnelle ;
Ensemble les pièces du dossier ;
Ouï Monsieur Zimé Yérima KORA-YAROU en son rapport ;
Après en avoir délibéré,

CONTENU DU RECOURS

Considérant que le requérant expose : « ... La télévision nationale a diffusé un communiqué qui informe les Béninois sur les activités champêtres menées par le chef de l'Etat. Ce communiqué précise que le chef de l'Etat a cultivé quatre-vingts hectares (80ha) pour cent vingt neuf tonnes (129t) de coton, soit une tonne cinq (1,5t) à l'hectare. Le chef de l'Etat, poursuit le communiqué, devient de ce fait le premier producteur de coton.

Or, pendant sa fonction de président de la République, le chef de l'Etat ne doit entreprendre aucune activité professionnelle. Je constate que ce n'est pas le cas » ; qu'il conclut : « ...Vu les faits exposés, en vertu de l'article 51 de la Constitution, je vous prie de bien vouloir déclarer que le chef de l'Etat a violé la Constitution et a même violé son serment en posant cet acte.» ;

INSTRUCTION DU RECOURS

Considérant qu'en réponse à la mesure d'instruction de la Cour, le président de la République, docteur Boni YAYI, écrit : « ...En réponse au recours n°0358/034/REC de Monsieur Laïssi BISSIRIOU pour violation de l'article 51 de la Constitution et de mon serment, j'ai l'honneur de soumettre à l'appréciation de la Cour constitutionnelle, les observations suivantes :
...La Constitution dispose en son article 51 : "Les fonctions du président de la République sont incompatibles avec l'exercice de tout autre mandat électif, de tout emploi public, civil ou militaire et de toute autre activité professionnelle".

Le ministère de l'Agriculture, de l'Elevage et de la Pêche a pour mission la conception, la coordination, la mise en œuvre et le suivi évaluation de la politique de l'Etat en matière d'amélioration de la production, des revenus des producteurs des secteurs de l'agriculture, de l'élevage et de la pêche et du niveau de vie des populations, conformément aux lois et règlements en vigueur au Bénin et aux vision et politique de développement du gouvernement. Toute activité du chef de l'Etat ou de l'un quelconque des membres de son gouvernement ne doit aller contre cette mission au profit de son intérêt personnel. Le cas échéant, il y a conflit d'intérêts.

En effet, en menant ponctuellement l'activité de production de coton, j'ai voulu donner un signal fort, un symbole pour la relance effective de la culture du coton vu son importance dans l'économie nationale et les dysfonctionnements qui ont entravé le développement normal de la filière coton ces dernières campagnes qui ont précédé celle de 2012-2013. A l'analyse, c'est ce signal qui permet de booster la production de ce qu'il convient aujourd'hui d'appeler au Bénin "l'or blanc" dont la production est passée de cent soixante-quatorze mille (174.000) tonnes de campagne 2011-2012 à deux cent quarante mille (240.000) tonnes la campagne 2012-2013 pour monter à plus de trois cent mille (300.000) tonnes au cours de la campagne 2013-2014.

Au regard de ce noble objectif qui est en passe d'être atteint pour qu'à terme, la couverture des capacités d'égrenage de six cent mille (600.000) tonnes des usines installées au Bénin soit une réalité, les activités champêtres que j'ai menées sont plutôt un acte patriotique à saluer et à encourager à l'instar de ce qui a été fait au lendemain des indépendances en Côte-d'Ivoire par le ... président Félix HOUPHOUET BOIGNY pour faire de ce pays le premier producteur et exportateur de cacao et de café en Afrique. » ; qu'il poursuit : « Entreprendre personnellement la production du coton m'a permis de vivre les réalités des problèmes de la filière coton auxquels mon gouvernement cherche des solutions. En effet, c'est au moment où j'ai entrepris la production du coton que j'ai compris que les producteurs de coton sont grugés par les usines d'égrenage lors des pesées aux ponts bascules des usines ; que l'engrais vendu aux producteurs de coton est de mauvaise qualité. Une fois que mon gouvernement a décidé de changer le fournisseur et donc la qualité de l'engrais, la qualité et la quantité de production de coton ont été améliorées. Aussi, les revenus des producteurs de coton ont-ils pris de la valeur. En effet, des sept millions (7.000.000) F CFA obtenus de la vente de ma production du coton de la campagne 2012-2013, j'ai donné trois millions (3.000.000) F CFA et quatre millions (4.000.000) F CFA respectivement aux populations sinistrées de la commune de Lalo et à celles de la commune de Sô-ava pour s'acheter des barques.

Par ailleurs, j'ai déjà sur mes recettes de la campagne 2013-2014 une programmation établie comme suit : une partie des recettes reviendra aux populations de Sô-ava pour l'acquisition d'autres barques et l'autre partie destinée à la jeunesse de Banikoara.

Au total, la production du coton que j'ai entreprise, loin d'être perçue comme une activité lucrative ou professionnelle, s'inscrit plutôt :

- dans une dynamique de gouvernance par l'exemple pour inciter les producteurs agricoles à intensifier la culture du coton ;
- dans une œuvre à caractère social et humanitaire pour assister quelques compatriotes éprouvés ou sinistrés.

Par conséquent, qu'il plaise à la haute juridiction de dire et juger que la production du coton que j'entreprends n'est pas une activité incompatible avec ma fonction de président de la République au sens de l'article 51 de la Constitution du 11 décembre 1990 et qu'il n'y a pas violation de la Constitution » ;

ANALYSE DU RECOURS

Considérant qu'aux termes de l'article 51 de la Constitution : « *Les fonctions de président de la République sont incompatibles avec l'exercice de tout autre mandat électif, de tout emploi public, civil ou militaire et de toute autre activité professionnelle* » ; que selon la doctrine, l'activité professionnelle est un "travail dépendant ou indépendant qui se caractérise par l'accomplissement régulier de certains actes, par opposition à travail occasionnel et par la poursuite d'un but lucratif" ; que dans le cas d'espèce, le chef de l'Etat, non seulement ne pratique pas des activités champêtres en tant que métier, mais encore ne poursuit aucun but lucratif ; qu'en conséquence, il échet pour la Cour de dire et juger que le fait pour le chef de l'Etat d'entreprendre des activités champêtres n'est pas contraire à la Constitution ;

D E C I D E :

Article 1er.- Il n'y a pas violation de la Constitution.

Article 2.- La présente décision sera notifiée à Monsieur Laïssi BISSIRIOU, à Monsieur le Président de la République et publiée au Journal officiel.

Ont siégé à Cotonou, le douze février deux mille quinze,

Messieurs Théodore HOLO	Président
Zimé Yérima KORA-YAROU	Vice-Président
Simplice Comlan DATO	Membre
Bernard Dossou DEGBOE	Membre
Madame Marcelline-C. GBEHA AFOUDA	Membre
Monsieur Akibou IBRAHIM G.	Membre
Madame Lamatou NASSIROU	Membre.

Le Rapporteur,	Le Président,
Zimé Yérima KORA-YAROU	Professeur Théodore HOLO

OBSERVATIONS

I : Les affaires dans la politique et la politique dans les affaires

Le monde du 21ème siècle a son discours dominant et les mots-clés de cette rhétorique universalisée sont : la performance, le résultat, le rapport de force, la compétitivité, etc. Le monde se déconstruit en ce qu'il possède de valeurs humaines fondamentales. Le syndrome ambiant est celui de la perte des références, de la confusion des repères et de l'épanouissement d'un insidieux "*nihilisme moral*" (H. HUDE, *L'éthique des décideurs*, Paris, Presses de la Renaissance, 2004, p.9). Dans une civilisation globale dominée par le productivisme, la fin qui justifie les moyens est l'expression de la relativité des mœurs et surtout du relativisme sceptique. Le monde est devenu celui des mensonges sans menteurs ! Le monde des affaires en est évidemment imprégné et le monde politique en a subi la contamination (Aminata SOW FALL, *L'Empire du mensonge*, Paris, Le serpent à Plumes, mars 2018). Prôner la vertu en politique paraît aussi irréel que promouvoir l'abstinence dans une maison close ! On ne fait pas la politique en gants blancs. Et pourtant, la constitution du 11 décembre ose faire le choix d'une République vertueuse par les prohibitions qu'elle prescrit à la charge des hommes politiques.

II : La République vertueuse

Le constituant de 1990 a voulu en finir avec l'idée largement partagée que la politique est l'un des plus courts chemins pour accéder au bien-être matériel, et même à l'opulence. Certains travaux de sociologie politique l'ont démontré. La "*rent-seeking* des élites" politiques (Th. BIERSCHENK, J.-P. CHAUVEAU et J.-P. OLIVIER de SARDAN (dir.), *Courtiers en développement, les villages africains en quête de projets*, Paris, Karthala 2000, p.6.) finit par obscurcir l'horizon de la chose publique et provoquer la déchéance du service public. Un auteur a pu parler d'"Etat néo-patrimonial" ("L'Etat néo-patrimonial", *in* J.-F. MEDARD (dir.), *Etats d'Afrique,* Paris, Karthala, 1991) pour rendre compte, sur un plan conceptuel, du délitement de la ligne de séparation entre le bien public et le patrimoine personnel des gouvernants africains. Le phénomène n'est certes pas exclusivement africain, ("Argent public et nouvelle corruption", *Revue Française de Finances Publiques*, n° 147/2019) mais il a été jugé suffisamment prégnant pour que le constituant choisisse de mettre des balises. Balises dérisoires, que les membres du gouvernement contournent aisément. L'achat ou la prise en bail de biens appartenant au domaine de l'Etat ainsi que la compétition pour un marché public sont soumis à autorisation préalable donnée par la Cour constitutionnelle pour les membres du gouvernement.

La barrière de l'autorisation préalable s'estompe dès la fin des fonctions de membre du gouvernement. C'est le sens de la décision de la Cour dans le dossier "Togblanon B. Xavier, Assogba Martin" mais aussi dans la décision "Akueson Jean Christophe" par laquelle la Cour constate que le rachat d'une société d'Etat par un ancien ministre n'est pas contraire à la constitution et ne viole pas l'article 52 du texte constitutionnel dès lors que le mis en cause n'est plus en fonction au moment de la cession (Décision DCC 03-062 du 19 mars 2003, Akueson Jean Christophe, Recueil 2003, p. 247).

III : Domaine de l'Etat et biens publics

La constitution vise les biens relevant du domaine de l'Etat mais les deux décisions (Togblanon B. Xavier, Assogba Martin et Akueson Jean Christophe) concernent le patrimoine de deux établissements publics industriels et commerciaux, dotés de la personnalité morale et de l'autonomie financière. Leur patrimoine est distinct du patrimoine de l'Etat même si on les regroupe tous les deux dans la catégorie générique des biens publics : biens de l'Etat, des collectivités territoriales et des établissements publics.

La Cour, en ne déclarant pas l'irrecevabilité des deux recours sur la base d'une interprétation orthodoxe de la notion de biens de l'Etat, donne un sens très extensif au domaine de l'Etat qui finit par englober l'ensemble des biens des personnes publiques. Cette jurisprudence hardie témoigne, semble-t-il, d'une certaine intention de la Haute juridiction de se montrer à la hauteur d'un mal envahissant et préjudiciable à l'intérêt commun. Mais en toute hypothèse, la lutte contre l'affairisme des hommes politiques est mieux servie par les dispositions du Code pénal que par les trois paragraphes de l'article 52 de la constitution.

IV : L'incompatibilité avec les "activités professionnelles" des articles 51 et 54 de la constitution

La constitution du 11 décembre 1990 pose le principe du non-cumul des fonctions de président de la République et de membre du gouvernement avec "*toute autre activité professionnelle*" selon les termes des articles 51 et 54. Les lois organiques sur les institutions de contrôle reprennent la même formulation pour leurs membres, notamment la Haute autorité de l'audiovisuel et de la communication (Article 22, Loi organique n°92-021 du 21 août 1992 relative à la Haute Autorité de l'Audiovisuel et de la Communication). Saisie de plusieurs recours, la Cour a été amenée à cerner les contours de l'activité professionnelle visée par les interdits de cumul dans la constitution :

- la condition d'un exploitant agricole, propriétaire d'une ferme agricole : le Président de la République exploite, certes, une ferme agricole et en tire des bénéfices. Il est dans le schéma classique d'une activité orientée vers le partage de bénéfice ou "de profiter de l'économie qui peut en résulter" (Article 4 de l'Acte uniforme révisé relatif au droit des sociétés commerciales et du groupement d'intérêt économique, OHADA). Il ne s'agit donc pas d'une association de la loi 1901. L'intéressé le reconnait, par ailleurs, et explique que, sur les profits réalisés au cours de la campagne 2013-2014, il ferait l'affectation suivante : "*une partie des recettes reviendra aux populations de Sô-ava pour l'acquisition d'autres barques et l'autre partie destinée à la jeunesse de Banikoara*" (Décision DCC 15-026 du

12 février 2015). Sur la foi de cette profession de foi philanthropique, la Cour décide "que le fait pour le chef de l'Etat d'entreprendre des activités champêtres n'est pas contraire à la Constitution." De surcroît, poursuit la Cour, cette activité champêtre n'est pas exercée de façon habituelle, comme un métier en accomplissant régulièrement certains actes "par opposition à travail occasionnel." En guise de synthèse, on peut dire que l'activité professionnelle de l'article 51 de la constitution doit réunir deux caractères cumulatifs : être une activité lucrative qui dégage des bénéfices au profit du promoteur ; être une activité exercée habituellement et non sporadiquement.

- La condition du fondateur d'une université privée. Un ministre qui se retrouve dans cette condition n'enfreint pas les dispositions constitutionnelles s'il n'exerce pas de fonction de direction au quotidien dans son université. Il est propriétaire ou co-prorpitétaire du capital mais n'est pas mêlé au managment ni à la vie opérationnelle de l'entreprise. Dès lors qu'il "*n'y exerce aucune activité professionnelle ni de direction*" il y a lieu de dire et juger "*qu'il n'y a pas violation de l'article 54 alinéa 5 de la Constitution*" (Décision DCC 15-015 du 22 janvier 2014, Jean-Claude DOSSA, Recueil 2015, volume 1, p.295).

- La condition de l'arbitre agréé de la Cour commune de justice et d'arbitrage (CCJA). Pour la Cour, *"l'arbitrage (est) une activité essentiellement occasionnelle (et) ne peut être considérée (...) comme une activité professionnelle*" (Décision DCC 15-051 du 03 mars 2015, Ingrid YEDOMON, Recueil 2015, volume 2, p. 597). En conséquence, ne viole pas l'article 22 de la loi organique n°92-021 du 21 août 1992 relative à la Haute Autorité de l'Audiovisuel et de la Communication, le Conseiller nommé à la HAAC qui continue de siéger comme arbitre agréé de la Cour commune de justice et d'arbitrage (CCJA).

Au total, l'application que la Haute juridiction constitutionnelle fait des articles 51 et 54 de la constitution est très libérale, en ce qui concerne la locution "*activité professionnelle.*" Sa jurisprudence autorise les écarts les plus variés : l'actionnaire majoritaire, l'associé minoritaire, le consultant occasionnel, l'activisme associatif, etc.

La même flexibilité ne se retrouve pas dans la jurisprudence de la Cour lorsqu'il s'agit du non cumul d'un emploi public avec les fonctions de membre du gouvernement (Article 54, constitution du 11 décembre 1990). Pour la Cour, interdire aux ministres en exercice d'exercer un emploi public se justifie par le souci d'"*empêcher que le ministre ne se retrouve en même temps sous l'autorité d'une personne située au même niveau hiérarchique que lui*", en l'occurrence son collègue ministre en charge de la fonction publique. Dès lors, le ministre qui a continué à assurer ses charges d'enseignement à l'université "*a méconnu la Constitution*" (Décision DCC 17-082 du 13 avril 2017, Hubert NASSARA).

Au-delà de la revue de jurisprudence sur les articles 51 et 54 de la constitution, une reflexion de fond s'impose sur le bien-fondé de ces dispositions. En l'état, le texte emporte deux conséquences :

- la promotion d'une classe politique qui ne s'adonne qu'à la chose politique en dehors de "*toute autre activité professionnelle.*" En clair, il s'agit de susciter et d'entretenir des professionnels de l'activité politique érigée en activité professionnelle exclusive. Or, il faut en prendre son parti, que la professionnalisation de la vie politique est le mal absolu. Un individu qui n'aurait comme horizon de vie publique que la conquête ou la conservation d'une position politique (député, ministre, membre des institutions constitutionnelles, etc.) n'a ni le sens de l'intérêt général, ni morale, ni *fair play*. Pour lui, la fin justifie les moyens et les grands principes constitutionnels sont des variables escamotables pour peu qu'ils encombrent la trajectoire de l'homme politique. Il n'est pas dans le peuple, il n'est plus du peuple et ne connait plus le peuple mais des électeurs, c'est-à-dire les instruments manipulables pour sa propre survie en politique.

- l'exclusion d'une catégorie de citoyens de la vie politique. La règle du non-cumul de l'article 54 de la constitution vise surtout les dirigeants, les associés et les actionnaires du secteur privé, au nom d'une présomption de conflit d'intérêt. Certains pays ont réussi cette osmose entre la vie productive et la vie politique. La circulation des élites entre la politique et l'entreprise facilite la culture du résultat et le fameux *bottom up* qui permet aux hommes politiques de ne point perdre le sens des réalités de la vie de leurs concitoyens. La fin d'un mandat, la fin d'un ministère ne sont jamais un saut dans l'inconnu mais la poursuite d'une activité professionnelle qui a existé avant et qui continue après. A l'heure où la relecture de la constitution du 11 décembre 1990 fait son chemin, la réhabilitation des hommes issus des milieux de la production de biens et services pourrait être salutaire pour la République.

46

Décision DCC 06-074 du 08 juillet 2006
Président de la République, Ahossi Jean Iréné et consorts
Recueil 2006, p. 365

Le consensus national et la révision de la constitution

La Cour Constitutionnelle,

Saisie des requêtes :

- du 26 juin 2006 enregistrée à son Secrétariat à la même date sous le numéro 1392/099/REC,
- du 26 juin 2006 enregistrée à son Secrétariat à la même date sous le numéro 1393/100/REC,
- du 24 juin 2006 enregistrée à son Secrétariat le 26 juin 2006 sous le numéro 1403/101/REC,
- du 24 juin 2006 enregistrée à son Secrétariat le 26 juin 2006 sous le numéro 1404/102/REC,
- du 26 juin 2006 enregistrée à son Secrétariat à la même date sous le numéro 1409/103/REC,
- du 26 juin 2006 enregistrée à son Secrétariat le 27 juin 2006 sous le numéro 1427/105/REC,
- du 27 juin 2006 enregistrée à son Secrétariat le 28 juin 2006 sous le numéro 1429/106/REC,
- du 26 juin 2006 enregistrée à son Secrétariat le 28 juin 2006 sous le numéro 1431/107/REC,
- du 27 juin 2006 enregistrée à son Secrétariat le 28 juin 2006 sous le numéro 1435/108/REC,
- du 26 juin 2006 enregistrée à son Secrétariat le 28 juin 2006 sous le numéro 1438/109/REC,
- du 27 juin 2006 enregistrée à son Secrétariat le 28 juin 2006 sous le numéro 1439/110/REC,
- du 28 juin 2006 enregistrée à son Secrétariat à la même date sous le numéro 1440/111/REC,
- du 29 juin 2006 enregistrée à son Secrétariat à la même date sous le numéro 1447/113/REC,
- du 30 juin 2006 enregistrée à son Secrétariat à la même date sous le numéro 1461/114/REC,
- du 29 juin 2006 enregistrée à son Secrétariat le 03 juillet 2006 sous le numéro 1468/117/REC,

- du 29 juin 2006 enregistrée à son Secrétariat le 03 juillet 2006 sous le numéro 1475/119/REC,
- du 04 juillet 2006 enregistrée à son Secrétariat à la même date sous le numéro 1476/120/REC,
- du 04 juillet 2006 enregistrée à son Secrétariat à la même date sous le numéro 1477/121/REC,
- du 05 juillet 2006 enregistrée à son Secrétariat à la même date sous le numéro 029-C/122/REC,
- du 03 juillet 2006 enregistrée à son Secrétariat le 06 juillet 2006 sous le numéro 1521/124/REC,
- du 06 juillet 2006 enregistrée à son Secrétariat à la même date sous le numéro 1522/125/REC,
- du 06 juillet 2006 enregistrée à son Secrétariat le 07 juillet 2006 sous le numéro 1523/126/REC,
- sans date enregistrée à son Secrétariat le 07 juillet 2006 sous le numéro 1528/127/REC,
- sans date enregistrée à son Secrétariat le 07 juillet 2006 sous le numéro 1529/128/REC, par lesquelles :

  - Messieurs Irené Jean AHOSSI, Macaire AGBANTE, Serge Roberto PRINCE AGBODJAN, Romain Martin HOUNKPODOTE, Jules Victorien KOUGBLENOU, Marius Thomas DAKPOGAN, Franck BASSA, Zinsè Denis Louis AKPOUE, Frédéric Zinsou ALOWAKOU, Brice H. Serge MARIANO, Hilaire HOUNSA, Nacirou R. AKANGBE,
  - le Président de la République, Chef de l'Etat, Chef du Gouvernement,
  - les députés André DASSOUNDO, Karimou CHABI-SIKA, Sacca LAFIA, Jean-Claude HOUNKPONOU, Zacari YOLOU, Barthélémy KASSA,
  - Madame Félicienne KIKI épouse TAKPA,
  - Monsieur Francis DODO, Président Fondateur du Cercle de Réflexions et d'Analyses Politiques (CRAP – BENIN),
  - Monsieur Victor T. SOWANOU, Président Directeur Exécutif du Forum des Jeunes pour l'Eveil de la Société Civile du Bénin (FOJEC BENIN),
  - ''Le Roi'' ALIGBONON, Président de l'ONG les Récades et Représentant du culte vodoun,
  - Monsieur Jeannot ZOHOUN, Président du Mouvement des démocrates béninois (MDB),

sollicitent le contrôle de constitutionnalité de la Loi constitutionnelle n° 2006-13 portant révision de l'article 80 de la Constitution du 11 décembre 1990 votée par l'Assemblée Nationale le 23 juin 2006 ;

VU la Constitution du 11 décembre 1990 ;
VU la Loi n° 91-009 du 04 mars 1991 portant loi organique sur la Cour Constitutionnelle modifiée par la Loi du 31 mai 2001 ;
VU le Règlement Intérieur de la Cour Constitutionnelle ;
Ensemble les pièces du dossier ;
Ouï Monsieur Jacques D. MAYABA en son rapport ;
Après en avoir délibéré,

Considérant que Monsieur Nacirou R. AKANGBE forme un recours « en validation de la décision des députés sur la modification de la Constitution » ;

Considérant que quinze (15) requérants ont saisi la Cour aux fins d'invalidation de la loi querellée ;

Considérant que six (6) députés à l'Assemblée Nationale ont déféré la même loi aux mêmes fins ;

Considérant enfin que le Président de la République sollicite le contrôle de conformité à la Constitution de la loi sous examen ;

Considérant que les vingt-quatre (24) recours portent sur le contrôle de conformité de la loi déférée à la Constitution ; qu'il y a lieu de les joindre pour y être statué par une seule et même décision ;

Considérant que Monsieur Nacirou R. AKANGBE expose : « La question de la révision de la Constitution a depuis des années agité le monde politique et a toujours servi de tremplin pour semer la psychose au sein des paisibles citoyens … les documents et débats ayant conduit à la rédaction des articles de la Constitution ont-ils défini un cadre de concertation préalable avec les populations, la société civile … avant la modification d'un quelconque article de celle-ci, alors que la loi, elle-même en ses articles 154 à 156 définit les conditions dans lesquelles peut intervenir sa révision ? Le peuple n'est consulté que par référendum et à une condition : "il faut que le quorum des quatre cinquièmes (4/5) des députés à l'Assemblée ne soit pas atteint." Il est même fait mention à l'alinéa 2 de l'article 156 de ce qui ne peut faire l'objet de révision … Ce vote est un pas qui vient d'être fait dans la résolution du problème de la révision. Il doit servir de déclic à un débat plus large… » ; qu'il conclut que les exigences prévues aux articles 154 et 155 ont été respectées et demande en conséquence à la Cour de valider la loi ainsi votée ;

Considérant que les autres requérants exposent que le 23 juin 2006 les députés à l'Assemblée Nationale ont procédé dans la précipitation à la modification de l'article 80 de la Constitution en portant à cinq ans la durée du mandat parlementaire avec effet rétroactif pour la présente législature ; que certains affirment que le vote de la loi est intervenue en l'absence des secrétaires parlementaires et cela en violation des articles 17.5, 47.5, 58.4 et 129 du Règlement Intérieur de l'Assemblée Nationale aux termes desquels : « *Le procès-verbal et le compte rendu sommaire de chaque séance signés du Président de séance et d'un Secrétaire parlementaire sont déposés aux archives de l'Assemblée Nationale.*

Ils sont également envoyés en quatre exemplaires au Président de la République.

La publication du procès-verbal des débats est assurée au journal des débats parlementaires ou à défaut au Journal Officiel de la République du Bénin » ; « *Les Secrétaires procèdent au dépouillement. Le Président proclame le résultat en ces termes : « L'Assemblée Nationale a adopté... » ou « L'Assemblée Nationale n'a pas adopté...* » ; « *Les Secrétaires parlementaires assistent le Président dans la conduite des débats. Ils inscrivent les députés qui demandent la parole, contrôlent les appels nominaux, constatent les votes à main levée ou par assis debout et dépouillent les scrutins. Ils surveillent la rédaction du procès-verbal des séances, le tout conformément à l'article 17.5 du présent Règlement Intérieur.* » ; que Monsieur Karimou CHABI SIKA, député à l'Assemblée Nationale, dénonce par ailleurs le non respect du caractère public des séances de l'Assemblée Nationale ; qu'il déclare en effet que le Président de l'Assemblée Nationale a fait fermer au public le portail d'accès et cela au mépris des dispositions de l'article 40.1 du Règlement Intérieur qui énonce : « *Les séances de l'Assemblée Nationale sont publiques* » ; qu'il explique avoir été victime de cette violation des libertés parlementaires ; que, toujours au chapitre de la violation des dispositions du Règlement Intérieur, le député Sacca LAFIA précise que les procurations délivrées par les députés Eric HOUNDETE, Bio Bagou OROU YAROU, Patrice TOSSE, Sylvain AKINDES, Adam LAFIA MONWOO, Adrien HOUNGBEDJI, Corentin COHOUE, Eustache AKPOVI et Emmanuel GOLOU ne l'ont pas été dans les conditions prescrites par l'article 54.4 du Règlement Intérieur qui édicte : « *La délégation de vote est toujours personnelle, rédigée au nom d'un seul député nommément désigné et ne peut être transférée à un autre bénéficiaire ; elle doit être notifiée au Président avant l'ouverture du scrutin ou du premier des scrutins auxquels elle s'applique.* » ;

Considérant que les requérants soutiennent par ailleurs que selon l'article 74.5 du même Règlement Intérieur : « *Les propositions de lois dont l'adoption aurait pour conséquences, soit une diminution des ressources publiques, soit la création ou l'aggravation d'une charge publique, sont déclarées irrecevables par le Président de l'Assemblée Nationale si elles ne sont pas accompagnées d'une proposition d'augmentation de recettes ou d'économies équivalentes, conformément aux dispositions de l'article 107 de la Constitution.* » ; que pour n'avoir pas déclaré irrecevable la proposition de loi portant modification de l'article 80 de la Constitution qui n'était pas accompagnée d'une proposition d'augmentation de recettes, le Président de l'Assemblée Nationale a méconnu les dispositions de l'article 35 de la Constitution tout comme les députés qui ont voté pour la révision ; qu'ils allèguent en outre que la proposition de loi n'a pas été transmise au gouvernement dans les quarante-huit (48) heures prescrites par l'article 74.8 du Règlement Intérieur ni communiquée à la Commission des finances comme l'exige l'article 34.6 du Règlement Intérieur afin de recueillir les avis de ces deux institutions ;

Considérant que des requérants soulignent d'autre part que la façon dont la prorogation de mandat « est faite viole les droits fondamentaux notamment le droit accordé à tous les citoyens de participer librement à la direction des affaires publiques de leur pays, soit directement, soit par l'intermédiaire de représentants librement choisis, ce, conformément aux règles édictées par la loi » (article 13.1 de la Charte Africaine des Droits de l'Homme et des Peuples) ; qu'ils déclarent que le comportement des députés « est une confiscation du pouvoir législatif au sens du préambule de notre Constitution » qui énonce : «... affirmons notre opposition fondamentale à tout régime politique fondé sur l'arbitraire, la dictature, l'injustice, la corruption, la concussion, le régionalisme, le népotisme, *la confiscation du pouvoir* et le pouvoir personnel » ; qu'ils ajoutent que selon l'article 3 alinéa 1er de la Constitution : « *La souveraineté nationale appartient au peuple. Aucune fraction du peuple, aucune communauté, aucune corporation, aucun parti ou association politique, aucune organisation syndicale ni aucun individu ne peut s'en attribuer l'exercice.* » ; que « les députés constituent une fraction du peuple et ne peuvent en tant que tel s'arroger le droit de confisquer cette souveraineté » ;

Considérant que certains requérants demandent à la Cour de déclarer l'article 2 de la loi querellée contraire à la Constitution au motif que cette disposition viole le principe de la non-rétroactivité des lois ; qu'ils estiment que la nouvelle loi constitutionnelle ne peut rétroagir pour remettre en cause un mandat antérieur à sa mise en vigueur ; qu'en dehors du caractère personnel de cette loi qu'ils dénoncent, ils allèguent qu' « aucune prorogation de mandat ni maintien de députés en fin de mandat ne saurait intervenir hors l'expression du suffrage populaire » ; qu'ils ajoutent que la proclamation des résultats définitifs des élections des députés de la législature en cours constate et établit qu'ils sont élus pour quatre (4) ans et non pour cinq (5) ans ; que l'article 2 de la loi querellée viole par conséquent l'autorité de la chose jugée conférée aux décisions de la Cour Constitutionnelle par l'article 124 alinéas 2 et 3 de la Constitution ;

Considérant que d'autres requérants développent par rapport à la régularité de la procédure de révision : « La lecture combinée des articles 154 et 155 de la Constitution du 11 décembre 1990 montre clairement que la procédure de modification de la Constitution du 11 décembre 1990, qu'elle soit par un projet de loi ou une proposition de loi, est à deux phases.
La première phase est celle prévue par l'alinéa 1 de l'article 154 ; il s'agit de la prise en considération du projet ou de la proposition de révision par un vote à la majorité des trois quarts des membres composant l'Assemblée Nationale. Au terme de ce vote de prise en considération du projet ou de la proposition de révision, nous passons à la deuxième phase.

La deuxième phase est celle prévue par l'article 155 de la Constitution du 11 décembre 1990 qui est l'approbation du projet ou de la proposition de loi. En effet, l'article 155 dispose que '' La révision n'est acquise qu'après avoir été approuvée par référendum, sauf si le projet ou la proposition en cause a été approuvé à la majorité des quatre cinquièmes des membres composant l'Assemblée Nationale.''

Il est donc clair que sans procéder à un premier vote de prise en considération à la majorité des trois quarts des membres composant l'Assemblée Nationale comme le stipule l'article 154, les députés, en leur séance du 23 juin 2006, ne pouvaient et ne devaient pas procéder à la révision ou à la modification de l'article 80 de la Constitution du 11 décembre 1990.

La procédure cavalière du vote des députés de l'Assemblée Nationale au cours de la séance est faite en méconnaissance complète des dispositions des articles 154 et 155 de la Constitution du 11 décembre 1990.

Sans respecter la phase de la prise en considération (article 154) et la phase de l'approbation (article 155), nos députés ont voté en violation de toutes les règles constitutionnelles en vigueur régissant la matière et du bon sens une modification de l'article 80 de la Constitution du 11 décembre 1990 ramenant la fin du mandat de la législature en cours au 19 avril 2008. »

Considérant que Monsieur Macaire AGBANTE soutient pour sa part : « … L'article 154 en son alinéa 1er stipule que : « *L'initiative de la révision de la Constitution appartient* concurremment *au Président de la République après décision prise en Conseil des Ministres et aux membres de l'Assemblée Nationale.* ». Ce qui suppose que toute initiative de révision est décidée conjointement par les deux institutions que constituent l'Exécutif et le Législatif et non l'un ou l'autre. Dans ce cas d'espèce, l'initiative de la révision a été décidée par le Législatif seul et prise en considération. Au vu de ce qui précède, j'estime que la procédure de la révision de la Constitution n'est pas respectée et par conséquent n'est pas conforme à la loi fondamentale » ; que, s'agissant du CRAP – Bénin, il demande à la Cour de « mettre fin à cette démarche impopulaire et suicidaire pour notre jeune démocratie », car si les députés ont le droit de modifier la Constitution, ils doivent au préalable organiser une large concertation entre les différentes forces sociales et politiques de notre pays sur la question ; qu'il ajoute : « C'est incontestable qu'ils sont les représentants du peuple. Mais leur contrat avec le peuple n'est que de quatre (4) ans. Et puis, la tradition enseigne qu'il faut légiférer pour l'avenir et qu'on ne peut pas modifier un mandat en fin d'exercice » ; qu'il conclut que « l'acte des députés est un coup d'Etat intellectuel, un manquement et une injure grave au ... peuple béninois » ; que le Forum des Jeunes pour l'Eveil de la Société Civile du Bénin de son côté porte plainte contre les députés, se pose la question de savoir s'ils n'ont pas enfreint l'ordre constitutionnel et demande en conséquence à la Haute Juridiction de « régulariser cette situation dans l'intérêt général de la Nation...en essayant de sauvegarder l'essentiel pour la paix et le plus grand bien du peuple béninois »; que le président de l'ONG les RECADES (Retrouvailles et Echanges Culturelles de l'Aire Adja Tado pour le Développement Economique et Social) estime que les députés n'ont pas tenu compte de la « position du peuple qui est le seul souverain » ; que Monsieur Hilaire HOUNSA affirme qu'en modifiant l'article 80 de la Constitution pour proroger leur mandat à cinq ans, les députés ont violé les articles 34 et 36 de la Constitution qui leur font obligation de respecter la Constitution et l'ordre constitutionnel et « d'entretenir avec d'autres des relations qui permettent de sauvegarder, de renforcer et de promouvoir le respect, le dialogue et la tolérance réciproque en vue de la paix et de la cohésion nationale » ; que Monsieur Frédéric ZINSOU ALOWAKOU, qui sollicite l'annulation de la loi votée, fait remarquer que la Constitution contient « huit restrictions » : les mineurs, les malades mentaux, les prisonniers, les étrangers qui ne doivent pas voter, le Président de la République qui a deux mandats , les personnes âgées de 70 ans qui ne sont pas éligibles au poste de Président de la République, l'armée qui doit être neutre, les députés qui ont un mandat de quatre ans renouvelable ; qu'il se demande pourquoi les députés considèrent leur cas comme une injustice ; que pour Monsieur Marius Thomas DAKPOGAN, « la modification de la Constitution, telle que votée par les députés est une altération en tant que cette modification entame dangereusement la paix et la cohésion sociales. En d'autres termes, elle porte atteinte à l'intégrité du territoire. Notre pays se trouve ainsi menacé de l'intérieur à cause du coup de force perpétré par les députés » ; que Monsieur Franck BASSA affirme : « qu'une révision de la Constitution devrait se faire dans l'intérêt supérieur du peuple et non au profit d'une minorité ; que les députés sont élus par le peuple qu'ils représentent et qui leur a confié sa souveraineté et qu'ils ne peuvent s'en attribuer l'exercice sans l'accord préalable de ce dernier ; que la paix et la cohésion sociales sont menacées suivant l'article 156 de notre Constitution, que cette modification de l'article 80 est contraire aux dispositions de l'article 3 de la Constitution » ; que Monsieur

Jeannot ZOHOUN, Président du Mouvement des démocrates béninois (MDB) se demande « si un mandat accordé par le peuple et validé par la Cour peut être remis en cause sans au préalable avoir recours au peuple souverain » ; que Madame Félicienne KIKI épouse TAKPA soutient quant à elle qu' « un mandat ne peut être prorogé que par le mandant et un représentant n'a absolument pas le droit de modifier les termes du contrat sans l'accord de son mandant » ;

Considérant qu'aux termes de l'article 121 alinéa 1er de la Constitution : « *La Cour Constitutionnelle, à la demande du Président de la République ou de tout membre de l'Assemblée Nationale, se prononce sur la constitutionnalité des lois avant leur promulgation.* » ; qu'il découle de cette disposition que, selon la qualité du requérant, certains recours peuvent être irrecevables ou recevables ;

(...)

I- LES CIRCONSTANCES DU DEROULEMENT DE LA SEANCE PLENIERE

La séance plénière du vendredi 23 juin 2006, débutée à 16 h 23 mn sous la présidence du Président de l'Assemblée Nationale, Monsieur Kolawolé A. IDJI, avait à son ordre du jour sept (07) points dont copie jointe à l'annexe 1.
Sur invitation du Président de séance, le député André DASSOUNDO, 2ème secrétaire parlementaire, seul présent à l'hémicycle ce vendredi-là, a donné lecture des dossiers de communications avant la poursuite de l'examen, article par article de la proposition de loi portant réglementation de la production, de la commercialisation et de la consommation des cigarettes et autres produits du tabac en République du Bénin.
Après adoption de la proposition de loi à l'unanimité des députés présents et représentés avec une abstention, constatée par le 2ème secrétaire parlementaire, la plupart des députés ont souhaité que le dossier relatif à la proposition de loi portant modification de la Constitution du 11 décembre 1990 (en son article 80) soit appelé.
Face à l'alternative de poursuivre de façon chronologique et d'appeler le point 4 de l'ordre du jour qui comportait trois articles, le Président de séance, assisté de son 2ème secrétaire parlementaire, a consulté la plénière qui, par cinquante huit (58) voix pour, treize (13) contre et deux abstentions, a décidé de la modification de l'ordre afin que la proposition de loi qui ne comportait, que trois (3) articles, à la différence des autres dossiers, soit évoquée. A cette étape, le député, Karimou CHABI-SIKA a sollicité une suspension de cinq (05) minutes pour une concertation qui a été rejetée par la plénière par cinquante deux (52) voix pour, huit (08) contre et trois (03) abstentions après un avis contraire du député Candide AZANNAÏ conformément à l'article 52 du Règlement Intérieur de l'Assemblée nationale.

La commission des lois, de l'administration et des droits de l'homme a été invitée à se mettre en place pour la présentation du rapport relatif à la modification de l'article 80 de la Constitution.
A peine la commission a commencé la présentation du rapport, que le député André DASSOUNDO, seul secrétaire parlementaire dans l'hémicycle s'est levé de sa place, doigt levé, il sortit comme s'il voulait répondre à un appel.
Le rapport de la commission a suscité l'intervention des députés Sacca LAFIA, Théophile NATA et Epiphane QUENUM.
Avant d'aller au fond du débat comme les deux autres qui l'ont suivi, le premier intervenant, dans une intervention liminaire a fait constater à la plénière l'absence du deuxième secrétaire parlementaire sans faire ressortir qu'il était pourtant présent depuis le début de la séance.
Suite aux interventions des députés Sacca LAFIA, Théophile NATA et Chabi SIKA tendant à faire constater l'absence du deuxième secrétaire parlementaire, le Président de l'Assemblée Nationale a expliqué que toute la Représentation nationale l'a vu sortir comme s'il sentait un besoin, ses effets et ses lunettes sont encore sur place et que le député André DASSOUNDO est bel et bien présent à la reprise de la séance et que la plénière qui est souveraine, n'a pas trouvé d'objection à la poursuite des débats.
Avant la mise en place du matériel de vote, le Président a, dans une introduction liminaire, expliqué le mode de scrutin. Puis les scrutateurs et assesseurs ont été désignés pour les opérations de vote au scrutin secret.
Ainsi la proposition de loi relative à la révision de l'article 80 de la Constitution du 11 décembre 1990 a été adoptée par soixante et onze (71) voix pour, huit (08) contre et une (01) abstention.

II- DE LA DISCUSSION DES VIOLATIONS ALLEGUEES

II-1. Des violations liées aux dispositions de la Constitution

II-1-1. Sur la question de la souveraineté du peuple et la question de la révision (Article 2, 3 et 4 de la Constitution).
La plénière n'a pris aucun acte ou décision qui peut laisser penser que ces dispositions ont été violées.
Au surplus, l'article 4 de la Constitution affirme à raison que « le peuple exerce sa souveraineté par ses représentants élus et par voie de référendum. ».
S'agissant de la révision de la Constitution, le peuple n'est consulté par référendum que si le projet ou la proposition de loi n'a pas été approuvé par la majorité des 4/5ème des membres composant l'Assemblée Nationale (Article 155 de la Constitution).

II-1-2. Sur la question du droit d'aller et de venir (Article 25)
« L'Etat reconnaît et garantit dans les conditions fixées par la loi, la liberté d'aller et de venir, la liberté d'association, de réunion, de cortège et de manifestation. ».
Cet article n'a subi aucune violation. Les libertés reconnues et affirmées dans cette disposition n'ont pas été violées. L'enregistrement des débats tels que transcrits dans le compte rendu intégral annexé, l'atteste éloquemment.

II-1-3. Sur le respect de la Constitution et le devoir de la fonction avec conscience (Articles 34 et 35).
L'Assemblée Nationale a respecté les procédures qui s'appliquent à la révision de la Constitution comme il est dit plus haut.
Par ailleurs, le Président de l'Assemblée Nationale qui avait la police des débats n'a à aucun moment failli aux devoirs que lui impose sa haute fonction. Il l'a accompli à cette séance, comme à toutes les autres séances avec conscience, compétence, probité, dévouement et loyauté et ce, à la satisfaction de tous les députés.

II-1-4. Sur le respect de la considération du semblable sans discrimination (Article 36).
La prétendue violation de cette disposition relève de l'imagination et de la pure fantaisie et ne peut se comprendre dans le cadre d'une séance parlementaire.

II-1-5. Sur les conditions de recevabilité d'une proposition ou d'un amendement (Article 107).
Les arguments ont été développés au niveau de l'article 74.5 du Règlement Intérieur.

II-1-6. Sur la procédure de la révision (Articles 154 et 155)
Les deux articles susvisés se complètent. Il résulte de leur lecture combinée que le référendum constitue le mode principal de révision de la Constitution.
Ce référendum appelé référendum constitutionnel a lieu toutes les fois que le vote des députés est supérieur ou égal à la majorité des trois quarts mais inférieur à celle du quatre cinquième ($4/5^{ème}$).
Comme il été relevé au point II-1-1., la révision est acquise si ledit vote atteint les quatre cinquième des membres composant l'Assemblée Nationale.
Or la proposition de loi querellée, signée par soixante dix (70) députés a été déposée le 11 avril 2006. Communiquée à la séance plénière du 18 avril 2006, elle a été transmise au Gouvernement le 20 avril 2006. La commission l'a examinée le 21 et le 27 avril 2006. A cette dernière date, le Gouvernement était représenté par le ministre de la justice, chargé des relations avec les institutions, porte parole du Gouvernement.

A la plénière du 23 juin 2006, ladite proposition a obtenu 71 voix pour, 08 contre et 01 abstention. Il convient de mentionner que l'Assemblée Nationale compte 83 députés.

II-1-7. Sur l'atteinte à l'intégrité du territoire (Article 156)
La modification de l'article 80 est intervenue dans une période de paix sur toute l'étendue du territoire national. Mieux, elle ne concerne nullement la forme républicaine ni la laïcité de l'Etat.

II- 2. Des violations liées aux dispositions du Règlement Intérieur de l'Assemblée Nationale.

II-2.1- Sur la fonction des secrétaires parlementaires
Le secrétaire parlementaire qui a pris la séance avec le Président de l'Assemblée Nationale, a rempli ses obligations conformément à cette disposition. Le deuxième secrétaire parlementaire, comme tout député présent dans l'hémicycle au moment des plénières, s'est retiré comme pour satisfaire un besoin, laissant ses lunettes, affaires et documents, laissant croire qu'il reviendra à tout instant. Au moment de son déplacement et à cette étape de la procédure, le Président avait besoin, pour l'assister, de scrutateurs. Les députés Modeste KEREKOU et Adjibadé KOUSSONDA ont été désignés à cet effet.

En tout état de cause, le secrétaire parlementaire n'a pas formellement demandé à être absent et son comportement relève de la volonté manifeste de ne pas s'acquitter de ses obligations, ce qui constitue une violation des articles 34 et 35 de la Constitution.

Ce n'est qu'après avoir suspendu la séance que le secrétaire du 2ème secrétaire parlementaire s'est rendu dans l'hémicycle pour récupérer ses affaires, ce à quoi le député Epiphane QUENUM s'est opposé ; demandant que cela soit d'abord constaté par un huissier de justice.

Les députés comprendront par la suite que c'est dans le dessein d'aller faire une déclaration sur la radio « Océan FM ». En effet, dans le journal *Le Matinal n° 2381 du 24 juin 2006* (Annexe 3), on lit ce qui suit :

« ... Merci, je vous dirai pourquoi je suis à Cotonou et surtout pourquoi je suis sur Océan Fm. Au fait, je ne devrais pas être sur votre radio mais je suis venu sur la radio parce que j'apprends alors que je suis à Cotonou que les débats ont lieu à Porto-Novo. Débats selon lesquels le secrétaire parlementaire était présent alors que je suis bien à Cotonou et vous me voyez assis dans votre studio. C'est pour cela que je suis venu pour prendre l'opinion publique à témoin pour dire que ce qui se passe à Porto-Novo est extrêmement grave. Qu'une poignée de députés avec la bénédiction du Président de l'Assemblée Nationale décide de réviser la Constitution par un coup de force.... ».

A la question : *« Les deux secrétaires parlementaires ne sont pas à l'hémicycle, alors quelle suite donnée à ce vote ? »* Le secrétaire parlementaire dira :
«Justement, c'est cela que j'appelle un coup de force. Le Président de l'Assemblée Nationale sait très bien qu'aucun débat ne peut avoir lieu en l'absence des secrétaires parlementaires. Le secrétaire parlementaire, l'honorable Atchodé était déjà parti parce qu'il avait des obligations et moi je ne suis pas resté à Porto-Novo. Je suis parti parce que l'ambiance était pourrie. Il y avait des complots partout… ».
Le journaliste ayant demandé « *quelle sera alors l'attitude des secrétaires parlementaires* **»,** le député DASSOUNDO répond :
« Dans notre pays, il y a les voies de recours. Nous allons faire tout ce que nous devons faire légalement. Mais si on échoue, on verra bien. Nous sommes en politique. ».
Au regard de tout ce qui précède, il s'ensuit que l'intéressé a, non seulement violé les dispositions susmentionnées de la Constitution, mais a fait preuve d'une turpitude : S'étant refusé de remplir délibérément les obligations dues à sa charge pour des raisons inavouées, l'on ne peut se prévaloir de l'absence d'un tel responsable qui a organisé sa propre disparition momentanée dans l'intention est, de vicier la procédure.
Laissant lunettes et documents, l'intéressé était conscient de vouloir faire croire qu'il reviendrait. Or, « nul n'a le droit de se prévaloir de sa propre turpitude ».
Par ailleurs, la supervision de la rédaction des procès- verbaux est un acte administratif qui est exécuté en dehors de l'hémicycle et des plénières et impose la présentation de ces procès- verbaux en début des nouvelles séances plénières.
Admettre une telle possibilité, serait permettre à tout secrétaire parlementaire de prendre en otage une plénière, et de bloquer la procédure pour des raisons qui lui sont propres.
C'est donc à bon droit que le juge constitutionnel déclarera que la séance ouverte par le Président avec le secrétaire parlementaire, qui n'a connu aucune suspension, n'a fait que se poursuivre. En organisant à dessein son absence physique, il ne pourra être fait application des articles susmentionnés.
II-2-2- Sur la délégation de vote (article 54 al. 4)
A la plénière du 23 juin 2006, le Président de l'Assemblée nationale a reçu comme il est de règle, toutes les procurations et aucun député n'a reçu dans l'hémicycle, plus d'une procuration.(cf. Annexe 4).

II-2-3. Sur l'irrecevabilité liée à l'aggravation ou à la diminution des ressources publiques et le renvoi à la commission compétente (articles 74.5 et 74.8).
Il n'y a eu aucune violation de ces dispositions qui n'étaient pas concernées par la procédure de révision de la Constitution qui est une procédure spéciale.
Lesdits articles sont dans le chapitre 1 relatif aux procédures législatives ordinaires et non dans le chapitre III qui concerne les procédures législatives spéciales. De plus, cette disposition est appliquée lorsqu'il est question du vote

des lois de finances ou des lois d'autorisation de paiement de dépenses ou de perception des recettes.
Au demeurant, dans le cadre de la révision de l'article 80, il ne peut d'ailleurs être conclu, ni à une aggravation ni à une diminution des ressources, d'autant que le budget qui sera alloué n'est que celui de l'année précédente. De même, la proposition de loi en question concerne une disposition normative.
Enfin, le parlement, au regard de nos lois, en l'occurrence l'article 141 du règlement intérieur, jouit de l'autonomie financière et établit chaque année son propre budget.
Il n'en sera pas de même dans le cadre du renouvellement de la mandature où de nouvelles dépenses seront créées et concerneront les primes de sevrage des anciens députés, les charges liées aux différents avantages de la fonction parlementaire.

I II-2.4- Sur la charge du secrétaire parlementaire
Les observations relatives à cet article sont les mêmes que celles développées au point II-2-1- (supra).
Au total, la révision de l'article 80 est intervenue dans le respect de la procédure et de la Constitution. Elle devra aider le gouvernement à faire face dans l'immédiat à d'autres charges et à mieux concentrer les ressources pour les échéances de 2008.
L'exposé des motifs fait apparaître en effet que :

« ... l'application de la Constitution et des lois électorales en vigueur dans notre pays, impose au Gouvernement, l'organisation respectivement en 2007 et 2008, des élections législatives et des élections communales et municipales.
Ces opérations entraîneront pour les finances publiques des dépenses énormes, alors que l'Etat rencontre visiblement des difficultés pour honorer ses engagements financiers, notamment le paiement régulier et à bonne date des salaires, ainsi que des factures de biens et services à l'Etat. C'est cette situation qui a failli compromettre la bonne organisation de la dernière élection présidentielle ; et la CENA 2006 traîne encore des dettes que le nouveau pouvoir devra rembourser.
Si la pression populaire a favorisé la non contestation des résultats des scrutins des 05 et 19 mars 2006, c'est parce que tout le monde voulait d'un changement à la tête du pays, il n'est pas certain que les choses se passent de la même manière pour les prochaines échéances électorales. En effet, la LEPI tant souhaitée pour servir de base à des élections transparentes, justes et crédibles n'a pas été réalisée et le RENA, la dernière trouvaille pour apaiser les uns et les autres a connu le même sort, faute de ressources financières.
Pour remédier à cette situation, les députés signataires estiment qu'il serait plus sage de cumuler les prochaines législatives avec les prochaines communales et municipales. » (cf. Annexe 5).

Telle est, Madame le Président de la Cour Constitutionnelle, la substance de ce mémoire, que j'ai l'honneur de soumettre à votre haute appréciation. » ;

Considérant que certains députés soutiennent qu'il y a violation des articles 17.5, 74.5, 74.8, 34.6, 54.5, 40.1, 40.2, 58.4, 47.5, 92.1 et 191 du Règlement Intérieur de l'Assemblée Nationale ; que selon la jurisprudence constante de la Cour, la Haute Juridiction a compétence pour apprécier la violation des dispositions du Règlement Intérieur de l'Assemblée Nationale lorsque lesdites dispositions constituent la mise en oeuvre des règles constitutionnelles et font partie dès lors du bloc de constitutionnalité ;

Considérant que les requérants contestent le vote de la loi intervenue, au motif que les secrétaires parlementaires étaient absents de l'hémicycle ;

Considérant qu'aux termes de l'article 89 alinéas 1 et 2 1er tiret de la Constitution : « *Les travaux de l'Assemblée Nationale ont lieu suivant un Règlement Intérieur qu'elle adopte conformément à la Constitution.*

Le Règlement Intérieur détermine :

- la composition, les règles de fonctionnement du Bureau ainsi que les pouvoirs et prérogatives de son Président.» ; que les articles 17.5, 58.4 et 129 du Règlement Intérieur relatifs au rôle des Secrétaires parlementaires constituent la mise en oeuvre de l'article 89 de la Constitution précité ;

Considérant qu'il ressort du procès-verbal des débats parlementaires et de la réponse à la mesure d'instruction que le député André DASSOUNDO, seul Secrétaire parlementaire présent dans l'hémicycle, s'est levé au moment où la Commission des lois, de l'Administration et des Droits de l'Homme a été invitée à se mettre en place pour la présentation du rapport relatif à la modification de l'article 80 de la Constitution ; que les députés Sacca LAFIA, Théophile NATA et Chabi SIKA sont intervenus pour faire constater l'absence du seul Secrétaire parlementaire ; qu'après le vote, à la suspension de séance, le secrétaire du Secrétaire parlementaire s'est rendu dans l'hémicycle pour récupérer les affaires de ce dernier, ce à quoi le député Epiphane QUENUM s'est opposé ; qu'il s'ensuit que lors de la présentation du rapport de la Commission des lois, de l'Administration et des Droits de l'Homme, des débats et du vote de la loi que Monsieur André DASSOUNDO, Secrétaire parlementaire était bel et bien absent ; *que ses effets et lunettes laissés sur place ne sauraient tenir lieu de sa présence physique* encore moins le représenter dans les fonctions à lui dévolues, nonobstant les affirmations du Président de l'Assemblée Nationale selon lesquelles « Monsieur André DASSOUNDO est bel et bien présent à la reprise de la séance et la plénière qui est souveraine, n'a pas trouvé d'objection à la poursuite des débats » ; que, dès lors, il y a lieu de dire et juger qu'il y a violation des articles 17.5, 58.4 et 129 du Règlement Intérieur de l'Assemblée Nationale et partant de la Constitution ;

Considérant que les articles 40 et 125 du Règlement Intérieur de l'Assemblée Nationale traitent du caractère public des séances de l'Assemblée Nationale ; qu'ils constituent la mise en oeuvre des dispositions des articles 86 et 89 de la Constitution ; que les éléments du dossier ne permettent pas d'établir le bien fondé des allégations du requérant tirées de la violation de l'article 25 de la Constitution ; que, dès lors, il n'y a pas lieu à statuer en l'état ;

Considérant que l'article 54 du Règlement Intérieur de l'Assemblée Nationale est relatif aux délégations de vote ; qu'il s'agit de la mise en oeuvre de l'article 93 de la Constitution qui énonce : « *Le droit de vote des députés est personnel. Le Règlement Intérieur de l'Assemblée Nationale peut autoriser exceptionnellement la délégation de vote. Dans ce cas, nul ne peut recevoir délégation de plus d'un mandat* » ;

Considérant que l'examen des photocopies des procurations versées au dossier par le Président de l'Assemblée Nationale révèle que ces procurations, au nombre de vingt-quatre (24), sont soit sans date, soit sans précision d'objet, soit encore surchargées ou raturées, soit non signées, soit avec des durées excédant un mois, soit avec des signatures différentes de celles portées sur les documents intitulés "Exposé des motifs" et liste de présence ; qu'il est regrettable que l'utilisation de telles procurations qui frise une fraude à la loi ait été prise en compte pour asseoir l'une des majorités qualifiées requises par la Constitution ; que cependant, la Haute Juridiction ne dispose pas d'éléments suffisants pour statuer en l'état sur la violation alléguée ; qu'il n'y a donc pas lieu à statuer en l'état ;

Considérant qu'aux termes de l'article 92.1 du Règlement Intérieur de l'Assemblée Nationale, « *Le Président de l'Assemblée Nationale transmet en quatre exemplaires au Président de la République, aux fins de promulgation, les lois votées par l'Assemblée Nationale dans les quarante-huit (48) heures de leur vote* » ; que cette disposition participe de la mise en oeuvre de l'article 57 alinéa 2 de la Constitution ; qu'il est établi que la loi querellée a été votée le 23 juin 2006, mais n'a été transmise au Président de la République que le 27 juin 2006, soit plus de quarante-huit heures après ; qu'en agissant ainsi qu'il l'a fait, le Président de l'Assemblée Nationale a violé la Constitution ;

Considérant que les députés requérants allèguent que l'Assemblée Nationale n'a pas respecté la procédure de vote prévue par les articles 154 et 155 de la Constitution qui disposent respectivement : « *L'initiative de la révision de la Constitution appartient concurremment au Président de la République après*

décision prise en Conseil des Ministres et aux membres de l'Assemblée Nationale.
Pour être pris en considération, le projet ou la proposition de révision doit être voté à la majorité des trois quarts des membres composant l'Assemblée Nationale. » ; « *La révision n'est acquise qu'après avoir été approuvée par référendum, sauf si le projet ou la proposition en cause a été approuvé à la majorité des quatre cinquièmes des membres composant l'Assemblée Nationale.* » ;

Considérant que la lecture combinée et croisée des articles 154 et 155 précités fait apparaître que la procédure de révision de la Constitution se déroule en deux phases à savoir, la prise en considération du projet ou de la proposition de révision et l'adoption du projet ou de la proposition de révision ; qu'aux termes de l'article 154 alinéa 2, pour que le projet ou la proposition de révision soit pris en considération, il faut qu'il soit voté à la majorité des trois quarts (3/4) des membres composant l'Assemblée Nationale ; que cette première phase qui engage la procédure de révision ne saurait être escamotée ; qu'à la seconde phase, la révision n'est acquise qu'après avoir été approuvée par référendum à moins de l'avoir été à la majorité des quatre cinquièmes (4/5) des membres composant l'Assemblée Nationale ; qu'il résulte des éléments du dossier, notamment de la réponse du Président, que la première étape de la procédure de révision n'a pas été observée par l'Assemblée Nationale ; que, dès lors, l'Assemblée Nationale a violé la Constitution ;

Considérant que certains requérants se fondant sur les dispositions des articles 74.5 du Règlement Intérieur et 107 de la Constitution demandent à la Haute Juridiction de déclarer irrecevable la Loi n° 2006-13 portant révision de l'article 80 de la Constitution au motif que la proposition de loi aurait dû être accompagnée d'une proposition d'augmentation de recettes ; qu'ils affirment que « l'exposé des motifs qui accompagne la loi s'appuie sur deux éléments à savoir coupler les élections législatives et communales afin de minimiser les coûts d'organisation des élections et disposer du temps nécessaire pour rendre disponible la liste électorale permanente informatisée (LEPI) avant les prochaines élections » ;

Considérant que les articles 107 de la Constitution et 74-5 du Règlement Intérieur de l'Assemblée Nationale énoncent respectivement : « *Les propositions et amendements déposés par les députés ne sont pas recevables lorsque leur adoption aurait pour conséquence soit une diminution des ressources publiques, soit la création ou l'aggravation d'une charge publique, à moins qu'ils ne soient accompagnés d'une proposition d'augmentation de recettes ou d'économies équivalentes* » ; « *Les propositions de lois dont l'adoption aurait pour conséquences, soit une diminution des ressources publiques, soit la création ou l'aggravation d'une charge publique, sont déclarées irrecevables par le Président de l'Assemblée nationale si elles ne sont pas accompagnées d'une proposition d'augmentation de recettes ou d'économies équivalentes, conformément aux dispositions de l'article 107 de la Constitution.*» ;

Considérant qu'il résulte de la réponse du Président de l'Assemblée Nationale que la proposition de modification de l'article 80 de la Constitution n'était pas accompagnée d'une proposition d'augmentation de recettes ou d'économies équivalentes ; que l'exposé des motifs tend à démontrer a contrario que le cumul des élections législatives et communales en 2008 aboutirait à des économies substantielles pour le budget national ; que le Président de l'Assemblée Nationale aurait dû, dès lors, déclarer irrecevable ladite proposition de loi qui n'était pas accompagnée d'une proposition d'économies équivalentes ; que ne l'ayant pas fait, le Président de l'Assemblée Nationale a violé la Constitution ;

Considérant que les requérants, sur le fondement du principe de la non-rétroactivité de la loi, demandent à la Haute Juridiction de déclarer contraire à la Constitution l'article 2 de la loi querellée qui édicte : « *Le mandat de la législature en cours qui a démarré le 22 avril 2003 prend fin le 21 avril 2008* »;

Considérant que ce mandat de quatre (4) ans, qui est une situation constitutionnellement établie, est le résultat du *consensus national* dégagé par la Conférence des Forces Vives de la Nation de février 1990 et consacré par la Constitution en son Préambule qui réaffirme l'opposition fondamentale du peuple béninois à ...la confiscation du pouvoir ; que même si la Constitution a prévu les modalités de sa propre révision, *la détermination du peuple béninois à créer un Etat de droit et de démocratie pluraliste, la sauvegarde de la sécurité juridique et de la cohésion nationale commandent que toute révision tienne compte des idéaux qui ont présidé à l'adoption de la Constitution du 11 décembre 1990, notamment le consensus national, principe à valeur constitutionnelle ;* qu'en conséquence, les articles 1 et 2 de la Loi constitutionnelle n° 2006-13 adoptée par l'Assemblée Nationale le 23 juin 2006, sans respecter le principe à valeur constitutionnelle ainsi rappelé, sont contraires à la Constitution ; et sans qu'il soit besoin de statuer sur les autres moyens ;

DECIDE :

Article 1er.- Les requêtes de Messieurs Nacirou R. AKANGBE, Irené Jean AHOSSI, Macaire AGBANTE, Serge Roberto PRINCE AGBODJAN, Romain Martin HOUNKPODOTE, Jules Victorien KOUGBLENOU, (...) sont irrecevables.
Article 2.- L'Assemblée Nationale a violé les dispositions des articles 17.5, 47.5, 58.4 et 129 du Règlement Intérieur de l'Assemblée Nationale.

Article 3.- Il n'y a pas lieu à statuer en l'état sur les dispositions des articles 40 et 54 du Règlement Intérieur de l'Assemblée Nationale.
Article 4.- Le Président de l'Assemblée Nationale a violé l'article 92.1 du Règlement Intérieur de l'Assemblée Nationale.
Article 5.- L'Assemblée Nationale a violé les dispositions des articles 154 et 155 de la Constitution.
Article 6.- Le Président de l'Assemblée Nationale a violé les dispositions des articles 74.5 du Règlement Intérieur de l'Assemblée Nationale et 107 de la Constitution.
Article 7.- Toutes les dispositions de la Loi constitutionnelle n° 2006-13 portant révision de l'article 80 de la Constitution du 11 décembre 1990 votée par l'Assemblée Nationale le 23 juin 2006 sont contraires à la Constitution.
Article 8.- La présente décision sera notifiée au Président de l'Assemblée Nationale, au Président de la République, (...) et publiée au Journal Officiel.

Ont siégé à Cotonou, le huit juillet deux mille six,

Madame Conceptia D. OUINSOU	Président
Messieurs Jacques D. MAYABA	Vice-Président
Idrissou BOUKARI	Membre
Pancrace BRATHIER	Membre
Christophe KOUGNIAZONDE	Membre
Madame Clotilde MEDEGAN-NOUGBODE	Membre
Monsieur Lucien S E B O	Membre.

Le Rapporteur, Le Président,

Jacques D. MAYABA.- Conceptia D. OUINSOU.-

OBSERVATIONS

I : Le consensus, une notion fonctionnelle

Selon une *summa divisio* proposée par le Doyen VEDEL (G. VEDEL, "La juridiction compétente pour prévenir, faire cesser ou réparer la voie de fait administrative", *J.C.P.* 1950 - I- 1851), "*les notions conceptuelles sont celles qui peuvent recevoir une définition complète selon les critères logiques habituels et leur contenu est abstraitement déterminé une fois pour toutes... ; elles ont une réelle unité conceptuelle... L'utilisation de toutes ces notions dépend de leur contenu ; le contenu ne dépend pas de l'utilisation*". En revanche "*les notions fonctionnelles sont différemment construites. Elles procèdent directement d'une fonction qui leur confère seule une véritable unité*".

La notion de consensus est de celles-ci. Bâtie autour d'une perspective historique (origine latine qui commande de rappeler les emplois et valeurs de la notion dans la Rome républicaine puis impériale), elle interpelle les lexicologues et se déploie sur le terrain social, dans le domaine politique et en matière de sciences juridiques.

Pour les latins de la Rome antique, le consensus renvoie par exemple à l'applaudissement d'une foule au théâtre, l'image d'une large adhésion. Cicéron en déduit une sentence célèbre : *Omnium consensus naturae vox est* (un consentement unanime est la voix de la nature).

Les sciences de la vie s'emparent du mot et la médecine a pu prêter à HIPPOCRATE l'idée d'un "*consensus entre les organes*" du corps (BROUSSAIS, *Encyclopédie progressive*, Paris, 1826). La sociologie hérite de cette perception avec DURKHEIM pour qui, "*ce qui fait l'unité des sociétés organisées, comme de tout organisme, c'est le consensus spontané des parties, c'est cette solidarité interne*" (E. DURKHEIM, *De la division du travail social*, Paris, PUF, 2007, p. 351).

Dans le champ social et politique, le mot consensus renvoie à des notions comme le "*consensus social*", le "*consensus élargi*", "*le nouveau contrat social*" (G. ANTOINE, "Les aspects linguistiques du consensus" *in* A-M MBOW, *Le consensus et la paix*, Paris, UNESCO, 1980). Pour le politologue Maurice DUVERGER "*aucune société ne peut vivre sans consensus, c'est-à-dire sans un accord relatif sur la forme du gouvernement, ses rapports avec les citoyens et les relations entre ceux-ci"*. Et le professeur de conclure "*les proportions relatives de consensus et de coercition définissent les régimes autoritaires et les régimes libéraux*" (M. DUVERGER *in* Revue *Pouvoirs,* Le consensus, n°5/1978). Ce à quoi un homme politique répond : "*La démocratie, ce n'est pas le consensus, c'est l'affrontement vécu et dominé"* (J.-D. BREDIN, *in* Revue *Pouvoirs,* Le consensus, n°5/1978).

Pour le juriste, le consensus appartient surtout au vocabulaire du droit international et désigne un mécanisme d'adoption d'un texte "*sans recours au vote*" (J. SALMON (dir) *Dictionnaire de droit international public*, Bruxelles, Bruylant, 2001, pp. 239-240). Il décrit une procédure préalable. Si le consensus devient irréalisable, le recours au vote majoritaire pourrait avoir lieu. Par analogie, le consensus national pourrait, en droit constitutionnel, renvoyer à l'étymologie du mot c'est-à-dire à "*accord*", à "*conformité de sentiments*" à "*large accord*" sur les thématiques de droit public. De ce point de vue, le consensus national se mesure plus qu'il ne se définit. Son utilisation serait alors variable selon les fins de politique jurisprudentielle de la juridiction constitutionnelle.

II : Le consensus fondateur

Les circonstances de la décision " Président de la République, Ahossi Jean Iréné et consorts" renseignent bien sur le sens de consensus fondateur prôné par la Cour constitutionnelle.

Les députés à l'Assemblée nationale, dans le *respect strict* des dispositions constitutionnelles ainsi que du règlement intérieur de l'Assemblée ont adopté à une large majorité (soixante et onze voix sur quatre-vingt trois) une révision du texte de la constitution qui porte le mandat des députés de quatre à cinq ans, avec effet rétroactif sur le mandat en cours. La fronde populaire relayée par la presse se manifeste aussitôt. Les journaux pêle-mêle dénoncent la "*gourmandise des députés*", (Journal *Le Point au Quotidien*, n° 2025, du 26 juin 2006, p.2), "*les députés de la honte*" (Journal *La Nouvelle Tribune*, n° 1062 du 26 juin 2006, p.1), "*le coup de force constitutionnel,*" (Journal *La Nouvelle Tribune*, n° 1063 du 27 juin 2006, p. 1), le "*hold up constitutionnel*" (Journal *Le Point au Quotidien*, n° 2025 du 26 juin 2006, p. 2), des élus qui "*dribblent le peuple*" (Journal *La Nation*, n° 4020 du 26 juin 2006, p. 1) ou qui "*tuent la démocratie*." (Journal *Le Matinal*, n°2381 du 26 juin 2006, p. 4). Cette levée de boucliers est traduite par vingt quatre recours en inconstitutionnalité, dont ceux du Président de la République, du président de "l'ONG Récades et représentant du culte vodoun". La Cour relève d'abord quelques irrégularités de forme qui, si elle s'en tient à cela, pourraient être rapidement purgées par la majorité parlementaire. Elle apprécie le fond du dossier et relève dans son 31ème considérant que le mandat de quatre ans est issu du consensus national dégagé lors de la Conférence nationale souveraine de 1990. Il ne peut être modifié que dans le respect du même consensus national.

La constitution est, en effet, la loi fondamentale de la république, la "norme fondatrice de l'Etat" (Décision DCC 09-016 du 19 février 2009, Assouan Comlan Dègla), le sommet de la hiérarchie des normes. Elle est la première source de légalité (*lato sensu*) et son respect fonde la légitimité du pouvoir, l'adhésion populaire qui traduit ce consensus sur les institutions et les valeurs telles qu'on les décèle dans les mots de Maurice DUVERGER. La constitution apparaît ainsi comme le référentiel, la matrice d'un consensus fondateur, d'un consensus fondamental, d'un consensus essentiel, celui qui porte sur les fondements de notre vouloir-vivre-ensemble. Dans la jurisprudence de la Cour, ce texte là et surtout sa révision doivent échapper à la petite légalité du respect des procédures prescrites par la constitution elle-même et le règlement intérieur de l'Assemblée. Elle exige la grande légalité, celle qui accompagne le respect de la petite légalité par la grande adhésion des forces vives de la nation dans un consensus national qui communie légalité et légitimité démocratiques.

Exercice exigeant parce que non récurrent. En conséquence, il se distingue de la législation courante, de la législation de tous les jours qui ne peuvent être placées sous le signe du consensus national.

III : Le consensus gestionnaire

La décision "Président de la République, Ahossi Jean Iréné et consorts" est suivie de deux autres où le consensus national est évoqué.

Dans le dossier "Razack Amouda", (Décision DCC 10-025 du 11 mars 2010, Razack Amouda) le texte de la requête évoque le discours du Président de la République qui affirme "*la nécessité de conduire les prochaines élections présidentielles et législatives sur la base d'une liste électorale sécurisée et consensuelle*". Le requérant soutient ensuite que le Président de la République entreprend, "*dans un forcing solitaire, le lancement du Recensement Electoral Approfondi, (RENA)*" sans rechercher le "*consensus que lui-même appelle dans son discours*" et qu'en agissant ainsi qu'il le fait, le Président de la République a "*violé le principe à valeur constitutionnelle de consensus*".

Dans son dernier considérant, la Cour juge que l'initiative du Président de la République vient en application d'une loi régulièrement votée par le parlement. Dès lors, "*une telle initiative qui ne modifie en rien le contenu de la loi votée, ne saurait être analysée comme une remise en cause du consensus national, principe à valeur constitutionnelle*" ; en conséquence, "*il échet de dire et juger qu'il n'y a pas violation de la constitution*".

Puisque la mise en œuvre d'une loi régulièrement votée puis déclarée conforme à la constitution par la juridiction constitutionnelle, ne saurait être une entorse au consensus national, les députés de l'opposition décident de voter une loi d'abrogation de la loi organisant le Recensement Electoral Approfondi, (RENA) et l'établissement de la Liste Electorale Permanente Informatisée (LEPI). C'est la loi n°2009-10 du 13 mai 2009. L'exposé des motifs de la loi d'abrogation mentionne que "*les multiples réactions et suggestions d'une bonne partie de la classe politique pour que la réalisation de la LEPI se fasse dans un esprit consensuel en vue d'en assurer la crédibilité sont restées sans écho pratique*". Saisie de plusieurs recours en contrôle de constitutionnalité de la loi d'abrogation, la Cour affirme "*que le consensus, loin de signifier l'unanimisme, est d'abord un processus de choix ou de décision sans passer par le vote ; qu'il permet, sur une question donnée, de dégager par une voie appropriée, la solution satisfaisant le plus grand nombre de personnes (...) qu'en matière électorale, le consensus doit autant que possible être constamment recherché sans pour autant constituer une source de ralentissement excessif, de blocage ou de perversion d'un processus, de la mise en œuvre d'une décision déjà acquise ou de l'accomplissement d'une mission confiée à une institution quelconque de la république (...) qu'en conséquence, le défaut de consensus sur des points techniques d'exécution ne peut nullement fonder l'abrogation de la loi ayant créé l'organe en cause"* (Décision DCC 10-049 du 05 avril 2010, Président de la République, Rachidi Gbadamassi et consorts). Dès lors, la loi n° 2009-10 du 13 mai 2009 portant abrogation de la loi organisant la LEPI et le RENA "*est contraire à la constitution*".

Pour la Cour, le consensus en matière l'électorale est un consensus du *possible*, un consensus désirable mais non indispensable. Des dissensions sur des points *techniques d'exécution* d'une loi ne sauraient non plus fonder l'abrogation de ladite loi sur le fondement du défaut de consensus. En un mot, le consensus gestionnaire, le consensus d'administration des affaires publiques n'est pas un consensus de valeur constitutionnelle ; il ne signifie ni unanimisme ni unanimité et s'accommode bien de dissensions ou même d'affrontements des idées et des approches, ce qui est de l'essence du pluralisme démocratique.

Sur ce fondement, la Cour prive d'effet une loi régulièrement votée par le parlement. Le résultat aurait été le même si la Cour avait raisonné sur le seul moyen avancé par la requête dans l'affaire "Razack Amouda", (Décision DCC 10-025 du 11 mars 2010, Razack Amouda). En effet, le défaut de consensus national allégué peut être aussi relevé dans les circonstances de vote, par la seule opposition parlementaire, c'est-à-dire sans consensus, de la loi n°2009-10 du 13 mai 2009 portant abrogation de la loi organisant la LEPI et le RENA. Une absence de consensus national n'en légitime pas une autre. Pouvoir et opposition seraient ainsi renvoyés dos à dos et donc à trouver un consensus politique en dehors des voies juridictionnelles.

47

Décision DCC 95-027 du 02 août 1995
Président de la République,
Recueil, 1995, p. 139

Le juge co-législateur

La Cour Constitutionnelle,
Saisie d'une requête du 30 décembre 1994 enregistrée au Secrétariat de la Cour le 03 janvier 1995 sous le numéro 0006, par laquelle le Président de la République sollicite le contrôle de conformité à la Constitution de la Loi Organique n° 94-027 sur le Conseil Supérieur de la Magistrature adoptée par l'Assemblée Nationale le 20 décembre 1994 ;

VU la Constitution du 11 décembre 1990 ;
VU la Loi n° 91-009 du 04 mars 1991 portant Loi Organique sur la Cour Constitutionnelle ;
VU le Règlement Intérieur de la Cour Constitutionnelle ;
Ensemble les pièces du dossier ;
Ouï le Professeur Alexis HOUNTONDJI en son rapport ;
Après en avoir délibéré,

Considérant que la Constitution, en son article 97, organise une procédure particulière pour l'adoption des lois organiques ; qu'aux termes dudit article, la proposition ou le projet est soumis à la délibération et au vote de l'Assemblée Nationale à l'expiration d'un délai de quinze (15) jours après son dépôt sur le bureau de l'Assemblée et que le texte ne peut être adopté qu'à la majorité absolue des députés ;
Considérant que, d'une part, entre le 10 septembre 1991, date de dépôt de la proposition de la loi organique sur le Conseil Supérieur de la Magistrature et le 20 décembre 1994, jour de son adoption, il s'est écoulé plus de quinze (15) jours ; que, d'autre part, selon le Décret n° 91-26 du 05 février 1991, le nombre de députés de la Législature 1991-1995 est fixé à soixante quatre (64) et que la loi déférée a été votée par quarante-sept (47) voix ; qu'il s'ensuit que les conditions de délai et de majorité absolue prescrites par l'article 97 de la Constitution sont remplies ;
Considérant que l'examen de la Loi Organique n° 94-027 relative au Conseil Supérieur de la Magistrature et adoptée le 20 décembre 1994, fait apparaître que certaines de ses dispositions sont conformes à la Constitution ; que d'autres le sont sous réserve de se conformer aux observations ci-dessous mentionnées ;

que certaines ne sont pas conformes à la Constitution ; que des dispositions qui doivent figurer dans le texte n'y sont pas ; qu'enfin certaines recommandations doivent être faites ;

En ce qui concerne les dispositions conformes à la Constitution sous réserve de certaines observations

Considérant qu'il résulte de l'examen de la loi déférée ce qui suit :

* à l'article 1er :

- le titre VI relatif au pouvoir judiciaire ne mentionne pas expressément le Conseil Supérieur de la Magistrature ; il y a lieu de préciser que c'est l'article 27 alinéa 2 de la Constitution qui institue le Conseil Supérieur de la Magistrature ;
- dans l'organisation judiciaire actuelle du Bénin, il n'existe qu'une seule Cour Suprême, donc un seul Procureur Général près la Cour Suprême. En conséquence, il faut supprimer le pluriel « les » au point 4 ;
- dans l'éventualité de la création de nouvelles Cours d'Appel, il paraît indiqué, pour des raisons d'efficacité du Conseil Supérieur de la Magistrature et par respect des principes démocratiques, qu'à partir de deux (2) Cours d'Appel, de procéder, par élection ou tirage au sort à la désignation par leurs pairs, du Président de la Cour d'Appel et du Procureur Général près la Cour d'Appel comme membre du Conseil Supérieur de la Magistrature ;

* à l'article 2 :

Alinéa 2 : Eu égard à l'importance du rôle qu'ils doivent jouer au sein du Conseil Supérieur de la Magistrature, les magistrats désignés doivent avoir une expérience professionnelle d'au moins cinq (5) ans ;

Alinéa 3 : Remplacer le mot « étrangère » par « extérieure ». Pour assurer la participation du pouvoir législatif et l'équilibre entre les Institutions, il faut faire intervenir le pouvoir législatif. Aussi est-il suggéré que le membre de phrase « … établie par le Ministre de la Justice » soit remplacé par « … établie par le Bureau de l'Assemblée Nationale » ;

Alinéa 4 : Compléter in fine « … renouvelable une fois ». Préciser par ailleurs que le mandat doit être renouvelé un (01) mois avant le terme de son expiration ;

*à l'article 3 : Préciser que les suppléants terminent le mandat des titulaires ;

*à l'article 5 :

Alinéa 2 : écrire « exprès » au lieu de « express » ;

*à l'article 6 :

Alinéa 2 : Dans le respect de la hiérarchie administrative, l'adjoint au Secrétaire Général, doit avoir une expérience professionnelle d'au moins sept (7) ans ;

Alinéa 3 : Supprimer le « s » du mot « renouvelables » ;

*à l'article 9 :

Alinéa 2 : le terme « chapitre autonome » est ambigu par rapport à la nomenclature budgétaire qui prévoit un chapitre unique couvrant les dépenses des différents services rattachés à la Présidence ;

*à l'article 10

Pour plus de clarté dans la formulation de l'article 10, il faut :

- distinguer le siège et la convocation ;
- préciser la personne qui convoque les réunions, les préside et en établit l'ordre du jour ;

En ce sens, il est suggéré ce qui suit :

10-1 : Le siège du Conseil Supérieur de la Magistrature est fixé par décret pris en Conseil des Ministres. Exceptionnellement, le Conseil peut se réunir à la Présidence de la République.

10-2 : Le Conseil Supérieur de la Magistrature se réunit sur convocation de son Président ou, en cas d'empêchement, de son premier vice-président.

L'ordre du jour des séances est annexé à la convocation.

Tout autre membre du Conseil peut demander la réunion dudit Conseil. Dans ce cas, il saisit le Secrétaire Général d'un projet d'ordre du jour.

La réunion du Conseil Supérieur de la Magistrature est présidée par le Président de la République qui peut être suppléé, en cas d'empêchement, par le Premier vice-président et dans le cas prévu à l'article 23 de la présente loi.

*à l'article 11 :

a) commencer l'article par le membre de phrase « Conformément à l'article 127 alinéa 2 de la Constitution… » pour fonder juridiquement l'existence de cet organe ;

b) énumérer avant de les reprendre en détail les différentes attributions du Conseil Supérieur de la Magistrature en se référant aux articles 128 alinéa 1er, 129 in fine et 130 ;

Ainsi l'article 11 devient :

« Conformément à l'article 127 alinéa 2 de la Constitution, le Conseil… » « Il est habilité à …travail ».

En outre le Conseil :

- statue comme Conseil de discipline des magistrats ;
- donne son avis pour la nomination des magistrats ;
- étudie les dossiers de grâce et les transmet avec son avis motivé au Président de la République.

*à l'article 15 alinéa 2 : ajouter in fine « Conformément à l'article 134 de la Constitution » ;

*à l'article 17 alinéa 1 : ajouter in fine « … conformément à l'article 128 de la Constitution » ;

*à l'article 19 alinéa 2 : écrire alinéa 2 au lieu de alinéa 1 ;

*à l'article 22 : préciser la personne qui désigne le rapporteur et indiquer la procédure de désignation ;

En ce qui concerne les dispositions non conformes à la Constitution

Considérant que l'article 128 alinéa 2 de la Constitution dispose : « La composition, les attributions, l'organisation et le fonctionnement du Conseil Supérieur de la Magistrature sont fixés par une loi organique » ; que la loi déférée n'a pas respecté cet ordonnancement, ce qui rend malaisé le contrôle de constitutionnalité et qui a conduit à des omissions telles que la mention du caractère public ou non des séances et les modalités pratiques de fonctionnement du Conseil ;

Considérant qu'il résulte de l'examen de la loi déférée que l'article 15 alinéa 1er n'est pas conforme à la Constitution en ce qu'il réduit le champ d'application des articles 129 et 56 alinéa 3 de la Constitution qui donnent compétence au Président de la République de nommer tous les magistrats qu'ils soient du siège ou du parquet ;

Considérant que l'article 125 de la Constitution affirme l'indépendance du pouvoir judiciaire ; que, pour garantir cette indépendance, le Conseil Supérieur de la Magistrature doit jouer un rôle prééminent ; que les avis qu'il est appelé à donner dans ce cadre lient le Chef de *l'Etat ; que, dès lors, l'avis mentionné à l'article 129 doit s'entendre : « avis conforme » ; celui de l'article 15 de la loi sous examen doit être complété dans ce sens ;*

En ce qui concerne les recommandations

Considérant que les articles déclarés conformes à la Constitution, ceux à reformuler ou à créer doivent être présentés dans l'ordonnancement retenu par la Constitution en son article 128 alinéa 2 précité ;

Considérant qu'eu égard aux attributions importantes du Conseil Supérieur de la Magistrature, il convient de faire diriger son Secrétariat par un haut magistrat appelé Secrétaire Général. *Ainsi, aux articles 6 alinéa 2, 7, 8, 9, il est indiqué d'ajouter le terme « général » au mot « Secrétaire » ;*

D E C I D E :

Article 1er : Sont déclarées non conformes à la Constitution, les dispositions de l'article 15 alinéa 1er de la Loi Organique n° 94-027 relative au Conseil Supérieur de la Magistrature et adoptée le 20 décembre 1994.

Article 2 : Sont déclarés conformes à la Constitution sous réserve des observations développées ci-dessus, les articles : 1, 2, 3, 5 alinéa 2, 6 alinéa 2, alinéa3, 10, 11, 15 alinéa 2, 17 alinéa 1, 19 alinéa 2, 22.

Article 3 : Toutes les autres dispositions de la loi déférée sont déclarées conformes à la Constitution.

Article 4 : Les omissions relevées doivent être intégrées au texte de la loi.

Article 5 : Les dispositions conformes visées à l'article 3 de la présente décision, ne sont pas séparables de l'ensemble de la loi déférée.

Article 6 : La présente décision sera notifiée au Président de la République, au Président de l'Assemblée Nationale et publiée au Journal Officiel.

Ont siégé à Cotonou, le deux août mil neuf cent quatre vingt quinze,

Madame	Elisabeth K.POGNON	Président
Messieurs	Alexis HOUNTONDJI	Vice-président
	Bruno O. AHONLONSOU	Membre
	Pierre E. EHOUMI	Membre
	Alfred ELEGBE	Membre

	Hubert MAGA	Membre
	Maurice GLELE AHANHANZO	Membre

Le Rapporteur, Le Président,

Prof. Alexis HOUNTONDJI Elisabeth K . POGNON

OBSERVATIONS

I : Du contrôle de constitutionnalité terme à terme ...

Etymologiquement, le contrôle a, pour finalité première, le respect d'un ensemble de normes de référence. Il évoque l'idée d'un registre à deux volets, dont le premier sert à vérifier la conformité avec le second. Le contrôle de constitutionnalité est ainsi présenté par François Luchaire comme "*une comparaison terme à terme entre deux règles écrites*", la "*vérification de la conformité des dispositions normatives précises à des règles déterminées contenues dans la constitution*" (F. Luchaire, "Le Conseil constitutionnel régulateur de l'activité normative des pouvoirs publics", *Revue de Droit Public*, 1967, pp. 46-47).

C'est un exercice qui traduit la "*compétence d'attribution*" (Décision DCC 95-019 du 23 mars 1995, Mama Gobo Bio, Tawes Pascal, Recueil 1995, p.105) qui est celle de la Cour et le fait qu'elle n'a pas un pouvoir d'appréciation et de décision identique à celui du parlement, selon la formule de la juridiction constitutionnelle française. Les Hautes juridictions constitutionnelles statuent en droit et ne seraient que "*la bouche qui prononce les paroles de la loi ; des êtres inanimés qui n'en peuvent modérer ni la force ni la rigueur*" (Montesquieu).

En cela, le contrôle de constitutionnalité confère un pouvoir très limité au juge. Une décision d'inconstitutionnalité qui frappe une loi doit concomitamment indiquer la disposition constitutionnelle de référence. Une décision d'inconstitutionnalité ne peut donc être *ad nutum*. Encore moins sur une appréciation personnelle de la Cour, au-delà de toute référence à la constitution.

La pratique, ici et ailleurs, nous enseigne cependant, une toute autre orientation, qui se situe loin, très loin des êtres inanimés de Montesquieu.

II : ...à la rédaction concurrente des lois

Dans l'exercice de sa compétence de contrôle de constitutionnalité des lois, la Cour s'autorise une grande autonomie de formulation des textes de loi. Elle fait des corrections de forme et de bon sens, corrige les erreurs sémantiques des députés lorsqu'elle demande "*d'écrire 'empoisonnement ' au lieu 'd'emprisonnement' ou encore d'écrire 'réservées au lieu de reversées'*" (Décision DCC 97-017 du 29 avril 1997, Président de la république, Recueil 1997, p.77). Elle corrige aussi les fautes de français et précise que "*l'orthographe du mot 'déléguant' doit être 'délégant'*" (Décision DCC 95-022 du 31 mai 1995, Doyen d'âge de l'Assemblée nationale, Recueil 1995, p.121). Elle prescrit à l'occasion qu'il faut "*écrire 'exprès' au lieu de 'express'*" (Décision DCC 95-027 du 02 août 1995, Président de la République, Recueil 1995, p.141) ou dit que "*le terme 'remplacement' est impropre (...) il y a donc lieu de lire 'renouvellement'*" (Décision DCC 96-010 du 24 janvier 1996, Président de la République, Recueil 1996, p.55).

La Cour ne se fait pas que professeur de belles lettres. Elle est aussi source d'idées et oriente en ce sens le fond de la décision du législateur. Saisie d'un recours en appréciation de constitutionnalité de la loi électorale, la Cour décide qu'il faut compléter l'article 41 al. 1 "*avec le membre de phrase 'en tenant compte de sa configuration politique' pour assurer la participation de toutes les forces politiques représentées à l'Assemblée nationale et pour garantir la transparence* (Décision DCC 00-078 du 07 décembre 2000, Bigou Bio Bani Léon et autres, Recueil 2000, p. 298). Par ailleurs, l'examen de constitutionalité de la loi n° 2005-14 portant règles générales pour les élections en République du Bénin offre l'occasion à la Cour de faire modifier l'article 37 de ladite loi sur le serment des membres de la Commission électorale nationale autonome (CENA) ; la Cour fait "*rajouter à la formule du serment 'de garder le secret des délibérations auxquelles j'ai pris part' afin de mettre un accent particulier sur cet aspect du devoir de réserve des membres de la CENA*" (Décision DCC 05-056 du 22 juin 2005, Président de la République, Missikpodé Michel, Zinzindohoué Abraham, Recueil 2005, p. 281).

La déclaration des biens des membres du gouvernement est une prescription constitutionnelle. A l'occasion de l'examen de la constitutionnalité de la loi n°2004-07 portant composition, organisation fonctionnement et attributions de la Cour suprême, la Haute juridiction constitutionnelle juge que la loi doit "*prévoir, en cas de non déclaration ou de retard dans la déclaration des biens à l'entrée et à la fin des fonctions, des astreintes par jour de retard jusqu'à exécution*" (Décision DCC 06-068 du 21 juin 2006, Président de la république, Recueil 2006, p.331).

La Cour apprécie aussi les aspects d'opportunité et fait un ajustement par rapport aux environnements humains et matériels de la loi. Elle décide ainsi que "*compte tenu des ressources humaines actuellement disponibles, (il faut ajouter) après 'professeurs agrégés des facultés de droit', les 'praticiens du droit public ayant au moins dix (10) ans d'expérience professionnelle'*" au titre de la catégorie des juristes de haut niveau pouvant être désignés comme membres de la Cour constitutionnelle (Décision DCC 96-010 du 24 janvier 1996, Président de la République, Recueil 1996, p.57).

Enfin, l'exigence de transparence des élections peut aussi inspirer à la Cour des observations à l'égard des parlementaires pour une rédaction améliorée de la loi. Ainsi, saisie de l'appréciation de constitutionnalité de la loi organique portant conditions de recours au referendum, la Haute juridiction dit que l'article 23 al. 2 manque d'être totalement conforme à la constitution "*en ce qu'il ne prévoit pas les éventuelles réclamations des électeurs comme mentions à porter au procès-verbal ; (...) il y a lieu d'insérer par souci de transparence un cinquième tiret formulé comme suit : - les réclamations des électeurs s'il y en a*" (Décision DCC 11-067 du 20 octobre 2011, Président de la République).

D'une manière générale, la Cour ne se prive guère de souligner les incohérences rédactionnelles des textes de loi soumis à sa censure (Décision DCC 13-072 du 30 juillet 2013, Président de la République), ni de faire ajouter "*le respect des droits de la défense*" ou l'exigence d'un "*juste et préalable dédommagement*" (Décision DCC 17-223 du 02 novembre 2017, Président de la République). Elle s'autorise même à créer une règle *ex nihilo* qui s'impose à tous. Ainsi, pour la Cour, "*à défaut de dispositions expresses déterminant l'autorité compétente pour mettre fin aux fonctions de directeur, au demeurant un emploi supérieur, ce pouvoir appartient à l'autorité investie du pouvoir de nomination*" (Décision DCC 14 -151 du 19 août 2014, Akuété ASSEVI, Recueil 2014, volume 2, p. 1025)

Il est bien évident que ces ajouts à la volonté du législateur ne peuvent se justifier par des dispositions constitutionnelles précises, et pour certaines, pas même en référence à l'esprit de la constitution. Ils sont de la création prétorienne et le parlement est obligé de les prendre en compte en vertu de l'autorité de chose jugée qui s'attache aux décisions de la Cour (Décision DCC 95-010 du 21 février 1995, Président de l'Assemblée nationale, Recueil 1995 p. 58) ; laquelle s'impose ainsi comme partie prenante à la décision législative, comme co-législateur.

48

Décision DCC 08-099 du 03 septembre 2008
Jean-Charles Gnonhoué
Recueil 2008, p.491

La présomption d'innocence

La Cour Constitutionnelle,

Saisie d'une requête du 13 novembre 2007 enregistrée à son Secrétariat à la même date sous le numéro 2531/180/REC, par laquelle Monsieur Jean-Charles GNONHOUÉ introduit auprès de la Haute Juridiction un recours « en inconstitutionnalité contre la note de service n° 1586/07/DURZ/SA/SCR du 17 septembre 2007 » ;
VU la Constitution du 11 décembre 1990 ;
VU la Loi n° 91-009 du 04 mars 1991 portant loi organique sur la Cour Constitutionnelle, modifiée par la Loi du 31 mai 2001 ;
VU le Règlement Intérieur de la Cour Constitutionnelle ;

Ensemble les pièces du dossier ;
Ouï Madame Marcelline-C. GBEHA AFOUDA en son rapport ;

Après en avoir délibéré,

Considérant que le requérant affirme : « ...Le 17 septembre 2007, Monsieur le Directeur de l'Union Régionale de la Caisse Locale de Crédit Agricole et Mutuel (URCLCAM/ZOU-COLLINES) a pris la note de service n° 1586/07/DURZ/SA/SCR par laquelle il m'a infligé un blâme avec inscription au dossier pour, entre autres motifs, ''avoir entretenu des actes d'abus de confiance et d'escroquerie sur les sieurs KOUTON D. Pascal et AVIMADJE Serge...'' ; qu'il soutient que « La mention de l'escroquerie, infraction pénale, comme motif de sanction disciplinaire, sans qu'une décision définitive n'ait été prononcée par une juridiction compétente, constitue une violation de l'article 17 alinéa 1 de la Constitution... » ; qu'il demande en conséquence à la Cour de déclarer contraire à la Constitution l'acte querellé;

Considérant qu'en réponse à la mesure d'instruction de la Haute Juridiction, Monsieur Moïse A. OGOUN, délégué technique régional Zou/Collines de la

FeCECAM-Bénin déclare : « … Le sieur Serge AVIMADJE, Contrôleur des Services de Sécurité Sociale Agence ZOU et dame BINAZON Julienne épouse de BINAZON Anselme débiteur au niveau de l'URCLCAM-ZOU/COLLINES, ont déposé à notre Secrétariat des plaintes contre Monsieur Jean-Charles GNONHOUE. La direction de l'URCLCAM-ZOU/COLLINES a instruit le Service Contrôle régional pour des investigations. Des conclusions du rapport, il est recommandé d'infliger à Monsieur Jean-Charles GNONHOUE un blâme avec inscription au dossier et son affectation du poste d'agent de recouvrement pour motif de comportement contraire au code déontologique du réseau par note de service n° 001586/07/D-URZ/SA/SCR du 17 septembre 2007.

Mais à la suite du recours gracieux introduit par l'intéressé, le Président du Conseil d'Administration de l'URCLCAM-ZOU/COLLINES a décidé de procéder à l'annulation de ladite sanction laquelle décision a été notifiée par courrier s/n° du 18 septembre 2007.
Au total, la note de service n° 001586/07/D-URZ/SA/SCR du 17 septembre 2007 déférée devant la haute juridiction est désormais sans objet et pour cause l'organe de décision de l'Union l'a annulée et par conséquent elle est sans effet » ;
Considérant qu'aux termes des dispositions de l'article 17 alinéa 1 de la Constitution : «*Toute personne accusée d'un acte délictueux est présumée innocente jusqu'à ce que sa culpabilité ait été légalement établie au cours d'un procès public durant lequel toutes les garanties nécessaires à sa libre défense lui auront été assurées* » ;

Considérant qu'il ressort de l'analyse des éléments du dossier que suite à des plaintes déposées à l'URCLCAM-ZOU/COLLINES par certains usagers de ladite structure contre Monsieur Jean-Charles GNONHOUE, le Service Contrôle Régional a mené les 06 et 17 août 2007 une enquête à l'issue de laquelle un blâme avec inscription au dossier a été infligé à Monsieur Jean-Charles GNONHOUE par la note de service n° 1586/07/DURZ/SA/SCR du 17 septembre 2007 pour avoir :

- «obtenu auprès de dame BINAZON Julienne épouse de Monsieur BINAZON Anselme bénéficiaire d'un crédit virage marché de dix millions (10.000.000) FCFA, un prêt de six cent mille (600.000) FCFA le 04 juin 2006 dont la totalité est en impayé occasionnant ainsi l'impayé des 10.000.000 FCFA dans les livres de l'URCLCAM-ZOU/COLLINES ;

- obtenu auprès de Monsieur AHOUANDJINOU M. Franck bénéficiaire de crédit virage marché de douze millions (12.000. 000) FCFA pour les activités de son institution de micro finance CAMEC, un prêt de sept cent mille (700.000) FCFA qui est actuellement en impayé dans sa totalité occasionnant ainsi l'impayé des 12.000.000 FCFA dans les livres de l'URCLCAM-ZOU/COLLINES ;

- entretenu des actes d'abus de confiance et d'escroquerie sur les sieurs AVIMADJE Serge au sujet d'une affaire de chèque et KOUTON D. Pascal au sujet d'une affaire de parcelle qui devrait permettre le remboursement de son crédit à la CLCAM-ABOMEY selon les promesses d'achats, mettant ainsi en doute la confiance qui le lie au réseau des CLCAM du ZOU et des COLLINES » ; que les motifs ainsi retenus par l'Administration contiennent les mentions "abus de confiance et escroquerie" ; que selon la jurisprudence constante de la Cour Constitutionnelle, en l'absence d'une décision judiciaire ayant acquis autorité de chose jugée, aucune sanction disciplinaire ne doit comporter de référence à une infraction pénale ; qu'il s'ensuit que la note de service n° 1586/07/DURZ/SA/SCR du 17 septembre 2007 porte atteinte au principe de la présomption d'innocence tel que défini par l'article 17 alinéa 1 de la Constitution précité et est donc contraire à la Constitution ;

D E C I D E :

Article 1er **:** La note de service n° 1586/07/DURZ/SA/SCR du 17 septembre 2007 est contraire à la Constitution.

Article 2 : La présente décision sera notifiée à Messieurs Jean-Charles GNONHOUE, Moïse A. OGOUN Délégué Technique Régional de la CLCAM Zou/Collines, Moïse KINKPON-GLAH, Président du Conseil d'Administration de l'URCLCAM- Zou/Collines et publiée au Journal Officiel.

Ont siégé à Cotonou, le trois septembre deux mille huit,

Madame Marcelline-C. GBEHA AFOUDA	Vice-Président
Messieurs Bernard Dossou DEGBOE	Membre
Théodore HOLO	Membre
Zimé Yérima KORA-YAROU	Membre
Robert TAGNON	Membre
Madame Clémence YIMBERE DANSOU	Membre

Le Rapporteur,   Le Président,

Marcelline-C. GBEHA AFOUDA.   Marcelline C. GBEHA AFOUDA

OBSERVATIONS

I : La présomption d'innocence, un droit malmené

La présomption d'innocence est un droit opposable au juge, une exigence philosophique et théorique mais dont la gestion pratique nourrit la controverse et la déception. La garde à vue, la détention préventive sont des mesures privatives de liberté, des atteintes à la liberté du citoyen mais surtout des manquements à l'innocence présumée du citoyen impliqué dans une procédure judiciaire. Le paroxysme est atteint lorsque la détention préventive dure des années et aboutit à un non lieu : dans le silence des cachots retentit la condamnation de l'innocence et de l'innocent. Que dire ensuite de l'erreur judicaire, lorsqu'elle conduit à méconnaître l'innocence et à la transformer en culpabilité !

La présomption d'innocence est également un droit à l'égard de la presse, de l'opinion. Souvent prompte à manifester son émoi, sa grande sensibilité à l'égard des faits divers, relayés ou non par les médias, l'opinion se fait quelquefois sa religion avant toute certitude sur l'existence même des faits et ensuite sur leur imputation. La rue peut condamner l'innocent et laisser courir le coupable.

La présomption d'innocence est enfin un droit à l'égard de l'administration, à l'égard des administrations publiques et privées. Elle s'impose à tous ceux qui sont dépositaires d'une autorité sur des agents subordonnés et qui entendent exercer leurs pouvoirs disciplinaires.

"*Toute personne accusée d'un acte délictueux est présumée innocente jusqu'à ce que sa culpabilité ait été légalement établie au cours d'un procès public durant lequel toutes les garanties nécessaires à sa libre défense lui auront été assurées*" (article 17, constitution de 1990). La présomption d'innocence trouve là son fondement constitutionnel, en droit interne mais aussi relayée par de nombreux instruments internationaux auxquels le Bénin est partie : Charte africaine des droits de l'homme et des peuples, (art. 7), Déclaration universelle des droits de l'homme (art. 11).

La Cour se fait la garante de ce droit envers et contre tous, autorité administrative publique, pouvoir législatif et autorité des entreprises.

II : La présomption d'innocence, un droit opposable aux autorités des entreprises

La décision "Jean-Charles Gnonhoué" est une bonne illustration de ce que la présomption d'innocence ne s'impose pas que dans le fonctionnement du secteur public. L'Union Régionale de la Caisse Locale de Crédit Agricole et Mutuel du Zou est une société de forme coopérative, plus exactement une structure faîtière de niveau départemental, regroupant les caisses locales de niveau communal. Elle est une organisation de droit privé relevant du secteur du développement rural.

La note de service n°1586/07 signée de son directeur n'est donc pas un acte administratif exécutoire, au sens que le droit administratif donne à cette notion. C'est un acte de gestion d'un organisme de droit privé, mais qui selon la Cour se doit de rester conforme aux principes constitutionnels, en l'occurrence celui de la présomption d'innocence. Parce qu'elle comporte des références à une infraction pénale, la note de service enfreint la constitution.

Ce qui est valable pour une société coopérative de droit privé l'est également pour une entreprise publique, une société d'Etat. Pour avoir utilisé les mots "complicité et recel" dans une lettre de licenciement, en dehors de toute procédure judicaire et hors toute condamnation des tribunaux, la note de service n°0321/01 signée du directeur général de la SBEE (Société Béninoise d'Electricité et d'Eau) "*viole le principe de la présomption d'innocence*" (Décision DCC 07-154 du 22 novembre 2007, Bernard Odoumonhou).

De même, l'ONIP (Office national d'imprimerie et de presse) bien que fondé à licencier un employé pour "*malversation*" et "*perte de confiance*", la mention de ce que le requérant a "*séjourné à la prison civile de Cotonou et mis en liberté provisoire sous caution*" est de nature à porter atteinte à la présomption d'innocence, dès lors qu'aucun jugement définitif n'est intervenu sur les faits (Décision DCC 06-156 du 19 octobre 2006, Tandji Christophe, Recueil 2006, p. 799).

III : La présomption d'innocence devant le législateur

La juridiction constitutionnelle est d'abord juge de la loi, de sa conformité au texte constitutionnel. Ainsi la Cour juge recevable une requête qui expose que, en application de la loi n°2005-14 du 28 juillet 2005 portant règles générales pour les élections en République du Bénin, "*la pratique dans notre pays en matière de consultation électorale est de ne pas y associer les détenus de nos prisons civiles*" en violation de l'article 17 de la constitution relatif à la présomption d'innocence. La Cour décide cependant, que la loi en cause ne viole pas la constitution et que les modalités de vote des détenus dans les prisons civiles doivent être organisées par une autre loi (Décision DCC 05148 du 1er décembre 2005, Noumagnon Achi Efiotodji, Recueil 2005, p. 737).

Il est curieux de remarquer que la Cour ait admis la recevabilité du recours contre loi n°2005-14 du 28 juillet 2005 portant règle générale pour les élections en République du Bénin. Ladite loi, comme il est indiqué dans le troisième considérant, a déjà fait l'objet d'un contrôle de constitutionnalité avant sa promulgation. La jurisprudence de la Cour dans les espèces similaires, est de déclarer l'irrecevabilité pour cause d'autorité de la chose jugée (Décision DCC 01-065 du 26 juillet 2001 de Campos Noëlie, Recueil2001 p.267).

IV : La présomption d'innocence devant l'administration publique

D'une manière générale, la référence à une infraction pénale dans un acte administratif portant mesure disciplinaire est contraire à la présomption d'innocence et viole la constitution. Ainsi un décret portant radiation d'un fonctionnaire du tableau d'avancement est contraire à la constitution dès lors qu'il y est mentionné le mot "*escroquerie*", infraction de nature pénale (Décision DCC 06-089 du 03 août 2006, Ouangbey Aurélien Rock, Recueil 2006, p. 473).

De même, la motion de destitution d'un maire parce qu'elle est "*la conséquence de sa poursuite et de son incarcération*" dans le cadre d'une procédure pour meurtre, "*sans qu'une décision devenue définitive sur la culpabilité (du requérant) n'ait été prononcée par une juridiction compétente, constitue une violation du principe de la présomption d'innocence*" (Décision DCC 06-144 du 06 octobre 2006, Gbadamassi Rachidi, Kato-Atita Paul, Recueil 2006, p. 745). Tout comme un arrêté de radiation des effectifs de la police nationale, dès lors qu'il a pour motif "*escroquerie et indiscipline caractérisée*" constitue une violation de la présomption d'innocence parce que l'escroquerie est une infraction pénale. Elle ne saurait être régulièrement mentionnée sans qu'il y ait un jugement définitif prononcé par une juridiction compétente (Décision DCC 05-112 du 20 septembre 2005, Sènou Séna Athanase, Recueil 2005, p. 541 et Décision DCC 05-60 du 07 juillet 2005, Naka Paul Francis Edson, Recueil 2005, p. 305).

Enfin, le préfet qui démet de ses fonctions un chef d'arrondissement mis sous mandat de dépôt par le juge, pour faux et usage de faux en écritures publiques "*sans un jugement rendu par un tribunal et devenu définitif*" viole la présomption d'innocence. Selon la Cour, le préfet aurait pu, tout au plus "*suspendre administrativement*" le chef d'arrondissement sous le coup d'une procédure judiciaire (Décision DCC 05-115 du 20 septembre 2005, Hlouédjé Félix, Recueil 2005, p. 556).

49

Décision DCC 04-091 du 08 octobre 2004
Cour d'appel de Cotonou
Recueil 2004, p.415

L'exception d'inconstitutionnalité

La Cour Constitutionnelle,
Saisie d'une lettre en date du 10 août 2004 enregistrée à son Secrétariat à la même date sous le numéro 1550/124/REC, par laquelle le Greffier en chef de la Cour d'Appel de Cotonou transmet à la haute juridiction le dossier relatif à l'exception d'inconstitutionnalité soulevée devant la Cour d'Appel le 18 juillet 2003 par Maître Magloire YANSUNNU ;

VU la Constitution du 11 décembre 1990 ;
VU la loi n° 91-009 du 04 mars 1991 portant loi organique sur la Cour Constitutionnelle modifiée par la Loi du 31 mai 2001 ;
VU le Règlement Intérieur de la Cour Constitutionnelle ;
Ensemble les pièces du dossier ;
Ouï Monsieur Jacques MAYABA en son rapport ;
Après en avoir délibéré,

Considérant que Maître Magloire YANSUNNU expose que la Société d'Engrenage Industriel de Coton du Bénin (SEICB) lui doit au titre de ses honoraires pour l'exécution d'un contrat d'assistance une somme de deux cent quatre vingt huit millions sept cent cinquante mille (288.750.000) F CFA, sur laquelle elle n'a payé qu'une provision de cinq millions (5.000.000) F CFA; qu'en exécution de l'Ordonnance n° 267/03 du 22 avril 2003, il a fait pratiquer une saisie conservatoire sur les biens meubles de la société, qu'à la demande de la société le juge des référés a ordonné la rétractation de l'ordonnance d'autorisation de saisie conservatoire, la mainlevée de toutes les saisies conservatoires opérées, le tout sous astreinte comminatoire de cinq cent mille (500.000) F CFA par jour de retard ; que Maître Magloire YANSUNNU a interjeté appel de ladite ordonnance et soulevé devant la juridiction d'appel l'exception d'inconstitutionnalité de l'article 68 alinéa 3 du Règlement Intérieur du Barreau du 07 octobre 1966 et de l'ordonnance n° 86/03 du 21 mai 2003 rendue par le Président de la troisième chambre du référé civil du Tribunal de Cotonou ;
Considérant que le requérant soutient que l'article 68 alinéa 3 du Règlement Intérieur du Barreau du Bénin et l'ordonnance du 21 mai 2003 « comportent tant de violations de la Constitution du 11 décembre 1990 et des droits de la

personne humaine » qu'il convient de les déférer à la censure de la Haute Juridiction ; qu'il affirme que cette disposition du Règlement Intérieur du Barreau et la décision du Juge lui dénient un droit constitutionnel, celui de la jouissance du droit à la rémunération de son travail ;
Considérant qu'aux termes de l'article 122 de la Constitution : « Tout citoyen peut saisir la Cour Constitutionnelle sur la constitutionnalité, soit directement, soit par la procédure de l'exception d'inconstitutionnalité invoquée dans une affaire qui le concerne devant une juridiction. Celle-ci doit surseoir jusqu'à la décision de la Cour Constitutionnelle qui doit intervenir dans un délai de trente jours » ; qu'il résulte de cette disposition que l'exception d'inconstitutionnalité doit porter sur une loi et non sur une décision de justice ; qu'il y a lieu de déclarer l'exception d'inconstitutionnalité soulevée par Maître YANSUNNU irrecevable de ce chef ;
Considérant que l'article 68 alinéa 3 du Règlement Intérieur du Barreau prescrit : « Il est interdit à l'avocat de plaider pour réclamer ses honoraires ou sur la restitution de la provision sans en avoir obtenu l'autorisation écrite du Bâtonnier » ;
Considérant que la disposition précitée vise à protéger non seulement le client contre les abus et les exactions éventuelles de certains avocats, mais aussi l'avocat lui-même ; qu'en tout état de cause, en cas d'inaction du bâtonnier, l'avocat a la possibilité de saisir soit le Conseil de l'Ordre, soit l'Assemblée Générale de la Cour d'Appel ; qu'il en résulte que la disposition querellée ne fait pas obstacle à son droit de jouir de sa rémunération ; que, dès lors, elle n'est pas contraire à la Constitution ;

DECIDE :

Article 1er.- L'exception d'inconstitutionnalité portant sur l'ordonnance n° 86-03 du 21 mai 2003 du Juge des référés est irrecevable.
Article 2.-L'article 68 alinéa 3 du Règlement Intérieur du Barreau n'est pas contraire à la Constitution.
Article 3.- La présente décision sera notifiée à Maître Magloire YANSUNNU, au Président de la Cour d'Appel, au Bâtonnier de l'Ordre des Avocats et publiée au Journal Officiel.
Ont siégé à Cotonou, les sept et huit octobre deux mille quatre,

Madame	Conceptia D. OUINSOU	Président
Messieurs	Jacques D. MAYABA	Vice-président
	Idrissou BOUKARI	Membre
	Pancrace BRATHIER	Membre
	Christophe KOUGNIAZONDE	Membre

Le Rapporteur — Le Président,

Jacques D. MAYABA — Conceptia D. OUINSOU

OBSERVATIONS

I : L'autorité de la chose légiférée et le principe de précarité

Le système béninois de contrôle de constitutionnalité appartient à la famille de ceux qu'on dit "*abstrait et concentré*", selon la typologie établie par Michel FROMENT (M. FROMENT, *La justice constitutionnelle dans le monde*, Paris, Dalloz, 1996). Cependant, le constituant béninois a prévu le mécanisme du *judicial review* propre aux systèmes de contrôle de constitutionnalité anglo-saxons, dit système "*concret et diffus*". L'exception d'inconstitutionnalité d'une loi peut être soulevée au cours d'une instance devant une juridiction.

L'autorité de la chose légiférée est ainsi placée sous le signe du principe de précarité. La loi promulguée peut être abrogée par le législateur lui-même (Loi n°2009-10 du 13 mai 2009 portant abrogation de la loi organisant la LEPI et le RENA, Décision DCC 10-049 du 05 avril 2010, Président de la République, Rachidi Gbadamassi et consorts), mais aussi par la juridiction constitutionnelle, soit par la saisine directe, soit par l'exception d'inconstitutionnalité soulevée devant les cours et tribunaux.

En droit comparé, notamment français, l'exception d'inconstitutionnalité se limite dans son champ matériel aux "*droits et libertés que la constitution garantit*". ("Dossier : la question prioritaire de constitutionnalité", *in Les Nouveaux cahiers du Conseil constitutionnel*, n°29/2010). Le constituant béninois n'a pas entendu opérer une telle limitation matérielle en matière d'exception d'inconstitutionnalité portant sur une loi.

II : L'exception d'inconstitutionnalité ne concerne que les lois

L'exception d'inconstitutionnalité ne concerne que la loi, *stricto sensu,* que la Cour définit comme "*une règle écrite, générale et permanente, élaborée par le parlement et promulguée par une autorité*" (Décision DCC 05-021 du 22 mars 2005, Président de la Cour d'appel de Cotonou, Recueil 2005, p. 101). La Cour admet cependant, qu'en plus des lois votées par le parlement, les actes émanés de l'exécutif et ayant valeur de loi, soient également recevables pour l'exception d'inconstitutionnalité. Ainsi, l'ordonnance n° 25/PR/MJL du 7 juillet 1967 portant Code de procédure pénale a été jugée conforme à la constitution, après une exception d'inconstitutionnalité soulevée sur les articles 547, 548, 549 de ladite ordonnance (Décision DCC 02-097 du 14 août 2002, Chabi Adébiyi, Kakpo Damien, Tiamiou Julien Joseph, Adjihoda I. Jérôme, Recueil 2002, p. 401).

La décision "Cour d'appel de Cotonou" vise l'amalgame entre la loi et les décisions de justice. Elle précise que "*l'exception d'inconstitutionnalité doit porter sur une loi et non sur une décision de justice"*, quelle qu'elle soit. Ainsi, ni le jugement rendu en première instance par un tribunal (Décision DCC 04-023 du 04 mars 2004, Sagbohan Moïse, Président de la Cour d'appel de Cotonou, Recueil 2004, p. 103), ni le déclinatoire de compétence soulevé par l'Agent judiciaire du Trésor devant le juge judiciaire (Décision DCC 04-009 du 08 janvier 2004, Président du tribunal de première instance de Ouidah, Recueil 2004, p. 47), ni les rapports de l'Inspection générale des finances (Décision DCC 05-021 du 22 mars 2005, Président de la Cour d'appel de Cotonou, Recueil 2005, p. 101), ni des faits de vol de véhicule de la Police nationale (Décision DCC 02-107 du 22 août 2002, Olofindji A. Blaise, Recueil 2002, p.441), ni une "*procédure en cours*" devant la justice (Décision DCC02-011 du 07 février 2002, Maître Dossou Robert, Recueil 2002, p. 55), ni une ordonnance du juge (Décision DCC 06-116 du 1er septembre 2006, Bank of Africa, Recueil 2006, p. 607), ne sont recevables dans une procédure d'exception d'inconstitutionnalité fondée sur l'article 122 de la constitution.

Ne sont pas recevables, non plus, au titre de l'exception d'inconstitutionnalité soulevée devant les cours et tribunaux, une exeption soulevée contre une convention internationale (Décision DCC 13-144 du 1er octobre 2013, Président du tribunal de 1ère instance de première classe de Cotonou, Recueil 2013, vol.2 p.898), ou une exception soulevée pour faire valoir que les faits ou la procédure en cours violent un droit consacré par la constitution, en l'occurrence les droits de la défense (Décision DCC 13-154 du 17 octobre 2013, Président du tribunal de première instance de première classe de Cotonou, Recueil 2013, vol. 2, p. 948) ou les *"droits et devoirs de la personne humaine inscrits au titre II de la constitution* " (Décision DCC 13-160 du 29 octobre 2013, Recueil vol.2, p. 974).

Autant la loi est seule éligible à la procédure de l'exception d'inconstitutionnalité, autant la juridiction qui connaît du dossier est seule compétente pour saisir la Cour constitutionnelle. Elle doit surseoir à statuer jusqu'à la décision finale de la Haute juridiction constitutionnelle (Décision DCC 02-042 du 17 avril 2002, Kakpo Damien, Chabi Adébiyi, Recueil 2002, p. 179). Si la juridiction qui connait du dossier est seule compétente pour saisir la Cour constitutionnelle, cette juridiction doit le faire diligemment et rester dans les délais prescrits. La Cour constitutionnelle juge, en effet, qu'une juridiction qui la saisit hors délai viole l'artricle 35 de la constitution qui dispose : "*Les citoyens chargés d'une fonction publique ou élus à une fonction politique ont le devoir de l'accomplir avec conscience, compétence, probité dévouement et loyauté dans l'intérêt et le respect du bien commun.*" (Décision DCC 14-085 du 13 mai 2014, Célestin NOUDOFININ, Recueil 2014, vol. 2, p.618).

La saisine de la Cour par l'une des parties à l'instance (Décision DCC 01-030 du 17 mai 2001, Dossou Charles, Recueil 2001, p.135) ou son conseil (Décision

DCC02-011 du 07 février 2002, Maître Dossou Robert, Recueil 2002, p. 55) est, de droit, irrecevable.

Lorsque l'exception d'insconstitutionnalité est soulevée devant une juridiction de fond, l'appréciation de constitutionnalité *"relève exclusivement du domaine de compétence de la Cour"* constitutionnelle. Dès lors, un juge qui refuse de surseoir à statuer et de transmettre le dossier à la Cour constitutionnelle alors qu'une exception d'inconstitutionnalité a été soulevée encourt une décision d'inconstitutionnalité de son jugement (Décision DCC 16-190 du 15 novembre 2016, Président par interim du tribunal de première instance de première classe de Porto Novo, Recueil 2016, vol.3, p.1333).

III : La condamnation du dilatoire par la Cour

L'exception d'inconstitutionnalité est une procédure ouverte dans l'intérêt de la loi mais aussi pour protéger les droits et libertés des citoyens. Elle oblige la juridiction de fond à surseoir à sa décision et à attendre la décision de la Cour constitutionnelle. Entre le sursis à statuer et la décision de la juridiction constitutionnelle, il s'écoule un certain temps qui peut être utile à la partie demanderesse en certaines occasions. La tentation est donc grande, pour les conseils des parties d'utiliser l'exception d'inconstitutionnalité comme une technique commode de repousser la fin de la procédure. La Cour constitutionnelle n'est pas dupe et juge les manœuvres dilatoires sous-jacentes à certaines exceptions d'inconstitutionnalité comme étant des vioaltions de l'article 35 de la constitution qui dispose : *"Les citoyens chargés d'une fonction publique ou élus à une fonction politique ont le devoir de l'accomplir avec conscience, compétence, probité dévouement et loyauté dans l'intérêt et le respect du bien commun"* (Décision DCC 14-084 du 13 mai 2014, vol. 2, p.614 ; Décision DCC 15-020 du 27 janvier 2015, Recueil 2015, vol.1, p.337).

50

Décision DCC 05-135 du 28 octobre 2005
Tidjani Falilou
Recueil 2005, p.653

L'application de la loi dans le temps

La Cour Constitutionnelle,

Saisie d'une requête du 17 février 2004 enregistrée à son Secrétariat le 18 février 2004 sous le numéro 008-C/031/REC, par laquelle le Président de la République, Chef de l'Etat, Chef du Gouvernement, sur le fondement des articles 117 et 121 de la Constitution du 11 décembre 1990, soumet à la Haute Juridiction pour contrôle de conformité à la Constitution, la Loi n° 2004-03 portant création de l'Ordre des Experts-Comptables et Comptables Agréés en République du Bénin, adoptée par l'Assemblée Nationale en sa séance du 10 février 2004 ;
Saisie d'une autre requête du 27 février 2004 enregistrée à son Secrétariat le 1er mars 2004 sous le numéro 0378/037/REC, par laquelle Monsieur Falilou TIDJANI, député à l'Assemblée Nationale, forme un recours en inconstitutionnalité de la même loi ;

Saisie par ailleurs d'une requête du 16 avril 2004 enregistrée à son Secrétariat à la même date sous le numéro 0680/054/REC, par laquelle Monsieur Aliou Oyétola OGOUDJOBI soulève l'in-constitutionnalité de ladite loi ;

Saisie enfin d'une requête du 03 décembre 2004 enregistrée à son Secrétariat à la même date sous le numéro 2540/175/REC, par laquelle Monsieur Léon Bani BIO BIGOU, député à l'Assemblée Nationale, demande à la Cour de contrôler la constitutionnalité de la même loi ;

VU la Constitution du 11 décembre 1990 ;
VU la Loi n° 91-009 du 04 mars 1991 portant loi organique sur la Cour Constitutionnelle modifiée par la Loi du 31 mai 2001 ;
VU le Règlement Intérieur de la Cour Constitutionnelle ;

Ensemble les pièces du dossier ;
Ouï Monsieur Christophe KOUGNIAZONDE en son rapport ;

Après en avoir délibéré,

Considérant que les quatre (04) recours portent sur le même objet et tendent aux mêmes fins ; qu'il y a lieu de les joindre pour y être statué par une seule et même décision ;

Considérant que Monsieur Falilou TIDJANI expose qu' « avant l'avènement de la Loi n° 2004-03 portant création de l'Ordre des Experts-Comptables et Comptables Agréés en République du Bénin adoptée par l'Assemblée Nationale en sa séance du 10 février 2004, la profession d'Expert-Comptable et de Commissaire aux comptes des sociétés était exercée par des professionnels ... ; les intéressés, tous titulaires seulement du DECS, avaient la qualité d'Expert-Comptable et de Commissaire aux comptes de société depuis de très longues années, soit vingt (20) à quarante (40) ans d'expérience professionnelle. Ils étaient reconnus comme tels tant au plan national qu'international et ont fait brillamment leurs preuves » ; qu'il soutient qu' « en exigeant au 2ème tiret de l'article 39, la détention d'un certificat supérieur
du diplôme d'expertise comptable, le législateur béninois commet un détournement de pouvoir et viole le principe d'égalité » en ce que « cette exigence supplémentaire n'est en réalité, sous l'apparence d'une disposition plus favorable, qu'une manière subtile et raffinée d'éjecter du groupe des Experts-Comptables, ceux qui avaient déjà cette qualité sans ce certificat et ce, au profit des titulaires du DEC » qui sont « venus beaucoup plus longtemps après » dans la profession ; qu'il ajoute que si le législateur remettait en cause, « ce qui est le cas, dans l'espèce, des situations régulièrement acquises, il créerait une insécurité juridique et sociale pour les personnes concernées » ; que la Directive n° 02/97/CM/UEMOA du 28 septembre 1997 en exécution de laquelle la loi a été adoptée, « bien qu'édictant que pour être
inscrit au tableau en qualité d'Expert-Comptable, il faut entre autres être titulaire d'un diplôme d'Expertise Comptable dûment reconnu par l'autorité compétente ou de tout autre diplôme jugé équivalent, ordonne aux Etats membres d'instituer des mesures transitoires pour régir la situation des personnes physiques et morales en activité et les autorise à appliquer ou introduire des dispositions législatives, réglementaires ou administratives plus favorables à l'organisation et l'administration de la profession d'Expert-Comptable ou de Comptable Agréé. » ; qu'il allègue que l'application de l'article en cause aurait « des effets désastreux pour ces Experts-Comptables et Commissaires aux comptes à l'intérieur comme à l'extérieur du Bénin, parce que privés injustement et habilement de la possibilité d'appartenir à cette qualité et à leur ordre » et traduirait « une rupture d'égalité proscrite par la Constitution » ;

Considérant que Monsieur Aliou Oyétola OGOUDJOBI affirme, quant à lui, qu'en disposant respectivement aux articles 29 et 30 de la loi sous examen que : *« L'ordre est administré par un conseil de l'ordre composé de cinq (05) membres dont trois (03)Experts-Comptables et deux (02) Comptables Agréés qui sont élus en assemblée générale ... ; le Président de l'ordre ... est choisi parmi les Experts-Comptables élus au Conseil de l'Ordre ...,* le législateur établit en termes clairs que la qualité morale, la probité, la capacité, le sens de responsabilité sont l'apanage des seuls Experts-Comptables diplômés pour diriger une corporation pourtant composée de deux (02) différents corps » ; qu'il observe que « cette volonté exprimée du législateur a soigneusement mis tous les pouvoirs dans les mains des Experts-Comptables ... et de surcroît, cherche à ignorer l'assemblée générale en ce qui concerne l'élection d'un personnage aussi important qu'est le Président du Conseil de l'Ordre. » ; qu'il soutient que « les articles 29 et 30 de la loi n° 2004-03 du 10 février 2004 préconisent intelligemment et habilement le bannissement des Comptables Agréés qui resteront les sans voix » ; qu'il conclut que cette démarche du législateur viole les dispositions des articles 26 et 36 de la Constitution ;

Considérant par ailleurs que Monsieur Léon Bani BIO BIGOU expose qu'en édictant dans son article 5, 5ème tiret l'obligation d'être « titulaire du Diplôme d'Expert-Comptable (DEC) ou de tout autre diplôme jugé équivalent par les services nationaux d'équivalence des diplômes » pour prétendre « être inscrit au Tableau en qualité d'Expert-Comptable », la Loi n° 2004-03 du 10 février 2004 « instaure une certaine primauté et une certaine suprématie des titulaires d'un diplôme du système français en Expertise Comptable par rapport aux titulaires du même diplôme obtenu dans les autres systèmes » ; qu'il allègue qu'une telle condition « avantage plus les Béninois titulaires d'un diplôme français d'Expertise Comptable et relègue au second plan tous les Béninois titulaires d'un autre diplôme d'Expertise Comptable » ; qu'il affirme que cette disposition, qui « oblige certains professionnels n'ayant pas effectué leurs études en France ou au Bénin, mais tout aussi compétents, à demander une équivalence, ne respecte pas l'esprit et la lettre d'égalité que les citoyens béninois souhaitent dans leur Constitution, en son article 26, 1er alinéa » ;

Considérant qu'aux termes des dispositions de l'article 121 alinéa 1 de la Constitution, *« La Cour Constitutionnelle, à la demande du Président de la République ou de tout membre de l'Assemblée Nationale, se prononce sur la constitutionnalité des lois avant leur promulgation»* ; que la Loi n° 2004-03 querellée n'est pas encore promulguée ; que Monsieur Aliou Oyétola OGOUDJOBI n'étant ni Président de la République ni membre de l'Assemblée Nationale, n'a pas qualité pour saisir la Cour Constitutionnelle ; que par conséquent, sa requête doit être déclarée irrecevable ;

En ce qui concerne l'inconstitutionnalité de l'article 39.

Considérant que le député Falilou TIDJANI fait grief à l'Assemblée Nationale de n'avoir pas tenu compte des recommandations contenues dans la Directive n° 02/97/CM/UEMOA du 28 septembre 1997 pour instituer des mesures transitoires plus favorables à l'exercice de la profession d'expert-comptable au Bénin ;

Considérant qu'aux termes de l'article 39 de la loi sous examen : *« ... sont membres de l'Ordre en qualité d'expert-comptable, les personnes qui en font la demande et qui, ayant exercé la profession comptable, et de ce fait, ont acquis une expérience comparable à celle d'un expert-comptable particulièrement qualifié et remplissant les conditions ci-après, à la date d'entrée en vigueur de la présente loi :*

- *Etre titulaire d'un diplôme d'études comptables supérieures (DECS) régime 1963 ou tout autre diplôme équivalent et de régime antérieur ou postérieur ;*
- *Détenir au moins un certificat supérieur de diplôme d'ExpertiseComptable ;*
- ....
- *Avoir quarante cinq (45) ans d'âge révolus ;*
- *Un délai de deux (02) ans, à compter de la date d'entrée en vigueur de la présente loi, est accordé au postulant pour se mettre en règle avec les nouvelles dispositions » ;*

que selon les dispositions des articles 28 et 30 de la Directive n° 02/97/CM/ UEMOA du 28 septembre 1997 : *« Aux fins d'application de la présente Directive, les dispositions prises par les Etats membres instituent des mesures transitoires pour régir la situation des personnes physiques et morales en activité » ;« Nonobstant la présente directive, les Etats membres peuvent appliquer ou introduire des dispositions législatives, réglementaires ou administratives plus favorables à l'organisation et à l'administration de la profession d'Expert-Comptable ou de Comptable Agréé » ;* que l'article 95 du Traité Constitutif de l'UEMOA édicte : *« L'Union doit harmoniser les dispositions nationales réglementant l'exercice de certaines professions en vue de faciliter le développement du marché commun, notamment du marché financier. » ;* que la Constitution du 11 décembre 1990 dispose en ses articles 148 et 147 : *« La République du Bénin peut conclure avec d'autres Etats des accords de coopération ou d'association sur la base des principes d'égalité, de respect mutuel de la souveraineté, des avantages réciproques et de la dignité nationale » ; « Les traités ou accords régulièrement ratifiés ont, dès leur publication, une autorité supérieure à celle des lois sous réserve pour chaque accord ou traité, de son application par l'autre partie.» ;*

Considérant qu'il résulte de l'analyse des textes précités que l'article 39 de la loi déférée, fait aux Béninois une situation moins avantageuse par rapport à leurs homologues du reste de l'espace UEMOA ; que, par ailleurs, la loi ne disposant que pour l'avenir, ledit article 39 tel que libellé porte atteinte aux situations acquises antérieurement à sa mise en application ; qu'il y a lieu de dire et juger que cet article est contraire à la Constitution ;

S'agissant de l'inconstitutionnalité de l'article 5 alinéa 2, 5ème tiret

Considérant que Monsieur Léon Bani BIO BIGOU estime que la loi sous examen en son article 5 alinéa 2, 5ème tiret ne respecte pas le principe d'égalité de tous les citoyens devant la loi, parce qu'elle n'offre pas le même traitement aux « citoyens béninois ayant effectué leurs études d'Expertise Comptable dans le système français » et aux autres « citoyens béninois ayant effectué les mêmes études dans d'autres systèmes » ;

Considérant que l'article 5 alinéa 2, 5ème tiret édicte : *« - être titulaire du diplôme d'expert-comptable (DEC) ou de tout autre diplôme jugé équivalent par les services nationaux d'équivalence des diplômes. »* ; qu'aux termes de l'article 26 alinéa 1er de la Constitution : *« L'Etat assure à tous l'égalité devant la loi sans distinction d'origine, de race, de sexe, de religion, d'opinion politique ou de position sociale »* ;

Considérant que telle que libellée, la disposition querellée donne la préférence à un système éducatif étranger par rapport aux autres systèmes éducatifs étrangers ; qu'il appartient à chaque Etat de définir, souverainement, son système éducatif étranger et de choisir le référent-étalon, c'est-à-dire la valeur référentielle devant servir de base de jugement et d'appréciation de toute formation reçue en dehors du système qui est le sien propre ; que la Directive de l'UEMOA parle « d'un diplôme d'expert-comptable dûment reconnu par l'autorité compétente » ; qu'en conséquence, tout diplôme obtenu dans un système éducatif étranger doit être soumis au contrôle d'équivalence au plan national ; que, dès lors, l'article 5 alinéa 2, 5ème tiret est contraire à la Constitution ;

- Sur l'ensemble de la loi

Considérant qu'il résulte de l'examen de la Loi n° 2004-03 que certaines de ses dispositions sont conformes à la Constitution sous réserve d'observations, que certaines y sont contraires et que d'autres y sont conformes ;

En ce qui concerne les dispositions conformes à la Constitution sous réserve d'observations

(...)

En ce qui concerne les dispositions non conformes à la Constitution.

Considérant qu'il ressort de l'examen du texte de loi que certaines de ses dispositions sont contraires à la Constitution en ce que :

(...)

Article 39.- Les droits acquis ne sont pas respectés.

Il y a lieu de reformuler l'article ainsi qu'il suit : *« Sont et restent experts-comptables, tous ceux qui ont exercé en cette qualité la profession d'expert-comptable à la date de promulgation de la présente loi ».*

Article 40.- Les droits acquis ne sont pas respectés. Il échet de le reformuler ainsi qu'il suit : *« Sont et restent comptables agréés, tous ceux qui ont exercé en cette qualité la profession de comptable agréé à la date de promulgation de la présente loi. ».*

En ce qui concerne les dispositions conformes à la Constitution.

Considérant que toutes les dispositions de tous les autres articles de la loi sous examen sont conformes à la Constitution ;

DECIDE :

Article 1er.- La requête de Monsieur Aliou Oyétola OGOUDJOBI est irrecevable.
Article 2.- Sont conformes à la Constitution sous réserve de certaines observations les articles 1er, 3 al 2, 5 al 1er, 5 al 2, 6ème tiret, 5 al 3, 7, 11 al 2, 6ème tiret, 11 al 3, 12, 23, 25, 3ème tiret, 27 al 1er, 31, Titre de la Section III, 32, 33, 34, 35 al 2, 36 et 41 de la Loi n° 2004-03 du 10 février 2004.
Article 3.- Sont contraires à la Constitution les articles 5 al 2, 5ème tiret, 8 al 1er, 2 et 3, 11 al 2, 5ème tiret, 29, 30, 39 et 40.
Article 4.- Sont inséparables de l'ensemble du texte les articles visés aux articles 2 et 3 de la présente décision.
Article 5.- Tous les autres articles sont conformes à la Constitution.
Article 6.- La présente décision sera notifiée à Monsieur le Président de la République, au Président de l'Assemblée Nationale, au député Falilou TIDJANI, à Monsieur Aliou Oyétola OGOUDJOBI, au député Léon Bani BIO BIGOU et publiée au Journal Officiel.

Ont siégé à Cotonou les sept, neuf et vingt-et-un décembre deux mille quatre, vingt-cinq, vingt-six, vingt-sept et vingt-huit octobre deux mille cinq,

Madame Conceptia D. OUINSOU Président
Messieurs Jacques D. MAYABA Vice-Président
Idrissou BOUKARI Membre
Pancrace BRATHIER Membre
Christophe KOUGNIAZONDE Membre
Madame Clotilde MEDEGAN-NOUGBODE Membre
Monsieur Lucien SEBO Membre.

Le Rapporteur, Le Président,

Christophe KOUGNIAZONDE Conceptia D. OUINSOU

OBSERVATIONS

I : Un "cap Horn" du droit

La thématique de l'application de la loi dans le temps est l'un des caps Horn du droit, une zone de turbulence et de risques, comme l'est, pour la navigation maritime, l'extrême sud de la Terre de Feu au Chili. Les dispositions législatives ou constitutionnelles sont souvent claires et simples : la loi ne dispose que pour l'avenir. Mais les orientations jurisprudentielles sont plus riches. Le juge doit, en effet, concilier les impératifs de sécurité juridique avec le besoin de justice. Il en découle des typologies fondées sur les droits acquis et les simples expectatives, le procédé d'acquisition des droits et les droits qui en résultent, les situations juridiques contractuelles et les situations non contractuelles, les impératifs de l'ordre public, etc. (P. ROUBIER, *Le droit transitoire*, París, Dalloz-Sirey, 1960).

La préoccupation de comment appliquer la loi dans le temps traverse toutes les branches du droit, toutes les disciplines juridiques. Les solutions du droit pénal sont les plus fortes et découlent du principe de légalité des délits et des peines. On ne peut être puni que si les faits constituaient des infractions au moment de leur commission et non après. Ce qui n'a pas empêché les procès de Nuremberg et de Tokyo de connaître des responsabilités des chefs nazis et des militaristes japonais après la seconde guerre mondiale.

Le droit constitutionnel français encadre la liberté du législateur de prévoir la rétroactivité des lois, notamment des lois de validation mais à l'exclusion des lois pénales (Décision n°80-119 DC du 22 juillet 1980). Il retient d'une manière générale le critère du but d'intérêt général suffisant dans le respect des principes et droits de valeur constitutionnelle (Décision n° 96-375 DC du 9 avril 1996).

II : La non-rétroactivité opératoire et de principe

Dans le dossier "Falilou Tidjani, Aliou Oyétola Ogoudjobi, Léon Bani Bio Bigou" la Cour constitutionnelle reste fidèle au droit commun de l'application de la loi dans le temps : *tempus regis actum*. La loi nouvelle, (loi n°2004-03 du 10 février 2004) édicte que pour être inscrit au tableau de l'ordre des experts comptables, il faut dorénavant être titulaire d'un diplôme d'expertise comptable. Ceux des comptables déjà inscrits sur le tableau de l'ordre et qui n'ont pas les diplômes requis selon la loi nouvelle, risquent la radiation du tableau de l'ordre. L'occasion est ainsi donnée à la Cour d'affirmer solennellement que "*la loi ne disposant que pour l'avenir, (l'article sur le diplôme d'expertise comptable) porte atteinte aux situations acquises antérieurement à sa mise en application ; qu'il y a lieu de dire et juger que cet article est contraire à la constitution*".

La Cour confirme sa jurisprudence, en affirmant que la "*constitution n'est pas rétroactive et qu'elle dispose pour l'avenir*". En conséquence, la procédure de nomination du Président de la Cour suprême, notamment l'avis du Président de l'Assemblée nationale tel qu'organisé par la constitution de décembre 1990, n'est pas applicable à une nomination qui est intervenue en octobre 1990, soit deux mois avant l'entrée en vigueur de la nouvelle constitution (Décision DCC 95-039 du 25 septembre 1995, Salami Moumouni, Recueil 1995, p. 191).

La loi soumise à l'appréciation de la Cour (loi n°2004-03 du 10 février 2004) n'a pas prévu de dispositions transitoires. Celle relative au Code de la famille (loi n° 2002-07) dispose, par contre, que "*les coutumes cessent d'avoir force de loi en toutes matières régies par le présent code*" (article 1032) mais que les mariages contractés conformément à la coutume antérieurement à la date d'entrée en vigueur du présent code, "*demeurent soumis pour leur validité aux conditions de fond et de forme en vigueur lors de la formation du lien matrimonial*" (article 1023 et Décision DCC 02-144 du 23 décembre 2002, Président de la République, Vieyra-Soglo H. Rosine, Recueil 2002, p. 582).

Dans un cas comme dans l'autre, le principe de non rétroactivité apporte une solution opératoire à des questions qui pourraient se révéler complexes. Mais la Cour n'est pas toujours restée dans cette ligne.

III : La rétroactivité problématique

La durée du mandat du Président de la Cour suprême offre la première occasion de l'évocation de la rétroactivité dans la jurisprudence de la Cour. Nommé en octobre 1990 pour un mandat de trois ans en vertu de l'article 5 de l'Ordonnance n°21/PR du 26 avril 1966 (remise en vigueur par la loi 90-012 du 1er juin 1990), le Président de la Cour suprême ne peut, *a priori*, revendiquer le bénéfice des dispositions de la constitution de décembre 1990 sur le mandat de cinq ans. Mais la Cour en décide autrement et fait passer le mandat du Président de la Cour suprême nommé avant l'entrée de la nouvelle constitution, de trois à cinq ans. La Haute juridiction constitutionnelle soutient que, selon les termes mêmes de la constitution, "*la législation en vigueur au Bénin jusqu'à la mise en place de nouvelles institutions reste applicable, sauf intervention de nouveaux textes en ce qu'elle n'a rien de contraire à la présente constitution*" (article 158). La durée du mandat du Président de la Cour suprême étant de cinq ans dans le nouveau texte constitutionnel, elle contredit la loi fondamentale de la République. "*La constitution étant la norme supérieure, elle s'impose à toutes les autres normes*". Dès lors, le mandat est de cinq ans, même si la nomination a été prononcée sur la base de l'Ordonnance n°21/PR du 26 avril 1966 qui en prévoyait trois (Décision DCC 14-94 du 23 mai 1994, Frédéric Houndéton, Atita Akato Paul et consorts, Recueil 1994, p. 47).

La solution de la Cour est spécieuse et rappelle la prolongation du mandat des députés par une loi constitutionnelle. La révision adoptée faisait passer le mandat parlementaire de quatre ans à cinq ans avec effet rétroactif sur la législature en cours. La Cour était saisie sur le fondement de la non rétroactivité de la loi, mais n'a pas eu à trancher la question sur le fond (Décision DCC 06-074 du 08 juillet 2006, Président de la République, Ahossi Jean Iréné et consorts, Recueil, 2006, p. 365).

La question de la non rétroactivité rappelle étrangement aussi, le grand débat sénégalais sur la recevabilité de la candidature du Président Abdoulaye Wade pour l'élection présidentielle de 2012 au Sénégal, au regard du texte constitutionnel en vigueur. Elu en 2000 et en 2007, mais une nouvelle constitution étant adoptée et promulguée en 2001 pour limiter à un, le renouvellement du mandat présidentiel, la candidature d'Abdoulaye Wade en 2012 tendait-il vers un second mandat ou un troisième mandat ? La question divise la classe politique et la doctrine sénégalaise sur l'application dans le temps de la constitution de 2001. Le Conseil constitutionnel sénégalais a opté pour la non rétroactivité.

Le cas du Burkina Faso est aussi instructif sur la gestion des mandats par les juridictions constitutionnelles. Le Président Blaise Compaoré a été élu président de la République en 1991 et réélu en 1998. En 2000 intervient une révision constitutionnelle qui ramène de sept à cinq ans la durée du mandat présidentiel et limite à deux le nombre de mandats qu'un Président de la République peut effectuer. Si on devait appliquer la rétroactivité, la candidature du Président Blaise Compaoré est frappée d'irrecevabilité pour l'élection présidentielle de 2005. Mais le Conseil constitutionnel burkinabé en décida autrement, arguant que l'amendement à la constitution, adopté en 2000, laisse courir le mandat en cours jusqu'à son terme normal en 2005. La double limitation de la durée et du nombre de mandats est applicable à compter de la fin du mandat du Président en exercice et n'est donc pas rétroactive. Le Président Blaise Compaoré a pu ainsi régulièrement se faire élire et réélire en 2005 et 2010 pour les deux mandats prévus par la révision constitutionnelle de 2000. La loi n'est donc pas rétroactive.

La Cour admet, par contre, la rétroactivité dans des hypothèses qu'on dirait purement alimentaire. Elle décide que la loi n°2001-28 du 11 décembre 2001 portant détermination du traitement, des indemnités et autres avantages dus aux membres de la Cour constitutionnelle s'applique aux membres de ladite Cour "*à compter du 7 juin 1993, date de l'installation de cette institution*". La Cour considère, en effet, qu'une loi "*peut être rétroactive lorsque celle-ci le prévoit expressément ; qu'elle peut aussi l'être implicitement ; que dans le cas d'espèce, la loi invoquée a une portée générale en ce qu'elle concerne tous les membres de la Cour constitutionnelle, quelle que soit la mandature considérée ; qu'il en découle qu'elle est implicitement et nécessairement rétroactive et que ses effets doivent couvrir toute la période antérieure à sa promulgation*" (Décision DCC 02-069 du 19 juin 2002, Ahlonsou Bruno, Ehoumi E. Pierre, Elegbé Alfred, Recueil 2002, p.288). Les mêmes mots forts sont employés s'agissant de la loi 2001-29 du 11 décembre 2001 portant détermination du traitement, des avantages et autres indemnités dus aux membres de la Haute autorité de l'audiovisuel et de la communication pour lesquels, la loi entre en vigueur "*à compter du 14 juillet 1994, date de l'installation de l'institution*", soit une rétroaction sur neuf ans ! (Décision DCC 03-128 du 21 août 2003, Degboé Bernard, Ouorou Boun Nbouro Sé, Bawa Alassane, Ilougbadé Marcellin, Recueil 2003, p. 519).

Les notions de rétroactivité implicite, d'effets de la loi couvrant la période antérieure à sa promulgation (alors que la loi elle-même ne les prévoit pas) semblent des formulations orientées vers une fin : le rappel de salaire des personnes concernées. La rétroactivité intéressée fait fi de toutes les bonnes techniques d'interprétation de la loi. Nul n'a recherché l'intention du législateur, ni les usages en la matière dans une affaire qui est, somme toute, d'un intérêt constitutionnel douteux.

51

Décision DCC 96-002 du 05 janvier 1996
Gbadamassi Moucharaf, Tidjani Serpos Ismaël
Recueil 1996, p. 15

Les compétences de la Cour en matière électorale

La Cour Constitutionnelle,
Saisie d'une requête du 19 décembre 1995 enregistrée au Secrétariat de la Cour le 20 décembre 1995 sous le numéro 1616 par laquelle Messieurs GBADAMASSI Moucharaf et TIDJANI SERPOS Ismaël, députés à l'Assemblée Nationale, défèrent à la Cour, pour inconstitutionnalité, la Loi n° 95-015 du 11 décembre 1995 définissant les règles particulières pour l'élection du Président de la République adoptée le 22 septembre 1995 et en seconde lecture le 11 décembre 1995, en ses articles 5 et 10 ;

VU la Constitution du 11 décembre 1990 ;
VU la Loi Organique n° 91-009 du 04 mars 1991 sur la Cour Constitutionnelle ;
VU le Règlement Intérieur de la Cour Constitutionnelle ;
Ensemble les pièces du dossier ;
Ouï le Professeur Maurice GLELE AHANHANZO en son rapport ;
Après en avoir délibéré,

Considérant que les sieurs GBADAMASSI Moucharaf et TIDJANI SERPOS Ismaël développent que la Loi n° 95-015 du 11 décembre 1995 en ses articles 5 et 10 viole d'une part, l'article 44 de la Constitution et 42 de la Loi n° 91-009 du 04 mars 1991 sur la Cour Constitutionnelle ;
Considérant que ladite loi a été adoptée à la majorité absolue des membres composant l'Assemblée Nationale conformément à l'article 57 alinéa 6 de la Constitution ;
En ce qui concerne la violation des articles 44, 49 et 117 de la Constitution et 42 de la Loi Organique sur la Cour Constitutionnelle

Considérant que les requérants soutiennent que, en disposant à l'article 5 : « *Au cas où un citoyen se trouve au bénéfice de plusieurs nationalités, il est tenu lors du dépôt de sa candidature pour la fonction de Président de la République de renoncer officiellement à toute nationalité autre que celle du Bénin et d'en fournir la preuve en versant au dossier de candidature tous documents officiels pouvant en faire foi* », la Loi n° 95-015 ajoute une condition de fond à celle prévue à l'article 44 de la Constitution *en imposant une restriction et une limitation à la condition de nationalité ;*

Considérant que, en procédant comme il l'a fait, l'article 5 de la Loi n° 95-015 du 11 décembre 1995 crée *une condition supplémentaire* en matière de nationalité pour l'élection du Président de la République alors que la seule condition exigée à ce titre par la Constitution en son article 44 est d'être « *de nationalité béninoise de naissance ou acquise depuis au moins dix (10) ans...* » : que l'expression « ... *s'il n'est de nationalité béninoise de naissance ou acquise depuis au moins dix (10) ans* », par laquelle s'exprime le constituant révèle son souci fondamental, à savoir que le candidat à l'élection présidentielle doit *nécessairement* être de nationalité béninoise de naissance ou doit l'avoir acquise depuis au moins dix (10) ans, qu'il ait ou non une autre nationalité ; qu'il en découle que le législateur impose une condition supplémentaire au demeurant restrictive de celle prévue par la Constitution ; qu'en conséquence, l'article 5 doit être déclaré inconstitutionnel ;

Considérant que les requérants allèguent que l'article 10 de la Loi n° 95-015 du 11 décembre 1995, en disposant : « *Si plusieurs candidats concurrents adoptent la même couleur, le même emblème ou le même signe, la Commission Electorale Nationale Autonome (C.E.N.A.) se prononce sans recours possible, dans un délai de deux (2) jours en accordant la priorité du choix au candidat qui a déposé le premier sa candidature* », est contraire aux articles 49 et 117 de la Constitution et à l'article 42 de la Loi n° 91-009 du 04 mars 1991 portant loi organique sur la Cour Constitutionnelle ; qu'ils estiment que le contentieux de l'élection présidentielle relève exclusivement de la Cour Constitutionnelle ;

Considérant que la Constitution, en ses articles 49 et 117 et la loi n° 94-013 du 17 janvier 1995 en son article 95 disposent que le contentieux de l'élection présidentielle relève en dernier ressort de la Cour Constitutionnelle ; que la disposition incriminée est au surplus en contradiction avec l'article 11 de la même loi qui reconnaît à la Cour Constitutionnelle la compétence pour statuer en cas de contestation ; qu'il y a lieu de dire et de juger qu'en prescrivant que la C.E.N.A. se prononce *sans recours possible*, l'article 10 de la loi querellée est contraire à la Constitution ;

Sur l'ensemble de la Loi

Considérant qu'aux termes de l'article 114 de la Constitution, la Cour Constitutionnelle est « *juge de la constitutionnalité de la loi...* » ; qu'il résulte de cette disposition que, quel que soit l'objet de la saisine, la Cour est saisie d'une loi dans son entier ; qu'en conséquence, le juge constitutionnel est habilité à juger de l'ensemble de la loi en dehors des griefs et moyens évoqués par les requérants ; qu'il y a lieu pour la Cour, afin d'exercer pleinement son contrôle, dans le cas d'espèce, d'examiner toutes les dispositions de la Loi n° 95-015 du 11 décembre 1995 ;

(...)

Considérant que l'article 16-2 prévoit que la synthèse des résultats se fait sous la supervision de la Commission Electorale Nationale Autonome (C.E.N.A.) et de la Commission Electorale Départementale (C.E.D.) et des représentants de la C.E.N.A. ; que cette disposition doit être référée à la Constitution, d'une part, en son article 49 : « *La Cour Constitutionnelle veille à la régularité du scrutin et en constate les résultats* » ; d'autre part, en son article 117 : « La Cour Constitutionnelle ... *veille à la régularité de l'élection du Président de la République... statue sur les irrégularités* qu'elle aurait eu par elle-même relever et proclame les résultats du scrutin » ; que la même disposition de l'article 16-2 doit être rapprochée de l'article 37 de la Loi n° 94-013 du 17 janvier 1995 portant règles générales pour les Elections du Président de la République et des Membres de l'Assemblée Nationale qui prescrit en son alinéa 2 : « *La C.E.N.A est chargée de la supervision des opérations de vote et de la centralisation des résultats* qu'elle met à la disposition du Ministre chargé de l'Intérieur pour transmission à la Cour Constitutionnelle » ; qu'en confiant à la C.E.N.A et à ses représentants la supervision de la synthèse et non la centralisation des résultats, l'article 16-2 de la loi du 11 décembre 1995 *enlève* à la Cour Constitutionnelle les attributions que lui confèrent les articles 49 et 117 ci-dessus cités, et viole ainsi la Constitution ; qu'il y a donc lieu de le déclarer inconstitutionnel ;
Considérant que l'article 17 de la loi édicte : « *La Cour Constitutionnelle* contrôle *la régularité de l'élection...* » alors que la Constitution elle, en son article 117 dispose : *« La Cour Constitutionnelle* veille *à la régularité de l'Election du Président de la République »* ; que par le terme « *veille* », la Constitution attribue compétence à la Cour pour *intervenir avant, pendant et après l'élection* du Président de la République alors que le terme « *contrôle* » n'implique son intervention qu'a postériori ; qu'il y a lieu de déclarer l'article 17 contraire à la Constitution ;
Considérant que l'article 2 de la loi sous examen dispose : « *La convocation des électeurs est faite par décret du Président de la République pris en Conseil des Ministres, au plus tard soixante (60) jours avant la date du scrutin »* ;

(...)

Considérant, toutefois, que les articles 5, 9, 10, 16-2 et 17 sont séparables de l'ensemble de la Loi n° 95-015 ;

DECIDE :

Article 1er.- Sont contraires à la Constitution, les articles 5, 9, 10, 16-2 et 17 de la Loi n° 95-015 du 11 décembre 1995 définissant les règles particulières pour l'Election du Président de la République.

Article 2.- Sont conformes à la Constitution sous réserve des observations les concernant les articles 8 et 13.
Article 3.- Sont séparables de l'ensemble de la loi les articles 5, 9, 10, 16-2 et 17.
Article 4.- Il y a lieu de réaménager l'article 2 de la Loi n° 95-015 du 11 décembre 1995 à la lumière des observations ci-dessus.
Article 5.- Toutes les autres dispositions de la loi sont conformes à la Constitution.
Article 6.- La présente décision sera notifiée à Monsieur GBADAMASSI Moucharaf, à Monsieur TIDJANI SERPOS Ismaël, au Président de la République, au Président de l'Assemblée Nationale et publiée au Journal Officiel.
Ont siégé à Cotonou, les quatre et cinq janvier mil neuf cent quatre vingt seize,

Madame	Elisabeth K.POGNON	Président
Messieurs	Alexis HOUNTONDJI	Vice-président
	Bruno AHONLONSOU	Membre
	Pierre E. EHOUMI	Membre
	Alfred ELEGBE	Membre
	Maurice GLELE AHANHANZO	Membre
	Hubert MAGA	Membre

Le Rapporteur, Le Président,

Prof. Maurice GLELE AHANHANZO Elisabeth K . POGNON

OBSERVATIONS

I : Elections : les rendez-vous du diable ?

Faut-il brûler les urnes et supprimer les élections ? La question est spécieuse et traduit de façon abrute et primesautière, un certain agacement face à ce qui est une technique d'expression démocratique. La démocratie, du moment où elle ne peut objectivement qu'être représentative, ne peut faire l'économie des élections, de la désignation par vote des gouvernants, et même de l'expression directe de cette souveraineté par la voie référendaire, c'est-à-dire un vote, non pour élire mais pour décider. L'élection est un exercice à la fois d'affirmation de la souveraineté du peuple et de délégation de l'exercice de cette souveraineté. Une certaine jurisprudence en fait même un critère de caractérisation de l'Etat démocratique. Pour la juridiction constitutionnelle allemande, "*sans élection libre et égale de l'organe qui exerce une influence déterminante sur le gouvernement et la législation (...) le principe constitutif pour un Etat démocratique de la liberté individuelle demeure incomplet*" (A-M. Le POURHIET, "Définir la démocratie", *Revue française de droit constitutionnel*, 87/2011, p. 457). L'élection serait consubstantielle à la démocratie contemporaine et la rédaction de l'article 2 de la constitution du 11 décembre 1990 ("*La République du Bénin est ‹…›, laïque et démocratique*") se conjuguerait avec une exigence d'élections libres et égales.

La sociologie du présent nous enseigne que les échéances électorales de ces dernières années, celles postérieures au début de la décennie de la renaissance démocratique (1990) ont été l'occasion de déchirements profonds et de drames nationaux. Les chiffres sont de l'ordre de 2.000 morts au Nigéria en 2007, de 1.100 et 40 morts au Kénya respectivement en 2008 et 2017, de 500 morts au Togo en 2005 et de plus de 3.000 morts en Côte d'Ivoire en 2011. Si on ajoute à ces statistiques macabres les morts éparses dénombrées à Dakar, Niamey, Ouagadougou, Cotonou et ailleurs à l'occasion des élections, on finit par caractériser les élections ou certaines élections en Afrique sous le sceau du tragique. Les échéances électorales paraissent ainsi des rendez-vous avec le diable, le diable des pogroms humains, le diable des populations déplacées et des camps de refugiés, le diable des citoyens fusillés.

Pour autant, les élections n'en sont pas moins des moments doublement importants dans la vie publique. D'abord, par la taille des moyens financiers et matériels requis et mobilisés. Les budgets électoraux sont si consistants qu'ils sont rarement financés entièrement sur les ressources propres des Etats africains. Ensuite, ces élections sont l'occasion pour le peuple de se souvenir qu'il a le dernier mot, qu'il reste le souverain et qu'il lui appartient de désigner qui parlera et qui agira en son nom au cours des années à venir. Enfin, les élections sont des moments d'exaltation populaire, de ferveur et de liesse pour des peuples pétris de chaleur humaine.

L'encadrement juridictionnel de ces échéances pour le moins conflictogènes, est confié à la Cour constitutionnelle, s'agissant des élections législatives et présidentielles. Selon les dispositions constitutionnelles, la Cour "*veille à la régularité de l'élection du Président de la République (et) statue, en cas de contestation, sur la régularité des élections législatives*" (Article 117). La décision "Gbadamassi Moucharaf, Tidjani Serpos Ismaël" donne à la Haute juridiction l'occasion d'expliciter l'étendue de ses compétences électorales et d'établir la dialectique de la compétence renforcée en période préélectorale et électorale et du *judicial self restraint* en période postélectorale.

II : Les périodes préélectorales et électorales : la compétence renforcée de la Cour

La décision "Gbadamassi Moucharaf, Tidjani Serpos Ismaël" le dit clairement. Si la Cour veille aux élections, ceci s'entend d'une attribution de compétence qui couvre l'avant, le pendant et l'après élection. Ce qui recouvre les opérations techniques et juridiques de préparation des élections, les activités entrant dans le déroulement des élections, l'appréciation des résultats provisoires fournis par l'organe de pilotage des élections et enfin, le traitement du contentieux électoral. La décision "Gbadamassi Moucharaf, Tidjani Serpos Ismaël" porte sur l'élection présidentielle, mais la Cour va rapidement étendre cette attribution de compétence aux élections législatives.

L'exercice du ministère électoral de la Cour commence par quelques rappels de pédagogie démocratique. Elle affirme que "*le peuple béninois, détenteur exclusif de la souveraineté, entendue comme le droit de commander dans l'Etat, tout en conférant le pouvoir législatif à ses représentants élus que sont les députés, subordonne expressément la validité des lois votées en son nom et dans l'intérêt général à leur conformité à la constitution dont il a fait de la Cour constitutionnelle le juge exclusif*" (Décision DCC 10-122 du 16 octobre 2010, Président de la République) ; une manière de dire que la loi n'est l'expression de la volonté générale que dans le respect de la constitution, tel qu'en décide la Cour. Cette affirmation de principe est complétée par une exhortation opérationnelle. La Cour déplore que : "*malgré ses rappels constants et les instruments internationaux pertinents, les lois électorales en République du Bénin, ne sont votées qu'à la veille de chaque élection, leur faisant perdre le caractère général et impersonnel attaché à la loi ; que cette situation non seulement retarde la mise en place des organes de gestion des élections mais ne permet pas aux agents et acteurs des élections de bien s'approprier les règles de la compétition électorale*" (Décision DCC 10-147 du 27 novembre 2010, Rachidi Gbadamassi, Karimou Mama Sika, Président de la République). En tout état de cause, l'agenda électoral doit refléter la quiétude d'une démocratie apaisée.

Ces positions de principe étant affirmées, la Cour établit son autorité dès la phase de préparation des élections, c'est-à-dire, la désignation des membres de l'organe de pilotage des élections : la Commission électorale nationale autonome (CENA).

D'abord, la Cour veille au respect de l'équilibre entre les différentes sensibilités politiques devant être représentées à la CENA. Pour ce faire, elle a fait inscrire dans la loi électorale la notion de "*configuration politique*" (Décision DCC 00-078 du 07 décembre 2000, Bigou Bio Bani Léon et autres, Recueil 2000, p. 298) qu'elle fait respecter de manière très directive au cours du processus de désignation des membres de la CENA par les députés à l'Assemblée nationale. En 2001, pour l'élection du Président de la République, la Cour ne se contenta pas seulement de donner la clé de répartition par sensibilité politique. Elle décida nommément le nombre de postes à pourvoir par chaque groupe parlementaire pour respecter la bonne configuration politique de l'Assemblée nationale ; la Cour dit et juge que "*les deux postes attribués indûment aux groupes Consensus National et PRD, doivent être affectés aux groupes Nation et Développement d'une part, et Solidarité et Progrès d'autre part."* (Décision DCC 01-012 du 22 janvier 2001, Bio Bigou et alii, Recueil 2001, p.61). Cependant, la Cour refuse tout texte législatif qui tente de "*réduire le Gouvernement de la République au rang des sensibilités politiques"* et donc à prendre en compte les membres de la CENA désignés par l'exécutif, dans le décompte général qui assure la configuration politique équitable de celle-ci. (Décision DCC 10-116 du 08 septembre 2010, François Hodonou, Président de la République, Emile Tossou et consorts).

Le règlement intérieur de la CENA subit son examen de conformité à la constitution (Décision EL-P 06-001 du 12 janvier 2006, Equité Juste, Recueil Elections, 2006 p.V) et le bureau de la CENA, composé de sept membres, doit aussi refléter la configuration politique de celle-ci. Dès lors, l'élection du "*bureau de la CENA faite le 05 octobre 2005 (qui) n'a pas tenu compte de la configuration politique de la CENA (...) est nulle et de nul effet*" (Décision DCC 05-124 du 07 octobre 2005, Djivo Patrick et consorts, Recueil 2005, p. 603).

Ensuite, la Cour se préoccupe des moyens de fonctionnement de la CENA. Elle n'hésite pas, au besoin, à faire des injonctions au gouvernement : *"Le gouvernement est tenu de mettre dans les vingt quatre (24) heures de la présente décision à la disposition de la CENA une avance substantielle de fonds pour assurer le démarrage immédiat de ses activités*" (Décision DCC 05-139 du 17 novembre 2005, Equité Juste, Hodonou Armand, Recueil 2005, p. 681).

Enfin, la Cour ne se contente pas de juger sur la base des résultats que lui transmet la CENA. Elle déploie dans les bureaux de vote, ses propres délégués (G. BADET, *Cour constitutionnelle et régularité des élections au Bénin,* Cotonou, F. Ebert Stiftung, 2000). Ceci lui permet de ne point être l'otage des tendances fournies par la CENA et de pouvoir donner des résultats provisoires purgés des irrégularités relevées. La Présidente de la Cour donne une idée de l'étendue de ses pouvoirs et affirme avoir "*procédé à des rectifications, par exemple, en validant au profit des candidats des bulletins irrégulièrement déclarés nuls*" par la CENA et "*annulé des scrutins au niveau des bureaux de vote irrégulièrement constitués*" (Elisabeth POGNON, *in* Journal *La Nation* n° 1450, du 25 mars 1996, p.4).

Ce travail de correction en amont a conduit la Cour à annuler et à déclarer nulles, respectivement 34.750 voix et 20.026 voix au second tour de l'élection présidentielle de 1996, puis 66.434 voix et 102.566 voix au premier tour de l'élection présidentielle de 2001. Ces chiffres ne sont pas considérables en pourcentage des suffrages exprimés mais peuvent devenir déterminants et même problématiques lorsque l'écart de voix est mince comme en 1996, où moins de 100.000 voix séparaient les deux candidats du 2ème tour de l'élection présidentielle.

III : La période postélectorale : le *judicial self restraint* de la Cour

Une fois qu'elle a fait sa "*veille*" juridictionnelle sur la phase préparatoire, le déroulement du scrutin et proclamé les résultats provisoires, la Cour se montre d'une grande réticence à donner raison aux recours en invalidation d'élection, qu'elle soit législative ou présidentielle. Elle peut même opposer l'autorité de chose jugée à certains recours, dès lors que les irrégularités soulevées ont déjà fait l'objet des rectifications et annulations avant la proclamation des résultats provisoires. Dans la décision "Agbo Lionel" la Cour juge qu'"*elle a sanctionné des irrégularités lorsqu'elles ont été établies ; que ce faisant, elle a déjà pris en compte dans ladite proclamation (des résultats) et dans la Décision EL-P 01-043 des 12 et 13 mars 2001 les irrégularités invoquées par le requérant ; que dès lors celles-ci ne peuvent de nouveau être sanctionnées par la Cour ; qu'il y a autorité de chose jugée*" (Décision EL-P 01-52 du 16 mars 2001, Agbo Lionel, Recueil Elections 2001, p.227).

Par ailleurs, après avoir admis qu'il y a eu violences, menaces pressions sur les électeurs et donc manquements à la liberté du scrutin, après avoir ensuite admis qu'il y a eu fraude et donc défaut de transparence du scrutin, la Cour n'en conclut pas moins en 1996 à la validité de l'élection présidentielle (Journal *La Nation* n° 1450, du 25 mars 1996). L'arme de la Cour est, en l'occurrence, la théorie de l'influence déterminante. Celle-ci s'analyse en deux grandes exigences cumulatives : les irrégularités constatées doivent avoir été d'une gravité telle qu'elles ont influencé l'issue du scrutin d'une part ; et d'autre part, l'écart de voix entre les protagonistes n'est pas jugé important (critère dit de "*majorité confortable*"). La Cour illustre son orientation jurisprudentielle dans le dossier "Adam Garba, Adébayo Abimbola" lorsqu'elle affirme que la preuve des libéralités n'est pas établie et "*que quand bien même il s'agirait d'une libéralité, elle n'a pas eu une influence déterminante sur les résultats du scrutin ; qu'en effet le MADEP a recueilli 12.378 voix contre 1927 voix pour le PRD et 4.704 pour le RND dans l'ensemble de la commune de Kétou*", soit un rapport du simple au double.

Le raisonnement de la Cour devient fragile lorsqu'elle admet qu'il y a eu "*transport d'électeurs*" d'une localité à une autre, que le candidat déclaré élu, en sa qualité de directeur départemental de l'enseignement a promis "*ériger la localité en centre d'examen de fin d'études primaires et d'y ouvrir une école primaire publique*" et que ces faits n'ont pas pu exercer "*une influence déterminante sur les résultats du scrutin*" parce que l'écart des voix entre les candidats est de 1.439 voix (Décision EL 00-014 du 30 août 2000, Paul Dossou, Recueil Elections 2000, p. 333). Si la Cour admet qu'il y a eu transport d'électeurs, elle aurait pu également se convaincre que transporter 1.439 électeurs pour contrebalancer les tendances dans une localité n'est pas du domaine de l'impossible !

Au total, la Cour s'abstient délibérément de bouleverser les données issues des proclamations officielles de résultats provisoires qu'elle fait. Dès lors qu'elle estime que lesdits résultats provisoires prennent en compte un premier examen des irrégularités ayant entaché le déroulement du vote. Ménagement des susceptibilités du peuple, respect de la volonté des électeurs, souci de ne pas être un second degré d'élection, prise en compte de psycho-sociologies récurrentes, la raison du *judicial self restraint* de la Cour tient de tout cela à la fois. En deux décennies de vie démocratique, cinq élections législatives (soit environ 415 élections de députés à la fin juin 2018) et six élections présidentielles, la Cour n'a invalidé que cinq élections de députés, respectivement pour défaut de résidence effective au Bénin depuis un an (Décision EL 95-099 du 24 mai 1995, Georges Agossou Guédou ; Décision EL 95-092 du 19 mai 1995, Aboubakar Baba Moussa ; Décision EL 95-129 du 17 août 1995, Justin Todan), et de fraudes sur le casier judiciaire (Décision EL 11-005 du 13 avril 2011, Sabitou Adamou, Romulus B. Zodéhougan, Wilfried C. Yassinguezo et Décision EL 11-005 du 13 avril 2011, Sabitou Adamou et autres). Raisons qui sont, ainsi qu'on le voit, d'une objectivité certaine et d'une matérialité aisée à établir. Elle a, tout de même, annulé et fait reprendre les élections dans la 1ère circonscription électorale de l'Atlantique et dans la 3ème circonscription électorale du Borgou lors des élections législatives de 1995 (Proclamation des résultats définitifs des élections législatives du 28 mars 1995, http://www.cour-constitutionnelle-benin.org/resultats/result_el_16avril95.pdf).

52

AVIS CC-001/94 du 14 septembre 1994
Président de la République
Recueil 1994, p. 129

Les méthodes et techniques de la Cour constitutionnelle

La Cour constitutionnelle,

Saisie par lettre n° 213-C/PR/CAB du 13 septembre 1994 enregistrée au Secrétariat de la Cour constitutionnelle à la même date sous le n° 052, par laquelle le président de la République demande à la Cour constitutionnelle de lui communiquer sans délai son avis motivé sur la mise en œuvre des dispositions de l'article 68 de la Constitution du 11 décembre 1990 ;

VU l'article 68 de la Constitution ;
VU les articles 75 et 76 de la Loi organique n°91-009 du 04 mars 1991 sur la Cour constitutionnelle ;
VU les articles 49 et 50 du Règlement intérieur de la Cour constitutionnelle ;

Ensemble les pièces du dossier ;

Après en avoir délibéré,

Considérant que dans sa lettre précitée, le président de la République informe la Cour qu'il "envisage de mettre à nouveau en œuvre les dispositions de l'article 68 de la Constitution du 11 décembre 1990";

Considérant que cet article dispose : "Lorsque les institutions de la République, l'indépendance de la Nation, l'intégrité du territoire national ou l'exécution des engagements internationaux sont menacées de manière grave et immédiate et que le fonctionnement régulier des pouvoirs publics et constitutionnels est menacé ou interrompu, le président de la République, après consultation du président de l'Assemblée nationale et du président de la Cour constitutionnelle, prend en Conseil des ministres les mesures exceptionnelles exigées par les circonstances sans que les droits des citoyens garantis par la Constitution soient suspendus... ";

Considérant que, dans une procédure antérieure relative au même domaine, le président de la République avait invoqué le fait que l'exécution des engagements internationaux était menacée de manière grave et immédiate ; que, bien que sa lettre du 13 septembre 1994 ne soit pas explicite au sujet de cette première condition, il y a lieu de déduire que la présente demande d'avis repose sur le même motif ;

Considérant que l'article 68 exige, en outre, que le fonctionnement régulier des pouvoirs publics et constitutionnels soit menacé ou interrompu ; qu'en conséquence ces deux conditions sont cumulatives ;

Considérant que, conformément aux articles 75 et 76 de la Loi organique n° 91-009 du 04 mars 1991 sur la Cour constitutionnelle, lorsque celle-ci est consultée par le président de la République dans le cadre de l'article 68 alinéa 1er de la Constitution, elle se réunit immédiatement, émet un avis sur la réunion des conditions exigées par ledit article; que cet avis est motivé et publié au Journal officiel;

Considérant que la Loi de Finances votée le 28 juillet 1994 n'étant toujours pas promulguée pour devenir exécutoire, celle-ci ne saurait constituer une menace grave et immédiate pour l'exécution des engagements internationaux ;
Considérant que dans la situation actuelle, il n'apparaît pas qu'il y ait menace pour l'exécution des engagements internationaux, ni pour le fonctionnement régulier des pouvoirs publics et constitutionnels ;

EST D'AVIS:

Que ne sont pas réunies les conditions exigées par la Constitution pour l'application de son article 68.
Le présent avis sera notifié au président de la République et publié au Journal officiel.

Ont siégé à Cotonou, les treize et quatorze septembre mil neuf cent quatre-vingt-quatorze,

Madame Elisabeth K. POGNON Président
Bruno O. AHONLONSOU Membre
Pierre E. EHOUMI Membre
Alfred ELEGBE Membre
Maurice GLELE AHANHANZO Membre

OBSERVATIONS

I : Dire le droit, un exercice subliminal

Portalis nous donne en ces lignes le concentré de la magnificence de l'office du juge : la fonction de la "*loi est de fixer, par de grandes vues, les maximes générales du droit ; d'établir les principes féconds en conséquence (ensuite) c'est au magistrat et au jurisconsulte, pénétrés de l'esprit général des lois, à en diriger l'application*", la mise en parallèle des principes féconds avec l'environnement temporel, spatial et circonstanciel de l'application (PORTALIS, *Discours préliminaire au premier projet de Code civil*, Bègles, Edit. Confluences, 1998, p. 19). Le juge est ainsi un maïeuticien qui accouche la pensée du constituant dans la relativité du moment. Il est censé dire les paroles de la loi, mais en se construisant un prisme d'analyse et de décision qu'on appellera les techniques de contrôle du juge. L'Avis CC-001/94 du 14 septembre 1994 est une illustration de l'erreur manifeste d'appréciation. On pourra y ajouter le test de proportionnalité, l'appréciation de l'opportunité.

II: L'erreur manifeste d'appréciation

Il s'agit d'une erreur grossière, qui traduit une mauvaise appréciation des faits servant de motifs à un acte juridique soumis à la censure de la juridiction constitutionnelle. L'erreur manifeste "*permet de mettre en balance d'un côté l'intérêt général poursuivi (...) et de l'autre les atteintes portées à tel ou tel principe constitutionnel*" (D. ROUSSEAU, *Droit du contentieux constitutionnel,* Paris, Montchrestien, 2006, p.150).

La Cour n'est pas familière de l'utilisation de l'expression "*erreur manifeste d'appréciation*". Son raisonnement et sa démarche n'en traduisent pas moins le contrôle de l'erreur manifeste d'appréciation dès lors que le rapport entre les faits et l'acte juridique est examiné.

Ainsi, lorsque le Président de la République estime qu'il y a une menace grave et imminente et recourt, comme la constitution l'y autorise, aux pouvoirs de crise de l'article 68 à la date du 28 juillet 1994 (Décision DCC 27-94 du 24 août 1994, Président de l'Assemblée Nationale, Recueil, 1994, p. 113), il ne peut revenir le 14 septembre 1994 prendre de nouveau une nouvelle ordonnance sur la base du même article 68 en se fondant sur la gravité et l'imminence de circonstances déjà vieilles d'un mois et demi. Le Président de la République commet, en l'espèce, une erreur manifeste d'appréciation sur la gravité et l'imminence de la menace, ce qui conduit la Cour à donner un avis défavorable à l'application de l'article 68. Elle dit que "*ne sont pas réunies les conditions exigées par la constitution pour l'application de son article 68*" vu le laps de temps qui sépare les faits de la décision, laps de temps qui prive la menace de tout caractère imminent (Avis CC-001/94 du 14 septembre 1994, Président de la République, Recueil p.131).

Par ailleurs, alors que les ressources de financement du budget général de l'Etat ne sont pas suffisantes conformément à l'article 107 de la constitution, le Gouvernement ne commet pas une erreur manifeste d'appréciation en faisant voter la loi n°2009-10 dès lors que *"les partenaires du Bénin ont annoncé un appui (...) ; qu'ainsi la source de financement de la LEPI est double : le budget national et l'aide extérieure"* (Décision DCC 09-107 du 10 septembre 2009, Ismaël Tidjani Serpos). En effet, les députés auteurs de la saisine reprochent au gouvernement de faire voter une loi d'élaboration de la liste électorale sans se soucier de la mobilisation de la totalité des ressources financières nécessaires dans la loi de finances ; alors que la constitution prescrit un équilibre entre les ressources et les charges budgétaires, la réalisation de la liste électorale aura un coût additionnel dont les ressources de financement ne sont pas indiquées, selon l'argumentation des requérants. Il y a erreur de la part des requérants, car cette source de financement est double : la loi de finances et les appuis budgétaires ciblés.

En revanche, constitue une erreur manifeste d'appréciation un vote du parlement qui méconnaît l'état du rapport des forces politiques au sein du parlement et opère une désignation des représentants de l'Assemblée nationale au sein des parlements régionaux, en méconnaissance des droits de la minorité (Décision DCC 09-016 du 19 février 2009, Assouan Comlan Dègla).

III : Le test de proportionnalité

Il n'apparaît pas non plus dans les formules utilisées par la Cour. Mais il sous-tend le contenu de certaines décisions. La Cour déclare ainsi contraire à la constitution, la lettre du Chef de la circonscription urbaine de Cotonou interdisant une marche pacifique de citoyens, parce que *"les raisons invoquées sont sans rapport avec l'exception d'ordre public et l'effectif suffisant d'agents de force de sécurité publique disponible"* (Décision DCC 03-134 du 21 août 2003, Badet Pierre, Recueil 2003, p.546). La mesure prise par l'autorité administrative est disproportionnée par rapport à l'exercice d'un droit constitutionnellement garanti.

Dans le même sens, la Haute juridiction décide que *"pour assurer la sauvegarde de l'intérêt général auquel le droit de grève peut porter atteinte, le législateur ou l'autorité administrative compétente peut apporter à ce droit des limitations nécessaires qui concilient les intérêts professionnels, l'intérêt général et la continuité du service public ; que les articles (...) visent à assurer la sécurité, l'ordre et l'intérêt publics ; que l'article (...) édicte des sanctions en cas de non respect des dispositions susvisées ; qu'ainsi, les dispositions des articles (...) ne sont pas contraires à la constitution*" (Décision DCC 95-026 du 11 juillet 1995, Me Yansunnu Magloire, Recueil 1995, p. 136). Le législateur est dans ses droits et respecte la constitution dès lors qu'il opère le bon dosage entre les principes constitutionnels et veille à ce que la proportion de restriction aux droits n'annihile point leur exercice. Cela relève d'une appréciation au cas par cas.

IV : Le contrôle d'opportunité

La Cour ne dispose pas d'un pouvoir d'appréciation et de décision identique à celui du parlement. Cependant, elle affirme par sa souveraineté juridictionnelle, une tendance manifeste à apprécier le moment et les moyens, rapportés aux buts, de l'action normative des pouvoirs publics. Le contrôle de l'opportunité de la loi est une extension prétorienne de la compétence de la juridiction constitutionnelle. Cette extension est perceptible dans deux grandes décisions.

La première concerne la loi n°2010-12 portant abrogation de la loi n°2009-10 du 13 mai 2009 portant organisation du Recensement électoral approfondi (RENA) et établissement de la Liste électorale permanente informatisée (LEPI). La loi n°2010-12 a été adoptée par la majorité parlementaire pour priver de base légale les opérations de recensement du corps électoral et d'établissement de la liste électorale informatisée. La majorité parlementaire, par le vote de ladite loi, entendait protester contre un processus auquel elle ne se sentait pas suffisamment associée et faire arrêter les activités de dénombrement des électeurs et la délivrance de cartes d'électeurs biométriques. Saisie de huit recours contre cette loi d'abrogation, la Cour affirme "*qu'il est unanimement admis que la LEPI garantit une élection transparente ; qu'en tout état de cause, la confection d'une telle liste constitue une avancée par rapport à l'ancienne méthode d'enregistrement manuel des électeurs, souvent sujette à des contestations ; qu'ainsi, toute nouvelle législation devant intervenir en cette matière doit être de nature à accélérer et faire progresser la transparence et le processus d'élaboration de la liste électorale permanente informatisée en cours et non l'arrêter, le ralentir ou le faire reculer ; qu'en conséquence, il échet pour la Cour de dire et juger que l'adoption de la loi n°2010-12 par les députés le 18 mars 2010 constitue une négation de la libre et transparente expression de la souveraineté du peuple, et par conséquent une violation de la constitution*". (Décision DCC 10-049 du 05 avril 2010, Président de la République, Rachidi Gbadamassi, Karimou Chabi Sika, Assouan Benoît Dègla et autres).

La Cour apprécie l'opportunité même de la loi lorsqu'elle affirme que "*notre pays s'est engagé sur la base de la loi n°2009-10 du 13 mai 2009 dans le processus de mise en œuvre de la LEPI en recherchant auprès des partenaires techniques et financiers des ressources à travers des accords de financement ; que mieux, lesdits partenaires ont déjà mis à la disposition du Bénin des fonds qui sont utilisés au démarrage du processus*". (Décision DCC 10-049 du 05 avril 2010, Président de la République, Rachidi Gbadamassi, Karimou Chabi Sika, Assouan Benoît Dègla et autres). Dans ces circonstances où des ressources financières sont déjà décaissées, il n'est pas opportun de faire machine arrière, d'arrêter brutalement le processus qui engage l'Etat du Bénin mais aussi les partenaires étrangers.

La seconde affaire concerne un recours pour "*inconstitutionnalité de la prestation de serment des membres de la Mission indépendante de recensement électoral national autonome* (MIRENA)". Le serment des membres a été reçu par la Cour au-delà du délai de 21 jours prescrit par la loi. Cependant, la Cour juge peu pertinente, une décision d'inconstitutionnalité au motif que la Commission politique de supervision a "*tout mis en œuvre pour accomplir les tâches préalables à l'installation des membres de la MIRENA*" mais qu'il lui "*était manifestement impossible de respecter le délai de 21 jours*" et qu'au surplus, la Cour, "*en installant les membres de la MIRENA le 28 août 2009, a implicitement autorisé la prorogation de ce délai*" (Décision DCC 10-085 du 15 juillet 2010, Aline Abalo). Du temps a déjà été perdu pour installer la MIRENA hors du délai légal, il ne convient pas d'aggraver la situation par une annulation et une reprise de la prestation de serment qui ne ferait qu'allonger le processus d'élaboration du RENA et de la LEPI.

53

Décision DCC 08-129 du 18 septembre 2008
Mathias Zomaletho
Recueil 2008 p. 609

Le parallélisme des formes

La Cour Constitutionnelle,

Saisie d'une requête du 08 janvier 2007 enregistrée à son Secrétariat à la même date sous le numéro 0072/007/REC, par laquelle Monsieur Mathias ZOMALETHO forme un recours en inconstitutionnalité contre l'Arrêté du Ministre de l'Intérieur n° 0331/MISPCL/DC/DGPN/DAP/SPRH/SA du 22 décembre 2006 ;

VU la Constitution du 11 décembre 1990 ;
VU la Loi n° 91-009 du 04 mars 1991 portant loi organique sur la Cour Constitutionnelle modifiée par la Loi du 31 mai 2001 ;
VU le Règlement Intérieur de la Cour Constitutionnelle ;
Ensemble les pièces du dossier ;
Ouï le Professeur Théodore HOLO en son rapport ;
Après en avoir délibéré,

Considérant que le requérant expose : « ...Dans le cadre d'une procédure initiée par le Parquet du Tribunal de Première Instance de Cotonou sur la vérification de la gestion de la Police Nationale et des activités d'escorte des véhicules d'occasion en transit au Bénin, certaines autorités et hauts fonctionnaires de Police font l'objet de poursuites judiciaires depuis l'année 2005. C'est ainsi que le 22 février 2006, alors que j'étais Directeur de la Sécurité Publique, direction qui a eu à s'occuper, entre temps, des activités d'escorte, j'ai été interpellé puis mis sous mandat de dépôt à la prison civile de Cotonou par les soins du Juge du 2ème cabinet d'Instruction au Tribunal de Première Instance de Cotonou.

Au bout de neuf mois d'instruction de cette affaire tout au long de laquelle j'ai constamment clamé mon innocence, j'ai néanmoins fini par être mis en liberté provisoire sous caution le 08 décembre 2006.

L'instruction de cette procédure suit encore son cours et à ce jour, aucune décision de justice n'est intervenue pour me déclarer coupable des chefs d'accusation pour lesquels je suis poursuivi.
C'est alors que le 28 décembre 2006, le Directeur Général de la Police nationale me notifie l'Arrêté N° 0331/MISPCL/DC/DGPN/DAP/SPRH/SA du 22 décembre 2006 portant désignation d'un intérimaire du Directeur de la Sécurité Publique relevé de ses fonctions » ; qu'il développe : « L'arrêté incriminé dispose en son article 1er : " Le Contrôleur Général de Police ZOMALETHO Mathias Luc Etienne, Directeur de la Sécurité Publique est relevé de ses fonctions conformément aux articles 6, 7 alinéa 2 et 62 de la loi 93-010 du 20 août 1997, portant Statut Spécial des personnels de la Police Nationale. "

Si dans une certaine mesure, je ne conteste pas au Ministre de l'Intérieur de la Sécurité Publique et des Collectivités locales, mon Ministre de tutelle son droit de me relever de mes fonctions de Directeur de la Sécurité Publique, en retour les motifs de sa décision portent atteinte à mes droits fondamentaux et violent en général les droits de la personne humaine. » ; qu'il poursuit : « En effet, pour asseoir sa décision, le Ministre de l'intérieur vise les articles 6, 7 alinéa 2 et 62 de la Loi 93-010 du 20 Août 1997 portant Statut Spécial des personnels de la Police Nationale.

Que disposent ces articles :

L'article 6 qui précise les principes qui doivent guider les personnels de la Police dispose : " Les personnels de la POLICE NATIONALE doivent en tout temps et en tout lieu, qu'ils soient en service ou non, s'abstenir de tout acte, geste, parole ou manifestation quelconque de nature à troubler l'ordre public, à jeter le discrédit sur les institutions nationales ou sur leur corporation."

L'article 62 qui énumère les différentes sanctions disciplinaires dispose : " Les sanctions disciplinaires applicables aux personnels de la Police Nationale sont :

- la réprimande
- l'avertissement écrit
- le blâme avec inscription au dossier
- l'arrêt de rigueur
- le déplacement d'office
- la radiation du tableau d'avancement
- la perte de grade
- la mise en position de non activité pour une période de trois à huit mois avec suppression partielle ou totale de traitement.

En tout état de cause, l'Agent continue de percevoir la totalité des prestations familiales ;

- la mise à la retraite d'office

- la réforme par mesure disciplinaire ou pour tout autre motif prévu aux articles 66 et 67 de la présente Loi
- la perte de grade
- la destitution."

Or, en l'espèce, vainement le Ministre de l'intérieur ou les Autorités supérieures de la Police Nationale parviendraient-ils à vous rapporter la preuve de l'existence d'une quelconque procédure disciplinaire engagée contre moi jusqu'à la date de signature de l'arrêté incriminé.

Plus vainement encore ces autorités parviendraient-elles à vous rapporter la preuve d'une sanction contre moi et préalable à la signature dudit arrêté » ; qu'il conclut : « Dès lors, et aussi longtemps que je ne suis pas encore jugé et condamné dans la procédure judiciaire en cours devant le 2ème Cabinet d'instruction, je reste et demeure un présumé innocent.

Dans ces conditions, en l'absence de procédure disciplinaire pour faute commise, de sanctions prononcées contre moi, le tout préalablement à l'arrêté susvisé, et en l'absence aussi d'un jugement de condamnation contre moi, l'arrêté du Ministre ne peut viser les articles cités sans porter atteinte à mes droits fondamentaux et partant violer l'article 17 alinéa 1er de la loi du 11 décembre 1990 » ; qu'il demande en conséquence à la Cour de constater que l'Arrêté n° 0331/MISPCL/DC/DGPN/DAP/SPRH/SA du 22 décembre 2006 portant désignation d'un intérimaire du Directeur de la Sécurité Publique relevé de ses fonctions en son article premier porte atteinte aux droits fondamentaux de la personne humaine garantis par l'article 17 alinéa 1er de la loi du 11 décembre 1990 ;

Considérant que le requérant sollicite que la Cour déclare l'article 1er de l'arrêté querellé contraire à l'article 17 de la Constitution pour s'être fondé sur les articles 6, 7 alinéa 2 et 62 de la Loi n° 93-010 du 20 août 1997 portant Statut Spécial des Personnels de la Police Nationale ;

Considérant qu'aux termes des dispositions de l'article 17 de la Constitution : « *Toute personne accusée d'un acte délictueux est présumée innocente jusqu'à ce que sa culpabilité ait été légalement établie au cours d'un procès public durant lequel toutes les garanties nécessaires à sa libre défense lui auront été assurées.* » ; qu'il découle de ces dispositions que la présomption d'innocence est un principe selon lequel, en matière pénale, toute personne poursuivie est considérée comme innocente des faits qui lui sont reprochés tant qu'elle n'a pas été déclarée coupable par la juridiction compétente ; que le prévenu ou l'accusé continue à bénéficier de la présomption d'innocence tant que la décision de condamnation n'a pas acquis autorité de chose jugée ;

Considérant qu'en vertu du principe du parallélisme des formes, l'autorité de nomination a le pouvoir discrétionnaire de nommer, de suspendre ou de relever de ses fonctions un agent, sans avoir besoin de motiver sa décision ; qu'en l'espèce, le Ministre de l'Intérieur a pris l'arrêté querellé pour relever le

Commissaire Mathias ZOMALETHO de ses fonctions ; qu'en faisant expressément mention des articles 6, 7 alinéa 2 et 62 de la Loi n° 93-010 du 20 août 1997 portant Statut Spécial des Personnels de la Police Nationale consacrés aux fautes professionnelles, aux sanctions éventuelles encourues et à la procédure à suivre pour prononcer ces sanctions, alors qu'aucun jugement n'a été rendu dans la procédure judiciaire en cours contre l'intéressé, le Ministre de l'Intérieur a, par ledit arrêté, méconnu le principe de la présomption d'innocence ; qu'en conséquence, il y a lieu de dire et juger que l'article 1er de l'arrêté déféré viole le principe de la présomption d'innocence et par suite la Constitution ;

DECIDE :

Article 1er.- L'article 1er de l'Arrêté n°0331/MISPCL/DC/DGPN/DAP/SPRH/SA du 22 décembre 2006 est contraire à l'article 17 alinéa 1 de la Constitution.
Article 2.- La présente décision sera notifiée à Monsieur Mathias ZOMALETHO, au Ministre de l'Intérieur et de la Sécurité Publique, au Directeur Général de la Police Nationale et publiée au Journal Officiel.

Ont siégé à Cotonou, le dix-huit septembre deux mille huit,

Monsieur Robert S. M. DOSSOU	Président
Madame Marcelline-C. GBEHA AFOUDA	Vice-Président
Messieurs Bernard Dossou DEGBOE	Membre
Théodore HOLO	Membre
Robert TAGNON	Membre
Madame Clémence YIMBERE DANSOU	Membre

Le Rapporteur, Le Président,

Pr. Théodore HOLO Robert S. M. DOSSOU

OBSERVATIONS

Le parallélisme des formes implique que "*l'autorité de nomination a le pouvoir discrétionnaire de nommer, de suspendre ou de relever de ses fonctions un agent, sans avoir besoin de motiver sa décision*". Cette formulation, pour le moins péremptoire de la Haute juridiction constitutionnelle, semble faire litière des tendances nouvelles en droit comparé : la motivation nécessaire des actes juridiques des pouvoirs publics. Cette motivation a des conséquences sur l'appréciation de la constitutionnalité interne des lois ou des actes règlementaires soumis à la censure de la juridiction constitutionnelle. Le respect du parallélisme des formes ne saurait donc dispenser de l'obligation de motivation des actes, lorsque les textes de référence le prescrivent.

L'orientation générale de la jurisprudence de la Cour est que le parallélisme des formes, "*principe à valeur constitutionnelle*" (Décision DCC 05-017 du 03 mars 2005, Dakpogan Marius, Recueil 2005, p. 89) s'impose même sans texte. Pour la Cour, "*à défaut de dispositions expresses déterminant l'autorité compétente pour suspendre ou mettre fin aux fonctions de directeur (...) ce pouvoir appartient à l'autorité investie du pouvoir de nomination*" (Décision DCC 99-026 du 11 mars 1999, Houenontin Clément, Recueil 1999, p. 93). En conséquence, l'arrêté de suspension du directeur de la télévision nationale viole la constitution parce que le directeur a été nommé par décret signé du Président de la République (Décision DCC 99-027 du 11 mars 1999, Adjovi Vidjinnagni Emmanuel, Badou Adjakou Jérôme, Recueil 1999, p. 97 ; voir aussi Décision DCC 06-065 du 0 juin 2006, Hodonou Armand, Recueil 2006, p. 319).

Le "*parallélisme des compétences n'implique pas le parallélisme des formes*". Si selon les dispositions de la loi organique, le directeur de la télévision nationale est nommé selon une procédure qui implique la Haute autorité de l'audiovisuelle et de la communication (HAAC) , la même loi organique ne contient "*aucune disposition relative à sa suspension ou à sa révocation et n'exige pas l'intervention de la HAAC*" ; dès lors, le Président de la République, autorité de nomination, "*est habilité à abroger le décret (...) par lequel avait été nommé (le) directeur de la télévision nationale*" (Décision DCC 99-035 du 20 mai 1999, Adjovi Vidjinnagni Emmanuel, Badou Adjakou Jérôme, Recueil 1999, p.127).

Le parallélisme des formes, principe à valeur constitutionnelle, s'efface étrangement lorsqu'un acte administratif y déroge. Il n'y a donc pas inconstitutionnalité lorsqu'un directeur nommé par décret pris en conseil des ministres est relevé de ses fonctions par un arrêté ministériel du moment où le décret n°81-50 du 26 février 1981 organisant le régime juridique des entreprises publiques "*autorise le ministre à suspendre par arrêté tout directeur d'une structure sous tutelle*" (Décision DCC 05-017 du 03 mars 2005, Dakpogan Marius, Recueil 2005, p. 87). Le juge constitutionnel s'est fait, en l'occurrence, juge de la légalité administrative et n'a pas voulu confronter le décret n°81-50 au principe constitutionnel de parallélisme des formes.

54

Décision DCC 07-093 du 21 Août 2007
Serge Roberto Prince Agbodjan

Les formalités substantielles

La Cour Constitutionnelle,

Saisie des requêtes :

- du 05 janvier 2007 enregistrée à son Secrétariat le 08 janvier 2007 sous le numéro 0059/006/REC, par laquelle Monsieur Serge Roberto PRINCE AGBODJAN soumet au « contrôle de constitutionnalité la décision de nomination du Directeur Général de l'ORTB prise au cours de la séance du Conseil des Ministres du 03 janvier 2007 » ;
- du 05 janvier 2007 enregistrée à son Secrétariat le 16 janvier 2007 sous le numéro 0226/012(bis)/REC, par laquelle Monsieur Armand HODONOU sollicite de la Haute Juridiction la « régulation du fonctionnement de la HAAC et de l'acte gouvernemental de nomination des Directeurs Généraux de l'ORTB et de l'ABP » ;
- du 19 janvier 2007 enregistrée à son Secrétariat le 22 janvier 2007 sous le numéro 0274/019/REC, par laquelle Madame Mariette DJOSSOU forme un « recours en inconstitutionnalité de l'acte de nomination des Sieurs Julien AKPAKI et Yaovi HOUNKPONOU » ;
- du 26 janvier 2007 enregistrée à son Secrétariat à la même date sous le numéro 0326/023/REC, par laquelle Monsieur Joseph VODOUNON DJODO introduit un recours en « inconstitutionnalité de la nomination en Conseil des Ministres du 03 janvier 2007 du Directeur Général de l'Agence Bénin Presse (ABP) » ;
- du 29 janvier 2007 enregistrée à son Secrétariat à la même date sous le numéro 0336/024/REC, par laquelle Monsieur Gontran HOUNSOUNOU forme un recours en inconstitutionnalité du Décret n° 2007-022 du 22 janvier 2007 portant nomination de Monsieur Julien Pierre AKPAKI en qualité de Directeur Général de l'Office de Radiodiffusion et Télévision du Bénin ;
- du 31 janvier 2007 enregistrée à son Secrétariat à la même date sous le numéro 0347/025/REC, par laquelle Monsieur Léonce GOUHOUEDE sollicite le contrôle de constitutionnalité du même décret ;

- du 1er février 2007 enregistrée à son Secrétariat à la même date sous le numéro 0367/026/REC, par laquelle Monsieur Abdoulaye CHITOU forme un recours en « inconstitutionnalité de la nomination de Monsieur Yaovi HOUNKPONOU au poste de Directeur Général de l'Agence Bénin Presse... » ;
- du 03 mai 2007 enregistrée à son Secrétariat à la même date sous le numéro 1375/081/REC, par laquelle Monsieur Denis Louis AKPOUE forme un « recours en inconstitutionnalité du décret n° 2007- 022 portant nomination de Monsieur Yaovi HOUNKPONOU en qualité de Directeur Général de l'Agence Bénin Presse » ;

VU la Constitution du 11 décembre 1990 ;
VU la Loi n° 91-009 du 04 mars 1991 portant loi organique sur la Cour Constitutionnelle modifiée par la Loi du 31 mai 2001 ;
VU le Règlement Intérieur de la Cour Constitutionnelle ;
Ensemble les pièces du dossier ;
Ouï le Conseiller Pancrace BRATHIER en son rapport ;
Après en avoir délibéré,

Considérant que Monsieur Serge Roberto PRINCE AGBODJAN expose que l'article 6 alinéa 3 de la loi organique sur la Haute Autorité de l'Audiovisuel et de la Communication (HAAC) précise que la HAAC « propose à la nomination par le Chef de l'Etat en Conseil des Ministres, les Directeurs des Organes de presse publique » ; qu'il développe qu'aux termes de la loi et de la jurisprudence constante de la Cour, « l'organe constitutionnel habilité à faire des propositions pour la nomination des Directeurs des Organes de presse publique reste et demeure la HAAC » ; qu' « en l'état, le Président de la République ne saurait nommer le Directeur Général de l'ORTB "à la suite des propositions de la HAAC et sur décision du Président de la République" comme le stipule le communiqué n° 01/PR/SGG/Com ; qu'en faisant comme il l'a fait, le Président de la République a usurpé le pouvoir constitutionnel de "proposition" de la HAAC et viole par conséquent l'article 142 de la Constitution... et la loi organique en son article 6 alinéa 3 » ; qu'il ajoute par ailleurs « que les décisions à prendre par le Conseil des ministres sont distinctes de celles à prendre par le Président de la République dans l'exercice de ses pouvoirs propres ; que notre Constitution... en accordant des pouvoirs propres au Président de la République l'a clairement précisé à travers les articles suivants : article 60 (droit de grâce), article 115 (droit de nomination de trois membres de la Cour Constitutionnelle), article 54 (le droit de nommer les membres du Gouvernement et de mettre fin à leurs fonctions)... ; que dans le cas d'espèce, l'expression "sur Décision du Président de la République" évoquée au cours du Conseil des Ministres pour nommer le Directeur Général de l'ORTB viole le droit de la personne humaine notamment le droit du citoyen d'accéder aux fonctions publiques de leur pays dans la mesure où aucun de ceux qui sont proposés par la HAAC ne sont nommés » ; qu'il demande en conséquence à la Haute Juridiction de déclarer contraire à la Constitution et à la loi organique sur la HAAC , la décision de nomination du Directeur Général de l'ORTB prise en Conseil des Ministres le 03 janvier 2007 ;

Considérant que Monsieur Armand HODONOU, quant à lui, expose que le Gouvernement en séance hebdomadaire du Conseil des Ministres le 03 janvier 2007, a entre autres actes, pris le décret de nomination de Messieurs Julien AKPAKI et Yaovi HOUNKPONOU respectivement comme Directeur Général de l'Office de Radiodiffusion et Télévision du Bénin (ORTB) et de l'Agence Bénin Presse (ABP) ; que depuis lors, « un différend » oppose la HAAC, l'Institution de régulation des médias et le Gouvernement ; qu'il demande alors à la Cour « d'user de ses prérogatives pour réguler le fonctionnement de la HAAC et l'acte gouvernemental afférent à la nomination de Julien AKPAKI et de Yaovi HOUNKPONOU comme Directeur Général de l'ORTB et Directeur Général de l'ABP » ;

Considérant que Madame Mariette DJOSSOU, reprenant les mêmes faits, précise que « la réalité que recouvrent ces deux nominations c'est qu'il s'agit d'un acte administratif contraire à la Constitution visant à priver la HAAC d'une partie de ses pouvoirs constitutionnels ... En procédant comme il l'a fait, le Chef de l'Etat se substitue à la HAAC dans ses prérogatives constitutionnelles de proposition à nomination et procède de ce fait à un détournement du pouvoir constitutionnel de l'Institution de régulation des médias » ; qu'elle demande en conséquence à la Haute Juridiction de déclarer contraires à la Constitution lesdites nominations ;

Considérant que Monsieur Joseph VODOUNON DJODO, en ce qui le concerne, rappelle que selon l'article 1er de la Décision n° 06-038/HAAC du 15 novembre 2006, seul le dossier de Monsieur Abdoulaye CHITOU a été déclaré recevable à l'étape de présélection au poste de Directeur Général de l'ABP ; que Monsieur Yaovi HOUNKPONOU, le deuxième, n'a pas été retenu ; mais que force est de constater que c'est plutôt celui-ci qui a été nommé en Conseil des Ministres ; qu'il ajoute par ailleurs que le communiqué dudit Conseil des Ministres indique « à la suite des propositions de la HAAC et sur décision du Président de la République... » ; qu'il déclare « que c'est pour la première fois qu'une telle expression qui prête à équivoque est utilisée en Conseil des Ministres pour la nomination des responsables d'organes de presse de service public. Cette expression laisse croire que c'est le Président qui a pris seul la décision sans l'avis des Ministres. Ce faisant, l'article 6 de la loi organique de la HAAC a été violé en ses alinéas 2 et 7 et par conséquent, la Constitution en ses articles 142 et 143 » ; qu'il affirme par ailleurs que le retard dans la prise du décret de nomination par le Président de la République constitue un blocage du fonctionnement des Institutions que sont le Président de la République et la

HAAC ; qu'il demande en conséquence à la Cour, sur le fondement des articles 114 et 117 alinéa 1er, 4ème point de la Constitution, « d'user de ses prérogatives pour faire prendre par le Président de la République le décret de nomination de Monsieur Yaovi HOUNKPONOU… » ;
Considérant que Monsieur Gontran HOUNSOUNOU, quant à lui, soutient : « Au 5ème alinéa de ce décret, il est écrit "sur proposition de la Haute Autorité de l'Audiovisuel et de la Communication"… comme vous le constaterez, nulle part ne figure le nom de Monsieur Julien Pierre AKPAKI. Ce faisant le Chef de l'Etat s'est substitué à la HAAC dans ses attributions constitutionnelles de propositions à nomination. En procédant comme il l'a fait, le Chef de l'Etat a violé l'article 6, 3ème tiret de la loi organique n° 92-021 du 21 août 1992 relative à la HAAC » ; qu'il demande à la Cour de déclarer contraire à la Constitution le décret querellé ;

Considérant que Monsieur Léonce GOUHOUEDE, en ce qui le concerne, ajoute qu'« en énonçant que la HAAC propose des candidats à la nomination par le Chef de l'Etat aux fonctions de Directeurs des Organes de presse publique, il ne saurait s'agir dans l'esprit du constituant béninois d'une proposition facultative… L'esprit dominant l'institution de la HAAC est totalement contraire à l'idée de voir le Chef de l'Etat nommer à sa guise les responsables des organes de presse publique… Au plan constitutionnel, le Chef de l'Etat est donc irrémédiablement lié par les propositions de nomination faites par la HAAC… D'ailleurs, le décret ne vise nulle part la décision de proposition de la HAAC. Il viole donc l'article 73 de la Constitution… » ; qu'il demande en conséquence à la Cour de déclarer ledit décret contraire à la Constitution, de dire d'une part que le Président de la République en agissant comme il l'a fait, a violé la Constitution et d'autre part, que la prise de service des intéressés est nulle et de nul effet ;

Considérant que Monsieur Abdoulaye CHITOU, pour sa part, expose que par appel à candidature sur décision n° 06-030/HAAC du 10 juillet 2006, il a déposé ses dossiers à la HAAC qui les a acceptés à l'étape de présélection conformément à la décision n°06-038/HAAC lui permettant de poursuivre la procédure par la soutenance de son mémoire ; qu'il développe qu'à sa grande surprise, c'est plutôt Monsieur Yaovi HOUNKPONOU dont les dossiers n'ont même pas été retenus selon les critères de présélection qui a été nommé en Conseil des Ministres du 03 janvier 2007 ; qu'il affirme que la décision du Chef de l'Etat crée ainsi à son égard « une injustice » étant entendu qu'ils n'étaient que deux à compétir ; qu'il conclut en conséquence à la violation de la Constitution et de la loi organique relative à la HAAC ;

Considérant que Monsieur Denis Louis AKPOUE développe : «… la procédure de nomination de Monsieur Yaovi HOUNKPONOU au poste de Directeur Général de l'Agence Bénin Presse n'a pas été respectée au regard de l'article 6 de la loi organique de la Haute Autorité de l'Audiovisuel et de la Communication (HAAC) prévue par l'article 143 de la Constitution... La décision n°06-038/HAAC du 15 novembre 2006 portant présélection des candidats pour les propositions de nomination aux postes de Directeur Général de l'Office de Radiodiffusion et Télévision du Bénin (ORTB) et Directeur Général de l'Agence Bénin Presse (ABP) ne fait pas cas de Monsieur Yaovi HOUNKPONOU qui ne peut donc pas être nommé parce que non proposé par la HAAC.

En nommant Monsieur Yaovi HOUNKPONOU au poste de Directeur Général de l'Agence Bénin Presse et en mettant dans le décret l'expression "Sur proposition de la Haute Autorité de l'Audiovisuel et de la Communication", le Chef de l'Etat a violé l'article 6 de la loi organique de la HAAC, partant, la Constitution. » ; qu'il demande en conséquence à la Cour de « déclarer contraire à la Constitution le décret de nomination de Monsieur Yaovi HOUNKPONOU » ;

Considérant que les huit (08) recours portent sur le même objet et tendent aux mêmes fins ; qu'il y a lieu de les joindre pour y être statué par une seule et même décision ;

Considérant qu'en réponse à la mesure d'instruction de la Cour, le Président de la Haute Autorité de l'Audiovisuel et de la Communication, Monsieur Ali ZATO, explique : « Dans le cadre de ses attributions, notamment celles indiquées dans l'alinéa 3 de l'article 6 de la loi organique, l'Institution de régulation des médias a mis en oeuvre la procédure devant aboutir au renouvellement du Directeur Général de l'Office de Radiodiffusion et Télévision du Bénin (ORTB) et celui de l'Agence Bénin -Presse (ABP) par les décisions ci-après annexées à la présente... Conformément à la Décision n° 05-170/HAAC du 06 décembre 2005 citée supra, la procédure de propositions de nomination aux postes de Directeur Général de l'ORTB et de l'ABP s'est déroulée en cinq (05) étapes. L'ouverture des plis et le dépouillement des dossiers de candidatures se sont déroulés au siège de la HAAC, le 27 juillet 2006 en ce qui concerne l'ORTB et le 10 octobre 2006 pour l'ABP. Au total, cinq (05) dossiers de candidatures ont été reçus à raison de :

- trois (03) pour le poste de Directeur Général de l'ORTB. Il s'agit des dossiers de Messieurs : Etienne Coovi NATABOU, Julien Pierre AKPAKI, Gaston Kuassi AKPLA ;
- deux (02) pour le poste de Directeur Général de l'ABP. Il s'agit des dossiers de Messieurs : Abdoulaye CHITOU, Yaovi HOUNKPONOU.

L'étape de la présélection a débuté le 12 octobre 2006, tandis que celle de la sélection a eu lieu le 07 novembre 2006. Conformément aux dispositions de la

loi organique citée supra et du règlement intérieur de la Haute Autorité de l'Audiovisuel et de la Communication (HAAC), toute la procédure s'est déroulée en séances plénières des Conseillers. Au terme de l'étape de la présélection, les dossiers de candidatures des personnes ci-dessous ont été déclarés recevables par Décision n° 06-038/HAAC du 15 novembre 2006 : Monsieur Etienne Coovi NATABOU pour le poste de Directeur Général de l'Office de Radiodiffusion et Télévision du Bénin (ORTB) ; Monsieur Abdoulaye CHITOU pour le poste de Directeur Général de l'Agence Bénin - Presse (ABP). Ainsi, seuls ces deux candidats ont été retenus pour la sélection. La Décision n° 06-039/HAAC du 24 novembre 2006 constate les résultats définitifs de la sélection issus des notations et des délibérations de l'Assemblée des Conseillers de la HAAC. Par lettre n° 0136/-06/HAAC/PT/DC/SP-C du 1er décembre 2006, j'ai transmis au Chef de l'Etat pour nomination en Conseil des Ministres aux postes ci-dessus indiqués les deux (02) candidats sélectionnés. Par lettre n° 766-C/PR/CAB/SP du 08 décembre 2006, le Chef de l'Etat a accusé réception de ma correspondance en date du 1er décembre 2006 relative aux propositions de nomination. Après les observations sur les dispositions des articles 10 et 11 de la Décision n° 05-170/HAAC du 06 décembre 2005, il a demandé à l'Institution de régulation de lui communiquer la liste des trois premiers dans la mesure des candidatures disponibles. Faisant suite à cette correspondance du Chef de l'Etat, j'ai dans ma lettre n° 0142/HAAC/PT/DC/SP-C en date du 19 décembre 2006 expliqué dans les moindres détails, toute la procédure ainsi que l'esprit dans lequel les propositions de nominations ont été faites.
Ainsi, communiquer la liste des trois premiers dans la mesure des candidatures disponibles comme l'exige le Chef de l'Etat violerait la Décision n° 05-170/HAAC du 06 décembre 2005 portant détermination de la procédure de sélection des candidats pour les propositions de nomination à divers postes dans les organes de presse de service public et la Décision n° 06-039/HAAC du 15 novembre 2006 portant présélection des candidats pour les propositions de nomination aux postes de Directeur Général de l'ORTB et de l'ABP. L'Institution attendait une acceptation ou une lettre de récusation des propositions faites au Chef de l'Etat quand, le mercredi 03 janvier 2007, les nominations sont intervenues, à la surprise générale des Conseillers. Notre surprise est d'autant plus grande que le Chef de l'Etat a fait les nominations en dehors des personnes à lui proposées par la HAAC. Ces nominations appellent de ma part quelques observations. En effet, si l'instance de proposition doit permettre à l'instance de décision de faire son choix en lui adressant une liste de plusieurs noms, l'instance de décision conserve, quel que soit le nombre de noms proposés, son pouvoir de récusation. Elle ne peut se sentir liée puisqu'il ne s'agit que de proposition. De la même manière, il ne peut être dénié à l'instance de proposition son pouvoir de sélection et de proposition. En résumé, l'instance de proposition a un pouvoir de sélection tandis que l'instance de nomination a un pouvoir de récusation et de nomination. Le Chef de l'Etat ne

peut pas dénier à la HAAC son pouvoir de sélection et de proposition et nommer des personnes qu'elle n'a ni sélectionnées ni proposées… » ;

Considérant qu'au cours de l'audience du 1er mars 2007, la Cour a entendu Monsieur Victor TOPANOU, Conseiller Technique Juridique du Président de la République qui a fait tenir à la Haute juridiction les copies des correspondances échangées entre le Président de la République et le Président de la Haute Autorité de l'Audiovisuel et de la Communication (HAAC) ; qu'à la suite de cette audition, le Directeur Adjoint de Cabinet du Président de la République a transmis à la Haute Juridiction le mémoire par lequel il explique :

« …Par Décret N° 2007 -022 du 22 Janvier 2007, le Président de la République, Chef de l'Etat, Chef du Gouvernement a nommé Monsieur AKPAKI Julien, Directeur Général de l'ORTB. Ce Décret a été attaqué devant la Cour Constitutionnelle pour violation de la Constitution.

La thèse justificative centrale de la prise de ce décret consiste à dire que c'était la seule réponse juridique à la situation de blocage délibérément et irresponsablement créée par les Autorités de la Haute Autorité de l'Audiovisuel et de la Communication (HAAC) à la suite de leur correspondance référencée N°0142/HAAC/PT/DC/SP-C en date du 19 Décembre 2006 …

L'argumentaire juridique développé pour démontrer cette thèse tourne autour de deux axes que sont d'abord, la violation par la HAAC de son propre bloc de constitutionnalité, ensuite, la qualité de contractuel du seul candidat que la HAAC a proposé à nomination, le tout alors que le Directeur en place se trouvait depuis plus de sept mois dans une situation d'illégalité.

I/ De la violation par la HAAC de son bloc de constitutionnalité.

La violation du bloc de constitutionnalité de la HAAC s'analyse aussi bien à travers les dispositions constitutionnelles, légales, normatives que jurisprudentielles.

Au niveau de la Constitution, seuls les articles 142 et 143 traitent de la HAAC, le premier définissant ses missions et le second dans son alinéa 1er règlementant la nomination de son Président. C'est le second alinéa de cet article qui renvoie à la loi organique fixant la composition, les attributions, l'organisation et le fonctionnement de la Haute Autorité de l'Audiovisuel et de la Communication.

Au niveau de la loi, c'est la loi organique N° 92-021 du 21 Août 1992 relative à la Haute Autorité de l'Audiovisuel et de la Communication qui organise en son article 6 la procédure de désignation des Directeurs des Organes Publics de Presse. L'alinéa 3 de cet article stipule que "la HAAC, en sa qualité de garante de l'exercice de la liberté de presse et de communication (...) propose à la nomination par le Chef de l'Etat en Conseil des Ministres, les Directeurs des organes publics". Cette disposition ne renseigne malheureusement pas assez sur le processus devant conduire la HAAC à faire des propositions au Chef de l'Etat.

Pour éviter de tomber dans l'arbitraire dans le choix des candidats, la HAAC a pris la Décision N° 05-170/HAAC du 6 Décembre 2005 "portant détermination de la procédure de sélection des candidats pour les propositions de nomination à divers postes dans les organes de presse de service public"... Trois articles méritent de retenir l'attention dans cette Décision. Le premier est l'article 1er qui stipule "sont mises en oeuvre, dans les conditions prévues par la présente Décision, les dispositions de l'article 6 alinéa 3 de la Loi Organique N° 92-021 du 21 Août 1992 relative à la Haute Autorité de l'Audiovisuel et de la Communication". Il apparaît donc clairement que cette Décision est une Décision d'application de la Loi Organique N° 92-021 du 21 Août 1992. Ce faisant elle fait partie intégrante du bloc de constitutionnalité de la HAAC. Et c'est ici qu'intervient la première différence d'interprétation entre l'Exécutif et la HAAC qui considère en effet, qu'elle n'est pas liée par cette Décision et que l'article 6 alinéa 3 de la Loi N° 092-021 "se suffit à elle-même dans la mesure où le législateur a fixé le cadre de compétence de chaque institution à savoir, la HAAC propose et le Chef de l'Etat nomme"...
Le second article ensuite, qui retient l'attention est l'article 4 qui définit la procédure d'appel à candidature en cinq étapes sanctionnées chacune par une Décision de la HAAC à savoir la publication de la procédure, l'appel à candidatures, l'ouverture des plis et le dépouillement, la présélection et la sélection.

Le troisième article enfin, est l'article 10 qui stipule que "sont retenus et transmis au Chef de l'Etat, à titre de propositions à nomination en Conseil des Ministres, les noms des trois premiers candidats sélectionnés et classés par poste et par ordre de mérite". Ce qui revient à dire qu'au terme de la procédure prévue à l'article 4, la HAAC se doit de proposer trois noms à la Haute Autorité pour nomination. Ce que la HAAC s'est refusée à faire étant entendu qu'elle considère que cette Décision ne fait pas partie de son bloc de constitutionnalité et qu'en tant que telle ne la liait pas. Et c'est ici le second point de désaccord entre l'Exécutif et la HAAC qui considère que *"dans la mesure où il n'a pas été possible d'avoir trois noms à proposer, la HAAC soumet à l'appréciation du Chef de l'Etat le ou les dossiers qualifiés par l'Institution. (...) Le classement par ordre de mérite indiqué par l'article 10 de la Décision 05-170/HAAC ne peut donc avoir cours dans le cas d'espèce, puisqu'il n'y* a *qu'un seul dossier retenu de part et d'autre"*...L'Exécutif pour sa part, pense que la HAAC est tenue par les dispositions de l'article 10 et de proposer trois candidats. Il ne pouvait d'ailleurs en être autrement puisque la jurisprudence de la Cour Constitutionnelle confirme cette position.

Au niveau de la jurisprudence de la Cour Constitutionnelle, c'est la Décision DCC 03-085 qui l'établit... En effet, dans son cinquième considérant, la Décision affirme que "selon la doctrine, lorsque la proposition à nomination est obligatoire, l'autorité ayant pouvoir de nomination ne peut choisir que sur la liste de candidat à elle proposée ; que le cas échéant, elle peut demander de nouvelles propositions ; que l'organe consultatif propose plusieurs candidats entre lesquels l'autorité de décision fait son choix". Cette position doctrinale a été réaffirmée avec plus de force dans le huitième considérant de la Décision en érigeant cette position doctrinale en principe général. Il affirme en effet que *"le principe général selon lequel lorsqu'il s'agit d'une proposition obligatoire, comme l'exige l'article 6 alinéa 3 de la Loi N° 92-021 du 21 Août 1992 relative à la Haute Autorité de l'Audiovisuel et de la Communication, l'organisme consultatif propose plusieurs candidats entre lesquels l'autorité de décision opère son choix..."*. Cette jurisprudence qui se passe de tout commentaire a été superbement ignorée par la HAAC. Ceci est d'autant plus inconcevable que le seul candidat proposé par la HAAC à nomination, à savoir Monsieur NATABOU Etienne Coovi est un contractuel de l'ORTB.

(...)

Considérant que l'article 6, 2ème tiret de la loi organique sur la HAAC édicte : *« La Haute Autorité de l'Audiovisuel et de la Communication (HAAC), en sa qualité de garante de l'exercice de la liberté de presse et de la communication... - propose à la nomination par le Chef de l'Etat en Conseil des Ministres, les Directeurs des Organes de presse publique ; »* ; que dans la Décision n° 05-170/HAAC du 06 décembre 2005 portant détermination de la procédure de sélection des candidats pour les propositions de nomination à divers postes dans les organes de presse de service public, il est précisé aux articles 1er, 4 et 10 :

Article 1er : *« Sont mises en oeuvre, dans les conditions prévues par la présente Décision, les dispositions de l'article 6 alinéa 3 de la Loi Organique n° 92-021 du 21 août 1992 relative à la Haute Autorité de l'Audiovisuel et de la Communication. » ;*

Article 4 : *« La Commission de la Législation et du Contentieux conduit la procédure d'appel à candidatures conformément à l'article 36 du Règlement Intérieur du 06 juillet 2005.*

Ladite procédure se déroule suivant les étapes ci-après :

1. *la publication de la procédure,*
2. *l'appel à candidatures,*
3. *l'ouverture des plis et le dépouillement,*
4. *la présélection,*
5. *la sélection.*

Chacune des étapes fait l'objet d'une décision de la HAAC ;

Article 10 : *« Sont retenus et transmis au Chef de l'Etat, à titre de propositions à nomination en Conseil des Ministres, les noms des trois premiers candidats sélectionnés et classés par poste et par ordre de mérite » ;*

Considérant que selon la jurisprudence de la Cour contenue dans sa Décision DCC 03-085 du 28 mai 2003, « selon la doctrine, *lorsque la proposition à nomination est obligatoire, l'autorité ayant pouvoir de nomination ne peut choisir que sur la liste* des candidats à elle proposée ; que le cas échéant, elle peut demander de nouvelles propositions ; que l'organisme consultatif propose plusieurs candidats entre lesquels l'autorité de décision fait son choix » ; que selon le principe général énoncé, « lorsqu'il s'agit d'une proposition obligatoire, comme l'exige l'article 6 alinéa 3 de la Loi n° 92-021 du 21 août 1992 relative à la Haute Autorité de l'Audiovisuel et de la Communication (HAAC), l'organisme consultatif propose plusieurs candidats entre lesquels l'autorité de décision opère son choix » ; qu'il résulte de tout ce qui précède que l'institution de régulation, s'étant trouvée dans l'impossibilité de proposer plusieurs candidats sélectionnés, doit constater que l'appel à candidature est infructueux et reprendre la procédure ; que ne pas le faire revient à imposer à l'autorité de nomination de *ne s'en tenir qu'au seul candidat sélectionné par poste* ; qu'en agissant comme elle l'a fait, la Haute Autorité de l'Audiovisuel et de la Communication (HAAC) a violé la Constitution ;

Considérant que par ailleurs, Messieurs Julien Pierre AKPAKI et Yaovi HOUNKPONOU ont été nommés respectivement Directeur Général de l'Office de Radiodiffusion et Télévision du Bénin (ORTB) et Directeur Général de l'Agence Bénin Presse (ABP) alors que la HAAC ne les a pas proposés à nomination ; que l'absence de réponse au Président de la République à sa demande de proposition de trois (03) noms de candidats ne l'autorise pas non plus à passer outre les dispositions de l'article 6, 2ème tiret de la loi organique sur la HAAC ; qu'en agissant comme il l'a fait, le Président de la République a dénié à cette institution son pouvoir constitutionnel de sélection et de proposition des candidats aux divers postes dans les organes de presse publique et a par conséquent, violé la Constitution ; et sans qu'il soit besoin de statuer sur les autres moyens ;

D E C I D E :

Article 1er .- Le Président de la Haute Autorité de l'Audiovisuel et de la Communication a violé la Constitution.

.

Article 2 .- Le Président de la République a violé la Constitution.

Article 3 .- La présente décision sera notifiée à Madame Mariette DJOSSOU, (…) et publiée au Journal Officiel.

Ont siégé à Cotonou, le vingt et un août deux mille sept,

Madame Conceptia D. OUINSOU	Président
Messieurs Jacques D. MAYABA	Vice-Président
Idrissou BOUKARI	Membre
Pancrace BRATHIER	Membre
Christophe KOUGNIAZONDE	Membre
Madame Clotilde MEDEGAN-NOUGBODE	Membre

Le Rapporteur, Le Président,

Pancrace BRATHIER.- Conceptia D. OUINSOU

OBSERVATIONS

La constitutionnalité externe des actes soumis au contrôle de la juridiction constitutionnelle relève du respect de règles de forme et de procédure prescrites à peine de nullité. Ces règles ont leur importance, car au-delà d'un avis ou d'une question anodine de forme, c'est toute l'architecture de la constitution qui se trouve mise à mal. La question des formalités substantielles soulevée par la jurisprudence constitutionnelle est en réalité le socle d'une bonne distribution des pouvoirs publics constitutionnels, la manifestation opérationnelle de l'équilibre des pouvoirs voulu par le constituant de 1990.

En passant outre l'étape de proposition de noms constitutionnellement dévolue à la Haute autorité de l'audiovisuel et de la communication (HAAC) et en décidant seul de choisir le directeur général de l'Office de radiodiffusion et de télévision du Bénin, "*le Président de la République a dénié à cette institution son pouvoir constitutionnel de sélection et de proposition des candidats aux divers postes dans les organes de presse publique et a par conséquent, violé la Constitution*". La proposition de noms par la HAAC est analysée par la Cour comme une formalité substantielle. La HAAC, organe de régulation des médias, est chargée d'un travail technique de sélection et de proposition de noms. Cette compétence réduit l'autonomie de décision du pouvoir exécutif et participe ainsi des fameux *checks and balances* destinés à contrebalancer la concentration du pouvoir aux mains du Président de la République, dans un domaine aussi sensible que la collecte et la diffusion de l'information.

Dans une autre affaire, l'argument de la formalité impossible est jugée par la Cour comme inopérante. Ainsi, la circonstance que les "*membres du bureau ont fait le constat selon lequel il est impossible de mettre en place la conférence des présidents dans les délais constitutionnels de nomination des membres de la Cour constitutionnelle*" est irrecevable dans la mesure où "*le retard observé dans l'installation des membres la conférence des présidents (...) est imputable à la représentation nationale"*. En conséquence, les "*nominations des membres à la Cour constitutionnelle faites par le bureau de l'Assemblée nationale (...) sans l'avis conforme de la conférence des présidents (...) sont contraires à la constitution pour vice de procédure*" (Décision DCC 03-092 du 04 juin 2003, Sokpehoundé Macaire Adan, Quenum Epiphane, Recueil 2003, p. 379 ; et aussi Décision DCC 98-052 du 29 mai 1998, Yétounou Kotchikpa, Recueil 1998, p. 257).

D'une manière générale, la Cour utilise l'arme des formalités substantielles pour garantir les prérogatives respectives des pouvoirs publics, faire respecter les compétences de chaque organe constitutionnel. Ainsi, est contraire à la constitution, un projet de loi transmis à l'Assemblée nationale "*sans avoir été au préalable soumis à l'avis de la Cour suprême*" (Décision DCC 01-026 du 16 mai 2001, Président de la République, Recueil 2001, p. 121). Est tout autant contraire à la constitution, une loi organique promulguée par le Président de la République "*sans avoir recueilli préalablement de la Cour constitutionnelle la décision de conformité à la constitution*" (Décision DCC 15-94 du 27 mai 1994, Union des éditeurs et journalistes de la presse indépendante du Bénin, Recueil 1994, p. 54) ou un décret qui n'est pas revêtu du contreseing du ministre chargé de son exécution (Décision DCC 96-052 du 12 août 1996, do Régo Fréjus, Recueil 1996, p. 233). Est enfin contraire à la constitution une loi relative à la presse et à la communication qui n'a pas respecté la formalité substantielle de la "*consultation de la Haute autorité de l'audio-visuel et de la communication et l'avis de la Cour suprême*" (Décision DCC 99-043 du 04 août 1999, Président de la république, Recueil 1999, p. 163).

En disposant que "*les projets de loi sont délibérés en Conseil des Ministres, après avis motivé de la Cour Suprême*" (article 105), la constitution vise-t-elle toutes les lois y compris les lois de révision constitutionnelle ? La Cour apporte une réponse en deux temps :

- pour les lois de révision constitutionnelle, la Cour décide que, "*l'initiative du Président de la République (est soumise) à l'avis préalable et obligatoire de la Cour Suprême pour la mise en œuvre du pouvoir législatif conformément à l'article 105 de la Constitution, il en va autrement de l'initiative du Président de la République en matière de révision de la Constitution qui relève exclusivement de l'article 154 de la Constitution"*. Il convient donc de comprendre que les lois de révision constitutionnelle obéissent à un régime dérogatoire et que dès lors "*l'article 154 subordonne la validité de l'initiative du Président de la République en matière de révision de la Constitution à la seule et suffisante délibération du Conseil des Ministres.*" Il ne saurait, en conséquence, en résulter une quelconque obligation d'examen préalable de conformité par la Cour suprême (Décision DCC 13-124 du 12 septembre 2013, Serge Roberto PRINCE AGBODJAN, Recueil 2013, volume 2, p.801 ; voir aussi Décision DCC 14-069 du 8 avril 2014, Serge Roberto PRINCE AGBODJAN, Recueil 2014, volume 1, p.485) ;

- pour les lois ordinaires, la réponse de la Cour vise à préciser si le constrôle de constitutionnalité des lois "*à la demande du Président de la république ou de tout membre de l'Assemblée Nationale*" (article 121 de la constitution) est une faculté laissée à la discrétion de ceux-ci ou une obligation. Dans sa décision Décision DCC 17-039, la Cour juge que "*les lois en général doivent être soumises au contrôle de leur conformité à la Constitution avant leur promulgation ; que cette formalité n'est donc pas facultative et doit être accomplie, soit par le Président de la République, soit par un membre de l'Assemblée nationale.*" Il s'ensuit que "*la non transmission à la Cour constitutionnelle d'(une) loi pour le contrôle de sa conformité à la Constitution constitue un vice de* **procédure substantiel** *qui affecte sa validité et sa mise en application*" (Décision DCC 17-039 du 23 février 2017, Nestor NOUDOHO).

55

Décision DCC 15-156 du 16 juillet 2015
Hermès A.C. GBAGUIDI
Recueil 2015, vol.3, p.1319

L'interprétation constitutionnelle

La Cour constitutionnelle,

Saisie d'une requête du 11 mai 2015 enregistrée à son secrétariat le 27 mai 2015 sous le numéro 1152/132/REC, par laquelle Monsieur Hermès A. C. GBAGUIDI forme un recours contre le parti Union fait la force (UFF) dont il est un adhérent pour traitement discriminatoire ;

VU la Constitution du 11 décembre 1990 ;
VU la loi n° 91-009 du 04 mars 1991 portant loi organique sur la Cour constitutionnelle modifiée par la loi du 31 mai 2001 ;
VU le règlement intérieur de la Cour constitutionnelle ;
Ensemble les pièces du dossier ;
Ouï Monsieur Akibou IBRAHIM G. en son rapport ;
Après en avoir délibéré,

CONTENU DU RECOURS

Considérant que le requérant expose : « ... Citoyen béninois remplissant les conditions prévues à l'article 7 de la loi sur les partis politiques, j'ai adhéré au parti "Union fait la force (UFF)" régulièrement enregistré au ministère de l'Intérieur sous le numéro 2010/0115/MISP/DC/SG/DGAI/SAAP-PP du 15 février 2010. En sa séance du 7 mai 2015, le bureau politique de l'UFF a décidé de dégager un candidat à présenter à l'élection présidentielle de février 2016 en tant qu'entité autonome. Le compte rendu de la session du bureau politique est joint au recours...

A cet effet, le bureau politique a procédé à la sélection d'une liste de candidats potentiels à soumettre au congrès prévu pour se tenir le 20 juin 2015 pour désignation finale du candidat. Quatre candidats volontaires et proposés s'étaient dégagés. J'étais le 3ème candidat proposé. A l'analyse des candidatures, le bureau politique, bien que reconnaissant la qualité de ma candidature, l'a rejetée au motif que je suis né le 19 novembre 1976 et qu'en conséquence, ma candidature ne répond pas à la condition d'âge fixée par la Constitution ... en son article 44 qui dispose : "Nul ne peut être candidat aux fonctions de président de la République s'il : ...

- n'est âgé de 40 ans au moins et 70 ans au plus à la date de dépôt de sa candidature ... " tandis que celle du quatrième (4ème) candidat, Monsieur Atao M. HINNOUHO, né vers 1976, a été retenue au détriment de la mienne » ;

Considérant qu'il poursuit : « ... Le bureau politique, en prenant cette décision, a fait une lecture erronée de l'article 44 de la Constitution béninoise. En effet, par cette lecture faite, le bureau politique confond "40 ans au moins" à "40 ans révolus au moins". Cette disposition ne saurait donc s'appliquer qu'en tenant compte de l'année de naissance et non des mois et jours. Dans le cas contraire, qu'adviendrait-il du citoyen effectivement né au mois de décembre de la même année que moi et dont le jugement supplétif porte : "né vers 1976" ou "né en 1976". Il a quarante ans en 2016 et sa candidature ne saurait être rejetée. Cela a été d'ailleurs le cas de l'honorable Atao HINNOUHO, dont le jugement supplétif porte : né vers 1976. Il est peut-être né en réalité en 1977 ou en décembre 1976, nul ne saurait le dire, mais sa candidature a été maintenue en respect de la Constitution par le bureau politique. Le jugement supplétif est une décision d'un tribunal qui demande une transcription lorsque celle-ci est inexistante, voire, dans quelques cas, perdue ou détruite. C'est donc en remplacement de l'acte de naissance qu'on le produit et dans ce cas de figure, si ma candidature n'est pas acceptée, le jugement supplétif accorderait plus d'intérêt que l'acte de naissance. Le citoyen détenant un jugement supplétif bénéficierait de plus de droits et d'avantages que celui détenant un acte de naissance » ;

Considérant qu'il affirme : « La Déclaration universelle des droits de l'Homme à laquelle le peuple béninois a réaffirmé son attachement à travers le préambule de la Constitution du 11 décembre 1990 énonce en son article 7 : "Tous sont égaux devant la loi et ont droit sans distinction à une égale protection de la loi. Tous ont droit à une protection égale contre toute discrimination qui violerait la présente Déclaration et contre toute provocation à une telle discrimination". L'article 3.1 de la Charte africaine des droits de l'Homme et des peuples quant à lui stipule que "Toutes les personnes bénéficient d'une totale égalité devant la loi". La loi doit être la même pour tout le monde et doit être appliquée de la même façon pour tous. De même, l'article 26 de la Constitution dispose : "L'Etat assure à tous l'égalité devant la loi sans distinction d'origine, de race, de sexe, de religion, d'opinion politique ou de position sociale". La lecture commune des deux articles confirme que l'égalité de tous les citoyens est un principe de base cher pour toute démocratie en général et en particulier pour le Bénin. La décision du bureau politique émane d'une mauvaise lecture de l'article 44 de la Constitution du Bénin, est contraire à l'article 7 de la Déclaration universelle des droits de l'Homme de 1948 et viole l'article 26 de la loi n° 90-32 du

11décembre 1990 portant Constitution de la République du Bénin » ; qu'il conclut : « Au vu de ce qui précède, il ressort que les dispositions de l'article 44 de la Constitution … fixent l'âge minimal à "40 ans au moins" et non "40 ans révolus au moins". En conséquence, qu'il plaise à la Cour :

- de constater que, né en 1976, je remplis bel et bien les conditions de l'article 44 de la Constitution… tel que rappelé supra ;
- déclarer la décision du bureau politique du parti Union fait la force (UFF) contraire aux dispositions des articles 26 et 44 de la Constitution, 3.1 de la Charte africaine des droits de l'Homme et des peuples puis, de me rétablir dans mes droits, car, né en 1976, je remplis bel et bien les conditions d'âge … » ;

INSTRUCTION DU RECOURS

Considérant qu'en réponse à la mesure d'instruction diligentée par la haute juridiction, le président du parti Union fait la force (UFF), Monsieur André OKOUNLOLA, écrit : « … Je voudrais … reconnaitre les faits exposés par l'intéressé. Il a été suffisamment clair et fidèle dans la restitution de la séance du bureau politique tenue le 07 mai 2015. Pour ce qui concerne son analyse des faits, je dois avouer qu'il a été partagé entre certains participants à la séance. Deux camps s'étaient verbalement affrontés sur son cas, le point d'achoppement étant, ainsi qu'il l'a évoqué, la lecture de l'article 44 de la Constitution … En effet, au cours de l'analyse des candidatures, un membre a émis une réserve sur la candidature de Monsieur Hermès A. C. GBAGUIDI, évoquant l'article 44 de la Constitution … Pour lui, Monsieur GBAGUIDI, né en novembre 1976, bien qu'étant dans sa 40ème année n'a pas 40 ans révolus. Un débat sémantique s'est alors instauré. Pour les uns, il importe de faire la différence entre 40 ans au moins (l'article 44 de la Constitution) et 40 ans révolus. Pour les autres, c'est le contraire » ; qu'il poursuit : « Monsieur GBAGUIDI est l'un des militants modèles de notre parti. Il jouit d'une très grande audience auprès de la jeunesse. Il a donc de très grandes chances de se faire élire candidat du parti. L'élection présidentielle de 2016 constitue une échéance capitale dans la vie de notre parti et nous ne voulons en aucun cas et pour aucune raison en être absents. C'est donc pour cette raison que nous avons estimé plus sage de rejeter sa candidature pour maximiser nos chances … Cette situation a engendré une crise au sein de la formation politique que nous ne sommes pas encore parvenus à gérer pour aller en assemblée générale afin de procéder à la désignation définitive du candidat … » ;

ANALYSE DU RECOURS

Considérant que les articles 26 et 44, 4ème tiret de la Constitution disposent respectivement :

« *L'Etat assure à tous l'égalité devant la loi sans distinction d'origine, de race, de sexe, de religion, d'opinion politique ou de position sociale.*

L'homme et la femme sont égaux en droit. L'Etat protège la famille et particulièrement la mère et l'enfant. Il veille sur les handicapés et les personnes âgées » ;

« *Nul ne peut être candidat aux fonctions de Président de la République s'il :*

- *n'est âgé de 40 ans au moins et 70 ans au plus à la date de dépôt de sa candidature* » ;

Considérant que cette dernière disposition indique que pour être candidat à l'élection du président de la République il faut être âgé de 40 ans au moins à la date du dépôt des candidatures ; que la date du dépôt des candidatures pour l'élection du président de la République se situe dans l'année de l'élection ; qu'il en résulte que pour être candidat à l'élection du président de la République, il faut être âgé de 40 ans au cours de l'année de l'élection ; que l'âge atteint par une personne au cours d'une année civile donnée, c'est-à-dire, à une date quelconque de cette année correspond à l'âge atteint par cette personne au 31 décembre de l'année en question en application de l'adage de droit français « Année commencée, année acquise », du latin, « *annus incoeptus habetur pro completo* », qui signifie : « L'année entamée doit être tenue pour écoulée » ; que ce n'est que quand on s'exprime en termes d'années révolues que l'on compte rigoureusement le nombre d'années entières écoulées entre la date de naissance de la personne et la date de référence utilisée ;

Considérant que dans le cas d'espèce, il ressort des éléments du dossier que la candidature de Monsieur Hermès A. C. GBAGUIDI dans la perspective de désignation par le parti Union fait la force (UFF) d'un candidat pour compétir à l'élection présidentielle de 2016 a été rejetée au motif qu'il n'aurait pas atteint l'âge requis ; que le requérant est né le 19 novembre 1976 ; que l'élection est prévue pour l'année 2016 ; qu'au cours de cette année, le requérant aurait atteint 40 ans ; qu'en conséquence, il satisfait aux exigences de l'article 44 de la Constitution et il sied de dire et juger que c'est à tort que son dossier a été rejeté par le parti UFF, alors que celui de Monsieur Atao M. HINNOUHO, remplissant au même titre que le requérant les conditions d'âge, parce que né vers 1976, a été retenue ; qu'en agissant tel qu'il l'a fait, le bureau politique de l'UFF a opéré une discrimination ;

DECIDE :

Article 1er.- Le bureau politique de l'Union fait la force (UFF) a violé l'article 26 de la Constitution.

Article 2.- La présente décision sera notifiée à Monsieur Hermès C. GBAGUIDI, à Monsieur le Président du bureau politique de l'Union fait la force, Monsieur André OKOUNLOLA et publiée au Journal officiel.

Ont siégé à Cotonou, le seize juillet deux mille quinze,

Messieurs	Théodore	HOLO	Président
	Simplice Comlan	DATO	Membre
	Bernard Dossou	DEGBOE	Membre
Madame	Marcelline C.	GBEHA AFOUDA	Membre
Monsieur	Akibou	IBRAHIM G.	Membre
Madame	Lamatou	NASSIROU	Membre

Le Rapporteur, Le Président,

Akibou IBRAHIM G Professeur Théodore HOLO

Décision EP 15-002 du 16 novembre 2015
Serge Roberto PRINCE AGBODJAN

La Cour constitutionnelle,

Vu la loi n° 90-032 du 11 décembre 1990 portant Constitution de la République du Bénin ;
Vu la loi n° 91-009 du 04 mars 1991 portant loi organique sur la Cour constitutionnelle modifiée par la loi du 31 mai 2001 ;
Vu la loi n° 2001- 021 du février 2003 portant charte des partis politiques en République du Bénin ;
Vu la loi n°2013-06 du 25 novembre 2013 portant code électoral en République du Bénin
Vu le décret n° 2014-118 du 17 février 2014 portant attributions, organisation et fonctionnement du secrétariat de la Cour constitutionnelle ;
Vu le règlement intérieur de la Cour constitutionnelle ;
Vu le décret n°2015-248 du 06 mai 2015 portant convocation du corps électoral pour l'élection du Président de la République ;

Ensemble les pièces du dossier ;

Ouï Monsieur Bernard D. DEGBOE en son rapport ;

Après en avoir délibéré,

Considérant que par une requête du 21 août 2015 enregistrée à son secrétariat général le 1er septembre 2015 sous le numéro 1856/001/EP, Monsieur Serge Roberto PRINCE AGBODJAN forme un recours en inconstitutionnalité de la déclaration de candidature à l'élection présidentielle de 28 février 2016 de Monsieur Angelo Djidjoho HOUSSOU pour violation de l'article 44 de la Constitution ;

CONTENU DU RECOURS

Considérant que le requérant expose : « En vertu des articles 3, 122 de la Constitution du 11 décembre 1990 et 24 de la loi organique sur la Cour constitutionnelle, nous voudrions demander à la haute juridiction de déclarer contraire à la Constitution, parce que violant l'article 44 de la Constitution du 11 décembre 1990, la déclaration de candidature de Monsieur Angelo Djidjoho HOUSSOU publiée dans la presse nationale et internationale, notamment le magazine ''Courrier des Afriques'' d'avril 2015.

Selon l'article 44 de la Constitution … : « Nul ne peut être candidat aux fonctions de président de la République s'il :

- n'est de nationalité béninoise de naissance ou acquise depuis au moins dix ans ;
- n'est de bonne moralité et d'une grande probité ;
- ne jouit de tous ses droits civils et politiques ;
- n'est âgé de 40 ans au moins et 70 ans au plus à la date de dépôt de sa candidature ;
- ne réside sur le territoire de la République du Bénin au moment des élections ;
- ne jouit d'un état complet de bien-être physique et mental dûment constaté par un collège de médecins assermentés désignés par la Cour constitutionnelle''.

Dans une jurisprudence constante de la Cour constitutionnelle, notamment les décisions DCC 14-156 du 19 août 2014 et DCC-13-071 du 11 juillet 2013, la haute juridiction a dit et jugé que si : ''l'usage de la liberté d'expression ne saurait constituer en lui-même une violation de la loi…, le contenu de la parole peut être de nature à enfreindre la loi y compris la loi constitutionnelle ; que tout citoyen béninois jouit de la liberté de pensée, d'opinion et d'expression reconnue à tout citoyen par la Constitution ; que cependant cette liberté n'exonère pas le citoyen du respect de la Constitution''.

La lecture combinée de l'article 44 de la Constitution et des jurisprudences constantes de la Cour révèle, d'une part, que pour être candidat à l'élection présidentielle en République du Bénin, il faut, entre autres être ''âgé de 40 ans au moins et 70 ans au plus à la date du dépôt de sa candidature'', d'autre part, que ''l'usage de la liberté d'expression …doit se faire dans le respect de la Constitution.''
Mais force est de constater que dans cette interview exclusive accordée par Monsieur Angelo Djidjoho HOUSSOU à Alan BUSTER, correspondant du magazine ''Courrier des Afriques'', Monsieur Angelo Djidjoho HOUSSOU affirme solennellement qu'il sera candidat à l'élection présidentielle de 2016. Dans cette interview qui circule sur les réseaux sociaux …, Monsieur Angelo Djidjoho HOUSSOU affirme : ''Je ne me déroberais pas à l'appel et au cri de détresse de tous ces béninoises et béninois qui veulent que je sois leur candidat à l'élection présidentielle de mars 2016'' » ;
Considérant qu'il poursuit : « Si tout citoyen peut librement faire sa déclaration de candidature à une élection au Bénin, ce dernier doit le faire dans le respect des règles édictées par la Constitution elle-même. La Constitution … en son article 44 a clairement dit que pour être candidat à l'élection présidentielle au Bénin, il faut être entre autres âgé de 40 ans au moins et 70 ans au plus à la date du dépôt de sa candidature''. Si nous nous en tenons à l'âge de Monsieur Angelo Djidjoho HOUSSOU que lui-même a mis sur sa page ''http://www.angelohoussou.com/'', il est né le 05 avril 1976 à Cotonou au Bénin. … Monsieur Angelo Djidjoho HOUSSOU savait clairement en déclarant sa candidature qu'à la date du dépôt de sa candidature à l'élection présidentielle dont le premier tout est fixé au 28 février 2016, il n'aurait pas bouclé l'âge de 40 ans… …Il ne pourra justifier des 40 ans qu'après la date prévue pour le premier tour de l'élection présidentielle de …2016. Ce faisant, Monsieur Angelo Djidjoho HOUSSOU a décidé de se mettre au travers de la Constitution …qui dispose en son article 34 que : ''Tout citoyen béninois, civil ou militaire, a le devoir sacré de respecter, en toutes circonstances, la Constitution et l'ordre constitutionnel établi, ainsi que les lois et règlements de la République'' » ;
Considérant qu'il conclut : « …Il est constant dans l'opinion publique que Monsieur Angelo Djdjoho HOUSSOU a déclaré sa candidature pour l'élection présidentielle de février 2016 alors que c'est le 05 avril 2016 qu'il aura 40 ans. Le faire ainsi viole la Constitution ; ce qui nous oblige à demander à votre haute juridiction de déclarer contraire à l'article 44 de la Constitution … la déclaration de candidature de Monsieur Angelo Djidjoho HOUSSOU… »

ANALYSE DU RECOURS

Considérant qu'aux termes de des articles 42 et 339 de la loi n°2013-06 du 25 novembre 2013 portant code électoral en République du Bénin : « Une déclaration de candidature est obligatoire pour chaque candidat ou liste de candidats aux élections du Président de la République, des membres de l'Assemblée Nationale, des membres des Conseils communaux ou municipaux et des membres des Conseils de village ou de quartier de ville » ; « Sous réserve des dispositions de l'article 50 de la Constitution, les dépôts de candidature doivent intervenir quarante-cinq (45) jours au moins avant le premier tour du scrutin.

La déclaration de candidature est faite en double exemplaire, revêtue de la signature du candidat et attestant sur l'honneur qu'il remplit les conditions d'éligibilité requises.

Cette déclaration est enregistrée par la Commission électorale nationale autonome. Un récépissé provisoire de la déclaration est immédiatement délivré au déclarant … » ; qu'il en résulte que la déclaration de candidature pour l'élection du Président de la République est faite par tout candidat devant la Commission électorale nationale autonome (CENA)

Considérant que selon le chronogramme de la Commission électorale nationale autonome (CENA), le dépôt des candidatures à l'élection présidentielle de 2016 commence le 09 janvier et prend fin le 12 janvier 2016 ; qu'à la date de la saisine de la Cour par le requérant, aucune candidature n'a encore été enregistrée à la CENA pour l'élection présidentielle de 2016 ; que dès lors, il y a lieu de dire et juger que le recours de Monsieur Serge PRINCE AGBODJAN est sans objet ;

DECIDE :

Article 1er.- Le recours de Monsieur Serge Roberto PRINCE AGBODJAN est sans objet .

Article 2.- La présente décision sera notifiée à Monsieur Serge Roberto PRINCE AGBODJAN et publiée au Journal officiel.

Ont siégé à Cotonou, le seize novembre deux mille quinze,

Messieurs	Théodore	HOLO	Président
	Zimé Yérima	KORA-YAROU	Vice-Président
	Simplice Comlan	DATO	Membre
	Bernard Dossou	DEGBOE	Membre
	Akibou	IBRAHIM G.	Membre
Madame	Lamatou	Nassirou	Membre

Le rapporteur,
Bernard D. DEGBOE

Le Président
Professeur Théodore HOLO

OBSERVATIONS

I : Prolégomènes

L'interprétation est consubstantielle à la fonction de juger. L'office du juge est *d'abord* de confronter une loi ou une coutume avec des faits en qualifiant ceux-ci au regard des prescriptions légales. Consommer une baguette de pain exposée à la vente dans un magasin de libre service constitue-t-il un acte de vol ? La remise de chèque peut-elle être considérée comme un acte de paiement libératoire ? Face à chaque situation et au regard des circonstances, le juge doit triturer la loi, analyser les éléments de fait pour finir par produire la sentence juridique, sous peine de déni de justice (Y. Strickler, "L'office du juge et les principes", https://hal.archives-ouvertes.fr 25 octobre 2014).

Juger des faits n'est cependant pas tout l'office du juge. Le juge peut tout autant être un juge de la loi ou un juge des actes règlementaires. Dans cette hypothèse, le juge est commis à la tâche de donner sens à un principe élémentaire dans un Etat de droit : la conformité des normes inférieures à l'esprit et à la lettre des normes supérieures, en interprétant au besoin, la norme de référence.

La question scholastique qui vise à savoir si l'interprétation est un acte cognitif ou un acte volitif présente, en réalité peu d'intérêt pratique. Dans le feu du jugement, peu de juges se posent la question de savoir si leur démarche est de connaissance ou de volonté. La catégorisation est un exercice *a posteriori* du travail du juge.

L'interprétation juridique fait l'objet d'une sorte de scénarisation didactique qui s'enseigne dès les premières années de licence en droit. Des juristes du 19ème siècle comme le Français François Gény, ont largement contribué à fixer les techniques d'interprétation juridiques, lesquelles font une part à la méthode d'interprétation (méthode exégétique, méthode sociologique ou de libre recherche scientifique) ou aux procédés techniques d'interprétation (l'interprétation analogique, l'interprétation *a fortiori,* l'interprétation *a contrario*, l'interprétation stricte des dispositions d'exception) ainsi qu'un grand nombre de maximes juridiques dont les principales sont : *cessante ratione legis cessat lex* (l'interprétation doit s'arrêter lorsque la raison d'être de la règle n'existe plus), *Exceptio est strictissime interpretationis* (les exceptions sont d'interprétation stricte)**,** *Ubi lex non distinguit, nec nos distinguere debemus* (Il ne faut pas distinguer là où la loi ne distingue pas) *Cessante ratione legis, cessat ejus dispositio* (la loi cesse là où cessent ses motifs).

Ce tableau dresse les clés communes d'interprétation de la loi, d'où il faut ensuite extraire la spécificité de l'interprétation constitutionnelle.

L'importance de l'interprétation constitutionnelle vient de ce que l'interprète de la constitution se positionne, sur un plan matériel, comme un constituant dérivé ; celui qui donne sens et portée aux dispositions constitutionnelles et peut, le cas échéant, invalider sans appel, l'œuvre des parlementaires, des délégataires de la souveraineté populaire. Lorsqu'on sait que la constitution elle-même est d'une formulation souvent très générale, qu'elle est frappée d'une "*obscurité structurelle*" (Y. AGUILA, "Cinq questions sur l'interprétation constitutionnelle", *in Revue française de droit constitutionnel,* 1995, p.13), on mesure la dimension de la latitude que s'offre ou qui est offerte à la juridiction constitutionnelle.

Les travaux du XIIIème Cours international de justice constitutionnelle (Voir Annuaire internationale de justice constitutionnelle, XVII-2001) ont permis de constater qu'il n'y a pas de standards internationaux uniformément partagés par les Etats en matière de méthodes et de techniques d'interprétation constitutionnelle. L'Afrique du Sud pratique soit *l'originalyst interpretation*, c'est-à-dire la primauté de l'intention des auteurs du texte constitutionnel, soit le *political process theory* qui renvoie à la nécessité d'équilibre et de correction des dysfonctionnements du processus politique, soit enfin la référence aux valeurs constitutionnelles (T. VAN REENEN, "Tendances actuelles dans l'interprétation de la constitution de l'Afrique du Sud, *in Revue française de droit constitutionnel*, 2002, p.367 et suiv.). L'Allemagne reste fidèle, dans ses grandes lignes, à quatre principes d'interprétation qui lui viennent du 19ème siècle : un élément grammatical (les mots traduisent la pensée du législateur), un élément logique (exigence de cohérence), un élément historique (comment le législateur avait envisagé une situation concrète), un élément systématique (cohérence avec le système juridique dans son ensemble). La pratique française de la juridiction constitutionnelle, en ce qui concerne les méthodes et techniques d'interprétation, a été en partie synthétisée par François Luchaire en cinq points : l'unité du vocabulaire, l'effet utile, l'interprétation par le contexte, l'interprétation par le sens de la matière, la conciliation entre règles contradictoires (F. LUCHAIRE, "Procédures et techniques de protection des droits fondamentaux, Conseil constitutionnel français" *in Revue internationale de droit comparé*. vol. 33 n°2, avril-juin 1981, pp. 285).

II : L'interprétation constitutionnelle au Bénin

Pour l'exercice de son office de contrôle de conformité à la constitution, "*la Cour dispose d'un instrument obligé et nécessaire à l'exercice de sa mission qui est l'interprétation*". Mais cette interprétation, cette recherche du sens des prescriptions constitutionnelles, le recours aux techniques et méthodes d'interprétation sus-citées ne sont de mise et ne deviennent nécessaires que dans la mesure et sous la condition que le texte de référence présente un sens équivoque, obscur, incertain. La Cour a tôt fixé sa jurisprudence en la matière en posant le principe que *interpretatio cessat in claris* (Décision DCC 05-069 du 27 juillet 2005, Président de la République, Natta Théophile et consorts, Recueil 2005, p. 349). Il n'y a pas lieu à interprétation lorsque le texte est clair. Dès lors que la constitution dispose que le candidat à l'élection présidentielle a l'obligation de résider sur le territoire national au moment où se déroule l'élection, elle fixe ainsi clairement l'intention du constituant, qui, en tout état de cause n'exige pas une résidence continue de six mois avant le jour de l'élection. La Cour reste ainsi dans une démarche très formaliste de l'application de la constitution.

Si on devait s'en tenir à ce précédent, la décision "Hermes Gbaguidi" aurait eu un tout autre contenu. En lieu et place, nous avons eu droit à une décision surprenante à maints égards.

Primo, le principe posé par la Cour elle-même, à savoir que ce qui est clair ne s'interprète pas (Décision DCC 05-069 du 27 juillet 2005, Président de la République, Natta Théophile et consorts, Recueil 2005, p. 349), semble bien méconnu. Selon les termes de la constitution : "*Nul ne peut être candidat aux fonctions du Président de la République s'il (...) n'est âgé de 40 ans au moins et 70 ans au plus à la date de dépôt de sa candidature*." L'âge suivi de la locution "*au moins*" signifie un âge minimum. Cette compréhension tombe tellement sous le sens que depuis la promulgation de la constitution en 1990 aucun puriste ni aucun juriste n'a insinué une dénotation alternative de ce qui, par sa clarté, est devenu une composante de la tradition républicaine béninoise. En plus de 20 ans de vie démocratique, personne n'a jamais prétendu qu'à 69 ans on pouvait déjà être frappé par la limitation d'âge ni qu'à 39 ans on pouvait précocement prétendre aux hautes fonctions de Président de la République en arguant précisément de l'"*année commencée, année consommée.*"

De surcroît et en droit comparé ouest-africain, on note que les textes constitutionnels du Niger (article 47), de la Côte d'Ivoire (article 55) et du Sénégal (article 28) comportent des dispositions similaires sur un âge plancher de "*35 ans au moins*" (synonyme de "*au minimum*" ou encore de "*tout au moins*") sans que ces dispositions n'aient jamais nécessité une interprétation. Du moment où elles paraissent limpides et que ce qui est clair ne s'interprète pas !
Secundo, la recevabilité de la requête est sujette à caution. Les procédures de sélection interne des candidats des partis politiques ne présentent pas un intérêt de grande constitutionnalité. Devoir dire si "*la décision du bureau politique du parti Union fait la force (est) contraire aux dispositions des articles 26 et 44 de la Constitution, 3.1 de la Charte africaine des droits de l'Homme et des peuples puis*" pour conclure que le requérant peut être candidat à la désignation par son

parti pour l'élection présidentielle suivante est un exercice que la Cour, à d'autres occasions, avait estimé être hors de son champ de compétence. Elle s'est refusé à censurer la violation des principes constitutionnels dans le fonctionnement des associations politiques. Ainsi, dans la décision "Noël Olivier KOKO" (Décision DCC 15-069 du 26 mars 2015), la Cour avait évacué cette question en ces termes : "*il ressort de l'analyse du dossier que la demande du requérant tend, en réalité, à faire apprécier par la Cour, la régularité de la suspension de Monsieur Bruno KANGNI du parti "Conscience citoyenne" ; que l'appréciation d'une telle demande ne relève pas du champ de compétence de la Cour tel que défini par les articles 114 et 117 de la Constitution.*" La cause paraissait entendue. Si la Cour n'est pas compétente pour apprécier le respect du principe du contradictoire (affaire "Noël Olivier KOKO") dans un parti politique, elle est, par analogie, incompétente pour censurer le non-respect du principe d'égalité dans un autre parti politique. La déclaration d'incompétence était attendue mais elle n'arriva pas.

Tertio, sur le fond, la locution latine *annus incoeptus habetur pro completo*, est un vieil adage de droit. On en trouve des traces dans le livre, en latin, du jurisconsulte français Jean Domat *Contra in honoribés adipiscendis, blicis, ubi annus inceptus habetur pro completo* (M. CARRÉ, Œuvres de Jean Domat, Tome 7ème, Paris, Erasme Kleffer éditeur, 1824. p.229.

Aujourd'hui, l'adage *annus incoeptus habetur pro completo* est expressément prévu en droit fiscal pour dire que la taxe foncière est établie pour l'année entière d'après les faits existants au 1er janvier de l'année d'imposition. Selon les termes de l'artice 992 du Code général des impôts du Bénin, la contribution foncière des propriétés non bâties est due pour l'année entière, à raison de l'état des lieux constaté au 1er janvier de l'année. Le même raisonnement est appliqué s'agissant de mécanismes juridiques de tacite reconduction qui engendrent un nouvel engagement d'un an, faute de résiliation dans les délais de préavis.

Hors ces cas, la règle est plutôt d'exiger l'achèvement de l'unité de temps énoncée par la loi, que ce soit en matière de prescription ou en matière de détermination de l'âge. On en déduit que, s'agissant de l'adage *annus incoeptus habetur pro completo*, "*le droit actuel admet plutôt la règle inverse, exigeant l'achèvement de l'unité de temps envisagée par la loi.*" (H. ROLAND, *Lexique juridique des expressions latines*, Paris, 6ème édit. 2014, p.31).

L'invocation de l'adage *annus incoeptus habetur pro completo* dans la décision de la Cour contrarie la logique exégétique de l'interprétation et surtout la règle qui veut que *"in claris non fit interpretatio*" c'est-à-dire que ce qui est clair ne s'interprète pas.

Quarto, la rédaction de la décision lui donne un effet qui va au-delà du requérant et de la requête elle-même. Dans le considérant suivant, la Cour se détache des noms des parties et fixe des règles générales applicables à toutes les situations similaires où l'âge pourrait être en cause. Les prémisses de la décision s'énoncent ainsi : "*l'âge atteint par une personne au cours d'une année civile donnée, c'est-à-dire, à une date quelconque de cette année correspond à l'âge atteint par cette personne au 31 décembre de l'année en question en application de l'adage de droit français 'Année commencée, année acquise', du latin, 'annus incoeptus habetur pro completo', qui signifie : 'L'année entamée doit être tenue pour écoulée.'*" En d'autres termes, sauf spécifications précises de la loi, "*ce n'est que quand on s'exprime en termes d'années révolues que l'on compte rigoureusement le nombre d'années entières écoulées entre la date de naissance de la personne et la date de référence utilisée.*" Dès lors, conclut la Cour, et pour revenir au cas de M. Hermès Gbaguidi, "*en agissant tel qu'il l'a fait, le bureau politique de l'UFF a opéré une discrimination*" et donc violé l'article 26 de la constitution.

S'il est admis, en matière de justice constitutionnelle, que l'autorité de la chose jugée "*s'attache non seulement (au) dispositif mais aussi aux motifs qui en sont le soutien nécessaire et en constituent le fondement même*" (Décision 62-18 L du 16 janvier 1962, Loi d'orientation agricole en France) la formulation de la décision "*Hermes Gbaguidi*" lui confère une autorité absolue de chose jugée. Elle s'applique au requérant mais devra s'appliquer aussi aux cas similaires des candidats à l'élection présidentielle, soit au cours de la sélection au sein des partis politiques, soit devant les instances nationales de validation de la liste des candidats, au premier rang desquels il y a la Cour constitutionnelle.

Et c'est dans le but de valider ce raisonnement qu'un recours a été introduit pour infirmer ou confirmer le raisonnement de la décision "Hermes Gbaguidi." Selon les termes de la requête, "*si tout citoyen peut librement faire sa déclaration de candidature à une élection au Bénin, ce dernier doit le faire dans le respect des règles édictées par la Constitution elle-même. La Constitution ... en son article 44 a clairement dit que pour être candidat à l'élection présidentielle au Bénin, il faut être entre autres âgé de 40 ans au moins et 70 ans au plus à la date du dépôt de sa candidature''. Si nous nous en tenons à l'âge de Monsieur Angelo Djidjoho HOUSSOU que lui-même a mis sur sa page ''http://www.angelo houssou.com/'', il est né le 05 avril 1976 à Cotonou au Bénin. ... Monsieur Angelo Djidjoho HOUSSOU savait clairement en déclarant sa candidature qu'à la date du dépôt de sa candidature à l'élection présidentielle dont le premier tout est fixé au 28 février 2016, il n'aurait pas bouclé l'âge de 40 ans... ...Il ne pourra justifier des 40 ans qu'après la date prévue pour le premier tour de l'élection présidentielle de ...2016.*" En d'autres mots, la requête vise à savoir si la candidature de M. HOUSSOU est recevable à la date projetée de dépôt des candidatures. Si on applique le fameux adage "*annus incoeptus habetur pro completo'*, qui signifie : *'L'année entamée doit être tenue pour écoulée"* M. Houssou est bien dans sa 40ème année et peut alléguer de son bon droit à être candidat à une élection présidentielle réservée aux citoyens justifiant de 40 ans d'âge. La réponse de la Cour était plus qu'attendue mais, par une pirouette, elle se tire d'affaire en jugeant la requête sans objet, pour la bonne raison que la procédure de dépôt de candidature à la Commission électorale nationale autonome (CENA) n'est pas encore ouverte.

Le même écart d'avec la règle *in claris non fit interpretatio* se retrouve dans une autre décision où la solidarité de corps ou d'intérêt entre membres des institutions constitutionnelles, a prévalu sur la bonne logique du raisonnement juridique. La loi portant détermination du traitement, des avantages et autres indemnités dus aux membres de la Haute autorité de l'audiovisuel et de la communication n'étant promulguée qu'en 2001 (loi 2001-29 du 11 décembre 2001), cette loi s'applique-t-elle aux anciens membres de l'institution qui ont siégé depuis 1994, date de l'installation de ladite institution ? Pour la Cour la nouvelle loi, en dehors de toute disposition expresse, est rétroactive "*implicitement et nécessairement*" (Décision DCC 03-128 du 21 août 2003, Degboé Bernard, Ouorou Boun Nbouro Sé, Bawa Alassane, Ilougbadé Marcellin, Recueil 2003, p. 519). La rétroactivité devient la règle et la non-rétroactivité de la loi, l'exception. Est-il superflu ici de rappeler les mots de PORTALIS, des mots deux fois centenaires : "*L'office de la loi est de régler l'avenir ; le passé n'est plus en son pouvoir. Partout où la rétroactivité serait admise, non seulement la sûreté n'existerait plus, mais son ombre même*" (Jean-Etienne-Marie PORTALIS, *Discours préliminaire du premier projet de code civil*, Préface de M. Massenet, Bègles, réédit. Confluences, 1999, p.16)

On n'interprète pas ce qui est clair, mais *a contrario*, l'interprétation reprend ses droits lorsque le texte constitutionnel ou des dispositions de textes faisant partie du bloc de constitutionnalité sont l'objet d'une formulation qui participe de ce qu'on a appelé l'"*obscurité structurelle*" de la constitution. Quel est le sens de l'autonomie financière de l'Assemblée nationale, telle qu'elle découle du Règlement intérieur de ladite assemblée ? S'agit-il d'une souveraineté financière accordée au parlement comme en a décidé le Conseil constitutionnel gabonais ? Pour celui-ci, en effet, "*l'autonomie financière octroyée à l'Assemblée nationale et au Sénat suppose (...) que chacune de ces chambres dispose d'un budget spécial distinct du budget général de l'Etat et qu'elle en assure souverainement l'exécution et le contrôle à travers ses propres organes internes*" (Décision n°2/CC du 17 mars 1999, *in Revue du CERDIP*, volume 1, n°1, janvier-juin 2002, p.157).

Pour la Cour constitutionnelle du Bénin, l'autonomie financière de l'Assemblée nationale doit être comprise comme une autonomie de gestion financière (Décision DCC 10-144 du 14 décembre 2010, Raphaël Akotègnon). Ce qui a comme portée juridique et pratique que le parlement vote le budget de l'Assemblée nationale, que ce budget est ensuite soumis aux arbitrages budgétaires sous l'autorité du ministre en charge des finances et qu'enfin, le budget du parlement est intégré au projet de loi de finances de l'année présenté par le gouvernement et adopté par la représentation nationale.

La démarche de la Cour paraît empreinte d'un grand empirisme et d'un sens du possible. Il s'agit de ménager les deniers publics et permettre au gouvernement de respecter ses engagements financiers vis-à-vis des institutions de Bretton Woods. La Cour le dit plus explicitement par une réserve d'interprétation de la loi électorale soumise à son contrôle de conformité lorsqu'elle affirme que ladite loi est conforme sous réserve pour les parlementaires "*de tenir compte de l'incidence financière qu'engendrerait une telle opération pour la Commission électorale nationale autonome* » (Décision DCC 05-069 du 27 juillet 2005, Président de la République, Natta Théophile et consorts, Recueil 2005, p. 349).

Au demeurant, la Cour se donne une liberté plus grande d'interprétation, lorsqu'elle s'affranchit des dispositions constitutionnelles pour reposer ses décisions sur l'esprit de la constitution. Dès lors, l'interprétation se veut moins un acte en connaissance qu'un acte de volonté. Le juge se propose de traduire dans des solutions concrètes les principes de philosophie et d'art politique contenus dans le préambule de la constitution. Il choisit ainsi de dire que la Haute autorité de l'audiovisuel et de la communication est "*une institution indépendante de tout pouvoir politique*", que la sélection de "*ses membres soit faite avec objectivité, impartialité et rigueur*" et qu'en conséquence les nominations par affinité politique évidente ne sont point conformes à la constitution. (Décision 14 DC du 16 février 1993, Association des journalistes du Bénin, Président de la République, Recueil 1993, p. 69). Dans le même sens, pour faire droit à l'esprit qui a présidé aux assises de la Conférence nationale, la Cour dit et juge qu'une loi de révision de la constitution, adoptée dans les formes requises par le parlement, n'est pas conforme à la constitution dès lors qu'elle n'est pas la manifestation d'un "*consensus national*" (Décision DCC 06-074 du 08 juillet 2006, Président de la République, Ahossi Jean Iréné et consorts, Rec, 2006, p. 365).

56

Décision DCC 19-94 du 30 juin 1994
Président de la République
Recueil 1994, p. 73

Les traités et la constitution

La Cour Constitutionnelle,
Saisie par Monsieur le Président de la République d'une lettre du 29 Avril 1994 enregistrée au Secrétariat de la Cour Constitutionnelle le 03 Mai 1994 sous le numéro 314 qui, sur la base de l'article 146 de la Constitution du 11 décembre 1990, lui soumet pour contrôle de constitutionnalité les clauses du Traité relatif à l'Harmonisation du droit des Affaires en Afrique signé à Port-Louis le 17 Octobre 1993 par le Bénin ;

VU la Constitution du 11 décembre 1990 ;
VU la Loi Organique n° 91-009 du 04 mars 1991 sur la Cour Constitutionnelle ;
VU le Règlement Intérieur de la Cour Constitutionnelle ;
Ensemble les pièces du dossier ;
Ouï le Professeur GLELE-AHANHANZO en son rapport ;
Après en avoir délibéré,

Considérant qu'aux termes de l'article 145 de la Constitution, ''l'Etat du Bénin est une République indépendante et souveraine…'' ;

Considérant qu'aux termes de l'article 145 de la Constitution, ''les Accords de paix, les Traités ou accords relatifs à l'Organisation Internationale…, ne peuvent être ratifiés qu'en vertu d'une Loi'' ;qu'il en découle que le Traité de Port-Louis ne peut-être ratifié qu'après l'autorisation d'une Loi ; qu'aux termes de l'article 149 de la Constitution, ''La République du Bénin, soucieuse de réaliser l'Unité Africaine, peut conclure tout accord d'intégration sous-régionale ou régionale conformément à l'article 145'' ;

Considérant qu'il ressort de l'examen de l'ensemble des clauses du Traité de Port- Louis que cet accord crée une Organisation Internationale dénommée ''Organisation pour l'Harmonisation en Afrique du Droit des Affaires'' (OHADA) ;

Considérant que ledit traité crée une catégorie d'actes juridiques dénommés ''Actes Uniformes'' qui sont directement applicables et obligatoires dans les Etats Parties, nonobstant toute disposition contraire de droit interne, antérieure ou postérieure, qu'étant donné que les Actes Uniformes sont adoptés à l'unanimité des Etats Parties présents et votants et sont directement applicables et obligatoires en République du Bénin, l'on ne saurait soutenir qu'ils entraînent une violation de la souveraineté de l'Etat signataire qui s'engage, conscient qu'une fois le Traité ratifié, celui-ci a une autorité supérieure à la loi nationale, conformément à l'article 147 de la Constitution ;

Considérant que le Traité de Port-Louis crée une Cour Commune de Justice et d'Arbitrage qui se prononce sur les décisions rendues par les juridictions d'appel des Etats Parties ; qu'elle se prononce également sur les décisions non susceptibles d'appel rendues par toute juridiction des Etats Parties ; qu'en cas de cassation, elle évoque et statue sur le fond ; que les arrêts de la Cour Commune de Justice et d'Arbitrage ont l'autorité de la chose jugée et la force exécutoire ; qu'ils reçoivent sur le territoire de chacun des Etats Parties une exécution forcée dans les mêmes conditions que les décisions des juridictions nationales ;

Considérant que les compétences conférées à la Cour Commune de Justice et d'Arbitrage empiètent sur celles attribuées au Pouvoir Judiciaire Béninois par la Constitution en ses articles 125 et 126 ; qu'il en résulte un abandon partiel de souveraineté de l'Etat Béninois ;

Considérant toutefois que la Constitution dispose, d'une part, en son article 125 : ''... Il (le Pouvoir Judiciaire) est exercé par la Cour Suprême, les Cours et Tribunaux créés conformément à la présente Constitution'', d'autre part, en son article 131 : ''La Cour Suprême est la plus haute juridiction de l'Etat en matière administrative, judiciaire et des comptes de l'Etat'' ; *que ces textes ne visent que l'exercice du Pouvoir Judiciaire dans l'ordre juridique béninois ; qu'ils n'ont ni pour objet ni pour effet d'interdire l'intervention d'une institution autre que celles qu'ils énumèrent pour l'exercice du Pouvoir Judiciaire au Bénin ; qu'il n'y a donc pas en l'espèce, une contrariété entre les dispositions constitutionnelles et législatives de la République du Bénin et celles des articles 14, 15, 16, 18 et 20 du Traité de Port-Louis attribuant à la Cour Commune de Justice et d'Arbitrage, la compétence de connaître de certaines décisions rendues en dernier ressort par les juridictions du Bénin, dans le cadre de l'Organisation de l'Harmonisation en Afrique du Droit des Affaires* ;

Considérant qu'en conférant ces compétences à la Cour Commune de Justice et d'Arbitrage, le Traité de Port-Louis réduit d'autant les attributions des juridictions nationales telles qu'elles sont définies par la loi ; qu'il n'en résulte pas cependant changement du Statut international du Bénin en tant qu'Etat souverain et indépendant ; *que le dessaisissement de certaines de ses institutions telles que les juridictions et l'Assemblée Nationale, n'est ni total, ni unilatéral ; qu'il s'agit, en l'espèce, d'un abandon partiel de souveraineté, voulu et accepté par les Etats Parties qu'implique tout engagement international, en particulier celui relatif à l'intégration régionale ou sous-régionale ;*

Considérant qu'un abandon partiel de souveraineté ne saurait constituer une violation de la Constitution, dans la mesure où celle-ci, en disposant dans son article 144 : ''Le Président de la République négocie et ratifie les traités et accords internationaux'', et ce, dans tous les domaines, a prévu la possibilité de conclure des traités ;

Considérant, au surplus, qu'en admettant même que les clauses du Traité prescrivent un abandon de souveraineté, l'on peut soutenir valablement en se fondant sur la Constitution qu'elles ne sont pas inconstitutionnelles ; qu'en effet, l'on lit dans le Préambule de la Constitution : ''Nous, Peuple Béninois... proclamons notre attachement à la cause de l'Unité Africaine et nous engageons à tout mettre en œuvre pour réaliser l'intégration sous-régionale et régionale ; que l'article 149 de la Constitution dispose : ''la République du Bénin, soucieuse de réaliser l'Unité Africaine, peut conduire tout accord d'intégration régionale ou sous-régionale conformément à l'article 145'' ; *que la réalisation de l'Unité Africaine implique nécessairement un abandon et à tout le moins une limitation de souveraineté ; qu'une telle limitation ou un tel abandon partiel de souveraineté a un fondement constitutionnel ; qu'il faut et suffit alors qu'une Loi en autorise la ratification, eu égard bien entendu, au principe de réciprocité affirmé par l'article 147 de la Constitution ;*

Considérant que le Traité portant Organisation de l'Harmonisation en Afrique du Droit des Affaires (OHADA) signé à Port-Louis le 17 Octobre 1993 contient certes un abandon partiel de souveraineté dans le but affirmé par le préambule ''d'accomplir de nouveaux progrès sur la voie de l'Unité Africaine'' ;

DECIDE :

Article 1er.- Aucune clause du Traité signé à Port-Louis le 17 Octobre 1993 sur l'Harmonisation du Droit des Affaires en Afrique n'est contraire à la Constitution.

Article 2.- La présente décision sera notifiée au Président de la République, au Président de l'Assemblée Nationale et publiée au Journal Officiel.

Ont siégé à Cotonou, le jeudi trente juin mil neuf cent quatre vingt quatorze,

Madame	Elisabeth K.POGNON	Président
Messieurs	Alexis HOUNTONDJI	Vice-président
	Hubert MAGA	Membre
	Pierre. EHOUMI	Membre
	Alfred ELEGBE	Membre
	Maurice GLELE AHANHANZO	Membre

Le Rapporteur, Le Président,

Maurice GLELE-AHANHANZO Elisabeth K . POGNON

OBSERVATIONS

En disposant, en son article 147, que les traités ratifiés, ont une autorité supérieure à la loi nationale, (sous réserve de réciprocité) le constituant de 1990 conforte le monisme juridique au Bénin qui agglutine normes nationales et normes internationales dans un ordonnancement juridique unique et harmonisé : le droit positif béninois.

La notion d'ordonnancement suppose et implique l'existence d'un filtre, d'un principe d'ordre dont la Cour constitutionnelle est l'instrument. Elle censure les instruments internationaux dont les dispositions sont jugées contraires à la constitution, plus exactement, elle suggère la révision du texte constitutionnel avant l'adoption de la loi portant autorisation de ratification, selon la démarche de droit comparé français (Décision 92-308 du 9 avril 1992, Maastricht I, Recueil 55).

Le recours introduit par le Président de la République est fondé sur la mise en balance d'un principe ('*'l'Etat du Bénin est une République indépendante et souveraine…*'' article 145 de la constitution) et des clauses du Traité de Port-Louis. Ce traité permet une sorte de législation déléguée sur des pans entiers du droit privé, en l'occurrence, du droit des affaires. Il permet aussi la subordination des juridictions nationales à une instance juridictionnelle supranationale : la Cour de justice et d'arbitrage de l'OHADA. Pour la Cour constitutionnelle, l'externalisation de la production des normes juridiques et de la sanction juridictionnelle desdites normes ne constituent pas une violation de la souveraineté nationale, telle que prescrite par la constitution. En effet, "*la réalisation de l'Unité Africaine implique nécessairement un abandon et à tout le moins une limitation de souveraineté ; qu'une telle limitation ou un tel abandon partiel de souveraineté a un fondement constitutionnel*" dit la Cour.

Cette jurisprudence de l'abandon de souveraineté au nom de l'idéal panafricain trouverait à s'appliquer dans des situations de plus en plus nombreuses.

D'abord, il y a le Traité de l'Union économique et monétaire de l'Afrique de l'ouest (UEMOA) dont l'article 43 dispose "*La primauté bénéficie à toutes les normes communautaires, primaires comme dérivées, immédiatement applicables ou non et s'exerce à l'encontre de toutes les normes nationales, administratives, législatives, juridictionnelles et même constitutionnelles parce que l'ordre juridique communautaire l'emporte dans son intégralité sur les ordres juridiques nationaux*". En conséquence, un Etat encours un recours en manquement, selon la Cour de justice de l'UEMOA, s'il ne prend pas les "*dispositions nécessaires à l'application (d'une) directive en la transposant immédiatement dans son droit positif*", *a fortiori* s'il ne met pas en vigueur un règlement (Avis n°001/2003 du 18 mars 2003, Création d'une Cour des comptes au Mali). Le principe de souveraineté posé par la constitution n'est plus synonyme de production *exclusive* des normes juridiques par les organes nationaux.

Ensuite et enfin, les juridictions supranationales à saisine ouverte comme la Cour de justice et d'arbitrage de l'OHADA, la Cour de justice de l'UEMOA, la Cour de justice de la CEDEAO commencent à développer une hardiesse jurisprudentielle qui donne un sens fort à la construction de l'unité africaine par la promotion des communautés d'intégration régionale. En ce sens, en déclarant recevable un recours contre "*la transmission par le Président de l'Assemblée nationale (du Togo) à la Cour constitutionnelle de lettres de démission attribuées aux requérants et contestées par ceux-ci, et la décision n°E018/10 du 22 novembre 2010 de la Cour constitutionnelle*" et en prenant un arrêt qui remet en cause l'autorité de la chose jugée de la décision du juge constitutionnel togolais, la Cour de justice de la CEDEAO fait un pas remarquable (Arrêt n°ECW/CCJ/JUD/09/11 du 7 octobre 2011, Affaire Ameganvi Manavi Isabelle et autres c/ Etat du Togo).

Fidèle à sa posture de recours régional contre les violations des droits, la Cour de justice de la CEDEAO a jugé que la loi n°005-2015/CNT du 07 avril 2015 portant modification du Code électoral au Burkina Faso est une violation du droit de libre participation aux élections. La Cour censure l'article 35 modifié du code électoral et ordonne à l'Etat du Burkina de lever tous les obstacles à une participation aux élections. Ce ne fut que suite à ce jugement et en conformité avec cela que le Conseil constitutionnel du Burkina Faso a pu publier les listes officielles des candidats aux élections législatives et présidentielle (Jugement N°ECW/CCJ/JUG/16/15 du 13 juillet 2015, Congrès pour la démocratie et le progrès et autres c/ Etat du Burkina).

Le rôle axial de la Cour constitutionnelle comme catalyseur de l'harmonie de l'ordre juridique national semble être pulvérisé par la concurrence des juridictions supranationales. La Cour de justice de la CEDEAO, non seulement bride la compétence des juridictions nationales, mais également décide de s'affranchir des textes nationaux des Etats comme normes de référence pour ses propres décisions. Pour la Cour d'Abuja, "*il faut écarter du débat judiciaire toute référence au droit national, qu'il s'agisse de la Constitution du Burkina Faso, ou de normes infra-constitutionnelles quelles qu'elles soient. Dans leurs écritures, les requérants se sont en effet référés aussi bien à la Constitution nationale (article 1er) qu'à la Charte de la Transition (article 1er également). La Cour doit considérer de telles références comme inappropriées dans son prétoire. Juridiction internationale, elle n'a vocation à sanctionner que la méconnaissance d'obligations résultant de textes internationaux opposables aux Etats*" (Jugement N°ECW/CCJ/JUG/16/15 du 13 juillet 2015, Congrès pour la démocratie et le progrès et autres c/ Etat du Burkina). Ces textes internationaux sont ratifiés et assumés par les Etats et font partie intégrante de leurs droits positifs.

57

Décision DCC 98-068 du 19 août 1998
Chédé A. Gbénou Lucien
Recueil 1998, p. 333

Le statut des professeurs de l'enseignement supérieur

La Cour Constitutionnelle,

Saisie d'une requête du 08 mai 1998 enregistrée à son Secrétariat à la même date sous le numéro 0676, par laquelle Monsieur Lucien Gbénou A. CHEDE, Professeur de Chimie à l'Université Nationale du Bénin, Député à l'Assemblée Nationale, se plaint d'actes et traitements présumés inconstitutionnels posés à son encontre par l'Administration de l'Assemblée Nationale d'une part, le Ministre des Finances, d'autre part ;

VU la Constitution du 11 décembre 1990 ;
VU la Loi Organique n° 91-009 du 04 mars 1991 sur la Cour Constitutionnelle;
VU le Règlement Intérieur de la Cour Constitutionnelle ;
Ensemble les pièces du dossier ;
Ouï le Professeur Maurice GLELE AHANHANZO en son rapport ;
Après en avoir délibéré,

Considérant que le requérant expose que, Professeur de Chimie à l'Université Nationale du Bénin, il siège comme député à l'Assemblée Nationale depuis le 19 avril 1996, que, depuis lors, il assume toutes les charges et servitudes tant du Professeur que du Député conformément à l'article 17 de la Loi n° 94-015 du 27 janvier 1995, définissant les règles particulières pour l'élection des membres de l'Assemblée Nationale qui prescrit : '' *Sont exceptés des dispositions de l'article 16 (relatif aux incompatibilités parlementaires) les Professeurs de l'Enseignement Supérieur''* ; que, bien qu'il ne soit pas en position de détachement auprès de l'Assemblée Nationale, les indemnités parlementaires lui sont payées comme s'il était dans une telle position, les services financiers du parlement opérant en effet des retenues pour sa pension de retraite ;

Considérant que le requérant soutient par ailleurs qu'à partir de fin décembre 1996, ses salaire et accessoires de traitement de professeur ont été suspendus par le Ministre des Finances ; qu'il développe que les démarches administratives entreprises auprès de l'Assemblée Nationale et du Gouvernement pour rétablir sa situation n'ont pas abouti ; qu'il conclut que les actes du Parlement constituent une violation des articles 3, 8, 15, 18, 26, 81, 82 et 91 de la Constitution et 126 du Règlement Intérieur du Parlement ; qu'en outre, la suspension de son salaire viole la Constitution dans son préambule et en ses articles 30, 33 et 35 ainsi que la Loi n° 86-013 en ses articles 77, 123, 124 et 137 ;

Considérant que la Constitution dispose, d'une part, en son article 81 alinéa 1er : *''La loi fixe le nombre des membres de l'Assemblée Nationale, les conditions d'éligibilité, le régime des incompatibilités...''* ; d'autre part, en son article 91 : *'' Les députés perçoivent des indemnités parlementaires qui sont fixées par la loi'' ;*

Considérant que la Loi n° 94-015 du 27 janvier 1995 définissant les règles particulières pour l'élection des membres de l'Assemblée Nationale prise en application des dispositions constitutionnelles ci-dessus citées édicte, d'une part en son article 16 : *''L'exercice des fonctions publiques non électives est incompatible avec le mandat de député.*
En conséquence, tout agent public élu député est placé dans la position de détachement de longue durée dans les trente(30) jours qui suivent son entrée en fonction...'', d'autre part en son article 17 : *''Sont exceptés des dispositions de l'article 16 les Professeurs de l'Enseignement Supérieur''* ;

Considérant que sur la question des incompatibilités et des indemnités relatives au statut de député porte sur des règles de valeur constitutionnelle ; que la loi précitée constitue la mise en œuvre des dispositions constitutionnelles ci-dessus citées ;

Considérant qu'il ressort des réponses aux mesures d'instruction diligentées par la Cour auprès de l'Assemblée Nationale et du Ministère des Finances que Monsieur Lucien Gbénou A. CHEDE, Professeur à l'Université et Député, contrairement aux dispositions précitées, est considéré et traité par l'Assemblée Nationale et le Ministère des Finances comme étant en position de détachement ; qu'une telle attitude est contraire à la Constitution ; qu'au demeurant, les agissements de l'Assemblée Nationale et du Ministère des Finances sont intervenus en méconnaissance des articles 33 et 35 de la Constitution ;

Considérant qu'aux termes de l'article 30 de la Constitution : « *L'Etat reconnaît à tous les citoyens le droit au travail et s'efforce de créer les conditions qui rendent la jouissance de ce droit effective et garantissent au travailleur la juste rétribution de ses services ou de sa production* » ; que le requérant a assumé cumulativement ses fonctions de professeur à l'Université Nationale du Bénin avec celles de député ; que, dès lors, la suspension par le Ministre des Finances de ses salaires et accessoires de traitement de professeur viole la Constitution ;

Sans qu'il soit besoin de statuer sur tous les autres moyens invoqués ;

D E C I D E :

Article 1er.- Est contraire à la Constitution le fait pour l'Assemblée Nationale et le Ministère des Finances de considérer et de traiter Monsieur Lucien A. CHEDE, Professeur de l'Enseignement Supérieur et Député, comme en détachement auprès de l'Assemblée Nationale.
Article 2.- La suspension par le Ministre des Finances des salaires et accessoires de traitement de Monsieur Lucien Gbénou A. CHEDE est contraire à la Constitution.
Article 3.- La présente décision sera notifiée à Monsieur Lucien Gbénou A. CHEDE, au Président de la République, Chef de l'Etat, Chef du Gouvernement ainsi qu'au Président de l'Assemblée Nationale et publiée au Journal Officiel.
Ont siégé à Cotonou, le dix-neuf août mil neuf cent quatre-vingt-dix-huit,

Madame	Conceptia D. OUINSOU	Président
Messieurs	Maurice GLELE AHANHANZO	Membre
	Alexis HOUNTONDJI	Membre
	Hubert MAGA	Membre
Madame	Clotilde MEDEGAN- NOUGBODE	Membre

Le Rapporteur, Le Président,

Prof. Maurice GLELE AHANHANZO Conceptia D. OUINSOU

OBSERVATIONS

Selon la jurisprudence de la Cour, "*le droit au travail s'analyse comme une obligation de moyen et non de résultat pour l'Etat ; (...) cette obligation consiste, entre autres, en la création d'un environnement favorable au développement économique, à la formation professionnelle et à l'organisation des services publics susceptibles de générer des emplois au profit de citoyens qualifiés.*" (Décision DCC 14-143 du 17 juillet 2014, Claire HOUNGAN AYEMONNA). Ce droit au travail présente des visages variés selon les catégories professionnelles.

Spécificités de la fonction ou privilège d'un corps de métier, les enseignants-chercheurs n'en finissent pas de se distinguer par rapport aux autres professions de la république : leur indice salarial bénéficie d'un coefficient multiplicateur, leurs propos et agissements professionnels sont couverts par les franchises universitaires comme contribution au débat scientifique, et enfin, ils sont autorisés à cumuler leurs salaires d'enseignants-chercheurs avec les indemnités servies aux parlementaires lorsqu'ils sont élus députés à l'Assemblée nationale.

La mesure de suspension de salaire opérée par le ministre des finances ne fournit pas ses motifs, la motivation de cette suspension. Mais, on peut en douter, le ministre ne comprend pas pourquoi les salaires des autres députés-fonctionnaires sont suspendus et celui de l'enseignant-chercheur ne l'est point. La jurisprudence sur le principe d'égalité se profile en filigrane (Décision DCC 98-023 du 11 mars 1998, Gnaho Claude et alii, Recueil 1998, p. 109). Cette jurisprudence est-elle véritablement applicable aux enseignants-chercheurs ?

Pour la Cour, il y a d'abord l'autorisation expresse de la loi pour le cumul du mandat de député et d'une fonction publique non élective. Cette permission de la loi a conduit le requérant à assumer "*cumulativement ses fonctions de professeur à l'Université Nationale du Bénin avec celles de député*". Si le salaire est la contrepartie du travail effectué, le requérant mérite donc un salaire selon la Cour.

Ce que les autres corps de métier pourraient considérer comme un privilège des enseignants-chercheurs, n'est en réalité que la conséquence logique d'une double flexibilité.

D'abord la flexibilité de l'emploi du temps et du travail parlementaire. Le député n'est pas soumis aux horaires de présence de l'administration générale. Il n'a pas la contrainte des quarante heures hebdomadaires. Sa présence aux sessions du parlement peut être relayée par une procuration donnée à un ami politique. L'absentéisme parlementaire, bien que décrié, n'est pas sanctionné de façon dissuasive. Le député a donc du temps à consacrer à autre chose.
Ensuite, l'enseignant-chercheur aussi a un emploi du temps flexible. Sa gestion du temps est modulable sur la rubrique des heures de cours (annulation, déprogrammation, reprogrammation), sur le moment de la recherche qui peut s'effectuer de jour, de nuit, en semaine ou dans le week-end, sur le territoire national ou à l'étranger. Ce régime de vie professionnelle est placé sous le signe de libertés élargies que la jurisprudence constitutionnelle comparée appelle l'indépendance des enseignants-chercheurs (Décision n° 83-165 DC du 20 janvier 1984, Conseil constitutionnel français). Il consacre une discrimination (positive ?) fondée sur un statut professionnel qui a ses grandeurs mais aussi ses servitudes.

Enfin, le cumul des fonctions ainsi consacré n'est pas applicable lorsqu'un enseignant-chercheur devient membre du gouvernement. L'article 54 al. 5 de la constitution dispose que "*Les fonctions de membre du Gouvernement sont incompatibles avec l'exercice de tout mandat parlementaire, de tout emploi public, civil ou militaire et de toute autre activité professionnelle."* Ceci emporte comme conséquence, selon la Haute juridiction constitutionnelle, que l'enseignant-chercheur de l'Université d'Abomey-Calavi, devenu "*Garde des Sceaux, ministre de la Justice et de la Législation, en continuant à exercer son emploi d'enseignant dans la Fonction publique en même temps qu'il exerce les fonctions de membre du Gouvernement, a méconnu les dispositions de l'article 54 précité de la Constitution*" (Décision DCC 17-082 du 13 avril 2017, Hubert NASSARA).

INDEX ANALYTIQUE DES MATIERES

(Les numéros renvoient aux pages)

	I. COUR CONSTITUTIONNELLE	
Compétence		
	Compétences consultatives	p. 25, 41
	Compétences juridictionnelles	p. 460
	Interprétation par la Cour constitutionnelle	p. 561, 570
Contrôle de conformité		
	– *déclaration du chef de l'Etat*	p. 322
	– *décret et arrêtés*	p. 40
	– *dispositions législatives*	p.73, 200, 516, 518, 521
	– *engagements internationaux*	p. 44, 198, 334, 335, 340, 535, 536
	– *mesures de l'article 68*	p. 332
	– *ordonnances*	p. 147, 151-154, 199, 200, 204, 243, 333, 334, 336-340, 343, 409, 410, 458
	- *exception d'inconstitutionnalité*	p. 12, 40, 83, 84, 126, 128, 140, 258, 337, 364, 386, 415, 417, 419, 420, 421, 509, 510, 511, 512, 513, 615, 624
Décisions		
	Autorité de chose jugée	p. 56, 72, 73, 74, 80, 85, 109, 116, 251, 364, 380, 384, 415, 428, 501, 505, 532, 543
Domaine de la loi		
	Répartition des compétences	p. 48, 343, 355
Responsabilité		
	des membres de la Cour	p. 457, 459
Procédure		
	Quorum	p. 211, 475
	Moyen soulevé d'office	p. 415, 416
	Recours en rectification d'erreurs matérielles	p. 75, 110
Saisine		
	- *déclenchement*	p. 136
	– *autosaisine*	p. 415, 416
	– *Président de l'Assemblée nationale*	p. 25, 61

	– *Président de la République*	p. 151, 185, 209, 495, 535
Techniques de contrôle		
	Contrôle de l'erreur manifeste	p. 537
	Contrôle de proportionnalité	p. 444
	Contrôle d'opportunité	p. 539
	Jurisprudence injonctive	p. 28
	Recours à l'esprit de la constitution	p. 229
	Revirement de jurisprudence	p. 451
II. CONSTITUTION		
Bloc de constitutionnalité		
	Constitution	p. 209
	Déclaration des droits de l'homme	p. 49
	Coutume constitutionnelle	p. 305, 306, 344
	– *charte africaine des droits de l'homme et des peuples*	p. 30, 38, 82, 87, 103, 104, 105, 106, 107, 109, 111, 112, 113, 118, 126, 130, 176, 213, 227, 246, 254, 256, 259, 265, 267, 275, 324, 353, 420, 430, 437, 438, 439, 477, 506, 563, 571, 593, 595, 599
	– *charte des nations unies*	p. 227, 256, 430
	Préambule	p. 22, 54, 82, 96, 118, 160, 213, 225, 226, 227, 229, 230, 234, 256, 267, 280, 295, 296, 297, 298, 315, 318, 325, 327, 357, 416, 430, 477, 489, 562, 575, 579, 584, 593
	Principes à valeur constitutionnelle	p. 230, 388
Révision de la constitution		
	Contrôle	p. 473
	Limites	p. 473
Souveraineté		
	Abandon de	p. 44, 578, 580, 581
	Limitations de	p. 579, 580
Séparation des pouvoirs		
	Principe de la	p. 157-159, 162, 431
Travaux préparatoires		p. 341, 381
III. ELECTIONS-VOTATIONS		
Contrôle de conformité en matière électorale		
	Déchéance	p. 76
	Eligibilité	p. 372, 430, 568
	Ecart des voix	p. 532
	Influence déterminante	p. 528, 532

	IV. FINANCES PUBLIQUES	
	Autonomie financière	p. 157, 158, 163, 164, 165, 166, 167, 168, 169, 220, 291, 470, 485, 574
	Impositions de toutes natures	p. 244, 292, 333, 399
	Redevances	p. 181, 400
	Impôt	p. 94, 147, 154, 163, 171, 172, 173, 174, 175, 176, 177, 179, 180, 181, 182, 183, 198, 200, 203, 243, 244, 399, 400, 572, 609
	Universalité budgétaire	p. 203, 205
	Amendement gagé	p. 143, 147, 148
	Ordonnance budgétaire	p. 153, 343
	Annualité budgétaire	p. 197, 198, 202-204
	V. INSTITUTIONS	
Autorités administratives indépendantes		p. 170
Autorités judiciaires		
	Indépendance	p. 166, 234-237, 353-358, 361, 498
Assemblée nationale		
	Législateur	p. 50, 74, 75, 92, 111, 127-129, 169, 175, 176, 179, 181-183, 186, 280, 281, 285, 287, 289, 291-293, 324, 354, 384, 397, 410, 429, 431, 433, 439, 451, 452, 454, 455, 495, 500, 501, 507, 511, 516, 517, 521, 524, 526, 538, 539, 554, 570
	– *erreur manifeste*	p. 340, 342, 537, 538
Parlementaires		
	Déchéance	p. 76
	Inéligibilités	p. 76, 251
Pouvoirs publics		
	Autonomie financière	p. 157, 158, 163, 164, 166, 167, 168, 169, 220, 291, 470, 485, 574
	Fonctionnement normal	p. 262, 342
Président de la République		

	Pouvoirs exceptionnels	p. 335, 336, 343
Première Dame		p. 303-307
Premier Ministre		p. 98, 309-314
VI. LIBERTES ET DROITS FONDAMENTAUX-DIFFERENTES BRANCHES DU DROIT		
Droit		
	De grève	p. 15, 27, 168, 256, 257, 261, 448, 450-453, 538, 598, 610
	De propriété	p. 81, 128, 271, 273, 275-277, 610
Liberté		
	D'association	p. 123, 217, 281, 282, 354, 437, 439, 440, 442, 443, 444, 448-450, 482, 518, 598
	Du commerce et de l'industrie	p. 280
	De religion	p. 33, 34, 266
Magistrats		
	Inamovibilité	p. 233-237, 351
	Indépendance	p. 235
Principe d'égalité		p. 30, 89, 117-119, 126-130, 182, 183, 267, 516, 519, 572, 586
Principes		
	De laïcité	p. 277
	Consensus national	p. 29, 225, 226, 230, 330, 473, 489, 491-494, 530, 575
	De non-discrimination	p. 126, 128, 267, 440
	Séparation des pouvoirs	p. 25, 76, 157-159, 162, 166-168, 283, 284, 295, 297, 339, 358, 431
	Transparence	p. 132, 133, 189, 195, 207, 228, 293, 294, 298-301, 430, 432-435, 500, 501, 532, 539

ANNEXES

LA CONSTITUTION DU 11 DECEMBRE 1990

Proclamation des resultats du referendum constituant du 02 decembre 1990 sur le projet de constitution de la République du Bénin

Vu la Loi constitutionnelle n° 90 6002 du 13 août 1990, portant organisation des pouvoirs de la période transitoire ;

Vu la Charte des partis politiques objet de la loi n°90 -023 du 13 août 1990 ;

Vu la loi n° 90 -025 du 10 septembre 1990, portant organisation du referendum constitutionnel

Vu la loi n° 90 -030 du 8 novembre 1990, portant règlement du contentieux référendaire ou électoral pendant la période de transition

LE HAUT CONSEIL DE LA REPUBLIQUE, après audition

- du compte rendu des résultats du référendum présenté par le Ministre de l'Intérieur, de la Sécurité publique et de l'Administration territoriale au nom du Gouvernement,
- et du compte rendu fait par le Président de la commission des lois du Haut Conseil de la République chargé du contentieux référendaire,

Nous déclarons que le projet de **CONSTITUTION DE LA REPUBLIQUE DU BENIN** est adopté lors du référendum du 02 décembre 1990 par les résultats ci-après :

- **TOTAL DES INSCRITS** = 2.052105
- **NOMBRE DE VOTANTS** = 1.304.870 soit 63% des inscrits.
- **NOMBRE DE BULLETINS BLANCS {OUI)** = 926.860 soit 73,3% des votes exprimés.
- **NOMBRE DE BULLETINS VERTS {OUI mais sans limitation d'âge)** = 252.064 soit 19,9 % des suffrages exprimés
- **NOMBRE DE BULLETINS ROUGES (NON)** = 85.717 soit 6,8 % des suffrages exprimés.
- LE TOTAL DES «OUI» représente 96,9% des suffrages exprimés.

Ces résultats concernent le vote organisé dans les six départements du Territoire National et dans les Représentations diplomatiques du Bénin.

En conséquence, nous proclamons officiellement ce jour Lundi 10 Décembre 1990, les résultats ci-dessous et déclarons le Projet de CONSTITUTION comme la CONSTITUTION DE LA REPUBLIQUE.

Fait à Cotonou, le 10 décembre 1990
Pour Le Haut Conseil de la République
Le Président : Monseigneur Isidore de SOUZA

CONSTITUTION DU BENIN

LE HAUT CONSEIL DE LA RÉPUBLIQUE, conformément à la Loi Constitutionnelle du 13 août 1990, a proposé,
LE PEUPLE BÉNINOIS a adopté au Référendum Constituant du 2 décembre 1990,
LE PRÉSIDENT DE LA RÉPUBLIQUE promulgue la Constitution dont la teneur suit :

Préambule

Le Dahomey, proclamé République le 04 décembre 1958, a accédé à la souveraineté internationale le 1er août 1960. Devenu République Populaire du Bénin, le 30 novembre 1975, puis République du Bénin le 1er mars 1990, il a connu une évolution constitutionnelle et politique mouvementée depuis son accession à l'indépendance. Seule est restée pérenne l'option en faveur de la République. Les changements successifs de régimes politiques et de gouvernements n'ont pas émoussé la détermination du Peuple Béninois à rechercher dans son génie propre, les valeurs de civilisations culturelles, philosophiques et spirituelles qui animent les formes de son patriotisme.

Ainsi, la conférence des Forces Vives de la Nations, tenue à Cotonou, du 19 au 28 février 1990, en redonnant confiance au peuple a permis la réconciliation nationale et l'avènement d'une ère de Renouveau Démocratique.

Au lendemain de cette Conférence,

NOUS, PEUPLE BENINOIS

- ***Réaffirmons*** notre opposition fondamentale à tout régime fondé sur l'arbitraire, la dictature, l'injustice, la corruption, la concussion, le régionalisme, le népotisme, la confiscation du pouvoir et le pouvoir personnel;
- ***Exprimons*** notre ferme volonté de défendre et de sauvegarder notre dignité aux yeux du monde et de retrouver la place et le rôle de pionnier de la démocratie et de la défense des Droits de l'Homme qui furent naguère les nôtres;
- ***Affirmons solennellement*** notre détermination par la présente constitution de créer un Etat de droit de démocratie pluraliste, dans les droits fondamentaux de l'homme, les libertés publiques, la dignité de la personne humaine et la justice sont garantis, protégés et promus comme la condition nécessaire au développement véritable et harmonieux de chaque béninois tant dans sa dimension temporelle, culturelle que spirituelle ;
- ***Réaffirmons*** notre attachement aux principes de la Démocratie et des droits de l'Homme tels qu'ils ont été définis par la charte des Nations -Unies de 1945et la déclaration Universelle des Droits de l'Homme de 1948, à la charte Africaine des Droits de l'Homme et des peuples adoptés en 1981par l'Organisation de l'Unité Africaine, ratifiée par le Bénin le 20 janvier 1986 et dont les dispositions font partie intégrante de la présente constitution et du Droit béninois et une valeur supérieure à la loi interne ;

- ***Affirmons*** notre volonté de coopérer dans la paix et l'amitié avec tous les peuples qui partagent nos idéaux de liberté, de justice, de solidarité humaine, sur la base des principes d'égalité, d'intérêt réciproque et de respect mutuel de la souveraineté nationale et de l'intégrité territoriale ;
- ***Proclamons*** notre attachement à la cause de l'Unité Africaine et nous engageons à tout mettre en œuvre pour réaliser l'intégration sous - régionale et régionale ;
- ***Adoptons solennellement*** la présente constitution qui est la Loi Suprême de L'Etat et laquelle nous jurons loyalisme, fidélité et respect.

TITRE PREMIER : DE L'ETAT ET DE LA SOUVERAINETE

Article Premier

L 'Etat du Bénin est une République indépendante et souveraine
- La capitale du Bénin est PORTO-NOVO.
- L'Emblème national est le drapeau tricolore vert, jaune et rouge.

En partant de la hampe, une bande verte sur toute la hauteur et sur les deux cinquièmes de sa longueur, deux bandes horizontales égales: la supérieure jaune l'inférieure rouge.

- L'Hymne de la république est l'« AUBE NOUVELLE ».
- La Devise de la République est « FRATERNITE -JUSTICE-TRAVAIL »
- La langue officielle est le Français.
- Le sceau de L'Etat, constituée par un disque de cent vingt millimètres de diamètres, représente :

  - à l'avers une pirogue chargée de six étoiles à cinq rais voguant sur des ondes, accompagnée au chef d'un arc avec une flèche en palme soutenu de deux recardes en sautoir et, dans le bas , d'une banderole portant la devise « FATERNITE-JUSTICE- TRAVAIL» avec, à l'entoure, l'inscription « République du Bénin » ;
  - et au revers un écu coupé au premier du sinople, au deuxième parti d'or et de gueules, qui sont les trois couleurs du drapeau, l'écu entouré de deux palmes au naturel les tiges passées en sautoir.
- Les armes du Bénin sont :
  - Ecartelé au premier quartier d'un château Somba d'or ;
  - Au deuxième d'argent à l'étoile du Bénin au naturel c'est-à-dire une croix à huit pointes d'azur anglées de rayons d'argent et de sable en abîme ;
  - Au troisième d'argent palmier de sinople chargé d'un fruit de gueule ;
  - Au quatrième d'argent au navire de sable voguant sur une mer d'azur avec en brochant sur la ligne de l'écartelé un losange de gueule
  - Supports : deux panthères d'or tachetées ;
  - Timbre : deux cornes d'abondance de sable d'où sortent des épis de maïs ;
  - Devise : Fraternité - Justice - Travail en caractère de sable sur une banderole.

Article 2
La République du Bénin est une et indivisible, laïque et démocratique.
Son principe est : Le Gouvernement du peuple, par le peuple et pour le peuple.

Article 3
La souveraineté nationale appartient au peuple. Aucune fraction du peuple, aucune communauté, aucune corporation, aucun parti ou association politique, aucune organisation syndicale ni aucun individu ne peut s'en attribuer l'exercice.
La souveraineté s'exerce conformément à la présente constitution qui est la Loi Suprême de
l'Etat.
Toute loi, tout texte réglementaire et tout acte administratif contraires à ces dispositions sont nuls et non avenus. En conséquence, tout citoyen a le droit de se pourvoir devant la Cour constitutionnelle contre les lois, textes et actes présumés inconstitutionnels.

Article 4
Le peuple exerce sa souveraineté par ses représentants élus et par voie de référendum. Les conditions de recours au référendum sont déterminées par la présente constitution et par une loi organique.

La cour constitutionnelle veille à la, régularité du référendum en proclame les résultats.

Article 5
Les partis politiques concourent à l'expression du suffrage. Ils se forment et exercent librement leurs activités dans les conditions déterminées par la charte des partis politiques. Ils doivent respecter les principes de la souveraineté nationale, de la démocratie, de l'intégrité territoriale et de la laïcité de l'Etat.

Article 6
Le suffrage est universel, égal et secret. Sont électeurs dans les conditions déterminées par la loi, tous les nationaux béninois des deux sexes âgés de dix-huit ans révolus et jouissant de leur droit civil et politique.

TITRE II : DES DROITS ET DES DEVOIRS DE LA PERSONNE HUMAINE

Article 7

Les droits et des devoirs proclamés et garantis par la Charte Africaine des droits de l'Homme et des Peuples adoptée en 1981 par l'Organisation de l'Unité Africaine et ratifiée par le Bénin le 20 janvier 1986 font partie intégrante de la présente constitution et du droit béninois.

Article 8
La personne humaine est sacrée et inviolable.

L'Etat a l'obligation absolue de la respecter et de la protéger. Il lui garantit un plein épanouissement. A cet effet, il assure à ses citoyens l'égal accès à la santé, à l'éducation, à la culture, à la formation professionnelle et à l'emploi.

Article 9
Tout être humain a droit au développement et au plein épanouissement de sa personne dans ses dimensions matérielle, temporelle, intellectuelle, spirituelle, pourvu qu'il ne viole pas les droits d'autrui ni n'enfreigne l'ordre constitutionnel et les bonnes mœurs.

Article 10
Toute personne a droit à la culture. L'Etat a le devoir de sauvegarder et de promouvoir les valeurs nationales de civilisation tant matérielles que spirituelles, ainsi que les traditions culturelles.

Article 11
Toutes les communautés composant la nation béninoise jouissent de la liberté d'utiliser leurs langues parlées et écrites et de développer leur propre culture tout en respectant celles des autres.

L'Etat doit promouvoir le développement de langues nationales d'inter- communication.

Article 12
L'Etat et les collectivités publiques garantissent l'éducation des enfants et créent des conditions favorables à cette fin.

Article 13
L'Etat à l'éducation de la jeunesse par des écoles publiques. L'enseignement primaire est obligatoire L'Etat assure progressivement la gratuité de l'enseignement publique.

Article 14
Les institutions et les communautés religieuses peuvent également concourir à l'éducation de la jeunesse. Les écoles privées, laïque ou confessionnelles, peuvent être ouvertes avec l'autorisation et le contrôle de l'Etat. Les écoles privées peuvent bénéficier des subventions de L'Etat dans les conditions déterminées par la loi.

Article 15
Tout individu a droit à la vie, à la liberté, à la sécurité, et l'intégrité de sa personne.

Article 16
Nul ne peut être arrêté ou inculpé qu'en vertu d'une loi promulguée antérieurement aux faits qui lui sont reprochés.

Aucun citoyen ne peut être contraint à l'exil.

Article 17
Toute personne accusée d'un acte délictueux est présumée innocente jusqu'à ce que sa culpabilité ait été légalement établie au cours d'un procès public durant lequel toutes les garanties nécessaires à sa libre défense lui auront été assurées.
Nul ne sera condamné pour des actions ou omissions qui, au moment où elles ont été commises, ne constituaient pas une infraction d'après le droit national. De même, il ne

peut être infligé de peine plus forte que celle qui était applicable au moment où l'infraction a été commise.

Article 18
Nul ne sera soumis à la torture, ni à des sévices ou traitements cruels, inhumains ou dégradants.
Nul n'a le droit d'empêcher un détenu ou un prévenu de se faire examiner par un médecin de son choix.
Nul ne peut être détenu dans un établissement pénitentiaire s'il ne tombe sous le coup d'une loi pénale en vigueur.
Nul ne peut être détenu pendant une durée supérieure à quarante-huit heures que par la décision d'un magistrat auquel il doit être présenté. Ce délai ne peut être prolongé que dans des cas exceptionnellement prévus par la loi et qui ne peut excéder une période supérieure à huit jours.

Article 19
Tout individu, tout agent de L'Etat qui se rendrait coupable d'acte de torture, de sévices ou traitements cruels, inhumains ou dégradants dans l'exercice ou à l'occasion de l'exercice de ses fonctions, soit de sa propre initiative, soit sur instruction, sera puni conformément à la loi.
Tout individu, tout agent de L'Etat est délié du devoir d'obéissance lorsque l'ordre reçu constitue une atteinte grave et manifeste au respect des droits de l'homme et des libertés publiques.

Article 20
Le domicile est inviolable. Il ne peut y être effectué des visites domiciliaires ou de perquisitions que dans les formes et conditions prévues par la loi.

Article 21
Le secret de la correspondance et des communications est garanti par la loi.

Article 22
Toute personne a droit à la propriété. Nul ne peut être privé de sa propriété que pour cause d'utilité publique et contre juste et préalable dédommagement.

Article 23
Toute personne a droit à la liberté de pensée, de conscience, de religion, de culte, d'opinion et d'expression dans le respect de l'ordre public établi par la loi et les règlements. L'exercice du culte et l'expression des croyances s'effectuent dans le respect de la laïcité de L'Etat.
Les institutions, les communautés religieuses ou philosophiques ont le droit de se développer sans entraves. Elles ne sont pas soumises à la tutelle de L'Etat. Elles règlent et administrent leurs affaires d'une manière autonome.

Article 24
La liberté de la presse est reconnue et garantie par l 'Etat. Elle est protégée par la Haute Autorité de l'Audio - visuel et de la Communication dans les conditions fixées par une loi organique.

Article 25
L'Etat reconnaît et garantit, dans les conditions fixées par la loi, la liberté d'aller et venir, la liberté d'association, de réunion, de cortège et de manifestation.

Article 26
L'Etat assure à tous l'égalité devant la loi sans distinction d'origine, de race, de sexe, de religion, d'opinion politique ou de position sociale.
L'homme et la femme sont égaux en droit. L'Etat protège la famille et particulièrement la mère et l'enfant. Il veille sur les handicapés et les personnes âgées.

Article 27
Toute personne a droit à un environnement sain, satisfaisant et durable et a le devoir de le défendre. L'Etat veille à la protection de l'environnement.

Article 28
Le stockage, la manipulation et l'évacuation des déchets toxiques ou polluants provenant des usines ou autres unités industrielles ou artisanales installées sur le territoire national sont réglementés par la loi.

Article 29
Le transit, l'importation, le stockage, l'enfouissement, le déversement sur le territoire national des déchets toxiques ou polluants étrangers et tout accord y relatif constituent un crime contre la Nation. Les sanctions applicables sont définies par la loi.

Article 30
L'Etat reconnaît à tous les citoyens le droit au travail et s'efforce de créer les conditions qui rendent la jouissance de ce droit effective et garantissent au travailleur la juste rétribution de ses services ou de sa production.

Article 31
L'Etat reconnaît et garantit le droit de grève. Tout travailleur peut défendre, dans les conditions prévues par la loi, ses droits et ses intérêts soit individuellement, soit collectivement ou par l'action syndicale. Le droit de grève s'exerce dans les conditions définies par la loi.

Article 32
La défense de la Nation et l'intégrité du territoire de la république est un devoir sacré pour tout citoyen béninois.
Le service militaire est obligatoire. Les conditions d'accomplissement de ce devoir sont déterminées par la loi.

Article 33
Tous les citoyens de la république du Bénin ont le devoir de travailler pour le bien commun, de remplir toutes leurs obligations civiques et professionnelles, de s'acquitter de leurs contributions fiscales.

Article 34
Tout citoyen béninois, civil ou militaire, a le devoir sacré de respecter en toutes circonstances, la constitution et l'ordre constitutionnel établie ainsi les lois et règlements de la République.

Article 35
Les citoyens chargés d'une fonction publique ou élus à une fonction politique ont le devoir de l'accomplir avec conscience, compétence, probité dévouement et loyauté dans l'intérêt et le respect du bien commun.

Article 36
Chaque Béninois a le devoir de respecter et de considérer son semblable sans discrimination aucune et d'entretenir avec les autres des relations qui permettent de sauvegarder, de renforcer et de promouvoir le respect, le dialogue et la tolérance réciproque en vue de la paix et de la cohésion nationale.

Article 37
Les biens publics sont sacrés et inviolables. Tout citoyen béninois doit les respecter scrupuleusement et les protéger. Tout acte de sabotage, de vandalisme, de corruption, de détournement, de dilapidation, ou d'enrichissement illicite est réprimé dans les conditions prévues par la loi.

Article 38
L'Etat protège à l'étranger les droits et intérêts légitimes des citoyens béninois.

Article 39
Les étrangers bénéficient sur le territoire de la République du Bénin des mêmes droits et libertés que les citoyens béninois et ce dans les conditions déterminées par la loi. Ils sont tenus de se conformer à la constitution, aux lois et règlements de la République.

Article 40
L'Etat a le devoir d'assurer la diffusion et l'enseignement de la constitution, de la Déclaration Universelle des Droits de l 'Homme de 1948, de la Charte Africaine des Droits de l'Homme et des Peuples de 1981 ainsi que de tous les instruments internationaux dûment ratifiés et relatifs aux Droits de l'Homme.
L'Etat doit intégrer les droits de la personne humaine dans les programme de d'alphabétisation et d'enseignement aux différents cycle scolaires et universitaires et dans tous les programmes de formation des Forces Armées, des Forces de Sécurité Publique et assimilés.
L'Etat doit également assurer dans les langues nationales par tous les moyens de communication de masse, en particulier par la radiodiffusion et la télévision, la diffusion et l'enseignement de ces mêmes droits.

TITRE III : DU POUVOIR EXECUTIF

Article 41
Le Président de la République est le Chef de L'Etat. Il est l'élu de la Nation et incarne l'unité nationale.

Il est le garant de l'indépendance nationale, de l'intégrité territoriale et du respect de la constitution, des traités et accords internationaux.

Article 42
Le président de la République est élu au suffrage universel direct pour un mandat de cinq ans, renouvelable une seule fois.
En aucun cas, nul ne peut exercer plus de deux mandats présidentiels.

Article 43
L'élection du Président de la République a lieu au scrutin uninominal majoritaire à deux tours.

Article 44
Nul ne peut être candidat aux fonctions du Président de la République s'il :

- n'est de nationalité béninoise de naissance ou acquise depuis au moins dix ans ;
- n'est de bonne moralité et d'une grande probité ;
- ne jouit de tous ses droits civils et politiques ;
- n'est âgé de 40 ans au moins et 70 ans au plus à la date de dépôt de sa candidature ;
- ne réside sur le territoire de la République du Bénin au moment des élections ;
- ne jouit d'un état complet de bien - être physique et mental dûment constaté par un collège de
- trois médecins assermentés désignés par la Cour Constitutionnelle.

Article 45
Le Président de la République est élu à la majorité absolue des suffrages exprimés. Si celle-ci n'est pas obtenue au premier tour de scrutin, il est procédé, dans un délai de quinze jours, à un second tour.
Seuls peuvent se présenter au second tour de scrutin les deux candidats qui ont recueilli le plus grand nombre de suffrages au premier tour. En cas de désistement de l'un ou de l'autre des deux candidats, les suivants se présentent dans l'ordre de leur classement après le premier scrutin.
Est déclaré élu au second tour le candidat le candidat ayant recueilli la majorité relative des suffrages exprimés.

Article 46
La convocation des électeurs est faite par décret pris en conseil des Ministres.

Article 47
Le premier tour du scrutin de l'élection du Président de la République a lieu trente jours au moins et quarante jours au plus avant la date d'expiration des pouvoirs du Président en exercice.
Le mandat du nouveau Président de la République prend effet pour compter de la date d'expiration du mandat de son prédécesseur.

Article 48
La loi fixe les conditions d'éligibilité, de présentation des candidatures, de déroulement du scrutin, de dépouillement et de proclamation des résultats de l'élection du Président de la République.
La loi fixe la liste civile du Président de la République et détermine la pension à allouer aux anciens Présidents de la République.
Toutefois, pour compter de la promulgation de la présente Constitution, seuls les Présidents de la République constitutionnellement élus pourront bénéficier des dispositions du précédent paragraphe.

Article 49
La Cour constitutionnelle veille à la régularité du scrutin et en constate les résultats.
L'élection du Président de la République fait l'objet d'une proclamation provisoire.
Si aucune contestation relative à la régularité des opérations électorales n'a été déposée au Greffe de la Cour par l'un des candidats dans les cinq jours de la proclamation provisoire, la Cour déclare le Président de la République définitivement élu.
En cas de contestation, la Cour est tenue de statuer dans les dix jours de la proclamation provisoire ; sa décision emporte proclamation définitive ou annulation de l'élection.
Si aucune contestation n'a été soulevée dans le délai de cinq jours et si la Cour constitutionnelle estime que l'élection n'était entachée d'aucune irrégularité de nature à en entraîner l'annulation, elle proclame l'élection du Président de la République dans les quinze jours qui suivent le scrutin.
En cas d'annulation, il sera procédé à un nouveau tour de scrutin dans les quinze jours de la décision.

Article 50
En cas de la vacance de la présidence de la République par décès, démission ou empêchement définitif, l'Assemblée Nationale se réunit pour statuer sur le cas à la majorité absolue de ses membres. Le Président de l'Assemblée Nationale saisit la Cour constitutionnelle qui constate et déclare la vacance de la Présidence de la République.
Les fonctions de Président de la République, à l'exception de celles mentionnées aux Articles 54 alinéa 3, 58, 60, 101, et 154 sont provisoirement exercées par le Président de l'Assemblée Nationale.
L'élection du nouveau Président de la République a lieu trente jours au moins et quarante jours au plus après la déclaration du caractère définitif de la vacance.
En cas de mise en accusation du Président de la République devant la Haute Cour de Justice, son intérim est assuré par le Président de la Cour constitutionnelle qui exerce toutes les fonctions de Président de la république à l'exception de celles mentionnées aux Articles 54 alinéa 3, 58, 60, 101, et 154.
En cas d'absence du territoire, de maladie, et de congé du Président de la République, son intérim est assuré par un membre du Gouvernement qu'il aura désigné et dans la limite des pouvoirs qu'il lui aura délégués.

Article 51
Les fonctions de Président de la République sont incompatibles avec l'exercice de tout autre mandat électif, de tout emploi public, civil ou militaire et de toute autre activité professionnelle.

Article 52
Durant leurs fonctions, Le Président de la République et les membres du gouvernement ne peuvent pas eux-mêmes, ni par intermédiaire rien acheter ou prendre en bail qui appartienne au domaine de l'état, sans autorisation préalable de la Cour Constitutionnelle dans les conditions fixées par la loi.
Ils sont tenus lors de leur entrée en fonction et à la fin de celle-ci de faire sur l'honneur une déclaration écrite de tous leurs biens et patrimoine adressée à la chambre des comptes de la Cour Suprême.
Ils ne peuvent prendre part aux marchés de fournitures et adjudications pour les administrations ou institutions relevant de L'Etat ou soumises à leur contrôle.

Article 53
Avant son entrée en fonction, le Président de la République prête le serment suivant :
« Devant Dieu, les mânes des ancêtres, la Nation et devant le Peuple béninois, seul détenteur de
la souveraineté, Nous..., Président de la République, élu conformément aux lois de la République jurons solennellement
- de respecter et de défendre la constitution que le Peuple béninois s'est librement ;
- de remplir loyalement les hautes fonctions que la Nation nous a confiées ;
- de nous laisser guider par l'intérêt général et le respect des Droits de la personne humaine,
- de consacrer toutes nos forces à la recherche et à la promotion du bien commun, de la paix et de l'unité nationale ;
- de préserver l'intégrité du territoire national ;
- de nous conduire partout en fidèle et loyal serviteur du peuple.

En cas de parjure, que nous subissions les rigueurs de la loi ».
Le serment est reçu par le Président de la Cour Constitutionnelle devant l'Assemblée Nationale et la Cour Suprême.

Article 54
Le Président de la République est le détenteur du pouvoir exécutif. Il est le chef du Gouvernement, et à ce titre, il détermine et conduit la politique de la Nation. Il exerce le pouvoir réglementaire.
Il dispose de l'Administration et de la Force Armée. Il est responsable de la défense nationale.
Il nomme, après avis consultatif du Bureau de l'Assemblée Nationale, les membres du Gouvernement ; il fixe leurs attributions et met fin à leurs fonctions.
Les du Gouvernement sont responsables devant lui.
Les fonctions de membre du Gouvernement sont incompatibles avec l'exercice de tout mandat parlementaire, de tout emploi public, civil ou militaire et de toute autre activité professionnelle.
Les actes du Président de la République autre que ceux prévus aux Articles 60 et 115 sont contresignés par les Ministres chargés de leur exécution.

Article 55
Le Président de la République préside le Conseil des Ministres.
Le Conseil des Ministres délibère obligatoirement sur :

- les décisions déterminant la politique générale de L'Etat ;
- les projets de loi ;
- les ordonnances les décrets réglementaires.

Article 56

Le Président de la République nomme trois des sept membres de la Cour constitutionnelle.
Après avis du Président de l'Assemblée nationale, il nomme en conseil des Ministres : le Président de la Cour Suprême, le Président de la haute Autorité de l'Audiovisuel et de la Communication, le Grand Chancelier de l'Ordre National.
Il nomme également en conseil des Ministres : les membres de la Cour Suprême, les Ambassadeurs, les Envoyés extraordinaires, les Magistrats, les Officiers Généraux, et Supérieurs, les Hauts Fonctionnaires dont la liste est fixée par une loi organique.

Article 57

Le Président de la République a l'initiative des lois concurremment avec les membres de l'Assemblée Nationale.
Il assure la promulgation des lois dans les quinze jours qui suivent la transmission qui lui en est faite par le Président de l'Assemblée Nationale.
Ce délai est réduit à cinq jours en cas d'urgence déclarée par l'Assemblée Nationale.
Il peut, avant l'expiration de ces délais, demander à l'Assemblée Nationale une seconde délibération de la loi ou de certains de ses Articles. Cette seconde délibération ne peut être refusée.
Si l'Assemblée Nationale est en fin de session, cette seconde délibération a lieu d'office lors de la session ordinaire suivante.
Le vote pour cette seconde délibération est acquis à la majorité absolue des membres composant l'Assemblée Nationale. Si après ce dernier vote, le Président de la République refuse de promulguer la loi, la Cour Constitutionnelle, saisie par le Président de l'Assemblée Nationale, déclare la loi exécutoire si elle est conforme à la constitution.
La même procédure de mise à exécution est suivie lorsque à l'expiration du délai de promulgation de quinze jours prévu à l'alinéa 2 du présent Article, il n'y a ni promulgation, ni demande de seconde lecture.

Article 58

Le président de la République, après consultation du Président de l'Assemblée Nationale et du Président de la Cour Constitutionnelle, peut prendre l'initiative du référendum sur toute question relative à la promotion et au renforcement des Droits de l'Homme, à l'intégration sous- régionale ou régionale et à l'organisation des pouvoirs publiques.

Article 59

Le Président de la République assure l'exécution des lois et garantit celle des décisions de justice.

Article 60

Le Président de la République a le droit de grâce. Il exerce ce droit dans les conditions définies par l'Article 130.

Article 61
Le Président de la République accrédite les Ambassadeurs et les Envoyés extraordinaires auprès des puissances étrangères ; les Ambassadeurs et les Envoyés des puissances étrangères sont accrédités auprès de lui.

Article 62
Le Président de la République est le chef suprême des Armées.
Il nomme en conseil des Ministres les membres du conseil supérieur de la Défense et préside les réunions dudit conseil.
La composition, l'organisation et le fonctionnement du conseil supérieur de la Défense sont fixés par la loi.

Article 63
Le Président de la République peut, outre les fonctions spécialisées de défense de l'intégrité territoriale dévolues à l'Armée, faire concourir celle-ci au développement économique de la nation et à toutes autres tâches d'intérêt public dans les conditions définies par la loi.

Article 64
Tout membre des Forces Armées ou de Sécurité Publique qui désire être candidat aux fonctions de Président de la République doit au préalable donner sa démission des Forces Armées ou de Sécurité Publique
Dans ce cas, l'intéressé pourra prétendre au bénéfice des droits acquis conformément aux statuts de son corps.

Article 65
Toute, tentative de renversement du régime constitutionnel par les personnels des Forces Armées ou de Sécurité Publique sera considérée comme une forfaiture et un crime contre la Nation et L'Etat et sera sanctionnée conformément à la loi.

Article 66
En cas de coup d'Etat, de putsch, d'agression par des mercenaires ou de coup de force quelconque, tout membre d'un organe constitutionnel a le droit et le devoir de faire appel à tous les moyens pour rétablir la légitimité constitutionnelle, y compris le recours de coopération militaire ou de défense existants.
Dans ces circonstances, pour tout béninois, désobéir et s'organiser pour faire échec à l'autorité illégitime constituent le plus sacré des droits et le plus impératifs des devoirs.

Article 67
Le Président de la République ne peut faire appel à des Forces Armées ou de Police étrangère pour intervenir dans un conflit intérieur sauf dans les cas prévus à l'Article 66.

Article 68
Lorsque les institutions de la République, l'indépendance de la nation, l'intégrité du territoire national ou l'exécution des engagements internationaux sont menacées de manière grave et immédiate et que le fonctionnement régulier des pouvoirs publics et constitutionnels est menacé ou interrompu, le Président de la République, après consultation du Président de l'Assemblée Nationale et du Président de la Cour

constitutionnelle, prend en conseil des Ministres les mesures exceptionnelles exigées par les circonstances sans que les droits des citoyens garantis par la constitution soient suspendus.
Il en informe la nation par un message.
L'Assemblée Nationale se réunit de plein droit en session extraordinaire.

Article 69
Les mesures prises doivent s'inspirer de la volonté d'assurer aux pouvoirs publics et constitutionnels dans les moindres délais, les moyens d'accomplir leur mission.
L'Assemblée Nationale fixe le délai au terme duquel le Président de la République ne peut plus prendre des mesures exceptionnelles.

Article 70
Le Président de la République peut déléguer certains de ses pouvoirs aux Ministres, sauf ceux prévus aux Articles 54 alinéa 3, 60, 61, 101, 115, 133 et 144.

Article 71
Le Président de la République ou tout membre de son Gouvernement peut, dans l'exercice de ses fonctions gouvernementales, être interpellé par l'Assemblée Nationale.
Le Président de la République répond à ces interpellations par lui-même ou par l'un de ses
Ministres qu'il délègue spécialement devant l'Assemblée Nationale.
En la circonstance, L'Assemblée Nationale peut prendre une résolution pour faire des recommandations au Gouvernement.

Article 72
Le Président de la République adresse une fois par an un message à l'Assemblée nationale sur l'état de la nation.
Il peut aussi, à tout moment, adresser des messages à l'Assemblée Nationale. Ces messages ne donnent lieu à aucun débat ; ils peuvent toutefois inspirer les travaux de l'Assemblée.

Article 73
La responsabilité personnelle du Président de la République est engagée en cas de haute trahison, d'outrage à l'Assemblée, et ou d'atteinte à l'honneur et à la probité.

Article 74
Il y a haute trahison lorsque le Président de la République a violé son serment, est reconnu auteur, co-auteur ou complice de violations graves et caractérisées des droits de l'homme, de cession d'une partie du territoire national ou d'acte attentatoire au maintien d'un environnement sain, satisfaisant, durable et favorable au développement.

Article 75
Il y a atteinte à l'honneur et à la probité notamment lorsque le comportement personnel du Président de la République est contraire aux bonnes mœurs ou qu'il est reconnu auteur co-auteur ou complice de malversations, de corruption, d'enrichissement illicite.

Article 76
Il y a outrage à l'Assemblée Nationale lorsque, sur des questions posées par l'Assemblée Nationale sur l'activité gouvernementale, le Président de la République ne fournit aucune réponse dans un délai de trente jours.

Article 77
Passé ce délai, le Président de l'Assemblée Nationale saisit la Cour constitutionnelle de ce manquement grave aux dispositions constitutionnelles.
La Cour constitutionnelle statue dans les trois jours. Le Président de la République est tenu de fournir des réponses à l'Assemblée Nationale dans les plus brefs délais et dans tous les cas avant la fin de la session en cours.
A l'expiration de ce délai, si aucune suite n'est donnée par le Président de la République à la décision de la Cour, le Président de la République est déféré devant la Haute Cour de Justice pour outrage à l'Assemblée Nationale.

Article 78
Les faits prévus aux Articles 74 à 77 seront poursuivis et punis selon des dispositions des
Articles 136 à 138 de la présente constitution.

TITRE IV : DU POUVOIR LEGISLATIF
I - DE L'ASSEMBLEE NATIONALE

Article 79
Le Parlement est constitué par une Assemblée unique dite Assemblée Nationale dont les membres portent le titre de député.
Il exerce le pouvoir législatif et contrôle l'action du Gouvernement.

Article 80
Les députés sont élus au suffrage universel direct. La durée du mandat est de quatre ans. Ils sont rééligibles. Chaque député est le représentant de la nation toute entière et tout mandat impératif est nul.

Article 81
La loi fixe le nombre des membres de l'Assemblée Nationale, les conditions d'éligibilité, le régime des incompatibilités, les conditions dans lesquelles il est pourvu aux sièges vacants.
La Cour constitutionnelle statue souverainement sur la validité de l'élection des députés.
Tout membre des Forces Armées ou de Sécurité Publique qui désire être candidat aux fonctions de député doit au préalable donner sa démission des Forces Armées ou de Sécurité Publique.
Dans ce cas, l'intéressé pourra prétendre au bénéfice des droits acquis conformément aux statuts de son corps.

Article 82
L'Assemblée Nationale est dirigée par un Président assisté d'un Bureau. Ils sont élus pour la durée de la législature dans les conditions fixées par le Règlement Intérieur de ladite Assemblée.

Lorsqu'il assure l'intérim du Président de la République dans les conditions prévues à l'Article 50 de la présente constitution, le Président de l'Assemblée Nationale est remplacé dans ses fonctions conformément au Règlement Intérieur de l'Assemblée.

Article 83

En cas de la vacance de la Présidence de l'Assemblée Nationale par décès, démission ou toute autre cause, l'Assemblée élit un nouveau Président dans les quinze jours qui suivent la vacance, si elle est en session ; dans le cas contraire, elle se réunit de plein droit dans les conditions fixées par le Règlement Intérieur.

En cas de nécessité, il est pourvu au remplacement des autres membres du Bureau conformément aux dispositions du Règlement Intérieur de ladite Assemblée.

Article 84

Le Président de l'Assemblée Nationale doit rendre compte à l'Assemblée de sa gestion et de ses activités et lui fournir toutes explications qui lui seront demandées.

Tout député peut adresser au Président de l'Assemblée des questions écrites ou orales sur ses activités et sa gestion.

L'Assemblée Nationale peut constituer une commission d'enquête chargée de lui faire un rapport circonstancié.

Aux termes de ce rapport, l'Assemblée Nationale peut demander la démission de son Président à la majorité des deux tiers de ses membres.

Si ce quorum est atteint, le Président de l'Assemblée Nationale est automatiquement démis de ses fonctions, tout en conservant son titre de député.

L'Assemblée Nationale procède dans un délai de quinze jours à l'élection d'un nouveau président.

Article 85

Si à l'ouverture d'une session, le quorum de la moitié plus un des membres composant l'Assemblée Nationale n'est pas atteint, la séance est renvoyée au troisième jour qui suit. Les délibérations sont alors valables, quel que soit le quorum.

Article 86

Les séances de l'Assemblée Nationale ne sont valables que si elles se déroulent au lieu ordinaire de ses sessions, sauf cas de force majeur dûment constaté par la Cour constitutionnelle.

Le compte-rendu intégral des débats de l'Assemblée Nationale est publié au Journal Officiel.

Article 87

L'Assemblée se réunit de plein droit en deux sessions ordinaires par an.

La première session s'ouvre dans le cours de la première quinzaine du mois d'Avril.

La deuxième session s'ouvre dans le cours de la seconde quinzaine du mois d'Octobre.

Chacune des sessions ne peut excéder trois mois.

Article 88

L'Assemblée Nationale est convoquée en session extraordinaire par son Président sur un ordre du jour déterminé, à la demande du Président de la République ou à la majorité absolue des députés.

La durée d'une session extraordinaire ne peut excéder quinze jours. L'Assemblée Nationale se sépare sitôt l'ordre du jour épuisé.

Article 89
Les travaux de l'Assemblée Nationale ont lieu suivant un Règlement Intérieur qu'elle adopte conformément à la constitution.
Le Règlement Intérieur détermine :
- la composition, les règles de fonctionnement du Bureau ainsi que les pouvoirs et prérogatives de son Président ;
- le nombre, le mode de désignation, la composition, le rôle et la compétence de ses commissions permanentes ainsi que celles qui sont spéciales et temporaires ;
- la création de commissions d'enquêtes parlementaires dans le cadre du contrôle de l'action gouvernementale ;
- l'organisation des services administratifs dirigés par un Secrétariat Général Administratif, placé sous l'autorité du Président de l'Assemblée Nationale ;
- le régime de discipline des députés au cours des séances de l'Assemblée ;
- les différents modes de scrutin, à l'exclusion de ceux prévus expressément par la présente constitution.

Article 90
Les membres de l'Assemblée Nationale jouissent de l'immunité parlementaire. En conséquence, aucun député ne peut être poursuivi, recherché, arrêté, détenu ou jugé à l'occasion des opinions ou votes émis par lui dans l'exercice de ses fonctions.
Aucun député ne peut, pendant la durée des sessions, être poursuivi ou arrêté en matière criminelle ou correctionnelle qu'avec l'autorisation de l'Assemblée Nationale, sauf les cas de flagrant délit.
Aucun député ne peut, hors session, être arrêté qu'avec l'autorisation de du bureau de l'Assemblée Nationale, sauf les cas de flagrant délit, de poursuites autorisées ou de condamnation définitive.
La détention ou la poursuite d'un député est suspendu si l'Assemblée Nationale le requiert par un vote à la majorité des deux tiers.

Article 91
Les députés perçoivent des indemnités parlementaires qui sont fixées par le loi.

Article 92
Tout député nommé à une fonction ministérielle perd d'office son mandat parlementaire. Les conditions de son remplacement sont fixées par la loi.

Article 93
Le droit de vote des députés est personnel. Le Règlement Intérieur de l'Assemblée Nationale peut autoriser exceptionnellement la délégation de vote. Dans ce cas, nul ne peut recevoir délégation de plus d'un mandat.

II - DES RAPPORTS ENTRE L'ASSEMBLEE ET LE GOUVERNEMENT

Article 94
L'assemblée Nationale informe le Président de la République de l'ordre du jour de ses séances et de celui de ses commissions.

Article 95
Les membres du gouvernement ont accès aux séances de l'Assemblée Nationale. Ils sont entendus à la demande d'un député, d'une commission ou à leur propre demande.
Ils peuvent se faire assister par des experts.

Article 96
L'Assemblée nationale vote la loi et consent l'impôt.

Article 97
La loi est votée par l'Assemblée nationale à la majorité simple. Cependant, les auxquelles la présente Constitution confère le caractère de lois organiques sont votées et modifiées dans les conditions suivantes :
- la proposition ou le projet n'est soumis à la délibération et au vote de l'Assemblée qu'après l'expiration d'un délai de quinze jours après son dépôt sur le Bureau de l'Assemblée ;
- le texte ne peut être adopté qu'à la majorité absolue des membres composant l'Assemblée ;
- les lois organiques ne peuvent être promulguées qu'après déclaration par la Cour constitutionnelle de leur conformité à la constitution.

Article 98
Sont du domaine de la loi les règles concernant :
- la citoyenneté, les droits civiques et les garanties fondamentales accordées aux citoyens pour l'exercice des libertés publiques, les sujétions imposées, dans l'intérêt de la défense nationale et de la sécurité publique, aux citoyens en leur personne et leur biens ;
- la nationalité, l'état et la capacité des personnes, les régimes matrimoniaux, les successions et les libertés ;
- la procédure selon laquelle les coutumes seront constatées et mises en harmonies avec les principes fondamentaux de la constitution ;
- la détermination des crimes et délits ainsi que des peines qui leur sont applicables ;
- l'amnistie ;
- l'organisation des juridictions de tous ordres et la procédure suivie devant ces juridictions, la création de nouveaux ordres de juridiction, le statut de la magistrature, des offices ministériels et des auxiliaires de justice ;
- l'assiette, le taux et les modalités de recouvrement des impositions de toute nature ;
- le régime d'émission de la monnaie ;
- le régime électoral du Président de la République, des membres l'Assemblée Nationale et des assemblées locales ;
- la création des catégories d'établissements publics ;

- le Statut Général de la Fonction Publique ;
- le Statut des Personnels militaires, des Forces de Sécurité Publique et assimilés ;
- l'organisation générale de l'administration ;
- l'organisation territoriale, la création et la modification de circonscriptions administratives, ainsi que les découpages électoraux ;
- l'état de siège et l'état d'urgence ;

La loi détermine les principes fondamentaux :

- de l'organisation de la défense nationale ;
- de la libre administration des collectivités territoriales, de leurs compétences et de leurs ressources
- de l'enseignement et de la recherche scientifique ;
- du régime de la propriété, des droits réels et des obligations civiles et commerciales ;
- des nationalisations et dénationalisation d'entreprises et des transferts de propriété d'entreprises du secteur public au secteur privé ;
- du droit du travail, de la sécurité sociale, du droit syndical et du droit de grève ;
- de l'aliénation et de la gestion du domaine de L'Etat ;
- de la mutualité et de l'épargne ;
- de l'organisation de la production ;
- de la protection de l'environnement et de la conservation des ressources naturelles ;
- du régime des transports et des télécommunications ;
- du régime pénitentiaire.

Article 99

Les lois de finances déterminent les recettes et les dépenses de L'Etat.
Les lois de règlement contrôlent l'exécution des lois de finances, sous réserve de l'apurement ultérieur des comptes de la Nation par la Chambre des Comptes de la Cour Suprême.
Les lois de programme fixent les objectifs de l'action économique et sociale de L'Etat.

Article 100

Les matières autres que celles qui sont du domaine de la loi ont un caractère réglementaire.
Les textes de forme législative intervenus en ces matières antérieurement à l'entrée en vigueur de la présente Constitution peuvent être modifiés par décret pris après avis de la Cour constitutionnelle.

Article 101

La déclaration de guerre est autorisée par l'Assemblée Nationale.
Lorsque, à la suite de circonstances exceptionnelles, l'Assemblée Nationale ne peut siéger utilement, la décision de déclaration de guerre est prise en Conseil des Ministres par le Président de la République qui en informe immédiatement la Nation.
L'état de siège et l'état d'urgence sont décrétés en Conseil des Ministres, après avis de l'Assemblée Nationale.

La prorogation de l'état de siège ou de l'état d'urgence au-delà de quinze jours ne peut être autorisée que par l'Assemblée Nationale.
Lorsque l'Assemblée Nationale n'est pas appelée à se prononcer, aucun état de siège ou état d'urgence ne peut être décrété sans son autorisation, dans les soixante jours qui suivent la date de mise en vigueur d'un précédent état de siège ou d'urgence.

Article 102
Le Gouvernement peut, pour l'exécution de son programme, demander à l'Assemblée Nationale de voter une loi l'autorisant à prendre par ordonnance pendant un délai limité des mesures qui sont normalement du domaine de la loi. Cette autorisation ne peut être accordée qu'à la majorité des deux tiers des membres de l'Assemblée Nationale.
Les ordonnances sont prises en Conseil des Ministres, après avis de la Cour Constitutionnelle.
Elles entrent en vigueur dès leur publication, mais deviennent caduques si le projet de loi de ratification n'est pas déposé devant l'Assemblée avant la date fixée par la loi d'habilitation.
A l'expiration du délai mentionné au premier alinéa du présent Article, les ordonnances ne peuvent plus être modifiées que par la loi dans leurs dispositions qui sont du domaine législatif.

Article 103
Les députés ont droit d'amendement.

Article 104
Les propositions, projets et amendements qui ne sont pas du domaine de la loi sont irrecevables.
L'irrecevabilité est prononcée par le Président de l'Assemblée Nationale après délibération du Bureau
S'il apparaît que la proposition ou l'amendement sont contraires à une délégation accordée en vertu de l'Article 102 de la présent Constitution, le Gouvernement peut opposer l'irrecevabilité.
En cas de contestation sur les alinéas 1 et 3 du présent Article, la Cour Constitutionnelle, saisie par le Président de l'Assemblée Nationale ou le Gouvernement, statue dans un délai de huit jours.

Article 105
L'initiative des lois appartient concurremment au Président de la République et aux membres de l'Assemblée Nationale.
Les projets de loi sont délibérés en Conseil des Ministres, après avis motivé de la Cour Suprême saisie conformément à l'Article 132 de la présent Constitution et déposés sur le Bureau de l'Assemblée Nationale.
Les projets et propositions de loi sont envoyés avant délibération en séance plénière, à la commission compétente de l'Assemblée Nationale pour examen.
Le projet du budget de l'Assemblée Nationale ne peut être examiné en commission ou en séance plénière sans avoir été au préalable soumis au bureau de ladite Assemblée.

Article 106
La discussion des projets de loi porte sur le texte présenté par la commission. Celle - ci, à la demande du Gouvernement, doit porter à la connaissance de l'Assemblée Nationale les points sur lesquels il y a désaccord avec le Gouvernement.

Article 107
Les propositions et amendements déposés par les députés ne sont pas recevables lorsque leur adoption aurait pour conséquence soit une diminution des ressources publiques, soit la création ou l'aggravation d'une charge publique, à moins qu'ils ne soient accompagnés d'une proposition d'augmentation de recettes ou d'économies équivalentes.

Article 108
Les députés peuvent, par un vote à la majorité des trois quarts décider de soumettre toute question au référendum.

Article 109
L'Assemblée Nationale vote le projet de loi de finances dans les conditions déterminées par la loi. L'Assemblée Nationale est saisie du projet de loi au plus tard une semaine avant l'ouverture de la session d'octobre.
Le projet de loi de finances doit prévoir les recettes nécessaires à la couverture intégrale des dépenses.

Article 110
L'Assemblée Nationale vote le budget en équilibre. Si l'Assemblée Nationale ne s'est pas prononcée, à la date du 31 décembre, les dispositions du projet de loi de finances peuvent être mises en vigueur par ordonnance.
Le Gouvernement saisit pour ratification, l'Assemblée Nationale convoquée en session extraordinaire dans un délai de quinze jours.
Si l'Assemblée Nationale n'a pas voté le budget à la fin de cette session extraordinaire le budget est établi définitivement par ordonnance.

Article 111
Si le projet de loi de finances n'a pu être déposé en temps utile pour être promulgué avant le début de l'exercice, le Président de la République demande d'urgence à l'Assemblée Nationale l'autorisation d'exécuter les recettes et les dépenses par douzièmes provisoires.

Article 112
L'Assemblée Nationale règle les comptes de la Nation selon les modalités prévues par la loi organique des finances.
Elle est, à cet effet, assistée la Chambre des Comptes de la Cour Suprême, qu'elle charge de toutes enquêtes se rapportant à l'exécution des recettes et des dépenses publiques, ou à la gestion de la trésorerie nationale, des collectivités territoriales, des administrations ou institutions relevant de L'Etat ou soumise à son contrôle.

Article 113
Le Gouvernement est tenu de fournir à l'Assemblée Nationale toutes explications qui lui seront demandées sur sa gestion et sur ses activités.

Les moyens d'information et de contrôle de l'Assemblée Nationale sur l'action gouvernementale :

- l'interpellation conformément à l'Article 71 ;
- la question écrite ;
- la question orale avec ou sans débat, non suivi de vote ;
- la commission parlementaire d'enquête.

Ces moyens s'exercent dans les conditions déterminées par le règlement intérieur de l'Assemblée
Nationale.

TITRE V : DE LA COUR CONSTITUTIONNELLE

Article 114

La cour constitutionnelle est la plus haute juridiction de L'Etat en matière constitutionnelle. Elle juge de la constitutionnalité de la loi et elle garantit les droits fondamentaux de la personne humaine et des libertés Publiques. Elle est l'organe régulateur du fonctionnement des institutions et l'activité des pouvoirs publics.

Article 115

La Cour Constitutionnelle est composée de sept membres dont quatre sont nommés par le Bureau de l'Assemblée Nationale et trois par le Président de la République pour un mandat de cinq ans renouvelable une seule fois. Aucun membre de la Cour Constitutionnelle ne peut siéger plus de dix ans

Pour être membre de la Cour Constitutionnelle, outre la condition de compétence professionnelle, il faut de bonne moralité et d'une grande probité.

La Cour Constitutionnelle comprend :

- trois magistrats ayant une expérience de quinze années au moins dont deux sont nommée par le Bureau de l'Assemblée et un par le Président de la République ;
- deux juristes de haut niveau, professeurs ou praticiens du droit, ayant une expérience de quinze années au moins nommés l'un par le Bureau de l'Assemblée Nationale et l'autre par le Président de la République ;
- deux personnalités de grande réputation professionnelle nommées l'une par le Bureau de l'Assemblée Nationale et l'autre par le Président de la République

Les membres de la Cour Constitutionnelle sont inamovibles pendant la durée de leur mandat. Ils ne peuvent être poursuivis ou arrêtés sans l'autorisation de la Cour Constitutionnelle ou le Bureau de la Cour Suprême siégeant en session conjointe sauf les cas de flagrant délit.

Dans ces cas, le Président de la Cour Constitutionnelle et le Président de la Cour Suprême doivent être saisis immédiatement et au plus tard dans les quarante-huit heures.

Les fonctions de membres de la Cour Constitutionnelle sont incompatibles avec la qualité de membres de Gouvernement, l'exercice de tout mandat électif, de tout emploi public, civil ou militaire, de toute autre activité professionnelle ainsi que de toute fonction de représentation nationale, sauf dans le cas prévu à l'Article 50 alinéa 3.

Une loi organique détermine l'organisation et le fonctionnement de la Cour Constitutionnelle, la procédure suivie devant elle, notamment les délais pour sa saisine de même que les immunités et le régime disciplinaire de ses membres.

Article 116
Le Président de la Cour Constitutionnelle est élu par ses pairs pour une durée de cinq ans parmi les magistrats et juristes membres de la Cour.

Article 117
La Cour Constitutionnelle :
- statue obligatoirement sur :
  - la constitutionnalité des lois organiques et des lois en général avant leur promulgation ;
  - les Règlements Intérieurs de l'Assemblée Nationale, de la Haute Autorité de l'Audiovisuel et de la Communication et du Conseil Economique et Social avant leur mise en application, quant à leur conformité à la Constitution ;
  - la constitutionnalité des lois et des actes réglementaires censés porter atteinte aux droits fondamentaux de la personne humaine et aux libertés publiques et en général, sur la violation des droits de la personne humaine ;
  - les conflits d'attribution entre les institutions de l'Etat.
- Veille à la régularité de l'élection du Président de la République ; examine les réclamations, statue

sur les irrégularités qu'elle aurait pu, par elle-même relever et proclame les résultats du scrutin ;

statue sur la régularité du référendum et en proclame les résultats ;
- Statue, en cas de contestation, sur la régularité des élections législatives ;
- fait de droit partie de la Haute cour de justice à l'exception de son Président.

Article 118
Elle est également compétente pour les cas prévus aux Articles 50, 52, 57, 77, 86, 100, 102, 104, et 147.

Article 119
Le Président de la Cour Constitutionnelle est compétent pour :
- recevoir le serment du Président de la République ;
- donner son avis au Président de la République dans les cas prévus aux Articles 58 et 68 ;
- assurer l'intérim du Président de la République dans les cas prévus à l'Article 50 alinéa 3.

Article 120
La Cour Constitutionnelle doit statuer dans le délai de quinze jours après qu'elle a été saisie d'un texte de loi ou d'une plainte en violation des droits de la personne humaine et des libertés publiques. Toutefois, à la demande du Gouvernement, s'il y a urgence, ce délai est ramené à huit jours. Dans ce cas, la saisine de la Cour Constitutionnelle suspend le délai de promulgation de la loi.

Article 121
La Cour Constitutionnelle, à la demande du Président de la république ou de tout membre de l'Assemblée Nationale, se prononce sur la constitutionnalité des lois avant leur promulgation.
Elle se prononce d'office sur la constitutionnalité des lois et tout texte réglementaire censés porter atteinte aux droits fondamentaux de la personne humaine et aux libertés publiques. Elle statue plus généralement sur les violations des droits de la personne humaine et sa décision doit intervenir dans un délai de huit jours.

Article 122
Tout citoyen peut saisir la Cour Constitutionnelle sur la constitutionnalité des lois, soit directement, soit par la procédure de l'exception d'inconstitutionnalité invoquée dans une affaire qui le concerne devant une juridiction. Celle-ci doit sur seoir jusqu'à la décision de la Cour constitutionnelle qui doit intervenir dans un délai de trente jours.

Article 123
Les lois organiques avant leur promulgation, les Règlements Intérieurs de l'Assemblée Nationale, de la Haute Autorité de l'Audiovisuel et de la Communication et du Conseil Economique et Social avant leur mise en application, doivent être soumis à la Cour Constitutionnelle qui se prononce sur leur conformité à la constitution.

Article 124
Une disposition déclarée inconstitutionnelle ne peut être promulguée ni mise en application.
Les décisions de la Cour Constitutionnelle ne sont susceptibles d'aucun recours.
Elles s'imposent aux pouvoirs publics et à toutes les autorités civiles, militaires et juridictionnelles.

TITRE VI : DU POUVOIR JUDICIAIRE

Article 125
Le Pouvoir judiciaire est indépendant du pouvoir Législatif et du pouvoir exécutif.
Il est exercé par la Cour Suprême, les Cours et Tribunaux créés conformément à la présente Constitution.

Article 126
La justice est rendue au nom du Peuple Béninois. Les juges ne sont soumis, dans l'exercice de leur fonction, qu'à l'autorité de la loi. Les magistrats du siège sont inamovibles.

Article 127
Le Président de la République est garant de l'indépendance de la justice. Il est assisté par le Conseil Supérieur de la Magistrature.

Article 128
Le Conseil Supérieur de la Magistrature statue comme conseil de discipline des magistrats.

La composition, les attributions, l'organisation et le fonctionnement du Conseil Supérieur de la Magistrature sont fixés par une loi organique.

Article 129
Les magistrats sont nommés par le Président de la République, sur proposition du Garde des Sceaux, Ministre de la Justice après avis du Conseil Supérieur de la Magistrature.

Article 130
Le Conseil Supérieur de la Magistrature étudie les dossiers de grâce et les transmet avec avis motivé au Président de la république.

I - DE LA COUR SUPREME

Article 131
La Cour Suprême est la plus haute juridiction de l'Etat en matière administrative, judiciaire et des comptes de L'Etat.
Elle est également compétente en ce qui concerne le contentieux des élections locales.
Les décisions de la Cour Suprême ne sont susceptibles d'aucun recours.
Elles s'imposent au Pouvoir Exécutif, au Pouvoir Législatif, ainsi qu'à toutes les juridictions.

Article 132
La Cour Suprême est consultée par le Gouvernement plus généralement sur toutes les matières administratives et juridictionnelles.
Elle peut, à la demande du Chef de l'Etat, être chargée de la rédaction et de la modification de tous les textes législatifs et réglementaires, préalablement à leur examen par l'Assemblée Nationale.

Article 133
Le Président de la Cour Suprême est nommé pour une durée de cinq ans par le Président de la République, après avis du Président de l'Assemblée Nationale, parmi les magistrats et les juristes de haut niveau, ayant quinze ans au moins d'expérience professionnelle par décret pris en Conseil des Ministres.
Il est inamovible pendant la durée de son mandat qui n'est renouvelable qu'une seule fois.
Les fonctions du Président de la Cour suprême sont incompatibles avec la qualité de membre de Gouvernement, l'exercice de tout mandat électif, de tout emploi public, civil ou militaire, de toute autre activité professionnelle, ainsi que de toute fonction de représentation nationale.

Article 134
Les Présidents de Chambres et les Conseillers sont nommés parmi les magistrats et les juristes de haut niveau, ayant quinze ans au moins d'expérience professionnelle, par décret pris en Conseil des Ministres par le Président de la République, sur proposition du Président de la Cour Suprême après avis du Conseil Supérieur de la Magistrature.
La loi détermine le statut des magistrats de la Cour Suprême.

II - DE LA HAUTE COUR DE JUSTICE

Article 135
La Haute Cour de Justice est composée des membres de la Cour Constitutionnelle, à l'exception de son Président, de six députés élus par l'Assemblée Nationale et du Président de la Cour Suprême.
La Haute Cour élit en son sein son Président.
Une loi organique fixe les règles de son fonctionnement, ainsi que la procédure suivie devant elle.

Article 136
La Haute Cour de Justice est compétente pour juger le Président de la République et les membres du Gouvernement à raison de faits qualifiés de haute trahison, d'infractions commises dans l'exercice ou à l'occasion de l'exercice de leurs fonctions, ainsi que pour juger leurs complices en cas de complot contre la sûreté de L'Etat.
Les juridictions de droit commun restent compétentes pour les infractions perpétrées en dehors de l'exercice de leurs fonctions et dont ils sont pénalement responsables.

Article 137
La Haute Cour de Justice est liée par la définition des infractions et par la détermination des sanctions résultant des lois pénales en vigueur à l'époque des faits.
La décision de poursuite puis la mise en accusation du Président de la République et des membres du Gouvernement est votée à la majorité des deux tiers des députés composant l'Assemblée Nationale, selon la procédure prévue par le règlement de l'Assemblée Nationale.
L'instruction est menée par les magistrats de la Chambre d'Accusation de la Cour d'Appel ayant juridiction sur du siège de l'Assemblée Nationale.

Article 138
Le Président de la République et les membres du Gouvernement sont suspendus de leurs fonctions en cas de mise en accusation pour haute trahison, outrage à l'Assemblée Nationale et toute atteinte à l'honneur et à la probité. En cas de condamnation, ils sont déchus de leurs charges.

TITRE VII : DU CONSEIL ECONOMIQUE ET SOCIAL

Article 139
Le Conseil Economique et Social donne son avis sur les projets de loi, d'Ordonnance ou de décret, ainsi que sur les propositions de loi qui lui sont soumis.
Les projets de loi de programme à caractère économique et social lui sont obligatoirement soumis pour avis.
Le Président de la République peut consulter le Conseil Economique et Social sur tout problème à caractère économique, social, culturel, scientifique et technique.
Le Conseil Economique et Social peut, de sa propre initiative, sous forme de recommandation, attirer l'attention de l'Assemblée Nationale et de Gouvernement sur les réformes d'ordre économique et social qui lui paraissent conformes ou contraires à l'intérêt général.

Sur la demande du Gouvernement, le Conseil Economique et Social désigne un de ses membres pour exposer devant les commissions de l'Assemblée Nationale l'avis du Conseil sur les projets ou propositions de loi qui lui ont été soumis.

Article 140
Le Conseil Economique et Social élit en son sein son Président et les membres de son Bureau.
La composition, l'organisation et le fonctionnement du Conseil Economique et Social sont fixés par une loi organique.

Article 141
Les membres du Conseil Economique et Social perçoivent des indemnités de session et de déplacement.
Le montant de ces indemnités est fixé par décret pris en Conseil des Ministres.

TITRE VIII : DE LA HAUTE AUTORITE DE L'AUDIOVISUEL ET DE LA COMMUNICATION

Article 142
La Haute Autorité de l'Audiovisuel et de la communication a pour mission de garantir et d'assurer la liberté et la protection de la presse, ainsi que de tous les moyens de communication de masse dans le respect de la loi.
Elle veille au respect de la déontologie en matière d'information et l'accès équitable des partis politiques, des associations et des citoyens aux moyens officiels d'information et de communication.

Article 143
Le Président de la Haute Autorité de l'Audiovisuel et de la communication est nommé après consultation du Président de l'Assemblée Nationale, par décret pris en Conseil des Ministres.
La composition, les attributions, l'organisation et le fonctionnement de la Haute Autorité de l'Audiovisuel et de la communication sont fixés par une loi organique.

TITRE IX : DES TRAITES ET ACCORDS INTERNATIONAUX

Article 144
Le Président de la République négocie et ratifie les traités et accords internationaux.

Article 145
Les traités de paix, les traités ou accords relatifs à l'organisation internationale, ceux qui engagent les finances de L'Etat, ceux qui modifient les lois internes de L'Etat, ceux comportent cession, échange ou adjonction de territoire, ne peuvent être ratifiés qu'en vertu d'une loi.
Nulle cession, nul échange, nulle adjonction de territoire n'est valable sans le consentement des populations intéressées.

Article 146
Si la Cour Constitutionnelle saisie par le Président de la République ou par le Président de l'Assemblée Nationale a déclaré qu'un engagement international comporte une clause contraire à la constitution, l'autorisation de le ratifier ne peut intervenir qu'après la révision de la constitution.

Article 147
Les traités ou accords régulièrement ratifiés ont, dès leur publication, une autorité supérieure à celle des lois, sous réserve pour chaque accord ou traité, de son application par l'autre partie.

Article 148
La République du Bénin peut conclure avec d'autres Etats des accords de coopération ou d'association sur la base des principes d'égalité de respect mutuel de la souveraineté, des avantages réciproques et de la dignité nationale.

Article 149
La République du Bénin, soucieuse de réaliser l'Unité Africaine, peut conclure tout accord d'intégration sous régionale ou régionale conformément à l'Article 145.

TITRE X : DES COLLECTIVITES TERRITOTRIALES

Article 150
Les collectivités territoriales de la République sont créées par la loi.

Article 151
Ces collectivités s'administrent librement par des conseils élus et dans les conditions prévues par la loi.

Article 152
Aucune dépense de souveraineté de L'Etat ne saurait être imputée à leur budget.

Article 153
L'Etat veille au développement harmonieux de toutes les collectivités territoriales sur la base de la solidarité nationale, des potentialités régionales et de l'équilibre inter-régional.

TITRE XI : DE LA REVISION

Article 154
L'initiative de la révision de la constitution appartient concurremment au Président de la République, après décision prise en Conseil des Ministres et aux membres de l'Assemblée Nationale.
Pour être pris en considération, le projet ou la proposition de révision doit être voté à la majorité des trois quarts des membres composant l'Assemblée Nationale.

Article 155
La révision n'est acquise qu'après avoir été approuvée par référendum, sauf si le projet ou la proposition en cause a été approuvé à la majorité des quatre cinquièmes des membres composant l'Assemblée Nationale.

Article 156
Aucune procédure de révision ne peut être engagée ou poursuivie lorsqu'il est porté atteinte à l'intégrité du territoire.
La forme républicaine et la laïcité de L'Etat ne peuvent faire l'objet d'une révision.

TITRE XII : DISPOSITIONS TRANSITOIRES ET FINALES

Article 157
La présente constitution devra être promulguée dans les huit jours après son adoption au référendum.
Le Président de la République devra entrer en fonction, l'Assemblée devra se réunir au plus tard le premier avril 1991.
Le Haut Conseil de la République et le Gouvernement de transition continueront d'exercer leurs fonctions jusqu'à l'installation des institutions nouvelles.
Le serment du Président de la République sera reçu par le Président du Haut Conseil de la République en assemblée plénière.
L'Assemblée Nationale sera installée par le Président du Haut Conseil de la République en présence des membres dudit Conseil.

Article 158
La législation en vigueur au Bénin jusqu'à la mise en place de nouvelles institutions reste applicable, sauf intervention de nouveaux textes en ce qu'elle n'a rien de contraire à la présente constitution.

Article 159
La présente constitution sera soumise au référendum.
Les dispositions nécessaires à son application feront l'objet, soit des lois votées par le Haut Conseil de la République, soit de décrets pris en Conseil des Ministres.
Les attributions dévolues par la présente constitution à la Cour Constitutionnelle seront exercées par le Haut Conseil de la République jusqu'à l'installation des institutions nouvelles.

Article 160
La présente loi sera exécutée comme constitution de la République du Bénin.

LOI N° 91-009 DU 4 MARS 1991 PORTANT LOI ORGANIQUE SUR LA COUR CONSTITUTIONNELLE

Le Haut Conseil de la République a délibéré et adopté,
Le Président de la République promulgue la Loi organique dont la teneur suit :

TITRE PREMIER: Organisation de la Cour Constitutionnelle

Article premier
Les sept membres de la Cour Constitutionnelle sont nommés conformément aux dispositions de l'article 115 de la Constitution du 11 décembre 1990.
Avant leur nomination, soit par le Bureau de l'Assemblée Nationale, soit par le Président de la République, les personnes pressenties pour être membres de la Cour Constitutionnelle doivent produire :

- un curriculum vitae qui permette de juger de leurs qualification et expérience professionnelles ;
- un extrait de casier judiciaire.

Les nominations doivent être publiées au Journal Officiel de même que les résultats des élections au sein de la Cour.

Article 2
Il est pourvu au remplacement des membres de la Cour quinze jours au moins avant l'expiration de leurs fonctions.

Article 3.
Le Président de la Cour Constitutionnelle est élu par ses pairs pour une durée de cinq ans parmi les Magistrats et Juristes membres de la Cour.
L'élection a lieu au scrutin secret et à la majorité absolue des membres présents et votants.

Article 4
Le Président de la Cour Constitutionnelle est assisté d'un Vice-Président élu par ses pairs à la majorité absolue des membres présents et votants.

Article 5
Sont considérés comme membres votants ceux qui votent pour ou contre le candidat.

Article 6
Le renouvellement ou le remplacement du Président de la Cour Constitutionnelle a lieu quinze jours au moins avant l'expiration de ses fonctions.

Article 7
Avant d'entrer en fonction, les membres de la Cour Constitutionnelle prêtent serment devant le Bureau de l'Assemblée Nationale et le Président de la République.
Ils jurent de bien et fidèlement remplir leurs fonctions, de les exercer en toute impartialité dans le respect de la Constitution, de garder le secret des délibérations et des votes, de ne prendre aucune position publique, de ne donner aucune consultation sur les questions relevant de la compétence de la Cour.
Acte est dressé de la prestation de serment.

Article 8
Tout manquement à ce serment constitue un acte de forfaiture et sera puni conformément à la législation en vigueur.

Article 9
Les fonctions de membres de la Cour Constitutionnelle sont incompatibles avec la qualité de membre de Gouvernement, l'exercice de tout mandat électif, de tout autre emploi public, civil ou militaire ou de toute autre activité professionnelle ainsi que de toute fonction de représentation nationale, sauf dans le cas prévu à l'article 50 alinéa 3 de la Constitution.
S'ils sont fonctionnaires publics, leurs avancements d'échelon et de grade sont automatiques.

Les membres du Gouvernement, de l'Assemblée Nationale, de la Haute Autorité de l'Audiovisuel et de la Communication, de la Cour Suprême ou du Conseil Economique et Social nommés à la Cour Constitutionnelle sont réputés avoir opté pour ces dernières fonctions s'ils n'ont exprimé une volonté contraire dans les huit jours suivant la publication de leur nomination.

Les membres de la Cour Constitutionnelle nommés à des fonctions gouvernementales ou élus soit à l'Assemblée Nationale, soit dans une Assemblée Municipale ou Départementale, ou désignés comme membres de la Haute Autorité de l'Audiovisuel et de la Communication, à la Cour Suprême ou au Conseil Economique et Social, sont remplacés dans leurs fonctions.

Article 10
Les membres de la Cour Constitutionnelle reçoivent un traitement fixé par la loi ; ce traitement est égal au moins à celui alloué aux membres du Gouvernement.
Ils ont en outre droit à des avantages et indemnités fixés par la loi et qui ne sauraient être inférieurs à ceux accordés aux membres du Gouvernement.

Article 11
Un décret pris en Conseil des Ministres, sur proposition de la Cour Constitutionnelle, définit les obligations imposées aux membres de la Cour, afin de garantir l'indépendance et la dignité de leurs fonctions. Ces obligations doivent notamment comprendre l'interdiction pour les membres de la Cour Constitutionnelle, pendant la durée de leurs fonctions de prendre aucune position publique sur les questions ayant fait, ou susceptibles de faire l'objet de décisions de la part de la Cour ou de consulter sur les mêmes questions.
Les dispositions du précédent alinéa ne sont pas exclusives des publications et communications à caractère scientifique à condition que les conclusions de telles publications soient dans l'esprit et le sens des décisions rendues par la Cour Constitutionnelle et ce, dans les conditions déterminées au Règlement Intérieur.

Article 12
Un membre de la Cour Constitutionnelle peut démissionner par une lettre adressée au Président de ladite Cour. La nomination du remplaçant intervient au plus tard dans le mois de la démission. Celle-ci prend effet pour compter de la nomination du remplaçant.

Article 13
La Cour Constitutionnelle constate, le cas échéant, la démission d'office de celui de ses membres qui aurait exercé une activité ou accepté une fonction ou un mandat électif incompatible avec sa qualité de membre de la Cour ou qui n'aurait pas la jouissance des droits civils et politiques.
Il est alors pourvu à son remplacement dans la quinzaine pour le reste du mandat.

Article 14
Les règles posées à l'article 13 ci-dessus sont applicables aux membres de la Cour Constitutionnelle définitivement empêchés par une incapacité physique permanente.

TITRE II: Fonctionnement de la Cour Constitutionnelle

CHAPITRE PREMIER
Dispositions communes

Article 15
La Cour Constitutionnelle se réunit sur la convocation de son Président ou en cas d'empêchement de celui-ci sur la convocation du Vice-Président de la Cour ou par le plus âgé de ses membres.

Article 16
Les décisions et les avis de la Cour Constitutionnelle sont rendus par cinq conseillers au moins, sauf en cas de force majeure dûment constatée au procès-verbal.

Article 17
Un décret pris en Conseil des Ministres sur proposition de la Cour Constitutionnelle détermine l'organisation du Secrétariat Général.

Article 18
Sur proposition du Président de la Cour Constitutionnelle, les crédits nécessaires au fonctionnement de ladite Cour sont inscrits au Budget National. Le Président de la Cour est Ordonnateur des dépenses.

CHAPITRE II: Des déclarations de conformité à la Constitution

Article 19
Les Lois organiques adoptées par l'Assemblée Nationale sont transmises à la Cour Constitutionnelle par le Président de la République. La lettre de transmission indique, le cas échéant, qu'il y a urgence.

Article 20
Le Président de la République ou tout membre de l'Assemblée Nationale peut saisir la Cour Constitutionnelle sur la Constitutionnalité des lois avant leur promulgation.

Article 21
Les règlements intérieurs et les modifications aux règlements adoptés par l'Assemblée Nationale, la Haute Autorité de l'Audio-Visuel et de la Communication et par le Conseil

Economique et Social sont, avant leur mise en application, soumis à la Cour Constitutionnelle par le Président de chacun des organes concernés.

Article 22
De même sont transmis à la Cour Constitutionnelle soit par le Président de la République, soit par tout citoyen, par toute association ou organisation non gouvernementale de défense des Droits de l'Homme, les lois et actes réglementaires censés porter atteinte aux droits fondamentaux de la personne humaine et aux libertés publiques, et en général, sur la violation des droits de la personne humaine.

Article 23
En cas de conflit d'attributions entre les institutions de l'Etat, le Président de l'Assemblée Nationale ou le Président de la République saisit la Cour Constitutionnelle.

Article 24
Tout citoyen peut, par une lettre comportant ses noms, prénoms et adresse précise, saisir directement la Cour Constitutionnelle sur la constitutionnalité des lois.
Il peut également, dans une affaire qui le concerne, invoquer devant une juridiction l'exception d'inconstitutionnalité.
Celle-ci, suivant la procédure de l'exception d'inconstitutionnalité doit saisir immédiatement et au plus tard dans les huit (8) jours la Cour Constitutionnelle et surseoir à statuer jusqu'à la décision de la Cour.

Article 25
La Cour Constitutionnelle doit prendre sa décision dans un délai de trente (30) jours.

Article 26
La Cour Constitutionnelle, saisie conformément aux articles 121, 122, 123 et 146 de la Constitution, avise immédiatement le Président de la République, le Président de l'Assemblée Nationale, et le cas échéant, les Présidents de la Haute Autorité de l'Audiovisuel et de la Communication et du Conseil Economique et Social, lorsqu'ils sont concernés. Ces derniers en informent les membres de l'Assemblée et des organes en question.

Article 27
L'appréciation de la conformité à la Constitution est faite sur le rapport d'un membre de la Cour dans les délais fixés par les articles 120, 121 et 122 de la Constitution. La décision est prise par la Cour siégeant en session plénière.

Article 28
La déclaration de la Cour Constitutionnelle est motivée. Elle est publiée au Journal Officiel.

Article 29
La publication d'une déclaration de la Cour Constitutionnelle constatant qu'une disposition n'est pas contraire à la Constitution met fin à la suspension du délai de promulgation suivant les dispositions de l'article 120 de la Constitution.

Article 30
Dans le cas où la Cour Constitutionnelle déclare que la loi dont elle est saisie contient une disposition contraire à la Constitution et inséparable de l'ensemble de cette loi, celle-ci ne peut être promulguée.

Article 31
Dans le cas où la Cour Constitutionnelle déclare que la Loi dont elle est saisie contient une disposition contraire à la Constitution sans constater en même temps qu'elle est inséparable de l'ensemble de cette Loi, le Président de la République peut soit promulguer la loi à l'exception de cette disposition, soit demander à l'Assemblée Nationale une nouvelle lecture.
De même lorsque la Cour saisie par un citoyen déclare qu'une Loi, un texte réglementaire ou un acte administratif est contraire aux dispositions de l'article 3 de la Constitution, ces loi, texte ou acte sont nuls et non avenus.

Article 32
Dans le cas où la Cour Constitutionnelle déclare que le règlement soit de l'Assemblée Nationale, soit de la Haute Autorité de l'Audiovisuel et de la Communication ou bien du Conseil Economique et Social qui lui a été transmis contient une disposition contraire à la Constitution, cette disposition ne peut pas être mise en application par l'Assemblée Nationale ou l'Institution qui l'a votée.

Article 33
Conformément à l'article 121 (alinéa 2) de la Constitution, la Cour Constitutionnelle se prononce d'office sur la constitutionnalité des Lois et de tout texte réglementaire censés porter atteinte aux droits fondamentaux de la personne humaine et aux libertés publiques. Elle statue plus généralement sur les violations des droits de la personne humaine et sa décision doit intervenir dans un délai de huit (8) jours.
Dans le cas où la Cour Constitutionnelle déclare que la loi, le texte réglementaire ou l'acte administratif contient une disposition qui viole les droits fondamentaux de la personne humaine et les libertés publiques, la Loi, le texte réglementaire ou l'acte administratif est considéré comme nul et de nul effet et ne peut être mis en application ou exécuté par le pouvoir exécutif.

Article 34
Conformément à l'article 124 de la Constitution, une disposition déclarée inconstitutionnelle ne peut être promulguée ni mise en application.
Les décisions de la Cour Constitutionnelle ne sont susceptibles d'aucun recours.
Elles s'imposent aux pouvoirs publics et à toutes les autorités civiles, militaires et juridictionnelles.

CHAPITRE III: De l'examen des textes de forme législative

Article 35
Dans les cas prévus à l'article 100 (alinéa 2) de la Constitution, la Cour Constitutionnelle est saisie par le Président de la République.

Article 36
La Cour Constitutionnelle se prononce dans le délai d'un (1) mois. Ce délai est réduit à huit (8) jours quand le Gouvernement déclare l'urgence.

Article 37
La Cour Constitutionnelle constate, par une déclaration motivée, le caractère législatif ou réglementaire des dispositions qui lui sont soumises.

CHAPITRE IV: De l'examen des irrecevabilités

Article 38
Aux cas prévus par l'article 104 de la Constitution, la discussion de la proposition de loi ou de l'amendement auquel le Président de l'Assemblée Nationale ou le Gouvernement a opposé l'irrecevabilité est immédiatement suspendue.

Article 39
L'autorité qui saisit la Cour Constitutionnelle en avise aussitôt l'autre autorité qui a également compétence à cet effet selon l'article 104 de la Constitution.

Article 40
Conformément à l'article 104 (alinéa 4) de la Constitution, la Cour statue dans un délai de huit (8) jours.

Article 41
La déclaration de la Cour est notifiée au Président de l'Assemblée Nationale et au Président de la République.

CHAPITRE V: Des attributions de la Cour Constitutionnelle en ce qui concerne le Président de la République.

Article 42
Les attributions de la Cour Constitutionnelle en matière d'élection à la Présidence de la République sont déterminées par la Constitution dans ses articles 49 et 117 et par les Lois électorales 90-034 et 90-036 du 31 décembre 1990.
La Cour veille à la régularité de l'élection du Président de la République, examine les réclamations, statue sur les irrégularités qu'elle aurait pu, par elle-même relever et proclame les résultats du scrutin conformément aux dispositions de l'article 49 de la Constitution.

Article 43
Lorsqu'elle est saisie par le Président de l'Assemblée Nationale, dans les cas prévus à l'article 50 de la Constitution, pour constater l'empêchement définitif du Président de la République, la Cour Constitutionnelle statue à la majorité absolue des membres la composant.

Article 44
Lorsqu'elle est saisie par le Président de l'Assemblée Nationale dans le cas prévu à l'article 86 de la Constitution pour constater que les séances de l'Assemblée ne peuvent

pas se dérouler au lieu ordinaire de ses sessions, la Cour Constitutionnelle se prononce à la majorité absolue de ses membres, dans un délai de trois jours.

Article 45
Lorsque le Président de la Cour Constitutionnelle est appelé à assurer l'intérim du Président de la République dans le cas prévu à l'article 50 de la Constitution, la Cour est provisoirement présidée par le Vice-Président.

Article 46
Le Président de la Cour Constitutionnelle consulté, donne son avis motivé au Président de la République dans les cas prévus aux articles 58 et 68 de la Constitution.

Article 47
Le Président de la Cour Constitutionnelle, conformément à l'article 119 de la Constitution, reçoit le serment du Président de la République. A cette occasion, il est entouré de ses pairs en tenue d'apparat et selon un protocole approprié.

Article 48
Lorsqu'elle est saisie par le Gouvernement dans le cas prévu à l'article 52 (alinéa 1er) de la Constitution, la Cour Constitutionnelle se prononce dans un délai de quinze jours, à la majorité absolue de ses membres.

Article 49
Dans le cas prévu à l'article 77 (alinéa 2) de la Constitution, la Cour Constitutionnelle statue dans les trois jours à la majorité de cinq de ses membres.

Article 50
Dans les cas prévus aux articles 3, 4, 13 et 16, les membres sont tenus de participer directement ou par procuration au vote. Aucun membre de la Cour ne peut avoir plus d'une procuration.

Article 51
Conformément aux dispositions de l'article 117 de la Constitution (alinéa 4), la Cour Constitutionnelle fait de droit partie de la Haute Cour de Justice à l'exception de son Président.

CHAPITRE VI: Du contentieux de l'élection des membres de l'Assemblée Nationale

Article 52
Conformément aux dispositions de l'article 81(alinéa 2) de la Constitution, la Cour Constitutionnelle statue souverainement sur la validité de l'élection des députés, ainsi que sur la régularité des élections législatives en cas de contestation comme il est prévu à l'article 117 (alinéa 3) de la Constitution.

Article 53
Chaque Commission électorale centralise les résultats du scrutin de l'ensemble de la Circonscription Electorale. Le Ministre chargé de l'Intérieur communique sans délai à

l'Assemblée Nationale les noms des personnes proclamées élues.
Les travaux consignés dans un procès-verbal doivent être achevés au plus tard, le lendemain du scrutin et immédiatement transmis à la Cour Constitutionnelle par le Ministre chargé de l'Intérieur.
Les procès-verbaux auxquels le Ministre chargé de l'Intérieur joint l'expédition de l'acte de naissance et le Bulletin N° 2 du Casier Judiciaire des élus et de leurs remplaçants, sont tenus à la disposition des personnes inscrites sur les listes électorales et des personnes ayant fait une déclaration de candidature, pendant un délai de dix (10) jours.
Passé ce délai, les procès-verbaux et leurs annexes sont déposés aux Archives Départementales et à celles du Ministère chargé de l'Intérieur.
Ils ne peuvent être communiqués qu'à la Cour Constitutionnelle, sur demande de celle-ci.

Article 54
Les résultats définitifs des élections législatives sont arrêtés et proclamés par la Cour Constitutionnelle au plus tard dans les soixante-douze (72) heures de la date de réception des résultats des Commissions électorales départementales.

Article 55
L'élection d'un député peut être contestée devant la Cour Constitutionnelle durant les dix (10) jours qui suivent la proclamation des résultats du scrutin.
Le droit de contester une élection appartient à toutes les personnes inscrites sur les listes électorales de la Circonscription dans laquelle il a été procédé à l'élection ainsi qu'aux personnes qui ont fait acte de candidature.

Article 56
La Cour Constitutionnelle ne peut être saisie que par une requête écrite adressée au Secrétariat Général de la Cour, au Sous-Préfet, au Chef de Circonscription Urbaine, au Préfet ou au Ministre chargé de l'Intérieur.
Le Sous-Préfet, le Chef de Circonscription Urbaine, le Préfet ou le Ministre chargé de l'Intérieur saisi avise, par télégramme ou tout autre moyen de communication approprié le Secrétariat Général de la Cour et assure sans délai la transmission de la requête dont il a été saisi.
Le Secrétaire Général de la Cour donne sans délai avis à l'Assemblée Nationale des requêtes dont il a été saisi ou avisé.

Article 57
Les requêtes doivent contenir les noms, prénoms, qualité et adresse du requérant, le nom des élus dont l'élection est attaquée, les moyens d'annulation évoqués.
Le requérant doit annexer à la requête les pièces produites au soutien de ses moyens. La Cour peut lui accorder, exceptionnellement, un délai pour la production d'une partie de ces pièces.
La requête n'a pas d'effet suspensif.
Elle est dispensée de tous frais de timbre ou d'enregistrement.
La Cour Constitutionnelle donne avis au Député ou à la liste de candidats dont l'élection est contestée, qui peut produire des observations écrites dans un délai de trois (3) jours à compter de la date de notification.

Article 58
La Cour Constitutionnelle forme, en son sein, deux sections composées chacune de trois (3) membres, désignés par le sort. Il est procédé à des tirages au sort séparés entre les membres nommés par le Président de la République et entre les membres nommés par le Bureau de l'Assemblée Nationale.
Chaque année, dans la première quinzaine d'octobre, la Cour Constitutionnelle arrête une liste de six rapporteurs adjoints choisis parmi les Conseillers à la Chambre Administrative et à la Chambre des Comptes de la Cour Suprême, ainsi que parmi les Professeurs agrégés des Facultés de Droit spécialistes de droit public. Les rapporteurs adjoints n'ont pas voix délibérative.

Article 59
Dès réception d'une requête, le Président de la Cour Constitutionnelle en confie l'examen à l'une des sections et désigne un rapporteur, qui peut être choisi parmi les rapporteurs adjoints.

Article 60
Les sections instruisent les affaires dont elles sont chargées et qui sont portées devant la Cour siégeant en session plénière.
Toutefois, la Cour, sans instruction contradictoire préalable, peut rejeter, par décision motivée, les requêtes irrecevables ou ne contenant que des griefs qui manifestement ne peuvent avoir une influence sur les résultats de l'élection. La décision est aussitôt notifiée à l'Assemblée Nationale.

Article 61
Dans les autres cas, avis est donné au membre de l'Assemblée Nationale dont l'élection est contestée, ainsi que le cas échéant à son remplaçant, la section leur impartit un délai pour prendre connaissance de la requête et des pièces au Secrétariat de la Cour et produire leurs observations écrites.

Article 62
Dès réception de ces observations ou à l'expiration du délai imparti pour les produire, l'affaire est rapportée devant la Cour, qui statue par une décision motivée. La décision est aussitôt notifiée au Président de l'Assemblée Nationale et au Ministre chargé de l'Intérieur.

Article 63
Lorsqu'elle fait droit à une requête, la Cour peut, selon le cas, annuler l'élection contestée ou réformer le procès-verbal des résultats établis par la Commission électorale ou le Ministre chargé de l'Intérieur et proclamer le candidat régulièrement élu.
La décision est notifiée au Président de l'Assemblée Nationale et au Ministre chargé de l'Intérieur.

Article 64
La Cour et les sections peuvent, le cas échéant, ordonner une enquête et se faire communiquer tous documents et rapports ayant trait à l'élection.
Le rapporteur est commis pour recevoir sous serment les déclarations des témoins.

Procès-verbal est dressé par le rapporteur et communiqué aux intéressés, qui ont un délai de trois (3) jours pour déposer leurs observations écrites.

Article 65
La Cour et les sections peuvent commettre l'un de leurs membres ou un rapporteur adjoint pour procéder sur place à d'autres mesures d'instruction.

Article 66
Pour le jugement des affaires qui lui sont soumises, la Cour Constitutionnelle a compétence pour connaître de toute question et exception posée à l'occasion de la requête.
En ce cas, sa décision n'a d'effet juridique qu'en ce qui concerne l'élection dont il est saisi.

Article 67
Sous réserve d'un cas d'inéligibilité du titulaire ou du remplaçant qui se révèlerait ultérieurement, la Cour Constitutionnelle statue sur la régularité de l'élection tant du titulaire que du remplaçant.

CHAPITRE VII: Du contrôle de régularité du Référendum et de la proclamation des résultats

Article 68
Conformément à l'article 4 (alinéa 2) et à l'article 117 (alinéa 2) de la Constitution, la Cour Constitutionnelle veille à et statue sur la régularité du référendum et en proclame les résultats.

Article 69
Conformément à l'article 58 de la Constitution, la Cour Constitutionnelle est consultée par le Gouvernement sur toute initiative et sur l'organisation des opérations de référendum. Il est avisé sans délai de toute mesure prise à ce sujet.
De même lorsqu'un référendum est décidé par l'Assemblée Nationale, conformément à l'article 108 de la Constitution, la Cour Constitutionnelle doit être avisée, doit veiller à la régularité du référendum et en proclamer les résultats.

Article 70
La Cour Constitutionnelle peut présenter des observations concernant la liste des partis politiques habilités à user des moyens officiels de propagande.

Article 71
La Cour Constitutionnelle peut désigner un ou plusieurs délégués chargés de suivre les opérations. Ils sont choisis avec l'accord des Ministres compétents, parmi les magistrats de l'ordre judiciaire ou administratif de la Cour Suprême ainsi que parmi les professeurs agrégés de droit.

Article 72
La Cour Constitutionnelle assure directement la surveillance du recensement général.

Article 73

La Cour examine et tranche définitivement toutes les réclamations.
Dans le cas où la Cour Constitutionnelle constate l'existence d'irrégularités dans le déroulement des opérations, il lui appartient d'apprécier si, eu égard à la nature et à la gravité de ces irrégularités, il y a lieu soit de maintenir lesdites opérations, soit de prononcer leur annulation totale ou partielle.

Article 74
La Cour Constitutionnelle proclame les résultats du référendum. Mention de la proclamation est faite dans le décret portant promulgation de la loi adoptée par le peuple.

CHAPITRE VIII: De la consultation de la Cour Constitutionnelle dans les circonstances exceptionnelles et en cas d'outrage à l'Assemblée Nationale

Article 75
Lorsqu'elle est consultée par le Président de la République dans les cas prévus à l'article 68 (alinéa 1er) de la Constitution, la Cour Constitutionnelle se réunit immédiatement.

Article 76
Elle émet un avis sur la réunion des conditions exigées par l'article 68 de la Constitution. Cet avis est motivé et publié au Journal Officiel de la République du Bénin.

Article 77
Le Président de la République avise la Cour Constitutionnelle des mesures qu'il se propose de prendre. La Cour Constitutionnelle lui donne sans délai son avis.

Article 78
Lorsque la Cour Constitutionnelle est saisie dans le cas prévu à l'article 77 de la Constitution, elle statue par une décision motivée dans les trois (3) jours, à la majorité visée à l'article 49 ci-dessus sur rapport de l'une de ses sections. La décision est aussitôt notifiée au Président de l'Assemblée Nationale et au Président de la République.

CHAPITRE IX: Des immunités et du Régime disciplinaire des membres de la Cour Constitutionnelle

Article 79
Conformément aux dispositions de l'article 115 (alinéa 4) de la Constitution, les membres de la Cour Constitutionnelle sont inamovibles pendant la durée de leur mandat. Ils ne peuvent être poursuivis ou arrêtés sans l'autorisation de la Cour Constitutionnelle et du Bureau de la Cour Suprême siégeant en session conjointe sauf les cas de flagrant délit.

Article 80
Dans les cas prévus à l'article précédent, sur décision du Gouvernement, le Ministre de la Justice saisit immédiatement le Président de la Cour Constitutionnelle et au plus tard dans les quarante-huit (48) heures.

Article 81
La session conjointe de la Cour Constitutionnelle et du Bureau de la Cour Suprême prévue à l'article 115 (alinéa 4) de la Constitution doit sous la présidence du Président de

la Cour Constitutionnelle statuer, dans les trois (3) jours, à la majorité des deux tiers (2/3) de ses membres.
La décision motivée doit être sans délai notifiée au Gouvernement et au Bureau de l'Assemblée Nationale.

Article 82
Tout manquement aux obligations de son mandat constitue, pour tout membre de la Cour Constitutionnelle, un acte de forfaiture qui sera sanctionné conformément à la législation en vigueur.

TITRE III: Dispositions diverses et transitoires
Article 83
Les modalités d'application de la présente loi organique pourront être déterminées par décret pris en Conseil des Ministres, après consultation de la Cour Constitutionnelle et avis de la Cour Suprême.

Article 84
La Cour Constitutionnelle complétera par son Règlement Intérieur les règles de procédure édictées par le Titre II de la présente loi organique. Elle précisera notamment les conditions dans lesquelles auront lieu les enquêtes et mesures d'instruction et de surveillance des opérations du référendum prévues aux articles 64, 65 et 71 ci-dessus sous la direction d'un rapporteur.

Article 85
Conformément à l'article 159 (alinéa 3) de la Constitution, les attributions dévolues à la Cour Constitutionnelle seront exercées par le Haut Conseil de la République jusqu'à l'installation des institutions nouvelles.

Article 86
Dès l'installation des membres de la Cour Constitutionnelle, le Secrétariat du Haut Conseil de la République transmet à la Cour les dossiers des affaires dont il a été saisi et sur lesquelles il n'a pas encore statué.

Article 87
La Cour Constitutionnelle établit son Règlement Intérieur, sous l'autorité de son Président.
Ce Règlement Intérieur sera publié au Journal Officiel de la République du Bénin.

Article 88
Les délais impartis à la Cour Constitutionnelle par les articles 120, 121, 122 et 123 de la Constitution ne commenceront à courir que huit (8) jours après son installation.

Article 89
La présente loi sera publiée au Journal Officiel de la République du Bénin et exécutée comme loi organique.

Fait à Cotonou, le 4 mars 1991.

Table des matières

LISTE DES DECISIONS 7
LISTE DES SIGLES ET ABREVIATIONS 13
INTRODUCTION 15

1

Décision DCC 03-078 du 12 mai 2003 19
Gougbédji Cyrille, Akobi Issifou Ahmed
Recueil 2003, p. 317
La Cour constitutionnelle, organe régulateur

2

Décision DCC 08-113 du 09 septembre 2008 33
Augustino JOHN FRANCEY
Recueil 2008, p.539
Que juge la juridiction constitutionnelle ?

Décision DCC 15 -245 du 26 Novembre 2015 36
Akpochihala Dah ALLIGBONON

3

Décision DCC 04-044 du 23 avril 2004, ... 55
Tanimomo Pascal
Recueil 2004, p. 193
L'autorité de la chose jugée

Décision DCC 18-075 du 15 mars 2018 57
Serge Roberto PRINCE AGBODJAN

Décision DCC 18-078 du 20 mars 2018 66
Serge Roberto PRINCE AGBODJAN

4.

Décision DCC 03-035 du 12 mars 2003, ... 79
Dohou Séraphin,
Recueil, 2003, p. 151
Le dialogue des juges

Décision DCC 14-135 du 15 juillet 2014 81
Claude Léon ATOYO, Daniel MENONKPINZON ATOYO
et Alphonse MENONKPINZON ATOYO

5

Décision DCC 02-058 du 04 juin 2002, ...93

FAVI Adèle,

Recueil 2002, p. 243

Torture, sévices, traitements cruels, inhumains et dégradants

6

Décision DCC 18-087 du 05 avril 2018 103

Bentiwa Florentine JOHNSON

Le droit à la défense

Décision DCC 04-046 du 23 avril 2004 108

Lamissi Fidèle

Recueil, 2004, p. 201

7

Décision DCC 02-144 du 23 décembre 2002 117

Président de la République, Vieyra-Soglo H. Rosine

Recueil 2002, p. 579

Le principe d'égalité

Décision DCC 17-145 du 13 juillet 2017 121

Christophe ARALE

8

Décision DCC 14-003 du 14 janvier 2014...131

L'Union des Professionnels et Acteurs de la Santé France-Bénin

Recueil 2014, volume 1, p.114

Les formes de la requête

L'intérêt à agir

9

Décision DCC 07-083 du 6 août 2007,...143

Yibathou Sanni-Glèlè et alii,

L'amendement gagé

10

Avis CC 00-01 du 7 janvier 2000, ...151

Recueil 2000, p 7

Président de la République

Les ordonnances en matière budgétaires

11
Décision DCC 10-144 du 14 décembre 2010, ... 157
Raphaël Akotègnon
Recueil 2010, volume 2, p.784
L'autonomie financière des institutions constitutionnelles

12
Décision DCC 01-021 du 16 mai 2001 171
Association des Parents d'Elèves du CEG de Gbégamey
Recueil 2001, p.99
L'impôt

Décision DCC 14- 020 du 11 février 2014 174
Serge Roberto PRINCE AGBODJAN
Recueil 2014, vol.1, p.223

13
Décision DCC 13-121 du 10 septembre 2013 185
Président de la République
Recueil 2013, vol.2. p.782
La loi organique relative aux lois de finances

14
Décision DCC 14-065 du 03 avril 2014 197
Serge Roberto PRINCE AGBODJAN
Recueil 2014, vol.1, p.461
Les règles et principes budgétaires

15
Décision DCC 06-074 du 8 juillet 2006 209
Président de la République
Recueil, 2006, p. 365
Le "bloc de constitutionnalité" et les normes de référence

16
Décision DCC 97-033 du 10 juin 1997 233
Dako Fortuné, Kakpo Damien
Recueil 1997, p. 137
L'inamovibilité des magistrats

17
Décision DCC 04-038 du 20 avril 2004 239
Boya Eugène
Recueil, 2004, p. 165
La charge de la preuve

Décision DCC 06-108 du 11 août 2006,..243
Médé Nicaise
Recueil 2006, p.567

Décision DCC 09-022 du 5 mars 2009,..245
Nadine Menoukon née Houndonougbo

18
Décision DCC 03-144 du 16 octobre 2003..253
Cour constitutionnelle
Recueil, 2003, p. 587
Le délai raisonnable

Décision DCC 03-004 du 18 février 2003 256
Secrétaire général de l'union nationale des syndicats des travailleurs du Bénin
(Lawani Amidou)
Recueil, 2003, p. 25

Décision DCC 02-029 du 10 avril 2002 258
Houétognankou Jude
Recueil, 2002, p. 127

19
Décision DCC 08-008 du 17 janvier 2008...263
Abel Ayikpola et alii
Recueil 2008, volume 1, p.103
La liberté religieuse

20
Décision DCC 06-154 du 19 octobre 2006,...271
Cour constitutionnelle
Recueil, 2006, p. 789
Le droit de propriété

21
Avis CC-001/98, du 19 novembre 1998 279
Président de la République
Recueil, 1998, p. 423
La liberté de commerce et de l'industrie

22
Décision DCC 08-066 du 26 mai 2008 283
Thierry Ifedola Mahugnon et alii
Recueil 2008, volume 1, p. 350
Les domaines de la loi et du règlement

23
Décision DCC 98-061 du 5 juin 1998 295
Zossoungbo Edgard
Recueil, 1998, p. 299
La configuration politique

24
Décision DCC 03-132 du 21 août 2003 303
HOUSSOU D. Christian
Recueil, 2003, p. 535
La première Dame

25
Décision DCC 96-020 du 26 avril 1996 309
Gbétin Dézégni et consorts
Recueil, 1996, p. 101
Le Premier Ministre

26
Décision DCC 13-071 du 11 juillet 2013 315
Serge Roberto PRINCE AGBODJAN
Aristide DOMINGO
Recueil 2013, volume 1, p. 501
La paix : un principe constitutionnel

27
Décision DCC 27-94 du 24 août 1994 333
Président de l'Assemblée nationale
Recueil, 1994, p. 111
Le droit constitutionnel de la nécessité : l'article 68 et les pouvoirs de crise

28
Décision DCC 28-94 du 02 septembre 1994 345
Collectif des cinq dynasties royales, Collectif Te-Agbanlin,
Cadres de Porto-Novo
Recueil, 1994, p. 119
La capitale du Bénin

Décision DCC 11-090 du 06 décembre 2011 347
Messieurs Noukpo N. AGOSSOU, Bernard DOSSOU-DOSSA
Recueil 2011, p. 567

29

Décision DCC 33-94 du 24 novembre 1994..353
Joseph Houéssou H. Gnonlonfoun
Recueil, 1994, p. 155
L'indépendance des pouvoirs publics constitutionnels

30

Décision DCC 11-019 du 21 avril 2011 359
Serge Roberto Prince Agbodjan
Les devoirs de l'homme

31

Décision DCC 98-062 du 05 juin 1998 367
Djima John Christian
Recueil 1998 p.307
La bonne moralité
La grande probité
La personnalité de grande réputation professionnelle

Décision EP 16-002 du 21 janvier 2016 369
Andoche Célestin Fortuné AMEGNISSE

Décision DCC 03-082 du 26 mai 2003..373
Lafia Joachim
Recueil 2003, p. 335

32

Décision DCC 95-035 du 1er septembre 1995 383
Société Oluwa Lony Kpé Koyeni, Dovonou Corneille
Recueil, 1995, p. 175
La Loi fondamentale de 1977

33

Décision DCC 96-017 du 5 avril 1996 389
Gangbé Aurélien, Fagninou Gilles R. B.
Recueil, 1996, p. 89
Le serment du Président de la République

34

Décision DCC 01-096 du 07 novembre 2001 397

Houssou Désiré Christian

Recueil, 2001, p. 385

La gratuité du service public

35

Décision DCC 96-037 du 18 juillet 1996 401

AHONOUKOUN Florence

Recueil 1996, p. 173

L'arrestation et la détention arbitraires

36

Décision DCC 95-035 du 1er Septembre 1995 405

Société Oluwa Lony Kpé Koyeni, Dovonou Corneille

Recueil, 1995, p. 175

La publication des lois

La promulgation des lois

Décision DCC 99-058 du 29 décembre 1999 406

Abissinti Raphaël

Recueil, 1999, p. 217

37

Décision DCC 01-046 du 21 juin 2001 413

Cour constitutionnelle

Recueil, 2001, p. 193

La saisine d'office

38

Décision DCC 05-117 du 20 septembre 2005 419

Gagnon Bonaventure, Houessou Tossavi Francisco

Recueil, 2005, p. 559

Le désistement

39

Décision DCC 95-011 du 02 mars 1995 425

Amoussou Georges Constant, Adjovi C. Honorat

Recueil 1995, p. 65

Le sursis à exécution

40

Décision DCC 34-94 du 23 décembre 1994 429

Président de la République

Recueil, 1994, p.159

La Commission Electorale Nationale Autonome (CENA)

41
Décision DCC 16-94 du 27 mai 1994 437
Bossou Moïse
Recueil, 1994, p.59
La liberté d'association

42
Décision DCC 06-047 du 05 avril 2006 441
Banni Sidi, Demon Abdoulaye
Recueil, 2006, p.221
La liberté de réunion
La liberté de manifestation

43
Décision DCC 05-059 du 07 juillet 2005 447
Zounon Emmanuel, Fambo Edgar
Recueil, 2005, p. 301
Les libertés syndicales

44
Décision DCC 03-091 du 04 juin 2003 457
Quenum David Abel
Recueil, 2003, p. 375
La responsabilité des membres de la Cour constitutionnelle

45
Décision DCC 03-068 du 20 mars 2003 463
Togblanon B. Xavier, Assogba Martin
Recueil 2003, p. 273
La politique et les affaires

Décision DCC 15-026 du 12 Février 2015 465
Monsieur Laïssi BISSIRIOU
Recueil 2015, volume 1, p. 380

46
Décision DCC 06-074 du 08 juillet 2006 473
Président de la République, Ahossi Jean Iréné et consorts
Recueil 2006, p. 365
Le consensus national et la révision de la constitution

47
Décision DCC 95-027 du 02 août 1995 495
Président de la République,
Recueil, 1995, p. 139
Le juge co-législateur

48
Décision DCC 08-099 du 03 septembre 2008 503
Jean-Charles Gnonhoué
Recueil 2008, p.491
La présomption d'innocence

49
Décision DCC 04-091 du 08 octobre 2004 509
Cour d'appel de Cotonou
Recueil 2004, p.415
L'exception d'inconstitutionnalité

50
Décision DCC 05-135 du 28 octobre 2005 515
Tidjani Falilou
Recueil 2005, p.653
L'application de la loi dans le temps

51
Décision DCC 96-002 du 05 janvier 1996 525
Gbadamassi Moucharaf, Tidjani Serpos Ismaël
Recueil 1996, p. 15
Les compétences de la Cour en matière électorale

52
AVIS CC-001/94 du 14 septembre 1994 535
Président de la République
Recueil 1994, p. 129
Les méthodes et techniques de la Cour constitutionnelle

53
Décision DCC 08-129 du 18 septembre 2008 541
Mathias Zomaletho
Recueil 2008 p. 609
Le parallélisme des formes

54

Décision DCC 07-093 du 21 Août 2007 547

Serge Roberto Prince Agbodjan

Les formalités substantielles

55

Décision DCC 15-156 du 16 juillet 2015 561

Hermès A.C. GBAGUIDI

Recueil 2015, vol.3, p.1319

L'interprétation constitutionnelle

Décision EP 15-002 du 16 novembre 2015 565

Serge Roberto PRINCE AGBODJAN

56

Décision DCC 19-94 du 30 juin 1994 577

Président de la République

Recueil 1994, p. 73

Les traités et la constitution

57

Décision DCC 98-068 du 19 août 1998 583

Chédé A. Gbénou Lucien

Recueil 1998, p. 333

Le statut des professeurs de l'enseignement supérieur

INDEX ANALYTIQUE DES MATIERES 589

ANNEXES 593

Structures éditoriales du groupe L'Harmattan

L'Harmattan Italie
Via degli Artisti, 15
10124 Torino
harmattan.italia@gmail.com

L'Harmattan Hongrie
Kossuth l. u. 14-16.
1053 Budapest
harmattan@harmattan.hu

L'Harmattan Sénégal
10 VDN en face Mermoz
BP 45034 Dakar-Fann
senharmattan@gmail.com

L'Harmattan Cameroun
TSINGA/FECAFOOT
BP 11486 Yaoundé
inkoukam@gmail.com

L'Harmattan Burkina Faso
Achille Somé – tengnule@hotmail.fr

L'Harmattan Guinée
Almamya, rue KA 028 OKB Agency
BP 3470 Conakry
harmattanguinee@yahoo.fr

L'Harmattan RDC
185, avenue Nyangwe
Commune de Lingwala – Kinshasa
matangilamusadila@yahoo.fr

L'Harmattan Congo
67, boulevard Denis-Sassou-N'Guesso
BP 2874 Brazzaville
harmattan.congo@yahoo.fr

L'Harmattan Mali
Sirakoro-Meguetana V31
Bamako
syllaka@yahoo.fr

L'Harmattan Togo
Djidjole – Lomé
Maison Amela
face EPP BATOME
ddamela@aol.com

L'Harmattan Côte d'Ivoire
Résidence Karl – Cité des Arts
Abidjan-Cocody
03 BP 1588 Abidjan
espace_harmattan.ci@hotmail.fr

L'Harmattan Algérie
22, rue Moulay-Mohamed
31000 Oran
info2@harmattan-algerie.com

L'Harmattan Maroc
5, rue Ferrane-Kouicha, Talaâ-Elkbira
Chrableyine, Fès-Médine
30000 Fès
harmattan.maroc@gmail.com

Nos librairies en France

Librairie internationale
16, rue des Écoles – 75005 Paris
librairie.internationale@harmattan.fr
01 40 46 79 11
www.librairieharmattan.com

Librairie l'Espace Harmattan
21 bis, rue des Écoles – 75005 paris
librairie.espace@harmattan.fr
01 43 29 49 42

Lib. sciences humaines & histoire
21, rue des Écoles – 75005 paris
librairie.sh@harmattan.fr
01 46 34 13 71
www.librairieharmattansh.com

Lib. Méditerranée & Moyen-Orient
7, rue des Carmes – 75005 Paris
librairie.mediterranee@harmattan.fr
01 43 29 71 15

Librairie Le Lucernaire
53, rue Notre-Dame-des-Champs – 75006 Paris
librairie@lucernaire.fr
01 42 22 67 13

www.ingramcontent.com/pod-product-compliance
Lightning Source LLC
LaVergne TN
LVHW011218061026
849535LV00001BA/81
* 9 7 8 2 3 4 3 1 9 4 9 5 0 *